THE UNITED NATIONS CONVENTION ON THE RIGHTS OF PERSONS WITH DISABILITIES

A Commentary

edited by Valentina Della Fina, Rachele Cera and Giuseppe Palmisano

This Springer imprint is published by Springer Nature

The registered company is Springer International Publishing AG

中国社会科学院国际法研究所
国际人权公约评注译丛

《残疾人权利公约》评注

THE UNITED NATIONS CONVENTION ON THE RIGHTS OF PERSONS WITH DISABILITIES
A Commentary

瓦伦蒂娜·德拉·菲娜　　拉切尔·塞拉　　朱塞佩·帕尔米萨诺／编
Valentina Della Fina　　Rachele Cera　　Giuseppe Palmisano

曲相霏　张贵军　刘文娟／译
王治江／校

社会科学文献出版社
SOCIAL SCIENCES ACADEMIC PRESS (CHINA)

编者

瓦伦蒂娜·德拉·菲娜（Valentina Della Fina）

意大利国家研究委员会国际法律研究所国际法高级研究员

拉切尔·塞拉（Rachele Cera）

意大利国家研究委员会国际法律研究所研究员

朱塞佩·帕尔米萨诺（Giuseppe Palmisano）

意大利国家研究委员会国际法律研究所所长、教授，欧洲社会权利委员会（欧洲理事会）主席

译者

曲相霏

中国社会科学院国际法研究所研究员

中国社会科学院大学教授

张贵军

北京市天元律师事务所执业律师

中国社会科学院大学法律硕士

刘文娟

任职于北京市顺义区卫生健康委员会

中国社会科学院大学法律硕士

校者

王治江

法学博士，任职于中国残疾人联合会，曾作为中国政府代表团成员参与《残疾人权利公约》谈判起草工作

中译本前言

欣闻我们编著的联合国《〈残疾人权利公约〉评注》的中译本即将出版，我们非常荣幸地为该中译本写几句话。

该评注是《残疾人权利公约》及其任择议定书的第一个逐条评注，由施普林格出版社（Springer）于2017年出版，是《残疾人权利公约》通过和生效十周年的一个纪念。2006年《残疾人权利公约》的通过，标志着联合国几十年来在改变针对残疾人的文化、态度和方法方面所取得的最高工作成就。联合国站在一个新的历史高度，把残疾人从慈善和医疗的"对象"，转变为可以主张权利的"权利主体"、他们个人生活的决策者和积极的社会成员，促成了残疾医学模式向残疾人权模式的转换。《残疾人权利公约》体现了对残疾社会模式的理解。它认为残疾是人类多样性的一部分，是"一个演变中的概念"，源于有损伤的人与态度和环境障碍之间的互动，这些障碍阻碍了他们在与他人平等的基础上充分和有效地参与社会。《残疾人权利公约》是21世纪通过的第一个全面的人权条约，也是联合国第一个"残疾人参与为残疾人制定"的核心国际人权条约，体现了残疾人组织为实现残疾人充分参与和机会平等而提出的"没有我们的参与，不要做有关我们的决定"的要求。

《残疾人权利公约》的所有这些创新特点，都在该评注中得到了强调。作为《残疾人权利公约》及其任择议定书的第一个逐条评注，该评注旨在填补国际法文献的一个空白，提供关于《残疾人权利公约》及其任择议定书的法律研究，以澄清其条款内容，强调其进步和创新之处，并促进和推动其实施。该评注还力求提高学者、学生、国家当局、法律从业者、残疾人组织、非政府组织和其他利益相关者对《残疾人权利公约》条款及其实施的认识。

中国积极倡导和支持联合国制定《残疾人权利公约》，是首批签署《残疾人权利公约》的国家之一，并且在批准时没有提出任何保留。中国积极履行《残疾人权利公约》规定的缔约国义务，已经发布了直接涉及残疾人的法律 100 多部、行政法规 60 多部，并始终致力于积极行动以消除影响残疾人的障碍，创造机会为符合《残疾人权利公约》原则的残疾人权模式提供力量。目前，中国约有 8500 万残疾人。作为世界第二大经济体，中国保障残疾人权利的立场、态度和贡献，必将有利于在世界范围内加强《残疾人权利公约》所倡导的新的残疾人权模式。我们希望，该中译本将有助于在中国传播有关《残疾人权利公约》的知识，并按照该公约所载的残疾人权模式加强残疾人的权利保障。

瓦伦蒂娜·德拉·菲娜，
意大利国家研究委员会国际法律研究所研究中心主任
（valentina. dellafina@ cnr. it）
拉切尔·塞拉，
意大利国家研究委员会国际法律研究所研究员
（rachele. cera@ cnr. it）
罗马，2024 年 4 月 26 日

前　言 v

2006年，联合国大会通过《残疾人权利公约》（以下简称《公约》），该公约于2008年生效。作为一项国际人权公约，它确立了看待残疾人的人权模式，提供了对残疾人这一权利主体的多焦点和多维度考察。这种考察表明，一个人可能经历肢体、感官、智力和/或心理等不同类型、程度和层次的损伤，这些损伤可能相互叠加并与各式各样的障碍相互作用，对一个人充分和有效地参与社会产生限制性影响。

障碍是一个关键因素。社会作为一个整体必须集中和持久地努力，一方面消除障碍，另一方面为机会均等甚至实质或结果平等创造必要条件。上述两种途径的融合意味着减少残疾人参与社会的限制，使其可以作为法律主体享有和行使其在公民、政治、社会、经济和文化领域的人权与基本自由。

此外，《公约》表达了21世纪人权保障方法的各种变化，包括《公约》起草工作的跨学科性，确定对《公约》实施具有重要影响的因素，以及国内和国际层面的监测。

还有一个变化体现为残疾人民间社会组织在《公约》酝酿和制定过程中的充分参与。这种参与明确反映在《公约》的不同条文中，以及实践中残疾人在《公约》的实施以及国内和国际各层级监测的不同阶段所起到的决定性作用。

上述变化还展现了一项国际条约如何从起草其条文时所考虑的不同思路中获得生命和独立性。尽管起初起草者关于《公约》的想法是《公约》不会创造任何新的权利，但当前的问题是，《公约》是否已经孕育了新权利的
萌芽。关于这一点的分析，我们可以考察《公约》中一些具有法律影响的方 vi

面，诸如无障碍、适应训练和康复、个人行动能力、独立生活和融入社区等。毫无疑问，《公约》在上述方面的发展对学术界提出了深刻的理论和实践挑战。在考虑上述条文内容时，我们必须同意，这些内容有自己特定的要素，甚至可以接受基于可诉性视角的规范性解释，因为法院和法庭都在受理无障碍等领域的诉讼。另一个例子是已经有国内立法明确提到适应训练和康复为一项权利。[1] 此外，残疾人权利委员会明确规定了残疾人在教育领域获得合理便利的权利，并且根据该委员会的建议，该权利是立即适用的。[2]

残疾人权利委员会的各项意见和建议对解释和实际实施《公约》规则进行了广泛的演绎和拓展。该委员会针对根据《公约》任择议定书而由个人自行或联名提出的来文所给出的意见和建议也是如此。这些解释方法通过该委员会第1号和第2号一般性意见，在关于残疾人在法律面前获得平等承认/法律能力和无障碍等领域得到了深化。[3]

《公约》作为一项综合性的全面完整的人权条约所包含的丰富内容，催生出国际社会对残疾人权利及其国际法律保护的分析性材料的需要。与此同时，通过考察残疾人权利委员会在国际层面的工作和确定各国在国内层面的最佳实践，这种性质的材料将成为落实《公约》的有用工具。

因此，《〈残疾人权利公约〉评注》一书的出版对理论界和实务界、法律领域和跨学科领域而言，都是一个重大贡献。

本书按三条主要线索对《公约》进行引导性介绍：联合国促进和保障残疾人权利并将《公约》纳入国际人权法框架的历史回顾；理解《公约》下的新的人权模式；欧洲联盟等区域一体化组织签署和批准《公约》的可能性。

vii 接下来，本书对《公约》条文进行逐条详解，包括对《公约》各个条款所包含的法律义务及其实际实施的考量。

---

1 Act 20. 422 establishes Rules on Equal Opportunities and Social Inclusion of Persons with Disabilities, year 2010.

2 CRPD/C/ESP/CO/1, para. 44.

3 根据解释工作的优先事项安排，残疾人权利委员会于2016年通过了关于残疾妇女与女童的第3号一般性意见和关于包容性受教育权的第4号一般性意见。

本书对《公约》各个条款的研究还参考了其他国际人权条约、欧盟法令，适当情况下还参考了国内立法，并考虑了残疾人权利委员会及其他条约机构的相关判例。

本书作者们的知识和经验使本书成为当代阅读书目中的一本必读书，以及大学图书馆和其他公立、私立图书馆的必备文献。

玛丽·索莱达·西斯特纳斯·雷耶斯
（María Soledad Cisternas Reyes）
律师、政治学家
联合国残疾人权利委员会主席
智利圣地亚哥/瑞士日内瓦
2016年3月

序　言

在《残疾人权利公约》通过10周年之际，结合《公约》早期的实际运行和实施情况对《公约》条款及其任择议定书进行深入彻底的学术分析以充实和丰富国际法文献正当其时。

这正是本评注的目的：庆祝《公约》通过10周年，也为推动《公约》的批判性评价和《公约》可靠知识的推广提供新的动力。

本书由意大利国家研究委员会（the National Research Council of Italy，简称CNR）国际法律研究所（the Institute for International Legal Studies，简称ISGI）策划和组织编写，是该所多年来关于残疾人权利研究的主要成果。

作为一个对国际法和欧盟法律拥有特别研究能力的公立研究机构，国际法律研究所已经就国际条约在意大利法律框架内的实施形成了独特的科研专长。因此，它对《公约》的研究具有长期而坚实的背景。这尤其可以通过意大利劳动、卫生和社会保障部在该国批准《公约》及其任择议定书之前的2008年委托国际法律研究所开展的“2007年联合国《残疾人权利公约》：实施方式、国家和区域纳入、监测机制”项目得到证明。[1] 该研究旨在为意大利政府根据《公约》规定的缔约国义务采取必要法律措施调整国内法律体系提供指导。该项目的研究成果成为意大利国家残疾人状况观察机构（National Observatory on the Condition of Persons with Disabilities）及其工作小组开展活动的重要参考依据，[2] 更是起草意大利向残疾人权利委员会提交的初

1　意大利于2009年3月以第18号法令批准了《残疾人权利公约》及其任择议定书。

2　http://www.osservatoriodisabilita.it/index.php?option=com_content&view=article&id=92&Itemid=257&lang=en.

x 次履约报告和发展完善《促进残疾人权利和社会融合的双年行动纲领》的重要参考依据。[3]

国际法律研究所在残疾人权利领域的研究随着《残疾人权利公约：评注》（2010）[4] 的出版而继续深入。该书迄今仍是在意大利出版的对《残疾人权利公约》进行逐条评注的唯一著作。

在此基础上，2014 年国际法律研究所还成为“欧洲孤独症”（Autism-Europe）项目的合作伙伴，该项目所属的欧洲项目“促进孤独症者在就业和教育领域的平等权利”旨在促进对《公约》在包容性教育和就业等具体领域实施的理解。[5]

现在，通过本书对《公约》及其任择议定书的评注，国际法律研究所旨在提供一份考虑和分析《公约》自通过以来在国际和国内两个层面实施情况的研究，以填补国际法文献上的一项空白。

本书的总体目的是阐明《公约》的内容，并重点介绍《公约》对国际人权法的改进和创新之处。这些对从学术视角丰富《公约》评注作出广泛贡献的议题在本书中得到了详尽阐述。

本书前三章概括介绍了《公约》的起草历史、《公约》所体现的新的人权模式以及欧盟对《公约》的支持；最后一章则阐述了《公约》对人权法的发展。

本书对《公约》进行逐条解析，只有第 34～36 条（关于残疾人权利委员会、缔约国提交的报告和报告的审议）、第 41～43 条和第 45～50 条（《公约》最后条款）除外。另外，《公约》的任择议定书也被作为独立内容予以评注。

3　2013 年 10 月 4 日，意大利总统签署法令《促进残疾人权利和社会融合的双年行动纲领》（Programma di azione biennale per la promozione dei diritti e l’integrazione delle persone con disabilita）生效。

4　塞尔吉奥·马尔基西奥（S. Marchisio）、拉切尔·塞拉（Rachele Cera）、瓦伦蒂娜·德拉·菲娜（Valentina Della Fina）主编《残疾人权利公约：评注》，罗马：Aracne，2010。

5　国际法律研究所关于实施《残疾人权利公约》第 24 条和第 27 条的科研成果被收入《在教育和就业领域保障孤独症者的权利》（Protecting the Rights of People with Autism in the Fields of Education and Employment）一书。该书由瓦伦蒂娜·德拉·菲娜、拉切尔·塞拉主编，由施普林格国际出版公司（Springer）于 2015 年出版发行。

每条评注大致包含了《公约》的准备工作，适当参考了国际法和国内法判例，联合国人权条约机构的相关实践（尤其是联合国残疾人权利委员会的实践），以及一份简短的参考书目。不过，在分析《公约》各个条款的范围和内容时，我们并没有强制要求评注的作者们使用什么严格的方法。也就是说，作者们在尊重本书目的的同时，在相关内容的处理方面拥有很大的自主权。本书的所有文稿均采用统一格式仅仅是为了便于使用，每条评注表达的都是作者的观点。

在本书中，《公约》条文被置于相关的国际人权法规范及有关残疾人权 xi
利和反歧视斗争的欧盟法律框架内进行审查。本书特别强调《公约》缔约国的义务，以明确《公约》的法律性质与范围。从这个角度来看，本书旨在为缔约国在国内适用《公约》提供有用的工具指南，并为从事国际人权事务的专业人士和学术界提供咨询。

考虑到这一点，本书的作者是从国际人权法领域的专业法律学者、残疾人权利的实践者和参与《公约》起草谈判的顶尖专家中选定的。对作者为本书所作的贡献，我们深表感激和衷心感谢。

编者诚挚希望本书成为人们提高对《公约》认识的有用工具，通过支持强化残疾人权利及其国际保护意识的进程，促进残疾人更好地融入社会。

瓦伦蒂娜·德拉·菲娜

拉切尔·塞拉

朱塞佩·帕尔米萨诺

罗马

2016 年 9 月

编者和作者

奥蕾莉·巴兰哲（Aurélie Baranger）自2007年以来担任“欧洲孤独症”（Autism-Europe，简称AE）项目主任，负责协调AE的宣传活动。她曾与人合作撰写了几份报告，旨在推动基于人权的孤独症方法。

安德鲁·贝格（Andrew Begg）在新西兰外交部和联合国从事国际人权法和国际刑法方面的事务。在《残疾人权利公约》起草谈判期间，他作为新西兰驻纽约联合国总部处理人权事务的代表在新西兰政府的指示下热情支持《公约》的起草谈判工作。他在新西兰大使唐·麦凯（Don MacKay）担任《公约》起草工作组主席起草第一稿，以及后来担任特设委员会主席主持谈判直至《公约》通过期间，向后者提供法律意见。他提供了关于《公约》谈判和文本演变的幕后观点。

安德里亚·布罗德里克（Andrea Broderick）是马斯特里赫特大学（Maastricht University）国际法和欧洲法系助理教授，曾担任马斯特里赫特大学玛丽·居里研究员（Marie Curie Research Fellow）和讲师。她拥有马斯特里赫特大学哲学博士学位，爱尔兰国立高威大学（National University of Ireland，Galway）国际文学学士、法学学士、国际比较残疾法和政策方向一等荣誉法学硕士学位。她也是一名合格的律师。

吉安卡洛·布鲁诺（Giancarlo Bruno）是意大利国家研究委员会创新与服务发展研究所研究员。他的研究涵盖国际公法、国际人权法、欧洲人权法、国际移民法等领域。2012年至2014年，他担任欧盟对外事务部（欧盟驻欧洲理事会代表团）的法律顾问。

拉切尔·塞拉（Rachele Cera）是意大利国家研究委员会国际法律研究

所研究员，在弱势群体国际合作和法律保护领域有专门研究。她参与了该研究所有关残疾人法律保护的所有研究，共同管理了欧盟“促进孤独症者在就业和教育领域的平等权利”项目。她是有关残疾人权利出版物的作者，是《残疾人权利公约：评注》的编者之一。

安德里亚·克里森斯（Andrea Crescenzi）是意大利国家研究委员会国际法律研究所的技术专家。他拥有罗马萨皮恩扎大学（Sapienza University of Rome）国际秩序与人权方向博士学位。自 2004 年以来，他一直作为意大利国家研究委员会国际法律研究所的研究员从事国际公法领域的研究，重点是国际移民法和国际人权法。

特蕾西娅·德格纳（Theresia Degener）是德国波鸿应用科学大学（University of Applied Sciences in Bochum）福音派莱茵兰威斯特法伦应用技术学院（Evangelische Fachhochschule RWL）法律与残疾研究教授，也是波鸿残疾研究中心（BODYS）主任。她是联合国残疾人权利委员会副主席。她曾经在德国美茵河畔的法兰克福和美国加利福尼亚州的伯克利研习法律，在德国、芬兰、爱尔兰、南非和美国教授法律。她是德国人权研究所的董事成员，也是德国残疾研究协会的创始成员。她的研究领域主要是国际人权法、反歧视法和性别、残疾研究。

瓦伦蒂娜·德拉·菲娜（Valentina Della Fina）是意大利国家研究委员会国际法律研究所国际法高级研究员。她拥有意大利泰拉莫大学（University of Teramo）国际组织法博士学位。她在国际人权法、残疾权利和国际组织法领域具有扎实的学科背景。她是《残疾人权利公约：评注》的编者之一，管理了欧盟“促进孤独症者在就业和教育领域的平等权利”项目。

马克·法希廖内（Marco Fasciglione）拥有博士学位，是意大利国家研究委员会创新与服务发展研究所研究员。他的研究兴趣在国际法领域，尤其是国际人权法机制、企业人权责任和移民流动规制。作为欧洲人权法院的前法律官员，他也是欧盟委员会公民权和基本权利专家名录成员（DG Justice）。

奥内拉·费拉乔洛（Ornella Ferrajolo）是意大利国家研究委员会国际法律研究所国际法高级研究员。她著述颇丰，在人权和人道主义法、国际刑法领域很有研究，尤其是监测程序、条约机构和国际法院。

伊利欧诺尔·弗林（Eilionóir Flynn）是爱尔兰国立高威大学法学院高级讲师，残疾人法律与政策中心副主任。她目前的研究兴趣包括《残疾人权利公约》中的法律能力、倡导、获得司法保护，以及残疾、性别和年龄的交叉研究。她在残疾与人权领域发表了大量文章，目前是欧洲研究委员会（European Research Council）发起批准的 VOICES 项目的主持人，该项目旨在记录被剥夺法律能力者的口述经历。

罗西塔·福阿斯蒂尔罗（Rosita Forastiero）是意大利国家研究委员会国际法律研究所的技术专家。她的主要研究领域是欧盟法律和国际人权法，尤其是残疾人权利和弱势群体的权利。她曾在国际法律研究所的多个欧盟项目中工作，也是该所在线出版物《意大利和国际法》（www. larassegna. isgi. cnr. it）的编委会成员。

玛丽·凯斯（Mary Keys）曾任爱尔兰国立高威大学法学院讲师，专门研究精神卫生法和人权。她是爱尔兰国立高威大学生命历程与社会研究所残疾人法律与政策中心的创始成员，也是代表公共利益的爱尔兰精神卫生委员会成员。

安娜·劳森（Anna Lawson）是利兹大学（University of Leeds）跨学科残疾研究中心主任，法学院教授。她也是欧盟残疾问题专家学术网络（EU's Academic Network of Experts on Disability）协调研究小组成员。除大学工作外，她还是英国平等与人权委员会法定残疾委员会成员、司法委员会成员和一个致力于学习困难者人权的残疾人组织 CHANGE 的主席。

珍妮特·E. 洛德（Janet E. Lord）是一位专注于残疾人权利的国际人权律师。她参加了《残疾人权利公约》起草期间的所有谈判会议，并担任多个在该领域具有领先地位的政府、联合国和残疾人国际（Disabled Peoples International）的顾问。她目前是哈佛大学法学院残疾项目（Harvard Law School Project on Disability）的高级研究员，并在美利坚大学华盛顿法学院（Washington College of Law at the American University）、马里兰大学弗朗西斯·金·凯里法学院（University of Maryland Francis King Carey School of Law）和爱尔兰国立高威大学担任教职。她拥有凯尼恩学院（Kenyon College）、爱丁堡大学（University of Edinburgh）和乔治·华盛顿大学法学院（George Washington University Law School）的学位。

路易吉诺·曼卡（Luigino Manca）是罗马萨皮恩扎大学国际法研究员，教授国际人权法，也是该大学国际秩序与人权方向博士课程教学委员会成员。

安东尼奥·马尔切西（Antonio Marchesi）是欧洲大学学院（European University Institute）博士，意大利泰拉莫大学法学院国际法教授。他在国际公法、人权法和国际刑法领域有很多论著。

西尔瓦娜·莫斯卡泰利（Silvana Moscatelli）是意大利国家研究委员会的技术专家。她拥有罗马萨皮恩扎大学国际秩序与人权方向博士学位，也是该大学人权法特聘教授。她的主要研究兴趣为经济、社会和文化权利的国际保护，特别是食物权。

朱塞佩·帕尔米萨诺（Giuseppe Palmisano）是意大利国家研究委员会国际法律研究所所长。他是国际法资深教授，也是欧洲社会权利委员会（欧洲理事会）主席。他的研究主要集中于国际人权领域，特别是社会权利。

伊利亚·理查德·帕沃内（Ilja Richard Pavone）是意大利国家研究委员会国际法研究员。他拥有罗马萨皮恩扎大学国际秩序与人权方向博士学位。他是图思雅大学（Tuscia University）环境法教授。在意大利国家研究委员会，他负责协调国际、欧洲和国家的生物法研究部门。

马斯·彼得森（Mads Pedersen）2010年获得哥本哈根大学（University of Copenhagen）法学硕士学位。2010年至2013年他在Kammeradvokaten（丹麦政府法律顾问）担任助理律师，2013年至2014年担任律师，其工作涉及包括人权法在内的多个法律领域。截至2014年4月，他是丹麦人权研究所（Danish Institute for Human Rights）平等待遇部的特别顾问，主要从事人权和残疾人方面的工作。

弗朗西斯科·西祖（Francesco Seatzu）是意大利卡利亚里大学（University of Cagliari）国际法和欧盟法律资深教授。他拥有卡利亚里大学法律博士学位（J. D.）和诺丁汉大学（University of Nottingham）哲学博士学位。他著有《联合国经济、社会和文化权利委员会：法律、程序和实践》（Abingdon：Routledge，2012）、《世界银行监察委员会》（Turin：Giappichelli，2007）、《国际私法中的保险：欧洲视角》（Oxford：Hart，2003）等。

迈克尔·阿什利·斯坦（Michael Ashley Stein）拥有哈佛大学法学院法律博士学位（J. D.）和剑桥大学（Cambridge University）哲学博士学位。他是哈佛大学法学院残疾项目的联合创始人和执行主任，也是哈佛大学法学院的长期客座教授。他拥有比勒陀利亚大学（University of Pretoria）人权中心特别教授席位和阿姆斯特丹自由大学（Free University of Amsterdam）客座教授职位。他是国际公认的残疾法律和政策专家。

玛丽亚·文特戈德·利斯伯格（Maria Ventegodt Liisberg）是丹麦人权研究所平等待遇部主任。她拥有马斯特里赫特大学博士学位，研究方向为人权视角下的残障和就业问题。她还拥有哥本哈根大学法学硕士学位。

译者说明

本译著所涉国际公约，凡有作准中文本者，皆使用作准中文本的标题和约文。

《公民及政治权利国际公约》《经济社会文化权利国际公约》（即“国际人权两公约”）通过时，标题和约文皆使用“盟约”。2001 年 10 月 5 日，中国政府向联合国提出更正，以“公约”取代“盟约”（C. N. 781. 2001. TREATIES-6，C. N. 782. 2001. TREATIES-6）。该更正于 2002 年 1 月 3 日生效（C. N. 7. 2002. TREATIES-1，C. N. 8. 2002. TREATIES-1）。因此，本译著“国际人权两公约”的标题和约文皆使用“公约”。

本译著所涉概念，凡相关国际公约有作准中文本者，除在某些语境中为准确表达作者原意不得不使用其他表述方式，皆使用相关国际公约作准中文本中的概念。如以下几例。

Legal capacity，《残疾人权利公约》（以下简称《公约》）作准中文本对应概念为“法律权利能力”。在《公约》起草谈判过程中，各方关于 legal capacity 的含义就有争论。本译著在引述《公约》文本时使用“法律权利能力”，同时为准确表达不同语境中 legal capacity 的原意，将其译为“法律能力”或“法律行为能力”。

Disability 和 persons with disabilities，《公约》作准中文本对应概念为“残疾”和“残疾人”。在中文中，残疾曾被称为残废，中国现行宪法还保留“残废军人”的表述，而其他法律均已改称残疾和残疾人。除法定概念外，当前相关中文概念还有“残障”“残障人”“残障人士”“身心障碍”“障碍人”“身心障碍人”“受障碍人”等。本译著遵从《公约》作准中文本，仅在必要时使用其他称谓。Disability rights 则均译为残疾权利。

Accessibility，《公约》作准中文本对应概念为“无障碍”。本译著根据上下文有时也将其译为“可及性”。

The best interests of the child，《公约》作准中文本对应概念为“儿童的最佳利益”。《儿童权利公约》作准英文本采用了完全相同的表述，但《儿童权利公约》作准中文本对应的概念为“儿童的最大利益”。本译著只在引述《儿童权利公约》相关内容时使用“儿童的最大利益”，其他情况下使用“儿童的最佳利益”。

由于本译著篇幅较大，同一英文词组特别是非专有名词较难做到中文表述上前后完全一致。所引案例和名字，有部分保留英文未予翻译，便于感兴趣的读者进一步查找。本译著所标边码为原著页码，读者可依边码检索原著。索引部分为避免提取页码时出现疏漏，所列页码皆为原著页码。

原著成书于 2016 年，即《公约》通过 10 周年之际。本译著所涉国际公约的缔约情况和相关实践，除非译者有特别说明，均为原著完成时的情况。截至 2024 年 5 月 30 日，《公约》已有 164 个签约方和 191 个缔约方，其任择议定书已有 94 个签约方和 106 个缔约方，残疾人权利委员会已发表 8 项一般性意见。读者可访问联合国条约系统（https://treaties.un.org/Pages/Home.aspx？clang=）和联合国残疾人权利委员会官方网站（https://www.ohchr.org/en/treaty-bodies/crpd），以跟踪了解《公约》最新实践。

本译著力求最大程度呈现原著，仅对少数偏误之处作出删改修正。对原著内容，译者认为需要予以补充说明的，以 * 标出并以译者注作出说明。限于译者的时间、精力和能力，原著所涉内容并未得到逐一核查。本译著内容错漏之处和翻译不当之处，敬请读者批评指正。

本译著是集体合作的成果。其中，曲相霏负责翻译第 1~4 条、第 9 条、第 27 条、第 39~50 条、“从隐形公民到变革的推动者：联合国为残疾人权利获得承认而斗争的简短历史”“一种新的残疾人权模式”“欧洲联盟与《残疾人权利公约》：复杂性、挑战和机遇”“《残疾人权利公约任择议定书》”“《残疾人权利公约》对人权法的发展”、中译本前言、前言、序言、编者和作者、目录、缩略语、杂志与百科全书缩略语、条约和其他国际文书列表、索引，并起草了译者说明，参与了统稿和校对；张贵军负责翻译第 5~8 条、第 20~26 条、第 28~30 条；刘文娟负责翻译第 10~19 条、第 31~38 条。

本译著是中国社会科学院国际法研究所“国际人权公约评注译丛”的一部，为中国社会科学院创新工程学术出版资助项目。译丛主编孙世彦研究员确定和分配了该翻译任务，自始至终关心和推进翻译工作的进展，在从翻译到出版的各个环节都提供了具体的指导。中国残疾人联合会王治江博士曾作为中国政府代表团成员参与《公约》的谈判起草工作。他在百忙之中通读了全稿，从专业角度提出了很多意见和建议。译者还曾就若干概念的表述请教过中国残疾人联合会厉才茂博士、武汉大学法学院张万洪教授等专家。社会科学文献出版社的芮素平编辑等，对本译著进行了严谨细致的审读编校。没有他们的参与和付出，本译著无论是专业水准还是规范表述都将大打折扣，译者在此表示诚挚的谢意。

目　录

从隐形公民到变革的推动者：联合国为残疾人权利获得承认而斗争的简短历史 1

特蕾西娅·德格纳　安德鲁·贝格

目　次

1 简介

《残疾人权利公约》是在4年时间内谈判达成的，就联合国而言这简直快如闪电。然而，为它奠定政治和法律基础却花费了数十年光阴。更早的时候，试图说服联合国大会为一项关注残疾人权利的公约开门的努力均以失败
2 告终。[1] 根据现代人权理论，争取新权利的斗争取决于若干因素，比如一场将集体大众的委屈和诉求界定为规范性主张的有组织的社会运动，或者说服主要人权组织、政府和联合国机构中的把关者。[2]

新千年伊始，联合国人权事务高级专员办事处委托开展了一项背景研究，目的是探索关于制定一项残疾人权利公约的条件。该研究认定，为这项公约作出新努力的时机已经成熟。[3] 在此之前，历经了许多年，实际上长达几十年，联合国才缓慢地形成作为权利政策的残疾政策。本章对该政策的不同阶段进行了概述。其中，第2部分描述了自1945年至2001年的四个历史时期，这些使各方最终达成了就《公约》进行谈判的共识。第3部分对2002年至2006年的《公约》起草过程进行了介绍。

2 联合国的残疾政策：黎明之前

《公约》获得通过是一项重大成就。然而联合国花费了数十年时间才将残疾问题确认为人权问题。回想起来，这个过程可以分为四个阶段。第一阶段为1945~1970年，这是残疾人在联合国政策中不可见的时代。这种情况在第二阶段（1970~1980年）发生了变化，在这一时期残疾人被认定为康复的对象。第三阶段包括1980~2000年的20年，在此期间，残疾人成为人权的

1 Degener (1995), p. 12.

2 Bob (2009), p. 4 et seq.

3 Quinn and Degener (2002).

客体。仅在新千年后的第四阶段，残疾人才成为人权的主体。

2.1　残疾人作为隐形公民：1945~1970 年

1945 年的《联合国宪章》和 1948 年的《世界人权宣言》都没有提及残疾人。《世界人权宣言》仅仅将残疾视为一种事件或状况，类似失业和疾病，[4] 认为对遭此境况的人应适用社会保障措施以确保其适当生活水准。鉴于该宣言起草委员会的 9 名成员中至少有 2 名具有与残疾直接相关的经历，这种对残疾人缺乏认识的情况令人惊讶。起草委员会主席是美国总统富兰克林·罗斯福（Franklin D. Roosevelt，罗斯福总统在他生命的最后 20 年不得不使用轮椅）的妻子埃莉诺·罗斯福（Eleanor Roosevelt）。起草委员会的加拿大成员约翰·汉弗莱（John P. Humphrey），在 6 岁时就失去了一只手臂。[5] 3
因此，不能说在宣言的起草过程中没有具有残疾相关经历的人在场。

核心国际人权公约的前 3 项就在此阶段通过：1965 年通过《消除一切形式种族歧视国际公约》，1966 年通过《公民及政治权利国际公约》和《经济社会文化权利国际公约》（统称“国际人权两公约”）。这些公约都没有明确提及残疾人。虽然联合国大会和其他人权机构在后来多次强调残疾人也受这些条约的保护，但有理由说这一群体在这些公约起草时并未受到关注。

在联合国成立的头 25 年里，残疾人或多或少是隐形的公民。从 1946 年至 1970 年的《联合国年鉴》（UN Yearbooks）仅在三种情况下提及残疾人：第一，作为难民中的特定群体；第二，作为康复和福利的对象；第三，在社会保障基金语境下。

若干事例可以说明联合国当时关于残疾的论述多么有限。1950 年联合国秘书长向社会委员会（Social Commission）提交了一份《身体残疾人的社会康复》报告。该报告总结了一次国际专家会议的成果，其唯一的主题是国际康复方案，涵盖了医学、职业疗法和物理疗法，假体的制造和安装，以及类

4　《世界人权宣言》第 25 条。

5　Scott（2011）.

似的服务。[6] 根据这份报告，经济及社会理事会通过了第 309（Ⅺ）号决议，请求秘书长“与专门机构共同规划，并与有关非政府组织协商，制定一份充分协调的身体残疾人康复国际方案”。该决议也向联合国会员国提出了类似的建议。[7]

不过，这些文件聚焦的重点是康复专家，而不是残疾人个体。尽管在此期间一位著名残疾人海伦·凯勒（Helen Keller）曾在联合国发表讲话，[8] 但是一般而言残疾人只被视为康复的对象，而作为公民和权利持有者，他们仍然是隐形不可见的。

4 2.2 残疾人作为康复的对象：1970~1980 年

第二阶段始于联合国大会通过的两项重要的非约束性宣言。1971 年，《智力迟钝者权利宣言》通过，[9] 随后 1975 年《残疾人权利宣言》* 通过。[10] 1971 年的宣言是由一个国际非政府组织国际智力残疾人协会联盟（the International League of the Societies for the Mentally Handicapped）几年前在其耶路撒冷世界大会上起草的。[11] 这份简短的宣言仅包括 7 个段落和 1 个序言。从标题和序言来看，该宣言似乎是一个以权利为基础的文件，提到了《世界人权宣言》和国际人权两公约，[12] 但实际上它更是一个残疾医学模式文件。根据该宣言，有认知损伤的人享有的权利仅仅是“在最大可能范围内”与其他人相同。[13] 因此，它把损伤视为享有和行使权利的潜在障碍。该宣言的最后一段明确体现了这一点。该段的目的是为智力障碍者确保法律正当程序和其

6 Social Rehabilitation of the Physically Handicapped, Resolution E/RES/309E（Ⅺ）, July 13, 1950.

7 Social Rehabilitation of the Physically Handicapped, Resolution E/RES/309E（Ⅺ）, July 13, 1950.

8 http://www.afb.org/blog/afb-blog/helen-keller-at-the-united-nations/12. Accessed March 20, 2015.

9 《智力迟钝者权利宣言》，A/RES/2856（XXⅥ），1971 年 12 月 20 日。

* 联合国官方中文本为《残废者权利宣言》。——译者注

10 《残疾人权利宣言》，A/RES/3447（XXX），1975 年 12 月 9 日。

11 Mittler（2003）, p. 37; Herr（2003）.

12 A/RES/2856（XXⅥ）, Preamble.

13 A/RES/2856（XXⅥ）, para. 1.

他法律保障，但实际上它没有能够将基于损伤的严重侵犯人权的行为认定为违法行为：

> 七、智力迟钝的人因有严重残缺而不能明确行使各项权利或必须将其一部或全部权利加以限制或剥夺时，用以限制或剥夺权利的程序务须含有适当的法律保障，以免发生任何流弊。这种程序必须以合格专家对智力迟钝者有具社会能力的评价为根据，并应定期加以检查，还可向高级当局诉请复核。

换句话说，只要有适当的法律保障措施防止滥用，对认知损伤者人权的否认和限制就不被视为侵犯人权。在该宣言中，监护权被要求作为一种法律保护措施。[14]

该宣言残疾医学模式属性的另一个特征是其并没有宣布人权的整个类别，而只强调经济和社会权利，如“经济安全和体面的生活水平”。[15] 形成对比的是，公民权利和政治权利只在涉及限制自由（如起诉和监护）的法律标准时才被提及。

该宣言最具可操作性的部分要求“适当的医疗和物理治疗以及康复，以 5
使智力迟钝者发展其能力和最大潜能”。因此，把该宣言界定为将残疾人视为康复对象的软法文书是公平的。

1975 年《残疾人权利宣言》同样要求准予残疾人享有非残疾人所享有的所有人权。它宣称“残疾人享有其人格尊严获得尊重的固有权利”，[16] 并进一步规定“残疾人与其他人享有同样的公民权利和政治权利”。[17] 该宣言还呼吁残疾人“享有体面的、尽可能正常而充实的生活”，[18] 这被描述为“与家人或养父母共同生活并参加所有社交、创作或娱乐休闲活动的权利”。[19]

但是这些对平等的承诺都受到条件限制。首先，通过提及《智力迟钝者权

---

14 A/RES/2856 (XXVI), para. 5.

15 A/RES/2856 (XXVI), para. 3.

16 A/RES/3447 (XXX), para. 3.

17 A/RES/3447 (XXX), para. 4.

18 A/RES/3447 (XXX), para. 3.

19 A/RES/3447 (XXX), para. 9.

利宣言》，特别是第7条的限制条款，智力障碍者的平等权利受到了限制。[20] 尽管《残疾人权利宣言》宣布“残疾人，不论其缺陷或残疾的起因、性质和严重程度如何，都应与其他同龄公民享有同样的基本权利”，[21] 但它还是提到了这一限制。其次，在某些情况下，将残疾人机构化被视为“必不可少的”。[22]

对于这些情况，该宣言宣告了一个“正常化”原则：“其中的环境和生活条件应尽可能接近其同龄人的正常生活环境和条件。”[23] 虽然提及正常化原则显然是迈向人权路径的一步，但该宣言的基本理念仍然由残疾医学模式决定。残疾预防作为一项必要措施被提及两次，[24] 对残疾人融入社会的要求是“尽可能”，[25] 残疾也不是作为环境和个人因素相互作用的结果定义的。相
6 反，残疾人被定义为“由于先天性或非先天性的身体或精神能力缺陷而不能保证自己取得正常的个人生活和社会生活一切或部分必需品的任何人”。[26]

尽管存在这些缺陷，《残疾人权利宣言》仍然是联合国认识到与残疾人组织进行磋商的重要性的首批文件之一。[27]

1976年联合国大会宣布1981年为“国际残疾人年”并呼吁制订一项强调“充分参与和平等机会”的行动计划。[28] 在第二阶段，残疾人越来越被视为自己事务的代理人。但是这些事务主要是康复事务，重点是修复受损伤的人。

2.3 残疾人作为人权的客体：1980~2000年

第三阶段从1980年到2000年，跨越了20年，1981年的“国际残疾人年”正式开启了该阶段。“国际残疾人年”确实引起了人们对残疾政策问题

---

20 A/RES/3447（XXX），para. 4：“对于智力迟钝者的这些权利的任何可能限制或压制，应适用《智力迟钝者权利宣言》第七条的规定。”

21 A/RES/3447（XXX），para. 3.

22 A/RES/3447（XXX），para. 9.

23 A/RES/3447（XXX），para. 9.

24 A/RES/3447（XXX），Preamble.

25 A/RES/3447（XXX），Preamble.

26 A/RES/3447（XXX），para. 1.

27 A/RES/3447（XXX），para. 12.

28 国际残疾人年，A/RES/31/123，1976年12月16日。

的关注，但在联合国，一年的时间还不足以取得更大成就。不过，它是一个更加活跃时期的开始。

2.3.1 《关于残疾人的世界行动纲领》

“国际残疾人年”的主要成果是通过了一项详细的行动计划——《关于残疾人的世界行动纲领》（WPA），[29] 在 21 世纪它仍然是联合国加强残疾预防、康复和机会均等的主要战略。[30]

《关于残疾人的世界行动纲领》篇幅不小，有 200 多个段落。虽然它仍然基于残疾问题的三个传统方面（残疾的定义、预防和康复），但通过要求机会平等而增加了新的视角。它提出了一长串对于国家行动的建议，以实现残疾人的机会平等。这些行动建议涉及立法、物质环境、收入维持和社会保障、教育、就业、休闲娱乐、文化、宗教和体育等问题。[31] 此外，《关于残疾人的世界行动纲领》还有一小章以人权为主题，呼吁联合国各机构、各国政 7
府及其他利益攸关方对残疾人的人权给予应有的重视。[32]

在通过《关于残疾人的世界行动纲领》时，联合国大会明确认识到这是一个雄心勃勃的文件。为了确保其执行得到持续关注，联合国大会同时宣布了“联合国残疾人十年”（1983～1992 年）。[33] 在这 10 年间，联合国通过了一系列涉及残疾问题的文件。

2.3.2 国际劳工组织第 159 号公约

第一份冲破藩篱的文件是 1983 年国际劳工组织通过的《残疾人职业康复和就业公约》（第 159 号公约）。国际劳工组织第 159 号公约是第一份涉及残疾人的具有法律约束力的人权条约，之前通过的所有文件都不具有法律约束力。它也是联合国第一个专门提及残疾妇女的文书，其规定“尊重男女残

---

29 《关于残疾人的世界行动纲领》，A/RES/37/52，1982 年 12 月 3 日。

30 Keeping the Promise：Realizing the Millennium Development Goals for Persons with Disabilities towards 2015 and Beyond，Report of the Secretary General to the General Assembly，A/65/173，July 26，2010.

31 A/RES/37/52，paras 108-137.

32 A/RES/37/52，paras 162-169.

33 Implementation of the World Programme of Action Concerning Disabled Persons，Resolution A/RES/37/53，December 3，1982，para. 11.

疾工人的平等机会和待遇”。[34]

第159号公约引入了残疾人在工作场所机会平等的原则，因而意义重大。不过，它的适用范围狭窄，影响有限。它的主要目的是为缔约国设定执行残疾人职业康复政策的义务，以提高残疾人在开放的劳动力市场就业的机会。[35] 它确实建立在1975年《残疾人权利宣言》对与残疾人组织进行协商的重要性的认识之上。它明确预见了未来前进的方向，规定了在执行职业康复政策时一项具有法律约束力的义务，即“还应与有代表性的残疾人组织和为残疾人服务的组织进行协商”。[36]

2.3.3 进入人权委员会议程

在“联合国残疾人十年”期间，联合国人权委员会就与残疾有关的人权问题发表了两份重要报告。

第一份报告是防止歧视和保护少数小组委员会特别报告员埃丽卡-伊雷娜·A. 达耶斯（Erica-Irene A. Daes）关于心理社会障碍者状况的研究。开
8 展这项研究的动机是提请人们注意被以精神疾病为由拘押的政治犯（尤其是在“铁幕”之后），但它也确实仔细研究了精神病院中残疾人的状况。该研究提出了一套关于“保护因精神疾病或心理障碍而被拘押的人的原则、指南和保证”。[37]

该报告是第一份将专业医疗人士视为潜在人权侵犯者的报告，这是一项突破性的规范成果。[38] 然而，该原则草案给医务人员在强制治疗和拘押方面留出了充分的自由裁量权，因而很快就引起了法律评论者和残疾人组织的批评。[39] 这就是《残疾人权利公约》的序言未提及这些原则的原因。不过，必须承认，该报告是联合国人权委员会及其小组委员会将残疾问题列入其议程

---

34 《残疾人职业康复和就业公约》，1985年6月20日生效，第4条。

35 《残疾人职业康复和就业公约》，第2条和第3条。

36 《残疾人职业康复和就业公约》，第5条。

37 Principles, Guidelines and Guarantees for the Protection of Persons Detained on Grounds of Mental-Ⅲ Health or Suffering from Mental Disorder, Report of the Special Rapporteur of the Sub-Commission on Prevention of Discrimination and Protection of Minorities, 1986, E/CN.4/Sub.2/1983/17/Rev.1, Annex Ⅱ.

38 例如，原则11（同意治疗）第12段：“绝不能将绝育作为治疗精神疾病的方法。”

39 Minkowitz (2007), p. 407; Lord (2009), p. 87.

的第一步。

防止歧视和保护少数小组委员会委托开展的第二项研究覆盖了所有残疾人，由特别报告员莱安德罗·德斯普伊（Leandro Despouy）在1984年至1991年进行。他于1993年发表的报告《人权与残疾人》[40] 提供了世界范围内广泛侵犯残疾人人权的证据。该报告提交到联合国人权委员会和联合国大会，对联合国若干人权机构将残疾问题列入议程起到了积极作用。

在该研究报告的编写过程中，曾有过两次为残疾人通过一项人权条约的尝试。一次是在审查《关于残疾人的世界行动纲领》执行情况的1987年斯德哥尔摩全球专家会议之后，意大利在第42届联合国大会上提出了一个条约文本的大纲草案；另一次是瑞典在第44届联合国大会期间作出的努力。[41] 两次尝试都未能成功。德斯普伊在该报告中如此评论这个失去的机会：

> 必须得说，自《关于残疾人的世界行动纲领》获得通过那时起，残疾人会发现与难民、妇女、移徙工人等其他弱势群体相比，他们在法律上处于不利地位，后者得到了单一的有法律约束力的规范的保护……然而，没有专门机构负责监督对残疾人人权的尊重情况，并在发生具体侵 9
> 害行为时对他们采取秘密或公开的行动。可以说，残疾人与其他人一样受到了一般性规范、国际人权两公约和区域公约等的平等保护。确实如此。但与其他弱势群体不同的是，他们没有一个国际管制机构为他们提供特定的、具体的保护。[42]

2.3.4 《残疾人机会均等标准规则》

“联合国残疾人十年”结束时并没有通过一项公约，而是通过了一项没有法律约束力的文书：1993年《残疾人机会均等标准规则》。[43] 该标准规则由4个部分22条规则组成。第一部分涉及平等参与的先决条件：提高认识（规则1）、医疗护理（规则2）、康复（规则3）和支助服务（规则4）。第

---

40 联合国出版物，发行编号 E. 92. XIV. 4。

41 《残疾人机会均等标准规则》，A/RES/48/96，附件第9段，1993年12月20日。有趣的是，Nagase（1995）指出，意大利的代表是玛丽亚·丽塔·索勒（Maria Rita Saulle），pp. 36-40。

42 Dito Despouy（1993），paras 280-281.

43 《残疾人机会均等标准规则》，A/RES/48/96。

二部分确定了平等参与的目标领域，如无障碍环境（规则 5）、教育（规则 6）和就业（规则 7）。第三部分涉及执行措施，重点是信息和研究（规则 13）、决策和规划（规则 14）以及立法（规则 15）之类的行动。第四部分涉及监测问题。

《残疾人机会均等标准规则》是在《关于残疾人的世界行动纲领》的背景下起草的，但是其精神和措辞则更多地基于对残疾的以权利为基础的思路，并包括了新兴国际残疾权利运动的一些术语，如“独立”“个人协助服务”。[44]《残疾人机会均等标准规则》的另一个重要特征是它注重非歧视和平等。尽管评论者批评了其在公民权利和政治权利、立法要求[45]及法律特征等方面的不足，[46] 但《残疾人机会均等标准规则》仍然是后来十年中主要的人权文书。这些标准规则对全球许多国家基于残疾的反歧视立法具有重大影响。[47]

《残疾人机会均等标准规则》不同于《关于残疾人的世界行动纲领》的一个特点是其关于监测的一组规定。直至 2014 年，一直有一位特别报告员在专家小组的建议下监测《残疾人机会均等标准规则》的执行情况。第一位特别报告员是本特·林德奎斯特（Bengt Lindqvist），瑞典的前部长，一位盲人，也是国际残疾权利运动的成员。他于 1992 年至 2002 年任职。随后是卡塔尔的谢哈·赫萨·阿勒萨尼（Sheikha Hessa Al-Thani），2003 年至 2005 年任职。2009 年至 2014 年任职的第三位残疾问题特别报告员是南非的舒伊布·查克伦（Shuaib Chalklen），他是一位杰出的残疾权利领袖，也是一位轮椅使用者。

10 专家小组由来自残疾领域的 6 个国际组织的代表组成。[48] 他们为特别报告员的监测任务提供咨询。由此，通过《残疾人机会均等标准规则》及其监测机制，残疾人成为联合国专家和自身事业的推动者。

---

44 A/RES/48/96，Rule 4；对此更详细的分析，见 Degener（1995），pp. 14-15。

45 Degener（1995），p. 15；Quinn and Degener（2002），p. 23.

46 Michailakis（1999），p. 122.

47 Quinn and Degener（2002）；Soledad Cisternas Reyes（2011）.

48 包括残疾人国际（Disabled Peoples' International）、康复国际（Rehabilitation International）、世界聋人联盟（World Federation of the Deaf）、世界盲人联盟（the World Blind Union）和融合国际（Inclusion International）等，见 Michailakis（1999）。

2.3.5 残疾权利运动的兴起

由残疾人组织代表组成的联合国专家小组之所以能够成立，得益于在“国际残疾人年”和“联合国残疾人十年”期间兴起的国际残疾权利运动。世界各地的残疾人受其他社会运动（如民权运动和女权运动）的启发，使运动走向政治化并为自己发声。

于是，传统的以福利和康复为导向的组织受到批评，因为这些组织大多是由非残疾人“专家”代表或残疾人的父母组成的。正因为如此，1980 年“残疾人国际”成立，替代了与“康复国际”同类的一些组织*。[49] 然而，这些新成立的组织费了很多时日才成为联合国人权机制的专业参与者。

尽管残疾人国际和其他残疾人组成的组织（而不是服务残疾人的组织）的代表参与了《关于残疾人的世界行动纲领》和《残疾人机会均等标准规则》的起草，[50] 但他们的人数不如没有残疾生活经验的专家多。例如，《关于残疾人的世界行动纲领》的初稿是由康复国际起草的。[51] 因此，尽管残疾医学模式已经为残疾社会模式所取代，此时残疾人仍然是人权的对象（objects）而非主体。

除了政策和法律由非残疾的专家们主导制定外，残疾人仍然没有被纳入联合国人权机制的主流。人权条约机构对残疾问题的讨论仍然很有限。在大多数情况下，残疾问题被作为一个社会政策问题隔离在任何基于权利的讨论之外。例如，联合国残疾问题特别报告员向位于纽约的社会发展委员会报告，而不是向位于日内瓦的人权委员会报告。虽然从理论上讲这两个委员会具有同等地位，但社会发展委员会实际上是一个可怜的表亲。社会发展委员会的年会会期是一个半星期，而人权委员会的年会会期是 6 个星期。世界各
国首都的人权专家和非政府组织每年都会来日内瓦参加人权委员会的会议， 11
会场往往很拥挤，没有座位的常常只能站着开会。而另一边，社会发展委员会几乎没有引起各国的注意，出席其会议的主要是各国派驻纽约使团的低级

---

* “康复国际”本身仍然存在。——译者注

49 Driedger (1989); Groce (2002).

50 Driedger (1989).

51 Groce (2002), p. 75.

代表，大量空座表明许多使团根本就懒得露面。同样，联合国秘书处对残疾问题特别报告员的支持来自纽约的政策协调和可持续发展部，而所有人权机构及其相关资源、专家和力量均设在日内瓦。

不过，在第三阶段，残疾权利运动在政治宣传中积蓄了力量和经验，在新千年来临之际，残疾人自己的组织已成为明确的政策倡导者，不再准备让其他人代表他们发言。

2.4 残疾人在新千年作为人权主体

第四阶段始于新千年，残疾人及其组织在更大规模上成为人权倡导者。至此，残疾人“自”组织（organisations “of” persons with disabilities）在政策导向方面起着引领作用，而“为”残疾人的组织（organisations “for” persons with disabilities）在国际残疾政策中则降到次要位置。经过诸多内部争论之后，一些“为”残疾人的组织也推选了残疾人担任其主席或作为出席国际会议的代表。[52] 其他一些则更换名称来回应新的时代。[53]

这一阶段的主要特点是国际残疾政策开始以权利为基础。通过主张可及、平等、自由、社会连带和参与作为权利，残疾倡导者针对长期以来的不利地位提出了规范性主张。这种以权利为基础的做法将残疾人作为享有同等权利的公民和获得法律承认的人提上议程。这种做法与对残疾人在权利地位方面的新理解有关。根据新的残疾概念，损伤不能作为剥夺或限制权利的基础。基于损伤而拒绝或限制权利是一种基于残疾的歧视。

一个相当合乎逻辑的步骤是，在新千年即将来临之际，残疾人组织意识到，要进入联合国人权机制并成为主流，就需要通过一项关于残疾人人权的公约。

12 这方面的主要参与者之一是国际残疾联盟（the International Disability Alliance）。该联盟于 1999 年由在残疾问题特别报告员专家小组中学会通力合作的 7 个国际残疾人组织[54]成立。

---

[52] 例如康复国际，见 Groce（2002），p. 66 et seq。

[53] 例如，融合国际的前身是国际智障人士协会联盟（International League of Societies for Persons with Mental Handicap）。

[54] 残疾人国际、康复国际、世界聋人联盟、世界盲人联盟、融合国际、世界盲聋联盟（the World Federation of the Deafblind）和欧洲残疾问题论坛（European Disability Forum，EDF）。

2.4.1 制定公约的更强呼吁

2000 年 3 月在北京召开的世界残疾人峰会通过了《新世纪残疾人权利北京宣言》（Beijing Declaration on the Rights of People with Disabilities in the New Century），呼吁制定一项具有法律约束力的公约，并敦促残疾人组织为之努力。它宣布：

> 5. 我们确信，要使残疾人完全融入社会，需要我们团结起来，共同促成一个国际公约，使其对各国具有法律约束力……
>
> 6. 我们确信，新世纪的开端为各类残疾人及其组织……联合国各机构……达到制定和通过一国际公约的目的，以促进和保障残疾人的权利，促进参与主流社会均等机会的恰当时机，
>
> 7. 我们敦请，参与这一发展进程的各国元首、政府首脑……立即启动这一国际公约的进程……
>
> ……
>
> 9. 我们呼吁……共同投身到……各种努力中去，确保通过这一关系到所有残疾人权利的国际公约，
>
> 10. 我们所代表的组织承诺，为通过具有法律约束力的残疾人权利国际公约……付出不懈努力。[55]

在不到一年的时间里，残疾人组织动员起来，在 2001 年 9 月于德班（Durban）举行的世界反种族主义大会（World Conference against Racism）上，成功说服各方将制定残疾人公约的呼吁纳入会议成果文件。此次会议通过的《行动纲领》提请联合国大会考虑制定一项完整和全面的国际公约，保护和促进残疾人的权利和尊严，尤其是针对那些歧视性做法和不公平对待的规定。[56]

与此同时，一些国家似乎已经准备好启动一项针对残疾人的人权条约进程的第三次尝试。尽管 2000 年初爱尔兰向人权委员会提交决议的努力失败

---

55 Quinn and Degener (2002), p. 181.

56 Report of the World Conference against Racism, Racial Discrimination, Xenophobia and Related Intolerance, December 8, 2001, A/CONF. 189/12, Programme of Action, para. 180.

了，[57] 但 2001 年墨西哥向联合国大会提交的一项决议获得通过。该决议要求讨论起草一项国际公约的可能性。墨西哥总统文森特·福克斯（Vincente
13 Fox）对这项决议作出了高级别的政治承诺，并在当年联合国大会一般性辩论的讲话中呼吁达成一项公约。[58] 墨西哥成功地推动其他代表团（无论是否准备就绪）通过决议设立联合国大会的一个特设委员会，“审议关于制定一项促进和保护残疾人权利和尊严的全面综合国际公约的提案”。[59] 同年，新西兰政府通过了一项国家残疾战略，其中包括研究和支持在联合国制定一项残疾人权利公约的国家承诺。[60] 由于墨西哥和新西兰都在政治层面上致力于推动该公约，两国在纽约的代表团开始公开或幕后密切合作以推动这一进程。

3 个月之后，通往《公约》的道路上又增添了一块里程碑。2002 年 2 月，联合国人权事务高级专员办事处发布了一份有关残疾背景下人权文书的使用和未来潜力的研究报告。[61] 该报告由爱尔兰政府资助，由长期参与国际残疾权利运动的学者完成。

该研究报告对当时联合国的 6 项核心人权公约及其对残疾人的适用情况进行了全面审查。毫不奇怪，它发现尽管残疾人不再是隐形公民，但残疾医学模式仍然在大多数国家盛行。该研究报告还提出了一些切实可行的建议，以提高残疾人问题在联合国和缔约国的可见度。它还提出支持起草一项有关残疾人的新人权公约的论点。

此后，事情发展迅速。

在残疾人组织把自己变成人权组织的同时，主流的人权团体也采取了一些小步骤，将残疾问题视为一个更广泛的人权问题，超越了基于精神健康理由的拘押那样范围狭窄的个人问题。这种转变的种子很早就已经种下，包括在 1993 年维也纳世界人权会议上迈出的重要一步。该会议明确承认所有人权的普遍性、相互依存性、相互关联性和不可分割性，这一原则最终奠定了《残疾人

---

57 Quinn（2009），p. 96.

58 2001 年 11 月 10 日墨西哥总统文森特·福克斯在第 56 届联合国大会一般性辩论中的讲话。

59 Comprehensive and Integral International Convention to Promote and Protect the Rights and Dignity of Persons with Disabilities，December 19，2001，Resolution A/RES/56/168，para. 1.

60 New Zealand Disability Strategy，Action 2. 5，Minister of Social Development，April 2001.

61 Quinn and Degener（2002）.

权利公约》全面方针的基础。该会议还在成果文件《维也纳宣言和行动纲领》中把残疾人作为移徙工人、儿童和妇女之外的一个焦点群体特别提及： 14

> 世界人权会议重申所有人权和基本自由都具有普遍性，因而毫无保留地适用于残疾人。人人生而平等，享有同样的生命权和得到福利、教育和工作的权利、独立生活的权利，以及在各方面积极参与社会的权利。因此，对残疾人的任何直接歧视或其他对之不利的差别待遇均属侵犯其权利。世界人权会议呼吁各国政府在必要时通过或调整法律，保证残疾人获得这些权利和其他权利。
>
> 残疾人无处不在。残疾人的平等机会应当得到保证，为此要消除一切排除或限制他们充分参与社会的障碍，无论这些障碍是身体、经济、社会抑或心理上的障碍。[62]

维也纳世界人权会议还大大加强了国内和国际人权机制。它设立了联合国人权事务高级专员办事处，推动许多国家设立国家人权机构，从而推动国家层面的人权对话。

随着互联网的出现，全球国际人权倡导运动迎来新的机遇，并在国际舞台上展开“新外交”。[63]

使残疾人组织能够发挥领导作用并要求将残疾问题纳入人权机制主流的其他重要因素是专家会议，这些会议有助于在人权学者和残疾权利倡导者之间建立联系。联合国分别于 1998 年和 1999 年在美国加州大学伯克利分校和中国香港大学举办了两次这样的研讨会。[64] 这两次会议均着重讨论了与残疾人有关的国际规范和标准，提出了关于新的主题公约和联合国系统各机构改革的详尽建议。

这方面的另一次重要会议于 2002 年 4 月在联合国系统之外举行。主流人权组织与残疾权利活动者会合，以解决长期以来主流人权运动忽视残疾人权利的问题。根据一位法律评论者的说法，这次会议帮助残疾人群体获得了

---

62 《维也纳宣言和行动纲领》，A/CONF. 157/23，1993 年 6 月 25 日，第 63~64 段。

63 Sabatello（2014）.

64 Degener（1999）.

某些主要人权组织的支持。[65] 但是，这些传统的人权组织在《公约》谈判过
15 程中仍然保持了距离，它们只对特设委员会给予了粗略的关注。

2.4.2 守旧态度仍然是绊脚石

在新千年来临之际，上述因素为残疾人成为人权的主体注入了力量。但是，当起草一项公约的谈判即将开始时，旧的残疾医学模式仍然持续存在，残疾人组织不得不中断工作以重新审视他们的态度。

例如，2001 年 5 月，世界卫生组织的理事机构世界卫生大会批准了《国际功能、残疾和健康分类》（the International Classification of Functioning, Disability and Health, ICF）。[66] 该文件旨在成为描述和衡量健康与残疾的国际标准。尽管残疾人组织参与了该文件的起草工作，而且该文件关注了生活的各个方面而不仅仅是医学诊断，但它在很大程度上仍是基于医学视角处理残疾人问题的（因此，与 1991 年《保护精神病患者和改善精神保健的原则》（the Principles for the Protection of Persons with Mental Illness and the Improvement of Mental Health Care in 1991）一样，世界卫生组织的该分类标准没有被《残疾人权利公约》序言提及）。

残疾权利运动以怀疑态度对待新的分类标准，并把注意力集中在通过一切手段克服残疾人医学模式的目标上。

3 明确主张权利：起草《残疾人权利公约》

经过残疾人团体多年的游说，负责审查公约提案的特设委员会于 2002 年 7 月举行了第一届会议。该会议对联合国所有会员国开放，厄瓜多尔大使路易斯·加勒戈斯（Luis Gallegos）当选主席，[67] 副主席来自南非、菲律宾、

---

65 Lord (2009), p. 90.

66 International Classification of Functioning, Disability and Health, Resolution WHA 54.21, May 22, 2001.

67 Report of the Ad Hoc Committee on a Comprehensive and Integral International Convention on Protection and Promotion of the Rights and Dignity of Persons with Disabilities, A/57/357, August 27, 2002, para. 5.

瑞典和捷克。[68]

3.1 第一届会议：仍未就是否需要一项公约达成协议 16

世界各地的残疾人组织来到联合国参加特设委员会第一届会议，准备着手起草公约。但很明显，从会议的第一天起，各方还没有就是否需要制定一项公约达成一致。欧洲联盟提交了一份立场文件，明确表达了典型的怀疑态度，指出尽管特设委员会的任务提到了一项具体的法律文书，但这“并不排除委员会考虑其他选项”。[69]

而另一方面，墨西哥不仅确信有必要制定一项公约，而且提交了一份完整的公约草案作为工作文件。[70] 墨西哥持续大力推动尽快开始案文谈判，智利、挪威、南非和巴西也声明支持。[71] 塞拉利昂和克罗地亚的代表也强烈支持制定公约，并指出该公约对其本国因近来国内冲突而致残的大量公民具有现实意义。[72]

美国则敦促各方谨慎行事，并质疑将新公约作为加强残疾人权利的最有效途径是否明智。加拿大同样保持谨慎，指出尽管制定一项新公约的提案具有价值，但既有的人权公约还可以得到更大、更有针对性的利用。

部分犹豫来自一些更谨慎的代表团。他们怀疑这样一项公约最终可能只是聚焦于社会发展。考虑到残疾人组织奋斗了很久才使残疾人问题成为一个人权问题，现在的情形多少有些讽刺意味。来自发达国家的一些代表私下表示，他们担心该公约会对捐赠国施加义务，从而破坏政府保护本国公民权利的传统义务。

---

68 主席和副主席共同组成会议主席团，负责会议议程、协调工作计划的制定和组织特设委员会的一般运作。后来，瑞典代表辞去副主席，新西兰代表担任了主席，哥斯达黎加和约旦代表分别取代厄瓜多尔和菲律宾代表担任了副主席。（此次会议没有更换主席团成员。后来，新西兰大使接替厄瓜多尔大使担任了主席。见本章第 3.5.6 节。——译者注）

69 欧盟的立场文件，A/AC. 265/WP. 2，July 31，2002。

70 墨西哥提交的工作文件，A/AC. 265/WP. 1，July 15，2002。

71 Disability Negotiations Daily Summary，Vol. 1 No. 1，July 29，2002，and Vol. 1 No. 2，July 30，2002.

72 Disability Negotiations Daily Summary，Vol. 1 No. 1，July 29，2002，and Vol. 1 No. 3，July 31，2002.

中国代表团向大会提交的一份工作文件表明了这种担忧。该文件指出，由于大多数残疾人生活在发展中国家，该公约“应着眼于发展中国家残疾人
17 的特殊情况和困难，并反映发展中国家的正当要求”。[73] 该文件进一步提出，发达国家“应采取具体步骤为发展中国家提供支持和财政援助”。印度和印度尼西亚也发表了类似的声明。[74]

如果说没有就公约的必要性达成共识是本届会议的一个特点，那么缺乏准备便是另一个特点。只有不到 1/4 的会员国代表在一般性辩论中发言，其中一些发言只是表示他们尚未收到本国政府的指示。为此，残疾人组织发布了一份公告，对会议没有进展表示“深深的失望”，对会议缺乏准备表示“沮丧”。[75]

考虑到会议上的各种意见，特设委员会只能就数量有限的会议成果达成共识。这些成果包括建议第二年再次开会和请求秘书长改善联合国总部的无障碍环境。尽管建筑爱好者们欣赏联合国总部建筑群所体现的 20 世纪 50 年代现代主义的原始状态，但残疾人最关心的是其无障碍建设标准也牢牢地停留在 20 世纪 50 年代。

3.2 第二届会议：确保残疾人参与

大约一年后的 2003 年 6 月，特设委员会举行了第二届会议。两届会议期间，赞成制定公约者忙得不可开交，召开了许多区域会议以审议各种提案。提交给特设委员会第二届会议的工作文件包括《曼谷建议》（Bangkok Recommendations）、[76]《贝鲁特宣言和建议书》（Beirut Declaration and Recommendations）、[77] 多个政府和残疾人组织的建议汇编[78]和至少 4 份联合国秘书长

73 中华人民共和国的立场文件，A/AC. 265/WP. 3，August 1，2002。

74 Disability Negotiations Daily Summary，Vol. 1 No. 3，July 31，2002.

75 Disability Negotiations Bulletin，Vol. 1 No. 3，August 1，2002.

76 Bangkok Recommendations on the Elaboration of a Comprehensive and Integral International Convention to Promote and Protect the Rights and Dignity of Persons with Disabilities，A/AC. 265/CRP. 10，June 4，2003.

77 Beirut Declaration and Recommendations on the Elaboration of a Comprehensive and Integral International Convention to Promote and Protect the Rights and Dignity of Persons with Disabilities，A/AC. 265/CRP. 12，May 29，2003.

78 Compilation of Proposals for a Comprehensive and Integral International Convention to Promote and Protect the Rights and Dignity of Persons with Disabilities，A/AC. 265/CRP. 13，Add. 1 and 2.

报告。[79] 此外，委内瑞拉还提交了自己的公约草案。[80] 18

在过去的一年，主流意见显然已经转向赞成制定一项公约。现在的讨论集中在公约的范围以及特设委员会应该使用面前的哪份草案来启动其工作。

讨论围绕着公约可能采用的三种模式展开。第一种模式是一项全面或整体的公约，涵盖广泛的人权，包括公民、政治、经济、文化和社会权利。《儿童权利公约》被认为是可以仿效的典范。第二种模式是制定一项以非歧视为重点的范围稍窄的公约，即《消除对妇女一切形式歧视公约》模式。第三种模式是上述两种模式的结合。[81]

委内瑞拉和墨西哥提交的草案采用了第一种模式，《曼谷建议》和残疾人组织的建议汇编也是如此。墨西哥在辩论中指出，仅确认人权和消除歧视性障碍“是不够的”，“综合”施策最合适。[82] 这一立场得到新成立的国际残疾人组织核心成员组（International Disability Caucus/IDC）的赞同，[83] 该成员组拒绝接受制定狭隘的非歧视公约的呼吁。

欧洲联盟在会议的第三天提交了一份决议草案，发起了一场关于程序的辩论。该草案建议设立一个由 15 名以个人身份任职的专家组成的专家小组，负责起草一份案文以提交特设委员会下届会议。[84]

但是，其他代表对欧洲联盟的草案给予消极回应。墨西哥代表愤然表示，墨西哥已经提交过《公约》草案了，此时还要组织专家来起草案文初稿 19
“令人不解”。[85] 残疾人组织则感到沮丧，因为案文草案将由一组专家起草而

79 有关残疾人发展的问题和新趋势，见 A/AC. 265/2003/1，April 7，2003；有关残疾人发展问题和趋势的综述，见 A/AC. 265/2003/2，April 7，2003；残疾人推动的、为残疾人的和残疾人参与的机会均等方面的进展，见 A/AC. 265/2003/3，April 7，2003；各国政府、政府间组织和联合国机构就促进和保护残疾人权利和尊严的全面综合国际公约提交的意见，见 A/AC. 265/2003/4，Corr. 1 and Add. 1，May 6，2003。

80 2003 年 6 月 18 日委内瑞拉常驻联合国副代表致促进和保护残疾人权利和尊严的全面综合国际公约特设委员会秘书的信，见 A/AC. 265/2003/WP. 1，June 18，2003。

81 Disability Negotiations Daily Summary，Vol. 2 No. 1，June 16，2003.

82 Disability Negotiations Daily Summary，Vol. 2 No. 3，June 18，2003.

83 国际残疾人组织核心成员组由残疾人组织设立，专门负责协调起草公约的立场。

84 奥地利、比利时、塞浦路斯、捷克、丹麦、芬兰、法国、德国、希腊、匈牙利、意大利、爱尔兰、卢森堡、马耳他、荷兰、波兰、葡萄牙、英国、斯洛文尼亚、斯洛伐克、西班牙、瑞典联合提出的决议草案，见 A/AC. 265/2003/L. 3，June 19，2003。

85 Disability Negotiations Daily Summary，Vol. 2 No. 3，June 13，2003.

无须他们明确参与。他们认为这是“阻挠进程的拖延战术”。[86]

新西兰察觉到了会场气氛，于是提议各会员国同残疾人组织组建一个小型工作组起草初稿。新西兰的提议将残疾人组织置于和会员国同等的地位，这在联合国是史无前例的。鉴于残疾人组织要求“没有我们的参与，不要做有关我们的决定”，[87] 新西兰明确指出，残疾人组织的参与是开始谈判的先决条件。

然而，确保非政府组织参与联合国大会谈判是非常困难的，因为传统上它们是观察员而不是参与者。一些国家（如伊朗和尼泊尔）对开创这样的先例表示担忧。[88] 值得注意的是，除了少量这样的评论以外，非政府组织参加工作组的问题已经不是它们是否应该参加，而是它们应该拥有多少席位。分配给残疾人组织的席位从最初提议的 7 个先增加到 10 个，然后又增加到 12 个，以确保全球残疾人组织在地域上达到公平的平衡。

最终，在会议结束前的最后几分钟，特设委员会同意成立一个工作组，“……目标是编写和提出案文草案——该草案要将所有贡献考虑在内并作为会员国和观察员在特设委员会中进行公约草案谈判的基础”。[89]

3.3 工作组：开始起草

工作组于 2004 年 1 月初在新西兰大使唐·麦凯（Don MacKay）的领导下举行会议时，会议室充满了兴奋和期待。经过多年的游说，会员国和残疾人组织终于坐下来开始起草一项公约。残疾人组织第一次与各会员国政府坐在同一张谈判桌前，谈判一项具有法律约束力的文本。显然，残疾人组织不再只是人权的客体，而是塑造那些权利的主角。

20 摆在代表们面前的任务是艰巨的。工作组只被安排了 10 个工作日来起草草案。此外，自特设委员会第二届会议以来，其收到的文件数量急剧增

86 Disability Negotiations Bulletin, Vol. 2 No. 6, June 23, 2003.

87 Disability Negotiations Bulletin, Vol. 2 No. 6, June 23, 2003.

88 Disability Negotiations Daily Summary, Vol. 2 No. 8, June 25, 2003.

89 Report of the Ad Hoc Committee on a Comprehensive and Integral International Convention on the Protection and Promotion of the Rights and Dignity of Persons with Disabilities, A/58/118, July 3, 2003, para. 15.

加。除了墨西哥和委内瑞拉提交的草案，工作组还收到了来自中国、欧洲联盟和印度的公约草案，特设委员会主席提交的草案，以及在曼谷召开的一次区域性国家人权机构会议提交的草案。澳大利亚、哥斯达黎加、日本、新西兰、美国，以及残疾人国际、国际残疾联盟、世界盲人联盟和世界精神病学使用者和幸存者网络（the World Network of Users and Survivors of Psychiatry）等残疾人组织也提交了立场文件。[90]

从讨论的第一天开始，当政府派遣的人权法律工作者和残疾权利运动用不同的话语体系对话时，工作组任务的繁重程度就可想而知了。例如，许多残疾人组织的第一要求是将自决权纳入公约。对残疾权利运动而言，自决权是一个经常被用来概括他们的多项要求的术语。它是一个包罗万象的术语，包括残疾人的自主权、自我决定权和被接纳权等。而对国际法律工作者而言，自决权是一个完全不同的概念。他们认为自决权是一项传统上适用于外国占领下的殖民地和领土的集体权利。在其他地方，将该权利扩展到其他群体（如土著人民）的提议曾引起强烈争议。将该权利纳入《残疾人权利公约》的建议使来自政府的法律工作者坐立不安。

此外，国际人权法的措辞对残疾人代表来说也有问题。关于平等和不歧视条款的原草案中有一段是关于“特别措施”的。这一概念在国际人权法中具有悠久的历史，是从《消除一切形式种族歧视国际公约》和《消除对妇女一切形式歧视公约》中借用过来的。然而，由于多年来对“特别”一词的滥用，这个词在残疾人群体中带有贬义色彩，残疾人组织拒绝在公约中使用该词。

在会议的头几天，人们对语言上的差异感到十分困惑。与会的代表就如
何以及是否将残疾人群体使用的术语和概念翻译成国际法语言，或者是否按 21
照残疾权利运动的理解使用它们进行了辩论。

尽管起初存在误会，但公约谈判仍进展迅速。非正式的起草小组起草了每个条款的草案，他们在新西兰代表团那儿总是一直工作到深夜，任何有意提

90　这些文件未被作为联合国正式文件印发，但被列在工作组报告（A/AC. 265/2004/WG. 1）第 7 段并汇编在非正式的纸质版会议文件和光盘中。这些文件在联合国残疾网站（UN Enable）上也能找到。

供协助的人都可以加入。他们讨论的结果于次日早晨发布，供工作组再讨论。

当条约全部文本已经成型、会议行将结束时，在今后三年内由特设委员会主导谈判的主要问题已显而易见。这些问题包括：残疾人的法律能力（legal capacity）、机构化（institutionalisation）和强制干预（forced interventions），一系列社会、宗教和文化价值观，关于包容与隔离的辩论，以及残疾妇女和残疾儿童的待遇。下一节将详细讨论所有这些问题。

工作组之所以能够在两周内完成文本起草，是因为它不需要解决这些难题。它致力于整合一个能得到尽可能广泛支持的案文，并在脚注中反映任何重大分歧。它提交给特设委员会的公约草案得到了政府和残疾人组织的大力支持。工作组草案被认为是一份强有力的案文，将为特设委员会的谈判提供一个最强有力的起点。有人希望到年底就能取得很大进展，公约将很快变为现实。

3.4　草案一读：动力不足

但是，当特设委员会在 4 个月后第三次开会对工作组草案进行一读时，乐观情绪很快消失了。各代表团并没有聚焦于工作组在其广泛的评注中所确定的关键问题，而是对案文的每一部分都提出了修正案。秘书处官员几乎跟不上建议蜂拥而来的速度。增加的内容用圆括号标记，删除的内容用方括号标记，造成修正案文本繁复臃肿、十分棘手。

在会议结束时，原本 25 页的工作组草案已经膨胀成一份长达 66 页的文件。由于被括号标注修改得如此严重，有些地方几乎不可读。许多代表团私下担心工作组的努力付诸东流，因为案文已基本上变成了所有提案的汇编，没有试图确定支持度、共同主题和共识点，也没有整合相似和重复的提案。

这些挫败感引发了特设委员会就如何应对这些修正提案的幕后争论。墨
22 西哥认为应立即开展非正式谈判以准备公约条款的修订本，并开始举办仅限受邀者参加的晚间工作会议，从公约草案的第 1 条和第 2 条开始磋商，力图引领这一非正式谈判进程。

作为回应，特设委员会主席个人发布了草案第 1 条和第 2 条的“洁本”以维护他对公约起草进程的控制权。这是一个不受欢迎的举动，也使得墨西

哥组织的会议变得无足轻重。各代表团不确定是谁草拟了主席发布的草案，主席团则请主席不要再做这样的发布。

上述两种加速公约进程的尝试都陷入困境，没人清楚接下来特设委员会将怎么办。更糟的是，残疾人组织的参与受到了质疑。特设委员会主席建议，利用会议结束时的一天空闲时间开始草案二读的非正式谈判。他宣布非正式谈判将依照联合国大会的惯例只由各会员国参加，但也门、欧盟、以色列和泰国立即对这一决定提出异议。新西兰和加拿大则宣布，如果残疾人组织被拒之门外，它们将拒绝进一步参与。

由于工作方法和公约草案案文都一片混乱，会议在困惑混乱中结束。

3.5 草案二读：特设委员会着手工作

在当年5月至8月特设委员会会议的这段时间，驻纽约的外交官们持续开展谈判，他们几乎整个夏天都在讨论如何使公约起草进程回到正轨。

之前工作组之所以取得成功，是因为它采用了前所未有的工作方法，即允许残疾人组织充分参与，毕竟它们才是讨论关键。墨西哥和新西兰代表团促成了一个最终妥协，即尽可能恢复工作组模式，让所有讨论都在公开会议的主会议室进行。为确保与工作组的方法保持一致，代表们要求由新西兰大使唐·麦凯协调二读谈判。

以此共识为基础，草案二读进行得相对顺利。特设委员会第四届会议刚开始时，会议进行得有些缓慢而谨慎，但是随着积极气氛的恢复，第五届、第六届会议的进程不断加快。具有讽刺意味的是，由于每届会议上各国政府和残疾人组织的代表人数都在持续增加，任何关于将谈判转移到小会议室私下举行的建议都变得不可行。除了第四会议室（联合国总部除联合国大会会场之外最大的会议室），没有任何会议室容得下特设委员会的会议。

工作组期间辩论的核心主题也是二读期间许多讨论的焦点。下文将详述。 23

3.5.1 法律能力

法律能力（legal capacity）问题是公约案文中许多权利的核心。从历史上看，不承认法律能力导致了很多侵犯个人权利的行为。案文中最突出的内容就是关于残疾人在法律面前获得平等承认的条款草案。它规定，各国应当承认残疾人是在法律面前享有与他人平等权利的个人，并在与他人平等的基础上拥有充分的法律能力。

该条款是实现残疾医学模式向权利模式转变的关键。这一条款使残疾人不再被视为没有能力行使自己权利的法律客体，而是像其他所有人一样的法律主体。它也推动了替代决策模式向支持决策模式的转变。支持决策模式没有设定需要支持的人被认为不具备法律能力的临界点，而是承认残疾人可能需要不同程度的支持以行使其法律能力。

但是，许多政府代表团都试图考虑一些例外情况。他们认为，在某些情况下，残疾人将无法行使其法律能力。政府希望在这些情况下该条能够保留替代性决策的可能性，即可以指定某人代表残疾人作出决定。[91] 因此，他们坚持认为条款草案还应包含防止在这些情况下误用和滥用替代性决策的保障性措施，就像以前的规定一样。

工作组对该问题进行了模糊处理，即在条文中加入保障性措施的概念，但又没有具体提及国家允许替代性决策的是哪些能力。工作组草案的一个脚注指出，保障性措施“应当仅仅适用于例外情况”。[92]

在草案一读期间，加拿大建议“指定第三方为法定监护人”，印度建议明确认可“法定代表人”。[93] 同样，摩洛哥提议在健康权条款中增加“监护人或法定代表人”能够作出医疗同意的规定。[94]

许多国家一方面争取协调基于权利的路径的需求，另一方面希望保持行
24 使强制力以推行医疗干预的能力。例如，中国建议对于特殊情况下的非自愿医疗干预使用保障措施。[95]

二读时，加拿大主导了重新起草有关法律面前人人平等条款的讨论，使其更明确地以现有人权法为基础。加拿大以《消除对妇女一切形式歧视公

---

[91] Disability Negotiations Daily Summary, Vol. 3 No. 8, January 14, 2004.

[92] A/AC. 265/2004/WG. 1, Annex Ⅰ, Article 9, para. (c) (ii).

[93] Report of the third session of the Ad Hoc Committee on a Comprehensive and Integral International Convention on Protection and Promotion of the Rights and Dignity of Persons with Disabilities, A/AC. 265/2004/5, Annex Ⅱ, June 9, 2004, Article 9.

[94] A/AC. 265/2004/5, Annex Ⅱ, Article 21, para. (j).

[95] A/AC. 265/2004/5, Annex Ⅱ, Article 21, para. (k).

约》第15条为模本重新起草了该条。[96]

尽管这一做法有突出该条重点的不错效果，但也开启了关于“法律能力”含义的辩论，该辩论在整个谈判期间都未能得到解决。中国和俄罗斯都认为，该术语在它们的语言中意味着拥有权利的能力，而不是行使权利的能力。[97] 按照这样的理解，在实践中并非人人都能行使法律能力，而在法律上人人都享有法律能力。

在特设委员会第五届会议结束前几分钟，中国坚持要求在该会议的报告中增加一个脚注，表明“在中文中，‘法律能力’意指‘权利能力’，而不是‘行为能力’”。俄罗斯和叙利亚也抓住机会添加了俄语和阿拉伯语的脚注。没人在会议报告通过之前提出反对意见，更不用说去考虑脚注的含义了。[98]

会议还根据一读期间的提议，在重新起草该条时增加了一款，规定了确定代理人的程序和保障措施。不过，报告也指出，各方对于这一款并未达成共识，因为残疾人组织认为任何提及代理人的做法都可能鼓励各国滥用，从而破坏支持性决策而非替代性决策的理念。[99]

3.5.2 强制干预和机构化

在辩论中得到普遍承认的是，世界各地与强制干预和残疾人机构化相关的实践令人发指，甚至对人权构成最骇人听闻的侵犯。世界精神病学使用者和幸存者网络对国家将残疾人送入机构并强制接受医疗干预的批评声音最高。[100] 与会者广泛认为，公约作为一个整体必须处理这种情况，要允许残疾 25
人生活在社区而不是机构中。

但是，工作组在寻找明确处理该问题的方法时大费周折。关于自由和人

---

96 Report of the Ad Hoc Committee on a Comprehensive and Integral International Convention on the Protection and Promotion of the Rights and Dignity of Persons with Disabilities on Its Fifth Session, February 23, 2005, A/AC. 265/2005/2, Annex Ⅱ, para. 15.

97 Disability Negotiations Daily Summary, Vol. 6 No. 2, January 25, 2005.

98 A/AC. 265/2005/2, Annex Ⅱ, note b.

99 A/AC. 265/2005/2, Annex Ⅱ, para. 22.

100 Disability Negotiations Daily Summary, Vol. 3 No. 8, January 14, 2004.

身安全的条款已经明确禁止国家以残疾为由实施拘押。[101] 不过，尽管剥夺残疾人自由通常基于民事原因，但各国传统上对个人自由和安全权利的解释比较狭隘，仅适用于刑事司法系统而不适用于精神卫生机构。尽管事实上人权事务委员会已经确定人身自由与安全权利对所有剥夺自由的情形都适用，而不是仅仅适用于刑事司法制度，工作组的做法仍无异于匹配方凿圆枘。

工作组草案中的健康权条款对此更清晰地规定，医疗干预措施仅在残疾人自愿和知情同意的情况下进行而不应强加。[102]

但是，就这两个条款，许多政府不愿意接受完全取消其拘押和处置那些可能对自身或社会构成威胁的人的能力的提议。他们认为，他们需要保留对某些人予以强制治疗的能力，而这意味着公约应对此作出明确规定并提供保障。

二读时，特设委员会同意将非自愿医疗问题从自由和人身安全条款中分离出来，在保护人身完整性的单独条款中处理。[103] 然而，世界精神病学使用者和幸存者网络坚持认为强制干预无异于酷刑，应当在关于酷刑的条款中处理。[104]

特设委员会努力寻找一种折中办法，即除非在法律规定的特殊情况下，对残疾人的强制干预和机构化收治将被视为非法。此外，应当在尽可能不受限制的环境中提供强制治疗，国家还应确保将强制治疗的使用减至最少。会议报告中有一段承认该规则可能存在例外情况，并为除了非自愿治疗外再无其他选择的情况规定了适当的保障措施。[105]

26 **3.5.3 社会、宗教和文化价值观**

在关于尊重隐私权、住宅和家庭权以及健康权的辩论中，一些在联合国由来已久的关于社会、宗教和文化价值观差异的辩论也出现了。

---

101 A/AC. 265/2004/WG. 1，Annex Ⅰ. 第10条第1（b）段规定，“任何对自由的剥夺均须符合法律规定，而且在任何情况下均不得以残疾为由”。

102 A/AC. 265/2004/WG. 1，Annex Ⅰ，Article 21，paras（j）and（k）.

103 A/AC. 265/2005/2，Annex Ⅱ，para. 58.

104 Disability Negotiations Daily Summary，Vol. 4 No. 3，May 26，2004.

105 A/AC. 265/2005/2，Annex Ⅱ，para. 67.

残疾人组织不厌其烦地列举了歧视残疾人的行为，如被禁止结婚和建立家庭，因为他们被不当假设为不会成为好父母。强迫绝育的做法更是对残疾人权利的例行和持续的侵犯。[106]

因此，工作组草案在关于隐私权的条款中纳入了残疾人结婚的权利、为人父母的权利，以及各国确保残疾人体验性生活的平等机会的义务。许多来自较保守国家的代表团对列入这些问题感到不舒服。

更困难的是健康权条款中有关性健康和生殖健康的辩论。联合国关于性健康和生殖健康的辩论长期以来一直被倡导生命权的团体把持。它们不顾所有相反的证据，认为该草案条款的措辞暗中提倡堕胎。因此，许多代表团不愿意将这种措辞纳入公约。

但是，身有残疾的代表们拒绝被该问题的政治性干扰，他们发言的焦点是突出这是他们健康权中最被忽视甚至无视的权利之一。例如，南非指出，有一个“羞辱性”的看法认为残疾人是（或应该是）无性的，用不着生殖保健。[107]

随后，特设委员会的其他谈判受到倡导生命权的团体的密切关注。它们唯一的关注点是删除关于性健康和生殖健康的任何提法，而对残疾人权利的任何其他方面都不感兴趣。

在草案一读时，有很多人提议删除草案文本中最敏感的部分。一些国家寻求重新起草有关隐私、住宅和家庭的条款，以更加明确地关注家庭生活。例如，卡塔尔建议使用“鼓励残疾人充分参与家庭生活”的表述。[108] 此外还有许多提议。如利比亚建议删除有关性的表述或者直截了当地将其“置于合法婚姻的框架内”，也门建议“依照各种宗教和社会习俗及传统”。[109]

公约在二读时进展甚微，但各方普遍认为残疾人应当得到与其他人平等 27
的对待。[110] 然而这并不足以弥合分歧，删除关于性、性健康与生殖健康表述

106 Disability Negotiations Daily Summary, Vol. 3 No. 5, January 9, 2005.

107 Disability Negotiations Daily Summary, Vol. 3 No. 6, January 12, 2004.

108 A/AC. 265/2004/5, Annex Ⅱ, Article 14, para. 2.

109 A/AC. 265/2004/5, Annex Ⅱ, Article 14.

110 A/AC. 265/2005/2, Annex Ⅱ, para. 94.

的呼吁仍在继续。[111]

3.5.4 包容与隔离

许多条款包含了从隔离到包容的转变，包括独立生活和融入社区，参与政治和公共生活，以及参与文化生活、娱乐、休闲和体育活动等。大部分内容没有争议，所有代表都同意有必要促进对残疾人的包容。但是在两个领域，关于隔离与包容的争论久延不决。

关于受教育权，有争议的是残疾权利运动内部各个社群的不同期望。一些代表主张将残疾儿童纳入主流教育系统，特殊教育服务的存在只是例外。例如，融合国际指出，一旦智力障碍儿童被隔离在特教学校里，他们几乎总是会进庇护工场，在从一个隔离环境转到另一个隔离环境的模式中结束学业。[112]

其他人则主张，在普通学校中对残疾儿童进行教育将导致他们错过特殊教育（specialised education）。例如，世界盲人联盟批评联合国儿童基金会（UNICEF）促进包容性教育（inclusive education）的做法，声称视力障碍儿童发现他们在主流教育课堂上得不到支持和帮助。世界聋人联盟将其立场与语言少数群体以其自己的语言接受教育的权利联系起来，并指出特殊教育不同于隔离教育。[113]

关于哪种教育方法最合适以及如何取得平衡，人们争论不休。泰国曾建议，草案案文不应只偏爱一种模式，残疾人应有权选择普通教育或特殊教育。[114] 由于辩论激烈，工作组无能为力，只能在同意一项基本案文的同时以附脚注的方式阐明辩论中所有主要观点的立场。[115]

28 该条款草案一读时，案文中包含了相互矛盾的建议。例如，欧洲联盟的一项提案明确指出，虽然最终目标是包容，但“如果普通教育系统仍不能充

111 A/AC. 265/2005/2, Annex Ⅱ, paras 96 and 124. Report of the Ad Hoc Committee on a Comprehensive and Integral International Convention on the Protection and Promotion of the Rights and Dignity of Persons with Disabilities on Its Sixth Session, A/60/266, Annex Ⅱ, para. 85.

112 Disability Negotiations Daily Summary, Vol. 3 No. 6, January 12, 2004.

113 Disability Negotiations Daily Summary, Vol. 3 No. 6, January 12, 2004.

114 Disability Negotiations Daily Summary, Vol. 3 No. 6, January 12, 2004.

115 A/AC. 265/2004/WG. 1, Annex Ⅰ.

分满足残疾人的需求”，特殊教育可以同时继续。[116] 在争论的另一方，哥斯达黎加提交了一个新的段落，明确规定“听力障碍者和听力视力障碍者有权在自己的群体中接受教育”。[117]

二读时，特设委员会同意预先解决包容性与隔离性这个核心问题。委员会对受教育权条款的第一段进行修订，其中包括一项声明，即各国承诺“普通教育系统的包容性目标”。它还包括了一个规定，允许在特殊情况下采用“牢记以充分包容为目标”的替代形式的教育。[118]

然而，世界盲人联盟、世界聋人联盟和世界盲聋联盟继续坚持要求考虑他们对隔离教育的需要，[119] 并提议增加一个新的段落，规定聋人、盲人和盲聋儿童有权选择在自己的群体内接受教育。[120] 协调员报告以外交辞令标注该提案“获得了一些支持”，但很显然各方关于该问题仍存在严重分歧。

在草拟工作权条款时也发生了类似的辩论。辩论的重点是确保残疾人在工作场所得到平等待遇，获得合理便利，享有与其他人同等的劳动权利。辩论的焦点则是残疾人在主流劳动场所的权利。但是，少数代表团主张，该条要包含在庇护工场中受到公平待遇的明确规定。

其他代表团则认为，庇护工场恰好体现了该公约旨在取缔的非法隔离。他们指出，庇护工场有着不光彩的历史，包括毫无意义的工作、剥削性的工作条件和隔离。他们认为，提及庇护工场哪怕仅仅是为了列出防止剥削的保障措施——都将与公约的主要目标相抵触。

例如，在一读中，大多数提案与确保劳动权利和融入开放的劳动力有
关。但是巴林、纳米比亚和以色列提出了鼓励和规范庇护工场的表述，智利 29
则建议支持“受保护的工作模式”。[121]

到二读时，主流意见显然已经从隔离的立场转移了。人们倾向于该条款只处理残疾人在开放劳动力市场中的权利。此届会议的报告指出：“特设委

116 A/AC. 265/2004/5, Annex Ⅱ, Article 17, para. 3.

117 A/AC. 265/2004/5, Annex Ⅱ, Article 17, para. 4.

118 A/60/266, Annex Ⅱ, para. 36.

119 世界聋人联盟、世界盲人联盟和世界盲聋联盟 2005 年 8 月 2 日发布的声明。

120 A/60/266, Annex Ⅱ, para. 40.

121 A/AC. 265/2004/5, Annex Ⅱ, Article 22.

员会对庇护工场的平衡看法是，这种工作环境是不可取的，因为它可能导致与社区及就业条件的隔离。”[122] 只有以色列和国际劳工组织仍然继续与主流意见抗衡，认为公约不应忽视在庇护工场工作的残疾人或没有其他选择的残疾人的现实状况。[123]

3.5.5 残疾妇女和残疾儿童

工作组没有时间充分解决残疾妇女的问题，仅对残疾儿童的问题进行了初步讨论。一读期间，工作组收到很多关于这两个问题的建议。

韩国提出了一项关于残疾妇女的全新条款，力求将散见于不同条文中与残疾妇女密切相关的诸多具体问题（如产妇保健、怀孕期间的劳动权利以及性剥削和性虐待）都集中到一条中。

关于残疾儿童问题，工作组案文几乎完全复制了《儿童权利公约》第23条。代表们提出，简单地将该条从一项条约复制到另一项条约体现不出人权保护在现有基础上的进步。[124] 但是讨论已经很匆忙，没有时间进一步考虑这个问题。

毫不奇怪，该条在一读期间收到了广泛的建议。欧盟建议将其完全删除，塞拉利昂建议重新起草，加拿大、印度和乌干达则提出了8个新段落。日本建议，与其重复《儿童权利公约》第23条的实质内容，不如简单地交叉引用该条文。[125]

许多代表团支持增加有关残疾妇女与残疾儿童的单独条款。但是在有关这两个条款的辩论中都有人指出，单独条款将导致这两个群体被“隔离”，
30 以至于人们会在对残疾妇女或残疾儿童适用单独条款时忽视《公约》其余部分的适用性。[126] 他们建议将与妇女和儿童有关的问题纳入整个案文的主流。例如，在草案一读期间，加拿大、墨西哥、哥斯达黎加和挪威都提议在《公

[122] A/60/266，Annex Ⅱ，para. 96.

[123] Disability Negotiations Daily Summary，Vol. 7 No. 8，August 10，2005.

[124] Disability Negotiations Daily Summary，Vol. 3 No. 5，January 9，2004. 事实上，有人指出，由于《儿童权利公约》几乎已经得到普遍批准（只有索马里和美国不受其约束），重复该公约条款不会产生任何实际影响。

[125] A/AC. 265/2004/5，Annex Ⅱ，Article 16.

[126] Disability Negotiations Daily Summary，Vol. 7 No. 2，August 2，2005.

约》第2条中规定男女平等的一般原则。[127]

在二读中，国际残疾人组织核心成员组的妇女部门提出了“双轨”建议，即既包括关于妇女和儿童的单独条款，又在全文中具体提及。[128] 但是，该问题仍被留待以后解决。

3.5.6 二读结论

案文二读于2005年8月特设委员会第六届会议结束时完成。它产生了一系列报告，包括最新案文和极为详尽的书面评论，可能算得上是所有人权条约中准备工作最细致的一个。这些报告一开始就将辩论中的共识筛选出来形成新的案文，大多数没有括号。获得广泛支持的提案被保留下来，而没有得到广泛支持的提案则被悄悄抛弃。

二读期间，在特设委员会第五届会议结束时，厄瓜多尔驻联合国代表加勒戈斯任期结束，遗憾地宣布将辞去特设委员会主席职务。[129] 为了确保讨论的连续性，麦凯接任主席并坚持到整个谈判结束。

3.6 草案三读：主席发布洁本

前边已经充分辩论过了，二读需要将其转换成洁本，作为下一轮审读的底本。于是，麦凯大使广泛采用二读期间达成普遍共识的表述，提出了一份“主席文本”。他的办法是确定共同立场并在某些地方提出弥合分歧的可能方案。主席还借鉴其他人权公约的结构，以新的顺序结构重新组织了公约，并消除了语言表述上的不一致及在二读之后仍然存在的一定程度的重复。[130]

主席文本还附有一封主席来信，对该草案进行了详细评论。信件鼓励代 31
表们参加形式灵活的特设委员会第七届会议。[131]

特设委员会在2006年1月的第七届会议上热情地着手审议主席案文，

127 A/AC. 265/2004/5, Annex Ⅱ, Article 2.

128 国际残疾人组织核心成员组2005年8月4日提交的非正式提案。

129 Disability Negotiations Daily Summary, Vol. 6 No. 10, February 4, 2005.

130 特设委员会主席2005年10月7日致特设委员会全体成员的信，A/AC. 265/2006/1, Annex Ⅱ, October 14, 2005。

131 A/AC. 265/2006/1, paras 6 and 7.

在缩小既存问题的分歧方面取得了良好的进展。不过，最棘手的问题还是悬而未决，留给最后一届会议。

2006 年 8 月，特设委员会举行第八届会议。关于第八届会议将是最后一届会议的消息显然受到了重视，但会议结果不尽如人意。许多代表团意识到这将是维护国家立场的最后机会，因此不顾特设委员会主席的劝告，在会议第一周就提出了一连串的建议。它们对原本已得到认可的案文提出了 150 多项修正案，几乎涵盖公约每一条实质性条款。许多修正案都是为恢复在前几次会议上被否决的提案做最后一次努力。其他一些修正案则显然打算作为谈判资本，为解决仍然留在方括号中的问题赢得一些筹码。

如此大量的新提案偏离了主席原定的集中讨论方括号中少数遗留问题的意图，人们开始怀疑谈判结束的可能性。在会议第一周结束时，主席宣布会议陷入危机，并呼吁各代表团克制立场。会议室里气氛沉闷。与此同时，更多提案还在周末陆续通过电子邮件发送给秘书处。

在接下来的一周，主席宣布，如果各代表团真想结束谈判，就需要采用不同寻常的工作方法。他建议，任何代表团都可以反对一项拟议的修正案，如果真的出现这种情况，该修正案将被放弃，除非提出该修正案的代表团与提出反对意见的代表团达成某种协议。这当然不是联合国的常规工作方法，但反映了尽快完成公约谈判的强烈愿望。

特设委员会快速通读提案汇编，各代表团达成了一种交易和权衡的模式。一直得不到支持的提案被逐渐撤回，委员会得以将注意力重新集中在仍然存在严重分歧的内容上。来自南非、约旦、哥斯达黎加和捷克的主席团成员，以及新西兰和墨西哥代表团，搁置了自己的立场，在会场四处活动，尽其所能促成各方妥协。

在整个谈判过程中一直存在的棘手问题不出预料地成为最后要解决的问题。解决这些问题的方案将在下面讨论。

32 ### 3.6.1 法律能力

关于“法律能力”（legal capacity）与“行为能力”（capacity to act）问题，主席案文将其放在方括号内。不过，他在主席来信中指出，“法律能力”

是其他公约已经使用的术语，建议特设委员会坚持这一说法。[132] 但是中国有不同想法。中国代表团不仅坚持保留“行为能力”一词，还坚持重新插入其曾经要求附在第五届会议报告中的脚注。[133]

主席案文还包括存在争议的关于代理人的规定，但也放在方括号内。他在信中指出，该条（a）款“显然设想了根据每个案件具体情况提供广泛的‘协助’”。[134] 而代理人无疑是协助范围的一端，并不需要明确写出。因此，主席建议将其删除。

关于该问题，在上一届会议上就出现了折中方案。新西兰代表团提出了一个备选案文，保留了与代理人条款相联系的保障措施，但没有提及代理人。该提案既没有明确规定替代性决策，也没有明确宣布其非法。[135]

在最后一届会议上，各方就新西兰提案达成共识，但中国仍然不为所动，继续要求将以前报告中的脚注纳入最终案文。

在会议最后一天，很显然，除非能就法律能力问题达成协议，否则在其他悬而未决的问题上也不会取得进展，而确保中国同意的唯一方法是将脚注纳入折中案文。于是，这种说法就以脚注形式被塞进了案文中。一些代表团显然被特设委员会急于解决问题的匆忙行动惊到了。在特设委员会通过案文之后，欧盟、加拿大和澳大利亚都提出反对该脚注，并宣布当公约案文提交联合国大会最后通过时，它们将寻求重新讨论该问题。

3.6.2 强制干预和机构化

关于人身完整性问题，主席案文保留了为非自愿干预提供保障的段落，不过也放在了方括号内。尽管为寻求折中方案已付出艰苦努力，但希望删除 33
这段和希望保留这段的人仍然泾渭分明。国际残疾人组织核心成员组继续坚持认为，强迫干预绝不应有任何例外，因此不需要任何保障措施。[136]

---

132 A/AC. 265/2006/1, para. 53.

133 Report of the Ad Hoc Committee on a Comprehensive and Integral International Convention on the Protection and Promotion of the Rights and Dignity of Persons with Disabilities on its seventh session, A/AC. 265/2006/2, February 13, 2006, Article 12, para. 2.

134 A/AC. 265/2006/1, para. 54.

135 A/AC. 265/2006/2, Article 12.

136 Disability Negotiations Daily Summary, Vol. 8 No. 4, January 19, 2006.

在最后一次会议上，委员会差不多就要达成一项折中建议了（类似于关于法律能力的折中方案），即保留保障措施但不特别提及强迫干预。但是在说服所有代表团之前，会议时间已所剩无几。于是，国际残疾人组织核心成员组提出了一个简短到仅有一句话的备选案文，规定了关于身心完整权的原则。鉴于缺乏足够的时间来考虑更复杂的问题，对备选案文的共识很快就达成，原条款的其余部分均被丢弃。

3.6.3 社会、宗教和文化价值观

关于性的问题，主席案文试图采取中间立场，在案文中加入一个新说法，即“根据国家法律和普遍适用的习俗传统”。[137] 这项提议并不成功，辩论双方都不满意。[138] 在第七届会议上，特设委员会将其变换位置后插入起始段落，规定缔约国有义务“确保关于家庭和个人关系的国家法律和习俗传统避免基于残疾的歧视”。[139]

关于性别、性行为、性健康与生殖健康以及未得到解决的关于家庭的表述，显然已经成为一块影响全局的绊脚石。新西兰代表团恰当地重现了工作组的工作程序，在会议的最后一个晚上向感兴趣的代表们开放。会谈一直持续到凌晨 4 时，终于敲定了一个针对所有这些问题的折中方案。

该方案的一揽子计划包括在公约序言中着重强调家庭，保留某些关于“性别”的提法，纳入性健康和生殖健康，以及将性行为和性关系简称为“关系”。

34 3.6.4 包容与隔离

主席在其关于教育条款的案文中使用了澳大利亚代表团在前几次会议上主持的讨论中拟订并经过调整的案文。虽然在特设委员会第七届会议上接近于达成一致意见，但该条仍保留着有争议的声明，即在普通教育系统不能满足残疾人需求的“特殊情况”下，应当提供替代性措施。[140]

在最后一届会议上，澳大利亚不知疲倦地在会场活动寻找折中方案，并

---

137 A/AC. 265/2006/1, para. 86.

138 Disability Negotiations Daily Summary, Vol. 8 No. 6, January 23, 2006, and Vol. 8 No. 7, January 24, 2006.

139 A/AC. 265/2006/2, Annex Ⅱ, Article 23, para. 1.

140 A/AC. 265/2006/1, Annex Ⅰ, Article 24, para. 2 (d).

多次认为已经找到了，只是在达成协议之前又落了空。不过，最后达成的折中是有力的。它既未明确允许也未明确排斥隔离教育。但它责成缔约国确保包容性教育体系，同时推动盲文和手语学习，并促进聋人社群的语言认同。

关于工作权的折中方案在某种程度上更容易达成。各代表团同意，该条应当整体上继续聚焦于保障残疾人的劳动权利。不过，该条也经过了微调，以适用于“所有形式的就业”。这种折中意味着，既不明确允许也不明确禁止庇护工场，但该条的保护措施将涵盖庇护工场；如果它们继续存在，就需要满足与开放劳动力市场相同的就业条件。

3.6.5 残疾妇女和残疾儿童

主席案文包括了关于残疾妇女和残疾儿童的条款。但鉴于草案二读期间关于该问题仍然存在明显分歧，主席将这两条都做了留白处理。他在案文随附的说明中对特设委员会表达了委婉的批评，指出这两条问题都“主要是位置安排问题而不是实质性问题”。他敦促各代表团带着具有灵活性的指示来参加会议，因为特设委员会“不能因这种方法上的分歧而耽搁”。[141]

德国和肯尼亚代表团被指定制定折中方案。经过会议间隙无数的游说和劝说，各代表团最终达成一项协议，即关于妇女和儿童的单独的简短条文将列入公约的一般性条款部分。它们将简要地概述一般性原则以提升意识，并通过在相关实质性条款中具体提及而加以强化。

3.6.6 监测 35

最后一届会议第一次对公约监测条款的实际案文进行了讨论。墨西哥代表团曾在夏季多次举办协调会议，会上出现了三种宽泛的立场。第一种是不要监督机制（一些代表团建议，现有人权条约的条约机构可以监督《残疾人权利公约》）。第二种是建立一个基于其他核心人权条约发展起来的委员会体制的传统监督机制。第三种则是创建某种创新型的新监督机构。[142]

第一种和第三种立场获得的支持有限，只有第二种看起来能够构成共识的基础。在最后一届会议上，显然最可能达成的共识就是复制过去采取的做

141 A/AC. 265/2006/1, paras 41 and 44.

142 2006 年 5 月 18 日墨西哥代表团准备的监测提案的非正式汇编。

法。特设委员会最终同意建立一个与负责监督其他核心人权条约的委员会多少有些类似的监督机构。

达成共识的最大绊脚石是，是否规定个人向委员会的申诉权的问题，这是其他几个核心人权条约的特征。不过，许多代表团并不信服经济、社会和文化权利的可诉性。

赞成个人申诉权的代表坚持《残疾人权利公约》中的申诉权不应当低于其他核心人权条约，因为那样将掩盖申诉机制实际上将是经济、社会和文化权利的突破性创新的事实（后来通过了关于《经济社会文化权利国际公约》的个人申诉机制，但当时该机制仍在谈判中）。

在会议的最后几天，列支敦士登提出了解决方案，建议将申诉机制分离出去并单独列入一项任择议定书。显而易见，任择议定书是唯一的解决方案。认识到这一点，各方在破纪录的时间内达成妥协。列支敦士登代表团连夜起草了任择议定书，次日上午各方在两小时之内就达成了协议。也许这是有史以来谈判速度最快的人权文书。

3.6.7 最后一天

谈判一直持续到最后一刻。会议的最后一天是星期五，当下午的会议开始时，许多困难的问题尚未达成共识。在仍有若干问题还没有解决的情况下，主席宣布会议开始，而谈判磋商仍然在会议室的后面和外面走廊中紧张地进行着。

36 在最后的几个小时里，各方在法律能力、人身完整性和教育问题等方面艰难地达成了妥协。在最后一个条款草案通过之后，特设委员会主席把整合起来的文本拿到会场，在全体起立鼓掌中一锤定音。

在草案通过之后，时任联合国大会主席表示，他感觉即将步入“一个将要创造历史的房间”。他指出，“你们正在发出一个信号，即我们想要一种人人平等、人人都有尊严的生活”。他还指出，一个社会的质量取决于它如何对待最弱势的公民。他向代表们多年来的工作表示祝贺。“你们成功了！”他说，“你们应该庆祝！”[143]

---

143 Disabilities and Rights, UNTV, August 25, 2006, UN Audiovisual Library.

3.7 联合国大会通过

不过，公约仍然没有脱离困境，还有一个技术步骤有待完成。联合国的条约通常在草案通过之后提交“起草委员会”，以确保条约内部协调、术语使用一致、各种语言版本的案文协调。该起草委员会由列支敦士登担任主席，将在特设委员会第八届会议复会后向其报告，供特设委员会最后通过并提交联合国大会。

这一技术步骤在谈判历史上通常不起重要作用，因为它完全是编辑性质的。但就这一公约而言，它使各代表团有机会继续对法律能力的脚注提出疑问。国际残疾人组织核心成员组不失时机地展开了取消脚注的游说活动。它致信全体代表，指出脚注在实质方面和语言表述方面都对案文的完整性有害，要求他们敦促起草委员会删除脚注。[144]

接下来的几个月里，在起草委员会工作的间隙，谈判仍然在继续。国际残疾人组织核心成员组提出的论点被证明是有说服力的。鉴于联合国条约的所有语言文本都具有同等效力，所有缔约国都同样受每一语言文本的同等约束，因此，一个意在指导联合国 6 种工作语言中的 3 种语言的文本的脚注将不会产生任何实际效果。挽回面子的解决办法是使用《消除对妇女一切形式歧视公约》中已经存在的“法律能力”（legal capacity）的阿拉伯语、俄语和中文文本（因为《消除对妇女一切形式歧视公约》中的表述已经得到承认），并删除脚注。叙利亚、俄罗斯和中国都同意这一折中方案。

等最后的分歧终于平息，特设委员会于 2006 年 12 月举行了最后一次会 37
议，通过了最终案文。在最终案文通过之前，联合国人权事务高级专员路易丝·阿尔布尔（Louise Arbour）向特设委员会表达了敬意。她说：“我相信，在联合国的所有领域，本委员会是国家、民间社会组织、国家人权机构和政府间组织最成功的合作之一。”[145]

---

144 Removing Article 12 Footnote, Letter from the International Disability Caucus to Government Delegates to the Ad Hoc Committee, September 5, 2006.

145 联合国人权事务高级专员路易丝·阿尔布尔在联合国大会上特设委员会第八届会议复会后的发言，2006 年 12 月 5 日，纽约。

该公约随后由特设委员会通过，并提交联合国大会。《公约》于 2006 年 12 月 13 日获得联合国大会通过，成为新千年第一项全面综合的联合国人权条约。特设委员会在形成一份强有力的协商一致的文件方面的成功，可以从以下事实中看出：当《公约》在几个月后的 2007 年 3 月 30 日开放签署时，第一天就有 81 个国家签署，创下了联合国的纪录。

4 结论

残疾权利运动为制定《公约》进行了多年游说并参与了《公约》的起草，表明残疾人组织已经转变成了人权团体。在《公约》谈判期间，残疾人活跃在各个层面：作为非政府组织的代表（有 400 多个组织得到特设委员会认证并参与活动）、作为政府代表团的成员、作为联合国组织的代表和国家人权机构的代表。[146] 在联合国历史上，从未有这么多残疾人在国际立法中表现如此积极并产生影响。残疾人成为真正的人权主体的时机终于成熟了。

上述努力的结果是制定出了一部与以往残疾文书极为不同的公约。与 20 世纪 70 年代的各项宣言不同，《公约》没有包含在损伤情况下享有人权的可能性的任何限制性条款。相反，残疾人权利委员会将《公约》第 12 条作为其第 1 号一般性意见的主题，特别强调每个残疾人都必须被视为具有法律能力，第 12 条排除了替代决策制度。[147]

所有参与该进程的人都为联合国这一持续数年的最丰富、最少政治化和最具包容性的人权辩论作出了贡献。特设委员会在残疾人群体要求的推动
38 下，设法搁置了联合国大会通常的工作方法，开创了具有开放、参与和透明特征的新工作模式。尽管在细节问题上存在各种意见分歧，但特设委员会有一个一致的宗旨，并明确地致力于承认残疾人的权利。

国际残疾人群体说服联合国各会员国政府认真对待他们的要求，并作为

146 Sabatello (2014); Quinn (2009); Trömel (2009); Lord (2009).

147 残疾人权利委员会第 1 号一般性意见：第 12 条（在法律面前获得平等承认），CRPD/C/GC/1。

权利享有人与他们谈判。国际残疾人组织核心成员组的承诺及其观点的质量，以及政府代表团中许多富有才华的残障权利倡导者，是这一进程的重要组成部分。他们坦率的、提供丰富信息的贡献，始终起着重申《公约》必要性、教育各国政府和强调为什么这项任务如此重要的作用。这也意味着，《公约》了解全世界残疾人的经历并受其密切影响。正如他们从一开始就说过的那样，“没有我们的参与，不要做有关我们的决定”。

参考文献

Bob C (ed) (2009) The international struggle for new human rights, University of Pennsylvania Press, Philadelphia.

Cisternas Reyes MS (2011) The standard rules on equality of opportunities for persons with disabilities, Legal view of provisions on support services, auxiliary resources and training/view from Latin America, In: Rioux MH, Basser LA, Jones M (eds) Critical perspectives on human rights and disability law, Martinus Nijhoff, Leiden, pp. 419-450.

Degener T (1995) Disabled persons and human rights: the legal framework, In: Degener T, Koster-Dreese Y (eds) Human rights and disabled persons: essays and relevant human rights instruments, International studies in human rights, vol 40, Martinus Nijhoff, Dordrecht, pp. 9-39.

Degener T (1999) International disability law—a new legal subject on the rise, *Berkeley Journ Int Law* 18 (1): 180-195.

Despouy L (1993) Human rights and disabled persons, United Nations, Sales No. E. 92 XIV. 4.

Driedger D (1989) The last civil rights movement, Disabled Peoples' International, Hurst & Company, St. Martin's Press, London, New York.

Groce N (2002) From charity to disability rights, Global initiatives of rehabilitation international 1922-2002, Rehabilitation International, New York.

Herr SS (2003) The potential of disability non-discrimination laws, In: Herr SS, Gostin LO, Koh HH (eds) The human rights of persons with intellectual disabilities, Different but equal, Oxford University Press, New York, pp. 203-236.

Lord JE（2009）Disability rights and the human rights mainstream，Reluctant gate-crashers? In：Bob C（ed）The international struggle for new human rights，University of Pennsylvania Press，Philadelphia，pp. 83-92.

Michailakis D（1999）The standard rules：a weak instrument and a strong commitment，In：Jones M，Basser Marks LA（eds）Disability，divers-ability and legal change. International studies in human rights，vol 56. Martinus Nijhoff，The Hague，pp. 117-130.

Minkowitz T（2007）The United Nations Convention on the rights of persons with disabilities and the right to be free from nonconsensual psychiatric interventions，*Syracuse J Int'l L & Com* 34（2）：405-428.

Mittler P（2003）Meeting the needs of people with an intellectual disability：international perspectives，In：Herr SS，Gostin LO，Koh HH（eds）The human rights of persons with intellectual disabilities，Different but equal，Oxford University Press，New York，pp. 25-48.

39 Nagase O（1995）Difference，equality and disabled people，Disability rights and disability culture，Master thesis，Institute of Social Studies，The Hague.

Quinn G（2009）A short guide to the United Nations Convention on the rights of persons with disabilities，In：Quinn G，Waddington L（eds）European yearbook of disability law，vol 1，Intersentia，Antwerp，pp. 89-114.

Quinn G，Degener T（2002）Human rights and disability. The current use and future potential of United Nations human rights instruments in the context of disability，OHCHR，New York.

Sabatello M（2014）The new diplomacy，In：Sabatello M，Schulze M（eds）Human rights and disability advocacy，1st edn，University of Pennsylvania Press，Philadelphia，pp. 239-258.

Scott AH（2011）The boy who was bullied，Glen Margaret Publishing，Tantallon.

Trömel S（2009）A personal perspective on the drafting history of the United Nations Convention on the rights of persons with disabilities，In：Waddington L，Quinn G，Flynn E（eds）European yearbook of disability law，vol 1，Hart，Oxford，pp. 115-138.

一种新的残疾人权模式

41

特蕾西娅·德格纳

目 次

残疾研究为我们所说的残疾医学模式转变为残疾社会模式提供了理论背景。残疾社会模式是从批判残疾医学模式中发展起来的。然而，在残疾研究领域，残疾社会模式几乎与残疾医学模式一样受到强烈批评。残疾社会模式的创始人之一迈克尔·奥利弗（Michael Oliver）最近呼吁停止这种批评，除非有人能提出一个更好的替代模式。[1]《残疾人权利公约》就提供了这样一种选择：残疾人权模式。尽管残疾人权模式绝不是残疾社会模式的唯一替代

---

1 Oliver（2013），p. 1026.

模式（人们提出了许多模式，其中包括最近开发的能力路径模式[2]），但它改进了残疾社会模式，是实施《残疾人权利公约》的一个工具。

42 1 理解残疾人权模式

大多数缔约国向残疾人权利委员会提交的报告表明，它们对残疾问题的理解遵循了传统的残疾医学模式。正如人们经常指出的那样，这种模式将残疾视为一种需要得到治疗、治愈、修复或康复的损伤。残疾被视为对正常健康状况的偏离。残疾人被排除在社会之外被视为残疾人的个人问题，原因就是他们身体受到的损伤。迈克尔·奥利弗是残疾社会模式的奠基人之一，他把这称为个人主义和医学化的残疾意识建构，即残疾政治。[3] 此外，残疾医学模式立基于对人权具有危险影响的两个假设之上：（1）残疾人需要庇护和福利；（2）损伤可以消除法律能力。第一个假设使残疾人隔离设施合法化，例如特殊教育学校、生活机构或庇护工场。第二个假设导致了精神健康和监护法律的制定，这些法律认为残疾人没有行为能力。[4] 在《残疾人权利公约》谈判期间，残疾医学模式成了一个阻碍。尽管各利益攸关方难以就如何起草公约案文达成共识，但它们一致认为必须克服残疾医学模式。[5] 残疾社会模式则被认作公约的哲学基础。从医学模式向社会模式的范式转变常常被认为是《残疾人权利公约》的主要成就。然而，可以说，《残疾人权利公约》超越了残疾社会模式，并创立了残疾人权模式。[6]

残疾社会模式将残疾解释为一种通过歧视和压迫而形成的社会建构。它关注的是社会而不是个人，残疾仅仅被看作人类差异的一种表现。社会模式区分了损伤和残疾：损伤被视为与身体或精神状况有关，而残疾则是环境和

---

2 Mitra（2006）.

3 Oliver（1990）.

4 Dhanda（2007）, pp. 429-462.

5 Kayess and French（2008）, pp. 1-24；Trömel（2009）, pp. 115-138.

6 “人权模式”一词在《残疾人权利公约》谈判之前就被使用了，见 Degener and Quinn（2002）, p. 13。另见 Quinn and Degener（2002）, p. 14。

社会对这种损伤作出反应的结果。政治分析认为，将残疾人排除在社会之外是障碍和歧视的结果。

以下 6 个论点阐明了残疾社会模式和残疾人权模式之间的区别，并解释了《残疾人权利公约》在多大程度上体现了人权模式。

2 残疾社会模式与残疾人权模式的区别

2.1 损伤不妨碍人权能力

残疾社会模式仅仅是解释了残疾问题，而残疾人权模式则包含了承认残疾人人格尊严的残疾政策价值观。只有人权模式才能解释为什么所有残疾人都有权在法律面前得到平等承认。

残疾社会模式的创立是对残疾人被排除在社会之外的一种解释。[7] 它已发展成为分析歧视性和压迫性社会结构的有力工具。用迈克尔·奥利弗的话说：

> 根据社会模式，残疾是对残疾人施加限制的所有因素：从个人偏见到制度性歧视，从难以进入的公共建筑到无法使用的交通系统，从隔离教育到被排除工作安排，等等。此外，这种失败的后果不是简单和随机地落在个人身上，而是系统地落在残疾人群体身上。他们经历着整个社会的制度化的歧视。[8]

残疾社会模式不寻求提供道德原则或价值观作为残疾政策的基础。然而，《残疾人权利公约》所追求的正好相反。该公约的宗旨就是“促进、保护和确保所有残疾人充分和平等地享有一切人权和基本自由，并促进对残疾人固有尊严的尊重”。[9] 为了实现这一目的，《公约》第 3 条规定了 8 项指导原则，之后的各项条款则基于残疾语境调整了“国际人权宪章”[10] 现有的人

7 其他模式有正常化原则、少数群体模式或北欧关系模式等，见 Traustadottir（2009）。

8 Oliver（1996），p. 33.

9 《公约》第 1 条。

10 “国际人权宪章”是《世界人权宣言》《公民及政治权利国际公约》《经济社会文化权利国际公约》的统称。

权分类。人权之所以如此特殊，是因为它是人所固有的基本权利。对于一个人或一个群体来说，人权不能被给予，也不能被剥夺。人权是与生俱来的，是普遍的，即每个人都是人权的主体。[11] 无论社会地位、身份类别、民族本源或任何其他状况，都不能阻止一个人成为人权主体。因此，没有损伤不是成为人权主体的先决条件。

《残疾人权利公约》序言反映了这一理念。它重申所有残疾人都享有普
44 遍的人权，[12] 所有残疾人的人权（包括那些需要更多支助的残疾人的人权）都应当得到保护。[13]《公约》的实质性条款落实了这一原则，例如关于在法律面前的平等承认、平等法律能力的条款。[14]

因此，残疾人权模式否定了损伤可能妨碍享有和行使人权的能力的推定。残疾社会模式也承认权利的重要性，[15] 并常常与基于需求或基于福利的残疾政策相反的、基于权利的残疾方法相联系。[16] 但残障研究学者们强调，残疾社会模式不是一种基于权利的残疾方法。相反，它从个人权利延伸到社会关系，甚至更广泛的不平等体系。[17]

2.2 人权模式包括第一代人权和第二代人权

尽管残疾政策的社会模式支持反歧视政策和公民权利改革，但人权模式更为全面综合，因为它包括了人权的两大类，既包括公民权利和政治权利，也包括经济、社会及文化权利。

在许多国家，残疾社会模式充当了公民权利改革和反歧视法的垫脚石。[18] 同时，社会模式已被欧盟正式承认为其残疾政策的基础。[19] 在残疾研究中，

11 《世界人权宣言》第 1 条指出："人人生而自由，在尊严和权利上一律平等。"

12 《公约》序言第 3 段。

13 《公约》序言第 10 段。

14 《公约》第 12 条第 1 款和第 2 款。

15 Oliver（1990），p. 63.

16 Waddington（2006）；Degener and Quinn（2002）；Lawson（2008）；Lawson and Gooding（2005）.

17 Finkelstein（2007）；Priestley（2005），p. 23.

18 Degener and Quinn（2002），p. 6；Gooding（1994），pp. 10-13；Barnes（1991）.

19 European Disability Strategy 2010-2020.

这一方法被定性为规定公民身份与平等权利的工具。[20] 要求反歧视立法是将
残疾认定为不平等和歧视的产物的合乎逻辑的结果。在美国，残疾社会模式
被理解为少数群体模式，[21] 残疾人争取公民权利的斗争同样被视为揭露残疾
人作为受压迫的少数群体成员的真实情况的一种方式。对权利的关注被认为
是对基于需求的社会政策的一种替代，该政策将残疾人描述为具有依赖性的
福利接受者。依赖意识形态是迈克尔·奥利弗建构残疾社会理论的重要工
具。[22] 反歧视立法被视为对残疾福利方法的补救。因此，残疾人可以被描述 45
为享有平等权利的公民；建筑障碍可以被定义为一种歧视形式；隔离学校可
以被描述为类似种族隔离。残疾政策从福利立法向公民权利立法的转变成为
许多国家残疾权利运动的重点。[23] “我们要权利不要慈善”曾经是、现在仍
然是全世界残疾权利活动家的口号。

然而，反歧视立法只能被视为该问题的解决方法的一部分，其本身不足以转向一种基于人权的残疾模式。即使在一个没有障碍和其他形式歧视的社会，人们也需要社会、经济和文化权利，需要住房、教育、就业或文化参与。所有人都如此，历史上遭受排斥的残疾人尤其如此。特别是由于损伤而往往需要协助，毋庸置疑，残疾人所需要的不仅仅是公民权利和政治权利。尽管过去的福利政策和法律没有承认和赋予残疾人公民权利，[24] 但关于个人援助服务或个人预算的法律证明，即使是经典的社会法也可以赋予残疾人选择和控制权。[25] 由此可见，全球的残疾人独立生活运动总是从更广泛的人权角度而不是纯粹的反歧视角度提出他们的要求。残疾人权模式包括两类人权：公民权利和政治权利，以及经济、社会和文化权利。这两类人权原本都包括在 1948 年的《世界人权宣言》中，但由于政治原因在 20 世纪 60 年代被分别规定在两个独立的具有法律约束力的公约中，[26] 现在则全部被纳入

20 Oliver（1990），p. 112.

21 Davis（1997）.

22 Oliver（1990），p. 83.

23 Breslin and Yee（2002）；Lawson and Gooding（2005）；Vanhala（2011）.

24 Hvinden（2009），pp. 5-28.

25 Degener（1991）；Power et al.（2013）；Townsley（2010）.

26 对人权的政治历史的说明，见 Normand and Zaidi（2008）。

《残疾人权利公约》。通过国际判例和强化对《经济社会文化权利国际公约》的监测和实施，公民权利和政治权利在法律等级上高于经济、社会和文化权利的高差正在缓慢但稳步地下降。

《残疾人权利公约》是这两类人权不可分割、相互依存的良好范例。它不仅包含两类人权，案文本身也是这些权利相互依存、相互关联的例证。有一些权利条款不能明确地归为某一类。例如，在法律面前获得承认的权利[27]通常被视为一种公民和政治权利。[28] 然而，《残疾人权利公约》第 12 条第 3 款提到残疾人在行使其法律能力时可能需要的支助措施。这些支助措施是通
46 过社会服务实现的，属于经济、社会和文化权利的范畴。另一个例子是独立生活的权利。[29] 独立生活和融入社区的权利是应对侵犯残疾人人权的一种办法。这种侵犯是通过将残疾人机构化和其他排斥方法（如将残疾人藏匿在家或置于遥远之地）来实施的。独立生活和社区生活的概念并非植根于主流人权哲学。它们来自残疾权利运动和其他社会运动如去机构化运动。[30] 这些运动于 20 世纪 60 年代和 70 年代在美国、挪威、瑞典、意大利和其他许多国家产生。[31]《世界人权宣言》的共同人权目录中并不包括独立生活或社区生活的权利。如果有的话，独立生活的权利可以追溯到选择住所的自由。这在其他条约中通常与行动自由有关，并被视为纯粹的公民权利。[32] 然而，独立生活可能需要包括个人援助服务在内的一些支助服务，而个人援助服务是实现社会权利的措施。因此，经济、社会和文化权利委员会将适足生活水准权[33]解释为包括残疾人独立生活的权利，但也将该问题与反歧视措施相联系。其第 5 号一般性意见将《经济社会文化权利国际公约》第 11 条解释为享有“无障碍住房”和“包括辅助器具在内的支助服务”的权利，使残疾人能够

---

27 《残疾人权利公约》第 12 条。

28 《公民及政治权利国际公约》第 16 条，《世界人权宣言》第 6 条。

29 《残疾人权利公约》第 19 条。

30 在有些国家非机构化运动是残疾权利运动的一部分，在另一些国家则不然。

31 Degener and Koster-Dreese（1995）；Parker（2011）；Quinn and Doyle（2012）.

32 《世界人权宣言》第 13 条第 1 款规定：“人人在各国境内有权自由迁徙和居住。”另见《公民及政治权利国际公约》第 12 条第 1 款、《消除一切形式种族歧视国际公约》第 5 条（卯）项（ii）目和《消除对妇女一切形式歧视公约》第 15 条第 4 款。

33 《经济社会文化权利国际公约》第 11 条。

“在日常生活中提高独立水平并行使其权利”。[34] 在过去 15 年中，就非机构化、独立和社区生活的权利以及缔约国根据《残疾人权利公约》第 19 条承担的义务，涌现出大量出版物。[35] 大多数法律出版物将该条规定的权利定性为一项具有强烈自由和自主成分的社会权利。[36]

残疾人权利委员会尚未将独立生活权定性为公民权利或社会权利。在编写本评注时，关于第 19 条的一般性意见草案已列入委员会议程。* 虽然《残疾人权利公约》包含通常适用于国家在社会、经济和文化权利方面的责任的逐步实现条款，但它也提醒人们，在国际公法的某些情况下，即使经济、社 47
会和文化权利也是立即适用的。[37]

2.3 人权模式将损伤视为人的多样性的一部分

残疾社会模式忽略了残疾人可能不得不应对痛苦、生活质量恶化和因损伤和依赖而早亡的事实，而残疾人权模式则承认这些生活状况，并要求社会正义理论考虑这些状况。

残疾社会模式被批评忽视了残疾人的损伤和痛苦经历，以及这种经历如何影响残疾人的知识和身份。损伤和残疾的二分法以及社会模式的唯物主义焦点都受到了批评，特别受到女权主义残疾作家珍妮·莫里斯（Jenny Morris）的批评。她在其名著《以骄傲对抗偏见》（Pride Against Prejudice）中声称：

> 在残疾社会模式中，有一种倾向是否认我们自己身体的经验，坚持认为我们的身体差异和限制完全是社会造成的。虽然环境障碍和社会态度是我们残疾经历的重要组成部分（而且确实使我们丧失能力），但如果认为这就是一切，就等于否认身体或智力限制、疾病、对死亡的恐惧

34 经济、社会和文化权利委员会第 5 号一般性意见，E/1995/22，第 33 段。

35 如 Townsley（2010）；Quinn and Doyle（2012）；Parker（2011）；Mansell et al.（2007）；FRA European Union Agency for Fundamental Rights（2012）。

36 Parker（2011）；Quinn and Doyle（2012）.

* 2017 年 10 月 27 日，残疾人权利委员会通过了关于独立生活和融入社区的第 5 号一般性意见。——译者注

37 《残疾人权利公约》第 4 条第 2 款规定：“关于经济、社会和文化权利，各缔约国承诺尽量利用现有资源并于必要时在国际合作框架内采取措施，以期逐步充分实现这些权利，但不妨碍本公约中依国际法立即适用的义务。”

> 等所有经历。女权主义者的观点可以帮助纠正这一现象，并在这一过程中让残疾男女的经验得以表达。[38]

在后来的一部作品中，她写道：

> 如果我们明确地将残疾和损伤分开，那么我们就可以发起运动反对那些严重影响我们生活和我们所拥有的机会的致残障碍和态度。然而，这并不能证明忽视我们身体的经验是合理的，即使这样做的压力很大，因为我们的身体被认为是不正常的、可怜的，我们的生活被认为是不值得过的……面对这种偏见，很重要的一点是认定自主不是命定的，是那些“就在那儿”的致残障碍决定了生活的质量。然而，在这样做时，我们有时会产生这样的想法：“典型的”残疾人是一个坐在轮椅上的年轻人，他身体健康，从不生病，只需要一个无障碍的环境。[39]

48 其他作者也遵循了这条批评路径。玛丽安·科克（Marian Corker）和萨莉·弗伦奇（Sally French）将话语分析引入残疾研究，认为除了忽视损伤的重要性之外，残疾社会模式未能“从概念上理解损伤与残疾之间的相互构成关系，这种关系既是物质性产生的，也是话语（社会性地）构建的。”[40] 其他残疾研究学者也有同样的批评。比尔·休斯（Bill Hughes）和凯文·帕特森（Kevin Paterson）提出发展一种基于后结构主义和现象学的损伤社会学，以应对这种损伤/残疾二分法的困境。[41] 汤姆·莎士比亚（Tom Shakespeare）对这种二分法提出了挑战，因为两者都是社会建构的，而且密不可分。[42] 社会模式的创始人和倡导者强调，残疾社会模式绝不是要忽视损伤。迈克尔·奥利弗表示：“对损伤痛苦的否认事实上根本不是否认。相反，这是一种务实的尝试，旨在确定和解决可以通过集体行动而不是专业治疗来改变的问题。”[43] 不过，他也认为，残疾社会模式不是一种关于残疾的社会理论，这种

---

38 Morris（1991），p. 10.

39 Morris（2001），p. 17.

40 Corker and French（1999），p. 6.

41 Hughes and Paterson（1997）.

42 Shakespeare（2014），pp. 72-91.

43 Oliver（1990），p. 38.

模式应该包含一种关于损伤的理论。[44]

《残疾人权利公约》没有就损伤对残疾人生活质量的潜在负面影响作出任何说明，因为起草人决心不对损伤作出任何负面判断。不过，序言提到了需要加强支助的残疾人，[45] 提醒不能把他们落在后面：《残疾人权利公约》旨在保护所有残疾人，而不仅仅是那些“适合”纳入主流的人。该公约有两项原则也承认损伤是残疾人生命中的一个重要因素，尽管这两项原则都没有明确提及损伤。《公约》第 3 条第 1 项规定“尊重固有尊严和个人自主”，第 4 项规定“尊重差异，接受残疾人是人的多样性的一部分和人类的一份子”。对人的尊严的尊重是当今国际人权法和国内宪法的基石之一。第二次世界大战后，作为对纳粹政权暴行的反应，它被纳入许多人权目录，今天也被承认为联合国的一项核心价值。[46]《残疾人权利公约》对人的尊严概念的涉及比任何其他人权条约都多。尊重残疾人的人格尊严是《公约》的宗旨，也是《公约》的 8 项指导原则之一。[47] 而且，它在不同语境下被提及 5 次，即歧视、[48] 提高认识、[49] 49
从暴力中恢复、[50] 包容性教育、[51] 医护人员提供的护理。[52] 此外，确认“人类大家庭所有成员的固有尊严和价值以及平等和不可剥夺的权利，是世界自由、正义与和平的基础”。[53] 所有这些强有力的声明都强调损伤不会减损人的尊严。残疾人再也不得被视为“生活不值得过”（德语 lebensunwertes Leben）的人。

国际残疾权利运动已经为《残疾人权利公约》奋斗了 20 多年。争取一项人权条约的长期斗争不仅是残疾人组织争取政治变革的斗争，也是残疾人

---

44 Oliver (1990), p. 42.
45 《公约》序言第 10 段。
46 Petersen (2012), pp. 1-9.
47 《公约》第 1 条和第 3 条第 1 项。
48 《公约》序言第 8 段。
49 《公约》第 8 条第 1 款第 1 项。
50 《公约》第 16 条第 4 款。
51 《公约》第 24 条第 1 款第 1 项。
52 《公约》第 25 条第 4 款。
53 《公约》序言第 1 段。

个人争取承认和阿克塞尔·霍耐特（Axel Honneth）认知理论中的尊重的斗争。[54] 根据霍耐特的理论，社会运动中的政治斗争总是同时具有集体维度和个人维度。个人层面涉及需要通过自尊和自信来促进身份形成的斗争过程。因此，争取残疾人人权的斗争既是为全球残疾人集体争取权利的斗争，也是为残疾人个人争取社会的尊重和承认的斗争。残疾人权模式明确指出，损伤并不减损人的尊严，也不侵犯残疾人作为权利承担者的地位。因此，残疾人权模式比残疾社会模式更适合包含损伤经历。这些经历可能并不总是坏的，但当然可能变坏。它同时也允许我们将残疾政治分析为拒绝社会和文化承认，这是对残疾社会模式批评的一个方面。[55] 残疾人权模式要求正义理论承认人的损伤。无论这些理论是不是社会契约理论，采取能力路径还是以伦理关怀为基础都是另一回事。[56]

2.4 人权模式承认身份问题

残疾社会模式忽视了身份政治作为残疾政策的一个有价值的组成部分，而残疾人权模式则为少数群体和文化认同提供了空间。残疾社会模式也因忽
50 视身份政治作为解放的一个有价值的组成部分而受到批评。身份政治可以被定义为这样的政治：重视和关心人类差异，允许人们积极认同那些在社会中不受尊重的特征。同性恋骄傲、黑人骄傲、女权主义和残疾文化是这些身份政治的表现。残疾社会模式没有为这些问题提供多少空间，因为它关注的不是个人解放而是社会权力关系。残疾背景下的身份政治可能有若干含义。这一术语可能与损伤的类别或损伤的原因有关。聋人创造了他们自己的文化（因为语言塑造文化），聋人研究已经成为残疾研究的一个重要方面，聋人身份在其中发挥着重要作用。[57] 与聋人或重听人（hard of hearing persons）一样，盲人和聋盲人是第一批创建自己的组织的群体，这些组织至今仍在运作，[58]

54 Honneth（1996）.

55 Watson（2004），pp. 101-117；Danermark and Gellerstedt（2004）.

56 关于能力路径和其他方法的结合，见 Stein（2007）。

57 Ladd（2003）；Corker（1996）.

58 WBU，WFD .

许多其他与损伤有关的组织也是如此。

残疾背景下的另一个身份因素可能是后天损伤和先天损伤之间的差异。生来失明、失聪、身体或智力受损与因疾病、事故、暴力或贫穷而致残有很大不同。此外，一些损伤或“障碍”可能伴随着独特的排斥和身份体验。例如，彼得·贝雷斯福德（Peter Beresford）在《残疾人权利公约》诞生之前很长时间就提出了一种关于疯癫的社会模式。[59] 最后，塑造身份的可能不仅是障碍，还会有性别、“种族”、性取向和性别认同、年龄或宗教。残疾妇女是最早批评残疾权利运动（和妇女运动）忽视其他身份特征的群体之一。[60] 有色人种残疾人紧随其后。[61] 其他批评者例如阿伊莎·弗农（Ayesha Vernon）提出了交叉歧视和多重压迫的问题。[62] 与损伤相关的身份政策也遭到残疾社会模式支持者的怀疑。[63]

人权文书至少在一定程度上是对不公正的集体经历的政治反映。第二次世界大战之后人权法发展的历史表明，以身份为基础的社会运动有力地参与了国际法的制定。[64] 目前的核心人权条约体现了这一进程。1965 年《消除一切形式种族歧视国际公约》和 1990 年《保护所有移徙工人及其家庭成员权利国际公约》是对殖民化和种族主义的回应；1979 年《消除对妇女一切形 51
式歧视公约》是对性别歧视的回应，《残疾人权利公约》是对残疾歧视的回应。这些专题人权条约的发展被称为人权的人格化[65]和多元化。[66] 这些条约之所以获得通过，是因为发展于“国际人权宪章”的人权政治和理论主要基于西方、白人、男性、非残疾成年人的经验而忽视了其他个体的经验。无论过去还是现在，这种忽视都反映了与诸如“种族”、性别、性倾向、身体和精神功能等不平等的轴心并行的不同的从属系统。反对这些从属系统的社会

59 Beresford（2004）.

60 Asch and Fine（1997）；Wendell（1997）；Garland Thomson（1997）；Morris（2001）.

61 Bell（2011）.

62 Vernon（1998）.

63 Silvers（1999）；Shakespeare（2014），pp. 92-110.

64 Burke（2010）；Bob（2009）.

65 Mégret（2008），p. 495.

66 Gould（2004），p. 77.

运动的出现，促成了诸如性别研究、种族批评研究和残疾研究等批判性研究的诞生。人权法作为道德法和意识形态，不仅是国家间政治冲突的反映，也是世界权力关系和国内权力关系的反映，是社会转型的工具。

基于现有核心人权公约准则的残疾人权模式考虑了不同层次的身份。它承认残疾人可能是男性或女性、非白人、儿童或移民。显然，国际人权法还需要考虑更多的身份层次，[67] 歧视的交叉性问题也有待解决。[68]

《残疾人权利公约》也承认在残疾和人权背景下的不同身份层次。残疾儿童和残疾妇女在《公约》中都有自己的单独条款。[69] 妇女条款承认“残疾妇女和残疾女孩受到多重歧视”，这是人权条约中第一个具有约束力的交叉性条款。在《公约》中也能找到对性别和年龄的进一步承认。[70] 然而，其他理由，如“种族”、肤色、语言、宗教、政治或其他见解、民族、族裔、土著身份或社会出身、财产、出生及年龄，只在《公约》序言中得到承认。[71] 对于这些和其他层次的身份（如年龄或性取向），《公约》谈判过程中的游说力度还不够。

52 若干与损伤有关的群体也得到了承认，即聋人、盲人和聋盲人。《残疾人权利公约》关于文化参与的第 30 条要求缔约国承认并支持他们“特有的文化和语言特性，包括手语和聋文化”。[72] 另一处具体提到聋人、盲人和盲聋人的是受教育权。《残疾人权利公约》第 24 条要求为这些残疾群体提供适合其身份的教育工具，如盲文和手语，[73] 并为他们提供榜样和合格的教师。在《公约》谈判期间最难以达成共识的段落是：

> 一、……缔约国应当确保在各级教育实行包容性教育制度和终生学

---

67 国际人权法尚未明确包括间性人、变性人和同性恋者。See Report of the United Nations High Commissioner for Human Rights: Discriminatory Laws and Practices and Acts of Violence Against Individuals Based on Their Sexual Orientation and Gender Identity, UN Doc A/HRC/19/41, November 17, 2011.

68 Degener（2011）; Bond（2003）.

69 《残疾人权利公约》第 6 条和第 7 条。

70 《残疾人权利公约》序言第 16 段、第 17 段、第 18 段、第 19 段；第 3 条第 7 项、第 8 项；第 4 条第 3 款；第 8 条第 2 款第 2 项；第 13 条；第 16 条第 2 款、第 3 款、第 5 款；第 18 条；第 23 条第 1 款第 2 项、第 3 项，第 3 款，第 5 款；第 25 条第 2 项；第 28 条；第 34 条。

71 《残疾人权利公约》序言第 16 段。

72 《残疾人权利公约》第 30 条第 4 款。

73 《残疾人权利公约》第 24 条第 3 款第 1 项、第 2 项。

> 习，以便：
>
> ……
>
> （三）确保以最适合个人情况的语文及交流方式和手段，在最有利于发展学习和社交能力的环境中，向盲、聋或聋盲人，特别是盲、聋或聋盲儿童提供教育……

特设委员会就这一段的措辞争论了很长时间。世界盲人联盟、世界聋人联盟和世界盲聋联盟都派出顶级专家出席会议。关于是否应当有接受特殊教育的人权，或者至少有在主流教育和特殊教育之间进行选择的权利，会议进行了长时间的辩论。他们的观点在“隔离总是并在本质上是不平等的”和“主流教育意味着同化，这对许多人来说意味着糟糕的教育”之间摇摆不定。这些辩论充斥着身份问题，表明为这场辩论留出空间是很重要的。[74]

最终文本是一个真正的妥协和杰作。这在很大程度上归功于罗斯玛丽·凯斯（Rosemary Kayess）。她是来自澳大利亚的著名国际律师和残疾权利活动家，是受教育权条款的协调人。

2.5 人权模式允许评估预防政策

尽管残疾社会模式对预防政策至关重要，但残疾人权模式为评估作为残疾人人权保护的预防政策提供了依据。

伤残预防是公共卫生政策的一项内容，长期以来一直受到残疾权利活动 53
家的批评，被认为是侮辱性或歧视性的。批评的对象包括公共卫生政策的实施模式或目标。例如，预防交通事故或小儿麻痹症看来没有问题，但宣布这些政策的方式可能会使残疾人蒙受耻辱。比方说，一条宣传安全驾驶的广告附上一张画有四肢瘫痪者的题为“终生残疾比死亡更糟糕”的海报，残疾人就被滥用为威吓的工具。再如，使用诸如“口服疫苗是甜的，脊髓灰质炎是残酷的”等作为预防小儿麻痹症疫苗接种运动的口号。20 世纪 70 年代和 80 年代，这样的公共卫生运动在若干国家引发了残疾权利运动的激烈抗议。如果医疗预防计划的目标涉及选择性堕胎或协助自杀等生死问题，也可能沦为

74 Kauppinen and Jokinen (2014); Grandia (2014).

抗议的靶子。一些人认为这些预防计划传达的信息是残疾人生不值得活，所谓的伤残预防政策实际上是旨在消除残疾人的政策。迈克尔·奥利弗将这些预防项目描述为残疾意识形态构建的核心。[75] 从事残疾研究的女权主义学者已经广泛地阐述了妇女的生育自主权与残疾人不受歧视权利之间的冲突。[76] 在《残疾人权利公约》的谈判过程中，这一尤其困难的问题也曾被提出来讨论，只是由于时间关系，以及会议室中反堕胎者[77]和许多女权主义者不妥协而被搁置。

不同于 1982 年《关于残疾人的世界行动纲领》[78] 和 1993 年《残疾人机会均等标准规则》，《公约》没有把伤残预防作为残疾政策的一项内容。《关于残疾人的世界行动纲领》和《残疾人机会均等标准规则》为传统的 3 级残疾政策（残疾、预防和康复）增加了第 4 个要素，即机会平等。通过增加这个要素，这两项文书使联合国的残疾政策现代化了。然而，这两项文书都将伤残预防作为残疾政策的一项内容，并将产前保健作为伤残预防的一项重要措施。[79]《关于残疾人的世界行动纲领》甚至包括了一段关于预防方案成本效益的内容："人们越来越清楚地认识到，实行预防缺陷和保证缺陷不致发展成为更严重的残疾方案，**要比以后不得不照顾残疾人**，使社会付出的代价小得多。"[80]

54 《关于残疾人的世界行动纲领》因为延续了残疾医学模式而受到批评。[81] 尽管《残疾人权利公约》序言提到了《关于残疾人的世界行动纲领》和《残疾人机会均等标准规则》，[82] 但《公约》案文并没有突出地提到预防措施。这是在《公约》谈判之前和谈判期间作出的一项深思熟虑的决定。[83]

---

75 Oliver（1990），pp. 54-59.

76 Degener and Köbsell（1992）；Parens and Asch（2000）；Silvers et al.（1998）；Saxton（2000）；Morris（1991）.

77 罗马教廷是观察员国，其代表团在该问题上扮演了非常积极的角色。

78 WPA A/37/351/Add. 1 and Add. 1/Corr. 1，annex.

79 WPA paras 13 and 52-56；StRE para. 22.

80 WPA para. 55（着重强调）。

81 Degener（2001），p. 278；Nagase（1995）.

82 《残疾人权利公约》序言第 6 段。

83 Trömel（2009），p. 120.

《残疾人权利公约》的目的是促进和保障残疾人的权利。有观点认为，在该文书中处理残疾预防问题是不合逻辑的。因此，随着《残疾人权利公约》的通过，这一观点得到了明确：初级伤残预防可能是《经济社会文化权利国际公约》所载健康权的一个重要方面，[84] 但它绝对不是保护残疾人人权的一项合适措施。这是向《公约》缔约国发出的一个重要信息，因为它们声称为残疾人花费了大量资金，但随后提交的报告表明其中很大一部分预算用在了伤残预防上。

然而，并非所有的损伤预防政策都是歧视性的，[85] 大多数残疾人也需要这种公共卫生政策。事实上，世界卫生组织 2011 年《世界残疾报告》（WHO World Report on Disability）提供的证据表明，由于各种因素（如难以获得医疗保健服务、具有罹患继发性疾病的风险、遭受暴力侵害的风险较高和健康风险行为的增长），残疾人的健康水平较差。[86]《残疾人权利公约》认识到在健康权背景下提供伤残预防服务的必要性。在这里，伤残预防与初级预防无关，而与“提供旨在尽量减轻残疾和预防残疾恶化的服务，包括向儿童和老年人提供这些服务”的二级预防方案相关。[87]《残疾人权利公约》第 25 条是将残疾人健康纳入人权范畴的一个例子。它要求残疾人平等获得一般的和专门的保健服务。这些服务必须以社区为基础，尊重残疾人的自由权和尊严，必须预防和禁止通过提供或拒绝提供卫生保健而进行歧视。

2.6 人权模式力争社会正义

虽然残疾社会模式可以解释为什么世界上 10 亿残疾人中有 2/3 生活在相对贫困之中，但残疾人权模式才为变革提供了路线图。

从一开始，残疾社会模式的支持者和批评者就认识到了贫困与残疾之间 55
的密切联系。[88] 事实上，贫困和残疾的关联关系还被拿来作为证据，证明损

84 《经济社会文化权利国际公约》第 12 条。

85 Shakespeare（2014）.

86 World Health Organisation/World Bank（2011），pp. 57-60.

87 《残疾人权利公约》第 25 条第 2 项。

88 Oliver（1990），pp. 12-13.

伤同残疾一样是一种社会建构。[89] 现有大量证据表明，损伤与贫困是相辅相成的。[90] 损伤可能增加贫困的风险，而贫困也可能加剧损伤的程度。当试图理解为什么世界上 2/3 的残疾人生活在发展中国家时，资源缺乏、教育缺乏和基本服务缺乏都是要考虑的因素。残疾社会模式有助于理解残疾是一个发展问题。残疾社会模式的倡导者和残疾研究者们对处理这些问题的赋权政策产生了重大影响。[91] 长期以来，联合国、世界银行和其他发展机构都承认残疾是一个发展问题；[92] 但是，残疾问题并没有被纳入发展政策的主流。残疾问题最初没有被确认为千年发展目标中的一个问题，只是在《残疾人权利公约》通过之后情况才有所改变。

《残疾人权利公约》是第一个对发展和人道主义保护作出单独规定的人权条约。纳入关于国际合作的第 32 条是自谈判开始到结束最具争议的提议之一。[93] 第 32 条与《公约》关于危难情况和人道主义紧急情况的第 11 条共同为国际人道主义和发展合作中的残疾政策提供了可靠的路线图。《残疾人权利公约》第 32 条要求国际合作应当包容和便利残疾人参与，将残疾问题纳入所有发展方案主流，并使他们能够监督这些活动的开展。《残疾人权利公约》第 11 条要求缔约国采取一切必要措施，在自然灾害或人道主义紧急情况下保护残疾人。该条是在 2004 年印度洋海啸之后引入的——那次海啸导致几十万人死亡，其中包括许多被排除在救援之外的残疾人。到《公约》谈判结束时，黎巴嫩战争已于 2006 年 7 月爆发，更增添了该条已有的政治56 化性质。[94] 在这样的情况下，这两条得以通过也非同寻常。这两条给发展和人道主义政策至少带来了三个重要方面：（1）基于人权的发展和人道主义援助方法；（2）将残疾问题纳入国际合作主流；（3）残疾人组织参与的重要

---

89 Shakespeare (2014), pp. 34-35.

90 World Health Organisation/World Bank (2011), pp. 10-11.

91 Barnes and Mercer (2005), p. 15; Driedger (1989); Watermeyer (2006), pp. 206 - 259; Priestley (2001); Stone (1999); Albert (2006).

92 Braithwaite and Mont (2008).

93 Trömel (2009), p. 132.

94 值得注意的是，由于各国未能就在公约中提及外国占领问题达成一致，该问题（最初在第 11 条中，后来在序言部分）是《残疾人权利公约》中唯一以表决方式通过的案文。详见 Trömel (2009), p. 125。

性。这些方面并不是全新的，以前也有人提过，但是随着《残疾人权利公约》的颁布，它们已经变成具有约束力的国际法。

3　总结性评论

残疾社会模式是《残疾人权利公约》谈判过程中最成功的格言。并不是每个在谈判过程中使用这一术语的人都精通残疾研究。的确，正如罗斯玛丽·凯斯和菲利普·弗伦奇（Phillip French）所分析的那样：残疾社会模式在谈判过程中产生的巨大影响来自"其将民粹主义概念化，并将之作为残疾人权利的宣示且拟对残疾人采取一个激进的社会建构的立场，而不是来自其作为残疾批评理论的当代表达"。[95] 但是，鉴于起草国际人权规范始终是一项具有高度政治性的工作，简化使用残疾社会模式是可以理解的。残疾社会模式已成为国际残疾运动的座右铭，成为敦促法律改革的有力工具。

《残疾人权利公约》将残疾社会模式进一步发展为残疾人权模式。后者至少在6个方面不同于前者。第一，残疾人权模式确保任何残疾人都不被剥夺法律能力（legal capacity）。第二，它超越了不歧视权利并涵盖了第一代人权和第二代人权。第三，它承认损伤对残疾人生活的重要影响。第四，它承认身份具有不同的层级。第五，它为非歧视性的卫生预防政策提供了路线图。第六，残疾人权模式为发展和人道主义援助提供了具有残疾包容性的路线图。

残疾人权利委员会在最近的结论性意见中采纳了"人权模式"一词。[96] 然而，大多数缔约国的报告没有反映出对残疾人权模式的明确理解。虽然依赖残疾医学模式已经不再时兴，但向残疾人权模式的范式转变在《公约》的实施中尚未得到体现。

95　Kayess and French（2008），p. 7.

96　残疾人权利委员会关于阿根廷初次报告的结论性意见，CRPD/C/ARG/CO/1，第7~8段；残疾人权利委员会关于中国初次报告的结论性意见，CRPD/C/CHN/CO/1，第9~10、16、54段。

57 # 参考文献

Albert B (2006) In or out of the mainstream? Lessons from research on disability and development cooperation, Disability Press, Leeds.

Asch A, Fine M (1997) Nurturance, sexuality, and women with disabilities, In: Davis LJ (ed) The disability studies reader. Routledge, New York, pp. 241–259.

Barnes C (1991) Disabled people in Britain and discrimination, A case for anti-discrimination legislation, C. Hurst & Co., University of Calgary Press in association with the British Council of Organizations of Disabled People, London, Calgary, Alta.

Barnes C, Mercer G (2005) The social model of disability, Disability Press, Leeds.

Bell CM (2011) Blackness and disability, Critical examinations and cultural interventions, Michigan State University Press, Lit. Verlag, East Lansing, Münster.

Beresford P (2004) Madness, distress, research and a social model, In: Barnes C, Mercer G (eds) Implementing the social model of disability, Theory and research. Disability Press, Leeds, pp. 208–222.

Bob C (ed) (2009) The international struggle for new human rights, University of Pennsylvania Press, Philadelphia.

Bond JE (2003) International intersectionality: a theoretical and pragmatic exploration of women's international human rights violations, Emory Law J 52 (1): 71–186.

Braithwaite J, Mont D (2008) Disability and poverty: a survey of world bank poverty assessments and implications, SP Discussion Paper No 0805, World Bank, Washington.

Breslin ML, Yee S (2002) Disability rights law and policy, Transnational, New York.

Burke R (2010) Decolonization and the evolution of international human rights, University of Pennsylvania Press, Philadelphia.

Corker M (1996) Deaf transitions. Images and origins of deaf families, deaf communities and deaf identities, Jessica Kingsley Publishers, London.

Corker M, French S (1999) Disability discourse, Open University Press, Buckingham.

Danermark B, Gellerstedt LC (2004) Social justice: redistribution and recognition—a non-reductionist perspective on disability, Disabil Soc 19 (4): 339–353.

Davis LJ (1997) The disability studies reader, Routledge, New York.

Degener T (1991) Personal assistance services and laws: a commentary, In: Rehabilitation International/World Institute on Disability (eds) International symposium on personal assistance models, Oakland, CA, 28–30 September 1991, World Institute on Disability, Rehabilitation International, pp. 15–20.

Degener T (2001) Disabled women and international human rights, In: Askin KD, Koenig DM (eds) Women and international human rights law, vol 3, Transnational, Ardsley, pp. 267–282.

Degener T (2011) Intersections between disability, race and gender in discrimination law, In: Schiek D, Lawson A (eds) European Union non-discrimination law and intersectionality, Ashgate, Burlington, pp. 29–46.

Degener T, Köbsell S (1992) Hauptsache es ist gesund? Konkret Literatur, Hamburg.

Degener T, Koster-Dreese Y (1995) Human rights and disabled persons: essays and relevant human rights instruments, International studies in human rights, vol 40, Martinus Nijhoff, Dordrecht.

Degener T, Quinn G (2002) A survey of international, comparative and regional disability law reform, In: Yee S, Breslin ML (eds) Disability rights law and policy, International and national perspectives, Transnational, New York, pp. 3–128.

Dhanda A (2007) Legal capacity in the disability rights Convention, Syracuse J Int'l L & Com 37: 429–462.

Driedger D (1989) The last civil rights movement, Disabled Peoples' International, Hurst & Company, St. Martin's Press, London, New York.

Finkelstein V (2007) The "Social Model of Disability" and the Disability Movement, http://www.leeds.ac.uk/disability-studies/archiveuk/finkelstein/The%20Social%20Model%20of%20Disability%20and%20the%20Disability%20Movement.pdf, Accessed 23 Mar 2015.

FRA-European Union Agency for Fundamental Rights (2012) Choice and control: the right to 58
independent living, Experiences of persons with intellectual disabilities and persons with mental health problems in nine EU member states, Publication Office of the European Union, Luxembourg.

Garland Thomson R (1997) Feminist theory, the body, and the disabled figure, In: Davis LJ (ed) The disability studies reader, Routledge, New York, pp. 279–294.

Gooding C (1994) Disabling laws, enabling acts. Disability rights in Britain and America, Pluto Press, London.

Gould CC (2004) Globalizing democracy and human rights, Cambridge University Press, Cambridge.

Grandia L (2014) Imagine to be part of this, In: Sabatello M, Schulze M (eds) Human rights and disability advocacy, 1st edn, University of Pennsylvania Press, Philadelphia, pp. 146-156.

Honneth A (1996) The struggle for recognition, MIT Press, Cambridge.

Hughes B, Paterson K (1997) The social model of disability and the disappearing body: towards a sociology of impairment, Disabil Soc 12 (3): 325-340.

Hvinden R (2009) Redistributive and regulatory disability provision: incompatibility or synergy? In: Quinn G, Waddington L (eds) European yearbook of disability law, vol 1, Intersentia, Antwerp, Oxford, Portland, pp. 5-28.

Kauppinen L, Jokinen M (2014) Including deaf culture and linguistic rights, In: Sabatello M, Schulze M (eds) Human rights and disability advocacy, 1st edn, University of Pennsylvania Press, Philadelphia, pp. 131-145.

Kayess R, French P (2008) Out of darkness into light? Hum Rights Law Rev 1: 1-24.

Ladd P (2003) Understanding deaf culture, In search of deafhood, Multilingual Matters, Clevedon, Buffalo.

Lawson A (2008) Disability and equality law in Britain, The role of reasonable adjustment, Hart, Oxford.

Lawson L, Gooding C (2005) Disability rights in Europe, From theory to practice, Hart, Oxford.

Mansell J et al (2007) Deinstitutionalization and community living, Tizard Centre, University of Kent, Canterbury.

Mégret F (2008) The disabilities Convention: human rights of persons with disabilities or disability rights? Hum Rights Quart 30 (2): 494-516.

Mitra S (2006) The capability approach and disability, J Disabil Policy Stud 16 (4): 236-247.

Morris J (1991) Pride against prejudice, New Society Publishers, Philadelphia.

Morris J (2001) Impairment and disability: constructing an ethics of care which promotes human rights, Hypatia 16 (4): 1-16.

Nagase O (1995) Difference, equality and disabled people, Disability rights and disability culture, Master Thesis, Institute of Social Studies, The Hague.

Normand R, Zaidi S (2008) Human rights at the UN, The political history of universal justice, Indiana University Press, Bloomington.

Oliver M (1990) The politics of disablement, A sociological approach, St. Martin's Press, New York.

Oliver M (1996) Understanding disability, From theory to practice, St. Martin's Press, New York.

Oliver M (2013) The social model of disability: thirty years on, *Disabil Soc* 28 (7): 1024-1026.

Parens E, Asch A (2000) Prenatal testing and disability rights, Georgetown University Press, Washington.

Parker C (2011) A community for all: implementing Article 19, A guide for monitoring progress on the implementation of Article 19 CRPD, https://www.opensocietyfoundations.org/sites/default/files/community-for-all-checklist-20111202_0.pdf, Accessed 1 Oct 2015.

Petersen N (2012) Human dignity, international protection, In: Wolfrum R (ed) The Max Planck encyclopaedia of public international law, Oxford University Press, pp. 1-9.

Power A, Lord JE, DeFranco AS (2013) Active citizenship and disability, Cambridge University Press, New York.

Priestley M (2001) Disability and the life course, Cambridge University Press, Cambridge.

Priestley M (2005) We're all Europeans Now! The social model of disability and european social 59
policy, In: Barnes C, Mercer G (eds) The social model of disability, Disability Press, Leeds, pp. 17-31.

Quinn G, Degener T (2002) Human rights and disability, The current use and future potential of United Nations human rights instruments in the context of disability, OHCHR, New York.

Quinn G, Doyle S (2012) Getting a life, Living independently and being included in the community, A legal study to the current use and future potential of the EU structural funds to contribute to the achievement of Article 19 CRPD, http://www.nuigalway.ie/cdlp/documents/getting_a_life_art_19_crpd_and_eu_structural_funds.pdf, Accessed 1 Oct 2015.

Saxton M (2000) Why members of the disability community oppose prenatal diagnosis and selective abortion, In: Parens E, Asch A (eds) Prenatal testing and disability rights, Georgetown University Press, Washington, pp. 147–164.

Shakespeare T (2014) Disability rights and wrongs revisited, Routledge, New York.

Silvers A (1999) Triple difference: disability, race, gender and the politics of recognition, In: Marks LAB, Jones M (eds) Disability, divers-ability and legal change, Martinus Nijhoff, The Hague, pp. 75–100.

Silvers A, Wasserman DT, Mahowald MB (1998) Disability, difference, discrimination, Rowman & Littlefield, Lanham.

Stein MA (2007) Disability human rights, *Calif Law Rev* 95: 75–121.

Stone E (1999) Disability and development, Disability Press, Leeds.

Townsley R (2010) The implementation of policies supporting independent living for disabled people in Europe, http://www.disability-europe.net/theme/independent-living, Accessed 27 Feb 2015.

Traustadottir R (2009) Disability studies, the social model and legal developments, In: Arnadóttir OM, Quinn G (eds) The UN Convention on the rights of persons with disabilities, Martinus Nijhoff, Leiden, pp. 3–16.

Trömel S (2009) A personal perspective on the drafting history of the United Nations Convention on the rights of persons with disabilities, In: Quinn G, Waddington L (eds) European yearbook of disability law, vol 1, Intersentia, Antwerp/Oxford/Portland, pp. 115–138.

Vanhala L (2011) Making rights a reality? Cambridge University Press, Cambridge.

Vernon A (1998) Multiple oppression and the disabled people's movement, In: Shakespeare T (ed) The disability reader, 2nd edn, Cassell, New York, pp. 201–210.

Waddington L (2006) From Rome to Nice in a wheelchair, Europa Law Publishing, Groningen.

Watermeyer B (2006) Disability and social change, HSRC Press, Cape Town.

Watson N (2004) The dialectics of disability: a social model for the 21st century? In: Barnes C, Mercer G (eds) Implementing the social model of disability, The Disability Press, Leeds, pp. 101–117.

Wendell S (1997) Toward a feminist theory of disability, In: Davis LJ (ed) The disability studies reader, Routledge, New York, pp. 260–278.

World Health Organisation/World Bank (2011) World report on disability, http://www.who.int/disabilities/world_report/2011/report.pdf, Accessed 1 Oct 2015.

欧洲联盟与《残疾人权利公约》: 61
复杂性、挑战和机遇

安娜·劳森

目　次

1　导言

《残疾人权利公约》在很多方面都有创新，比如，它是第一个明确规定区域一体化组织可以和国家一起签署、批准（或“正式确认”）、加入《公约》的联合国人权条约。[1]《公约》第 44 条专门作了规定：

> 一、“区域一体化组织”是指由某一区域的主权国家组成的组织，其成员国已将本公约所涉事项方面的权限移交该组织。这些组织应当在
> 62 其正式确认书或加入书中声明其有关本公约所涉事项的权限范围。此后，这些组织应当将其权限范围的任何重大变更通知保存人。
>
> 二、本公约提及“缔约国”之处，在上述组织的权限范围内，应当适用于这些组织。
>
> 三、为本公约第四十五条第一款和第四十七条第二款和第三款的目的，区域一体化组织交存的任何文书均不在计算之列。
>
> 四、区域经济一体化组织可以在缔约国会议上，对其权限范围内的事项行使表决权，其票数相当于已成为本公约缔约国的组织成员国的数目。如果区域一体化组织的任何成员国行使表决权，则该组织不得行使表决权，反之亦然。

欧盟[2]完全符合《公约》第 44 条第 1 款所载“区域一体化组织”的定义。这并不奇怪，因为在拟订《残疾人权利公约》的特设委员会内，欧盟在起草本条时发挥了非常积极的作用。[3]

2010 年 12 月，欧盟批准（或正式确认）了《残疾人权利公约》，从而第一次以自己的名义成为联合国人权条约的缔约方。这一事实说来简单，但对其所涉承诺的性质和范围以及与其履行承诺有关的挑战和机遇，都提出了有趣而又令人困惑的问题。对欧盟法律和政策感兴趣的人当然关心这些问题。然而，正如将本章包含在一本关于《残疾人权利公约》的评注中那样，他们属于一个更广泛的读者群体。后者对《残疾人权利公约》通过各种创新影响法律、政策和实践的潜力感兴趣，认为这些变化可能渗透到残疾人的个体生活。第 44 条是《残疾人权利公约》中重要但往往被忽视的创新之一。它为欧盟这样一个区域组织创造了可能性，使欧盟这个本身就是多个国家法

1　《残疾人权利公约》第 43 条。

2　这一术语将贯穿本章，包括提及在 2009 年 12 月《里斯本条约》生效之前欧洲共同体的情况。

3　关于欧盟在这一谈判进程中的作用的分析，见 De Burca（2010）和 Waddington（2009）。

律协定网络产物的组织，可以跟它的成员国一道直接加入联合国人权条约及其监测机制，从而为该区域系统将《残疾人权利公约》纳入其本身的法律、政策和实践创造机会，并对未能做到这一点向联合国和其他国家行为体以及欧盟一级的行为体承担责任。此外，将《残疾人权利公约》纳入欧盟法律也创造了促进欧盟各成员国将《残疾人权利公约》纳入其各自法律制度的机会。这是一个相互学习、对话和交流良好做法的宝贵机会。

全面分析欧盟与《残疾人权利公约》之间的关系不是本章的任务。批准《残疾人权利公约》对欧盟法律的影响也不是本章要讨论的内容（关于该主题已有丰富的论述）。[4] 本章只选取欧盟参与《残疾人权利公约》的相关过程，尤其是欧盟与残疾人权利委员会近来的建设性对话，以及民间社会通过 63
影子报告对这一过程的宝贵贡献，来探讨两个主要问题。第一个问题将在下一节（第二节）中讨论，涉及欧盟在国际层面上对联合国及其他与《残疾人权利公约》有关的工作的影响（如果有的话）的性质。第二个问题将在第三节讨论，涉及欧洲残疾问题战略（the European Disability Strategy）以及欧盟与残疾人权利委员会的建设性对话为重新构想和强化欧盟在残疾问题上的战略参与所创造的机会。

2 与《残疾人权利公约》有关的联合国和国际进展中的欧盟参与及其影响

2.1 《残疾人权利公约》之前：欧盟参与特设委员会

如前所述，在特设委员会起草《残疾人权利公约》的工作中，欧盟发挥了积极作用。[5] 这是欧盟第一次作为一个正式实体参与起草国际人权条约。

---

4 See, e.g., Ferri (2010), Waddington (2011), Hoefmans (2012), and Quinn and Doyle (2012).

5 在授权特设委员会参与促进和保护残疾人权利和尊严的具有法律约束力的国际文书谈判的建议之后，SEC (2003) 0116 final。另见欧盟委员会（Communication）COM (2003) 16 final。关于特设委员会讨论的记录，见 http://www.un.org/disabilities/default.asp?id=1423。

该工作得到了欧盟委员会（the European Commission）的支持，也需要欧盟当时的27个成员国在整个谈判过程中进行深度合作和建立共识，以便采取并阐明欧盟的共同立场。根据德·布尔卡（De Burca）对特设委员会与会者的访谈：

> 大多数受访者称欧盟起到了主导作用。它积极参与了谈判的所有阶段并采取了强有力的立场，尽管显然在某种程度上受到需要提出共同立场的限制。有几位受访者评论道，在谈判过程中欧盟与相关民间社会组织（特别是“欧洲残疾问题论坛”）紧密结盟，这有助于加强欧洲联盟的地位，并在与拉丁美洲和加勒比国家集团等其他强大行为体的比较中具有更大的影响力……[6]

德·布尔卡探讨的关键问题之一是，《残疾人权利公约》多方面的创新在多大程度上可归功于欧盟的参与。德·布尔卡将探讨中的这些创新描述为具有类似“实验主义架构”的特征，即萨贝尔（Sabel）与泽特林（Zeitlin）
64 所描述的欧盟治理特征，[7] 并举例说明：“让利益攸关方（主要是残疾人非政府组织和国家人权机构）起到核心作用”“出台一项强调国家实施和监测的具体规定，使国家人权机构和利益攸关方发挥某种作用”“各国有义务收集相关研究、数据和统计资料”“规定举办缔约方实质性年度会议以审查《公约》实际运作的所有方面”。[8] 不过，德·布尔卡的结论是，《残疾人权利公约》中的这些创新要更多地归功于那些史无前例地参与《公约》起草进程的非政府组织和其他非国家行为体，特别是那些残疾人及其代表组织（也就是那些将受到正在形成的新条约最直接影响的人），而不是欧盟。

2.2 欧盟参与批准程序

2008年，欧盟委员会通过一项提案，要求欧洲共同体（当时的名称）

---

6 De Burca (2010), p. 182.

7 See, e. g., Sabel and Zeitlin (2008, 2010).

8 De Burca (2010), pp. 177-179.

签署《残疾人权利公约》及其任择议定书。[9] 欧盟理事会（the Council of European Union）随后通过一项决定，即欧洲共同体应当签署《残疾人权利公约》（但不包括其任择议定书）。[10] 2009年11月，欧盟理事会又通过一项决定，即欧洲共同体应当批准（或者用欧盟法律语言“缔结”）《残疾人权利公约》。[11] 该决定在附件二中包括了《公约》第44条第1款所要求的权限声明（the Declaration of Competence），并授权欧盟理事会主席向联合国交存正式确认文书，条件是欧盟理事会、欧盟委员会和成员国首先就规范欧盟及其成员国之间内部程序和安排的行为准则达成一致。该准则于2010年11月商定完成，[12] 使欧洲共同体的正式确认文件得以于2010年12月交存联合国。因此，《残疾人权利公约》于2011年1月22日在欧盟权限声明和行为准则 65
所规定的权限范围内[13]生效。

任何不熟悉《残疾人权利公约》或欧盟错综复杂之处的人可能会理所当然地想到一个问题，即欧盟对《公约》的批准是否以某种方式掩盖或限制了欧盟成员国批准和成为《残疾人权利公约》缔约国的机会。答案是，它绝不会限制这些机会。事实上，27个欧盟成员国目前已经批准了该条约，剩下的一个成员国（爱尔兰）也签署了该条约。* 因此，欧盟及其许多成员国都是《残疾人权利公约》的单独缔约方，这使得《残疾人权利公约》成为一个“混合协定”。这意味着与其他混合协定一样，属于欧盟事项职权范围内的

---

9 COM (2008) 530 final/2; see also European Commission, Proposal for a Council Decision on the Signing, on Behalf of the European Community, of the United Nations Convention on the Rights of Persons with Disabilities and its Optional Protocol, COM (2007) 77 final.

10 Council Decision on the Signing, on Behalf of the European Community, of the United Nations' Convention on the Rights of Persons with Disabilities, 7407/07.

11 Council Decision 15540/09 Concerning the Conclusion, by the European Community, of the United Nations Convention on the Rights of Persons with Disabilities, O. J. L 23/35 of 27 January 2010, PESC 1493, COHOM 252, CONUN 120, SOC 667.

12 Council, Code of Conduct between the Council, the Member States and the Commission Setting out Internal Arrangements for the Implementation by and Representation of the European Union Relating to the United Nations Convention on the Rights of Persons with Disabilities (2010/C 340/08), O. J. C 340/11 of 15 December 2010.

13 关于这些问题的复杂性的讨论，见 Waddington (2011); and Hoefmans (2012), pp. 45-46。

* 爱尔兰于2018年3月20日批准该公约。——译者注

《残疾人权利公约》条款对欧盟机构具有约束力，《残疾人权利公约》由此成为欧盟法律的一部分，其地位低于欧盟基本法［即《欧洲联盟条约》（TEU）和《欧洲联盟运行条约》（TFEU）］，但高于欧盟二级立法［例如指令（directives）和条例（regulations）］。[14] 欧盟成员国除了基于批准《残疾人权利公约》而承担国际法义务外，还有义务在欧盟法律规定的欧盟权限范围内履行《残疾人权利公约》的相关规定。[15]

在参与“混合协定”时，欧盟及其成员国必须承担“真诚”或“忠诚”合作的义务。[16] 这要求“欧盟和成员国应在充分相互尊重的情况下相互协助执行条约规定的任务”。

迄今为止，残疾人权利委员会尚未收到根据《残疾人权利公约任择议定书》对欧盟提出的个人或团体来文。这是因为欧盟尚未签署或批准该议定书。而欧盟签署或批准该议定书都需要得到欧盟理事会（即所有 28 个成员国政府的代表）的一致同意。尽管欧洲议会（European Parliament）一再敦促，[17] 但这样的协议仍未达成。

2.3 欧盟参与报告程序

与其他缔约国一样，欧盟也要在《残疾人权利公约》生效两年内编写并
66 向残疾人权利委员会提交“一份全面报告，说明为履行本公约规定的义务而采取的措施和在这方面取得的进展”。[18]《行为准则》规定了如何在欧盟委员会（作为欧盟《残疾人权利公约》协调中心）和欧盟成员国之间管理这一程序。[19] 2014 年 6 月，欧盟提交了初次报告。2015 年残疾人权利委员会审查了该报告，并于 4 月通过了关于欧盟的问题清单（欧盟于 6 月 22 日作出了

---

14 关于该问题及相关观点的详细讨论，见 Ferri（2010）。

15 ECJ，Case 104/81，*Hauptzollamt Mainz v. Kupferberg*，Judgment of 26 October 1982，para. 13.

16 TEU，Article 4，para. 3.

17 European Parliament Resolution of 24 April 2009 on the Conclusion，by the European Community，of the United Nations Convention on the Rights of Persons with Disabilities and the Optional Protocol thereto，P6_TA（2009）0334；European Parliament Resolution of 25 October 2011 on Mobility and Inclusion of People with Disabilities and the European Disability Strategy 2010-2020，P7_TA（2011）0453.

18 《残疾人权利公约》第 35 条第 1 款。

19 Council，Code of Conduct，para. 12.

答复）。在8月和9月，委员会与欧盟开展了建设性对话并提出结论性意见。上述进程引出了许多有趣的问题。本章下一节将讨论这一进程为重新构建欧洲残疾问题战略所创造的机会。本节接下来将重点关注欧盟通过引入更多的多元行为体和法律制度从而给联合国人权系统带来的复杂性。这一复杂性有可能带来活力，增加辩论、对话和参与（包括民间社会的参与）的机会。

2.3.1 残疾人权利委员会、欧盟及欧盟成员国

联合国残疾人权利委员会对欧盟的审查在许多方面都是前所未有的。此前，联合国的人权监督机构从未与欧盟这样的区域组织进行过建设性对话。该组织以其成员国之间的合作为基础，而其成员国除了一个[*]以外本身也都是《残疾人权利公约》的缔约国。残疾人权利委员会将面临的一个明显挑战是欧盟与其成员国之间的关系，以及在审查欧盟时怎样评论其成员国与欧盟有关的行动才合适。

也许不可避免的是，残疾人权利委员会的一些问题（问题清单和结论性意见的建议）未在欧盟一级取得进展，主要是因为成员国的抵制，而不是欧盟机构缺乏主动性或承诺。一个例子是，欧盟迄今未能通过欧盟委员会2008年提出的《平等待遇指令》[**]。该指令要求成员国在就业和职业以外的欧盟权限领域禁止歧视。[20] 在回应残疾人权利委员会关于提供信息说明通过该提案的时间表的要求时，[21] 欧盟解释道：

> 欧盟理事会的谈判仍在继续，委员会的提案需要得到会员国的一致 67
> 批准才能通过……欧盟委员会把通过该指令确定为一项优先的政治任务，以完善欧盟法律针对基于宗教或信仰、残疾、年龄和性取向的歧视提供的保护。欧盟委员会正在设法说服会员国放弃目前的抵制。[22]

---

* 指当时的爱尔兰，后来爱尔兰也成为《公约》的缔约国。——译者注

** 至今仍未通过。——译者注

[20] Proposal for a Council Directive on Implementing the Principle of Equal Treatment between Persons Irrespective of Religion or Belief, Disability, Age or Sexual Orientation.

[21] CRPD Committee, List of Issues in Relation to the Initial Report of the European Union, CRPD/C/EU/Q/1, para. 9.

[22] CRPD Committee, Replies of the European Union to the List of Issues, CRPD/C/EU/Q/1/Add. 1, para. 36.

根据这一信息，可以想象，残疾人权利委员会的结论性意见可能具体提及欧盟层面实施《残疾人权利公约》的障碍，这是由成员国的抵制造成的，尽管这些成员国本身可能就是《残疾人权利公约》的缔约方。然而，在这种情况下，残疾人权利委员会的意见只聚焦于欧盟层面的发展，采取了简单建议的形式，即“欧洲联盟通过拟议的横向平等待遇指令，将保护残疾人不受歧视的范围扩展到欧盟权限的所有领域，包括提供合理便利”。[23]

然而，残疾人权利委员会在与欧盟成员国的建设性对话中，显然有空间来考虑和反思有关国家参加与《残疾人权利公约》有关的欧盟倡议和融资机会的问题。在某种十分有限的程度上，这已经发生了。例如，残疾人权利委员会在关于匈牙利的结论性意见中赞许匈牙利利用“欧洲联盟区域基金……为相关专业人员和高等教育提供无障碍培训”，[24] 同时也表达了对“将不成比例的大量资源（包括欧洲联盟区域基金）用于大型机构重建”的担忧。[25] 在关于丹麦的结论性意见中，残疾人权利委员会还对延伸到欧洲议会的排斥性投票的做法表达了关切。[26] 不过，除此之外，在 2015 年 8 月之前，残疾人权利委员会在对欧盟成员国的审查中没有提到欧盟。[27] 事实上，虽然奥地利代表团中有一位欧盟委员会的代表，但结论性意见没有明确提及这一点——
68 尽管奥地利代表团还因为同时包括了“相关政府部门和奥地利各地区的代表”以及“两个独立监督机构（奥地利监察员委员会和《残疾人权利公约》执行情况独立监测委员会）的代表”而得到赞扬。[28]

迄今为止，在关于欧盟成员国的结论性意见中，欧盟问题的关注度相对较低，令人失望。当然，残疾人权利委员会对欧盟的审查及对欧盟初次报告和相关影子报告的援引，都会提高欧盟问题在残疾人权利委员会工作中的重要性。然而在现实中，可能只有通过在缔约国报告和影子报告中强调欧盟问

23 残疾人权利委员会的结论性意见：欧盟，CRPD/C/EU/CO/1，第 19 段。

24 残疾人权利委员会的结论性意见：匈牙利，CRPD/C/HUN/CO/1，第 9 段。

25 残疾人权利委员会的结论性意见：匈牙利，CRPD/C/HUN/CO/1，第 33 段、第 35 段。

26 残疾人权利委员会的结论性意见：丹麦，CRPD/C/DNK/CO/1，第 60 段。

27 残疾人权利委员会的结论性意见：西班牙，第 6 届，CRPD/C/ESP/CO/1；比利时，第 12 届，CRPD/C/BEL/CO/1；瑞典，第 11 届，CRPD/C/SWE/CO/1；捷克，第 13 届，CRPD/C/CZE/CO/1；克罗地亚，第 13 届，CRPD/C/HRV/CO/1；德国，第 13 届，CRPD/C/DEU/CO/1。

28 残疾人权利委员会的结论性意见：奥地利，第 10 届，CRPD/C/AUT/CO/111，第 3 段。

题才能提高其关注度。

2.3.2 联合国、欧盟和欧洲理事会

当然，欧盟是一个与欧洲理事会完全不同的独立系统。然而，有趣的是，欧洲精神病学（前）使用者和幸存者网络（ENUSP）[29] 的影子报告在其关于欧盟的问题清单中，请残疾人权利委员会将重点（在其他事项中）放在欧盟对欧洲理事会的条约和制度的认可上。在 ENUSP 看来，欧洲理事会的条约和制度与《残疾人权利公约》存在重大的不一致。ENUSP 认为，特别有问题的是《欧洲人权公约》：该公约所载权利已经被《欧洲联盟条约》规定为欧盟法律的“一般原则”，[30] 并且欧盟委员会将潜在的新成员国批准《欧洲人权公约》作为其加入欧盟的先决条件。[31] ENUSP 认为，《欧洲人权公约》第 5 条第 1 款承认的“人身自由和安全权”与《残疾人权利公约》第 12 条和第 14 条不一致，因为《欧洲人权公约》第 5 条第 1 款（e）项规定“精神失常”可以作为剥夺个人自由的正当理由。[32] 因此，ENUSP 建议残疾人权利委员会与欧盟探讨的问题包括：

> 欧盟正在采取哪些步骤来促进《欧洲人权公约》与《残疾人权利公约》的协调，特别是废除或限制《欧洲人权公约》第 5 条第 1 款（e）项关于授权基于精神残疾而予以拘留的规定？此外，欧盟正在采取哪些临时措施，以确保欧盟成员国适用《残疾人权利公约》的标准（禁止在精神卫生服务中进行拘留和未经同意的治疗），并确保精神卫生服务部门没有依据《欧洲人权公约》第 5 条第 1 款（e）项来继续正当化其与《残疾人权利公约》第 12 条、第 14 条直接相悖的做法？

采纳 ENUSP 提出的这些问题需要残疾人权利委员会应对《欧洲人权公 69
约》的法律复杂性，包括欧洲人权法院相关案件解释第 5 条的方式（这一任务在政治上至少与在法律上一样敏感）。因此，ENUSP 提出的问题没有出现

---

29 CRPD Committee, ENUSP Proposals for the List of Issues on the EU, 13th Session, April 2015.

30 《欧洲联盟条约》第 6 条，第 3 段。

31 See, e.g., Commission Opinion on Bulgaria's Application for Membership of the European Union, 15 July 1997, DOC/97/11, 15.

32 CRPD Committee, ENUSP Proposals for the List of Issues on the EU, cit., para. 1.1.

在残疾人权利委员会的问题清单上也许就不足为奇了。不过，正如 ENUSP 所指出的，残疾人权利委员会已经就一些欧盟成员国的非自愿拘留的法律是否符合《残疾人权利公约》发表过意见。鉴于《欧洲人权公约》第 5 条第 1 款（e）项及其相关判例在许多此类法律的制定方面发挥了影响，残疾人权利委员会所阐释的《残疾人权利公约》和欧洲人权法院所阐释的《欧洲人权公约》之间不可避免的、尽管是间接的冲突已经出现。不过，在残疾人权利委员会与欧盟的建设性对话中，这种冲突并没有进一步发展，尽管残疾人权利委员会关于第 12 条和第 14 条的意见采取了与其以往相同的做法。

2.3.3 联合国、欧盟和民间社会

欧盟参与《残疾人权利公约》的进程对于民间社会参与联合国具有重要意义。长期以来，欧盟一直在通过财政支持等方式培育一个充满活力的欧盟层级的残疾人组织保护伞网络，尤其是欧洲残疾问题论坛。根据欧盟对问题清单的答复：

> 自 2010 年以来，在“进步”项目（PROGRESS，2007～2013 年）和“权利、平等及公民”项目（REC，2014～2020 年）下，每年都有直接用于支持和加强欧盟层级相关组织的运作和宣传的拨款。2015～2017 年，每年将有 220 万至 300 万欧元用于这种支持。还与代表各种残疾和利益攸关方的 8 个主要的欧盟层级的非政府组织建立了伙伴关系。它们的工作纲领支持《残疾人权利公约》和欧洲残疾问题战略。[33]

欧洲层级的残疾人组织无疑在促进制定以权利和社会模式为导向的欧盟残疾政策方面发挥了关键作用。一些评论者提请注意的事实是，通过资助和强化此类非政府组织的能力，欧盟能够推动向更激进的残疾政治的转变，并克服可能遭遇的来自雇主组织或国家政府、其他行为体的阻力。[34] 即便欧盟没有成为《残疾人权利公约》的缔约方，欧洲层级的残疾人组织也可能在与《残疾人权利公约》相关的国际政治中发挥积极作用，但欧盟的批准无疑增强了这些残疾人组织参与《残疾人权利公约》的力度。例如，欧洲残疾问题

---

33 CRPD Committee, Replies of the European Union to the List of Issues, para. 30.

34 See Mabbett (2005); and Hosking (2013), p. 73.

论坛在起草《残疾人权利公约》的特设委员会中发挥了领导性的积极作用。[35] 最近，它又在国际残疾人联盟（the International Disability Alliance，IDA）中发挥了领导作用。例如，在2012年至2014年，亚尼斯·瓦达卡尼斯（Yannis Vardakanis）同时担任欧洲残疾问题论坛主席和国际残疾人联盟主席。 70

3 《残疾人权利公约》与《2010~2020年欧洲残疾问题战略》

3.1 2015年之前的欧洲残疾问题战略

在欧盟向残疾人权利委员会提交的初次报告中，《2010~2020年欧洲残疾问题战略》（the European Disability Strategy，EDS）[36] 被描述为“欧盟的残疾政策”。[37] 因此，它在欧盟残疾议程中占有特别重要的地位，本节将进行详细讨论。本节不是要详细说明欧洲残疾问题战略所列行动在实施方面取得的进展。相反，本节第一部分旨在概述欧洲残疾问题战略的广泛范围和性质，并捕捉欧盟与残疾人权利委员会开展建设性对话前以及残疾人权利委员会对欧盟的结论性意见中所表达的一些关切。本节第二部分重点将转向对欧洲残疾问题战略的第二个5年（2016~2020年）的思考，以及《残疾人权利公约》和欧盟与残疾人权利委员会的对话进程可能如何塑造新的战略优先事项和行动。

《2010~2020年欧洲残疾问题战略》遵循并借鉴了欧盟委员会早期制定的残疾行动计划，[38] 并提出了雄心勃勃的十年议程。其总体目标是“为残疾

---

35 关于特设委员会的讨论，见 http://www.un.org/disabilities/default.asp?id=1423。

36 European Commission, European Disability Strategy 2010-2020: A Renewed Commitment to a Barrier-Free Europe, COM (2010) 636 final.

37 CRPD Committee, initial report of the EU, CRPD/C/EU/1, 3 December 2014, para. 18.

38 European Commission, Equal Opportunities for People with Disabilities: A European Action Plan, COM (2003) 650 final; European Commission, Towards a Barrier Free Europe for People with Disabilities, COM (2000) 284 final; and European Commission, A New European Community Disability Strategy, (1996), p. 4.

人赋权，使他们能够享有充分的权利，并从参与社会和欧洲经济中充分受益……”[39] 虽然《2010～2020 年欧洲残疾问题战略》是在 2010 年 11 月通过的，即在欧盟成为《残疾人权利公约》缔约方之前，但其开头几段反复提及《残疾人权利公约》及其在制定欧洲残疾问题战略中发挥的关键作用。该战略虽然涉及欧盟层级的行动，但频繁提及将调动成员国的积极性。

《2010～2020 年欧洲残疾问题战略》的主体内容确定了 8 个优先“行动领域”，这些领域是在广泛协商后根据它们与欧盟其他战略承诺和《残疾人权利公约》的联系而选定的。它们是“无障碍”“参与”“平等”“就业”“教育和培训”“社会保护”“健康”“外部行动”。为这些行动领域设定的主要目标分别是：

71 ——无障碍：“确保残疾人获得商品、服务（包括公共服务）和无障碍辅助设施”；

——参与：“使残疾人充分参与社会，享受欧盟公民身份的所有好处，消除阻碍充分和平等参与的行政障碍和态度障碍，并提供优质的社区服务（包括获得个人援助）”；

——平等：“消除欧盟内基于残疾的歧视”；

——就业：“使更多的残疾人能够在开放的劳动力市场上谋生”；

——教育和培训：“推动涵盖大中小残疾学生的包容性教育和终身学习”；

——社会保护：“改进残疾人体面生活的条件”；

——健康：“推动残疾人平等获得保健服务及相关设施”；

——外部行动：“在欧盟的外部行动中促进残疾人的权利”。

在上述这些领域采取欧盟层级行动（包括调动国家一级的积极性的相关举措）的承诺，得到了跨领域的以倡议为形式、旨在提高认识的承诺的支持。这些承诺还包括欧盟在资金、数据、统计和监测方面的支持，以及与《残疾人权利公约》有关的治理。同样，这一系列行动的主要目标确定如下：

---

39 European Commission, European Disability Strategy 2010–2020, cit., Sect. 2.

——提高认识：“提高社会对残疾问题的认识，促进残疾人更多地了解他们的权利及如何行使这些权利”；

——财政支持：“优化使用欧盟资助工具，促进无障碍和非歧视，并增加 2013 年后项目与残疾相关的资助可能性的可见度”；

——统计、数据收集和监测：“补充定期收集的与残疾有关的统计数据，以监测残疾人的状况”；

——《残疾人权利公约》要求的机制：“建立新的治理、协调和监测机制”。

《2010~2020 年欧洲残疾问题战略》附带的一份单独文件列出了 2010~2015 年实施欧洲残疾问题战略承诺的更详细的行动清单。[40] 2016~2020 年的具体行动尚未公布。如欧盟的初次报告所示：

欧盟委员会一直在监督欧洲残疾问题战略及其行动的实施情况，特 72
别是在 2013 年启动了一项研究以报告进展情况并考虑 2015 年后可能进行的审查。[41]

在阅读残疾人权利委员会审查欧盟的文件时，不可能不注意到它为思考和讨论欧洲残疾问题战略的作用及其未来方向所创造的机会的重要性。毫无疑问，对这一进程的一个重要贡献是欧洲残疾问题论坛在其关于欧盟的备选报告中概述的第一项“关切和建议”：

欧盟并没有一项旨在使所有欧盟机构全面执行联合国《残疾人权利公约》的具体战略。[42]

对于这一关切，有三点理由值得在此阐述。

欧洲残疾问题论坛对《2010~2020 年欧洲残疾问题战略》的第一个关切

40 European Commission, Initial Plan to Implement the European Disability Strategy 2010–2020: List of Actions 2010–2015, SEC (2010) 1324 final.

41 CRPD Committee, initial report of the EU, para. 19. 这项研究产生了许多份报告，其中包括一份关于《2010~2020 年欧洲残疾问题战略》的报告，见 Lawson A, Priestley M, Whayman D and Loja E, with Flynn E, Ferri D, Doyle S, European Disability Strategy 2010–2020: Assessment of Initial Progress on Actions（欧盟委员会，未出版）。

42 European Disability Forum, Alternative Report on the Implementation of the Convention on the Rights of Persons with Disabilities, 8–9 November 2014.

是它的范围有限。有两种主要的限制似乎支持了这种关切。[43] 第一种类型的限制是，《2010～2020年欧洲残疾问题战略》实际上是欧盟委员会的一项战略。虽然它设想与欧盟其他机构合作，但它不能影响它们的工作或使它们作出有关残疾的承诺。第二种类型的限制是（欧洲残疾问题论坛没有明说），《2010～2020年欧洲残疾问题战略》确定的8个优先行动领域的范围可能并不足以覆盖欧盟实施《残疾人权利公约》的义务。

欧洲残疾问题论坛对《2010～2020年欧洲残疾问题战略》的第二个关切是，它“没有为实施分配预算，也没有一个衡量实施结果的监测机制”。[44] 在阐述这一关切时，欧洲残疾问题论坛还提请注意一个事实，即关于《2010～2020年欧洲残疾问题战略》在2016～2020年的拟议行动既未公开信息也未征求意见。[45]

欧洲残疾问题论坛的第三个关切是，《2010～2020年欧洲残疾问题战略》
73 没有“实现《欧洲2020战略》（Europe 2020 Strategy）所提出的残疾人就业、社会包容和减贫的目标”。[46] 欧洲残疾问题论坛没有对这一关切作出详细解释。鉴于《2010～2020年欧洲残疾问题战略》明确提到其在促进实现这些目标方面的作用，这一关切似乎指的是它不能很好地融入《欧洲2020战略》机制。如果这就是欧洲残疾问题论坛的关切，那么它看起来与上面讨论的第一个关切密切相关：《2010～2020年欧洲残疾问题战略》的范围有限，因为它本质上是欧盟委员会的一个战略，而不是一个获得高度关注和跨机构承诺的欧盟战略。

是否存在实施《残疾人权利公约》的欧盟战略是残疾人权利委员会问题清单中第二个问题的焦点。对此，欧盟回应确认存在欧洲残疾问题战略，[47] 并列举了欧盟不同机构内部以及欧盟机构与成员国之间开展的与《残疾人权

43 See European Disability Forum, European Disability Forum Answers to the List of Issues on the EU Report to the Committee on the Rights of Persons with Disabilities.

44 Ibid.

45 Ibid.

46 European Disability Forum, Alternative Report, cit., concern and recommendation 1.

47 CRPD Committee, Replies of the European Union to the list of issues, para. 5.

利公约》有关的活动。[48] 然而，这一答复并没有正面回应欧洲残疾问题论坛所表达的关切，显然也不足以消除残疾人权利委员会的忧虑。残疾人权利委员会在其结论性意见中认为欧盟“缺乏贯穿所有［欧盟］机构的实施《残疾人权利公约》的战略”，[49] 建议欧盟采取“一项包含分配预算、时间框架和监测机制的公约实施战略”，并且事先“对相关立法进行跨领域的全面审查，以确保完全符合公约的规定”。[50]

3.2 展望：2015 年之后的欧洲残疾问题战略

残疾人权利委员会与欧盟之间的建设性对话，是在诸如欧洲残疾问题论坛等提交的影子报告的影响下进行的。这一对话正好发生在欧洲残疾问题十年战略进行到一半的时候。因此，该对话为欧洲残疾问题战略 2016~2020 年优先事项和相关实施行动的规划提供了很好的时机。对即将进行的建设性对话和结论性意见的了解，至少可以部分地解释为什么欧盟委员会至今对这一问题保持沉默。然而，在结论性意见中，这种沉默本身就被认为是一个值得关切的问题。根据结论性意见：

> 残疾人权利委员会感到关切的是，《2010~2020 年欧洲残疾问题战略》尚未开展应在 2015 年进行的中期评估，也没有明确的关于如何将这些结论性意见纳入其 2016~2020 年第二阶段执行工作的基准和指导方针。[51]

残疾人权利委员会结论性意见附带的建议敦促欧盟开展这一中期评估， 74
并为实施残疾人权利委员会的结论性意见制定清晰的指导方针（“具有明确的基准和指标”并“与残疾人及其代表组织密切协商”）。[52]

这样的建议可能为欧盟委员会及欧盟其他机构提供一种催化剂，促使它们对跨欧盟各机构的残疾问题战略的形式和内容进行深思熟虑的反思，

48 CRPD Committee, Replies of the European Union to the list of issues, paras 6-10.

49 Ibid., para. 8.

50 Ibid., para. 9.

51 Ibid., para. 10.

52 Ibid., para. 11.

并加强努力，将《残疾人权利公约》的价值观和义务融入欧盟工作的所有领域。采取一项真正的欧盟残疾战略，即一项能够跨越欧盟所有机构并确保残疾事项享有跨领域的突出地位的战略。这样的战略将基于欧盟在提交给残疾人权利委员会的文件中所概述的欧盟各机构内部及其之间日益增长的与《残疾人权利公约》有关的合作。该战略将与《2011~2020年欧洲性别平等协定》(the European Pact for Gender Equality 2011-2020)[53] 比肩，并从中汲取灵感。后者由欧盟理事会通过，与《2010~2015年欧盟男女平等战略》(EU Strategy for Equality Between Women and Men 2010-2015) 并列，但不能取代。[54]

如果按照《2010~2020年欧洲残疾问题战略》的设想，在2020年之前保留目前的8个优先行动领域，那么在制定2016~2020年的相关行动方面就有足够的余地，使之对《残疾人权利公约》某些部分的重视程度比2010~2015年的实施行动更为突出。法律能力（legal capacity）和获得司法保护（access to justice）是对若干行动领域（包括社会参与、就业、保健，尤其是社会保护等）具有跨领域重要意义的问题。到目前为止，这些问题在《2010~2020年欧洲残疾问题战略》中的地位相对较低。然而，它们是整个欧盟都非常关切的问题，[55] 如果不加以解决，就会成为其他EDS事项取得进展的严重阻碍。这些问题引起了许多影子报告的注意，残疾人权利委员会结论性意见建议就这些问题采取进一步行动。[56]

最后，通过采取措施提高人们对已确定的行动和在这些行动上所取得的进展的认识，可能会强化《2010~2020年欧洲残疾问题战略》的影响和效

---

53 Council Conclusions on the European Pact for gender equality for the period 2011-2020 Employment, Social Policy, Health and Consumer Affairs, Brussels, 7 March 2011.

54 COM (2010) 491 final.

55 See, e. g., European Parliament report on mobility and inclusion of people with disabilities and the European Disability Strategy 2010-2020 [2010/2272 (INI)], paras 11 and 15; FRA-European Union Agency for Fundamental Rights (2013); Flynn and Lawson (2013), and Mental Disability Advocacy to Justice, Access to Justice for Children with Mental Disabilities—Project Findings.

56 CRPD Committee, Concluding Observations on the initial report of the European Union, cit., paras 36-39.

果。在这方面，为 EDS 提供一个更高效的网络存在将会有所帮助，数字议程[57]提供了一个很好的例子。具体的战略行动可附上迄今进展的简短摘要、 75 未来实施计划，以及相关报告、立法或讨论的链接。正如欧洲议会所强调的，在欧洲议会的参与下对旨在实施《残疾人权利公约》的行动进行更详细的监测将是有益的。[58]

4 结论

本章回顾了欧盟在《残疾人权利公约》谈判、批准和报告过程中的参与情况。《残疾人权利公约》是欧盟批准的第一项人权条约。这给残疾人权利委员会和欧盟都带来了新的挑战和机遇（其中一些已经在这里进行了探讨），也为残疾人组织和欧盟成员国参与《残疾人权利公约》创造了更多的机会和维度。

欧盟参与的结果无疑增加了复杂性。然而，这种复杂性也有可能在欧盟内部（并间接地在欧盟各成员国及欧盟以外的国家）丰富相关的讨论并推进战略规划和政策制定的进程。这种可能能够在多大程度上实现取决于一系列因素，包括欧盟各成员国政府投入合作和对话进程以实现《残疾人权利公约》规定的共同目标的意愿。第一个有趣的考验是，欧盟及其成员国将如何合作，利用欧盟与残疾人权利委员会建设性对话所创造的机会，并对残疾人权利委员会的结论性意见作出回应。

相关案例

ECJ 26.10.1982, Case 104/81, *Hauptzollamt Mainz v. Kupferberg*, ECR 3641.

---

57 http://ec.europa.eu/digital-agenda/en.

58 European Parliament report on mobility and inclusion of people with disabilities and the European Disability Strategy 2010-2020, para. 86.

参考文献

De Burca G (2010) The European Union in the negotiation of the UN disability Convention, Eur Law Rev 35 (2): 74-96.

Ferri D (2010) The conclusion of the UN Convention on the rights of persons with disabilities by the European Union: a constitutional perspective, In: Waddington L, Quinn G (eds) European yearbook of disability law, vol Ⅱ, Intersentia, Antwerp, pp. 47-71.

Flynn E, Lawson A (2013) Disability and access to justice in the European Union: implications of the United Nations Convention on the rights of persons with disabilities, In: Waddington L, Quinn G, Flynn E (eds) European yearbook of disability law, vol IV, Intersentia, Antwerp, pp. 25-60.

76 FRA-European Union Agency for Fundamental Rights (2013) Legal Capacity of Persons with Intellectual Disabilities and Persons with Mental Health Problems, Luxembourg, European Union Agency for Fundamental Rights, http://fra.europa.eu/sites/default/files/legal-capacity-intellectual-disabilities-mental-health-problems.pdf, Accessed 1 Oct 2015.

Hoefmans A (2012) The EU disability framework under construction: new perspectives through policy and EU accession to the CRPD, In: Waddington L, Quinn G, Flynn E (eds) European yearbook of disability law, vol Ⅲ, Intersentia, Antwerp, pp. 35-57.

Hosking D (2013) Staying the course: the European disability strategy 2010-2020, In: Waddington L, Quinn G, Flynn E (eds) European yearbook of disability law, vol IV, Intersentia, Antwerp, pp. 73-97.

Mabbett D (2005) The development of rights-based social policy in the European Union: the example of disability rights, J Common Mark Stud 43 (1): 97-120.

Quinn G, Doyle S (2012) Getting a Life-Living Independently and Being Included in the Community: A Legal Study of the Current Use and Future Potential of the European Structural Funds to Contribute to the Achievement of Article 19 of the United Nations Convention on the Rights of Persons with Disabilities, Office of the High Commission for Human Rights-European Regional Office, http://www.europe.ohchr.org/documents/Publications/getting_a_life.pdf, Accessed 1 Oct 2015.

Sabel C, Zeitlin J (2008) Learning from difference: the new architecture of experimentalist governance in the European Union, Eur Law Journ 14 (3): 271-327.

Sabel C, Zeitlin J (2010) Experimentalist governance in the European Union: towards a new architecture, Oxford University Press, Oxford.

Waddington L (2009) Breaking new ground: the implications of ratification of the UN Convention on the rights of persons with disabilities for the European Community, In: Arnardóttir OM, Quinn G (eds) The UN Convention on the rights of persons with disabilities: European and Scandinavian perspectives, Martinus Nijhoff, Leiden, pp. 111-140.

Waddington L (2011) The European Union and the United Nations Convention on the rights of persons with disabilities: a story of exclusive and shared competences, Maastricht Journ Eur Comp Law 4 (18): 431-453.

77 # 序　言

拉切尔·塞拉

本公约缔约国，

（一）回顾《联合国宪章》宣告的各项原则确认人类大家庭所有成员的固有尊严和价值以及平等和不可剥夺的权利，是世界自由、正义与和平的基础，

（二）确认联合国在《世界人权宣言》和国际人权公约中宣告并认定人人有权享有这些文书所载的一切权利和自由，不得有任何区别，

（三）重申一切人权和基本自由都是普遍、不可分割、相互依存和相互关联的，必须保障残疾人不受歧视地充分享有这些权利和自由，

（四）回顾《经济、社会、文化权利国际公约》、《公民及政治权利国际公约》、《消除一切形式种族歧视国际公约》、《消除对妇女一切形式歧视公约》、《禁止酷刑和其他残忍、不人道或有辱人格的待遇或处罚公约》、《儿童权利公约》和《保护所有移徙工人及其家庭成员权利国际公约》，

（五）确认残疾是一个演变中的概念，残疾是伤残者和阻碍他们在与其他人平等的基础上充分和切实地参与社会的各种态度和环境障碍相互作用所产生的结果，

（六）确认《关于残疾人的世界行动纲领》和《残疾人机会均等标准规则》所载原则和政策导则在影响国家、区域和国际各级推行、制定
78 和评价进一步增加残疾人均等机会的政策、计划、方案和行动方面的重要性，

（七）强调必须使残疾问题成为相关可持续发展战略的重要组成部分，

（八）又确认因残疾而歧视任何人是对人的固有尊严和价值的侵犯，

（九）还确认残疾人的多样性，

（十）确认必须促进和保护所有残疾人的人权，包括需要加强支助的残疾人的人权，

（十一）关注尽管有上述各项文书和承诺，残疾人作为平等社会成员参与方面继续面临各种障碍，残疾人的人权在世界各地继续受到侵犯，

（十二）确认国际合作对改善各国残疾人，尤其是发展中国家残疾人的生活条件至关重要，

（十三）确认残疾人对其社区的全面福祉和多样性作出的和可能作出的宝贵贡献，并确认促进残疾人充分享有其人权和基本自由以及促进残疾人充分参与，将增强其归属感，大大推进整个社会的人的发展和社会经济发展以及除贫工作，

（十四）确认个人的自主和自立，包括自由作出自己的选择，对残疾人至关重要，

（十五）认为残疾人应有机会积极参与政策和方案的决策过程，包括与残疾人直接有关的政策和方案的决策过程，

（十六）关注因种族、肤色、性别、语言、宗教、政治或其他见解、民族本源、族裔、土著身份或社会出身、财产、出生、年龄或其他身份而受到多重或加重形式歧视的残疾人所面临的困难处境，

（十七）确认残疾妇女和残疾女孩在家庭内外往往面临更大的风险， 79
更易遭受暴力、伤害或凌虐、忽视或疏忽、虐待或剥削，

（十八）确认残疾儿童应在与其他儿童平等的基础上充分享有一切人权和基本自由，并回顾《儿童权利公约》缔约国为此目的承担的义务，

（十九）强调必须将两性平等观点纳入促进残疾人充分享有人权和基本自由的一切努力之中，

（二十）着重指出大多数残疾人生活贫困，确认在这方面亟需消除贫穷对残疾人的不利影响，

（二十一）铭记在恪守《联合国宪章》宗旨和原则并遵守适用的人权文书的基础上实现和平与安全，是充分保护残疾人，特别是在武装冲突和外国占领期间充分保护残疾人的必要条件，

（二十二）确认无障碍的物质、社会、经济和文化环境、医疗卫生和教育以及信息和交流，对残疾人能够充分享有一切人权和基本自由至关重要，

（二十三）认识到个人对他人和对本人所属社区负有义务，有责任努力促进和遵守《国际人权宪章》确认的权利，

（二十四）深信家庭是自然和基本的社会组合单元，有权获得社会和国家的保护，残疾人及其家庭成员应获得必要的保护和援助，使家庭能够为残疾人充分和平等地享有其权利作出贡献，

（二十五）深信一项促进和保护残疾人权利和尊严的全面综合国际公约将大有助于在发展中国家和发达国家改变残疾人在社会上的严重不利处境，促使残疾人有平等机会参与公民、政治、经济、社会和文化生活，

80 议定如下：

目　次

1 《残疾人权利公约》序言的作用和意义

序言是《残疾人权利公约》的介绍或前言，目的是解释为什么起草者认为该公约具有重要意义，并提请缔约国注意起草者认为的所有重要问题。

序言在多大程度上具有约束力取决于其所涉事项。一些人认为序言并不具有约束力，[1] 而另一些人则没有那么确定无疑。基于序言条款的补充性质，他们尤其认为这些条款可以填补公约其他地方可能存在的空白。[2] 然而，人们似乎普遍认识到，法律文书的序言永远不可能优先于与其不相容的实质性条款。

相比之下，国际公约序言的解释价值是不容置疑的。1969 年《维也纳条约法公约》第 31 条规定，“就解释条约而言，上下文”尤其应包括“连同弁言及附件在内之约文”。换言之，确定某一条款含义的根据是对包括序言在内的整个条约约文的考量。残疾人权利委员会本身就将序言作为其进一步论证缔约国行为与公约不一致的理由。[3]

《残疾人权利公约》序言阐述了缔约方斟酌辨析公约价值的相关问题，以及公约实质性条款未能进一步阐述的其他主题。关于第一个方面，
序言指出，尽管有“各项文书和承诺”，残疾人作为平等社会成员在参与方 81
面继续面临各种障碍，残疾人的人权继续受到侵犯（序言第 11 段），大多数残疾人生活贫困（序言第 20 段）。因此，序言申明，促进残疾人的充分参与将“大大推进整个社会的人的发展和社会经济发展以及除贫工作”（序言第 13 段）。

《残疾人权利公约》序言进一步提请注意两个只在序言背景中专门处理的具体问题。第一，序言第 16 段提请关注“受到多重或加重形式歧视的残疾人所面临的困难处境”，并在其列举的不可接受的歧视理由中包括了“土

1 Quoc Dinh et al. (2002), p. 131.

2 Yaseen (1976), p. 35. See also Rousseau (1970), p. 87.

3 CRPD/C/D/2/2010, para. 6. 2.

著身份或社会出身”。虽然特设委员会曾讨论过在《残疾人权利公约》中列入一项专门针对土著残疾人的条款的可能性，但这项建议没有得到足够多的支持。因此，在公约约文中，土著残疾人没有得到与其他群体如残疾妇女和残疾儿童相同的待遇（这些群体都有专门条款的保障，分别为《残疾人权利公约》的第6条和第7条）。尽管如此，土著残疾人当然没有被排除在《残疾人权利公约》的覆盖范围之外，因为序言提醒人们需要关注土著残疾人面临的问题。

第二，序言第24段讨论了家庭作为“自然和基本的社会组合单元……残疾人及其家庭成员应获得必要的保护和援助，使家庭能够为残疾人充分和平等地享有其权利作出贡献”。特设委员会就约文如何适当处理家庭的作用进行过多次讨论。基于文化原因，一些代表团寻求在约文中广泛提及家庭，而另一些代表团则表示残疾人遭受的歧视和虐待往往是家庭造成的。最后，特设委员会达成一致，即实质性条款的重点应当是残疾人自身，对家庭支助的提及在很大程度上仅限于第23条（尊重家居和家庭），其中支助的目的是促进残疾儿童在家庭生活方面享有平等权利，并“防止隐藏、遗弃、忽视和隔离残疾儿童”。不过，特设委员会也同意，有必要表达家庭在残疾人的生活中可能发挥的支助作用，因此有了序言第24段。

2　《残疾人权利公约》的历史法律背景

通过回顾以往的法律文书，序言确认了构成公约法律背景的参考资料来源。

在毋庸置疑地明确承认作为原则载入1945年《联合国宪章》的残疾人的固有尊严以及平等（序言第1段）和载入1948年《世界人权宣言》的一切权利和自由（序言第2段）之后，序言第4段明确将联合国已有的核心人权条约作为《残疾人权利公约》的基础。

82 就残疾而言，《经济社会文化权利国际公约》所承认的权利尤其具有相关性。经济、社会和文化权利委员会第5号一般性意见强调了这一点，该一般性意见将《经济社会文化权利国际公约》中具体条款的内容置于残疾的背景下来界定。[4] 例如，《经济社会文化权利国际公约》第 12 条规定的身心健康权包含着残疾人获得医疗和社会服务的权利，以使残疾人能够独立，防止残疾加剧并支持他们融入社会。就《经济社会文化权利国际公约》第 6 条规定的工作权来说，工作场所应当无障碍，应向残疾人提供提高其能力的工具。

此外，《公民及政治权利国际公约》也含有许多对残疾人特别重要的规定。如果未经精神障碍者的事先知情同意而对其进行医疗或科学实验，则侵犯了《公民及政治权利国际公约》第 7 条规定的免于酷刑的自由。同样，对精神障碍者的强制或非自愿住院构成对《公民及政治权利国际公约》第 9 条规定的自由和安全权利的侵犯。

除了 1966 年通过的“国际人权两公约”，序言还回顾了联合国其他 5 项核心人权条约。

在许多情况下，国际人权机构都强调了《禁止酷刑和其他残忍、不人道或有辱人格的待遇或处罚公约》（以下简称《禁止酷刑公约》）在残疾问题上的相关性。[5] 例如，《残疾人权利公约》第 3 条宣布了尊重残疾人的个人自主和自由作出自己选择的原则。《残疾人权利公约》第 12 条还承认残疾人在生活的所有领域都享有法律能力（legal capacity）的平等权利，例如决定在何处居住和是否接受医疗。此外，《残疾人权利公约》第 25 条确认，残疾人的医疗保健必须基于他们自由表示的知情同意。

序言中提到的其他人权条约都致力于保护那些由于易受伤害而在享有基本权利方面遭遇更多障碍的人的权利。通过回顾这些专题条约，《残疾人权利公约》的起草者力图通过《残疾人权利公约》和其他人权条约的双重屏障给残疾人提供更高水平的保护。[6]

---

4 经济、社会和文化权利委员会第 5 号一般性意见：残疾人，E/1995/22，第 19~38 段。

5 Interim report of the Special Rapporteur on torture and other cruel, inhuman or degrading treatment or punishment, 28 Jul 2008, A/63/175.

6 在联合国的专题人权条约中，只有《儿童权利公约》载有关于残疾问题的具体规定，尽管还带有一些局限。事实上，《儿童权利公约》第 23 条要求各缔约国提供协助，确保残疾儿童能够有效地获得和接受教育。有人认为，这一条款不是从人权角度起草的，因为它没有明确规定残疾儿童的平等权利，见 Cera（2010），p. 14。此外，该第 23 条受到残疾人组织的强烈挑战，因为其措辞使权利取决于“现有资源”，使各缔约国在给特殊需要的教育资源分配方面有很大程度的酌处权，见 Cera（2015）。

83 序言第 6 段聚焦于《残疾人权利公约》与联合国以往关于残疾人人权的规定及相关规划活动的连续性和非连续性。该段序言看上去温和，实际上极具政治挑战性。它明确承认 1982 年《关于残疾人的世界行动纲领》和 1993 年《残疾人机会均等标准规则》为《残疾人权利公约》的先导，同时忽略了 1971 年《智力迟钝者权利宣言》、1975 年《残疾人权利宣言》和 1986 年《保护因精神疾病或精神失常而被拘留者的原则、准则和保证》。[7] 这些忽略是特设委员会中的国际残疾人组织核心成员组强烈追求的。该组织试图否定这些文书与《残疾人权利公约》之间的任何联系，从而限制今后解释和适用《残疾人权利公约》时对这些文书的任何依赖。国际残疾人组织核心成员组认为它们都源于残疾医学模式，因为它们都赞成或接受残疾人机构化、替代决策和强制治疗。

《关于残疾人的世界行动纲领》也因延续了残疾医学模式而受到批评。不过，在序言中提及《关于残疾人的世界行动纲领》具有相关性，因为该行动纲领和《残疾人机会均等标准规则》一样，都提到了把残疾预防作为残疾问题的一部分。事实上，残疾预防在公约约文中没有再出现。在《残疾人权利公约》的谈判过程中，与会者一致认为，在一项旨在促进和保护残疾人权利的文书中处理残疾预防问题是缺乏逻辑的。因此，会议明确指出，虽然残疾预防是健康权的一个重要方面，但它并不是一项保护残疾人人权的措施。正如德格纳（Degener）所强调的，这是向有些缔约国发出的一个重要信息，它们提交给残疾人权利委员会的报告显示其预算有很大一部分被用于残疾预防。[8]

不过，序言中提到的《残疾人权利公约》的这些先导文件并没有约束力，也缺乏监测其执行情况的制度。实际上，序言第 11 段承认，“尽管有上述各项文书和承诺，残疾人作为平等社会成员参与方面继续面临各种障碍”，残疾人的人权仍然受到侵犯。因此，正如序言第 25 段所表示的那样，需要

7 关于这些国际文书的回顾，见本书德格纳和贝格《从隐形公民到变革的推动者：联合国为残疾人权利获得承认而斗争的简短历史》。

8 Degener（2016），p. 12.

通过“一项促进和保护残疾人权利和尊严的全面综合国际公约”,[9] 以纠正这种社会劣势。

3　解释要素 84

《残疾人权利公约》序言特别详细，共包括 25 个段落。序言中提到的许多主题在公约的实质性条款中得到了进一步的阐述。例如，序言第 8 段确认基于残疾的歧视是“对人的固有尊严和价值的侵犯”，这一理念在公约第 2 条和第 5 条中都有详细说明。序言第 22 段强调了无障碍环境的重要性，这一点在公约第 9 条中再次得到阐释。序言中这些说明的作用是为解释后面实质性条款内容提供指导补充。

此外，《残疾人权利公约》序言还包含许多创新要素，将在解释《残疾人权利公约》方面发挥重要作用。

3.1　作为“演变中的概念”的残疾

序言第 5 段清楚地表明，要根据社会模式的方法来理解残疾。“残疾”在概念上被理解为带有损伤的人与环境障碍相互作用的产物，这些环境障碍阻碍他们与他人平等地、充分有效地参与社会。

“残疾”和“残疾人”的定义问题是特设委员会处理的最有争议的问题之一。讨论的重点涉及这些定义的分配性影响（the distributive impact）。一方面，许多非政府组织和一些国家坚持《公约》适用于所有残疾人；另一方面，许多国家担心，过于开放的定义将要求它们在国内立法中承认大量在其社会中传统上不属于残疾人的带有损伤的群体（例如有社会心理问题的人和患有血液传播疾病的人，如艾滋病毒携带者或艾滋病患者）。[10]

9　“促进和保护残疾人权利和尊严的全面综合国际公约”一词反映了特设委员会的名称和直至第七届会议的工作文本草案的标题。

10　特设委员会第二届、第四届、第七届、第八届会议以及工作组都讨论了定义的问题，见 Kayess and French（2008），p. 23。

然而，反对将残疾的定义纳入《残疾人权利公约》的国际残疾人组织核心成员组也持反对意见，因为任何定义都将不可避免地反映医学模式，都可能最终造成强制或权利剥夺。[11] 国际残疾人组织核心成员组还主张，对“残疾”这一社会类别的理解随着时间的推移而不断演变，而且在不同的社会中也各不相同，因此纳入残疾定义有将《残疾人权利公约》锁定在特定时代和
85 将西方的残疾观强加于非西方文化体系的风险。针对第一个方面的问题，序言第 5 段肯定了国际残疾人组织核心成员组的观点，即残疾是一个“演变中的概念”。

值得注意的是，序言第 5 段没有提及《国际功能、残疾和健康分类》，尽管该分类作为统计、分析和规划工具在当代联合国和其他多边机构都享有盛名。[12] 国际残疾人组织核心成员组强烈反对提及《国际功能、残疾和健康分类》，因为它反映了残疾医学模式，而这正是《残疾人权利公约》旨在通过阐述残疾社会模式来克服的。

序言第 5 段必须结合序言第 9 段和第 10 段来解读。序言第 9 段第一次在一项人权文书中确认残疾人的多样性。这一观念也是《残疾人权利公约》第 3 条第 4 项规定的一般原则，反映了损伤和残疾的范围。这是国际残疾人组织核心成员组不得不反复强调的一个事实。

序言第 10 段也是国际残疾人组织核心成员组要求的，而且是在起草过程中非常晚的时候添加的。它的目的是确保需要加强支助的残疾人不被剥夺充分有效地享有所有人权的机会，也没有例外。

3.2 “多重或加重形式歧视”

序言第 16 段对残疾人所遭受的“多重或加重形式歧视”表示关切。“多重”和“加重”两个词以前在人权条约中从未使用过。1995 年《北京宣言

---

11 Kayess and French（2008）指出，在辩论的各个阶段，国际残疾人组织核心成员组发言人都试图主张“残疾人”“自我决定”其身份的权利。

12 关于《国际功能、残疾和健康分类》，见本书对第 1 条“宗旨”的评注。

和行动纲领》中有一个先例，其第 32 段提及对妇女的多重或加重形式的歧视。[13]

通过这一阐释，《残疾人权利公约》确认残疾人可能归属于除基于残疾的歧视还面临其他歧视的亚群体。因此，这些人可能处于双重不利地位，在充分享有人权方面面临更多障碍。“多重或加重”意味着残疾人往往遭受结构性歧视。因此，交叉歧视可以被定性为一种社会障碍，使社会排斥循环往复，使残疾人越发丧失能力，并且维系而不是打破这个循环。[14]

序言第 16 段列出了可能导致多重或加重残疾歧视的各种歧视的理由。该列表是开放的，因为条款中包括了“其他身份”。

因此，序言强调需要解决残疾妇女和残疾女孩（序言第 17 段）以及残
疾儿童（序言第 18 段）所面临的具体情况，强调必须“将两性平等观点纳 86
入促进残疾人充分享有人权和基本自由的一切努力之中”（序言第 19 段）。[15]

3.3 “贫穷”、“主流化”和“国际合作”

残疾人往往是社会上最贫穷的人。残疾和贫穷以一种循环递推的关系联系在一起，贫穷可能导致残疾，而残疾又往往是贫穷的决定因素。事实上，限制残疾人获得教育、就业、住房、保健和康复、交通、娱乐机会的多种障碍也限制了他们参与可改善其生活的发展规划决策。

序言第 20 段着重指出这种恶性循环，强调了贫穷对残疾人的负面影响，确认亟须改变这一状况。从这个角度出发，序言第 15 段要求残疾人积极参与政策和方案的决策过程，包括与残疾人直接相关的政策和方案的决策过程。

与上述任务相一致，《残疾人权利公约》的若干条款都与残疾人的经济福祉密切相关。例如，第 28 条要求残疾人能够实际得益于减贫方案，政府

---

13 《北京宣言和行动纲领》，第 4 届世界妇女大会通过，A/CONF. 177/20（1995），A/CONF. 177/20/Add. 1（1995），15 Sep 1995。

14 Schulze（2010），p. 30.

15 这些问题在《残疾人权利公约》第 3 条第 7 项、第 8 项，第 6 条和第 7 条又得到专门讨论，并尽可能贯穿整个公约文本。

应帮助生活贫困的残疾人及其家属支付与残疾有关的费用。同样，第12条确保残疾人有平等机会获得银行贷款及其他形式的金融工具，例如小额信贷计划。

《残疾人权利公约》以整体减贫的方式解决发展问题，序言第7段强调了使残疾问题成为相关可持续发展战略的重要组成部分的重要性。该声明填补了国际发展政策的一个空白。事实上，联合国《千年发展目标》（the Millennium Development Goals，MDGs）最初没有提到残疾问题。[16] 在《残疾人权利公约》谈判期间，起草者们考虑到了这种缺失。因此，序言第12段加入了确认国际合作对改善各国残疾人，尤其是发展中国家残疾人的生活条件至关重要的具体规定。

《残疾人权利公约》通过后，残疾问题成为国际合作政策的中心议题之一。这种影响在联合国大会2015年9月25日通过的《2030年可持续发展议
87 程》中得到明确认可。该议程包括若干涉及残疾人的新的可持续发展目标（Sustainable Development Goals，SDGs）。[17]

相关案例

CRPD Committee 04. 04. 2014，Communication No. 2/2010，*Liliane Gröninger et al v. Germany*，CRPD/C/D/2/2010.

参考文献

Cera R（2010）Preamble，In：Marchisio S，Cera R，Della Fina V（eds）La Convenzione sui diritti delle persone con disabilità. Commentario，Aracne，Roma，pp. 3-16.

---

16 不过，自2005年以来，在监测《千年发展目标》实施情况的报告中，残疾问题不断被提及。关于人权、残疾和发展的交叉分析，见Stein et al.（2013）。

17 见本书对第32条“国际合作”的评注。

Cera R (2015) National legislations on inclusive education and special educational needs of people with autism in the perspective of Article 24 of the CRPD, In: Della Fina V, Cera R (eds) Protecting the rights of people with autism in the fields of education and employment, Springer, Heidelberg, pp. 79-108.

Degener T (2016) Disability in a human rights context, Laws 5 (35): 1-24.

Kayess R, French P (2008) Out of darkness into light? Introducing the Convention on the Rights of Persons with Disabilities, Hum Rights Law Rev 8 (1): 1-34.

Quoc Dinh N, Daillier P, Pellet P (2002) Droit international public, 7th edn, L. G. D. J. , Paris.

Rousseau C (1970) Droit international public (Tome I), introduction et sources, Editions Sirey, Paris.

Schulze M (2010) Understanding the UN Convention on the Rights of Persons with Disabilities, http://www. handicap - international. fr/fileadmin/documents/publications/HICRPDManual. pdf, Accessed 1 Feb 2016.

Stein MA, McClain-Nhlapo C, Lord JE (2013) Education and AIDS/HIV: disability rights and inclusive development, In: Langford M, Sumner A, Ely Yamin A (eds) The millennium development goals and human rights: past, present and future, Cambridge University Press, New York, pp. 274-294.

Yasseen MK (1976) L'interprétation des traités d'après la Convention de Vienne sur le droit des traités. Académie de droit international (Collected Courses of the Hague Academy of International Law Volume 151), Brill/Nijhoff, Leiden/Boston.

89 # 第1条 宗旨

瓦伦蒂娜·德拉·菲娜

本公约的宗旨是促进、保护和确保所有残疾人充分和平等地享有一切人权和基本自由，并促进对残疾人固有尊严的尊重。

残疾人包括肢体、精神、智力或感官有长期损伤的人，这些损伤与各种障碍相互作用，可能阻碍残疾人在与他人平等的基础上充分和切实地参与社会。

目 次

1 第1条第1段的起草历史

自谈判一开始，就有在《残疾人权利公约》中包含一项关于公约宗旨的具体条款的建议，以及增加一条作为公约基础的主要原则的规定（该公约第 3 条）以促进实现公约宗旨的想法。虽然国际人权公约一般不载有关于目标的条款——其目标通常是从一般义务中推导出来的，但是国际环境法领域的条约起草实践则倾向于在一个单独条款中具体规定条约的目的。90
由此看来，《残疾人权利公约》第 1 条与国际环境法领域的立法实践相一致。

《促进和保护残疾人权利和尊严的全面综合国际公约草案要点》[1]（以下简称《草案要点》）载有专门讨论“公约目的和基本原则”的第 1 条和关于“基本人权和自由”的第 3 条，这两条相互补充。《草案要点》第 1 条根据该公约所列举的一系列原则，确认“本公约的宗旨是确保残疾人享有本公约规定或重申的全部人权和基本自由”。《草案要点》第 3 条第 1 段规定：“所有人（包括残疾人）生而自由，在尊严和权利上一律平等，并有权充分和平等地享有所有人权和基本自由。这些权利和自由包括《世界人权宣言》所规定并得到联合国主要人权条约所承认的权利和自由。”

在工作组 2004 年拟订的条款草案中，第 1 条以“宗旨”为题，措辞如下：“本公约的宗旨应是确保残疾人充分、有效和平等地享有所有人权和基本自由。”[2] 通过这一措辞，起草者打算明确在国内一级消除阻碍残疾人与其他人平等地“充分、有效”享有人权的所有障碍。的确，在《残疾人权利公约》的谈判过程中，一些国家和非政府组织就强调有必要就该公约的宗旨单独制定一个条款，以确定残疾人“切实”享有所有人权的目标。[3] 同时，有人提议在第 1 条中增加“促进和保护”残疾人的人权作为公约的核心精神。[4]

在 2006 年特设委员会第七届会议详细制定的《残疾人权利国际公约》

1　2003 年，特设委员会主席向工作组提交了《草案要点》，作为其对公约草案拟订工作的贡献。

2　See A/AC. 265/2004/WG/1，Annex Ⅰ. 第 1 条最初的措辞没有包含关于残疾人的第 2 段，该段是后来增加的。

3　然而，一些代表团不认同保留目的条款的必要性。见特设委员会第七届会议就第 1 条提出的评论意见。

4　See http://www. un. org/esa/socdev/enable/rights/ahc3sum1. htm，Accessed January 28，2015.

草案中，第 1 条第 1 段的措辞被修改为：“本公约的宗旨是促进、保护和确
91 保所有残疾人充分和平等地享有一切人权和基本自由，并促进对残疾人固有
尊严的尊重。”[5] 应当注意的是，“有效”一词已经从该条中消失了。有人要
求添加，但未获批准。[6]

第 1 条第 1 段的新措辞反映了墨西哥在 2002 年特设委员会第一届会议上提交的公约草案的原始标题，即“促进和保护残疾人权利和尊严的全面综合国际公约”。[7] 实际上，在谈判期间，一些代表团强调了第 1 条与公约标题之间的密切联系，并建议缩短标题以免重复。在特设委员会第七届会议上，列支敦士登大力支持国际残疾人组织核心成员组的建议，将原标题修改为更简洁的“残疾人权利国际公约”。为了解决一些代表团的关切，即更简洁的标题会消除一些重要的实质性内容（例如“全面”“综合”“尊严”），列支敦士登还建议将这些内容纳入宗旨条款。[8] 不过，列支敦士登概述了“权利”与“尊严”的概念差异，即国家可以赋予权利而不能赋予尊严——这是与生俱来的。因此，它不支持将“尊严”与“权利”并列放在标题里的建议，而倾向于在公约的宗旨条款中提及“尊严”。波斯尼亚和黑塞哥维那支持列支敦士登关于将“尊严”纳入第 1 条的建议，并建议使用“尊重尊严”的措辞，以避免暗示尊严在某种意义上不是人所固有的。[9]

在 2006 年 1 月 30 日关于第 1 条的辩论结束时，特设委员会主席考虑到绝大多数人支持简短标题，建议使用“残疾人权利国际公约”作为标题。[10] 他还建议将当时的第 1 条第 1 款修改为如下内容：“本公约的宗旨是促进、

---

5 See Ad Hoc Committee on a Comprehensive and Integral International Convention on the Protection and Promotion of the Rights and Dignity of Persons with Disabilities, Seventh Session, New York, 16 January-3 February 2006, A/AC. 265/2006/2.

6 See Schulze（2009），p. 22.

7 关于墨西哥提交的工作文件，见 A/AC. 265/WP. 1，Cf. Flóvenz（2009），pp. 262 et seqq。

8 http://www. un. org/esa/socdev/enable/rights/ahc7sum30jan. htm.

9 国际残疾人组织核心成员组也强调了每个人的尊严的固有性质，并强调要避免暗示残疾人的尊严需要提升。为此，它建议规定“尊重尊严”。见特设委员会第七届会议对第 1 条的讨论。

10 谈判期间，标题中“国际”这个形容词被删除了，但公约的这一原始名称出现在序言第 25 段。

保护和确保[11]所有残疾人充分和平等地享有一切人权和基本自由，[12] 并促进 92
对残疾人尊严的尊重。”

2　第 1 条第 1 段的范围

第 1 条第 1 段规定了《残疾人权利公约》的宗旨，即“促进、保护和确保所有残疾人充分和平等地享有一切人权和基本自由，并促进对残疾人固有尊严的尊重”。[13] 尊重固有尊严还在《残疾人权利公约》第 3 条“一般原则”中得到进一步规定，也被序言第 1 段、第 8 段和第 25 段提及。

该条款使用了 3 个动词（“促进、保护和确保”），就是强调《残疾人权利公约》不仅促进和保护残疾人在经济、社会、政治和文化领域的人权，而且要求残疾人在国内法律秩序中切实享有这些权利。为此，《残疾人权利公约》要求缔约国保障残疾人在获得司法保护、教育、工作和就业、医疗保健、文化和体育活动或参与政治和公共生活方面享有非歧视的待遇和平等，并提供合理便利。[14]

与所有人权条约一样，《残疾人权利公约》对缔约国规定了三类义务：
尊重、保护和实现。[15] 尊重的义务要求缔约国避免直接或间接干涉该公约所 93

[11] 国际残疾人组织核心成员组建议将“实现”（fulfill）改为“确保”（ensure）。它指出，各国政府自身必须避免干涉残疾人的权利并防止第三方这样做，还要采取积极措施保护这些权利，因而第 1 条的措辞必须反映这一点。国际残疾人组织核心成员组认为，“确保”和“尊重”这两个术语可能有助于反映这一意图，因此第 1 条应改为：“本公约的目的是促进、保护和确保所有残疾人充分和平等地享有所有人权和基本自由。”

[12] 为了照顾一些代表团关于《残疾人权利公约》应涵盖所有残疾人的关切，欧盟建议在第 1 条中增加形容词“所有”。国际残疾人组织核心成员组也建议在“残疾人”前面加上这个词。

[13] 在第 1 条中增加“固有”一词来限定尊严。特设委员会主席指出，其他一些公约提到“尊重固有尊严”，而委员会面前的公约案文只使用了“尊重尊严”。他建议，与这些公约保持一致将解决对尊严性质的某些担忧，特别是公约草案不应被视为有意赋予尊严。这一选择符合列支敦士登和欧盟的观点并得到普遍支持。

[14] See UN-DESA et al.（2007），p. 12.

[15] 经济、社会和文化权利委员会第 15 号一般性意见：水权（《经济社会文化权利国际公约》第 11 条和第 12 条）。其中确认任何人权条约都包含缔约国的三项义务，即尊重、保护和实现这些权利的义务。

载权利的享有。根据保护义务，缔约国必须采取措施防止第三方侵犯残疾人的权利，而实现的义务要求缔约国采取适当的立法、行政、预算、司法、宣传及其他措施，以充分实现这些权利。[16]

《残疾人权利公约》第 1 条第 1 段的核心宗旨，是确保残疾人与其他人一样享有既有国际人权条约规定的基本权利。[17] 这就是《残疾人权利公约》存在的理由。事实上，为残疾人通过一项具有约束力的具体文书的建议就起源于残疾人没有在与其他人平等的基础上享有基本人权的情况。[18] 长期以来，残疾人被视为福利政策和医疗的“对象”，而不是权利的“拥有者”。《残疾人权利公约》为改变这一思路作出了贡献。它重申“一切人权和基本自由都是普遍、不可分割、相互依存和相互关联的，[19] 必须保障残疾人不受歧视地充分享有这些权利和自由”。[20]

《残疾人权利公约》补充了联合国核心人权条约，[21] 但并没有为残疾人确认新的人权，只是为残疾人调整了已有的公民、政治、社会、经济和文化权利，并详细规定了缔约国义务，以确保所有残疾人在国内法律秩序中享有所有人权。在这方面，《残疾人权利公约》确认了一些必须加强人权保障的
94 领域（如教育、工作和就业、司法、文化生活、娱乐、休闲和体育）。另外，它涵盖了需要采用更强残疾视角的领域，以确保残疾人独立生活并充分参与

16 See UN-DESA et al.（2007），p. 20.

17 See Kayess and French（2008） and Stein and Lord（2009）. See also Mégret（2008a，b）.

18 1987 年在斯德哥尔摩举行的第一次审议《关于残疾人的世界行动纲领》执行情况的国际会议上，起草一项残疾人人权公约的建议就被提出了。意大利起草了一份公约草案大纲并提交给联合国大会第 42 届会议。之后，瑞典向联合国大会第 44 届会议提交了一份更进一步的公约草案。然而，各国无法就制定这样一项公约是否适当达成一致意见，因为许多代表认为已有的人权条约保障了残疾人享有与其他人相同的权利。

19 这些理念在 1993 年 6 月 14~25 日维也纳世界人权会议通过的《维也纳宣言和行动纲领》第 5 段中得到确认。《维也纳宣言和行动纲领》第 22 段又确认：“需要特别注意确保残疾人不受歧视和平等地享有一切人权和基本自由，包括积极参与社会的所有方面。”

20 见《残疾人权利公约》序言第 3 段。

21 联合国核心人权条约是包括《残疾人权利公约》在内的 9 项国际文书，另外 8 项分别是《消除一切形式种族歧视国际公约》《公民及政治权利国际公约》《经济社会文化权利国际公约》《消除对妇女一切形式歧视公约》《禁止酷刑公约》《儿童权利公约》《保护所有移徙工人及其家庭成员权利国际公约》《保护所有人免遭强迫失踪国际公约》。每项条约都设立了一个专家委员会，负责监测缔约国执行条约规定的情况，并在某些情况下接受个人申诉或来文。见 Normand and Zaidi（2008），Cushman（2012），and Keller and Ulfstein（2012）。

生活的所有方面，例如第 9 条规定的无障碍。

如前所述，非专题人权文书未能充分保护残疾人的权利，因此有必要制定一项以关注残疾人为主题的公约。[22] 1966 年的国际人权两公约保障每个人的权利，即使没有明确提及残疾人也包括残疾人在内。不过，只有《残疾人权利公约》才可使残疾人的权利取得进展。[23] 该公约实际上是联合国内部确认残疾人人权的一个漫长过程的结果。这一过程可以追溯到 20 世纪 70 年代联合国大会通过的《智力迟钝者权利宣言》（1971 年）和《残疾人权利宣言》（1975 年）。在 20 世纪 80 年代初，联合国宣布 1981 年为“国际残疾人年”，1983~1992 年为“联合国残疾人十年”。[24]

20 世纪 90 年代，联合国继续关注残疾人。1991 年，联合国大会通过了《保护精神病患者和改善精神保健的原则》;1993 年，通过了《残疾人机会均等标准规则》。[25] 后面这些文书都不具有法律约束力。尽管如此，许多联合国会员国执行了这些公约，它们是《残疾人权利公约》通过前旨在保护残疾人人权的主要国际文书。[26]

3 第 1 条第 2 段的源起

起草谈判期间引起辩论的一个问题是，是否在《残疾人权利公约》中引入“残疾”和/或“残疾人”的概念。特设委员会第三小组审查这一问题时，“不拟为残疾推导出一个国际定义作为确定残疾/人权公约涵盖人群的机
制。相反，审查这些问题的目的是为系统地确定公约的范围提供帮助。这些 95
概念之所以需要研究，是因为关于何为残疾的观点可能决定所赋予的实际

---

22 See Degener and Quinn (2002); van Weele (2012), pp. 9-30; Emerton (2013), pp. 121-123.

23 在《残疾人权利公约》通过之前，只有《儿童权利公约》明确禁止以残疾为由歧视儿童，并在第 23 条中规定了残疾儿童的一系列权利。

24 1982 年联合国大会还通过了《关于残疾人的世界行动纲领》。

25 See UNGA Resolution 48/96 of December 20, 1993.

26 社会发展委员会残疾问题特别报告员监测了联合国《残疾人机会均等标准规则》在国家一级的执行情况，并向委员会提交了年度报告（向委员会第 52 届会议提交的报告，见 E/CN. 5/2014/7）。联合国《残疾人机会均等标准规则》的监测机制还包括一个由代表残疾人的国际组织设立的专家小组。关于这些标准规则，见 Saulle (1998)。

权利”。[27]

2004年，工作组向特设委员会提出建议，在关于“定义”的第3条草案（现行文本第2条）中引入“残疾”和/或“残疾人”的概念。[28] 工作组许多成员指出，《残疾人权利公约》必须保护所有残疾人（所有不同类型的残疾）的权利，因此约文中只能规定一个宽泛的“残疾”定义。[29] 其他代表团强调了在国际范围内使用的一些残疾定义的相关性，如世界卫生组织通过的《国际功能、残疾和健康分类》。[30] 与会者认为，如果必须将“残疾”的定义列入《残疾人权利公约》，该定义应当反映残疾的社会模式[31]而非残疾的医学模式。[32] 然而，一些工作组成员表示反对引入残疾的概念，因为残疾概念很复杂并可能限制《公约》的适用范围。工作组其他成员则认为，“残疾人”的概念比“残疾”的概念更具有相关性，建议在《公约》中引入“残疾人”的定义。但对另一些成员来说，“残疾人”的定义也是不必要的。[33]

2006年，特设委员会第七届会议讨论了主席提出的残疾概念，其内容如下：“残疾是有伤残、状况或疾病的人与其所面临的环境和态度障碍相互作

27 See “Panel Ⅲ: New and emerging approaches to definitions of disability-conceptual frameworks, varying contexts of definition and implications for promotion of the rights of persons with disabilities,” Second Session of the Ad Hoc Committee, A/58/118 & Corr. 1, July 3, 2003.

28 See A/AC. 265/2004/WG/1, Annex Ⅰ.

29 谈判中审查了大约50个国家的残疾定义，见Schulze（2009），p. 23。经济、社会和文化权利委员会关于残疾人的第5号一般性意见也被作为参考，该一般性意见提到了联合国《残疾人机会均等标准规则》的做法和1999年《美洲消除对残疾人一切形式歧视公约》所载的定义，见Schulze（2009），pp. 23-25。

30 《国际功能、残疾和健康分类》提供了一个国际的和科学的范式转换工具，将纯粹的医学模式转变为人类功能和残疾的综合的“生物心理社会模式”（biopsychosocial model）。See World Health Organization（2002），p. 19；World Health Organization and The World Bank（2011），p. 4.

31 在残疾社会模式下，残疾是社会造成的问题而非个人属性。从这一角度来看，残疾问题需要得到一种政治回应，因为这一问题是由社会态度和其他方面决定的恶劣的物质和社会环境引起的。See World Health Organization（2002），p. 9；Watson（2004）；Harnacke and Graumann（2012），pp. 35 et seqq.

32 残疾医学模式认为残疾是由疾病、创伤或其他健康状况直接造成的个人特征。在这种模式下，残疾需要医疗或其他干预措施。见World Health Organization（2002），p. 8；Kayess and French（2008）；Trömel（2009），p. 121。

33 See A/AC. 265/2004/WG/1, Annex Ⅰ, footnotes 12 and 13.

用造成的。这些伤残、状况或疾病可能是永久的、暂时的、间歇性的或推定的，包括肢体、感官、社会心理、神经、医学或智力等方面。”[34] 关于这一建议，值得一提的是国际残疾人组织核心成员组的立场。该小组认为，根据公约界定“谁有权受到保护”更为合适，因为如果不定义权利主体，缔约国可能将《残疾人权利公约》所涵盖的残疾群体排除在保护之外。为此目的，国际残疾人组织核心成员组提出了一项第 2 条要确定的“残疾人”的定义。[35] 96

在《公约》起草过程中，包括欧盟在内的一些代表团反对在约文中引入“残疾”和/或“残疾人”的概念。[36] 最后，这一立场占了上风，因此，目前的《残疾人权利公约》第 2 条没有包含任何关于“残疾”和/或“残疾人”的定义。

但是，在谈判的最后阶段，各方达成了一项协议，以确定《公约》所列所有人权的主体，因此第 1 条中增加了第 2 段。

在 2006 年 8 月 23 日关于残疾定义的协调人（facilitator）文本中，第 1 条第 2 段内容如下：“残疾人包括肢体、精神或感官有长期损伤的人，这些损伤与各种障碍相互作用，可能阻碍残疾人在与其他人平等的基础上充分和切实地参与社会。”[37]

该段目前的措辞出现在 2006 年 8 月 25 日特设委员会未经表决而通过的 97

34　http://www.un.org/esa/socdev/enable/rights/ahc7pddisability.htm.

35　“残疾人是指这样的个人，其在自己选择的社区中过包容性生活的能力受到与物质、经济、社会和文化环境和/或个人永久的、暂时的、间歇性的或推定的肢体、感官、社会心理、神经、医学、智力或其他因素相互作用的单独或同时影响的限制。如果一个国家没有残疾人的定义，则应适用本公约的定义，该国法院适用的任何残疾定义至少应与本公约所载定义一样具有包容性和广泛基础。”国际残疾人组织核心成员组的文本和评论，见 Chairman's Text as emended by the International disability Caucus。

36　For the EU's role in the negotiations, see De Búrca（2010）.

37　协调人文本还包括目前《残疾人权利公约》序言第 5 段。着重号另加。关于这一定义，国际残疾人组织核心成员组重申其反对使用“精神的”一词来取代“智力的”和“社会心理的”。但是，根据国际残疾人组织核心成员组的意见，这些说法可以同时保留。此外，国际残疾人组织核心成员组反对使用“长期”（long term）或“持续”（persistent）等词，认为“这仍然可以使缔约国在国家一级作出决定，不论是否使用这一额外的限定词”。最后，国际残疾人组织核心成员组建议在损伤（impairments）中添加“状况”（conditions）一词，因为有些残疾人群体不同意“损伤”一词而更喜欢“状况”一词。See IDC reaction the AHC8 Compilation of Proposals in attachment.

《残疾人权利公约》草案中，其同时还包括一项任择议定书草案。[38]

4 《残疾人权利公约》中的残疾人

正如所见，第1条第2段“载有对残疾的一种开放式描述或非定义式说明”。[39] 事实上，该术语确定了《残疾人权利公约》的权利主体，即“残疾人”，“包括肢体、精神、智力或感官有长期损伤的人，这些损伤与各种障碍相互作用，可能阻碍残疾人在与他人平等的基础上充分和切实地参与社会”。[40]

序言第5段确认了“残疾是一个演变中的概念”，它“是伤残者和阻碍他们在与其他人平等的基础上充分和切实地参与社会的各种态度和环境障碍相互作用所产生的结果”。

《残疾人权利公约》考虑到了新近的聚焦于个人能力和尊重人权的残疾问题处理思路。[41] 根据《残疾人权利公约》，残疾不是一个静态的概念而是一个动态的概念，能够随着时间的推移和在不同的社会文化背景下进行调整。这一思路，以及强调社会障碍对残疾人享有人权的可能影响，与《国际功能、残疾和健康分类》相符合。[42] 事实上，根据世界卫生组织的分类，残疾并不被视为个人的内在特征，而是个人特征与个人所生活的整体环境特征相互作用的结果。《国际功能、残疾和健康分类》基于所谓的残疾生物心理社会模式（biopsychosocial model of disability），是医学模式和社会模式的结合。[43] 在

38 A/AC. 256/2006/4 and Add. 1.

39 Schulze（2009），p. 22.

40 着重号另加。

41 针对残疾问题的不同方法及其历年演变，见 Hendriks（2002），pp. 195－240；Barnec and Mercer（2003）；Iriarte（2016），pp. 10 et seqq。

42 See Oliver（2009），pp. 42－48；de Beco（2014），p. 269.

43 在《国际功能、残疾和健康分类》中，“健康”和“残疾”获得了新的含义，因为这一分类承认每个人都可能经历健康状况下降从而经历残疾。代表《国际功能、残疾和健康分类》残疾模式的图表，见 World Health Organization（2002），p. 9。

这种模式下，残疾和功能被视为健康状况（疾病、失调和伤害）与背景性因素相互作用的结果。后者可能是外部环境因素（例如，社会态度、建筑特征、法律和社会结构，以及气候和其他因素）[44] 以及内部个人因素（例如，性 98
别、年龄、应对方式、社会背景、教育、职业、过去和现在的经历、整体行为模式、性格和其他影响个人的残疾体验的因素）。

关于《残疾人权利公约》所规定的残疾模式，特蕾西娅·德格纳（Theresia Degener）教授指出，《残疾人权利公约》已经“超越了残疾社会模式，并形成了残疾人权模式”。[45] 德格纳认为，后者是对残疾社会模式的改进，是遵照《残疾人权利公约》第 1 条第 1 段规定的公约宗旨实施该公约的工具。此外，残疾人权利委员会在若干份结论性意见中也都遵循了这一思路。其结论性意见曾概述缔约国对残疾人的定义不符合《残疾人权利公约》——该公约体现的是“基于人权的残疾模式”[46] 以及一个包容所有残疾人的残疾定义。[47]

值得注意的是，关于第 1 条第 2 段的内容在谈判期间有一个讨论涉及可否有一个开放或封闭的损伤清单。在最初的讨论中，“精神、肢体和感官”残疾被提了出来。[48] 国际残疾人组织核心成员组特别提出了一份不完全的清单，其中包括“肢体、感官、社会心理、智力、神经和医疗损伤状况”。[49] 不过，这份清单并未获得认可。

第 1 条第 2 段最后的措辞只考虑了“肢体、精神、智力或感官有长期损

44　环境因素分类是《国际功能、残疾和健康分类》的主要创新之一，因为它可以确定环境中影响行动和完成日常生活任务能力与表现的阻碍因素和促进因素。

45　见本书特蕾西娅·德格纳《一种新的残疾人权模式》，其中包括关于两种残疾模式区别的有趣评论。

46　见残疾人权利委员会的结论性意见：中国，CRPD/C/CHN/CO/1，第 9 段；阿塞拜疆，CRPD/C/AZE/CO/1，第 9 段；丹麦，CRPD/C/DNK/CO/1，第 65 段。

47　见残疾人权利委员会的结论性意见：匈牙利，CRPD/C/UNG/CO/1，第 10 ~ 12 段；比利时，CRPD/C/BEL/CO/1，第 7 ~ 8 段；阿根廷，CRPD/C/ARG/CO/1，第 8 段。

48　国际残疾人组织核心成员组指出，“‘精神’一词已不再使用，因为它混淆了非常不同的残疾形式，并且没有明确涵盖社会心理残疾”。See Schulze（2009），p. 24.

49　国际残疾人组织核心成员组还建议提及损伤时使用“推定的、感知的、暂时的和间歇性的”等限定。

伤”。[50] 关于“长期”一词的解释，[51] 残疾人权利委员会强调“根据《残疾
99 人权利公约》第1条，残疾人包括但不限于那些肢体、精神、智力或感官有长期损伤的人”。[52] 事实上，《残疾人权利公约》保护所有残疾人，包括那些有“短期损伤”的人。[53] 这种得到残疾人权利委员会支持的广泛的解释产生于对该公约实质性条款的系统分析，也出自第1条第2段的范围。第1条第2段规定了确认残疾人的一些要求，但不妨碍缔约国扩大其在国内一级保护残疾人的范围。此外，《残疾人权利公约》的起草历史清楚地表明，这一条款应向残疾法律不发达或残疾定义非常狭窄的国家提供指导。

4.1 在其他国际文书中

在国际层面，“残疾”或“残疾人”的定义既载于不具法律约束力的文书，也载于条约中。

就第一类来说，联合国1975年《残疾人权利宣言》第1条将“残疾人”定义为“任何由于先天性或非先天性的身心缺陷而不能保证自己可以获得正常的个人生活和/或社会生活一切或部分必需品的人”。联合国《残疾人机会均等标准规则》导言第17段确认：“残疾一词概括地泛指世界各国任何人口出现的许许多多的各种功能上的限制。人们出现的残疾既可以是生理、智力或感官上的缺陷，也可以是医学上的状况或精神疾病。此种缺陷、状况或疾病有可能是长期的，也可能是过渡性质的。”[54] 此外，《残疾人机会均等标准

---

50 《国际功能、残疾和健康分类》规定，“损伤是身体功能或结构方面的问题，如重大偏差或缺失”。See World Health Organization（2002），p. 10.

51 与此不同的是，联合国《残疾人机会均等标准规则》同时提到了永久性损伤和暂时性损伤。

52 残疾人权利委员会还指出：“在本案中，各方提供的资料并不妨碍委员会认为，来文提交人的肢体损伤与障碍相互作用实际上阻碍了她在与其他人平等的基础上充分和有效地参与社会。委员会认为，疾病和残疾之间的差别是程度上的差别，而不是种类上的差别。最初被认为是疾病的一种健康损害可以因为其持续时间或慢性发展而导致残疾意义上的损伤”。See the decision of the Committee adopted on the Communication No. 10/2013，CRPD/C//12/D/10/2013，para. 6. 3.

53 See UN-DESA et al.（2007），p. 13；Seatzu（2008），pp. 545 et seqq.

54 联合国《残疾人机会均等标准规则》导言第18段定义了“障碍”（handicap）。这些年来，人们认为这个定义过于医学化，不足以表达社会条件和个人能力之间的相互作用。1980年，世界卫生组织的《国际损伤、残疾和残障分类》（International Classification of Impairments，Disabilities，and Handicaps，ICIDH）区分了“损伤”“残疾”“残障”，但对这一分类的批评导致它被《国际功能、残疾和健康分类》取代。

规则》申明，得益于“《关于残疾人的世界行动纲领》的实施经验以及在联
合国残疾人十年期间开展的广泛讨论，人们对残疾问题及所用术语深化了认
识，拓宽了理解。目前使用的这些术语确认有必要既看到个人的需要（诸如 100
康复和技术辅助器材等），同时还应看到社会环境的缺欠（阻碍参与的种种障碍）。”[55]

在区域层次，欧洲理事会部长委员会关于统一的残疾人政策的第 R（92）6 号建议（第 5.1 段）将“残疾”定义为“由损伤造成的对人们以正常方式或在正常范围内开展活动的任何限制或能力缺乏”。[56] 相反，《2006～2015 年残疾行动计划》（the Disability Action Plan 2006-2015）没有包含残疾的定义，因为部长委员会一致认为这是一个涉及会员国个体的政策问题（第 2.6 段）。[57]

关于普遍性的条约，国际劳工组织 1983 年《残疾人职业康复和就业公约》（第 159 号公约）第 1 条第 1 款规定，“本公约所称‘残疾人’一词，系指因经正式承认的身体或精神损伤，从而在获得、保持适当职业并得到提升方面的前景大受影响的个人”。

在区域组织内通过的条约中，1999 年《美洲消除对残疾人一切形式歧视公约》第 1 条第 1 款载有“残疾”的定义，内容如下：“‘残疾’一词是指长期或暂时的肢体、精神或感官损害，这种损害限制了从事一项或多项日常生活基本活动的能力，而且可能由经济和社会环境造成或加剧。”这一概念与《国际功能、残疾和健康分类》是一致的，而与《残疾人权利公约》不同，因为它提到了暂时的残疾和社会经济背景（所有这些因素都允许扩大受保护对象的范围）。

在非洲联盟内部，非洲人权和人民权利委员会（the African Commission on Human and Peoples’ Rights）授权一个工作组起草一项不应“损害《残疾

55　关于这一点，在 1994 年关于残疾人的第 5 号一般性意见（E/1995/22）第 3～4 段中，经济、社会和文化权利委员会已经确认按照联合国《残疾人机会均等标准规则》采取的办法使用“persons with disabilities”一词，而不是原先的“disabled persons”一词，因为“后一种说法有可能被误解成个人作为人的活动能力丧失了”。

56　该文件还定义了“残障”一词，承认它“取决于人与环境的关系”（第 5.2 段）。

57　See Recommendation Rec（2006）5 of April 5，2006.

人权利公约》文字和精神”的关于残疾问题的议定书。[58] 根据 2014 年 3 月 14 日《非洲人权和人民权利宪章关于残疾人权利的第二项议定书草案》第 2 条，“残疾人包括那些长期存在肢体、精神、智力、发育或感官损伤的人，这些损伤与环境、态度和其他障碍相互作用，阻碍他们与他人平等地充分和
101 有效地参与社会。”这一概念显然是基于《残疾人权利公约》第 1 条第 2 段，尽管其损伤和障碍清单比《残疾人权利公约》的规定更详细。

2004 年的《阿拉伯人权宪章》（the Arab Charter on Human Rights of 2004）在第 3 条和第 34 条关于不歧视原则的规定中提到残疾问题，在第 40 条中缔约国对残疾人的一系列权利予以确认，但该宪章没有对残疾问题作出任何定义。

4.2 在欧盟法中

在欧盟法律框架内，《欧洲联盟运行条约》（TFEU）于 2009 年 12 月生效，加强了反残疾歧视的斗争。[59]

相关规定也载于《欧盟基本权利宪章》（EUCFR），该宪章根据《欧洲联盟条约》（TEU）第 6 条第 1 款，具有与欧盟条约相同的法律价值。尤其是该宪章第 21 条第 1 款，重申禁止基于包括残疾在内的原因的任何歧视，其第 26 条则规定：“欧洲联盟承认并尊重残疾人受益于旨在确保其独立、社会和职业融合以及参与社会生活的相关措施的权利。”[60]

随着 2011 年 1 月《残疾人权利公约》对欧盟生效，欧盟进一步加强了其残疾领域的法律框架。[61] 欧盟在其权限范围内受到《残疾人权利公约》的

58　http://www.achpr.org/news/2014/04/d121.

59　《欧洲联盟运行条约》第10 条规定，“在确定和执行其政策和活动时，欧盟应以打击基于性别、种族或族裔出身、宗教或信仰、残疾、年龄的歧视为目标”；第 19 条（关于欧盟理事会的立法权和欧洲议会在这一领域的作用）也有论及。

60　Cf. Forastiero（2014）.

61　See Council Decision 2010/48/EC of November 26，2009，concerning the conclusion，by the European Community，of the United Nations Convention on the Rights of Persons with Disabilities，O. J. L. 23 of 27. 1. 2010.《残疾人权利公约》是欧盟加入的第一项人权条约。Cf. Waddington（2009），pp. 111-140；De Búrca（2010），pp. 174-196；Reiss（2012），pp. 18-23.

约束,[62] 而且欧盟的二级立法必须符合《残疾人权利公约》及其原则，并作出相应的解释。

关于“残疾”和“残疾人”的概念，欧盟法律没有规定统一的定义，而《2010~2020 年欧洲残疾问题战略》参照了《残疾人权利公约》第 1 条第 2 段。[63]

关于欧盟的二级立法，欧盟第 2000/78/EC 号指令（《就业平等指令》）规定了打击基于残疾的就业和职业歧视的一般框架，但没有包含“残疾”的概念。事实上，该指令在欧盟成员国国内法律秩序中的实施已经引发了关于该指令中的术语定义问题，欧盟法院（the CJEU）已经数次被要求就这一问题作出裁决。 102

第一个相关案例是查孔·纳瓦斯诉欧莱斯特集团股份有限公司案（*Chacòn Navas v. Eurest Colectividades SA*）。[64] 该案使欧盟法院有机会在第 2000/78/EC 号指令的框架内解释“残疾”和“疾病”的概念。欧盟法院指出：“第 2000/78/EC 号指令本身并没有界定‘残疾’的概念。该指令也没有提及成员国法律对该概念的定义。”[65] 在这一考虑之后，根据该指令的目标，它裁定“‘残疾’的概念必须被理解为一种由肢体、精神或心理损伤而导致的限制，这种限制阻碍相关人员参与职业生活”。[66] 然而，对于欧盟法院来说，“通过在该指令第 1 条中使用‘残疾’概念，立法机关有意选择了一个不同于‘疾病’的术语。因此，不能简单地将这两个术语视为相同。”[67] 这种严格的解释符合总检察长吉尔霍德（the Advocate General Geelhoed）的意见，他确认“一种将来可能导致残疾的疾病原则上不能等同于残疾。因此，疾病不是禁止歧视的理由”。同时，他承认在提供残疾定义方面有困难，因为该概念

62　见 the Declaration of Competence annexed to Decision 2010/48/EC 的附录和 the Code of Conduct between the Council，the Member States，and the Commission，其规定了欧盟实施和代表欧盟成员国实施联合国《残疾人权利公约》的内部安排（2010/C340/08）。Cf. Waddington（2011）.

63　See CRPD Committee，Initial report of the EU，CRPD/C/EU/1，December 3，2014，para. 20.

64　See ECJ，Case C-13/05，*Chacòn Navas v. Eurest Colectividades SA*，Judgment of July 11，2006.

65　Ibid.，para. 30.

66　Ibid.，para. 43.

67　Ibid.，para. 44.

“正在经历相当迅速的演变”，而且可以根据具体情境作出不同的解释。[68]

科尔曼诉阿特利奇和斯蒂夫法律事务所案（*Coleman v. Attridge Law and Steve Law*）则采用了更广泛的解释，其中第 2000/78/EC 号指令的属人管辖（*ratione personae*）的适用范围被扩大。[69] 欧盟法院实际上将“关联歧视”（discrimination by association）包括进了指令的法律框架，以保护那些不是因为自身残疾而是因为与残疾人关联而遭到歧视或骚扰的人（在该案中是一位残疾儿童的母亲）。

在 2013 年的 HK 丹麦案（*HK Danmark Ring and Skouboe Werge*）中，欧
103 盟法院再次被要求根据第 2000/78/EC 号指令解释“残疾”的概念。[70] 所提出的问题是，这一概念是否包括“一个人由于肢体、精神或心理损伤而可能在持续很长的时间内或永久地不能开展工作或只能在有限程度上开展工作的健康状况”，以及“由医学诊断可治愈的疾病引起的状况是否也可能包括在这一概念之内”。法院回顾道，该指令本身并未界定“残疾”的定义，而在欧盟批准《残疾人权利公约》之后，这一概念必须按照《公约》第 1 条第 2 段理解为“特别因肢体、精神或心理损伤而造成的限制，该限制与各种障碍相互作用，可能妨碍有关人员在与其他工人平等的基础上充分和有效地参与职业生活”。此外，损伤必须是《残疾人权利公约》要求的“长期”损伤。因此，欧盟法院裁定第 2000/78/EC 号指令中的“残疾”概念“必须被解释为包括一种由医学上诊断为可治愈或无法治愈的疾病引起的状况，这种疾病特别是身体、精神或心理损伤所造成的限制与各种障碍相互作用，可能妨碍有关人员在与其他工人平等的基础上充分和有效地参与职业生活，并且这种限制是长期的。雇主应采取的措施的性质对于考虑一个人的健康状况是否为残疾概念所涵盖来说并不是决定性的。”[71]

---

68 总检察长吉尔霍德的意见，见 Case C-13/05, *Chacòn Navas v. Eurest Colectividades SA*, March 16, 2006, paras 78 and 58。

69 See ECJ, Case C-303/06, *Coleman v. Attridge Law and Steve Law*, Judgment of July 17, 2008.

70 See CJEU (second Chamber), Joined Cases C-335/11 and C-337/11, *HK Danmark* (*Ring and Skouboe Werge*), Judgment of April 11, 2013. See Waddington (2013).

71 See CJEU (second Chamber), Joined Cases C-335/11 and C-337/11, *HK Danmark* (*Ring and Skouboe Werge*), Judgment of April 11, 2013. See Waddington (2013).

最后，在 2014 年的 Z 诉政府部门、社区学校管委会案（*Z. v. A Government department*，*The Board of management of a community school*）中，欧盟法院重申欧盟缔结的国际协定优先于欧盟的二级法律文书，指出“这些文书必须以尽可能与那些协定一致的方式加以解释”。[72] 因此，从《残疾人权利公约》在欧盟法律中生效之日起，该公约的规定就是欧盟法律秩序的一个组成部分。至于“残疾”的定义，欧盟法院在回顾 HK 丹麦案时申明，“第 2000/78 号指令所指的‘残疾’概念必须被理解为不仅指不能从事一项专业活动，而且也指妨碍从事这种活动。任何其他解释都不符合该指令的目标，该指令的目的就是使残疾人士能够获得或参与就业”。[73]

104 在欧盟法律框架中，残疾的具体定义可在部门立法中找到。在欧洲议会和欧盟理事会关于铁路乘客的权利和义务的第 1371/2007 号决议中，“残疾人”和“行动能力下降的人”这两个术语被用来确认“任何在使用交通工具时由于任何身体残疾（感官或运动方面，永久的或暂时的）、智力残疾或损伤，或任何其他形式的残疾，或年龄，而行动不便的人，而且其状况需要得到适当注意，并适应其特殊需要向其提供向所有乘客提供的服务”（第 3 条第 15 款）。与此形成对比的是，欧盟 1998 年关于残疾人停车卡的第 98/376/EC 号建议明确允许欧盟成员国为该建议的目的而自行决定谁应当被视为残疾人。[74]

不过，欧盟法院的判例法将有助于在欧盟法律中纳入符合《残疾人权利公约》第 1 条的关于残疾或残疾人的定义，并协调成员国国内立法中制定的残疾定义。

72　See CJEU，Case C-363/12，*Z. v. A Government department*，*The Board of management of a community school*，Judgment of March 18，2014，paras 71-72.

73　Ibid.，paras 76-77. 欧盟法院认为，Z 女士缺少子宫的状况“构成一种限制，这是由肢体、精神或心理损伤而造成的，或具有长期性质。尤其不可否认的是，一个妇女不能生育自己的孩子可能给她带来巨大痛苦。然而，第 2000/78 号指令意义上的残疾概念的前提是，该人所遭受的限制与各种障碍的相互作用，可能会阻碍该人在与其他工人平等的基础上充分和有效地参与职业生活”（第 79~80 段）。在欧盟法院看来，Z 女士的状况本身并不使她无法开展工作或妨碍她从事专业活动。因此，她的状况不是第 2000/78 号指令意义上的“残疾”（第 81~82 段）。

74　See European Commission（2014），p. 8.

相关案例

CJEU 11. 04. 2013, Joined Cases C-335/11 and C-337/11, *HK Danmark*, *acting on behalf of Jette Ring v. Dansk almennyttigt Boligselskab and HK Danmark*, *acting on behalf of Lone Skouboe Werge v. Dansk Arbejdsgiverforening*, nyr.

CJEU 18. 03. 2014, Case C-363/12, *Z v. A Government department*, *The Board of management of a community school*, nyr.

CRPD Committee 02. 10. 2014, Communication No. 10/2013, *SC v. Brazi*, CRPD/C/12/D/10/2013.

ECJ 11. 07. 2006, Case C-13/05, *Chacòn Navas v. Eurest Colectividades SA*, ECR Ⅰ-6467.

ECJ 17. 07. 2008, Case C-303/06, *Coleman v. Attridge Law and Steve Law*, ECR Ⅰ-5603.

参考文献

Barnec C, Mercer G (2003) Disability, Polity Press, Cambridge.

Cushman T (ed) (2012) Handbook of human rights, Routledge, London.

de Beco G (2014) The right to inclusive education according to Article 24 of the UN Convention on the rights of persons with disabilities: background, requirements and (remaining) questions, Neth Q Hum Rights 32 (3): 263-287.

De Búrca G (2010) The EU in the negotiation of the UN Disability Convention, Eur Law Rev 35 (2): 1-23.

105 Degener T, Quinn G (2002) Human rights and disability: the current use and future potential of United Nations human rights instruments in the context of disability, UN, Geneva.

Emerton P (2013) The particularism of human rights discourse, In: Kinley D, Sadurski W, Walton K (eds) Human rights: old problems, new possibilities. Edward Elgar, Cheltenham, pp. 113-144.

European Commission (2014) Report on the implementation of the UN Convention on the rights of persons with disabilities (CRPD) by the European Union, SWD (2014) 182 final, http://

ec. europa. eu/justice/discrimination/files/swd_2014_182_en. pdf, Accessed 29 Jan 2015.

Flóvenz BJ (2009) The implementation of the UN Convention and the development of economical and social rights as human rights, In: Arnardóttir OM, Quinn G (eds) The UN Convention on the rights of persons with disabilities: European and Scandinavian perspectives, Brill/Martinus Nijhoff, Leiden/Boston, pp. 257-278.

Forastiero R (2014) The Charter of Fundamental Rights and the protection of vulnerable groups: children, elderly people and persons with disabilities, In: Palmisano G (ed) Making the Charter of Fundamental Rights a living instrument, Brill, Leiden, pp. 165-198.

Harnacke C, Graumann S (2012) Core principles of the UN Convention on the rights of persons with disabilities: an overview, In: Anderson J, Philips J (eds) Disability and universal human rights: legal, ethical, and conceptual implications of the Convention on the rights of persons with disabilities, Netherlands Institute of Human Rights (SIM), Utrecht.

Hendriks AC (2002) Different definition—same problems—one way out? In: Breslin ML, Yee S (eds) Disability rights law and policy. International and national perspectives, Transnational Publishers, Ardsley, pp. 195-240.

Iriarte EG (2016) Models of disability, In: Iriarte EG, McConkey R, Gilligan R (eds) Disability and human rights: global perspectives, Palgrave Macmillan, London, pp. 10-32.

Kayess R, French P (2008) Out of darkness into light? Introducing the Convention on the rights of persons with disabilities, Hum Rights Law Rev. doi: 10. 1093/hrlr/ngm044.

Keller H, Ulfstein G (eds) (2012) UN human rights treaty bodies: law and legitimacy (studies on human rights conventions), Cambridge University Press, New York.

Mégret F (2008a) The disabilities Convention: human rights of persons with disabilities or disability rights? Hum Rights Quart 30 (2): 494-516.

Mégret F (2008b) The disabilities Convention: toward a holistic concept of rights, Int'l J H R 12 (2): 261-278.

Normand R, Zaidi S (2008) Human rights at the UN: the political history of universal justice, Indiana University Press, Bloomington.

Oliver M (2009) Understanding disability: From theory to practice, 2nd edn, Palgrave Macmillan, Basingstoke.

Reiss JW (2012) The Convention on the rights of persons with disabilities in the post-Lisbon European Union, Hum Rights Brief 19 (2): 18-23.

Saulle MR（1998）Le norme standard sulle pari opportunità dei disabili. Edizioni scientifiche italiane，Napoli.

Schulze M（2009）Understanding the UN Convention on the rights of persons with disabilities，http://www.handicapinternational.fr/fileadmin/documents/publications/HICRPDManual.pdf，Accessed 30 Jan 2015.

Seatzu F（2008）La Convezione delle Nazioni Unite sui diritti delle persone disabili：i principi fondamentali. Dir umani，dir int 2（3）：535-559.

Stein MA，Lord JE（2009）Future prospects for the United Nations Convention on the rights of persons with disabilities，In：Arnardóttir OM，Quinn G（eds）The UN Convention on the rights of persons with disabilities，European and Scandinavian perspectives，Brill/Martinus Nijhoff，Leiden/Boston，pp. 17-40.

Trömel S（2009）A personal perspective on the drafting history of the United Nations Convention on the rights of persons with disabilities，Eur YB Disability L 1：115-138.

UN-DESA，OHCHR，IPU（2007）From exclusion to equality：realizing the rights of persons with disabilities，Handbook for parliamentarians on the Convention on the rights of persons with disabilities and its Optional Protocol，UN，Geneva.

106 van Weele E（2012）The UN Convention on the rights of persons with disabilities in the context of human rights law，In：Anderson J，Philips J（eds）Disability and universal human rights：legal，ethical，and conceptual implications of the Convention on the rights of persons with disabilities，Netherlands Institute of Human Rights（SIM），Utrecht.

Waddington L（2009）Breaking new ground：the implications of ratification of the UN Convention on the rights of persons with disabilities for the European Community，In：Arnardóttir OM，Quinn G（eds）The UN Convention on the rights of persons with disabilities. European and Scandinavian perspectives，Brill/Martinus Nijhoff，Leiden/Boston，pp. 111-140.

Waddington L（2011）The European Union and the United Nations Convention on the rights of persons with disabilities：a story of exclusive and shared competences，Maastricht Journ Eur Comp Law 4（18）：431-453.

Waddington L（2013）HK Danmark（Ring and Skouboe Werge）：Interpreting EU equality law in light of the UN Convention on the rights of persons with disabilities，Eur Anti-Discrimination Law Rev 13：11-22.

Watson N（2004）The dialectics of disability：a social model for the 21st century? In：Barnes

C, Mercer G (eds) Implementing the social model of disability, The Disability Press, Leeds, pp. 101–117.

World Health Organization (2002) Towards a common language for functioning, disability and health–ICF, UN, Geneva.

World Health Organization, The World Bank (2011) World report on disability, WHO Press, Geneva.

107 # 第2条　定义

拉切尔·塞拉

为本公约的目的：

“交流”包括语言、字幕、盲文、触觉交流、大字本、无障碍多媒体以及书面语言、听力语言、浅白语言、朗读员和辅助或替代性交流方式、手段和模式，包括无障碍信息和通信技术；

“语言”包括口语和手语及其他形式的非语音语言；

“基于残疾的歧视”是指基于残疾而作出的任何区别、排斥或限制，其目的或效果是在政治、经济、社会、文化、公民或任何其他领域，损害或取消在与其他人平等的基础上，对一切人权和基本自由的认可、享有或行使。基于残疾的歧视包括一切形式的歧视，包括拒绝提供合理便利；

“合理便利”是指根据具体需要，在不造成过度或不当负担的情况下，进行必要和适当的修改和调整，以确保残疾人在与其他人平等的基础上享有或行使一切人权和基本自由；

“通用设计”是指尽最大可能让所有人可以使用，无需作出调整或特别设计的产品、环境、方案和服务设计。“通用设计”不排除在必要时为某些残疾人群体提供辅助用具。

108 **目　次**

1　第 2 条的功用

为了实施《残疾人权利公约》，第 2 条定义了 5 个在该公约中反复使用、具有非常具体含义的关键术语：交流、语言、基于残疾的歧视、合理便利和通用设计。

其中有些定义是说明性的（如交流和语言）或技术性的（如通用设计），只要求各缔约国在实践中而非规范层面上加以适应。

而基于残疾的歧视和合理便利的定义涉及了《残疾人权利公约》资格标准的问题，因此缔约国的国内法律制度必须作出调整，以与《公约》相一致。[1]

正如舒尔茨（Schulze）所强调的，对《残疾人权利公约》中任何定义的讨论都存在两个重大风险：一方面，创建所谓的清单可能会导致遗漏某类人或某种情形；另一方面，不做定义和定义过于开放则会导致目标不明确，《公约》可能因缺乏适用解释而难以实现其宗旨。[2]

然而，必须指出的是，即使在术语没有得到界定或仅以笼统和不确定的语言加以界定的情况下，《残疾人权利公约》与其他人权条约一样，是一个“适应国际法发展的动态文书”。在这种情况下，应按照 1969 年《维也纳条约法公约》所载的国际法准则来解释。[3] 对每一项条约，应依其用语在上下文中所具有的一般含义并参照条约的目的及宗旨（条约是一个整体）予以善

1　Cera（2010），p. 49.

2　Schulze（2010），p. 40.

3　《维也纳条约法公约》（1969 年 5 月 22 日通过，1980 年 1 月 27 日生效）1155 UNTS 331。《维也纳条约法公约》关于解释的规定被广泛接受为习惯国际法。

意解释。[4] 当上述解释导致含义不明或所获结果“显属荒谬或不合理”时，
109 条约的准备工作可以作为补充解释。[5]

必须指出的是，事实上工作组编写的《残疾人权利公约》草案第 2 条还载有若干后来被删除了的其他定义，例如“无障碍”的定义被挪到了各缔约国根据《公约》第 9 条必须采取的措施当中。[*]

更具争议的是草案原先规定的“残疾”定义和委内瑞拉提出的“残疾人”定义的必要性。工作组许多成员强调，《公约》应保护所有残疾人（所有不同类型残疾人）的权利，并建议对“残疾”一词作广义界定。还有一些成员则认为，鉴于残疾的复杂性和可能限制《公约》适用范围的风险，《公约》不应包括“残疾”的定义。将重点放在残疾人的局限和缺陷上，将与《公约》的宗旨相冲突，因为《公约》试图纠正和解决阻碍残疾人享有其权利的社会和环境因素。

爱尔兰提请注意欧盟关于这一问题的评论。该评论指出，为了《公约》的目的，没有必要对残疾作出定义。[6] 经过多次尝试和努力，人们看到了一些复杂而互不兼容的定义。事实上，试图为残疾下定义可能会导致对《公约》整体作出限制性很强的解释，而界定模糊则可能导致政府几乎无法执行。此外，从实施方面看，可能需要对残疾概念采取不同的方法：在关于平等的立法中采用一个广泛的定义，而在处理支助和赋权时则采用一个更具体的定义。出于上述考虑，有人认为，明智的做法是不在《公约》中界定残疾。

这些观点得到了工作组许多成员的支持。因此，《残疾人权利公约》的最终文本没有包含残疾和/或残疾人的定义。《残疾人权利公约》第 1 条第 2 段只是规定了《公约》的属人管辖（*ratione personae*）范围，确定残疾人是《公约》保护的受益者。

---

4 《维也纳条约法公约》第 31 条第 1 款。

5 《维也纳条约法公约》第 32 条。

* 第 9 条实质上没有关于无障碍的明确定义，只有关于无障碍措施的规定。——译者注

6 European Union, Working Paper “Elements for an International Convention”, A/AC. 265/2003/CRP. 13/Add. 2.

2 “交流”和“语言”

“交流”界定了残疾人交换信息的常用手段。根据该定义，“交流”的形式包括： 110

(a) 语言——包括口语和手语；(b) 字幕——包括字幕对白和音效（听力残疾人可以从网播或数字电视节目提供的字幕中受益）；(c) 触觉交流——这是通过触摸说话人的手进行的交流；(d) 盲文——这是一种为盲人或视障人士设计的书写和印刷系统，可以通过触摸凸起圆点的各种排列来识别其代表的字母和数字（在《残疾人权利公约》起草过程中，有人提出了技术发展是否会使盲文的使用大大减少的疑问，会议一致认为，目前盲文仍然是一种基本的交流沟通手段，因此定义应当涵盖其今后的发展）；(e) 大字本——为视力受损者提供比普通标准更大字体格式的文本文档；(f) 无障碍多媒体以及书面语言、听力语言、浅白语言、朗读员——包括能够克服交流障碍的技术工具和方法、硬件和软件；(g) 辅助或替代性交流方式、手段和模式，包括无障碍信息和通信技术。国际残疾人组织核心成员组成功地坚持加入“辅助或替代性交流方式、手段和模式”。[7] 它们包括促进交流的任何系统，包括策略、技术和/或设备。它们试图暂时或永久地补偿患有严重表达交流障碍的人（即严重的语言和写作障碍者）所遭受的损伤和残疾。这种交流形式多种多样，取决于个人的能力和需要，从交流助理到交流卡片（包括辅助技术或它们的组合），不一而足。

“语言”的定义是根据世界聋人联盟的建议提出的，以给予手语（世界上有115种）正式承认，并将其与其他交流形式（如盲文）区分开来。盲文是听力语言的书面形式，而手语本身有自己的语法和句法，并且具有地域性。

请注意，在特设委员会草案中，“语言”的定义包括“口语和手语”。

7 国际残疾人组织核心成员组是全球、区域和国家层面的残疾人组织和非政府组织的网络，在《残疾人权利公约》谈判中发挥了关键作用。

据说，为了明确起见，这一短语被修改成特别强调为那些既不使用手语也不使用盲文的人提供交流便利。因此，“语言”的定义被进一步扩大为“口语和手语及其他形式的非语音语言”。[8]

虽然这种措辞并不完美（事实上，根据语言学家的说法，“其他形式的
111 非语音语言”的确切含义是不可理解的），[9] 但这一过程就宣传工作来说是有价值的。事实上，《残疾人权利公约》是第一个将手语列为语言并敦促各国政府在本国立法中承认手语的国际人权公约。它也是第一个明确提及手语和聋人文化的国际公约，并且在 5 个不同的条款（第 2 条、第 9 条、第 21 条、第 24 条、第 30 条）中提及。在《残疾人权利公约》中，没有一个群体像聋/聋盲人群体这样被明确和频繁地提及。

3 “基于残疾的歧视”

《残疾人权利公约》第 2 条第 3 段规定，基于残疾的歧视是指“基于残疾而作出的任何区别、排斥或限制，其目的或效果是在政治、经济、社会、文化、公民或任何其他领域，损害或取消在与其他人平等的基础上，对一切人权和基本自由的认可、享有或行使”。这一普遍定义的文本在很大程度上效仿了联合国其他专门人权条约（如 1965 年《消除一切形式种族歧视国际公约》和 1979 年《消除对妇女一切形式歧视公约》）等所载的类似的不歧视条款的措辞。

应当指出的是，原则上不能根据《残疾人权利公约》第 2 条提出独立的权利要求。因此，不歧视条款只能与《残疾人权利公约》规定的其他实质性权利一起援引。残疾人权利委员会在其根据《残疾人权利公约任择议定书》个人来文程序作出的第一项决定即 H. M. 诉瑞典案（*H. M. v. Sweden*）中也指出了这一点。[10]

---

8 Kauppinen and Jokinen (2014), p. 143.

9 Sabatello and Schulze (2014), p. 143.

10 CRPD/C/7/D/3/2011, para. 7.3, Mauĉec (2013).

该规则草案还列举了反映人权条约机构解释性做法的各种歧视形式，例如间接歧视、骚扰、基于推定残疾的歧视和关联歧视（discrimination by association）。[11] 在谈判过程中，“一切形式的歧视”指的是基于残疾的任何类型的歧视，包括草案预见到的和没有预见到的歧视。 112

其中最明显的歧视形式是直接歧视。“任何区别、排斥或限制”最初指的就是直接歧视。当一个人由于某一特定特征而受到不如处境相似的人的待遇时，除非有关于差别待遇的公认理由，就可以认为受到了直接歧视。

当“任何区别、排斥或限制”导致了不当效果时，就产生了间接形式的歧视。事实上，它源于一种基于表面中立的标准的区别对待。这种区别对待产生的效果是，受非歧视法律保护的群体的成员与其他群体的成员相比处于不利地位，而且不能证明所适用的标准存在客观的理由。

虽然《残疾人权利公约》中没有出现间接歧视，但毫无疑问，这种形式的歧视也被第 2 条涵盖。在 H. M. 诉瑞典案中可以找到支持这一观点的陈述。在该案中，残疾人权利委员会认为，一项国内法虽然以中立的方式适用，但如果未考虑其适用的个人的具体情况，则可能导致歧视性后果。[12] 因此，残疾人权利委员会认为，在享有《残疾人权利公约》保障的权利方面，如果缔约国对处境大不相同的人没有给予不同的对待，而且没有客观合理的理由，就可能构成歧视。

必须指出，《残疾人权利公约》的定义包括基于残疾的“一切形式的歧视”。根据该定义，受到禁止的不仅是对残疾人的歧视，而且是对任何人的歧视，只要这种歧视被视为基于残疾。这就是假设歧视（discrimination by assumption）的情况，即人们不仅因其真实特征而受到歧视，也因其被感知的特征而受到歧视（例如，对艾滋病毒感染者的歧视）。因此，即使不是

11　在草案案文中，“基于残疾的歧视”包括：（1）以残疾为由的任何区别、排斥、限制，其目的或效果是取消或损害在政治、经济、社会、文化、公民或任何其他领域对人权和基本自由的承认、享受或行使；（2）任何法案、标准、规定、实践、政策、规则或安排，尽管不明确基于残疾，（a）在政治、经济、社会、文化、公民或任何其他领域具有取消或损害承认、享有或行使其人权和基本自由的目的或效果，和（b）不能被客观地证明是实现合法目标的合理的和相称的手段；（3）不能提供合理便利；（4）因残疾人的残疾或因与残疾人的联系而使残疾人的关联人遭受较为不利的待遇，这里提到的残疾包括怀疑的、强加的、假定的或未来可能的、可感知的、过去的残疾或残疾的特征。

12　CRPD/C/7/D/3/2011，para. 7. 3.

真正有残疾的人，如果被他人认为有残疾，也可以享受不受残疾歧视的法律保护。[13]

在这种扩展的歧视背景下，另一个重要概念是关联歧视——人们不是因其自身特点而是因其与他人的关系而受到歧视。关联歧视的一个例子是，残
113 疾人的照料者本身没有残疾，却因其照料职责而受到歧视。这种形式的歧视在科尔曼案（*Coleman*）中得到了欧盟法院的国际性承认。该法院裁定，雇主基于雇员的儿子残疾这一事实而给予该雇员不利待遇构成关联歧视和骚扰。[14]

除了这些隐性形式的歧视外，第 2 条还规定了另一种类型的歧视，即拒绝提供合理便利。这一规定有助于确认通过采取积极措施来实现基本权利，以解决目前对残疾人的系统性歧视。

这是国际人权文书首次将拒绝提供合理便利定义为歧视。在此之前，经济、社会和文化权利委员会采取的思路是，就《经济社会文化权利国际公约》的宗旨而言，基于残疾的歧视可以被定义为包括拒绝提供合理便利。[15]

在欧洲范围内，合理便利的概念也通过 2000 年《就业平等指令》得到承认。[16] 该指令第 5 条明确要求雇主为就业和培训领域的残疾人采取适当措施并提供合理便利。[17] 然而，与《残疾人权利公约》不同的是，《就业平等指令》仅在就业方面提出了对残疾人提供合理便利的要求。[18] 此外，尽管《就业平等指令》第 5 条为保证“遵守平等待遇原则”规定了提供合理便利

---

13 欧洲人权法院在 *Timishev v. Russia* 案中采取了假设歧视的立场。

14 欧盟法院，*Coleman v. Attridge Law and Steve Law*。在此案中，雇员的要求被拒绝并受到解雇威胁，还受到与她儿子的残疾相关的侮辱性评价。

15 经济、社会和文化权利委员会第 5 号一般性意见：残疾人，第 15 段。

16 2000 年 11 月 27 日欧盟理事会通过的第 2000/78/EC 号指令建构了就业和职业领域平等待遇的一般框架。

17 更准确来说，该指令第 5 条规定雇主必须采取“适当措施”。

18 必须指出，2008 年欧盟委员会提出一项“横向指令”（Horizontal Directive），旨在禁止在社会保护、社会优势、教育以及包括住房在内的商品和服务领域的基于宗教或信仰、残疾、年龄和性倾向的歧视。影响该指令通过的主要政治障碍在于需要在欧盟所有 28 个成员国的部长理事会内达成一致意见。德国和其他一些国家自 2008 年 7 月以来一直拒绝就该法律草案开展对话，尽管它们审查了这些建议。

的义务，但它没有将不遵守该义务明确规定为一种歧视形式。在欧盟法院关于查孔·纳瓦斯案（*Chacòn Navas*）的判决中，可以看到一些支持对指令条款进行演化解释的要素。该判决认为，如果在提供合理便利之后，该残疾人 114
将是称职的、有能力和可以履行有关职位的基本职能的，《就业平等指令》就禁止解雇该残疾人。[19]

有一些因素表明，《残疾人权利公约》对基于残疾的歧视的理解（包括合理便利概念）通过为法院提供一个连贯的残疾人人权解释模式而为残疾人提供了更大保护。[20] 格洛尔案（*Glor*）就是一个例证。在此案中，欧洲人权法院参考了《残疾人权利公约》，第一次根据申请人的残疾情况认定《欧洲人权公约》第 14 条规定的不受歧视的权利被侵犯。尽管没有援引合理便利这一特定术语，但它详细说明了瑞士可以提供合理便利的多种方式。[21]

4　“合理便利”

合理便利概念并非在残疾背景下产生的。该词最初是在 1968 年美国《民权法》（the 1968 Civil Rights Act of the United States）中使用的，涉及基于宗教习俗的歧视。《民权法》要求雇主“合理地适应”雇员或潜在雇员的宗教仪式或习俗，除非这种适应会给雇主的业务造成过度困难。1973 年美国《康复法》（the 1973 United States Rehabilitation Act）首次将合理便利适用于残疾情况。

《残疾人权利公约》第 2 条将“合理便利”定义为“根据具体需要，在不造成过度或不当负担的情况下，进行必要和适当的修改和调整，以确保残疾人在与其他人平等的基础上享有或行使一切人权和基本自由”。

19　CJEU, *Sonia Chacòn Navas v. Eurest Colectividades SA*, paras 49–51.

20　Lord and Brown (2011).

21　ECtHR, *Glor v. Switzerland*, paras 91, 94 and 95. 在该案中，格洛尔因糖尿病被认为不适合服强制性兵役，也不适合从事为基于道德良心或宗教信仰原因可不服兵役者提供的作为替代的文职公务。他被命令缴纳免服兵役的税款，因为他低于 40% 的残疾人免税门槛。格洛尔称，基于残疾的歧视侵犯了他根据《欧洲人权公约》第 14 条和第 7 条享有的权利。

工作组普遍同意必须保持这一概念的普遍性和灵活性，以确保它迅速被就业、教育等不同部门适用并尊重法律传统的多样性。

“便利”是指为适应残疾人的需要而对通常运作的程序、方法或设施等予以调整。虽然“便利”概念已被普遍理解，“合理”的含义却不那么清楚
115 明确。后一个术语中嵌入了双重含义：它可以暗示为提供便利所作的调整不得导致过度的代价或困难，也可以表明所提供的便利必须对残疾人有效或适当。[22]

关于合理便利中“合理”的解释，可见于残疾人权利委员会审理的玛丽-路易斯·杨格林诉瑞典案（*Marie-Louise Jungelin v. Sweden*）中几位委员的联合反对意见：

> “合理便利”必须逐案分析，便利措施的合理性和相称性必须根据所要求的情况进行评估。在本案中，便利措施要求是在职业背景下提出的。因此，对合理性和相称性的检验，除其他外，应确保：（1）要求便利措施的目的是促进残疾人就业，使残疾人具备与其所申请的职位相对应的专业能力和经验以履行岗位职责；（2）可以合理地期望当事人申请的公共或私营的公司或实体采取和实施便利措施。[23]

《残疾人权利公约》第5条第3款将合理便利概念转化为缔约方的义务，尽管这一义务受到第2条定义所载的“不造成过度或不当负担”这一辩护理由的制约。[24]

凯耶斯和弗伦奇强调，特设委员会本来打算在“过度”（disproportionate）和“不当负担”（undue burden）这两个词中选择一个，但起草时将这两个词叠加，其结果是建立了一个可能导致规避义务的双要素检验标准。此外，义务的门槛过于模糊，看起来似乎更有可能只对那些只需要较小变动的人有用。凯耶斯和弗伦奇还指出，在合理便利术语中包含“不当负担”这一用语

---

22 Waddington（2007），p. 665.

23 残疾人权利委员会，*Marie-Louise Jungelin v. Sweden*，委员会成员 Carlos Rios Espinosa、Theresia Degener、Munthian Buntan、Silvia Judith Quan-Chang 和 Maria Soledad Cisternas Reyes 的联合反对意见。

24 见本书对第5条“平等和不歧视”的评注。

是不恰当的，它固化了把残疾人作为社会“负担”的建构，而这正是《残疾人权利公约》试图克服的。[25]

必须注意，正如劳森（Lawson）所指出的，将“合理”和“不当负担”纳入案文，是由于在起草《残疾人权利公约》的过程中，各方对于将公民权利和政治权利与经济、社会和文化权利结合在一起存在争议。通过“合理”和“不当负担”这两个概念，妥协得以达成，因为它们在某种程度上再次引入逐渐实现和自由裁量余地的概念。[26]

残疾人权利委员会在玛丽-路易斯·杨格林诉瑞典案中讨论了这一问题，该案涉及未在就业领域提供合理便利的情况。在该案中，委员会多数委员认为，来文提交人的工作权利和不受歧视的权利都没有受到侵犯，确认缔约国 116
在考量便利措施是否合理时具有一定程度的自由裁量权。委员会还进一步指出，一般应当由缔约国法院评估特定案件中的事实和证据，除非该评估被认定为显然武断或相当于司法不公。[27] 不过，残疾人权利委员会 16 名委员中有 6 名委员对此表示异议，认为委员会的判决反映了对“不当负担”概念的宽泛解释，给予缔约国太大的自由裁量余地，严重限制了残疾人得到应根据其需要调整工作环境的职位的可能性。[28]

正如劳森所指出的，“合理”和“不当负担”的措辞可以允许对提供便利的义务作出具有某种时间含义的解释。然而，即使是保守地解读这一义务

25　见本书对第 5 条“平等和不歧视”的评注。

26　Lawson（2009）.

27　残疾人权利委员会，*Marie-Louise Jungelin v. Sweden*，para. 10. 5。在该案中，残疾人权利委员会认为，来文提交人没有提供证据表明对她要求采取的便利措施是否合理的评估是有缺陷的。委员会认为，劳工法院在得出监察员所建议的支持和调适措施将对社会保险局构成不当负担的结论之前，对提交人和社会保险局提出的所有要素都进行了彻底和客观的评估。因此，残疾人权利委员会的结论是来文提交人所要求的便利措施给缔约国造成了过度或不当负担。在此必须强调的是，雇用来文提交人将需要花费 1000 万至 1500 万瑞典克朗对计算机系统进行改造。此外，改造计算机系统仍不能使提交人有能力从事分配给当前空缺岗位的所有工作任务。还应当强调的是，该案中的潜在雇主是瑞典国家当局，拥有相对广泛的财政资源。

28　残疾人权利委员会，*Marie-Louise Jungelin v. Sweden*，委员会成员 Carlos Rios Espinosa、Theresia Degener、Munthian Buntan、Silvia Judith Quan-Chang 和 Maria Soledad Cisternas Reyes 的联合反对意见。残疾人权利委员会 5 名持不同意见的委员认为，缔约国本来应当考虑到所做调整对未来就业的其他残疾人所产生的积极影响，并应适当考虑可能的替代解决办法。第 6 位持不同意见的委员同意联合意见的主要论点，但认为缔约国应当考虑调整措施未来可能产生的积极影响。

也会得出这样的结论，即至少需要立即采取步骤通过立法和其他措施，实现残疾人利用现有资源的权利。[29] 此外，正如上文所讨论的，“合理便利”和“过度或不当负担”的含义必须根据《残疾人权利公约》的文本和背景（包括确保实质平等的必要性）来解释。因此，《残疾人权利公约》所支持的实质平等目标有助于界定合理便利概念能达到的范围和任何以不当负担为抗辩理由的限度。

117

5 “通用设计”

“通用设计”是核心人权条约中的一个新概念。基于环境五花八门使很多人无能为力的前提，“通用设计”是一种设计建筑物、场所和产品的方法，它可使所设计的建筑物、场所和产品能够在不需要作出调整的情况下被最广泛的人使用，无论这些人是否有残疾，也无论可能有什么残疾。

事实上，通用设计将无障碍在概念上转化为一种设计方式，以最大程度地促进最大数量的残疾人和非残疾人的社会参与。作为一种促进平等的方法，它反映了《残疾人权利公约》的人权范式转变。

在《残疾人权利公约》起草过程中，有人建议使用与“通用设计”可互换的“包容性设计”。在国际残疾人组织核心成员组的坚持下，在最后一届会议的讨论中，“通用设计”的定义得到成功修正，将范围扩大到“在必要时为某些残疾人群体提供辅助用具”。

《残疾人权利公约》在第 2 条规定了通用设计的定义，又在第 4 条第 1 款第 6 项详细阐述了缔约方的义务，即“从事或促进研究和开发……通用设计的货物、服务、设备和设施，以便仅需尽可能小的调整和最低的费用即可满足残疾人的具体需要，促进这些货物、服务、设备和设施的提供和使用，并在拟订标准和导则方面提倡通用设计”。《残疾人权利公约》明确指出，通过采用通用设计，个人对调整的需求将会减少，许多残疾人将不必再要求

---

29 Lawson (2009), p. 104.

“特殊” 的调适或修改，以免被污名化和排斥。

相关案例

CRPD Committee 21. 05. 2012, Communication No. 3/2011, *HM v. Sweden*, CRPD/C/7/D/3/2011.

CRPD Committee 02. 10. 2014, Communication No. 5/2011, *Marie-Louise Jungelin v. Sweden*, CRPD/C/12/D/5/2011.

ECJ 17. 07. 2006, Case C-13/05, *Sonia Chacòn Navas v. Eurest Colectividades SA*, ECR Ⅰ-6467.

ECJ 17. 07. 2008, Case C-303/06, *Coleman v. Attridge Law and Steve Law*, ECR 1-5603.

ECtHR 13. 12. 2005, Applications Nos. 55762/00 and 55974/00, *Timishev v. Russia*, ECHR 2005-Ⅻ.

ECtHR 30. 04. 2009, Application No. 13444/04, *Glor v. Switzerland*, unreported.

参考文献

Cera R (2010) Articolo 2. Definizioni, In: Marchisio S, Cera R, Della Fina V (eds) La Convenzione sui diritti delle persone con disabilitὰ. Commentario, Aracne, Roma, pp. 35-49.

Kauppinen L, Jokinen M (2014) Including deaf culture and linguistic rights, In: Sabatello M, Shulze M (eds) Human rights and disability advocacy, University of Pennsylvania Press, Philadelphia, pp. 131-145.

Kayess R, French P (2008) Out of darkness into light? Introducing the Convention on the Rights of Persons with Disabilities, Hum Rights Law Rev 8 (1): 1-34. 118

Lawson A (2009) The UN Convention on the rights of persons with disabilities and european disability law: a catalyst for cohesion? In: Arnardottir OM, Quinn G (eds) The United Nations Convention on the Rights of Persons with Disabilities: European and Scandinavian perspectives, Martinus Nijhoff, Leiden.

Lord J, Brown R (2011) The role of reasonable accommodation in securing substantive equality for persons with disabilities, In: Rioux MH, Basser LA, Jones M (eds) Critical perspectives on human rights and disability law, Martinus Nijoff, Leiden, pp. 273-308.

Maučec G (2013) Combating discrimination on the grounds of disability in international and EU law, Innov Issues Approaches Social Sci 6 (1): 64-76.

Sabatello M, Schulze M (2014) Human rights and disability advocacy, University of Pennsylvania Press, Philadelphia.

Schulze M (2010) Understanding the UN Convention on the Rights of Persons with Disabilities, http://www.handicap-international.fr/fileadmin/documents/publications/HICRPDManual.pdf, Accessed 1 Feb 2016.

Waddington L (2007) Reasonable accommodation, In: Schiek D, Waddington L, Bell M (eds) Cases, materials and text on national, supranational and international non-discrimination law, pp. 629-756.

第 3 条　一般原则 119

瓦伦蒂娜・德拉・菲娜

本公约的原则是：

（一）尊重固有尊严和个人自主，包括自由作出自己的选择，以及个人的自立；

（二）不歧视；

（三）充分和切实地参与和融入社会；

（四）尊重差异，接受残疾人是人的多样性的一部分和人类的一份子；

（五）机会均等；

（六）无障碍；

（七）男女平等；

（八）尊重残疾儿童逐渐发展的能力并尊重残疾儿童保持其身份特性的权利。

目　次

1 《残疾人权利公约》的一般原则：作用和相关性

第 3 条规定了 8 项一般原则，为缔约国和利益攸关方解释《残疾人权利公约》的实质性权利和义务以及实现第 1 条规定的公约宗旨提供了指导。[1] 一般原则还应发挥“过滤器”的作用，缔约国应借以评估国内法是否符合《公约》的目标。[2]

确定一套原则是国际法特别是多边环境协定公认的做法，[3] 而在人权公约中，一般原则通常要从实质性条款中提取，[4] 或载于序言。《残疾人权利公约》将“一般原则”列为单独一条是一项创新，在核心人权条约中也是独一无二的。

在这方面值得一提的是，在《残疾人权利公约》起草过程中，将一般指导原则列入《公约》条款而不是序言显然将会使其得到各缔约国的更多适用。[5] 各代表团还讨论了该条在《公约》中的位置。在谈判的第一阶段，草

1 Cf. Lord (2010); Harnacke and Graumann (2012). 根据残疾人权利委员会就 No. 2/2010 号来文的意见，委员会认为缔约国的立法、政策和实践应以《残疾人权利公约》第 3 条所规定的原则为指导。See CRPD/C/D/2/2010, para. 6. 2.

2 See Lord and Stein (2008), p. 460.

3 见《联合国气候变化框架公约》《生物多样性公约》《防治荒漠化公约》等的第 3 条。

4 儿童权利委员会根据《儿童权利公约》第 2 条、第 3 条、第 6 条和第 12 条归纳了 4 项主要原则，即不歧视、儿童最大利益、儿童的生存和发展以及儿童的积极参与。见儿童权利委员会第 5 号一般性意见：实施《儿童权利公约》的一般措施。

5 See http://www. un. org/esa/socdev/enable/rights/ahcstata3tscomments. htm#eu. 在国际法中，人们普遍认为条约的序言没有法律约束力，其主要作用是阐明文书的背景。的确，根据 1969 年《维也纳条约法公约》第 31 条第 2 款，序言是用来解释条约条款的。

案关于“一般原则”的第 2 条（现公约第 3 条）被放在公约范围条款之后，
因为对起草者来说，这些原则有助于更好地概述《公约》的目标并在国内法
律体系中落实。[6] 后来，各代表团决定沿用环境条约的模式，将第 2 条移至 121
关于定义的条款之后。[7]

在内容方面，值得注意的是，目前一般原则中的前 5 项已经包含在工作组 2004 年准备的草案第 2 条中。这些原则基本上没有争议，在谈判期间其措辞也只是略有改动。[8] 该条款最初是仿照欧盟 2003 年提交的公约草案起草的，欧盟草案第 2 条的规定是：“应遵循的基本原则是：不歧视、机会均等、自主、参与和包容。”[9]

在谈判过程中，其他反映《残疾人权利公约》实质性条款的原则，如无障碍（第 9 条）、男女平等（第 6 条）和儿童权利（第 7 条），丰富了第 2 条的内容。[10]

有人正确地指出：“这些一般原则彼此联系紧密，并且整体上与《公约》每一条款都密切相关，都有或明或暗的影响。”[11] 的确，第 3 条应当与《残疾人权利公约》规定残疾人权利和相关缔约国义务的实质性条款一并解读。

还应当指出，被纳入第 3 条的大多数一般原则也得到了其他人权文书的确认，包括联合国核心人权条约、国际劳工组织《残疾人职业康复和就业公约》（第 159 号公约）和 1993 年联合国《残疾人机会均等标准规则》。通过将这些原则纳入《公约》，起草者希望加强和巩固残疾人的权利，将其纳入国际人权法的保护。

6　See *Draft Article 2—General Principles*, doc. A/AC. 265/2004/WG/1, Annex Ⅰ.

7　See A/AC. 265/2006/2.

8　See A/AC. 265/2004/WG/1, Annex Ⅰ. http://www. un. org/esa/socdev/enable/rights/ahcwgreporta2. htm. See Schulze (2009), p. 29.

9　见“欧盟关于《残疾人充分和平等享有所有人权和基本自由国际公约》案文的提案”。

10　还有人建议将国际合作纳入《公约》的一般原则，但最后这一内容规定在了第 32 条。See “Summary of the discussions held regarding the issue of international cooperation to be considered by the Ad Hoc Committee”, Annex Ⅱ A/AC. 265/WG.

11　Cf. Schulze (2009), p. 29.

2 尊重固有尊严、个人自主和独立

关于尊重固有尊严、个人自主和独立的原则是从 2002 年墨西哥提交的
122 草案中得来的，该草案申明《公约》“以人类固有的尊严和平等原则，残疾人尊严、独立、机会均等和团结的价值观为诉求”。[12] 在公约起草过程中，国际残疾人组织核心成员组建议把“尊严”改为目前第 3 条中的“尊重尊严”，强调每个人生来就有尊严，但是有必要确保尊严得到尊重。[13] 应当指出，经过这一补充，第 3 条第 1 项的措辞就与《残疾人权利公约》第 1 条第 1 段关于公约宗旨的规定相符合（该段规定了促进对残疾人固有尊严的尊重）。

对“固有尊严”的尊重是一项不可剥夺的人权，是第二次世界大战后国际确认的人权基石。[14] 在国际层面，尊重固有尊严这一原则载于 1945 年《联合国宪章》序言、《世界人权宣言》序言和第 1 条、联合国大会通过的核心人权条约和若干人权宣言（包括 1975 年《残疾人权利宣言》）。

在欧洲层面，尽管《欧洲人权公约》没有明确提及尊重人的尊严的原则，但欧洲人权法院在 2002 年普蕾蒂诉英国案（*Pretty v. United Kingdom*）中确认，“《欧洲人权公约》的本质是要尊重人的尊严和自由”。[15] 此外，在 2001 年福利党及其他人诉土耳其［*Refah Partisi*（*the Welfare Party*）*and Others v. Turkey*］一案的判决中，欧洲人权法院裁定，“《欧洲人权公约》必须作为一个整体来理解和解释。人权是保护人的尊严的一个综合系统”。[16] 在欧洲理

---

12 See *Comprehensive and Integral International Convention to Promote and Protect the Rights and Dignity of Persons with Disabilities*, *Preamble*, Working Paper submitted by Mexico at the first session of the Ad Hoc Committee（A/AC. 265/WP. 1）. 着重号另加。

13 国际残疾人组织核心成员组修订的主席文本。

14 见 Basser（2011）、Perlin（2012）。

15 See ECtHR, *Pretty v. United Kingdom*, Application No. 2346/02, Judgment of April 29, 2002, ECHR 2002-Ⅲ 155,（2002）35 EHRR 1（para. 65）.

16 See ECtHR, *Refah Partisi*（*the Welfare Party*）*and Others v. Turkey*, Application Nos. 41340/98, 41342/98, 41343/98, Judgment of July 31, 2001, ECHR 2001-Ⅲ（para. 43）. 这起案件被提交给大审判庭，由大审判庭在 2003 年 2 月 13 日作出判决。

事会框架内，1996 年修订的《欧洲社会宪章》第 26 条规定了“工作中的尊严权”。

在欧盟法律中，《欧洲联盟条约》第 6 条第 1 款下的《欧盟基本权利宪章》（EUCFR）是欧盟具有法律约束力的基本法律之一。该宪章序言确认，“欧洲联盟建立在人性尊严……不可分割的普遍价值基础之上”，且第一章以“尊严”为题，第 1 条就是“人性尊严”。[17] 另外，人性尊严也是《欧洲联盟 123
条约》的首要基本价值。[18] 其指出，“人性尊严是欧盟的一项结构性原则，同时也是一项基本权利”。[19]

在这方面值得提及的还有其他一些区域性人权文书，如 1981 年《非洲人权和人民权利宪章》（又称《班珠尔宪章》）序言和第 5 条提到人的尊严原则，1999 年《美洲消除对残疾人一切形式歧视公约》序言明确提到这一原则。

尊重人的尊严意味着尊重每个人在其身体和道德方面的完整性。基于固有的尊严，每个人都是平等的权利主体，不应遭受任何形式的歧视。[20] 在《残疾人权利公约》的框架内，尊重残疾人的固有尊严至关重要，它不仅是《公约》的 8 项指导原则之一，也是《公约》的宗旨之一。此外，这一原则还载于《残疾人权利公约》序言第 1 段、第 8 段、第 25 段，以及第 8 条、第 16 条、第 24 条、第 25 条，涉及影响残疾人权利的不同领域。

作为残疾人人权的基石，对固有尊严的尊重被列入《残疾人权利公约》一般原则，与“个人自主[21]，包括自由作出自己的选择”以及“个人的自立”一起成为第 3 条第 1 项。个人自主和自立也在公约序言第 14 段中得到确认。这些原则与《残疾人权利公约》第 1 条第 2 段所载的残疾社会模式密切相关。[22]

17　第 1 条：“人性尊严不可侵犯。其必须受尊重与保护。”关于该宪章的法律约束力，见 Grabenwarter and Pabel（2013），pp. 300-330。

18　Cf. Dupré（2015），pp. 74 et seqq.

19　See Mangiameli（2013），p. 119.

20　See Petersen（2012）.

21　在《残疾人权利公约》起草过程中，“自决”（self-determination）一词被“个人自主”（individual autonomy）取代，后者被认为更关心个人。此外，一些代表团指出，“自决”在国际法中有其他含义，指向的是人民。

22　见本书对第 1 条“宗旨”的评注。

其他国际人权文书没有提到“个人自主”原则。《残疾人权利公约》引入了这一新概念，并在第 19 条[23]中进一步予以阐释，从而有助于在国际人权法中确认这一概念。

法学理论和国际判例都承认，在国际人权法框架内存在一项关于个人自主的原则。从最广泛的解释来看，该原则涉及以下权利：发展自己个性的权利、积极参与政治进程的权利、隐私权、人格完整权和融入社区生活的权
124 利。[24] 欧洲人权法院的判例明确指出，尽管《欧洲人权公约》没有提及个人自主原则，这一原则却是人权的基本原则之一。它也可以作为一种解释工具，扩大对《欧洲人权公约》承认的一些实质性权利（如隐私权、[25] 宗教和信仰自由权[26]以及生命权）的保护。[27]

个人自主原则显然与残疾人相关，因为残疾人在寻求自我实现及融入社区和政治生活方面缺乏平等机会。实际上，在关于第 3 条的谈判中就有人指出：“自主原则连接了公民/政治权利和社会经济权利。公民权利和政治权利（如隐私权和思想自由）源于自主原则，社会经济权利（如获得使人能够独立生活的无障碍和支助服务的权利）也源于这些原则。”[28]

对残疾人来说，自立原则不仅意味着他们有权以自由和自觉的方式在其个人领域作出选择，而且还意味着有权积极参与其所生活的社会环境。根据自立原则，缔约国必须根据《残疾人权利公约》第 19 条，通过旨在发展残疾人个人技能并增强其自尊和自立的社会政策，为残疾人赋权。联合国《残疾人机会均等标准规则》的规则 4 回顾了该原则。在有法律约束力的文书中，《欧盟基本权利宪章》第 26 条和 1996 年修订的《欧洲社会宪章》第 15 条也回顾了这一原则（以及社会融合和参与社区生活的权利）。

这些规定符合经济、社会和文化权利委员会在 1994 年第 5 号一般性意

---

23 见本书对第 19 条“独立生活和融入社区”的评注。

24 See Kiviorg (2009); Della Fina (2010), p. 54.

25 See ECtHR, *Odievre v. France*, Application No. 42326/98, Judgment of February 13, 2003, ECHR 2003-Ⅲ.

26 See ECtHR, *Pretty v. United Kingdom*, para. 82.

27 See ECtHR, *Keenan v. United Kingdom*, Application No. 27229/95, Judgment of April 3, 2001, ECHR 2001-Ⅲ; ECtHR, *Pretty v. United Kingdom*.

28 See http://www.un.org/esa/socdev/enable/rights/ahcstata3tscomments.htm#eu.

见中提出的建议，即“为了纠正以往和目前的歧视并抑制今后的歧视，所有缔约国都必须就残疾问题制定全面的反歧视立法。此种立法不仅应尽可能和尽量恰当地为残疾人提供司法救济，而且应当规定社会政策方案，使残疾人过上正常、**自主和独立的生活**”。[29]

事实上，自立原则体现了自主原则最重要的一个方面，意味着残疾人有权生活在机构之外，那里没有融入社会的障碍并有必要的技术援助和个人援助。

3　不歧视 125

不歧视原则与法律面前平等和平等对待原则密切相关，是国际人权法中一项基本的和既定的原则。[30]

根据《公民及政治权利国际公约》，“歧视”一词应被理解为“任何基于种族、肤色、性别、语言、宗教、政治或其他见解、民族或社会出身、财产、出生或其他身份的任何区别、排斥、限制或优惠，其目的或效果为否认或妨碍任何人在平等的基础上确认、享有或行使一切权利和自由”。[31]

禁止歧视载于《联合国宪章》第 1 条第 3 款和第 55 条，以及《世界人权宣言》第 2 条和第 7 条。随后，又出现在若干国际人权条约中：《公民及政治权利国际公约》第 2 条和第 26 条；《经济社会文化权利国际公约》第 2 条；《消除一切形式种族歧视国际公约》第 1 条；[32]《消除对妇女一切形式歧视公约》第 1 条和第 15 条；《儿童权利公约》第 2 条；《保护所有移徙工人及其家庭成员权利国际公约》第 7 条；《欧洲人权公约》第 14 条和《欧洲人

29　经济、社会和文化权利委员会第 5 号一般性意见：残疾人，E/1995/22，第 16 段（着重号另加）。

30　See Bamforth et al.（2008）and Fredman（2011）.

31　人权事务委员会第 18 号一般性意见：不歧视，HRI/GEN/1/Rev. 1 at 26（1989）。

32　禁止种族歧视的规范已成为国际法的一般规范，并已获得强制法地位（the status of *jus cogens*）。见 Rehman（2000）。系统性地违反这一准则（如种族隔离）构成危害人类罪，见 1973 年《禁止并惩治种族隔离罪行公约》第 1 条、1998 年《国际刑事法院规约》第 7 条和 1996 年国际法委员会二读通过的《危害人类和平及安全罪法典草案》第 18 条。

权公约第 12 号附加议定书》；《美洲人权公约》第 24 条；《非洲人权和人民权利宪章》第 2 条。

在欧盟法律框架内，以禁止基于国籍的歧视为形式的平等原则已在《罗马条约》（目前《欧洲联盟运行条约》第 18 条）中得到承认，它被认为有助于货物、人员、服务和资本的自由流动。此外，《欧洲联盟运行条约》第 157 条还确立了“无性别歧视同酬”（equal pay without discrimination based on sex）原则，确保实现内部市场并防止恶性竞争。随着时间的推移，不歧视原则在欧盟法律范围内已经获得自主功能（autonomous function），目前是欧盟法律的基本原则之一。[33]

欧盟反歧视法在一体化进程中同时逐步得到巩固和扩大。1997 年《阿姆斯特丹条约》第 13 条（目前的《欧洲联盟运行条约》第 19 条）在这一领域提供了决定性的推动力。该条扩大了禁止歧视的理由，除了原来已经涵
126 盖的理由（性别和国籍），又将种族或族裔出身、宗教或信仰、残疾、年龄或性倾向包括进去。[34] 同一条款还加强了欧盟理事会反歧视的立法权力。在这一法律基础上，欧盟理事会于 2000 年 6 月 29 日通过了第 2000/43/EC 号指令，推行不分种族或族裔出身的人人平等原则；又于 2000 年 11 月 27 日通过了第 2000/78/EC 号指令，建立就业和职业平等待遇的总体框架。[35] 此外，《欧盟基本权利宪章》还包括了关于不歧视的具体条款，例如第 20 条“法律面前人人平等”和第 21 条“不歧视”禁止包括残疾歧视在内的多种歧视。[36]

上述法规确认，不歧视原则在保护人权，特别是保护残疾人权利方面发挥着关键作用。该原则在《残疾人权利公约》框架内的重要性体现在它被公约序言和实质性条款多次提及，特别是第 2 条界定了“基于残疾的歧视”的概念，第 4 条施予缔约国消除基于残疾的歧视的一系列义务，第 5 条则是关

33 见 Tesauro（2010）。

34 《欧洲联盟运行条约》第 10 条规定：“在确定和执行其政策和活动时，欧盟应打击基于性别、种族或族裔出身、宗教或信仰、残疾、年龄或性倾向的歧视。”

35 See Ellis and Watson（2012），Equinet（2010），and Schiek and Chege（2009）.

36 European Disability Strategy 2010-2020：A Renewed Commitment to a Barrier-Free Europe，其将“平等”包括在“行动领域”中。

于“平等和不歧视”的专门条款。[37] 第 5 条还要求缔约国采取积极行动，对遭受不利处遇的残疾人予以补救，以实现事实上（*de facto*）的平等或实质平等。

4　充分和切实地参与和融入社会

残疾人权利委员会的主要目标之一是让残疾人充分切实地参与和融入社会生活，这一目标的实现不仅能够确保残疾人享有《残疾人权利公约》所承认的公民权利和政治权利，而且能够确保残疾人享有社会、经济和文化权利（工作权，受教育权，充分享有文化、娱乐和体育活动等权利）。这些原则也规定在序言第 15 段中。该段确认“残疾人应有机会积极参与政策和方案的决策过程，包括与残疾人直接有关的政策和方案的决策过程”。《残疾人权利公约》第 1 条第 2 段要求缔约国消除可能妨碍残疾人在与其他人平等基础上充分和切实参与社会的各种障碍。[*]

在国际残疾法框架内，残疾人参与和融入社会生活的原则并不是一项新 127
鲜事物。事实上，1975 年《残疾人权利宣言》、1982 年《关于残疾人的世界行动纲领》和 1993 年《残疾人机会均等标准规则》都建议各国使残疾人能够充分参与家庭生活、工作、学校、休闲、政治和宗教活动。这些文件中的“参与”概念非常广泛，体现在要求各国在其国内法律体系中予以保障的残疾人的一系列公民、政治、社会和文化权利中。

在欧洲，残疾人的参与和融入社会是欧盟政策追求的目标，目的是建立一个“完全包容的社会”。[38] 这些目标也规定在主要法律中，如《欧盟基本权利宪章》第 26 条规定：“欧盟承认并尊重残疾人从旨在确保其独立性、社会和职业融合以及参与社区生活的措施中受益的权利。”

---

[37] 见本书对序言、第 2 条“定义”、第 4 条“一般义务”、第 5 条“平等和不歧视”的评注。

[*] 该条款没有明确规定义务。——译者注

[38] 见“European Disability Strategy 2010-2020: A Renewed Commitment to a Barrier-Free Europe”，其中“参与”被包括在“行动领域”中。

在欧洲理事会的框架内，根据 1996 年修订的《欧洲社会宪章》第 15 条，缔约国承担了一系列义务，以确保残疾人“有效行使独立、融入社会和参与社区生活的权利”。

因此，《残疾人权利公约》规定了缔约国在许多领域的具体义务，为加强残疾人参与政治和社会生活的权利作出了贡献。例如，第 4 条第 3 款“为实施本公约而拟订和施行立法和政策”；第 9 条，无障碍；第 19 条，独立生活和融入社区；第 29 条，参与政治和公共生活；第 30 条，参与文化生活、娱乐、休闲和体育活动；第 33 条，“参与监测进程”。在《残疾人权利公约》的框架下，残疾人参与和融入生活的各个方面不仅是指导缔约国行动的原则，而且还体现在必须在国内层面得到保障的一系列权利中。[39]

5　尊重差异和接受残疾人

联合国教科文组织 1978 年《种族和种族偏见问题宣言》（the UNESCO Declaration on Race and Racial Prejudice of 1978）第 1 条第 2 款确认了拥有特性的权利。该宣言指出：“所有个人与群体均有维护其特性的权利，有自认为具有特性并为他人所确认的权利。然而，生活方式的差异及维护其特性的
128 权利，在任何情况下，不应当作种族偏见的借口；亦不应在法律或实践上成为任何歧视行为的正当理由，不应为种族主义的极端形式——种族隔离政策，提供理论依据。”

在《残疾人权利公约》中，尊重差异和接受残疾人的原则体现了《公约》所崇奉的范式转变。这一原则根植于以尊重人权和基本自由为基础的对待残疾的新文化。事实上，残疾社会模式认为残疾是人类多样性的一个要素，残疾人是人类的一分子，确认残疾人“对其社区的全面福祉和多样性作出的和可能作出的宝贵贡献”。[40]

39　UN-DESA，OHCHR，IPU（2007），p. 16.

40　见《残疾人权利公约》序言第 13 段。

在《残疾人权利公约》的框架内，序言第 9 段首先提及该原则，即确认“残疾人的多样性”，第 8 条要求缔约国立即采取一系列有效和适当的措施，以提高对残疾人的认识，消除对残疾人的定见、偏见和有害做法，并提高对残疾人的能力和贡献的认识。[41]

在联合国促进对残疾问题的了解以及动员加强对残疾人权利和福祉的支持的倡议中，联合国大会 1992 年第 47/3 号决议宣布的“12 月 3 日为国际残疾人日”特别值得一提。通过这项倡议，同时在欧盟的支持下，若干活动得以在国际和国内层面举办，以消除与残疾相关的污名和歧视，并提高人们对残疾人融入社会所带来好处的认识。

在联合国系统内，残疾人权利问题特别报告员在这一领域可能发挥的作用也值得一提。[42] 事实上，人权理事会规定的新任务包括提高对残疾人权利的认识，以消除阻碍他们与他人平等参与社会的陈规定型观念（刻板印象）、偏见和有害做法，并提高对他们积极贡献的认识。

6　机会均等

机会均等原则与平等和不歧视原则联系紧密。尤其是，它涉及实质性平等原则，根据这一原则，对遭受歧视的特定群体的个人（如残疾人）给予优惠待遇正当合理，因为它旨在消除阻碍他们充分享有基本权利和社会包容的 129
障碍。

适用机会均等原则要求《残疾人权利公约》缔约国承担积极义务，包括采取一切必要措施，实现第 5 条第 4 款规定的残疾人事实上的平等。确实，所谓的“平权行动”（affirmative actions）是在就业、教育和其他不同领域采取的促进和培养残疾人的措施，目的是消除阻碍残疾人与其他个人获得相同机会的不利因素。人权事务委员会第 18 号一般性意见指出：“平等原则有时

41　见本书对第 8 条“提高认识”的评注。

42　人权理事会根据 2014 年 6 月第 26/20 号决议决定任命一名特别报告员。特别报告员任期 3 年，任务广泛。

要求缔约国采取积极行动，以减少或消除会引起《公约》所禁止的歧视或使其持续下去的条件……只要这种行动是纠正事实上的歧视所必要的，就是《公民及政治权利国际公约》下的合法差异。”[43]

此外，提供合理便利的义务也是《残疾人权利公约》所设想的消除对残疾人的歧视和保障残疾人机会均等的措施的一部分。[44]

机会均等原则在残疾人保护中的核心作用，在一些专门针对残疾问题的国际文书中得到了清楚说明。其中一些文书本身就旨在落实这项原则。例如，联合国《残疾人机会均等标准规则》导言指出，“机会均等”一词系指使社会各系统和环境诸如服务、活动、信息和文件得以为所有人特别是残疾人享受利用的过程。

此外，国际劳工组织《残疾人职业康复和就业公约》（第159号公约）第4条规定，国家关于残疾人职业康复和就业的政策“应以残疾工人与一般工人机会均等的原则为基础。应尊重男女残疾工人的机会和待遇均等。为落实残疾工人与其他工人机会和待遇均等而采取的特殊积极措施，不应被视为对其他工人的歧视”。

在欧盟法律框架内，已经有若干促进残疾人机会均等的不具有法律约束力的专门规章。值得一提的是1996年欧盟理事会和欧盟成员国政府代表在欧盟理事会内部会议上通过的关于残疾人机会均等的决议、1999年关于残疾人就业机会均等的欧盟理事会决议、2003年关于教育和培训中残疾
130 学生机会均等的欧盟理事会决议以及2003年的“残疾人机会平等：欧洲行动计划”（该行动计划旨在将残疾问题纳入欧洲相关政策的主流，并在关键领域开展具体行动以加强残疾人的融入）。[45] 此外，《2010～2020年欧洲残疾问题战略》在“平等”行动部分也载有旨在于欧盟政策中促进残疾人机会均等的措施。

---

43 人权事务委员会第18号一般性意见，第10段。

44 关于机会均等的概念及其在残疾立法中的应用，见Degener（2000），p. 183。

45 Communication from the Commission to the Council, the European Parliament, the European Economic and Social Committee and the Committee of the Regions, “Equal Opportunities for People with Disabilities: A European Action Plan”, COM (2003) 650 final.

7　无障碍

无障碍（accessibility）原则是人权条约中的新原则，反映了《残疾人权利公约》所体现的范式转变。[46] 事实上，这一原则的根本目的是消除可能妨碍残疾人充分享有人权的所有障碍，而不仅仅是有形的障碍。1993 年联合国《残疾人机会均等标准规则》已经确认了无障碍在残疾领域及其“多个维度”的相关作用。其中，规则 5 确认无障碍是实现社会各个领域机会均等的手段，要求各国实现物质环境无障碍，并在提供信息和交流方面实现无障碍。

在《残疾人机会均等标准规则》之后，无障碍成为《残疾人权利公约》的关键原则之一，适用该原则是为了确保残疾人享有《残疾人权利公约》所规定的所有基本权利。在《公约》序言第 22 段，缔约国事实上确认“无障碍的物质、社会、经济和文化环境、医疗卫生和教育以及信息和交流，对残疾人能够充分享有一切人权和基本自由至关重要”。为了适用该原则，《残疾人权利公约》第 9 条（无障碍）要求各缔约国在国内采取适当措施，确保残疾人无论在城市还是农村地区，都能够无障碍地进出物质环境，使用交通工具，利用信息和通信，包括信息和通信技术和系统（如互联网），以及享用向公众开放或提供的其他设施和服务。[47]

无障碍原则在整个《残疾人权利公约》中发挥着关键作用，若干实质性
条款都提及该原则。例如，第 2 条关于“交流”的定义；第 4 条关于提供无
障碍信息的义务；第 12 条关于残疾人在行使法律能力（legal capacity）和有 131
平等机会获得银行贷款、抵押贷款和其他形式的金融信贷时获得必要支持；第
13 条获得司法保护；第 19 条独立生活和融入社区；第 20 条获得优质的助行器

46　泰国最初提出该原则，后来得到日本的支持。See Schulze（2009），p. 31.

47　根据《残疾人权利公约》第 9 条第 1 款第 1 项和第 2 项，这些措施应当适用于“建筑、道路、交通和其他室内外设施，包括学校、住房、医疗设施和工作场所”“信息、通信和其他服务，包括电子服务和应急服务”。见本书对第 9 条“无障碍”的评注。

具、用品、辅助技术以及各种形式的现场协助和中介；第21条获得信息和交流服务；第23条获得适龄信息、生殖教育和计划生育教育的权利；第24条获得包容性教育；第25条获得保健服务；第27条获得包容性工作和就业；第28条获得社会保护；第29条在投票程序、设施和材料方面的无障碍；第30条在文化生活、娱乐、休闲和体育活动方面的无障碍；第31条在统计和数据收集方面的无障碍；第32条在国际合作领域的无障碍。[48]

欧盟内部也强调了无障碍。欧盟委员会通过了二级立法和其他文书（如标准化，以改善物质环境、交通、信息与通信技术的无障碍性），并统一商品和服务的无障碍要求。[49] 在《2010～2020年欧洲残疾问题战略》[50] 中，无障碍是8个行动领域之一。根据《残疾人权利公约》，它意味着残疾人在与其他人平等的基础上获得物质环境、交通、信息和通信技术和系统（ICT）以及其他设施和服务的权利。[51] 根据该战略，欧盟承诺支持和改进成员国的国家活动，以实现无障碍、消除现有障碍和改善辅助技术的提供和选择。

8　男女平等

工作组2004年编写的公约草案没有列入男女平等原则。然而，在2004
132 年5月24日至6月4日特设委员会第三届会议期间，加拿大、哥斯达黎加、墨西哥和挪威建议引入这一原则，得到许多代表团支持。[52] 在特设委员会于2006年1月和8月举行的第七届和第八届会议上，在就一条可能的关于残疾妇女的独立条款（目前的第6条）进行辩论时，男女平等原则最终被纳入

48　See Harnacke and Graumann (2012), pp. 44-45.

49　关于欧盟无障碍领域的法律，见 European Commission (2014), pp. 13-15。2015年12月，欧盟委员会提出一项新的指令，旨在根据《残疾人权利公约》，使各成员国关于商品和服务无障碍要求的法律、法规和行政规定趋于一致。

50　无障碍环境也是目前《2010～2020年欧洲残疾问题战略》的前身“2003～2010年欧盟残疾行动计划”的支柱之一。

51　2008年，欧盟委员会提出了“欧洲无障碍法”，以制定具体标准改善国内市场在无障碍商品和服务方面的正常运作。截至2015年3月，该法尚未通过。

52　See A/AC. 265/2004/5.

《残疾人权利公约》第 3 条。[53]

男女平等是国际人权法的基本原则之一。[54] 这一原则以《联合国宪章》第 1 条第 3 款和《世界人权宣言》第 2 条第 1 款为基础。在联合国核心人权条约中，男女平等是 1966 年“国际人权两公约”和《消除对妇女一切形式歧视公约》都明确承认的一项基本权利。[55] 人权事务委员会在其 2000 年第 28 号一般性意见中强调，这一原则“意味着所有人都应在平等的基础上全面享有《公民及政治权利国际公约》规定的权利。当任何人被剥夺充分和平等享有任何权利时，这一规定的全部效力就会受到损害。因此，缔约国应确保男女平等享有《公民及政治权利国际公约》规定的所有权利”。[56] 实施这一原则要求缔约国消除妨碍平等享有这类权利的一切障碍，并在所有领域采取积极措施，以便有效和平等地为妇女赋权。

经济、社会和文化权利委员会在 2005 年第 16 号一般性意见中进一步强调，实施《经济社会文化权利国际公约》第 3 条需要保证事实上（*de facto*）平等（或实质性平等）和法律上（*de jure*）平等（或形式性平等），“形式平等假定，如果一项法律或政策以中立的方式对待男性和女性，就实现了平等。而实质平等则涉及法律、政策和惯例的效果，并且确保这些法律、政策 133
和惯例不是维持而是改善某些特定群体所处的固有劣势地位”。[57]

正如上述一般性意见所概述的，男女平等原则意味着缔约国打击歧视并确保平等行使人权的具体义务。因此，这项原则规定了一项贯穿各领域的义务，适用于“国际人权两公约”的所有权利。[58]

53　印度尼西亚和苏丹建议在第 3 条中将不歧视和男女平等合并。然而，国际残疾人组织核心成员组指出：“男女之间的客观（结果）平等已经得到了数项人权条约的承认，不歧视只是联合国实现妇女人权和基本自由概念的一部分。这一概念的其他方面包括正式确认人权和基本自由如同适用于男子一样适用于妇女，并提供积极措施以实现妇女的平等待遇和机会。”

54　在欧盟层面，男女机会平等和待遇平等原则得到了《欧洲联盟运行条约》关于就业和职业的第 157 条的确认，也得到了《欧盟基本权利宪章》第 21 条的确认。

55　See Charlesworth（2005）and Cook（2011）.

56　人权事务委员会第 28 号一般性意见：男女权利平等（第 3 条），CCPR/C/21/Rev. 1/Add. 10（2000），第 2 段。

57　经济、社会和文化权利委员会第 16 号一般性意见：男女享有一切经济、社会和文化权利的平等权利（第 3 条），E/C. 12/2005/4，第 7 段。

58　同上，第 22 段。

在《残疾人权利公约》框架内，这一原则同样适用于该公约的所有条款。缔约国有义务确保残疾男女平等享有《公约》规定的所有人权和基本自由，甚至可以采取暂行特别措施（temporary special measures）以实现残疾男女事实上的平等（de facto equality）。《公约》第 6 条进一步强调了这一原则，该条确认保护残疾妇女和残疾女童免受《公约》序言所提及的各种形式的“多重歧视”，即缔约国在序言第 16 段承认的残疾人可能因不同理由而遭受“多重或加重形式歧视”。[59]

9　残疾儿童：尊重他们逐渐发展的能力并尊重他们保持其身份特性的权利

《残疾人权利公约》第 3 条第 8 项是国际残疾人组织核心成员组起草的，欧盟对其予以支持并作了修改。[60] 国际残疾人组织核心成员组特别强调残疾儿童因未能行使其权利而遭受的过度痛苦，哥斯达黎加则指出，“残疾儿童逐渐发展的能力”是“为儿童赋权的革命性概念”。因此，在第 3 条中明确提及“尊重儿童逐渐发展的能力”十分必要，以便确立一项贯穿整个《公约》的原则，确认残疾儿童有权参与影响他们的决定，而不是将他们排除在《公约》的核心原则之外。事实上，国际残疾人组织核心成员组指出儿童与成年人不同，不具备法律能力（legal capacity），而第 3 条第 8 项所体现的原则可适用于整个《公约》，即使是在医疗同意方面。[61]

尊重残疾儿童逐渐发展的能力和保持其身份特性的权利，一定程度上来自《儿童权利公约》第 23 条第 1 款的规定。该款要求缔约国“确保其尊严、
134 促进其自立、有利于其积极参与社会生活”。《儿童权利公约》实际上是第一个明确禁止以残疾为由歧视儿童的人权条约（第 2 条），并确认儿童在国内法律秩序中享有获得特别照顾和援助的权利（第 23 条）。

59　见本书对第 6 条“残疾妇女”的评注。

60　http://www.un.org/esa/socdev/enable/rights/ahc7sum30jan.htm.

61　见国际残疾人组织核心成员组修改的主席文本。

残疾儿童与残疾妇女一样，是一个脆弱的社会群体，由于其未成年人和残疾人的身份，需要特殊形式的保护。鉴于他们的脆弱性，缔约国需要作出更多努力，确保他们从学龄开始就融入社会，并避免任何形式的机构化。为此目的，1993 年联合国《残疾人机会均等标准规则》建议在医疗（规则 4）、教育（规则 5）和家庭生活（规则 9）等相关领域保障残疾儿童的一系列权利。此外，儿童权利委员会 2006 年第 9 号一般性意见申明，残疾儿童“属于最脆弱的儿童群体之一”，往往是多重歧视的受害者，建议缔约国采取一系列措施，防止和消除对他们的一切形式的歧视。[62]

与《儿童权利公约》相一致，《残疾人权利公约》为加强残疾儿童权利作出了贡献。《残疾人权利公约》序言第 18 段确认残疾儿童“应在与其他儿童平等的基础上充分享有一切人权和基本自由”，并回顾了《儿童权利公约》缔约国为此目的承担的义务。《公约》第 7 条以“残疾儿童”为题，要求缔约国采取一切必要措施，确保残疾儿童充分享有所有人权，并考虑“儿童的最佳利益”。[63] 第 6 条（残疾妇女）进一步保障残疾女孩不受基于性别和残疾的各种形式的“多重歧视”。[64]

除了上述专门针对残疾儿童的条款，《残疾人权利公约》还在其他若干条款中提到残疾儿童的权利：第 4 条第 3 款规定残疾儿童应当通过代表他们的组织参与决策过程；第 16 条第 5 款涉及在剥削、暴力和凌虐事件中对残疾儿童的法律保护；第 18 条第 2 款规定残疾儿童出生后应当立即予以登记，从出生起即应当享有姓名权利，享有获得国籍的权利，并尽可能享有知悉父母并得到父母照顾的权利；第 23 条规定残疾儿童在家庭生活方面的一系列权利；第 24 条规定残疾儿童接受包容性教育的权利；第 25 条第 2 项规定残

62　儿童权利委员会 2006 年第 9 号一般性意见：残疾儿童的权利，February 27，2007，CRC/C/GC/9。

63　儿童权利委员会 2006 年第 9 号一般性意见：残疾儿童的权利，February 27，2007，CRC/C/GC/9（《残疾人权利公约》第 7 条作准中文本中“儿童的最佳利益”所对应的作准英文本表述为“the best interests of the child”，《儿童权利公约》作准英文本第 3 条中有完全一样的表述，但其作准中文本的对应表述为“儿童的最大利益”。下文在引述《儿童权利公约》的内容时，将保留其“儿童的最大利益”的表述。——译者注）。

64　关于残疾妇女和残疾儿童专门条款的起草过程及两个条款的相互关系，分别见本书对第 6 条“残疾妇女”和第 7 条“残疾儿童”的评注。

疾儿童享有获得医疗卫生服务的权利；第 28 条第 2 款第 2 项要求缔约国确
135 保残疾女孩可以利用社会保护和减贫方案；第 30 条第 5 款第 4 项要求确保
残疾儿童享有与其他儿童一样的平等机会参加游戏、娱乐和休闲以及体育活
动，包括在学校系统参加这类活动。

相关案例

CRPD Committee 04.04.2014, Communication No. 2/2010, *Liliane Groöninger v. Germany*, CRPD/C/D/2/2010.

ECtHR 03.04.2001, Application No. 27229/95, *Keenan v. United Kingdom*, ECHR 2001-Ⅲ.

ECtHR 31.07.2001, Applications Nos. 41340/98, 41342/98, 41343/98 and 41344/98, *Refah Partisi (the Welfare Party) and Others v. Turkey*, ECHR 2001-Ⅲ.

ECtHR 29.04.2002, Application No. 2346/02, *Pretty v. United Kingdom*, ECHR 2002-Ⅲ.

ECtHR 13.02.2003, Application No. 42326/98, *Odievre v. France*, ECHR 2003-Ⅲ.

参考文献

Bamforth N, Bindman G, Malik M, O'Cinneide C (2008) Discrimination law: theory and context, Sweet and Maxwell, London.

Basser LA (2011) Human dignity, In: Rioux MH, Basser LA (eds) Critical perspectives on human rights and disability law, Martinus Nijhoff, Leiden, p. 17 et seqq.

Charlesworth H (2005) Not waving but drowning: gender mainstreaming and human rights in the United Nations, Harv Hum Rts J 18 (1): 325-334.

Cook RJ (ed) (2011) Human rights of women: national and international perspectives, University of Pennsylvania, Philadelphia.

Degener T (2000) International disability law-a new legal subject on the rise: the interregional experts' meeting in Hong Kong, December 13-17, 1999, Berkeley Journ Int Law 18 (1): 180-195.

Della Fina V (2010) Articolo 3, In: Marchisio S, Cera R, Della Fina V (eds) La Convenzione delle Nazioni Unite sui diritti delle persone con disabilità. Commentario, Aracne, Roma. doi: 10.4399/97888548340269.

Dupré C (2015) The age of dignity: human rights and constitutionalism in Europe, Hart Publishing, Oxford.

Ellis E, Watson P (2012) EU anti-discrimination law, Oxford University Press, Oxford.

Equinet (2010) Dynamic Interpretation: European Anti-Discrimination Law in Practice, http://www.equineteurope.org/IMG/pdf/wg_dynamic_interpretation_full.pdf, Accessed 2 March 2015.

European Commission (2014) Report on the implementation of the UN Convention on the Rights of Persons with Disabilities (CRPD) by the European Union, SWD (2014) 182 final.

Fredman S (2011) Discrimination Law, 2nd edn, Oxford University Press, Oxford.

Grabenwarter C, Pabel K (2013) Article 6 [Fundamental Rights-The Charter and the ECHR], In: Blanke H-J, Mangiameli S (eds) The Treaty on European Union (TEU), A Commentary, Springer, Heidelberg, pp. 287-348.

Harnacke C, Graumann S (2012) Core principles of the UN Convention on the rights of persons with disabilities: an overview, In: Anderson J, Philips J (eds) Disability and universal human rights: legal, ethical, and conceptual implications of the Convention on the rights of persons with disabilities. Netherlands Institute of Human Rights (SIM), Utrecht, pp. 31-49.

Kiviorg M (2009) Religious Autonomy in the ECHR, http://www.deltapublicaciones.com/derechoyreligion/gestor/archivos/07_10_31_124.pdf, Accessed 2 March 2015.

Lord JE (2010) Accessibility and human rights fusion in the CRPD: assessing the scope and 136
content of the accessibility principle and duty under the CRPD, Presentation for the general day of discussion on accessibility (CRPD Committee, Geneva, October 7, 2010).

Lord JE, Stein MA (2008) The domestic incorporation of human rights law and the United Nations Convention on the rights of persons with disabilities, Wash Law Rev 83: 449-479.

Mangiameli S (2013) Article 2 [The Homogeneity Clause], In: Blanke H-J, Mangiameli S (eds) The Treaty on European Union (TEU), A Commentary, Springer, Heidelberg, pp. 109-155.

Perlin ML (2012) International human rights and mental disability law: when the silenced are heard, Oxford University Press, Oxford.

Petersen N (2012) Human dignity, international protection, In: Wolfrum R (ed) Max P Enc Pub Int Law, Oxford University Press.

Rehman J (2000) The Weaknesses in the international protection of minority rights, Kluwer Law International, The Hague.

Schiek D, Chege V (eds) (2009) European Union non-discrimination law: comparative perspectives on multidimensional equality law, Routledge-Cavendish, London.

Schulze M (2009) Understanding the UN Convention on the Rights of Persons with Disabilities, http://www.handicap-international.fr/fileadmin/documents/publications/HICRPDManual pdf, Accessed 20 Feb 2015.

Tesauro G (2010) Diritto dell' Unione europea, 6th edn, Cedam, Padova.

UN-DESA, OHCHR, IPU (2007) From exclusion to equality: realizing the rights of persons with disabilities, Handbook for parliamentarians on the Convention on the rights of persons with disabilities and its Optional Protocol, United Nations, Geneva.

第4条　一般义务 137

瓦伦蒂娜·德拉·菲娜

一、缔约国承诺确保并促进充分实现所有残疾人的一切人权和基本自由，使其不受任何基于残疾的歧视。为此目的，缔约国承诺：

（一）采取一切适当的立法、行政和其他措施实施本公约确认的权利；

（二）采取一切适当措施，包括立法，以修订或废止构成歧视残疾人的现行法律、法规、习惯和做法；

（三）在一切政策和方案中考虑保护和促进残疾人的人权；

（四）不实施任何与本公约不符的行为或做法，确保公共当局和机构遵循本公约的规定行事；

（五）采取一切适当措施，消除任何个人、组织或私营企业基于残疾的歧视；

（六）从事或促进研究和开发本公约第二条所界定的通用设计的货物、服务、设备和设施，以便仅需尽可能小的调整和最低的费用即可满足残疾人的具体需要，促进这些货物、服务、设备和设施的提供和使用，并在拟订标准和导则方面提倡通用设计；

（七）从事或促进研究和开发适合残疾人的新技术，并促进提供和
使用这些新技术，包括信息和通信技术、助行器具、用品、辅助技术， 138
优先考虑价格低廉的技术；

（八）向残疾人提供无障碍信息，介绍助行器具、用品和辅助技术，包括新技术，并介绍其他形式的协助、支助服务和设施；

（九）促进培训协助残疾人的专业人员和工作人员，使他们了解本公约确认的权利，以便更好地提供这些权利所保障的协助和服务。

二、关于经济、社会和文化权利，各缔约国承诺尽量利用现有资源并于必要时在国际合作框架内采取措施，以期逐步充分实现这些权利，但不妨碍本公约中依国际法立即适用的义务。

三、缔约国应当在为实施本公约而拟订和施行立法和政策时以及在涉及残疾人问题的其他决策过程中，通过代表残疾人的组织，与残疾人，包括残疾儿童，密切协商，使他们积极参与。

四、本公约的规定不影响任何缔约国法律或对该缔约国生效的国际法中任何更有利于实现残疾人权利的规定。对于根据法律、公约、法规或习惯而在本公约任何缔约国内获得承认或存在的任何人权和基本自由，不得以本公约未予承认或未予充分承认这些权利或自由为借口而加以限制或减损。

五、本公约的规定应当无任何限制或例外地适用于联邦制国家各组成部分。

目 次

1　第 4 条的起草过程

2002 年，墨西哥向特设委员会提交的公约草案中有一条是关于缔约国一般义务的。[1] 不过，工作组 2004 年拟订的公约草案第 4 条只是部分采纳了墨西哥提案的相关内容，规定：

缔约国承诺确保其管辖范围内的所有个人充分实现所有人权和基本自由，不因残疾而受到任何歧视。为此，缔约国承诺：（a）采取立法、行政和其他措施实施本公约，并修改、撤销或废除任何与本公约不一致的法律、法规、习惯和做法；（b）在国家宪法或其他适当的立法中，规定平等权和禁止基于残疾的歧视，并通过法律和其他适当手段确保这些权利得到实现；（c）将主流残疾问题纳入所有经济和社会发展政策和方案；（d）不实施任何与本公约不符的行为或做法，并确保公共当局和机构遵循本公约的规定行事；（e）采取一切适当措施，消除任何个人、组织或私营企业基于残疾的歧视；（f）促进开发、提供和使用通用设计的货物、服务、设备和设施，以便仅需尽可能小的调整和最低的费用即可满足残疾人的具体需要。

在制定和执行实施本公约的政策和立法时，缔约国应与残疾人及代表残疾人的组织密切协商，并使他们积极参与。[2]

在特设委员会第三届会议期间，有人提出修改草案第 4 条的建议。[3] 欧洲
残疾问题论坛还特别建议在第 4 条（c）项纳入国际合作，以便责成发展合 140
作基金的捐助者和接受者都考虑到残疾人。它还建议在草案第 4 条中增加关于补救办法的一款，在（e）项中提及积极的行动措施，在（f）项中提及利

1　See Article 3 of the Comprehensive and Integral International Convention to Promote and Protect the Rights and Dignity of Persons with Disabilities，A/AC. 265/WP. 1.

2　See Draft Article 4—General Obligations，A/AC. 265/2004/WG/1，Annex Ⅰ. 草案第 4 条借鉴了特设委员会主席《促进和保护残疾人权利和尊严的全面综合国际公约草案要点》（2003 年 12 月）第 4 条"缔约国的一般义务"和《曼谷草案》。

3　http://www. un. org/esa/socdev/enable/rights/ahcstata4tscomments. htm.

用公共采购和公共资金作为促进货物、服务、设备和设施的通用设计的方式。此外，欧洲残疾问题论坛建议在第 2 款中提及伙伴关系的概念，并提出一些可以加强残疾人组织（DPOs）在实施《公约》方面的作用和能力的措施。

在特设委员会第四届会议上，与会者普遍同意在第 4 条草案中加入《儿童权利公约》第 4 条的措辞，[4] 列入逐步实现经济、社会和文化权利的表述，同时考虑立即履行那些能够立即履行的义务，如关于不歧视的义务。会议还讨论了是否能够以《公民及政治权利国际公约》第 2 条第 3 款（子）项为参照，在草案第 4 条中加上一个关于救济的规定，并就将草案其他条款中的相关内容整合到第 4 条达成了一项一般性协议。[5]

在第七届会议上，特设委员会主席指出，第 4 条草案载有“大量从《公约》其他条款转移来的内容，以便综合和巩固那些被认为具有整体性、一般性和贯穿性的要素……这些被纳入第 4 条的概念包括：通用设计的货物、服务、设备和设施；新技术；无障碍信息；在制定和执行与本公约及其他相关决策进程有关的政策和立法方面与残疾人及其组织进行的协商；在不构成歧视的情况下逐步履行经济、社会和文化方面义务的规定（这些义务由于资源限制而无须立即适用）”。[6] 事实上，第 4 条的最后措辞包括其他条款所涵盖的许多领域。这样，《残疾人权利公约》第 4 条和若干实质性条款建立起了“动态”关系。

141

2　第 4 条的范围

第 4 条是充分理解缔约国通过批准《残疾人权利公约》所承担的义务的

4　该款的措辞已提交由阿根廷的古斯塔沃·安奇尔（Gustavo Ainchil）牵头的本条草案协调人小组进一步研究。《儿童权利公约》第 4 条申明：“缔约国应采取一切适当的立法、行政和其他措施以实现本公约所确认的权利。关于经济、社会及文化权利，缔约国应根据其现有资源所允许的最大限度并视需要在国际合作范围内采取此类措施。”

5　http://www.un.org/esa/socdev/enable/rights/ahcstata4fsrepcoord.htm.

6　http://www.un.org/esa/socdev/enable/rights/ahc7sum30jan.htm. 关于修改本条草案的建议，见 http://www.un.org/esa/socdev/enable/rights/ahcstata4sevscomments.htm。

关键条款，因为该条界定了这些义务的范围及其法律性质。

更一般地说，第 4 条的内容与条约规范的强制性及其在国内一级的实施问题密切相关。1969 年《维也纳条约法公约》第 26 条（条约必须遵守）（*Pacta sunt servanda*）规定："凡有效之条约对其各当事国有拘束力，必须由各该国善意履行。"[7] 根据国际法，批准了某项条约的各国有义务秉持善意调整其国内法律秩序以符合该条约的规定。为此，它们必须颁布必要的立法，或在必要时修改或废除不符合条约义务的国家法律。此外，《维也纳条约法公约》第 27 条规定，"一当事国不得援引其国内法规定为理由而不履行条约"。这一规则的作用是防止缔约国援引国内法为不履行或不落实条约义务提供理由。[8]

因此，根据《维也纳条约法公约》规定的一般国际法准则，《残疾人权利公约》缔约国负有实施该公约和确保残疾人享有该公约所承认的所有人权的一般义务。尽管如此，《残疾人权利公约》第 4 条还是进一步强化了这一一般性义务，要求各缔约国在国内充分落实《公约》的规定，使残疾人不受任何基于残疾的歧视，并且明确规定了为实现这一目的的一系列详细义务。在这方面，应当指出的是，与其他人权条约（如《公民及政治权利国际公约》第 2 条和《消除对妇女一切形式歧视公约》第 2 条、第 3 条）所包含的类似规范不同，《残疾人权利公约》第 4 条是一项贯穿该公约所涉领域的规定，不仅规定了一般性的遵守义务，而且列举了其他条款所涵盖的若干领域（如不歧视、通用设计、新技术、无障碍信息等）的具体义务。[9] 起草者打算通过在《公约》中引入关于一般义务的规定来支持缔约国实施《残疾人权利公约》，因为保护残疾人的人权本质上显然是一项国内事务，需要在国内采取有效措施使国家法律秩序与该公约的实质性条款相一致。在《残疾人权利公约》谈判期间，加拿大表达了对规定缔约国一般义务的明确态度，强

7　关于第 26 条，见 Villiger（2009），第 363 页及以下。

8　在人权领域，人权事务委员会的一项决定回顾了该条，重申不能援引国家法律制度或国内做法作为不履行《公民及政治权利国际公约》的理由。See A/33/40，1978.

9　除其他条款外，第 4 条还需与《残疾人权利公约》第 2 条、第 5 条、第 7 条、第 9 条、第 20 条、第 21 条、第 26 条、第 29 条和第 32 条一并解读。

142 调“第4条作为一项指南对于缔约国了解其法律义务的性质和履行其法律义务的重要性”,[10] 而一些国家人权机构则认为第4条“对确保在实践中享有权利至关重要”。[11]

3 缔约国根据第4条第1款承担的义务

根据《残疾人权利公约》第1条第1段[12]和第2条、第3条、第5条,《公约》第4条第1款规定缔约国承诺“确保并促进充分实现”[13] 所有残疾人的所有人权,使其不受任何基于残疾的歧视。“确保并促进”《残疾人权利公约》所确认的权利的义务对所有缔约方都有即时效力,具有消极和积极的双重属性。[14] 的确,各国必须避免侵犯《残疾人权利公约》所规定的权利,但同时它们也要采取适当措施以履行第4条第1款第1~9项所规定的法定义务。

与其他任何人权条约一样,在《残疾人权利公约》中可以区分出三种不同的义务:(a)尊重的义务(the obligation to respect),要求缔约国不干涉残疾人享有其权利;(b)保护的义务(the obligation to protect),要求缔约国防止第三方侵犯《残疾人权利公约》所规定的权利;(c)实现的义务(the obligation to fulfil),缔约国必须采取适当的立法、行政、预算、司法和其他措施以充分实现《公约》所规定的权利。[15]

143 上述最后一项义务反映在《残疾人权利公约》第4条第1款第1项中,

---

10 See fourth session of the Ad Hoc Committee—Daily Summary, August 24, 2004. 关于《残疾人权利公约》国内化的过程,见 Lord and Stein (2008)。

11 See seventh session of the Ad Hoc Committee—Daily Summary of discussion, January 31, 2006.

12 在谈判期间,墨西哥提议拟订第4条的起首部分,以符合《公约》的宗旨(目前的第1条)。See Lord and Stein (2008), pp. 457-458; Schulze (2009), p. 34.

13 肯尼亚残疾人联合会(Federation of and for People with Disabilities in Kenya)提议在第4条第1款“确保”之后加上“并促进”,认为各缔约国不能确保在所有情况下都充分实现残疾人的权利,但总是能够促进残疾人的权利实现。这一建议得到了非洲集团(the African Group)的支持,并在特设委员会最后一届会议上通过。

14 人权事务委员会第31号一般性意见:缔约国一般法律义务的性质。

15 http://www.ohchr.org/Documents/Issues/ESCR/FAQ%20on%20ESCR-en.pdf.

该项要求缔约国“采取一切适当的立法、行政和其他措施”，[16] 在国内实施该公约所确认的残疾人的权利。该规定确立了缔约国保障残疾人权利的积极义务。的确，它们必须采取“适当”措施，这些措施可以包括但不限于立法、行政、财政、司法和教育措施。根据这一规定，缔约国还有义务审查国家法律、法规和做法，以使其符合《残疾人权利公约》，并确保所有新法律符合《公约》规定。在这方面，残疾人权利委员会确认，“国家规划是使法律、政策和做法符合《公约》的极好方法”。[17]

另一项积极义务载于第 4 条第 1 款第 2 项，与《残疾人权利公约》第 3 条确认并在《公约》第 2 条和第 5 条得到进一步详述的不歧视原则有密切联系。这一规定要求缔约国采取“一切适当措施，包括立法”，消除对残疾人的歧视。如有必要，缔约国有义务修订或废止构成歧视残疾人的现行法律、法规、习惯和做法。[18] 该规定承认立法是反歧视的一个不可或缺的要素，尽管采取立法措施绝不是缔约国在这一领域的全部义务。事实上，第 4 条第 1 144
款第 5 项进一步要求缔约国采取“一切适当措施”，确保个人和法人（组织、私营企业）不会基于残疾而实施歧视行为。[19]

16　经济、社会和文化权利委员会申明，“虽然每一缔约国必须自行决定在每项权利的具体情况下哪种措施是最适当的，但所采取措施的‘适当性’并不总是不言而喻的。因此，缔约国的报告最好不仅应说明自己已经采取的措施，而且应说明它们在当时情况下被认为最‘适当’的依据。不过，是否已采取了所有适当措施应由委员会最终确定”。经济、社会和文化权利委员会第 3 号一般性意见：缔约国义务的性质，E/1991/23，第 4 段。

17　残疾人权利委员会的结论性意见：奥地利，CRPD/C/AUT/CO/1，第 4 段。一些缔约国在批准《残疾人权利公约》之后通过了国家残疾人行动计划（包括奥地利、德国、匈牙利、意大利和西班牙等），见 European Agency for Fundamental Rights（2015），p. 3 et seqq。关于国家残疾战略，见 Flynn（2011）。

18　《消除一切形式种族歧视国际公约》第 2 条和《消除对妇女一切形式歧视公约》第 2 条也分别载有类似规定。See Schulze（2009），p. 34. 在《残疾人权利公约》谈判过程中，一些国家提议参照《公民及政治权利国际公约》第 2 条第 3 款（子）项的模式在本款中提及补救办法，包括提及在侵犯《残疾人权利公约》确认的权利的情况下的法律补救办法。这项建议没有得到必要的同意，因为有人指出，《经济社会文化权利国际公约》没有类似的规定，因此很难在《残疾人权利公约》中列入这样一条详细阐述《公民及政治权利国际公约》《经济社会文化权利国际公约》所载的权利。See the Report of the Third Session of the Ad Hoc Committee on a Comprehensive and Integral International Convention on the Protection and Promotion of the Rights and Dignity of Persons with Disabilities，A/AC. 265/2004/5，June 9，2004.

19　本款参照了《消除对妇女一切形式歧视公约》第 2 条 e 项（“应采取一切适当措施，消除任何个人、组织或企业对妇女的歧视”）和《儿童权利公约》第 3 条第 1 款。

关于国家对“私营企业”的义务，经济、社会和文化权利委员会指出，“鉴于世界各国政府日益重视以市场为基础的政策”，有必要“使公营部门和私营部门都能在恰当限度内受到规制，以确保残疾人得到公平待遇。在提供公共服务的安排日益私营化和对自由化市场的依赖程度之高前所未有的情况下，私人雇主、货物和服务的私人提供者以及其他非公营实体必须遵守与残疾人有关的不歧视和平等准则”。[20]

为了履行《残疾人权利公约》第4条第1款第5项规定的义务，缔约国还应采取适当措施，确保私营雇主为残疾人提供公正和有利的工作条件，包括提供合理便利，因为根据《残疾人权利公约》第2条，拒绝提供便利是歧视的一种形式。[21] 如前所述，缔约国负有保护残疾人的一般义务，包括保护残疾人免遭第三方的凌虐或虐待。[22] 这一义务意味着，缔约国必须采取积极措施，确保个人或私营实体不歧视残疾人。

第4条第1款第3项还施予缔约方一项积极义务。该条款规定了“残疾主流化”（disability mainstreaming）原则，要求缔约国在所有的政策和方案中都考虑到残疾人的人权。泰国提出的这一项的最早措辞提及“将残疾问题纳入包括国际合作在内的所有经济和社会发展政策和方案的主流”；欧盟也
145 建议，“各国应确保将残疾人的需要和关切纳入经济和社会发展的计划和政策，而不是单独处理”。[23] 在就将国际合作纳入《残疾人权利公约》的单独条款（现行第32条）达成协议后，[24] 第4条第1款第3项的措辞根据1993

[20] 见经济、社会和文化权利委员会第5号一般性意见：残疾人，E/1995/22，第11段。残疾人权利委员会在 *Nyusti & Takacs v. Hungary*（Communication No. 1/2010）一案中回顾了《残疾人权利公约》第4条第1款规定的义务。在该案中，残疾人权利委员会被要求审议匈牙利未能确保残疾人获得一家私营金融机构提供的银行服务是否违反了《残疾人权利公约》规定的义务。残疾人权利委员会指出，根据《公约》第4条第1款第5项和第9条的规定，缔约国应确保向公众提供开放的设施和服务的私营实体考虑到残疾人无障碍环境的所有方面。See the views adopted by the CRPD Committee on this case at its ninth session（15-19 April 2013），CRPD/C/9/D/1/2010，para. 9.4.

[21] 见本书对第2条“定义”的评注。

[22] See UN-DESA，OHCHR，IPU（2007），p. 20.

[23] See the Report of the third session of the Ad Hoc Committee on a Comprehensive and Integral International Convention on the Protection and Promotion of the Rights and Dignity of Persons with Disabilities，A/AC. 265/2004/5，June 9，2004.

[24] 见本书对第32条“国际合作”的评注。

年联合国《残疾人机会均等标准规则》的规则 14（“确保将残疾人问题包括在各种有关的决策和国家规划之内”）作了修改。通过这项义务，《公约》明确规定，对残疾人的保护不局限于规范残疾的具体领域，而是要在所有政策和方案中都考虑残疾问题。

与前几项规定不同，第 4 条第 1 款第 4 项首先规定了一项消极义务：缔约国不实施任何与本公约不符的行为或做法。这一义务直接源自《维也纳条约法公约》第 26 条。根据该条规定，一项生效的协定对缔约方具有约束力，缔约方必须善意履行，避免任何违反协定的行为。

随后，该项又规定了一项积极义务：缔约国必须确保公共当局和机构遵循本公约的规定行事。[25] 在这方面，应当指出，条约对缔约国全国具有约束力。事实上，根据国际法，政府的所有部门（行政、立法和司法）以及其他公共或政府当局，无论在哪个级别（国家、区域或地方），都有对违反条约规定情形承担缔约国的国际责任的职责。因此，缔约国是正确实施《残疾人权利公约》的保证人，必须确保所有公共当局和机构按照《公约》的规定行事。该规定使用了“公共当局和机构”这一宽泛的表述，以便与国家法律秩序中被要求遵守条约规定的主体的范围相一致。妥当的一点是，《残疾人权利公约》没有界定这些术语，因为确定相关机构是一国的国内事务。

《残疾人权利公约》第 4 条第 1 款第 6 项规定了《公约》第 2 条定义的“通用设计”领域的积极义务清单。根据该项的规定，缔约国特别要“从事或促进”研究和开发通用设计的货物、服务、设备和设施，以便仅需尽可能小的调整和最低的费用即可满足残疾人的具体需要。此外，缔约国还必须促进上述通用设计的货物、服务、设备和设施的提供与使用，并在拟订标准和导则方面提倡通用设计。“从事或促进”这一术语的使用，使缔约国在国内 146
层面实施这一规定时有很大的活动余地。确实，动词“从事”表明国家要扮演积极角色，应该为实现该款项的目的分配公共资金；而动词“促进”没有

25　其他人权条约也载有类似的规范，例如《消除一切形式种族歧视国际公约》第 2 条第 1 款要求缔约国“不对个人、群体或机构实行种族歧视行为或做法，并确保国家和地方的所有公共当局和公共机构均遵守此项义务行事”。

特别的约束力，显示的是一种较少国家参与的推动活动。在这方面值得一提的是，本项最初的措辞只用了“促进”这一个动词，但工作组建议特设委员会代之以“一个赋予更强义务的术语”。[26]

《残疾人权利公约》第4条第1款第7项涉及新技术方面，包括信息和通信技术、助行器具、用品、辅助技术。[27] 根据该项，缔约国同样有义务“从事或促进”这些技术的研究和开发，并以残疾人负担得起的成本提供给残疾人。这些技术可以为残疾人提供更好的生活质量和更大的日常活动独立性。该项规定是按照上述第6项的模式来制定的，因此，关于第6项的评注也适用于第7项。应当指出的是，《公约》关于技术无障碍方面的第9条和关于缔约国为确保残疾人的个人行动能力必须采取的措施的第20条进一步详细说明了这一一般性义务。

《残疾人权利公约》第4条第1款第8项与第7项密切相关，其规定“向残疾人提供无障碍信息，介绍助行器具、用品和辅助技术，包括新技术，并介绍其他形式的协助、支助服务和设施”。这项一般义务的目的是根据《残疾人权利公约》第9条所载更详细的义务，使残疾人能够获得有关技术和设备的信息。与第6项和第7项相比，这一规定的措辞留给缔约国在国内法律秩序中实施该规定的自由裁量权更小。事实上，“提供”一词的使用反映了缔约国的一项积极义务，要求缔约国在实施该款项时采取具体措施，保证残疾人获得该条款所涵盖领域的信息。

最后，《残疾人权利公约》第4条第1款第9项规定了缔约国“促进”培训从事残疾人工作的专业人员和工作人员，使他们了解本公约确认的权利，以便更好地提供这些以国际认可的权利为基础的协助和服务。这是一项结果义务，旨在向与残疾人联系更密切的专业人员（医务人员和辅助医务人员、社会工作者和教师）传播《残疾人权利公约》所规定的残疾人人权方面

---

26 A/AC. 265/2004/WG/1. 着重号另加。

27 辅助技术是用于增加、维持或改善残疾人功能性能力的任何物品、设备、软件或产品系统。辅助技术包括帮助在讲话、打字、写作、记忆、指物、看、听、学习、行走及其他方面有困难的人的产品和服务。

的知识，以便使服务和援助适应于残疾人的权利。[28] 联合国《残疾人机会均 147
等标准规则》规则 19“人员培训”规定了类似的内容，建议各国确保“对从事规划和提供有关残疾人的方案和服务的各级人员进行适当的培训”。关于培训，《残疾人机会均等标准规则》的规则 2、规则 6、规则 7、规则 11、规则 12 和规则 14 也载有具体建议。在区域层面，1999 年《美洲消除对残疾人一切形式歧视公约》第 3 条第 1 款（d）项规定，缔约国有义务采取措施，确保负有实施《公约》和承担残疾立法任务的人得到充分的培训。

4　缔约国根据第 4 条第 2 款承担的义务：“逐步充分实现”

《残疾人权利公约》第 4 条第 2 款所载“逐步充分实现”对于理解缔约国根据《公约》所承担义务的法律性质和在国内法律秩序中实施《公约》问题具有关键作用。事实上，该款区分了经济、社会和文化权利，这些权利的实现是“渐进的”，并以现有资源及《公约》“依国际法立即适用”的其他义务为条件。

如前所述，在谈判期间，若干代表团提出了渐进实现经济、社会和文化权利的问题。2004 年，在讨论第 4 条的过程中，特设委员会协调员请代表们讨论印度提出的建议。该建议提出，以《经济社会文化权利国际公约》第 2 条第 1 款为范本列入一项在国际合作框架内逐步实现经济、社会和文化权利
的声明。[29]《儿童权利公约》第 4 条也被建议用作范例，因为该公约关于逐 148
步实现经济、社会和文化权利的表述被认为“更新、更简洁”。[30]

28　另见《残疾人权利公约》第 13 条第 2 款，为确保残疾人有效获得司法保护，缔约国应“促进对司法领域工作人员，包括警察和监狱工作人员进行适当的培训”。《公约》第 8 条、第 9 条、第 20 条、第 24 条、第 25 条和第 26 条也载有关于残疾人权利培训的内容。

29　《经济社会文化权利国际公约》第 2 条第 1 款规定：“本公约缔约国承允尽其资源能力所及，各自并藉国际协助与合作，特别在经济与技术方面之协助与合作，采取种种步骤，务期以所有适当方法，尤其包括通过立法措施，逐渐使本公约所确认之各种权利完全实现。”关于该问题，见 Alston and Quinn（1987）；Flóvenz（2009），p. 265 et seqq。

30　http://www.un.org/esa/socdev/enable/rights/ahc4sumart04.htm.

一些代表团强调，根据现行国际人权法，逐步实现的概念只涉及经济、社会和文化权利，而不涉及公民权利和政治权利。人们尤其认识到，不歧视从来不得逐步实现。[31] 此外，萨尔瓦多指出，“缔约国应尽快采取行动，确保权利的有效性，而‘渐进性’不应被缔约国当作推迟采取措施确保权利有效性的借口”。[32]

在这方面，值得一提的是经济、社会和文化权利委员会的立场。该委员会认为：“逐步实现的概念是承认在短时间内一般不可能充分实现所有经济、社会和文化权利这一事实。在此意义上，这一义务与《公民及政治权利国际公约》第 2 条包含的义务有重大区别，因为后者体现了尊重和确保一切有关权利的即时义务。然而，不应把《经济社会文化权利国际公约》预见的随着时间的推移而实现（或换句话说，逐步实现）这一事实误解为解除了这一义务的实质内容。”[33] 此外，经济、社会和文化权利委员会还明确指出：“必须结合《公约》的总目标，即其存在的理由（*raison d'être*）来理解这句话，即缔约国在充分实现有关权利方面的明确义务。因此，它规定了尽可能迅速和有效地向目标前进的义务。”[34]

关于残疾人，经济、社会和文化权利委员会进一步给予具体说明：“《公约》缔约国尽其资源能力所及以推动有关权利之逐步实现的义务显然要求政府作出更多努力，而不仅仅是避免采取可能会对残疾人产生不利影响的措施。”另外，对于残疾人这一易受伤害、处境不利的群体，缔约国有义务“采取积极行动减少结构性不利条件，并酌情给予残疾人优惠待遇”。[35] 在资源严重短缺的情况下，该义务的重要性不是降低了而是提高了。

149 经济、社会和文化权利委员会的判例确认了资源稀缺并不能免除缔约国在实现经济、社会和文化权利方面的某些最低限度的义务。事实上，经济、

---

31 http://www.un.org/esa/socdev/enable/rights/ahc4sumart04.htm.

32 http://www.un.org/esa/socdev/enable/rights/ahc7sum31jan.htm.

33 见经济、社会和文化权利委员会第 3 号一般性意见：缔约国义务的性质，第 9 段。关于经济、社会和文化权利的逐步实现，见 Bruce et al.（2002），pp. 79-132；Sepúlveda（2003）；Young（2008），pp. 113-175；Müller（2013），p. 67 等。

34 经济、社会和文化权利委员会第 3 号一般性意见：缔约国义务的性质，第 9 段。

35 经济、社会和文化权利委员会第 5 号一般性意见：残疾人，第 9 段。

社会和文化权利委员会指出，虽然《经济社会文化权利国际公约》提出逐步实现并且承认由于现有资源有限造成了各种困难，但也要求缔约国承担一些立即有效的义务。[36]

需要强调的另一个重要方面是《残疾人权利公约》第 4 条第 2 款隐含的对《公约》中两类不同条款的区别，区别的依据是其在国内法律制度中是否产生“直接效力”（direct effect）。关于在《公约》中同时规定相反类别权利可能产生的风险，特设委员会协调员指出，“这两类权利都同样重要”，区别“逐步实现经济、社会和文化权利与立即落实公民权利和政治权利并不是为了判断哪一类权利更重要。区分的目的是确认哪些权利实际上可以立即落实，而哪些权利由于资源限制可能不能立即落实”。[37] 的确，现在无可争议的是，一切人权均为普遍、不可分割、相互依存、相互联系的。[38] 因此，国家对侵犯经济、社会和文化权利与侵犯公民权利和政治权利同样要负责。

关于条约条款在国内法律秩序中的“直接效力”，欧洲法院（ECJ）在著名的范根登罗斯（*Van Gend en Loos*）案中解决了这个问题。在 1963 年的判决中，欧洲法院确定了应予考虑的标准以便区分在国内法中产生直接效力的欧洲规范。对于该法院来说，这种规范尤其必须是“明确、准确和无条件的”。一项规定如果“为成员国创设了一项具体而毫不含糊的义务，该义务系国内法在直接影响的国民事项上的扩展，并且不受条约中任何其他规定的影响或限制”，该规定就是“明确的”。[39] 此外，当一项规范不需要在国内和欧盟层面采取任何其他额外措施以实现其所界定的义务时，该规范就是“完整的”和“自足的”。

与大多数人权条约规范一样，《残疾人权利公约》的规定在缔约国的法律秩序中没有直接效力，因为它们不符合上述标准。[40] 因此，需要国家通过

36　经济、社会和文化权利委员会第 14 号一般性意见：享有能达到的最高健康标准的权利（《经济社会文化权利国际公约》第 12 条），E/C. 12/2000/4，第 30～32 段。See Sepúlveda（2003），p. 176 et seqq.

37　http://www. un. org/esa/socdev/enable/rights/ahc4sumart04. htm.

38　世界人权会议 1993 年 6 月 25 日通过的《维也纳宣言和行动纲领》第一部分第 5 段。

39　See ECJ, case C－26/62, *Van Gend en Loos v. Netherlands Inland Revenue Administration*, Judgment of February 5, 1963. See Rasmussen（2014）; Robin-Olivier（2014）.

40　关于《欧洲人权公约》的国内适用，见 Caligiuri and Napoletano（2010）。

150 立法以遵守《公约》规定的义务，确保残疾人在国内层面享有《残疾人权利公约》规定的所有人权。

第 4 条第 2 款提及的国际合作，对于在实施《残疾人权利公约》方面需要获得支持的缔约国至关重要。在《残疾人权利公约》谈判期间，工作组的一些成员认为国际合作是支持各缔约国实现《公约》宗旨的重要工具，尽管实施《残疾人权利公约》显然主要是国家的责任，缔约国遵守公约的规定不应以获得国际发展援助或协助为条件。考虑到工作组内部的不同意见，特设委员会最后决定在《公约》中列入一项关于国际合作的单独条款（第 32 条），并在关于审议的条款[41]和序言第 12 段中提及了国际合作。

在联合国核心人权条约中提及国际合作是一个创新。此前，只有《经济社会文化权利国际公约》和《儿童权利公约》提及国际合作。[42] 在针对残疾人的专门文书中，联合国《残疾人机会均等标准规则》有两个条款规定了合作：关于“技术和经济合作”的规则 21 和关于“国际合作”的规则 22。

5　残疾人代表组织的作用（第 4 条第 3 款）

《残疾人权利公约》第 4 条第 3 款体现了“没有我们的参与，不要做有关我们的决定”（nothing about us without us）的原则，这与序言第 15 段“残疾人应有机会积极参与政策和方案的决策过程，包括与残疾人直接有关的政策和方案的决策过程”的规定一致。

应当指出，与残疾人组织协商已经载于 1975 年《残疾人权利宣言》、1983 年国际劳工组织《残疾人职业康复和就业公约》（第 159 号公约），以及 1993 年联合国《残疾人机会均等标准规则》。《残疾人机会均等标准规

41　在 2005 年 8 月 11 日特设委员会第六届会议上，欧盟和加拿大提交了一项联合提案，要求在第 4 条“一般义务”中增加一个新的第 3 款，内容为：“缔约国应为实施本公约采取一切适当的立法、行政和其他措施。关于经济、社会和文化权利，缔约国应在其现有资源的最大限度内采取这种措施。缔约国认识到，在诸如交流经验、最佳做法、技术援助和能力建设方面促进国际合作，可使残疾人及其组织发挥重要作用，有助于实现本公约的宗旨。”

42　See Hamm（2001）.

则》规定了多个领域的残疾人组织的参与，包括提高认识、教育、医疗护理 151
和康复、制定有关残疾人权利的立法以及与残疾或影响残疾人经济和社会地位的计划和方案有关的决策等。其中，规则 18 进一步规定了残疾人组织在国内一级应发挥的作用，建议各国确认残疾人组织在国家、区域和地方各级均拥有代表残疾人的权利，并承认其在残疾事务决策中的咨询作用。[43] 此外，该规则还建议鼓励和支持（包括在经济上鼓励和支持）建立和加强残疾人组织。

按照这一模式，《残疾人权利公约》第 4 条第 3 款规定，缔约国应当在为实施本公约而拟订和施行立法和政策时以及在涉及残疾人问题的其他决策过程中，通过代表残疾人的组织，与残疾人，包括残疾儿童，密切协商，使他们积极参与。[44] 该条款特别强调残疾儿童及其代表组织应有的、与《公约》第 3 条第 8 项所载的一般原则及《公约》第 7 条规定相一致的作用。[45]

应当指出的是，《残疾人权利公约》第 4 条第 3 款的国内实施与第 29 条第 2 款第 2 项规定的政治权利的享有密切相关，后者鼓励残疾人建立和加入残疾人组织，在国际、全国、地区和地方各级代表残疾人，以使他们能够充分、有效地参与公共事务。

残疾人组织的协商也与《残疾人权利公约》监测系统的架构有关。《公约》第 33 条第 3 款规定，“民间社会，特别是残疾人及其代表组织，应当获邀参加并充分参与监测进程”；而第 34 条第 3 款规定，缔约国在提名（残疾人权利委员会成员）候选人时，“务请适当考虑本公约第四条第三款的规定”。

此外，根据《公约》第 32 条第 1 款的规定，残疾人组织还应当与缔约国、国际和区域组织一起在国际合作领域发挥作用。

残疾人组织广泛参与《公约》的实施和监测，反映了它们和密切相关的

43　规则 14 规定，“各国应让残疾人组织参与决定涉及残疾人的计划和方案或影响其经济和社会地位的所有决策过程”。（这里结合了两个规则的内容，规则 14 是对规则 18 的解释补充。——译者注）

44　《保护所有移徙工人及其家庭成员权利国际公约》第 42 条规定，就业国在有关地方社区的生活和行政的决定方面，应按照其本国立法的规定，便利移徙工人及其家庭成员进行磋商或参加。欧盟成员国实施《残疾人权利公约》第 4 条第 3 款的情况，见 European Agency for Fundamental Rights (2015)，pp. 6-7。

45　见本书对第 3 条“一般原则”和第 7 条“残疾儿童”的评注。

非政府组织在《残疾人权利公约》谈判过程中发挥的关键作用。在特设委员
152 会会议期间，它们可以发表言论，并且还是工作组的成员，与政府代表享有平等的参与权。[46] 事实上，民间社会参与起草联合国人权条约首次在《残疾人权利公约》上得到成功的检验。在联合国大会通过《公约》时，残疾人组织在起草过程中的相关性得到了强调。一些政府代表团在会上强调，残疾人组织的参与有助于确保代表们对关键问题的理解。[47]

联合国人权事务高级专员在特设委员会第八届会议的续会上也强调了残疾人作为各国代表团、国家人权机构和民间社会组织成员在起草《残疾人权利公约》过程中的重要作用。人权事务高级专员特别强调，“知识和经验的分享有助于形成《公约》所载的法律标准。谈判进程清楚地表明，《公约》所载的参与和包容原则既是可实现的又是有益的”。[48]

6　保留条款（第 4 条第 4 款）

《残疾人权利公约》第 4 条第 4 款中包含了所谓的保留条款或保障条款，这些条款通常被放在人权条约的最后。[49]

参照其他公约的做法，该条款以否定的措辞规定，《残疾人权利公约》的规定不影响任何缔约国法律或对该缔约国生效的国际法中任何更有利于实现残疾人权利的规定。通过这一条款，《公约》保障了残疾人在国内一级享有更大程度的人权，包括国内法承认的权利和国家必须遵守的国际条约所规定的权利。

46　工作组由 27 个政府（在联合国 5 个区域中平均分配）、12 个残疾人组织和 1 名国家人权机构的代表组成。

47　See Guernsey et al.（2007），pp. 3-4.

48　联合国人权事务高级专员路易丝·阿尔布尔（Louise Arbour）在残疾人权利公约特设委员会第八届会议续会上的发言。

49　《消除对妇女一切形式歧视公约》第 23 条、《儿童权利公约》第 41 条、《保护所有移徙工人及其家庭成员权利国际公约》第 81 条、《公民及政治权利国际公约》第 50 条、《经济社会文化权利国际公约》第 28 条。关于区域性条约，见《欧洲人权公约》第 53 条和《美洲人权公约》第 29 条。关于这些条款，见 Neuman（2003），pp. 1886-1887；Graf-Brugère（2013），p. 254 等。

“保留条款”有两个目的：首先，防止一项国际文书的范围受到另一项国际文书条款的限制；[50] 其次，规定缔约国有义务在国内法律秩序中为加强 153 人权保护而适用对个人最有利的规范。

此外，根据《残疾人权利公约》第 4 条第 4 款，缔约国不得以《公约》未予承认或未予充分承认这些权利或自由为借口，限制或减损国家一级确认的残疾人的任何人权。[51] 从这一规范可以看出，《公约》对某项权利缺乏保护或保护程度较低，不能成为缔约国不尊重其国内法律秩序所承认的残疾人权利的借口。

7　《残疾人权利公约》在联邦制国家的实施

《残疾人权利公约》第 4 条关于联邦制国家的规定是根据加拿大和俄罗斯联邦在特设委员会最后一次会议上的提案制定的，并以《公民及政治权利国际公约》第 50 条和《经济社会文化权利国际公约》第 28 条所载类似规定为范本。[52]

第 4 条第 5 款仅适用于拥有联邦制法律制度的缔约国。该条款的目的是重申在国内一级实施《残疾人权利公约》必须覆盖全国。因此，联邦制国家的各省或组成单位也必须根据中央政府与联邦机构之间的权力划分实施该《公约》。省或州的立法机构可在其职权范围内实施自己的立法措施，以落实《残疾人权利公约》的规定，并在中央政府通过的法律的基础上增加新的法律。[53]

50　见 European Commission for Democracy Through Law, Opinion on the Legal problems arising from the coexistence of the Convention on Human Rights and Fundamental Freedoms of the Common Wealth of Independent States and the European Convention on Human Rights，威尼斯委员会第 34 次全体会议通过。

51　见 1966 年国际人权两公约第 5 条第 2 款。

52　See Schulze（2009），p. 39.

53　See UN-DESA，OHCHR，IPU（2007），pp. 74-76. 在谈判期间，安大略省人权委员会支持起草第 4 条第 5 款。它指出，在加拿大，所有省级和联邦司法机构都依法（立法）保护平等和不因残疾而受歧视的权利，这些权利规定在联邦、省级和地区人权法典中，并在《加拿大宪法》的《权利和自由宪章》中得到确认。此外，安大略省还可以根据 2001 年《安大略省残疾法案》为政府和准公共部门制定消除障碍的规划和报告。

残疾人权利委员会在回顾第 4 条第 5 款后“明确指出，联邦结构的行政特殊性不允许缔约国逃避其在《公约》下的义务”,[54] 并建议阿根廷“采取
154 必要步骤，使其所有联邦、省和地方立法与《公约》保持一致，并确保代表残疾人的组织根据第 4 条第 3 款有效参与这一进程”。[55]

此外，《残疾人权利公约》第 4 条第 5 款的内容也符合《维也纳条约法公约》第 29 条的要求，后者规定：“除条约表示不同意思，或另经确定外，条约对每一当事国之拘束力及于其全部领土。”确实，根据国际法，缔约国作为一个整体有义务实施一项条约，违反一项条约而产生国际义务时也只有国家来承担国际责任。[56]

相关案例

CRPD Committee 16. 04. 2013, Communication No. 1/2010, *Nyusti & Takacs v. Hungary*, CRPD/C/9/D/1/2010.

ECJ 05. 02. 1963, Case C-26/62, *Van Gend en Loos v. Netherlands Inland Revenue Administration*, ECR 1.

参考文献

Alston P, Quinn G (1987) The nature and scope of states parties' obligations under the International Covenant on economic, social and cultural rights, Hum Rights Quart 9 (2): 156-229.

---

54 残疾人权利委员会的结论性意见：奥地利，CRPD/C/AUT/CO/1。在该意见中，残疾人权利委员会注意到“奥地利有一个联邦政府系统，担忧这种情况会导致政策不适当的碎片化，特别是因为区域（the Länder）是社会服务的提供者。在《国家残疾人行动计划》的制定过程中可以看到这种碎片化的情况。在该计划中，区域的参与是断断续续的，而且不均衡。这种碎片化也可以从不同区域不同的残疾定义、不同的无障碍标准和不同类型的反歧视保护中看出”（第 11 段）。

55 残疾人权利委员会的结论性意见：阿根廷，CRPD/C/ARG/CO/1，第 6 段。

56 国际法委员会 2001 年第 53 届会议通过的《国家对国际不法行为的责任条款草案》。

Bruce A, Quinn G, Kenna P (2002) Disability and social justice: the International Covenant on economic, social and cultural rights, In: Degener T, Quinn G (eds) Human rights and disability: the current use and future potential of United Nations human rights instruments in the context of disability, United Nations, New York, pp. 79-132.

Caligiuri A, Napoletano N (2010) The application of the ECHR in the domestic systems, It YB Int Law 20: 125-159.

European Agency for Fundamental Rights (2015) Implementation of the Convention on the Rights of Persons with disabilities (CRPD), An overview of legal reforms in EU Member States, FRA Focus 05/2015, Available via http://fra. europa. eu/en/publication/2015/implementing-un-crpd-overview-legal-reforms-eu-member-states. Accessed 2 July 2015.

Flóvenz BG (2009) The implementation of the UN Convention and the development of economical and social rights as human rights, In: Arnardóttir OM, Quinn G (eds) The UN Convention on the rights of persons with disabilities: European and Scandinavian perspectives, Martinus Nijhoff, Leiden, pp. 257-278.

Flynn E (2011) From rhetoric to action: implementing the UN Convention on the rights of persons with disabilities, Cambridge University Press, New York.

Graf-Brugère A-L (2013) *A lex favorabilis*? Resolving norms conflicts between human rights 155
law and humanitarian law, In: Kolb R, Gaggioli G (eds) Research handbook on human rights and humanitarian law, Edward Elgar, Cheltenham, pp. 251-270.

Guernsey K, Nicoli M, Ninio A (2007) Convention on the Rights of Persons with Disabilities: its implementation and relevance for the World Bank, http://siteresources. worldbank. org/SOCIAL PROTECTION/Resources/SP-Discussion-papers/Disability-DP/0712. pdf, Accessed 20 March 2015.

Hamm BI (2001) A human rights approach to development, Hum Rights Quart 23 (4): 1005-1031.

Lord JE, Stein MA (2008) The domestic incorporation of human rights law and the United Nations Convention on the rights of persons with disabilities, Wash Law Rev 83: 449-479.

Müller A (2013) The relationship between economic, social and cultural rights and international humanitarian law, Martinus Nijhoff, Leiden.

Neuman GL (2003) Human rights and constitutional rights: harmony and dissonance, Stanf Law Rev 55 (5): 1863-1900.

Rasmussen M (2014) Revolutionizing European law: a history of the Van Gend en Loos judgment, Int J Constitutional Law 12 (1): 136-163, doi: 10.1093/icon/mou006.

Robin-Olivier S (2014) The evolution of direct effect in the EU: stocktaking, problems, projections, Int J Constitutional Law 12 (1): 165-188, doi: 10.1093/icon/mou007.

Schulze M (2009) Understanding the UN Convention on the Rights of Persons with Disabilities, http://www.handicap - international.fr/fileadmin/documents/publications/HICRPDManualpdf, Accessed 20 March 2015.

Sepúlveda MM (2003) The nature of the obligations under the International Covenant of economic, social and cultural rights, Intersentia, Utrecht.

UN-DESA, OHCHR, IPU (2007) From exclusion to equality: realizing the rights of persons with disabilities, Handbook for parliamentarians on the Convention on the rights of persons with disabilities and its Optional Protocol, United Nations, Geneva.

Villiger ME (2009) Commentary on the 1969 Vienna Convention on the law of treaties, Martinus Nijhoff, Leiden.

Young KG (2008) The minimum core of economic and social rights: a concept in search of content, Yale Journ Int Law 33: 113-175.

第5条　平等和不歧视 157

拉切尔·塞拉

一、缔约国确认，在法律面前，人人平等，有权不受任何歧视地享有法律给予的平等保护和平等权益。

二、缔约国应当禁止一切基于残疾的歧视，保证残疾人获得平等和有效的法律保护，使其不受基于任何原因的歧视。

三、为促进平等和消除歧视，缔约国应当采取一切适当步骤，确保提供合理便利。

四、为加速或实现残疾人事实上的平等而必须采取的具体措施，不得视为本公约所指的歧视。

目　次

1 《公约》和残疾歧视法的发展

平等和不歧视是国际人权法的一项基本原则，它具体表达了人权制度的核心思想，即人人平等，不论其地位如何或属于哪个群体，都有权享有一系列权利。由于平等是所有其他人权的基础，因此它不仅常常被描述为一项"权利"，而且也被描述为一项"原则"。[1] 平等的重要性也在关于平等是否具有强行法（*jus cogens*）规范性质的学术讨论中得到进一步揭示和促进。[2]

作为《公约》第3条一般原则之一和《公约》第1条所载宗旨，平等和不歧视原则被《公约》作为主旨。《公约》还在残疾歧视法律的若干方面加强了平等和不歧视原则。首先，《公约》确认基于残疾的任何歧视均构成对人的固有尊严和价值的侵犯（序言第8段），强调了残疾人与其他人平等享有权利保障的观念。其次，它赋予残疾人机会平等概念特别含义，这是一个不同于平等对待的概念，因为它要求采取积极措施。最后，《残疾人权利公约》在第2条中对"基于残疾的歧视"给出了强有力的定义，并引入一项新原则，即拒绝提供合理便利是基于残疾的一种歧视形式，且该原则并不仅限于就业问题。

《残疾人权利公约》甚至超越了残疾法的范畴，在发展国际反歧视法方面也迈出了重要步伐。当然，《公约》的进路是国际法先前发展的合乎逻辑的结果，但它使国际人权法的进路从一种形式平等的观念转变为一种需要根

---

1 Moeckli (2014), p. 160.

2 See, e.g., Shaw (2008), pp. 286-289.

据其服务对象的具体现实和经验而发展和调整的平等观念。[3]

事实上，《公约》的前提是承认之前保障残疾人人权的努力并不成功。鉴于联合国普遍人权条约中包含的经典不歧视条款没有明确将残疾列入禁止 159 歧视的理由，[4] 而且现有的联合国反歧视条约只涉及种族[5]和妇女[6]，这尤其发生在不歧视领域。《儿童权利公约》是联合国第一个明确将残疾列为禁止歧视理由的专题人权条约（《儿童权利公约》第 2 条第 1 款）。然而，《儿童权利公约》是在 20 世纪 80 年代起草的，反映的是将残疾视为个人自身之内问题的早期想法，而不是当前将残疾视为社会中多重阻碍权利实现的结果的理解。因此，《儿童权利公约》并不主要关注实现平等。不歧视是落实《儿童权利公约》必须依据的一项核心原则，而不是如同《残疾人权利公约》那样作为整个条约的内在目标。[7] 软法文书[8]填补这一真空的努力尚未被证明有效。这种法律空白的情况在《残疾人权利公约》序言第 11 段中受到指责，缔约方在该段中表达了关切，即“尽管有上述各项文书和承诺，残疾人作为平等社会成员参与方面继续面临各种障碍，残疾人的人权在世界各地继续受到侵犯”。

《残疾人权利公约》坚定地致力于消除这种不公平，它纳入了一种对平等的更深层次的理解，使自己区别于形式平等的宣示，以避免其不歧视条款在法律实践中变得空洞和软弱无力。实际上，如果人们由于过去的系统性歧视而不能从同一起点出发，那么同等对待将不能缓解残疾人的不利处境，反

3　Arnardóttir（2009）将此方法定义为“多维劣势平等调适”（multidimensional disadvantage equality）。

4　见《公民及政治权利国际公约》，G. A. Res. 2200A（XXI），U. N. GAOR，Supp. No. 16 at 52，A/6316（1966）；《经济社会文化权利国际公约》，G. A. Res. 2200A（XXI），U. N. GAOR，Supp. No. 16 at 49，A/6316（1966）。

5　《消除一切形式种族歧视国际公约》，G. A. Res. 2106（XX），U. N. GAOR，Supp. No. 14 at 47，A/6014（1966）。

6　《消除对妇女一切形式歧视公约》，G. A. Res. 34/180，U. N. GAOR，34th Sess，Supp. No. 46 at 193，A/34/46（1981）。正如有学者所指出的，这类条约针对的是一种特定的身份特征，这种特征可以与同样有残疾的个人重叠，但并非针对残疾人，见 Stein and Lord（2009），p. 20。

7　关于儿童权利委员会对歧视残疾儿童的解释，见 Vandenhole（2005），pp. 170-172。

8　见《残疾人机会均等标准规则》，G. A. Res. 48/96，at 202，U. N. GAOR，48th Sess，Supp. No. 49 at 68，A/RES/48/96（1993）。

而可能会造成或者延续现存的歧视和社会等级。因此，《残疾人权利公约》所体现的平等原则要求通过提供合理便利或采取其他旨在实现事实上平等的措施，使普遍权利适应残疾人的特殊情况。

160 2 第5条所载原则的范围

平等和不歧视看起来像是同一项原则的正反两面，因此禁止歧视可确保其背后的平等理念。《欧洲人权公约》第12号议定书的解释报告清楚地表明了这一点，强调“不歧视与平等原则是紧密地交织在一起的”。特别是，“平等原则要求同等情况同等对待，不同情况差别对待。除非存在客观合理的理由，不这样做就等同于歧视”。[9]

平等和不歧视原则保证处于同等境遇的人在法律和实践中得到平等对待。然而，并非每一种待遇上的区分或差异都会构成歧视。在一般国际法中，以下情形违反不歧视原则：（a）同等情形不同对待；（b）差别待遇并无客观合理的理由；（c）所寻求的目标和所采用的手段不合乎比例。[10] 这些要求已由包括欧洲人权法院（见马克斯诉比利时案）、[11] 美洲人权法院（见第4号咨询意见）[12] 和人权事务委员会（见雅各布斯诉比利时案）[13] 在内的国际人权监督机构明确规定。

《残疾人权利公约》第5条规定了实现残疾人平等和消除基于残疾的一切形式歧视的广泛任务。实际上，在要求缔约国承认“法律面前，人人平等”，从而人人有权“享有法律给予的平等保护和平等权益”之后，第5条呼吁缔约国为促进平等和消除歧视，采取一切适当步骤，确保提供合理便利。此外，第5条规定，为加速或实现残疾人事实上的平等而必须采取的具

---

9 欧洲理事会：《欧洲人权公约》第12号议定书解释报告，ETS No. 177（2000），第15段。

10 人权事务委员会第18号一般性意见：不歧视（1989年11月10日），HRI/GEN/1/Rev. 1。

11 ECtHR, *Marckx v. Belgium*, para. 43.

12 I/A Court H. R., Advisory Opinion OC-4/84, para. 57.

13 CCPR, *Jacobs v. Belgium*, para. 9. 7.

体措施不得被解释为歧视。

第 5 条规定的平等和不歧视权被视为独立条款，因为它们的适用范围不限于《公约》所载的权利。第 5 条禁止在享有法律规定的任何权利方面的基于残疾的歧视，不论这种歧视是什么，也不论它是否对《公约》所承认的权利产生影响。

这些权利具有从属性质，可横向适用于《残疾人权利公约》的所有条 161
款。尽管如此，《公约》仍有大量条款明确提及歧视、平等和合理便利。实际上，第 5 条补充了禁止基于特定理由的歧视的规定。第 6 条确认残疾妇女受到多重歧视，为此需要采取适当措施；第 23 条保障在有关婚姻、家庭、生育和个人关系的一切事项上以不歧视残疾人为原则；第 24 条通过包容性教育制度和提供合理便利，保障平等接受教育的机会；第 27 条禁止在一切形式就业的一切事项上基于残疾的歧视。

2.1　《公约》下的平等

平等待遇的权利要求所有人在法律面前不受歧视地获得平等对待。在考虑和适用平等原则时，可以采取不同的方法。

《公约》第 5 条既包括形式上的方法，也包括更实质的方法。这是谈判期间围绕平等与不歧视之间的差异进行充分讨论的结果。墨西哥反复阐释了这两个概念：“重要的是要区分法律规定的平等（通过严格遵守不歧视来实现）和作为社会目标的平等（机会平等）。”[14]

形式上的平等坚持“法律面前和法律之下的平等”（equality *before* and *under* the law）原则（第 5 条第 1 款）。[15] 形式或“法律”（juridical）平等指

14　Schulze（2010），p. 61.

15　Lucy（2011）对法律“面前”的平等和法律“之下”的平等进行了有益的区分。二者的概念是不同的，尽管只是在作为一个一致的法律（juridical）平等理念的不同独特侧面的意义上。作者认为，法律面前的平等与“推定的身份要素”有关，即那些站在法律面前的人在所有相关目的上都被推定为相同或一致的。法律之下的平等关注的不是对象的身份而是“统一的标准要素”，即平等适用法律制定的任何标准。“前者（法律面前的平等）阐明了法律所评判的人的推定的相似性，后者（法律之下的平等）阐明了评判他们的标准的相似性”（在《公约》作准英文本中，与《公约》作准中文本中“法律面前人人平等”对应的表述为“all persons are equal before and under the law”，故有“法律面前”和“法律之下”的说法。——译者注）。

的是在相同情况下的个人应被同等对待这一基本理念。根据这一思路，旨在区别对待处于类似情况的个人的法律或做法可能会导致直接歧视。

实质平等是指在不同情况下的个人应被区别对待的理念。它包含两个不
162 同的目标：机会平等和结果平等。[16] 确保机会平等要求采取具体行动，在形式平等之外，消除残疾人享有与其他人同等机会的障碍。提供合理便利（《公约》第5条第3款）对应着这一目标。

尽管妥善实施的机会平等方法通常足以确保大多数残疾人能够享有其人权，但各国对事实上平等的额外承诺可以极大地帮助确保残疾人享有人权。这就是为什么《残疾人权利公约》采纳了实质平等概念，超越了机会平等模式，引入结果平等的方法。后一种方法不仅注重为实现平等待遇而在具体情况具体分析的基础上提供需要的便利，而且注重如何确保这种平等待遇的结果。

正如坎特（Kanter）[17] 所强调的那样，确保机会平等，特别是在具体问题具体分析的基础上确保机会平等，可以为残疾人提供出入建筑物、工作便利和手语翻译，但它无法解决差别待遇的根本原因。相反，要实现平等的结果，就呼唤能够消除不平等情况的社会变革。在结果平等模式下，需要的不仅仅是平等待遇。它不仅包括改善建筑物的入口，还包括对社会进行结构性改变，以便最初就不会建造不易进入的建筑物。

《残疾人权利公约》力求为全世界的残疾人实现这种范式转变，不仅要确保为残疾人提供便利和相应的修正措施，还要确保移除和消除造成这种不平等的障碍。采取能够加速或实现事实上的平等的具体措施（《公约》第5条第4款）系对结果平等模式的具体化。

必须指出的是，包括第5条在内，整个《公约》都渗透着转变式平等的演进性观念，因为其任务是通过消除结构性不平等来纠正系统性歧视。转变式平等承认，必须采取积极的变革行动，才能克服在社会的法律、政治、经济和文化结构中根深蒂固的歧视。

残疾人权利委员会在其关于第6条的一般性意见的草案中承认了这种转

---

16 Barnard and Hepple（2000），Fredman（2011），Hendriks（1995）.

17 Kanter（2015），pp. 842-845.

变，认为这反映出人权变得真正普遍和个性化，以应对人类所遭遇的根据其状况并以各种形式（直接的、间接的、结构性的或系统性的、多重的）发生的各不相同的歧视经历。[18] 布罗德里克（Broderick）指出，《公约》认可转变式平等，因为其条款的目的是通过培养残疾人的内在能力，确保从赋权残疾人的角度重新分配资源。从这个意义上说，平等转型模式的明显例子是《公约》规定的无障碍义务、通用设计条款、提高认识的义务，以及将平等原则通过承担合理便利义务的方式横向适用于《公约》所载的所有实体权利，尤其是社会经济权利。[19] 163

2.2　禁止歧视的法律维度

长期以来，反歧视法是否适用于残疾人一直备受争议。有些人认为，残疾反映的是人的缺陷，与人的身份或尊严无关。另一些人担心，在禁止歧视的理由中增加残疾，可能会因为歧视理由的这种泛化而缩小反歧视法为所有其他方面的反歧视所提供的保护的覆盖面。[20] 作为一个历史上在各个领域都受到歧视的群体，残疾人理应得到反歧视的具体法律保护。[21] 自《残疾人权利公约》通过以来，无可争辩的是，基于残疾的不利行为构成歧视，因此应被禁止和打击。

《残疾人权利公约》第 2 条载有基于残疾的歧视的定义，即“基于残疾而作出的任何区别、排斥或限制，其目的或效果是……损害或取消在与其他人平等的基础上，对一切人权和基本自由的认可、享有或行使”。[22]

18　残疾人权利委员会关于第 6 条的一般性意见草案：残疾妇女，CRPD/C/14/R.1，第 4 段。然而，转变式平等原则并没有被结合巩固进第 3 号一般性意见的最终文本。见残疾人权利委员会第 3 号一般性意见：残疾妇女和女童，CRPD/C/GC/3。

19　Broderick（2015），pp. 138-140.

20　Rothstein（2000）.

21　亨德里克斯认为，反歧视法应继续侧重于根据限定和详尽的人类特征清单提供保护，使其免受不利对待。“最好将反歧视法提供的保护保留给在（几乎）所有社会生活领域都有歧视历史的群体中的个人——残疾亦是如此。按照这一思路，更准确的做法是，将相应的保护理由界定为‘妇女’和‘变性人’而不是‘性/性别’，‘少数民族或种族’而不是‘种族或族裔’，以及‘同性恋’或‘LGBT（女同性恋、男同性恋、双性恋和变性人）’而不是‘性倾向’。”见 Hendriks（2010），p. 12。

22　在谈判期间关于“基于残疾的歧视”定义的讨论，见本书对第 2 条“定义”的评注。

《残疾人权利公约》第 5 条规定了对歧视的普遍禁止。实际上，《残疾人权利公约》禁止基于残疾的歧视，不仅仅是针对对残疾人的歧视，还保护了其他个体，例如那些因为被错误地视为残疾人或与残疾人有联系而受到歧视的人。

164 此外，根据第 2 条所载定义，歧视既不需要有歧视的意图，也不必局限于特定的对象。因此，《残疾人权利公约》第 5 条所规定的禁止歧视同样适用于国家及其代理人（法官、公立医院等），以及私人和组织（私人医疗保健提供者、非政府组织等）。

需要将《公约》所禁止的歧视与单纯的“差别”或“任意”对待区分开来。实际上，对残疾人的积极歧视*——以适当和具体措施的形式——对于消除现有歧视和为残疾人创造平等机会是必要的。残疾人权利委员会在《残疾人权利公约任择议定书》的个人来文程序框架内通过的第一项决定支持了这一观点。委员会认为，如果不考虑适用法律的个人的具体情况，以中立方式实施的法律可能会产生歧视性效果。因此，如果各国在没有客观合理理由的情况下未能区别对待情况有显著差异的人，则这些人在享受《公约》保障的权利方面不受歧视的权利可能会受到侵犯。[23]

《残疾人权利公约》禁止歧视的规定也具有多面性。实际上，《公约》是第一个将多重歧视作为一种单独的歧视形式的具有法律约束力的国际文书。《公约》的起草者认为，除第 5 条关于不歧视的一般规定外，有必要规定各国承认残疾人受到“多重歧视”。在序言中提到这一概念之后，[24] 第 6 条规定各国有义务特别警惕残疾妇女和残疾女孩从他人处受到的歧视。[25]

---

* Positive discrimination，是指为实现实质平等而采取的积极措施。——译者注

23 残疾人权利委员会，*HM v. Sweden*，para. 8. 3。

24 序言第 16 段内容如下：“关注因种族、肤色、性别、语言、宗教、政治或其他见解、民族本源、族裔、土著身份或社会出身、财产、出生、年龄或其他身份而受到多重或加重形式歧视的残疾人所面临的困难处境。”

25 第 6 条第 1 款规定：“缔约国确认残疾妇女和残疾女孩受到多重歧视，在这方面，应当采取措施，确保她们充分和平等地享有一切人权和基本自由。”见本书对第 6 条“残疾妇女”的评注。

3　缔约国的不歧视义务

《残疾人权利公约》规定缔约国有义务保护残疾人不受任何歧视，并有义务禁止基于残疾的歧视（第 5 条第 2 款）。这两项义务是缔约国在不歧视方面的首要义务，而且如同缔约国对公民权利和政治权利的义务一样，必须 165
立即履行。这类义务的规范指令性是通过“应当禁止”和“保证”的表述来表示的，具有严格的性质，使《残疾人权利公约》有别于其他联合国不歧视条约。

《消除对妇女一切形式歧视公约》和《消除一切形式种族歧视国际公约》中的不歧视条款规定，缔约国同意立即用一切适当办法，推行消除歧视的政策（《消除对妇女一切形式歧视公约》第 2 条、《消除一切形式种族歧视国际公约》第 2 条）。一方面，诸如“一切适当办法”和“立即”的措辞表明应立即实现不歧视；但另一方面，“寻求”* 和“政策”等词表明实施可以是渐进的。在《残疾人权利公约》第 5 条中没有出现这种误导性的措辞，该条直截了当地禁止歧视。因此，根据《残疾人权利公约》，禁止歧视和保护不受歧视不是缔约国可逐渐采取的政策或措施，必须立即予以实现。

3.1　禁止歧视的措施

反歧视立法是履行平等和不歧视原则下的义务的必要条件（*conditio sine qua non*）。经济、社会和文化权利委员会在其第 5 号一般性意见中明确指出了这一点，确认“为了纠正以往和目前的歧视，抑制今后的歧视，所有缔约国都必须制定与残疾人问题有关的全面的反歧视立法”，且“此种立法既应当尽可能和恰当地为残疾人规定司法补救措施，也应当规定执行社会政策方

* “Pursue”出自与《公约》作准中文本“立即用一切适当办法”相对应的作准英文本表述“agree to pursue by all appropriate means and without delay”。——译者注

案，使残疾人过上正常、独立自主的生活”。[26]

因此，缔约国尚无禁止基于残疾的歧视的法律的，或尚未将合理便利的概念纳入反歧视立法的，必须制定新的法律或修改现行法律，以履行《残疾人权利公约》规定的义务，就如《公约》第 4 条第 1 款第 5 项所预见的。

残疾人权利委员会在一些结论性意见中，坚持各国通过新的反歧视法或修订现行反歧视法。在一些情况中，残疾人权利委员会注意到有关反歧视法律的范围比《公约》规定的范围要窄，因此建议加强这类法律，以解决多重
166 歧视，[27] 以及有关基于假想残疾和与残疾人有联系理由的歧视问题。[28] 在其他情况中，委员会对反歧视法的不当之处表示关切，因为其没有明确禁止基于残疾的歧视，[29] 或者缺少司法和行政补救措施来报告基于残疾的歧视案件。[30]

消除歧视的义务也延伸到国家政策和实际做法。例如，各国的政策或做法可能拒绝给予与他人从事同样工作的残疾人同等报酬，即使没有这方面的法律规定。习惯和做法无法被立即消除，因为它们在社会中已根深蒂固，并不针对特定的人。解决源自歧视性习惯和/或做法的个体歧视问题需要时间。无论如何，这并不妨碍缔约国立即采取措施纠正或消除歧视性习惯或做法。

3.2 不受歧视的保护措施

保护残疾人不受歧视要求各国采取行动避免或结束歧视。此类行动应广泛涉及公共和私人领域，解决公共当局、司法机构、组织、企业或个人的歧视问题。

然而，如今大多数构成歧视的情形并不涉及各国公然违反禁止歧视义务的作为或不作为。相反，歧视案件通常涉及一国未能采取足够的行动以防止

---

26 经济、社会和文化权利委员会第 5 号一般性意见：残疾人，E/1995/22，第 16 段。

27 残疾人权利委员会的结论性意见：澳大利亚，CRPD/C/AUS/CO/1，第 15 段；奥地利，CRPD/C/AUT/CO/1，第 13 段。

28 残疾人权利委员会的结论性意见：西班牙，CRPD/C/ESP/CO/1，第 20 段。

29 残疾人权利委员会的结论性意见：突尼斯，CRPD/C/TUN/CO/1，第 13 段；萨尔瓦多，CRPD/C/SLV/CO/1，第 13 段。

30 残疾人权利委员会的结论性意见：阿根廷，CRPD/C/ARG/CO/1，第 11 段。

私人行为者的歧视或纠正持续存在的歧视，即使这些歧视不是直接由国家造成的。[31]

因此，平等和有效保护不受歧视的首要意义在于各国针对私人主体的歧视而提供保护的义务。关于这一问题，人权事务委员会已经阐明，倘若一国纵容私人或实体的歧视，或未能采取适当措施或未能尽职尽责针对私人或实体的歧视提供保护以防止、惩罚、调查追究和救济此类歧视行为所造成的伤害，就可能会产生国家责任。[32]

不受歧视的保护应由主管法庭和其他公共机构提供，更重要的是，应通 167
过强制性的制裁和救济措施来实施。残疾人权利委员会强调，迫切需要制定除经济赔偿外的其他适当措施对歧视的情况予以救济，包括要求歧视者改变其歧视行为的补救措施，如禁止令、[33] 处罚[34]以及其他相称的劝诫性制裁措施。此外，残疾人权利委员会强调，重要的是使歧视受害者能报告他们所遭受的歧视行为，为此建议建立法律和行政救济快速通道[35]或简化现行救济措施。[36]

4　确保合理便利的责任

《残疾人权利公约》首次在国际法上规定合理便利作为一项单独的可强制实施的人权。

合理便利概念出现在各种国际和区域论坛[37]以及国内法律框架[38]中，而

31　Doebbler (2007), p. 12.

32　人权事务委员会第 31 号一般性意见：《公民及政治权利国际公约》缔约国的一般法律义务的性质，CCPR/C/21/Rev. 1/Add. 13，第 8 段。

33　CRPD/C/AUT/CO/1, para. 13.

34　CRPD/C/SLV/CO/1, paras 13-16.

35　CRPD/C/SLV/CO/1, paras 13-16.

36　CRPD/C/ARG/CO/1, para. 12.

37　见 2000 年 11 月 27 日欧盟理事会第 2000/78/EC 号指令中“合理措施”的概念，该指令确立了就业和职业平等待遇的一般框架。

38　例如，1994 年《美国残疾人法》和 1995 年英国的《残疾歧视法》。

经由经济、社会和文化权利委员会通过的关于残疾人的第5号一般性意见，这一概念在国际人权法中得到了明确援引。[39] 然而，在《残疾人权利公约》中，提供合理便利的法律义务才得到完整的表达。《公约》不仅在第2条中承认歧视包括拒绝提供合理便利，[40] 而且进一步确认获得合理便利的权利是国际人权法下的一项独立权利。

从《公约》第5条第3款看，获得合理便利的权利对于确保遵守不歧视原则至关重要。有人认为，鉴于不受歧视的权利是一项公民权利和政治权利，不适用逐渐实现原则，因而《残疾人权利公约》中的合理便利与残疾歧视的联系创设了一项立即生效的义务。[41]

168 这项权利是《公约》起草过程中争论最多的议题之一。争论的焦点是相应义务的用语。工作组的草案要求缔约国“采取包括立法在内的一切适当步骤，以提供合理便利”。欧盟指出，缔约国无法在所有就业和服务框架内提供合理便利，因为在大多数情况下它们为私营实体所控制。相反，国家的作用，特别是对私营实体的作用，应该是“确保提供合理便利”，就如《公约》第5条第3款最后确定的那样。正如劳森（Lawson）所言，这显然要求各国不仅施予私营实体提供合理便利的义务，而且还要采取积极步骤，提高对便利义务、可采取的措施和遵约机制的认识。[42]

各国在保障获得便利权方面的作用反映了残疾的社会模式，这种模式认为残疾是社会障碍而不是个人的特殊缺陷的结果。在这方面，与提供合理便利的国内法律不同，《公约》不依赖个人诉讼作为执行其规定的一种方式。[43] 缔约国而非残疾人必须采取必要步骤以确保遵守《残疾人权利公约》。

《公约》起草者们议定，适当的便利措施必须能够满足个人具体情况下的特殊需求。事实上，同样的残疾并不总是要求同样的便利，因此必须根据特定的人的具体情况而不是他们的残疾来确定措施的适当性。从这个角度而

---

39 经济、社会和文化权利委员会第5号一般性意见，第15段。

40 比如，《美国残疾人法》就作出了这样的限定。See Kanter（2015），p. 854.

41 Lawson（2009），p. 104.

42 Lawson（2008），p. 32.

43 同样见《美国残疾人法》，Kanter（2015），pp. 855-856。

言，国内立法中的合理便利条款必须以灵活和开放的形式制定，以适应个人的需要。[44]

在谈判过程中也达成了一项谅解，即便利必须通过残疾人个体和相关实体之间的互动来确定。因此，相关实体不应被允许强迫个人接受任何特定的合理便利。然而，也有人认为，在一系列合理便利可用的情况下——每种便利显然都合理，个人就没有权利选择某种他或她所偏好的特定便利。

4.1　作为平等和普遍享有权利触发因素的便利

在《残疾人权利公约》谈判过程中，施加义务采取合理措施为与损伤和残疾相关的需求提供便利，被视为实现残疾人平等的关键基础或前提条件。 169

事实上，将确保提供合理便利纳入国家义务是一项至关重要的实质性平等措施，因为它能促进残疾人行使权利。[45] 在残疾社会模式的方法中，歧视不仅包括社会对残疾人的排斥（作为），还包括社会对采取必要行动的疏忽（不作为）。因此，确保提供合理便利的义务是对残疾人基本平等的全面承认。为确保残疾人平等享有权利而作出修改或调整不再被视为一项慈善目标，而是转化为能够在法律上执行的权利。

《残疾人权利公约》中这种使平等与合理便利明确相交的结果是，不受歧视权只能通过适用于所有人权来实现。其结果是打破了公民权利和政治权利是消极的、几乎不需要国家采取积极行动或投入资源的假定。但是，必须作出一些区分，因为合理便利是一项不歧视义务，同样地，不歧视义务要求执行合理便利措施。劳森指出，虽然这些措施一般都需要采取积极行动，但只有不提供合理便利，而不是没有采取积极措施，才构成对不歧视权的侵犯。这也反映在第 2 条中。该条认定，拒绝提供合理便利是歧视行为的表现，类似于直接歧视或间接歧视。

凯耶斯（Kayess）和弗伦奇（French）指出，尽管合理便利具有个性化的特点，但它有可能促成根本性的结构转变，从而给第三方带来或多或少的

44　Lord and Brown（2011），p. 277；Power et al.（2013），p. 36.

45　Kayess and French（2008），p. 120.

利益。[46] 例如，作为便利的一部分的工作场所的物理结构改变或购买的新设备，可能提高其他员工的工作效率或减轻他们的工作量，从而使他们受益。允许残疾员工在工作安排方面拥有更大的灵活性，可能会让很多人觉得弹性工作时间是可行的。从此意义上说，合理便利体现了人权普遍性理念，使其能够超越残疾领域而得到普遍享有。

170 4.2 从更宽泛的义务到《公约》实质性条款

《公约》通过其规定的一般义务和特殊义务而形成了一个提供合理便利的义务网。通过属于《公约》普遍适用条款的第 5 条第 2 款的规定，合理便利被要求同样适用于公民权利、政治权利以及经济、社会和文化权利。正如劳森所言，《公约》中的合理便利起到了“特殊的桥梁作用”，[47] 贯穿所有权利（公民权利和政治权利，经济、社会和文化权利），推进了人权法的整合统一。实际上，诸多实质性条款也特别提到了提供合理便利的义务，诸如自由和人身安全（第 14 条第 2 款）、教育（第 24 条）、就业（第 27 条），以及在获得司法保护方面“提供程序便利和适龄措施”（第 13 条）。

由此，《公约》中的提供合理便利的义务也延伸到了广泛的社会行为体，包括国家、雇主、教育提供者、医疗保健提供者、检测和资格鉴定机构、商品和服务提供者以及私人俱乐部。该义务要求这些行为者合理调整那些妨碍残疾人融入和参与的政策、做法与场所。

5 作为合理差别待遇的具体措施

在某些情形下，平等原则可能要求一国采取积极行动，以减少或消除造成或助长歧视长期存在的条件。联合国不歧视问题特别报告员马克·博叙伊（Marc Bossuyt）先生也肯定了采取积极行动的必要性。他指出：“过去对某

[46] Kayess and French（2008），p. 9.

[47] Lawson（2008），p. 34.

些群体的系统性歧视的持续政策是采取特别措施的正当理由，在某些情况下甚至要求采取特别措施，以克服仍然影响着这些群体成员的劣势的后续影响。”[48]

在残疾人的语境下，经济、社会和文化权利委员会强调，采取积极行动并不构成对不歧视原则的违反。[49] 相反，该委员会指出，采取积极行动是消除过去的歧视和实现机会均等的合法手段。[50]

积极行动有时被描述为积极歧视，即为了纠正歧视的历史而在有限的时 171
间和范围内采取的积极行动。平权行动（affirmative action）原则载于若干国际人权条约，如《消除一切形式种族歧视国际公约》（第 1 条）、《消除对妇女一切形式歧视公约》（第 4 条第 1 款）。循着这样的轨迹，《残疾人权利公约》在第 5 条第 4 款中采纳了这一原则，规定“为加速或实现残疾人事实上的平等而必须采取的具体措施，不得视为本公约所指的歧视”。

在起草过程中，争论集中在对此类措施的限定条件上，因为其他人权条约使用的“特别”的措辞隐含着某种歧视残疾人的负面意味，而这正是《公约》旨在避免的。[51] 将措施的限定条件界定为“积极的”也没有获得多少赞成，因为这被认为太苛刻了，一些政府代表团对此表示担忧。因此，各代表团同意使用具有更中性的含义的“具体”一词。

然而，值得注意的是，与其他人权条约相比，《残疾人权利公约》就肯定性措施施予各国的义务似乎较轻。实际上，《消除对妇女一切形式歧视公约》表明，其缔约国已同意采取一切必要措施以全面实现该公约所承认的权利，而《残疾人权利公约》第 5 条第 4 款起到的只是采取具体措施时的保障条款作用。正如阿纳多蒂尔（Arnardóttir）所指出的，残疾人权利委员会将有责任“解释拒绝根据《公约》提供合理便利的明确合理的个人权利主张与更

48　特别报告员马克·博叙伊按照小组委员会第 1998/5 号决议提交的最后报告：平权行动的概念和实际做法（Concept and Practice of Affirmative Action），E/CN. 4/Sub. 2/2002/21，第 101 段。

49　人权事务委员会第 18 号一般性意见，第 10 段。

50　经济、社会和文化权利委员会第 5 号一般性意见，第 18 段。

51　《消除一切形式种族歧视国际公约》第 1 条第 4 款中使用的是“特别措施”，而在《消除对妇女一切形式歧视公约》第 4 条第 1 款中使用的是“暂行特别措施”。

为难以捉摸的对平权行动的支持之间的界限”。[52]

5.1　典型具体措施

针对残疾人的具体措施可能需要有与针对其他群体不同的处理方式。在起草过程中，国际残疾人组织核心成员组宣称，为了纠正大体上屈尊俯就式、家长式的对待残疾人的做法，有必要将措施界定为“为残疾人所接受的”，为残疾人自己确定可以接受哪些促进事实上的平等的措施敞开了大门。然而，特设委员会主席对各国如何判断国际残疾人组织核心成员组的提议持怀疑态度，毕竟各国要考虑将《公约》落实到国内法中。

《残疾人权利公约》第 8 条规定的国家提高认识的义务和第 9 条规定的无障碍义务不属于积极行动的范畴。相反，它们是旨在通过改造社会和环境
172 结构以及顽固意识来消除歧视、促进参与和包容的一般性措施。[53] 合理便利也不能被视为积极行动，因为它们是个性化的，没有挑战系统性的障碍和不平等。[54]

在仔细研究为消除事实上的不平等而可能采取的不同措施时，德舒特（De Schutter）区分了在这方面可以援引的三个逻辑依据。第一个是回望式的，并基于这样的假设，即平权行动有一个补偿目标，通过给予优待以克服过去的歧视产生的遗留问题。第二个则着眼于当下，将平权行动视为建立事实上的（*de facto*）平等所必需的工具，认为如果不考虑某一群体的某些特征，则这种平等仍会是盲目的。第三个被定义为“前瞻性的”，认为平权行动是促进多样性或比例代表制的工具，可使某一群体在各部门或各层面都能被公正地代表。[55]

一旦确定了逻辑依据，就有可能确定要采取的平权行动。此类行动中争议较大的例子是为某些群体的成员预留位置的配额，或给予某些群体的成员优先或特殊利益的分配优惠规则。争议较小的积极行动措施的例子，包括监

52　Arnardóttir（2009），p. 60.

53　Broderick（2015），p. 118.

54　Broderick（2015），p. 138.

55　De Schutter（2007），pp. 780-781.

测某些群体在获得就业、教育或住房方面的情况，以及通过灵活的工作时间制度或教育扶持措施为满足其特殊需要提供便利。[56]

5.2　具体措施的必要性、比例性和永久/非永久性

沃丁顿（Waddington）和贝尔（Bell）阐述了积极行动措施的主要特征。第一，它们“针对的是一个界定明确的社会群体”。第二，它们“寻求纠正具体情形下的不利情况，比如获得教育或就业的机会”。两位作者指出，积极行动的方案“通常是为那些寻求某一具体工作或职业的人设计的。有证据表明在此类工作或职业中，过去和/或现在存在着对他们不利的情况。这一举措可以对任何潜在求职者开放，但通常并非针对劳动力市场上具有特定特征的每个人”。第三，两位作者称，“采取积极行动的必要性将受到定期审查”。然而，“这并不意味着积极行动必须有时间限制，但也不会自动被认为是无限期的”。相反，两位作者指出，“许多基于残疾而提供的社会利益并没有任何预设期限”。[57]

《残疾人权利公约》第 5 条第 4 款不包含对具体措施的任何时间限定。因 173
此，可以认为这与《消除对妇女一切形式歧视公约》第 4 条存在些许共通之处，根据后者，暂行特别措施和永久保护措施都是被允许的。

在《实施〈残疾人权利公约〉议员手册》（Handbook to Parliamentarians on the Implementation of the Convention）中，该规定被设想为包括永久性的积极行动措施（如为残疾人乘坐出租车提供交通补贴）和临时性的特别措施（如为残疾人提供就业配额）。实际上，虽然有一些积极行动措施可能是短期的，但也有许多措施不是临时性的。[58]

持续性或永久性措施是将一直持续或很可能永久存在的具体措施。例如，为确保残疾人与其他人一样行动自如，政府可为残疾人提供交通补贴，使他们能乘坐出租车。

临时特别措施是为纠正残疾人过去的不利地位而采取的措施，但可能只

56　Cera（2015），pp. 93–95.

57　Waddington and Bell（2011），pp. 1523–1524.

58　UN–DESA et al.（2007），pp. 66–68.

实行一段时间。比如，政府可以为残疾人就业设定指标或配额，一旦达到指标就取消配额。

《公约》同时允许持续性措施和临时特别措施，它们都不构成《公约》所定义的歧视。实际上，为了实现平等，这两类特别措施可能都是必要的，因此，缔约国有义务在社会生活的不同领域采取一系列具体措施。

相关案例

CRPD Committee 19.04.2012, Communication No. 3/2011, *HM v. Sweden*, CRPD/C/7/D/3/2011.

ECtHR 13.06.1979, Application No. 6833/74, *Marckx v. Belgium*, 2 EHRR 330.

CCPR 17.08.2004, Communication No. 943/2000, *Jacobs v. Belgium*, CCPR/C/81/D/943/2000.

I/A Court H. R. 09.01.1984, Advisory Opinion OC-4/84, *Proposed Amendments of the Naturalization Provisions of the Constitution of Costa Rica*, Series A No. 4.

参考文献

Arnardóttir OM (2009) A future of multidimensional disadvantage equality? In: Arnardóttir OM, Quinn G (eds) The UN Convention on the Rights of Persons with Disabilities: European and Scandinavian perspectives, Martinus Nijoff, Leiden, pp. 41-66.

Barnard C, Hepple B (2000) Substantive equality, Camb Law Journ 59: 562-585.

Broderick A (2015) The long and winding road to equality and inclusion for persons with disabilities, Intersentia, Antwerp.

174 Cera R (2015) National legislations on inclusive education and special educational needs of people with autism in the perspective of article 24 of the CRPD, In: Della Fina V, Cera R (eds) Protecting the rights of people with autism in the fields of education and employment, International, European and national perspectives, Springer, Heidelberg, pp. 79-108.

De Schutter O (2007) Positive action, In: Schiek D, Waddington L, Bell M (eds) Cases, materials and text on national, supranational and international non-discrimination law, Hart Publishing, Portland, pp. 757-869.

Doebbler CFJ (2007) The principle of non-discrimination in international law, CD Publishing, Washington.

Fredman S (2011) Discrimination law, Oxford University Press, Oxford.

Hendriks A (1995) The significance of equality and non-discrimination for the protection of rights and dignity of disabled persons, In: Degener T, Koster-Drees Y (eds) Human rights and disabled persons, Martinus Nijhoff, Dordrecht, pp. 40-62.

Hendriks A (2010) The UN disability Convention and (multiple) discrimination: should EU non-discrimination law be modelled accordingly? In: Quinn G, Waddington L (eds) European yearbook of disability law, vol 2, Intersentia, Antwerp, pp. 7-27.

Kanter AS (2015) The Americans with Disabilities Act at 25 years: lessons to learn from the convention on the rights of people with disabilities, Drake Law Rev 63: 819-883.

Kayess R, French P (2008) Out of darkness into light? Introducing the Convention on the Rights of Persons with Disabilities, Hum Rights Law Rev 8 (1): 1-34.

Lawson A (2008) Disability and equality law in Britain, Hart Publishing, Portland.

Lawson A (2009) The UN Convention on the Rights of Persons with Disabilities and European disability law: a catalyst for cohesion? In: Arnardottir OM, Quinn G (eds) The United Nations Convention on the Rights of Persons with Disabilities: European and Scandinavian perspectives, Martinus Nijhoff, Leiden.

Lord J, Brown R (2011) The role of reasonable accommodation in securing substantive equality for persons with disabilities, In: Rioux MH, Basser LA, Jones M (eds) Critical perspectives on human rights and disability law, Martinus Nijoff, Leiden.

Lucy W (2011) Equality before and under the law, Univ Tor Law J 61 (3): 411-465.

Moeckli D (2014) Equality and non-discrimination, In: Moeckli D, Shah S, Sivakumaran S, Harris (eds) International human rights law, Oxford University Press, Oxford, pp. 157-173.

Power A, Lord JE, DeFranco AS (2013) Active citizenship and disability: implementing the personalization of support, Cambridge University Press, New York.

Rothstein LF (2000) Reflections on disability discrimination policy-25 years, Univ Ark Little Rock Law Rev 22: 147-159.

Schulze M (2010) Understanding the UN Convention on the Rights of Persons with Disabilities, http://www.handicap-international.fr/fileadmin/documents/publications/HICRPDManual.pdf, Accessed 9 Oct 2015.

Shaw MN (2008) International law, Cambridge University Press, Cambridge.

Stein MA, Lord JE (2009) Future prospects for the United Nations Convention on the Rights of Persons with Disabilities, In: Arnardóttir OM, Quinn G (eds) The UN Convention on the Rights of Persons with Disabilities: European and Scandinavian perspectives, Martinus Nijoff, Leiden, pp. 17-40.

UN-DESA, OHCHR, IPU (2007) From exclusion to equality. Realizing the rights of persons with disabilities, In: Handbook for parliamentarians on the convention on the rights of persons with disabilities and its optional protocol, UN, Geneva.

Vandenhole W (2005) Non-discrimination and equality in the view of the UN human rights treaty bodies, Intersentia, Antwerp.

Waddington L, Bell M (2011) Exploring the boundaries of positive action under EU law: a search for conceptual clarity, Common Mark Law Rev 48 (5): 1503-1524.

第 6 条　残疾妇女 175

瓦伦蒂娜·德拉·菲娜

一、缔约国确认残疾妇女和残疾女孩受到多重歧视，在这方面，应当采取措施，确保她们充分和平等地享有一切人权和基本自由。

二、缔约国应当采取一切适当措施，确保妇女充分发展，地位得到提高，能力得到增强，目的是保证妇女能行使和享有本公约所规定的人权和基本自由。

目　次

1 第6条的历史和背景

2003年特设委员会主席《促进和保护残疾人权利和尊严的全面综合国
176 际公约草案要点》载有标题为“残疾男女在享有权利方面的平等”的第7条，[1] 该条规定如下：“缔约国确认残疾妇女和残疾女孩受到多重歧视，必须采取有重点的、针对性别的措施（包括保护性措施），确保妇女和女孩在与男子和男孩平等的基础上享有所有一切人权和基本自由。”[2]

工作组2004年拟订的公约草案不再包含该条。仅仅在其序言中，缔约国确认“重度残疾人或多重残疾的人以及因种族、肤色、性别、语言、宗教、政治或其他见解、民族或社会出身、财产、出生或其他身份而受到多重或严重歧视的残疾人所面临的困境”（第13段），确认在促进残疾人人权的一切努力之中“纳入性别视角”[3] 的迫切需要。[4]

仅在特设委员会第三届会议（2004年5月24日至6月4日）上有一份关于在《残疾人权利公约》中列入残疾妇女条款的提议，是由韩国提交的（草案第15条之二）。[5] 该条的最初草案并没有提到残疾女孩。至于内容，该条确认了与母亲身份有关的权利——后来被合并到《公约》第23条；保护不受任何形式的暴力和性剥削——后来被纳入《公约》第16条；它还提及了残疾妇女的统计数据——然而这一点并未被列入《公约》第31条的最

1 特设委员会主席向工作组提交了草案要点，供工作组拟订公约草案时参考。

2 See http://www.un.org/esa/socdev/enable/rights/wgcontrib-chair1.htm.

3 《第四次妇女问题世界会议成果的执行情况》确认，“性别（gender，或称社会性别——译者注）是指男女各自分别承担的社会所建构的角色身份……就语言的使用而言，‘性’（sex，或称生理性别——译者注）一词用于指男女的身体和生理特征，性别（gender）一词用于解释根据社会分配的角色而男女有别的原因”。见秘书长报告：《第四次妇女问题世界会议成果的执行情况》，A/51/322，第9段。

4 序言第4段同样提到了《消除对妇女一切形式歧视公约》。See C.265/2004/WG/1.

5 2004年公约草案包含关于残疾儿童的第16条（现行第7条）；为此，韩国建议将关于妇女的条款置于第15条和第16条之间，并将其编号为“第15条之二”。See Arnade and Haefner（2011），p.44 et seqq.

后措辞中。[6]

韩国为支持其提议指出，有必要在《公约》中“集中和广泛”地提及残疾妇女，因为她们在国家和国际两级的立法和政策努力中一直处于被无视的状态。[7] 韩国特别指出：“除了在一般条款中提及性别之外，关于残疾妇女权利的单独条款是残疾人权利公约至关重要的内容。”在韩国看来，只有设立一项关于残疾妇女的单独条款才能确保她们被纳入《公约》的实施。[8] 177

全体会议仅在特设委员会第六届会议（2005 年 8 月 2 日）上讨论了将关于残疾妇女的条款列入《公约》的问题。在辩论期间，有人强调指出，所有妇女都受到《消除对妇女一切形式歧视公约》的保护，尽管它并没有处理关于残疾妇女的具体问题。大多数代表团同意在草案中列入两性平等原则，并同意有必要在整个《残疾人权利公约》中考虑残疾妇女的问题，但他们对是否有必要单列一条意见不一，因为许多代表团认为这是没必要的。[9] 有与会者表示倾向于在《公约》的一般义务规范（现行第 4 条）中列入一项关于残疾妇女的规定，以便在整个《公约》中横向适用。

在此问题上的立场主要基于三个原因：第一，不应特别提及任何弱势群体，以避免“遗漏某些人”的风险；第二，欧盟认为《公约》的文本应当平等地适用于“所有残疾人”，而单列一项关于残疾妇女的条款会削弱《公约》的文本；[10] 第三，这一条款与《消除对妇女一切形式歧视公约》相对比

6　提议的第 15 条之二：妇女和残疾，A/AC. 265/2004/5。

7　See Degener（2001）.

8　为回应一些代表团对“列入”（listing）的风险和仅规定于一条中会减损残疾妇女权利的危险提出的关切，韩国指出，它更关注的是相反的危险：在一般条款中提到两性平等却没有关于残疾妇女的具体条款。

9　See A/60/266. 起初，反对这一条款的很多，包括欧盟、日本、约旦、新西兰、塞尔维亚和黑山、墨西哥、挪威等。相反，非洲国家、一些南美国家和亚洲国家支持韩国的提议，一些非政府组织也赞成列入一项单独条款，以加强对遭受多重歧视的残疾妇女和残疾女孩的保护，并确保她们充分和平等地享有一切人权。一些非政府组织对该提议的评论，见 http://www. un. org/esa/socdev/enable/rights/ahc8contngos. htm。

10　欧盟不同意设立一项关于妇女的单独条款，而支持在序言和第 4 条（一般义务）中提及残疾妇女易受多重形式歧视的问题，以确保《公约》的每一条都横向考虑到妇女问题，并要求各国在解释其他条款时铭记男女平等。关于 2005 年 8 月 2 日特设委员会第六届会议关于第 15 条之二的讨论摘要，见 http://www. un. org/esa/socdev/enable/rights/ahc6sum2aug. htm；关于欧盟取代第 15 条之二的提议，见 http://www. un. org/esa/socdev/enable/rights/ahc6eu. htm。

将造成法律上的不确定性，许多代表团认为《消除对妇女一切形式歧视公约》已经为保护妇女包括残疾妇女的权利提供了一个全面的框架，尽管它并没有明确提及残疾妇女。[11]

2005 年 8 月，特设委员会主席考虑到各国在这一问题上的分歧，任命了特
178 蕾西娅·德格纳（Theresia Degener）教授作为协调人（facilitator），其任务是“就残疾妇女权利在案文中的系统涵盖进行磋商”。[12] 2006 年 1 月 28 日，在特设委员会第七届会议上，残疾妇女问题协调人与残疾儿童问题协调人合作提出了“关于妇女和儿童问题的协调人联合提议”。[13] 在此提议中，标题为“残疾妇女”的第 6 条内容如下：“1. 缔约国确认残疾妇女和残疾女孩受到多重歧视，有必要采取重点突出、使妇女能力得到增强和具有性别敏感性的措施，确保她们充分和平等地享有一切人权和基本自由；2. 缔约国应当采取一切适当措施，确保残疾妇女在享有本公约所规定的一切权利方面的平等权利。”

特蕾西娅·德格纳教授在特设委员会发言时指出：“尽管承认残疾妇女和残疾儿童是不同的群体，但为本公约的目的，对待这两个社会群体的方法必须相似。”[14] 她还确认大家普遍同意“有必要在公约草案的一般部分列入保护残疾妇女和残疾儿童人权的强有力的单独规定”。就如协调人联合提议的那样，这些规定可插入第 4 条（一般义务）或第 6 条（残疾妇女）和第 7 条（残疾儿童）。事实上，协调人注意到，关于这些条款的位置没有达成必要的共识，但大家同意，这些条款必须“强有力并且对《公约》所载一切权利具有横向影响”。大家还同意，在有关提高认识、统计、数据收集和监测的条款中明确提及残疾妇女和残疾儿童。也有人支持在待商定的《公约》更多专题条款中提及妇女和儿童。

11　关于不同谈判立场的摘要，见 Schulze（2009），p. 45。

12　在特设委员会第六届会议期间，来自德国的特蕾西娅·德格纳被任命为协调人。她担任这一职务直到特设委员会第七届会议结束。对于德格纳在起草《公约》现行第 6 条方面的作用以及对《公约》中有关妇女和性别条款的分析，见 Arnade and Haefner（2011）。

13　联合提议由 3 个部分组成：第一部分是关于妇女的规定（序言，第 6 条、第 16 条、第 23 条和第 25 条），第二部分是关于儿童的规定，第三部分是关于两者的规定（第 8 条、第 16 条、第 31 条、第 33 条、第 39 条和第 44 条）。

14　德格纳教授在特设委员会的发言的摘要，见 http://www.un.org/esa/socdev/enable/rights/ahc7sum31jan.htm。正文引号中的所有协调人引语均取自此摘要。

在谈判结束时，“双轨办法”占了上风。在特设委员会第八届会议（2006年 8 月 14~25 日）上，包括欧盟在内的几乎所有代表团都同意在《公约》中列入关于残疾妇女的单独条款（第 6 条），并通过贯穿整个文本的性别观点主 179
流化予以完善。[15] 按照这一方式，《残疾人权利公约》在序言（第 16 段、第 17 段和第 19 段）和第 3 条、第 8 条、第 16 条、第 25 条、第 28 条和第 34 条中考虑了残疾妇女的权利和性别平等。

2　国际人权文书中的残疾妇女和残疾女孩

迄今为止，《残疾人权利公约》是唯一明确保护残疾妇女的核心人权条约。

至于《消除对妇女一切形式歧视公约》，消除对妇女歧视委员会在 1991 年关于“残疾妇女”的第 18 号一般性建议中，对“遭受与其特殊生活条件有关的双重歧视”的残疾妇女的状况表示关切，并建议缔约国在其定期报告中提供关于残疾妇女的资料，特别是说明为处理她们的具体情况而采取的措施，包括确保她们平等获得教育、就业、保健服务和社会保障的特别措施，并保证她们参与社会和文化生活的所有领域。[16] 通过该一般性建议，消除对妇女歧视委员会阐明了《消除对妇女一切形式歧视公约》适用于残疾妇女，尽管其条款对此没有明确提及。

其他人权条约机构也处理残疾妇女的问题，尽管相关条约在这一问题上存在法律真空。特别是经济、社会和文化权利委员会在 1994 年关于“残疾人”的第 5 号一般性意见中确认“残疾妇女遭受的双重歧视往往被忽视”，敦促缔约国处理残疾妇女问题，高度优先执行与其经济、社会、文化权利相

15　联合国经济及社会理事会第 1997/2 号商定结论将性别观点主流化定义为“评估任何计划的行动（包括立法、政策或方案）在各领域和各层次对妇女和男子的影响的过程。它是一种将妇女和男子的关注事项和经验作为一个整体，纳入政治、经济和社会等所有领域的政策和方案的设计、落实、监测和评价的战略，意在使妇女和男子都能平等受益，终止不平等的现象。最终目标是实现两性平等”。将性别观点纳入主流对于确保妇女和男子的人权和社会正义至关重要。人们还认识到，将性别观点纳入不同的发展领域可以确保其他社会和经济目标的有效实现。

16　1991 年消除对妇女歧视委员会第 18 号一般性建议：残疾妇女。

关的方案。[17]

无法律约束力的文书中确认残疾妇女为弱势群体的有：1982 年《关于
180 残疾人的世界行动纲领》、1985 年《提高妇女地位内罗毕前瞻性战略》、[18] 1993 年《残疾人机会均等标准规则》、1995 年第四次妇女问题世界会议闭幕时通过的《北京宣言》和《行动纲要》及其审查评价。[19] 特别是在《北京宣言》第 32 段中，各国申明，决心“加强努力以确保在权力赋予和地位提高方面由于种族、年龄、语言、族裔、文化、宗教或残疾或由于是土著人民而面对**重重障碍**的所有**妇女**和**女孩**平等享有一切人权和基本自由”。[20] 因此，《行动纲要》建议各国在国际一级采取主动行动，确保残疾妇女和残疾女孩享有平等的待遇和获得教育、保健服务和就业的机会，并保护她们免受暴力行为侵害。[21]

关于残疾女孩，[22]《儿童权利公约》对其提供保护。该公约在关于不歧视原则的第 2 条以及专门讨论残疾儿童权利和需要的第 23 条中具体提到残疾问题。[23] 自 1990 年该公约生效以来，儿童权利委员会特别关注基于残疾的歧视。此外，儿童权利委员会还通过了关于“残疾儿童的权利”的第 9 号一般性意见（2006 年），以指导和协助缔约国努力全面落实残疾儿童的权利。[24]

---

17 经济、社会和文化权利委员会第 5 号一般性意见：残疾人，E/1995/22，第 10 段。

18 见《审查和评价联合国妇女十年：平等、发展与和平成就》，1985 年 7 月 15 日至 26 日，内罗毕，A/CONF. 116/28/Rev. 1，chapter I，section A，para. 296。

19 尤其见妇女地位委员会第五十四届会议对《北京宣言》和《行动纲要》实施情况进行 15 年期审查时通过的《宣言》。See Official Records of the ECOSOC，2010，Supplement No. 7 and corrigendum（E/2010/27 and Corr. 1），chap. I，sect. A；see also ECOSOC decision 2010/232.

20 着重号后加。《宣言》使用“重重障碍”一词，含蓄地承认了多重歧视的原则。

21 http://www.un.org/womenwatch/daw/beijing/pdf/BDPfA%20E.pdf. 此外，2000 年举行的《北京宣言》和《行动纲要》实施情况五年期审查（北京会议五周年）和 2005 年举行的十年期审查（北京会议十周年）都确认对残疾妇女的关切。

22 根据《儿童权利公约》第 1 条，女孩系指 18 岁以下的未成年女性，除非对其适用之法律规定成年年龄低于 18 岁。

23 值得一提的是，联合国《残疾人机会均等标准规则》同样建议各国为残疾女孩采取措施。

24 儿童权利委员会建议“缔约国对所有国内法和相关条例进行全面审查，以确保《公约》的所有规定均可适用于所有儿童，包括适当时应当明确提及的残疾儿童”。见儿童权利委员会第 9 号一般性意见：残疾儿童的权利，CRC/C/GC/9，第 17 段。

在这一法律框架内，《残疾人权利公约》第 6 条发挥了关键作用，因为正如已经提到的，它填补了《消除对妇女一切形式歧视公约》的空白，并与《残疾人机会均等标准规则》《北京宣言》《儿童权利公约》一道将保护范围扩大到残疾女孩。

3　第 6 条规定的多重(交叉)歧视 181

《残疾人权利公约》第 6 条第 1 款确认残疾妇女和残疾女孩受到“多重歧视”，要求缔约国采取措施，确保她们充分和平等地享有一切人权。《残疾人权利公约》在第 2 条中定义了“基于残疾的歧视”，但没有提供“多重歧视”的概念，这是最近出现的一种关于歧视形式的新概念。[25]

这一术语是在 20 世纪 80 年代末由一些非洲裔美国学者引入法律语言的，其目的是确定有色人种妇女所遭受歧视的形式。这些学者是“种族批判理论”的倡导者，并对迄今为止在研究种族歧视时所遵循的方法提出了挑战，该方法是基于对所确定的单一的“种族”歧视理由的审查（所谓的单一理由办法）。[26] 他们特别强调，由于个人和社会因素，一个人可能属于不同的弱势群体，并可能成为基于种族、年龄、社会地位、性别、性倾向、残疾等理由的多重形式歧视的受害者。非洲裔美国女权运动的杰出人物金伯利·克伦肖（Kimberlé Crenshaw）创造了“交叉性”一词，以指代影响有色人种女性的“不同形式歧视的交叉、同时发生和相互依存”。[27]

学者们强调了“交叉歧视”和“多重歧视”概念之间的区别。[28] 关于第 6 条的范围，残疾人权利委员会在有关该规范的一般性意见草案中指出：“多重歧视的核心特征是其交叉性，即涉及多个歧视理由。在歧视的语境下，

---

[25] “对妇女的歧视”的法律定义载于《消除对妇女一切形式歧视公约》第 1 条，见 Englehart and Miller（2014）。关于“基于残疾的歧视”的概念，见本书对第 2 条“定义”的评注。

[26] See Crenshaw et al.（1995）.

[27] See Crenshaw（1989，1991）.

[28] 关于这些概念，见 Makkonen（2002）。关于对马克科宁（Makkonen）的“多重歧视”的定义提出的批评意见，见 Roseberry（2011），p. 26 等。

这些理由通常难以区分。哪一部分的歧视是基于哪一种理由的往往无法辨别。进一步的交叉歧视表现为一种全新的歧视形式。”[29] 残疾人权利委员会还明确指出：“残疾妇女和残疾女孩经常面临交叉歧视，这意味着基于各种身
182 份的多种歧视形式可能交叉并产生新的歧视形式，此种歧视是独特的，不能通过将其描述为双重或三重歧视来正确理解。交叉歧视是多重歧视的一种形式。”[30] 不过，残疾人权利委员会在第 3 号一般性意见（2016 年）中阐明，“多重歧视是指一个人受到基于两个或更多理由的歧视，导致歧视加深或加重的情况”，而“交叉歧视是指多个理由同时以不可分割的方式相互作用的情况”（第 4 段）。

3.1 在世界一级通过的不具法律约束力的文书中

多重歧视概念已在反歧视法框架内逐步出现，主要归因于 2001 年于德班举行的反对种族歧视、仇外心理和有关不容忍行为世界会议及其 2009 年审查会议的推动。[31] 在 2001 年的《德班宣言》中，各国首次在国际一级确认“基于种族、肤色、世系或民族或种族出身的种族主义、种族歧视、仇外心理和有关不容忍行为，受害者可能基于性别、语言、宗教、政治或其他见解、社会出身、财产、出生或其他身份等原因而受到多重或加重形式的歧视”。[32]

在 2009 年德班审查会议的成果文件中，各国“关切地注意到多重或加重形式的歧视有所增加”，并重申“此类歧视影响人权的享有，可能导致对

---

[29] 见残疾人权利委员会关于第 6 条的一般性意见的草案：残疾妇女（2015 年 5 月 22 日），CRPD/C/14/R.1，第 16 段（以下简称“关于第 6 条的一般性意见草案”）。残疾人权利委员会关于第 6 条残疾妇女和女童的第 3 号一般性意见于 2016 年 8 月 26 日通过，见 CRPD/C/GC/3。本章参考文献都与该草案有关，因该草案曾经是草拟条款时唯一可用的文件。

[30] 同上，第 8 段。着重号后加。See Degener（2011）.

[31] 德班会议之前，在 2000 年联合国千年发展目标中，联合国成员国的国家元首和政府首脑认识到“残疾妇女在社会中处于双重不利地位：她们因性别和残疾而被排斥在各种活动之外”（目标 3“促进两性平等并赋予妇女权力”）。

[32] 见第 2 段；另见《宣言》序言和第 69 段。着重号后加。《行动纲领》也承认对包括妇女和女孩在内的特定群体的多重歧视（第 14 段、第 18 段、第 31 段、第 49 段、第 70 段、第 104 段、第 172 段、第 212 段），OHCHR（2014）。

特定目标或弱势群体的歧视，敦促各国采取或加强方案或措施，消除多重或加重形式的歧视，特别是通过采用或改进刑法或民法的立法来解决此类问题”。[33] 各国同时强调，“在多重歧视情况下”，有必要“将对妇女和儿童的一切形式的暴力行为视为刑事犯罪，依法予以惩处，并有责任提供公正、有效的补救方法”。[34] 此外，它们认识到“妇女和女童往往遭到多重歧视、侵 183
害和暴力”。[35]

上述文件标志着确认多重歧视的一个转折点，因为这一概念首次在世界一级得到正式确立，即便是在不具法律约束力的文书中。随着这种新歧视形式得到联合国人权条约机构[36]和人权理事会[37]的承认，以及在具有法律约束力的条款（如《残疾人权利公约》第 6 条）中得到确认，多重歧视已全面进入国际人权法。

最近，联合国大会在 2013 年“关于为残疾人实现千年发展目标和其他国际商定发展目标高级别会议成果文件：前进道路，2015 年之前及之后的残疾人包容性发展议程”中确认了多重歧视概念。与《残疾人权利公约》一致，在这份不具法律约束力的文件中，联合国会员国重申了它们的承诺，即确保所有发展政策考虑到所有残疾人的需求并使之受益，其中包括可能遭受暴力和“多重或加重形式的歧视”的妇女和儿童。[38]

33　见第 85 段。着重号后加。

34　见第 87 段。

35　见第 90 段。着重号后加。当代形式的种族主义、种族歧视、仇外心理和相关不容忍现象问题特别报告员也认识到，“妇女和女童往往遭受多种形式的歧视，包括基于种族、肤色、世系，或民族或族裔出身以及性别的歧视。她们比男性更加容易被边缘化和遭到歧视。特别报告员敦促各国在设计和制定各级旨在消除种族主义、种族歧视、仇外心理和相关不容忍现象的预防措施时纳入性别观点，以确保这些措施切实针对男女的不同状况，包括特别考虑女性遭受的多种形式的歧视”。见 A/HRC/20/33/16，May 15，2012，para. 55。

36　消除对妇女歧视委员会确认，“某些妇女群体除受性别歧视外，还受到基于种族、族裔或宗教、残疾、年龄、阶级、种姓或其他因素的多种形式的歧视”。见消除对妇女歧视委员会关于《消除对妇女一切形式歧视公约》第 4 条第 1 款的第 25 号一般性建议：暂行特别措施，HRI/GEN/1/Rev. 7，第 12 段。关于联合国人权条约机构对于多重歧视的判例，见 Della Fina（2014）、Vandenhole（2005）。

37　See the Resolution 28/4 of March 2015.

38　See UNGA Resolution 68/3 of September 23，2013，para. 4（b）. 着重号后加。

3.2 在欧洲理事会中

《欧洲人权公约》没有提及多重歧视概念。该公约第 14 条禁止在享受其所载权利和自由方面基于“性别、种族、肤色、语言、宗教、政治或其他见
184 解、民族或社会出身、与某一少数民族的联系、财产、出生或其他身份”的歧视，而 2000 年该公约第 12 号附加议定书则普遍禁止歧视。

欧洲人权法院的判例有助于界定不歧视的内容，但鉴于该公约第 14 条的措辞，不歧视始终与《欧洲人权公约》及其各项附加议定书所保障的实质性权利结合在一起审查。[39] 这种属事管辖权的限制在一定程度上解释了该法院所采取的做法，即在处理有关歧视案件时，即使特别弱势群体（如妇女）的权利被提出，也从未考虑过交叉或多重歧视。[40]

在欧洲理事会的框架内，1996 年经修订的《欧洲社会宪章》也提供了免受歧视的保护，包括在就业和职业事项上不受性别歧视的权利（第 20 条）、不歧视负有家庭责任的工人（第 27 条），以及在享有该宪章所载权利时不受基于“种族、肤色、性别、语言、宗教、政治或其他见解、民族或社会出身、健康、与某一少数民族的联系、出生或其他身份”的歧视的原则（第 E 条）。

迄今为止，欧洲社会权利委员会（European Committee of Social Rights，ECSR）尚未直接处理涉及多重歧视的案件，但在 2011 年 6 月关于欧洲罗姆人权利中心诉葡萄牙案的第 61/2010 号集体申诉的决定中，在有关罗姆人问题上，委员会含蓄地承认了这一概念。[41]

在不具法律约束力的法律框架内，《欧洲理事会促进残疾人权利和充分参与社会行动计划（2006~2015）：提高欧洲残疾人生活质量》处理了残疾妇女和残疾女孩遭受多重歧视的问题。[42]

---

39 See Reid（2008），p. 271 et seqq. 关于欧洲人权法院有关不歧视的判例，见 Danisi（2011），p. 793 等。

40 See Vakulenko（2007），Radacic（2008），Degener（2011）.

41 *European Roma Rights Centre v. Portugal*. 关于这一决定的评论，见 Della Fina（2014），p. 508。

42 见 the Action Plan adopted by the Committee of Ministers on April 5，2006 with Recommendation Rec（2006）5，特别是其题为“交叉方面”（Cross-cutting aspects）的第 1.4 段。

此外，欧洲理事会议会大会（Parliamentary Assembly of the CoE）在《关于平等原则的宣言和 2011 年欧洲理事会的活动》中明确承认存在多重歧视。该文件建议成员国通过涵盖“所有相关歧视理由及其**多重和复合**形式”的反歧视立法。[43] 另外，欧洲理事会议会大会还通过了一些建议，以保护被认为最容易受到多重歧视的特定群体（如穆斯林妇女和青年人），特别是属于弱 185
势群体的人（罗姆人、移民和难民）。[44]

3.3 在欧盟法律中

在欧盟法律框架内，平等和不歧视原则随着一体化进程的进展而得到巩固，成为欧盟法律的基本原则。实际上，欧盟法院（CJEU）认为，平等是欧盟法律秩序的一般原则之一。[45] 在其内容上，欧盟法院认为，平等原则排除了同等情况受到不同对待、不同情况受到相同对待的情况，除非这种对待是客观合理的。[46]

1997 年《阿姆斯特丹条约》（Treaty of Amsterdam of 1997）第 13 条对欧盟反歧视法的发展起了决定性的推动作用，该条将禁止歧视的理由从欧盟法律已经涵盖的理由（性别和国籍）扩充进包括种族或族裔出身、宗教或信仰、残疾、年龄和性倾向。它还责成欧盟理事会采取适当行动打击歧视（《欧洲联盟运行条约》第 19 条）。

在此法律基础上，欧盟理事会于 2000 年 6 月通过了第 2000/43/EC 号指令，实施平等待遇原则，而不论种族与族裔出身如何；于 2000 年 11 月通过了第 2000/78/EC 号指令，确立了就业和职业平等待遇的一般框架。[47]

---

43 See Resolution 1844（2011）, para. 9. 着重号后加。

44 见 Resolution 1887（2012）on “Multiple discrimination against Muslim women in Europe: for equal opportunities” and Recommendation 1978（2011）on “Towards a European framework convention on youth rights”。欧洲理事会议会大会建议各成员国采取具体的国内措施，打击青年人所遭受的多重歧视。

45 See Tridimas（2006）, p. 45 et seqq.

46 See ECJ, Case C-149/96, *Portugal v. Council*, Judgment of November 23, 1999, para. 91; Case C-411/98, *Angelo Ferlini v. Centre Hospitalier de Luxembourg*, Judgment of October 3, 2000; Case C-189/01, *Jippes v. Minister van Landbouw*, *Natuurbeheer en Visserij*, Judgment of July 12, 2001, para. 129. See Tridimas（2006）and McCrudden and Prechal（2009）.

47 欧盟二级反歧视立法在之后的一系列扩展歧视概念的指令中得到加强；见 Ellis and Watson（2012）、Quinn（2007）。

在欧盟法律中，保护免受歧视得到《欧盟基本权利宪章》（EUCFR）的进一步加强。根据《欧洲联盟条约》第 6 条第 1 款，该宪章与欧盟基础条约（the Treaties）具有同等的法律价值。[48] 该宪章载有一些有关平等和不歧视的规定，特别是关于法律面前人人平等原则的第 20 条，关于一般性禁止基于残疾
186 等理由的歧视的第 21 条，以及关于男女平等的第 23 条。[49]

然而，在欧盟反歧视法的框架内，没有任何实质性条款涉及多重或交叉歧视。[50] 在二级立法中，仅欧盟理事会第 2000/43 /EC 号指令第 14 项和欧盟理事会第 2000/78/EC 号指令第 3 项说明提到了关于妇女的多重歧视。其中第 14 项的内容如下："在执行不分种族或族裔出身的平等待遇原则时，欧洲共同体应当依据《欧洲共同体条约》第 3 条第 2 款的规定，旨在消除不平等现象，促进男女平等，尤其因为妇女往往是**多重歧视**的受害者。"[51]

众所周知，该列举说明仅包含解释标准，对成员国没有法律约束力。但是，关于欧盟理事会第 2000/78 /EC 号指令，欧盟委员会强调需要在国家一级解决多重歧视问题，如将其定义为一种歧视形式并提供有效的救济措施。[52]

将歧视形式扩展到多重歧视作为反歧视保护的一种强化措施，可能源于《关于实施不分宗教或信仰、残疾、年龄或性倾向的人际平等待遇原则的欧盟理事会指令的提议》的通过。该提议由欧盟委员会于 2008 年 7 月提出，[53]

48 《欧盟基本权利宪章》于 2000 年 12 月 7 日公布，并于 2007 年 12 月 12 日再次公布。关于该宪章，见 Di Federico（2011）和 Palmisano（2014）。

49 还值得一提的是，《欧洲联盟条约》第 8 条规定，欧盟应在其所有活动中致力于消除不平等和促进男女平等。此外，在 2011 年通过的新修订的《2011～2020 年欧洲性别平等协定》（the European Pact for Gender Equality 2011-2020）中，欧盟理事会重申致力于消除性别刻板印象，确保同值工作同等报酬，促进妇女平等参与决策。

50 关于这一主题，见 Verloo（2006）、Schiek and Chege（2009）、Monaghan（2011）和 Schiek and Lawson（2011）。

51 着重号后加。第 2000/78/EC 号指令第 3 项具有相似的内容。

52 See COM（2008）426 final，p. 4. 欧盟委员会认为，即使这些问题超出了该指令的范围，也不能阻止成员国在这些领域采取行动。

53 COM（2008）0426 号提议的文本可见于 http://eur-lex.europa.eu/legal-content/EN/TXT/PDF/?uri=CELEX：52008PC0426&from=en。截至 2016 年 3 月，提议尚未获得通过。通过提交该提议，欧盟委员会强调其目的是补充现有的欧盟法律框架，在该框架下，禁止基于宗教或信仰、残疾、年龄或性倾向的歧视仅适用于就业、职业和职业培训。因此，提议的这项新指令应确保欧盟范围内对遭受歧视的人提供统一的最低水平的保护。See Bell（2009）.

并经欧洲议会（the European Parliament）于 2009 年 4 月修订。[54] 欧洲议会通过的案文从几个方面加强了针对这种形式歧视的保护，并有助于使欧盟法律在这些方面符合《残疾人权利公约》规定的义务。在欧盟委员会的提案中，第 13 项的多重歧视概念仅仅针对妇女；与之相比，欧洲议会的案文则在若干段落中[55]都提到了多重歧视，认为多重歧视是一种新的歧视形式，与早已确立的歧视形式并存。该案文有两个方面值得注意和强调：载于第 1 条的多重歧视的广泛定义，[56] 和欧盟委员会在关于该指令的报告中提供有关此种形式歧视资料的义务（第 16 条第 2 款）。[57] 187

值得注意的是，这些修订与欧洲议会和其他欧洲机构就此问题所表达的观点是一致的。[58] 欧盟委员会在《2010～2015 年欧盟男女平等战略》中特别关注"基于两个或更多理由的歧视"的加重后果。[59] 此外，在《2010～2020 188

54　见欧洲议会 2009 年 4 月 2 日关于实施不分宗教或信仰、残疾、年龄或性倾向的人际平等待遇原则的欧盟理事会指令的提议的立法决议。欧洲议会根据协商程序通过了其意见。随着《里斯本条约》（the Lisbon Treaty）于 2009 年 12 月 1 日生效，该提议现在属于《欧洲联盟运行条约》第 19 条的范围；因此，在得到欧洲议会的同意后，还需要得到欧盟理事会的一致同意。由于一些国家认为该提议侵犯了国家在某些问题上的权限，并与辅助性和相称性原则相冲突，该提议仍在欧盟理事会内部讨论中（该指令目前已经通过——译者注）。See Council of EU，13877/1/15，Brussels，November 23，2015.

55　新的第 13 项内容如下："本指令还考虑了多重歧视。由于歧视可能基于《欧洲共同体条约》第 12 条和第 13 条所列的两种或两种以上理由而发生，欧共体在执行平等待遇原则时，应根据《欧洲共同体条约》第 3 条第 2 款和第 13 条的规定，消除与性别、种族或族裔出身、残疾、性倾向、宗教或信仰、年龄或与这些因素的结合相关的不平等，并促进平等。应提供有效的法律程序来处理多重歧视的情况。尤其是国家法律程序应确保投诉者可以在单一程序中就多重歧视的所有方面提出请求。"

56　第 1 条的内容如下："1. 本指令制定了一个打击基于宗教或信仰、残疾、年龄或性倾向的歧视（包括多重歧视）的框架，以期成员国在就业和职业领域之外也实施平等待遇原则。2. 当歧视基于以下原因时，就构成多重歧视：（a）基于宗教或信仰、残疾、年龄或性倾向的任何组合，或（b）基于第 1 款规定的任何一个或多个理由，同时还基于以下一项或多项理由：（i）性别（只要投诉的事项在 2004/113/EC 号指令和本指令的实质范围内）；（ii）种族或族裔出身（只要投诉的事项在 2000/43/EC 号指令和本指令的实质范围内）；或（iii）国籍（只要投诉的事项在《欧洲共同体条约》第 12 条的范围内）。3. 在本指令中，应据此解释多重歧视和多重理由。"

57　第 16 条第 2 款规定："报告还应载有关于多重歧视的资料，不仅包括基于宗教或信仰、性倾向、年龄和残疾的歧视，而且还包括基于性别、种族和族裔出身的歧视。"

58　见欧盟理事会 2000 年 11 月 27 日关于制定打击歧视的欧洲共同体行动方案（2001～2006）的决定，其第 4 项和第 5 项确认妇女是多重歧视的受害者。该方案的目的是交流成员国现有的良好做法，并为打击包括多重歧视在内的歧视制定新做法和新政策。根据其第 2 条，该方案的目标包括支持成员国在酌情考虑未来的立法发展的基础上推进防止和打击基于一个或多重因素的歧视的措施。

59　见欧盟委员会《2010～2015 年欧盟男女平等战略》，COM（2010）491 定稿，第 11 页。

年欧洲残疾问题战略》中，欧盟委员会承诺关注“残疾人可能基于其他原因（如国籍、年龄、种族或族裔、性别、宗教或信仰以及性倾向）而遭受歧视的累积影响”。[60] 最后，欧洲议会呼吁各国主管机构“采取综合措施，以改善其对多重歧视案件的反应和管理；对法官、律师和一般工作人员进行培训，使他们能够识别、防止和管理多重歧视案件”。[61]

4 第6条的法律意义

第6条的含义必须在国际一级制定的反歧视法的语境下加以评估。正如残疾人权利委员会所指出的：“不歧视和平等条款总是具体地提到性和性别，但很少提及残疾，残疾通常属于‘任何其他身份’这样的开放式条款。第6条是联合国人权法中第一个明确禁止基于性别和残疾的歧视的具有约束力的平等条款。”[62] 事实上，如前所述，第6条是目前唯一针对“多重歧视”提供保护的条约条款。因此，该条款超越了国内法和国际规范中普遍理解的歧视概念。

189 在具有法律约束力的规范中对多重（交叉）歧视予以法律承认，无疑有助于加强对不受歧视的保护，因为包括欧盟层级上[63]的反歧视法，都只将每个歧视的理由单独考虑，未能为多重歧视的受害者提供充分的保护和适当的救济。[64] 事实上，对当前国际和国家层面的人权申诉和平等权案件的审查表明，考察单一理由的做法是最普遍的。只有在极少数案件中，法庭才承认有

60 见欧盟委员会《2010~2020年欧洲残疾问题战略：重申关于无障碍欧洲的承诺》，COM（2010）636定稿，第6页。同时见欧洲议会内部政策总司政策C部：《公民权利和宪法事务》（2013年）。

61 见欧洲议会2012年3月13日《关于欧盟男女平等的决议（2011）》，第52段。

62 见残疾人权利委员会关于第6条的一般性意见草案，第3段。

63 见欧盟基本权利署的《2010年焦点报告资料5：多重歧视》。另见Uccellari（2008），Hendriks（2010）。

64 保护多重歧视受害者的国内法律措施缺失所导致的负面后果在2004年英国的“巴尔诉律师协会案”（*Bahl v. The Law Society*）中清晰地显现了出来。见Uccellari（2008），p.26；Della Fina（2014），p.498。关于免受歧视的救济措施的更一般性的信息，见Tobler（2005）。

必要对基于多重理由的歧视作出特别规定。[65]

因此，第 6 条可能有助于在国际上和在缔约国国内法律体系中确认这种新的歧视形式。实际上，实施该条款要求缔约国采取适当的国内措施，以解决残疾妇女和残疾女孩遭受的多重歧视问题。在这方面，残疾人权利委员会建议，“采用更多的法律和政策措施，利用人权框架处理多重或交叉理由的歧视”，[66] 并“采取切实和具体措施确保平等，防止残疾妇女和残疾女孩受到多重形式的歧视”。[67]

另外值得一提的是，人权理事会 2014 年 6 月第 26/20 号决议为残疾人权利问题特别报告员新设的任务包括“将性别视角纳入履行任务的整个过程，处理残疾人面临的多重形式、相互交织和加重的歧视”。[68] 这项任务符合《残疾人权利公约》第 6 条的规定，并扩大了其属人管辖（*ratione personae*）的适用范围，因为特别报告员负责处理所有“残疾人”的问题，而不仅仅是妇女和女孩。

最后，应当指出的是，在《残疾人权利公约》的解释框架中，第 6 条具 190
有横向性质，是对旨在消除歧视和促进性别平等的其他实质性条款的补充。[69]

5　第 6 条规定的缔约国义务

《残疾人权利公约》第 6 条本质上是一项不歧视条款，其中确立的义务是“即时性的”，因为《公约》第 4 条第 2 款规定的逐步实现条款并不适用

65　关于在这方面良好做法的例子，见安大略省人权委员会关于加拿大最高法院、加拿大法院和法庭的判例法的报告（2001），第 16～25 页。

66　残疾人权利委员会的结论性意见：库克群岛，CRPD/C/COK/CO/1，第 10 段。

67　残疾人权利委员会的结论性意见：奥地利，CRPD/C/AUT/CO/1，第 18 段；匈牙利，CRPD/C/HUN/CO/1，第 20 段。

68　See para. 2（h）.

69　见残疾人权利委员会关于第 6 条的一般性意见草案，第 34～61 段；第 3 号一般性意见，第 28～60 段。残疾人权利委员会还强调，必须根据第 12 条在国内一级承认残疾妇女与他人平等的法律能力（legal capacity），因为残疾妇女“可能遭受基于性别和残疾的多重和交叉歧视”。见残疾人权利委员会第 1 号一般性意见：在法律面前获得平等承认（第 12 条），CRPD/C/GC/1，第 35 段。

于不歧视义务。[70] 因此，缔约国必须在其国内法律秩序中立即履行第 6 条规定的义务。[71]

根据第 6 条，缔约国既有不歧视义务，也有确保残疾妇女充分发展、地位得到提高、能力得到增强的责任。

就前一项义务而言，第 6 条第 1 款要求各国采取反歧视措施，以使残疾妇女和残疾女孩平等地享有一切人权和基本自由。这些措施的目的是为残疾妇女和残疾女孩实现符合《残疾人权利公约》第 5 条规定的形式平等和实质平等。[72]

应当指出，为消除对残疾妇女和残疾女孩的多重歧视而采取的措施“不能只探讨残疾或性别作为歧视的理由”。[73] 事实上，根据《公约》第 5 条第 2 款，缔约国必须“禁止一切基于残疾的歧视，保证残疾人获得平等和有效的法律保护，使其不受基于任何原因的歧视”。虽然该条款并未列出歧视的理
191 由，但序言第 16 段列出了一个开放式清单，其中缔约国表示关注“因种族、肤色、性别、语言、宗教、政治或其他见解、民族本源、族裔、土著身份或社会出身、财产、出生、年龄或其他身份而受到多重或加重形式歧视的残疾人所面临的困难处境”。[74] 因此，缔约国可根据《残疾人权利公约》序言列出的理由——尽管其没有法律约束力，以及经济、社会和文化权利委员会所建议的“婚姻状况、性倾向和性别认同、健康状况、居住地点、经济和社会状况”，[75] 采取国内措施，以消除对残疾妇女和残疾女孩的多重与交叉歧视。

---

70 关于逐步实现条款，见本书对第 4 条“一般义务”的评注。

71 缔约国有立即的法律义务去尊重、保护和实现残疾妇女和残疾女孩的权利，以保证她们在充分享有和行使一切人权方面符合《残疾人权利公约》第 1 条的规定。见残疾人权利委员会关于第 6 条的一般性意见草案，第 30~33 段；第 3 号一般性意见，第 24~27 段。另见本书对第 1 条“宗旨”的评注。

72 根据《残疾人权利公约》第 5 条第 1 款，缔约国必须保证所有残疾人的形式平等，即法律面前和法律之下的平等（equality before and under the law）、平等待遇（equal treatment）和法律平等（legal equality）。《公约》第 5 条第 4 款规定了实质平等，要求缔约国采取必要的具体措施，加速或实现残疾人事实上的平等。有利于残疾妇女和残疾女孩的优待乃至配额与《公约》第 5 条第 4 款和第 6 条第 1 款是一致的。

73 See Arnade and Haefner（2011），p. 66.

74 这个清单并不详尽，因为它包括“其他身份”，一个包含许多其他理由的兜底性类别。

75 经济、社会和文化权利委员会第 20 号一般性意见：经济、社会和文化权利方面的不歧视（《经济社会文化权利国际公约》第 2 条第 2 款），E/C. 12/GC/20，第 27~35 段。

根据消除对妇女歧视委员会在第 25 号一般性建议中表达的立场，在残疾和性别方面，也应适用“转变式平等”。[76] 这项原则涉及“通过采取积极行动措施实现变革，以消除障碍和歧视性结构与制度”。[77]

关于《残疾人权利公约》第 6 条第 2 款规定的义务，该规范要求缔约国采取“一切适当措施”，实现残疾妇女“充分发展”“地位得到提高”“能力得到增强”，目的是保证她们能行使和享有《公约》确认的人权和基本自由。这些目标是在关于以《消除对妇女一切形式歧视公约》第 3 条为范本的谈判中提出的。事实上，协调人在特设委员会第七届会议期间提交的关于第 6 条的提议并未包括这些目标。[78]

“充分发展”和“地位得到提高”的概念与经济增长和消除贫困有关，但不限于这些领域。残疾妇女的全面经济发展还必须伴随着在教育、读写能力、就业和其他领域采取对性别和残疾敏感的发展措施。在关于第 6 条的一般性意见草案中，残疾人权利委员会确认，“提高妇女地位超出了发展目标的范围，因为措施必须以改善残疾妇女一生的状况为目标，包括女孩和老年妇女……适当的措施是旨在根据残疾妇女的现状和环境，在人权、基本自由和社会发展方面改善其状况的措施”。[79] 192

关于残疾妇女的“能力得到增强”，应当指出，这一概念与《公约》所载的范式转变有关。根据这一转变，残疾妇女和残疾女孩必须被视为有权充分和平等行使所有人权的权利持有者。更广泛地说，正如有人指出的那样，

76　消除对妇女歧视委员会认为，实现妇女真正享有平等不仅要消除形式上的障碍，而且要修改使性别尊卑模式长期存在的法律和社会的结构和制度（见第 25 号一般性建议，第 7~10 段）。因此，委员会确认了转变式平等或作为转变的平等（*transformative equality* or *equality as transformation*）原则的重要意义。关于该原则，见 Byrnes（2012），Cusack and Pusey（2013）。

77　见残疾人权利委员会关于第 6 条的一般性意见草案，第 29 段。第 3 号一般性意见已不再提及该原则。

78　见特设委员会第七届会议的报告（2006 年 2 月 13 日），A/AC. 265/2006/2。《消除对妇女一切形式歧视公约》第 3 条规定：“缔约各国应承担在所有领域，特别是在政治、社会、经济、文化领域，采取一切适当措施，包括制定法律，保证妇女得到充分发展和进步，其目的是为确保她们在与男子平等的基础上，行使和享有人权和基本自由。”

79　见关于第 6 条的一般性意见草案，第 25~26 段。第 3 号一般性意见不再包含详细说明。但第 22 段确认，“提高残疾妇女的地位和增强其能力超出了发展目标的范围，因为措施必须以改善残疾妇女一生的状况为目标”。

“增强妇女能力关系到妇女获得权力和对自己生活的控制。它涉及提高认识、建立自信、扩大选择、增加获取和控制资源的机会，以及采取行动转变强化和延续性别歧视和不平等的结构和制度……增强妇女能力不应被视为一场女性收益自动意味着男性损失的零和游戏。在增强妇女能力战略中增加妇女的权力并不是指增加支配或控制形式的权力，而是指增加替代形式的权力：集中于利用个人和集体的力量为实现共同目标而努力而不被强迫或支配的权力的赋予、享有和产生”。[80]

包括残疾妇女在内的妇女的增强能力和自主对于实现可持续发展也至关重要。事实上，促进性别平等和增强妇女能力是 2015 年 9 月联合国可持续发展峰会通过的《2030 年可持续发展议程》中包含的可持续发展目标之一。[81]

最后，关于缔约国根据《残疾人权利公约》第 6 条第 2 款必须采取的措施的适当性，残疾人权利委员会强调，如果这些措施能够实现保障残疾妇女行使和享有《公约》规定的人权和基本自由的目标，那么这些措施就是“适当的”。这些措施可能具有不同的内容，可能是立法、教育、行政、文化、政治或其他方面的措施。[82]

193 所有这些措施都旨在实现第 6 条的主要目标，即实现残疾妇女和残疾女孩的实质平等，确保她们在与其他人平等的基础上享有所有人权。

相关案例

ECJ 23.11.1999，Case C-149/96，*Portugal v. Council*，ECR Ⅰ-8395.

ECJ 20.10.2000，Case C-411/98，*Angelo Ferlini v. Centre Hospitalier de Luxembourg*，ECR Ⅰ-

---

80 http://www.un.org/womenwatch/osagi/pdf/factsheet2.pdf.

81 见目标 5，http://www.undp.org/content/undp/en/home/sdgoverview/post-2015-development-agenda/。

82 残疾人权利委员会还阐明，这些措施可能是临时的，也可能是长期的。前者旨在克服结构性和系统性的多重歧视，而后者则是实现残疾妇女实质性平等所必需的。见关于第 6 条的一般性意见草案，第 16 段和第 24 段；第 3 号一般性意见，第 20 段。关于实施第 6 条的适当措施的说明性清单，见 Della Fina（2010），pp. 112-113；Arnade and Haefner（2011），p. 75。

08081.

ECJ 12. 07. 2001, Case C-189/01, *Jippes v. Minister van Landbouw, Natuurbeheer en Visserij*, ECR Ⅰ-5689.

ECSR 30. 06. 2011, Complaint No. 61/2010, *European Roma Rights Centre v. Portugal.*

United Kingdom (Court of Appeal-Civil Division) 30. 07. 2004, *Bahl v. The Law Society & Anor*, [2004] IRLR 799, [2004] EWCA Civ 1070.

参考文献

Arnade S, Haefner S (eds) (2011) Standard interpretation of the UN Convention on the rights of persons with disabilities (CRPD) from a female perspective. Position and reference paper on the significance of references to women and gender in the Convention on the rights of persons with disabilities, Filia Foundation, Hamburg.

Bell M (2009) Advancing EU anti-discrimination law: the European Commission's 2008 proposal for a new directive, Equal Rights Rev 3: 7-18.

Crenshaw K (1989) Demarginalizing the intersection of race and sex: a black feminist critique of antidiscrimination doctrine, feminist theory and antiracist politics, Univ Chicago Leg For 140: 139-167.

Crenshaw K (1991) Mapping the margins: intersectionality, identity politics and violence against women of colour, Stanf Law Rev 43 (6): 1241-1299.

Crenshaw K, Gotanda N, Peeler G, Thomas K (eds) (1995) Critical race theory: the key writings that formed the movement, The New Press, New York.

Cusack S, Pusey L (2013) CEDAW and the rights to non-discrimination and equality, Melb Jour Int Law 14 (1): 1-39.

Danisi C (2011) How far can the European Court of human rights go in the fight against discrimination? Defining new standards in its non-discrimination jurisprudence, Int J Constitutional Law 9: 793-807.

Degener T (2001) Disabled women and international human rights, Women Int Hum Rights Law 3: 267-293.

Degener T (2011) Intersections between disability, race and gender in discrimination law, In:

Schiek D, Lawson A (eds) EU non-discrimination law and intersectionality, Investigating the triangle of racial, gender and disability discrimination, Ashgate, Farnham, Aldershot, pp. 29-46.

Della Fina V (2010) Articolo 6 (Donne con disabilità), In: Marchisio S, Cera R, Della Fina V (eds) La Convenzione delle Nazioni Unite sui diritti delle persone con disabilità. Commentario, Aracne, Roma, pp. 105-118.

Della Fina V (2014) Discriminazione multipla e tutela dei soggetti deboli, In: Scritti in memoria di Maria Rita Saulle, Editoriale Scientifica, Napoli, pp. 495-518.

Di Federico G (ed) (2011) The EU Charter of Fundamental Rights, From declaration to binding instrument, Springer, Dordrecht.

Ellis E, Watson P (2012) EU anti-discrimination law, Oxford University Press, Oxford.

194 Englehart NA, Miller MK (2014) The CEDAW effect: international law's impact on women'srights, J Hum Rights 13 (1): 22-47, doi: 10.1080/14754835.2013.824274.

European Parliament, Directorate General for Internal Policies, Policy Department C: Citizens' Rights and Constitutional Affairs (2013) Discrimination Generated by the Intersection of Gender and Disability, Available via http://www.europarl.europa.eu/RegData/etudes/etudes/join/2013/493006/IPOL-FEMM_ET (2013) 493006_EN.pdf, Accessed 1 April 2015.

Hendriks A (2010) The UN disability Convention and (Multiple) discrimination: should EU non-discrimination law be modelled accordingly? In: Waddington L, Quinn G (eds) European yearbook of disability law, vol 2, Intersentia, Antwerp, pp. 7-28.

Makkonen T (2002) Multiple, compound and intersectional discrimination: bringing the experiences of the most marginalized to the fore, Institute for Human Rights, Åbo Akademi University.

McCrudden C, Prechal S (eds) (2009) The concepts of equality and non-discrimination in Europe: a practical approach, European Commission, European Network of Legal Experts in the Field of Gender Equality, Brussels.

Monaghan K (2011) Multiple and intersectional discrimination in EU law, Eur Anti-Discrimination Law Rev 13: 20-32.

OHCHR (2014) Developing national action plans against discrimination, A practical guide. UN Publication, Geneva, New York, http://www.ohchr.org/Documents/Publications/HR-

PUB-13-03. pdf, Accessed 30 March 2015.

Ontario Human Rights Commission (2001) An Intersectional Approach to Discrimination. Addressing Multiple Grounds in Human Rights Claims, http://www. ohrc. on. ca/sites/default/files/attachments/An_intersectional_approach_to_discrimination%3A_Addressing_multiple_grounds_in_human_rights_claims. pdf, Accessed 30 March 2015.

Palmisano G (ed) (2014) Making the Charter of Fundamental Rights a living instrument, Brill Publisher, Leiden.

Quinn G (2007) Disability discrimination law in the European Union, In: Meenan H (ed) Equality law in an enlarged European Union, Understanding the Article 13 Directives, Cambridge University Press, Cambridge.

Radacic I (2008) Gender equality jurisprudence of the European Court of human rights, Eur Journ Int Law 19 (4): 841-857, doi: 10. 1093/ejil/chn044.

Reid K (2008) A Practitioner's guide to the European Convention on human rights, Sweet & Maxweel, London.

Roseberry L (2011) Multiple Discrimination, In: Sargeant M (ed) Age discrimination and diversity: multiple discrimination from an age perspective, Cambridge University Press, Cambridge, pp. 16-40.

Schiek D, Chege V (eds) (2009) EU non-discrimination law, Comparative perspectives on multidimensional equality law, Routledge-Cavendish, Abingdon.

Schiek D, Lawson A (eds) (2011) EU non-discrimination law and intersectionality, investigating the triangle of racial, gender and disability discrimination, Ashgate, Farnham.

Schulze M (2009) Understanding the UN Convention on the Rights of Persons with Disabilities, http://www. handicap-international. fr/fileadmin/documents/publications/HICRPDManual pdf, Accessed 30 March 2015.

Tobler C (2005) Remedies and sanctions in EC non-discrimination law, European Communities, Luxembourg.

Tridimas T (2006) The general principles of EU law, 2nd edn, Oxford University Press, Oxford, New York.

Uccellari P (2008) Multiple discrimination: how law can reflect reality, Equal Rights Rev 1: 24-49.

Vakulenko A (2007) Islamic headscarves and the European Convention on human rights: an intersectional perspective, Soc Leg Stud 16 (2): 183-199.

Vandenhole W (2005) Non-discrimination and equality in the view of the UN human rights treaty bodies, Intersentia, Antwerpen, Oxford.

Verloo M (2006) Multiple inequalities, intersectionality and the European Union, Eur J Women Stud 13 (3): 211-228, doi: 10.1177/1350506806065753.

第 7 条　残疾儿童 195

安德里亚·布罗德里克

一、缔约国应当采取一切必要措施，确保残疾儿童在与其他儿童平等的基础上，充分享有一切人权和基本自由。

二、在一切关于残疾儿童的行动中，应当以儿童的最佳利益为一项首要考虑。

三、缔约国应当确保，残疾儿童有权在与其他儿童平等的基础上，就一切影响本人的事项自由表达意见，并获得适合其残疾状况和年龄的辅助手段以实现这项权利，残疾儿童的意见应当按其年龄和成熟程度适当予以考虑。

目　次

1 引言

所有儿童都应获得确保其权利受到有效保护的特别措施。残疾儿童特别容易受到歧视和权利侵犯。损伤和年龄不利因素的累积使残疾儿童受到双重偏见。他们往往掉入法律保护的缝隙,因为适用于非残疾儿童的规范不足以确保残疾儿童的权利得到维护。《世界残疾报告》(World Report on Disability)估计,[1] 世界上有9300万至1.5亿残疾儿童。[2] 毫无疑问,作为尤其弱势的个体,残疾儿童的权利必须受到特别保护。《残疾人权利公约》彻底改变了国际人权法对待残疾人权利的方式。本章探讨《残疾人权利公约》在残疾儿童方面引入的创新内容。本章的结构如下:第2节论述《残疾人权利公约》之前的残疾儿童国际法律框架,同时也对《残疾人权利公约》中的儿童权利作一般性探讨,同时还关注到《残疾人权利公约》第7条所载原则的原理和法律范围,涉及针对儿童的专门条款;第3~5节概述了《公约》第7条的构成要素;第6节为结论。

1 然而,正如联合国儿童基金会指出的,全球对残疾儿童人数的估计“基本上是推测性的”。United Nations Children's Fund (2013), p. 3.

2 World Health Organization & World Bank (2011), p. 205.

2 《残疾人权利公约》和残疾儿童权利保护的发展

为了理解《残疾人权利公约》内在的创新内容，有必要在时间上退后一步，简要分析《残疾人权利公约》生效之前的残疾儿童国际法律框架。

2.1 《残疾人权利公约》之前的残疾儿童国际法律框架 197

在《残疾人权利公约》出现在国际人权领域之前，残疾人（特别是残疾儿童）基本上被核心人权条约忽略。[3]《儿童权利公约》[4] 是第一个在其案文中明确提及残疾儿童的具有法律约束力的文书。《儿童权利公约》第 2 条禁止歧视残疾儿童。《儿童权利公约》第 23 条载有专门针对残疾儿童的规定。[5] 尽管如此，根据《儿童权利公约》，残疾儿童仍被视为需要"特别照顾"[6] 和"康复"[7] 的受保护对象。这种基于重视伤残带来的功能限制的残疾医学模式和福利模式的处理方法[8]还得到施予《儿童权利公约》缔约国的

3　虽然在《公民及政治权利国际公约》第 2 条第 1 款和《经济社会文化权利国际公约》第 2 条第 2 款中，"其他身份"（"国际人权两公约"作准中文本用词是"身分"——译者注）这一概括用语涵盖了残疾，但这些条约在设计时并未考虑到残疾儿童或残疾人。1994 年，经济、社会和文化权利委员会制定了关于残疾问题的第 5 号一般性意见。在该一般性意见中，经济、社会和文化权利委员会认识到残疾儿童特别容易受到剥削、虐待和忽视。因此，他们有权受到特殊保护。见经济、社会和文化权利委员会第 5 号一般性意见：残疾人（1994 年 12 月 9 日），E/1995/22，第 32 段。

4　《儿童权利公约》（联合国大会 1989 年 11 月 20 日第 44/25 号决议通过并开放供签署、批准和加入，根据其第 49 条于 1990 年 9 月 2 日生效）。

5　《儿童权利公约》第 23 条第 1 款确认，残疾儿童应"能在确保其尊严、促进其自立、有利于其积极参与社会生活的条件下享有充实而适当的生活"。第 23 条第 2 款要求缔约国确认"残疾儿童有接受特别照顾的权利"，应"鼓励并确保在现有资源范围内，依据申请，斟酌儿童的情况和儿童的父母或其他照料人的情况，对合格儿童及负责照料该儿童的人提供援助"。此外，第 23 条第 3 款确认了残疾儿童的特殊需要。它扼要指出，按照第 23 条第 2 款给予援助的目的应是确保残疾儿童"能有效地获得和接受教育、培训、保健服务、康复服务，就业准备和娱乐机会，其方式应有助于该儿童尽可能充分地参与社会，实现个人发展，包括其文化和精神方面的发展"。

6　《儿童权利公约》第 23 条第 2 款。

7　《儿童权利公约》第 23 条第 3 款。

8　与《儿童权利公约》采用的残疾医学模式方法相反，儿童权利委员会在 2006 年通过的其第 9 号一般性意见中确认残疾儿童面临的障碍不是残疾本身，而是"各种社会、文化、观念和实际障碍之和"。儿童权利委员会第 9 号一般性意见：残疾儿童的权利（2007 年 2 月 27 日），CRC/C/GC/9，第 5 段。

如下要求的强调，即在“预防保健以及残疾儿童的医疗、心理治疗和功能治
198 疗”[9] 领域交换适当资料。尽管《儿童权利公约》对残疾儿童所面临的一些问题的强调很有影响，但各缔约国在向儿童权利委员会提交报告时，虽然都聚焦于第23条，却没有将残疾儿童所面临的有关《儿童权利公约》所载权利方面的问题纳入主流。鉴于残疾儿童在人权话语中相对不可见，《残疾人权利公约》重新强调了对这一边缘儿童群体的关注。

2.2 《残疾人权利公约》中的儿童权利

儿童权利在整个《残疾人权利公约》中被多次提及。《公约》序言确认残疾儿童应在与其他儿童平等的基础上充分享有一切人权和基本自由，并回顾《儿童权利公约》缔约国为此目的承担的义务。[10] 规定《残疾人权利公约》一般原则的第3条第8项指出了“尊重残疾儿童逐渐发展的能力并尊重残疾儿童保持其身份特性的权利”的重要性。[11] 该条贯穿了《公约》的所有实质性权利和义务。相比之下，《儿童权利公约》要求缔约国在父母自主的范围内[12]尊重儿童逐渐发展的能力。[13] 残疾儿童通常被认为无法有意义地行使能力，也无法发展其决策能力。《残疾人权利公约》第3条第8项规定的一般原则表明，残疾儿童不仅像所有其他儿童一样具有固有的能力（capacity），而且他们也有本领（ability）随着时间的推移发展这种能力（capacity）。《残疾人权利公约》第4条第3款纳入了一项一般性义务，即缔约国在拟订和施行相关的立法和政策时，应通过代表残疾儿童的组织，与残疾儿童协商。除上述条款外，《残疾人权利公约》还有其他几项条款提出了

---

9 《儿童权利公约》第23条第4款。着重号后加。

10 《残疾人权利公约》，序言第18段。

11 《残疾人权利公约》，第3条第8款。

12 见《儿童权利公约》第5条。第14条第2款再次提到了“能力发展”的概念，涉及父母对儿童思想、信仰和宗教自由权利的指示和引导（《儿童权利公约》作准中文本中与作准英文本中evolving capacities对应的是“不同阶段接受能力”——译者注）。

13 儿童权利委员会将能力发展界定为“儿童据以逐步获取知识、能力和认识，包括逐步了解其权利，以及知道如何以最佳方式实现这些权利的成熟和学习过程”。儿童权利委员会第7号一般性意见：在幼儿期落实儿童权利，CRC/C/GC/7Rev.1，第17段。

残疾儿童在其生活和发展的各个阶段所面临的重要具体问题。[14] 除了将残疾
儿童的权利纳入主流之外，《残疾人权利公约》第 7 条中还载有一项关于儿 199
童权利的特有具体条款。下文将论述第 7 条所载原则的原理和法律范围。

2.3　《残疾人权利公约》第 7 条所载原则的原理和法律范围

《残疾人权利公约》的准备工作文件显示，在《公约》通过之前的谈判中，关于残疾儿童权利的辩论有很多。辩论围绕着两个主要问题展开。第一个问题是，是否实际上有必要就残疾儿童问题单独制定一项条款。许多与会代表[15]和所有的残疾人组织都赞成为残疾儿童制定单独条款。有人认为，由于残疾儿童在法律上和其他方面都不同于成年残疾人，因此将保障残疾儿童纳入《公约》各条主流并不一定能解决残疾儿童面临的问题。谈判会议上出现的第二个相关问题是，如果要制定一项针对残疾儿童的具体条款，它必须远远超出此前国际人权法的内容。让许多代表感到不安的是，拟订《公约》的特设委员会工作组提出的儿童条款草案的措辞是以《儿童权利公约》第
23 条为基础的，但与之又不完全相同。[16] 因此，第 16 条草案被重构，《残疾 200
人权利公约》最终文本第 7 条阐明了适用于残疾儿童权利的各种指导原则。它显然借鉴了《儿童权利公约》的某些内容，但也为残疾儿童的权利新添了

14　例如《残疾人权利公约》第 6 条。该条强调残疾妇女和残疾女孩经常受到多重歧视，要求各国采取措施，确保她们充分平等地享有所有人权和基本自由。《残疾人权利公约》的下列条款也与残疾儿童的权利有关：第 8 条第 2 款第 2 项要求各国采取提高认识的措施，在各级教育系统中培养尊重残疾人权利的态度，包括从小在所有儿童中培养这种态度；第 16 条第 5 款要求缔约国制定有效的立法和政策，包括以妇女和儿童为重点的立法和政策，确保查明、调查和酌情起诉对残疾人的剥削、暴力和凌虐事件；第 18 条第 2 款要求缔约国确保残疾儿童出生后应当立即予以登记，从出生起即应当享有姓名权利，享有获得国籍的权利，并尽可能享有知悉父母并得到父母照顾的权利；第 23 条第 1 款第 3 项要求缔约国采取措施，在涉及家庭生活事项上，消除对残疾人的歧视，以确保残疾儿童在与其他人平等的基础上，保留其生育力；第 23 条第 3 款要求缔约国确保残疾儿童在家庭生活方面享有平等权利；第 30 条第 5 款第 4 项要求缔约国确保残疾儿童享有与其他儿童一样的平等机会参加游戏、娱乐和休闲以及体育活动，包括在学校系统参加这类活动。

15　但是，请注意以色列代表的意见。该代表指出，从法律角度看，《残疾人权利公约》不适合处理其他国际法律文书已充分处理过的特定群体的问题或情况。以色列代表认为，“采取这种做法可能导致对不同类别的群体和情况的区分。鉴于这一清单是无尽的，这将使情况变得复杂而适得其反，导致对不同的国际法原则和机制的适用更加含糊不清”。

16　第 16 条草案第 2 款、第 3 款、第 4 款几乎是直接从《儿童权利公约》抄录而来的。

相当多的内容。《残疾人权利公约》第7条第1款阐明了确保残疾儿童充分而平等地享有人权的义务。《残疾人权利公约》第7条第2款规定在一切关于残疾儿童的行动中体现儿童的最佳利益原则，反映了《儿童权利公约》第3条第1款所载的最大利益原则。最后，《残疾人权利公约》第7条第3款要求缔约国确保残疾儿童有权在与其他儿童平等的基础上，就一切影响本人的事项自由表达意见，其意见应当按其年龄和成熟程度适当予以考虑。《残疾人权利公约》第7条第3款反映了《儿童权利公约》第12条所载的对参与权的要求，但比后者更进一步，规定了残疾儿童有权获得适合其残疾状况和年龄的辅助手段，以实现表达意见的权利。值得注意的是，《残疾人权利公约》针对残疾采取的进路以及因此在第7条中所使用的表述，与《儿童权利公约》第23条中的医学化论述形成了鲜明对比。[17]《残疾人权利公约》第7条与支撑整个《公约》的残疾社会模式一致，承认损伤和社会障碍之间的相互作用。第7条适用于《残疾人权利公约》所载的各项实质性权利和义务，并要求在执行《公约》的所有方面考虑残疾儿童。以下各节将分析《公约》第7条的各个构成要素。

3 残疾儿童平等享有权利:《残疾人权利公约》第7条第1款

《残疾人权利公约》第7条第1款要求缔约国采取一切必要措施，确保残疾儿童充分享有一切人权，包括公民权利和政治权利，经济、社会和文化权利。因此，第7条与《公约》的许多其他权利有着内在的联系。下文将论
201 述在行使《残疾人权利公约》权利时不歧视残疾儿童的要求，以及为确保残疾儿童充分、平等地享有《公约》权利而可能需要采取的其他各种措施。

---

17 《残疾人权利公约》第7条最后文本所使用的措辞也与《残疾人权利公约》谈判期间所提出的儿童具体条款的初稿形成对比。该条第一稿提到需要向残疾儿童及其成年看护人提供“咨询”，并提供适合“儿童状况及其父母情况”的“援助”和“照顾”。

3.1　不歧视：合理便利在确保残疾儿童实质平等中的作用

歧视是残疾儿童及其家庭面临的许多挑战的根源，它贯穿残疾儿童生活和发展的各个阶段。由于缺乏数据，残疾儿童的受歧视程度难以全面量化。[18] 童年时期残疾歧视的影响可能是深远的，剥夺了残疾儿童获得教育[19]和医疗保健等服务的机会。[20] 对于遇到多重[21]和交叉[22]歧视的儿童，尤其是残疾女孩，这种有害影响更加严重。

为了确保残疾儿童平等地受益于《公约》的所有权利，正如第 7 条第 1 款所要求的，缔约国应在其法律和政策中明确禁止对儿童一切形式的基于残疾的歧视。各国应颁布承认多重和交叉歧视的规定，以便为歧视残疾女孩所造成的加重损害提供救济。《残疾人权利公约》缔约国应保障残疾儿童获得平等和有效的法律保护，使其不受基于任何理由的歧视。[23] 在这方面，国内 202
当局应建立监测机制，为遭受歧视的残疾儿童提供有效救济。此外，《公约》缔约国必须采取一切必要措施，确保将不歧视和平等待遇纳入主流的举措具体覆盖残疾儿童。

残疾儿童也有权根据《残疾人权利公约》第 2 条和第 5 条第 3 款获得合理便利，作为保护其不受歧视的一个组成部分。提供合理便利的义务被定义为“根据具体需要，在不造成过度或不当负担的情况下，进行必要和适当的修改和调整，以确保残疾人在与其他人平等的基础上享有或行使一切人权和

18　联合国大会：《儿童权利公约》的现状（2011 年 8 月 3 日），A66/230，第 14 段。

19　根据《世界残疾报告》，“（c）残疾儿童上学的可能性较低，因此形成人力资本的机会有限，成年后面临就业机会减少和生产力下降的问题”。See World Health Organization & World Bank (2011), p. 205.

20　儿童权利委员会在其第 9 号一般性意见中确认，歧视经常发生在各个领域，包括在提供服务方面。这导致残疾儿童被排斥在教育系统之外，“无法获得优质的保健和社会服务”。委员会还注意到，“缺乏适当的教育和职业培训，使他们将来得不到工作机会”。儿童权利委员会第 9 号一般性意见：残疾儿童的权利，CRC/C/GC/9，第 8 段。

21　多重歧视指的是“个人或群体面临基于多个禁止理由歧视”的情况。经济、社会和文化权利委员会第 20 号一般性意见：经济、社会和文化权利方面不歧视，E/C. 12/GC/20，第 17 段。

22　阿特·亨德里克斯（Aart Hendriks）将交叉歧视描述为“现实中发生的，两个或多个受保护的理由以同时、累积或其他交叉方式相互作用而形成的新的（真实的或想象的）‘身份认同’”。见 Hendriks (2010), p. 17。

23　《残疾人权利公约》第 5 条第 2 款。

基本自由”。[24] 由于不歧视规范的横贯性，这一义务涵盖《公约》规定的所有实质性权利和义务并隐含其中。在《公约》第13条第1款中，可以见到提供“适龄措施”[25] 的明确义务，以期确保残疾儿童在与其他儿童平等的基础上获得司法保护。在这方面，应特别关注那些面临更大歧视风险的群体，例如需要高度支助的儿童。另一项明确的合理便利义务载于《残疾人权利公约》关于受教育权的第24条第2款第3项。在教育方面，合理便利可能包括将手语翻译和盲文等手段纳入具有完全适应性的课程。合理便利也可能包括简单的物理便利措施，如坡道和较宽的门道。根据《残疾人权利公约》，残疾儿童遭受的诸如被排除在主流教育设施之外的任何侵害，现在都可以根据《公约》及其任择议定书加以处理。那些侵害不仅是对实质性权利的直接侵犯，而且还可以作为缺乏合理便利而导致被禁止的歧视的一个例证。残疾人权利委员会建议各国投入尽可能多的可用资源，以终止对残疾儿童的歧视。[26] 尤其提出国家当局应制定与《残疾人权利公约》相符的合理便利政策，并在这些政策中明确解决残疾儿童的需求。

203 **3.2 采取其他措施确保残疾儿童平等享有权利**

通过提供合理便利，即根据残疾儿童的个人需要而调整环境、制度和做法，残疾儿童得以开始享有《公约》规定的一整套完整的权利。然而，合理便利不能消除妨碍残疾儿童在与其他儿童平等的基础上充分享有权利的许多其他障碍的负面影响。在决定如何最好地实现残疾儿童的权利方面，各国将被赋予灵活性。在这方面，它们必须采取“一切必要措施”，[27] 其中可能包括立法和政策措施、教育和提高认识措施或文化和政治措施等。

为了确保真正的平等、充分参与和融入社会，《残疾人权利公约》要求缔约国确保儿童能够获得足够的支助，以满足他们的各种发展需要，包括身体的、心理的、社会的和文化的需要，以及幼儿保育和沟通需要。《公约》

---

24 《残疾人权利公约》第2条。

25 《残疾人权利公约》第13条第1款。

26 见残疾人权利委员会的结论性意见：阿根廷，CRPD/C/ARG/01，第16段。

27 《残疾人权利公约》第7条第1款。

第 8 条还要求《公约》缔约国立即采取有效和适当的措施，促进对残疾儿童权利和尊严的尊重，[28] 并提高对残疾儿童能力的认识。[29]《残疾人权利公约》第 8 条第 1 款第 2 项在这方面的规定值得注意，它要求缔约国"在生活的各个方面消除对残疾人的定见、偏见和有害做法，包括基于性别和年龄的定见、偏见和有害做法"（着重号为作者另加）。[30] 该条的潜在转变式影响适用于《公约》的许多条款。例如，如果不采取措施提高教师、学校行政人员乃至广大社区对儿童残疾的认识，残疾儿童就不可能充分享有受教育的权利。除了《公约》第 8 条规定的提高认识的义务外，第 9 条规定的无障碍义务与残疾儿童享有《残疾人权利公约》的许多权利直接相关。《残疾人权利公约》第 9 条旨在确保包括儿童在内的所有残疾人充分参与和融入主流社会。根据第 9 条采取无障碍措施将为残疾儿童获得医疗保健和教育提供便利，它还将有助于保障残疾儿童根据《公约》第 30 条第 5 款第 4 项享有的参加游戏、娱乐和休闲以及体育活动的权利，以及《残疾人权利公约》所载的许多其他权利。

4　《公约》下的最佳利益原则:《残疾人权利公约》第 7 条第 2 款 204

《残疾人权利公约》第 7 条第 2 款提出了"在一切关于残疾儿童的行动中"的最佳利益原则。[31] 以下各小节分析《残疾人权利公约》第 7 条第 2 款，请注意该款的优缺点，以及国家在执行这个条款方面面临的各种挑战。

4.1　《残疾人权利公约》第 7 条第 2 款的优缺点

《残疾人权利公约》第 7 条第 2 款最佳利益原则的措辞的实质范围很广，因为它要求在所有关于残疾儿童的行动中考虑儿童的最佳利益。《儿童权利

---

28 《残疾人权利公约》第 8 条第 1 款第 1 项。

29 《残疾人权利公约》第 8 条第 1 款第 3 项。

30 《残疾人权利公约》第 8 条第 1 款第 2 项。

31 《残疾人权利公约》第 7 条第 2 款。

公约》第 3 条第 1 款要求在“公私社会福利机构、法院、行政当局或立法机构”采取的行动中考虑儿童的最大利益。[32] 根据儿童权利委员会第 5 号一般性意见，考虑儿童的最大利益要求系统地审查影响儿童权利和利益的那些决定，包括那些间接影响儿童的决定。[33] 儿童权利委员会指出，最大利益原则要求“政府、议会和司法机构都要采取积极措施”。[34] 值得注意的是，根据《残疾人权利公约》，最佳利益原则也明确适用于其第 23 条规定的家庭生活。[35] 因此，如果适用和解释得当，最佳利益原则有可能确保对残疾儿童权利的广泛保护。

《残疾人权利公约》第 7 条第 2 款的一个根本缺陷是，其最终文本将最佳利益原则置于弱势地位，将其作为落实儿童权利的一项首要考虑[36]而不是
205 唯一考虑，甚至不是最重要的考虑[37]。[38] 通过将最佳利益标准仅仅归类为一种首要考虑，它会引起这样一个问题，即在任何给定情况下，尤其是在存在潜在冲突的情况下，哪些其他标准将压倒最佳利益标准。

在实施第 7 条第 2 款时引起关切的另一个原因是缺乏对残疾儿童最佳利益标准的实际含义的界定。在国内案例法中，“最佳利益”一词被认为涵盖“情感、医疗和所有其他福利事项”。在 2000 年英国的一起有关男性绝育的医疗案件[39]（与未成年人无关）中，一位患有唐氏综合征的 28 岁男子的母亲请求英国上诉法院推翻早先的判决，该判决认为她的残疾儿子不应该做输精管切除术。这位母亲担心，当她的儿子搬进地方当局的照料机构后，

---

32 《儿童权利公约》第 3 条第 1 款。

33 儿童权利委员会第 5 号一般性意见：执行《儿童权利公约》（第 4 条、第 42 条和第 44 条第 6 款）的一般措施，CRC/GC/2003/5，第 12 段。

34 Ibid.

35 见《残疾人权利公约》第 23 条第 2 款、第 4 款。

36 《儿童权利公约》第 3 条第 1 款也将最大利益作为一项首要（而非最重要）的考虑。

37 值得注意的是，《残疾人权利公约》第 23 条第 2 款确认了最佳利益原则的最重要属性。该款规定：“如果本国立法中有监护、监管、托管和领养儿童或类似的制度，缔约国应当确保残疾人在这些方面的权利和责任；在任何情况下均应当以儿童的最佳利益为重。”

38 《残疾人权利公约》准备工作文件显示，国家人权机构建议将最佳利益作为最重要的考虑因素，并且事实上，特设委员会工作组原提案草案规定，在一切关于残疾儿童的行动中，应当以儿童的最佳利益为最重要的考虑。见国家人权机构在拟定促进和保护残疾人权利和尊严的全面综合国际公约特设委员会 2004 年 5 月 28 日第三届会议上的评论。

39 UK Court of Appeal, *Re A* (*Medical Treatment: Male Sterlilisation*) [2000] 1 FCR 193 at 200.

他可能会与他人发生性关系，这可能导致有孩子出生，而他并不能理解这意味着什么。该上诉被驳回，理由是接受输精管切除手术不符合其儿子的最佳利益，并且最佳利益考查的范围已扩大到纯粹的医疗利益之外。这种扩大最佳利益范围的做法在随后的国内案例法中得到重申。[40] 尽管超越了纯粹的医疗考虑，最佳利益原则仍被认为是“不确定的”，[41] 因为没有严格界定的标准来决定一般情况下如何实施该原则，[42] 尤其是在涉及残疾儿童的情况下。对最佳利益的司法解释也可能有问题，特别是对社会心理障碍者而言。[43]

在促成通过《残疾人权利公约》的谈判会议期间，没有人试图界定“最佳利益”的概念。第 7 条第 2 款本身没有说明在进行最佳利益评估时可 206
能考虑的标准类型。毫无疑问，残疾人权利委员会将在适当的时候详细阐述对最佳利益原则的解释。与此同时，如果没有对其含义和解释的具体指导，就不能保证决策者将以适当方式适用该原则。对残疾儿童最佳利益的看法差异巨大，这可能导致在残疾儿童待遇方面的巨大不一致，甚至歧视。最佳利益原则的适用带来了家长主义的重大风险。它通常以与童年有关的福利主义话语为基础。在残疾的语境中，适用“最佳利益”的概念仍然会引发过分依赖医疗意见和采取不以权利为基础的做法的危险。

《残疾人权利公约》第 23 条第 4 款要求各国确保“不违背儿童父母的意愿使子女与父母分离，除非主管当局依照适用的法律和程序，经司法复核断定这种分离确有必要，符合儿童本人的最佳利益”。[44] 该款提供了一个有关当局和儿童的意见在有关儿童最佳利益方面可能发生潜在冲突的典型例子。为

40　See, e. g. , UK High Court of Justice (Queen's Bench Division), Case No. CO/4038/2003, *R (on the application of Oliver Leslie Burke) and the General Medical Council and the Disability Rights Commission and the Official Solicitor to the Supreme Court* [2004] EWHC 1879 (administrative court).

41　Freeman (2007), pp. 1-74.

42　符合“最佳利益”的行动被认为是指增进儿童福祉的行动。最佳利益取决于各种因素，例如年龄、孩子的成熟程度、父母是否在场、孩子的环境和经历。United Nations High Commissioner for Human Rights, Guidelines on Determining the Best Interests of the Child (May 2008), p. 14.

43　See Donnelly (2001), pp. 405-416.

44　《残疾人权利公约》第 23 条第 4 款。

了解决这一问题，必须建立适当的结构来支持残疾儿童家庭，以维护残疾儿童的最佳利益，同时努力确保儿童不会失去《公约》第 23 条规定的家庭生活利益。布朗纳·伯恩（Bronagh Byrne）给出了另一个潜在利益冲突的例子。她描述了一个假设的情况：“一个耳聋儿童出于已经确定的医疗利益而将接受人工耳蜗植入，但这可能导致该儿童被排除在其所属的手语聋人社区之外，因此可能不符合该儿童的文化利益……”对于这种情形，伯恩提出了一个非常重要的问题，即哪一组利益或考虑因素应该占上风。[45] 因此，尽管将最佳利益原则纳入《公约》第 7 条第 2 款值得欢迎，但除非该原则得到明确界定、其实施得到有效监督，否则它很有可能给《公约》缔约国造成实施方面的挑战。

4.2 实施方面的挑战

儿童的最佳利益原则是欧盟法律的一项基本要求，[46] 并在欧洲联盟法院
207 一级得到确认。[47] 尽管如此，国内一级在适用标准方面仍然比较混乱。欧洲议会最近就缔约国残疾儿童政策进行的一项研究说明了这一点。该研究从成员国收集的研究数据显示，各国“对这一原则的含义缺乏理解，通过法律或判例对这一概念的发展不足，而且总体上缺乏实施规则”。[48] 这导致在实践中“肤浅地使用”（superficial use）[49] 最佳利益原则。该研究还指出，虽然对最佳利益原则的考虑已经总体上纳入国家法律，但该原则的实施“主要限于家庭和社会保护”方面影响儿童的决定，而且“残疾儿童的具体需要没有得到确认”。[50] 此外，只有少数缔约国（如瑞典[51]和英国）对拟议法规引入了儿童

45 Byrne（2012），pp. 419-437.

46 例如，欧洲议会和欧盟理事会 2008 年 5 月 21 日关于民商事调解某些方面的第 2008/52/EC 号指令，OJ L136/3，第 7 条第 1 款第 1 项。另见，2003 年 9 月 22 日关于家庭团聚权的第 2003/86/EC 号欧盟理事会指令第 5 条第 5 款，OJ L251/12。

47 CJEU，23. 12. 2009，*Jasna Detiĉek v. Maurizio Sgueglia* in Case C 403/09 PPU，Judgment of the Court（Third Chamber）.

48 European Parliament（2013），p. 13.

49 Ibid.，p. 60.

50 Ibid.，p. 13.

51 See Ministry of Health and Social Affairs and Ministry for Foreign Affairs，Sweden（2001）.

影响评估。[52] 为了确保国家当局在涉及儿童生活的主要领域有效地考虑残疾儿童的最佳利益，《残疾人权利公约》的所有缔约国均应进行儿童影响评估以落实《公约》第 7 条第 2 款的规定。

5　残疾儿童的参与和表达意见的权利：《残疾人权利公约》第 7 条第 3 款

《残疾人权利公约》第 7 条第 3 款对于确保儿童参与以儿童为中心的权利方案规划是非常必要的。根据第 7 条第 3 款，缔约国必须确保残疾儿童有权就一切影响本人的事项自由表达意见。该款进一步规定，应当在与其他儿童平等的基础上，按残疾儿童的年龄和成熟程度，对其意见“适当予以考虑”。为实现第 7 条第 3 款所载的权利，各国必须确保提供适合儿童残疾状况和年龄的辅助手段。

5.1　适合残疾状况和年龄的辅助手段 208

残疾儿童的参与是实现其权利的关键。然而，残疾儿童的声音仍然很难得到倾听。儿童往往在司法程序中被边缘化，还经常因为未征求他们的意见和同意而被排除在医疗干预过程之外。《儿童权利公约》第 12 条第 1 款规定，能够形成自己看法的儿童有权对影响其本人的一切事项自由发表自己的意见。《残疾人权利公约》第 7 条第 3 款并不将参与权限定在“能够”表达意见的那部分儿童。相反，它规定所有残疾儿童都有权发表意见。结合第 3 条第 8 项规定的一般原则来理解，《残疾人权利公约》第 7 条第 3 款的含义是，必须努力为残疾儿童提供支持，以便最大程度地提高他们的自主决策能力。事实上，《公约》第 7 条第 3 款明确规定了向残疾儿童提供适合其残疾状况和年龄的辅助手段的义务，使他们能够行使其表达意见的权利。儿童权利委员会和联合国大会都强调采取措施促进残疾儿童参与主流活动的必要

52　European Parliament (2013), p. 13.

性。儿童权利委员会主张，“在议会、各委员会及其他论坛等各种机构中都应当有儿童代表，以便其发表意见并参与对儿童，尤其是残疾儿童产生影响的决策”。[53] 联合国大会呼吁各国“采取措施，包括提供或促进采用无障碍交流手段、方式和形式，以促进残疾儿童行使表达意见的权利”。[54] 这可能包括使用辅助设备、交流帮助和口译。值得注意的是，虽然第 7 条第 3 款允许对残疾儿童的参与按其年龄和成熟程度予以考虑，但没有允许按其残疾程度予以考虑。因此，必须向所有残疾儿童（不论其残疾程度如何）提供适当帮助，使他们能够积极参与一切与他们有关的事务。在这方面，必须特别关注那些有严重残疾的儿童。

5.2 逐渐发展的能力和最佳利益

《残疾人权利公约》第 7 条第 3 款可以与《公约》第 3 条第 8 项规定的
209 尊重残疾儿童逐渐发展的能力原则联系起来。童年通常与无法律能力（legal incapacity）的推定相关联。对于残疾儿童来说，这一推定甚至更为强烈——他们通常被认为在作出决定和参与社会方面不如其他儿童。这反过来又会导致过度保护（来自父母和其他人等），从而限制残疾儿童的独立能力。联合国大会在其关于《儿童权利公约》现况的报告中指出：“立法、政策和专业实践需要平衡两方面，即尊重家长对缺乏独立决策能力的残疾儿童的合法保护责任的重要性与他们尊重儿童逐渐发展的行使自己权利的能力的义务。”[55] 如果逐渐发展的能力的原则影响《残疾人权利公约》所有其他权利的实现，就必须向残疾儿童提供适当的支持，使他们能够发展自己的能力，并参与影响他们的一切事项。这将在一定程度上有助于确保《残疾人权利公约》的平等和包容的基本原则得以实现。同样迫切的是，《残疾人权利公约》缔约国还必须向专业人士提供残疾意识培训，特别是告知他们有义务倾听残疾儿童的声音并予以重视。

欧洲人权法院关于儿童参与决策过程问题的判例并不特别具有指导意

53 儿童权利委员会第 9 号一般性意见：残疾儿童的权利，CRC/C/GC/9，第 32 段。

54 联合国大会通过的第三委员会的报告（A/64/435 and Corr. 1），A/RES/64/146，第 33（t）段。

55 联合国大会：《儿童权利公约》的现况，A66/230，第 23 段。

义——法院在这一领域的判例法发展缓慢，对儿童逐渐发展的自主性问题传统上采取家长主义的观点。例如，在较早的尼尔森诉丹麦案（*Nielsen v. Denmark*）[56] 中，欧洲人权法院认为，违背一名 12 岁儿童的意愿将其送入精神病院并不构成《欧洲人权公约》第 5 条之下的剥夺自由。事实上，法院认为，决定住院治疗是“他母亲为了孩子的利益负责任地行使监护权的行为”，[57] 尽管这个反对住院的孩子被描述为“一个正常发育的 12 岁儿童，能够理解自己的情况”并“清楚地”表达自己的观点。[58] 在后来有关儿童的替代性照料和收养程序的案件中，人们对于在决策过程中尊重儿童意见的重要性有了一定程度的认识。[59] 然而，目前尚不清楚欧洲人权法院在残疾儿童参与决策过程的权利方面可能采取什么样的做法，根据法院对《欧洲人权公约》权利的解释采取的演变式进路，以及《残疾人权利公约》的条款是否会对法院产生任何影响。欧盟最近的一项研究表明，大多数欧盟成员国主要根据儿童的 210
年龄、成熟程度和发展情况而部分地考虑到儿童逐渐发展的能力。然而，残疾儿童的状况并没有得到大多数成员国的具体确认。该研究显示，在实施能力发展原则时，成员国倾向于主要考虑儿童的年龄，而据该研究，这可能与残疾儿童无关，甚至恰恰是年龄因素把残疾儿童实际排除在影响他们的决策过程之外。[60] 该研究进一步表明，参与权和决策过程中的表达意见权的实现往往局限于某些领域的程序，如家庭法，在一定程度上还涉及教育。[61]

《残疾人权利公约》第 7 条第 3 款也与最佳利益标准有着密切的协同。残疾儿童参与决策应符合他们的最佳利益。此外，在确定残疾儿童的最佳利益时，残疾儿童的声音必须得到注意。由于提到了“适当予以考虑”，因此《公约》第 7 条第 3 款本身就潜伏着一种固有的危险。在大多数情况下，是成年人作出与残疾儿童有关的决定和政策选择，而将有关残疾儿童排除在这

56　ECtHR, *Nielsen v. Denmark*, application no. 10929/84, (1988) 11 EHRR 175.

57　Ibid. at para. 73.

58　Ibid. at para. 71.

59　See, e. g. , ECtHR, *Hokkanen v. Finland*, application no. 19823/92 (1994), [1995] 2 FCR 320, [1996] 19 EHRR 139, 1 FLR 289; *Pini and Others v. Romania*, application no. 78030/01 (2005), 40 EHRR 13, [2005] 2 FLR 596.

60　European Parliament (2013), p. 13.

61　Ibid. , p. 14.

一过程之外。如果残疾儿童确实有机会行使其表达意见的权利，至关重要的是还要确定有关儿童所表达的意见是否真的是其自己的意见，或者该儿童是否受到他人的影响。在考虑如何认定残疾儿童所表达的任何观点属于应“适当予以考虑”的时，适用最佳利益原则是关键。

残疾人权利委员会已经就《公约》第 7 条第 3 款发表了广泛意见。[62] 委员会在对丹麦的结论性意见中，敦促该国在对儿童实施强制住院和治疗的情形下，提供基于信息和咨询的充分机会，以确保所有残疾儿童在表达自己的意见方面获得他们所需的支持。[63] 此外，委员会在对西班牙的结论性意见中，对缺乏残疾儿童早期诊断、家庭干预和知情支助表示关切，认为那会使残疾儿童面临无法全面发展和无法表达其意见的风险。[64] 毫无疑问，《残疾人权利公约》第 7 条第 3 款在增加残疾儿童参与影响他们的决策的过程方面具有极
211 大的潜力。尽管如此，残疾人权利委员会必须密切关注负有相关守护责任的成年人在这方面的影响的程度。仍然存在的一个重大风险是，缔约国只给那些其意见容易被听取的儿童发表意见的机会，这将进一步排斥那些被（往往错误地）认为其意见太难被顾及或听取其意见的成本太高的残疾儿童，尤其是那些有严重智力损伤的儿童。

6 结论

儿童与残疾交叉的独特情况必然要求采取强有力的方法来保障残疾儿童的权利。残疾儿童生活的不同发展阶段产生了不同的和重叠的人权问题。《残疾人权利公约》努力弥合在保护残疾儿童权利方面的巨大差距，这是联合国人权机制以前未能解决的问题。《残疾人权利公约》第 7 条反映了对残疾儿童的现实生活和面临的不平等的更深刻理解。毫无疑问，落实残疾儿童

---

62 见残疾人权利委员会的结论性意见：新西兰，CRPD/C/NZL/CO/1，第 17~18 段。

63 残疾人权利委员会的结论性意见：丹麦，CRPD/C/DNK/CO/1，第 20~21 段。

64 残疾人权利委员会的结论性意见：西班牙，CRPD/C/ESP/CO/1，第 23 段；残疾人权利委员会的结论性意见：瑞典，CRPD/C/SWE/CO/1，第 19~20 段。

的权利不是一件容易的事情，只有时间才能证明各缔约国实施《公约》取得了什么程度的成功。在国内层面，家长主义的障碍和对残疾儿童能力的根深蒂固的污名化依然存在。如果我们要跨过门槛，真正将残疾儿童视为权利持有者，认识到他们的生活有着别样的意义，就必须在《公约》实施和监测过程的每个步骤中消除这些（和其他）歧视性障碍。虽然《公约》文本使得残疾儿童被看见、被倾听，但如果《公约》第 7 条要从理论走向实践，缔约国就必须理解《公约》的主要原则。这些原则是落实残疾儿童权利的基石，其中最重要的是最佳利益原则和承认尊重残疾儿童逐渐发展的能力的原则。《残疾人权利公约》在儿童参与方面采用了以权利为基础的进路，承认残疾儿童本身就有权利作为积极的参与者和社会行动者。我们期望，“儿童应当被照看而不是被倾听”的传统看法不适用于《残疾人权利公约》规定的权利。

相关案例

CJEU 23. 12. 2009, Case C-403/09 PPU, *Jasna Detiček v. Maurizio Sgueglia* (Third Chamber), ECR I-12193.

ECtHR 28. 11. 1988, Application No. 10929/84, *Nielsen v. Denmark*, 11 EHRR 175.

ECtHR 23. 09. 1994, Application No. 19823/92, *Hokkanen v. Finland*, [1995] 2 FCR 320, [1996] 19 EHRR 139, 1 FLR 289.

ECtHR 22. 09. 2004, Applications Nos. 78028/01 and 78030/01, *Pini and Others v. Romania*, 40 EHRR 13 [2005] 2 FLR 596.

UK Court of Appeal (Civil Division) 20. 12. 1999, *Re A (Medical Treatment: Male Sterlilisa-* 212
tion), [2000] 1 FCR 193.

UK High Court of Justice (Queen's Bench Division) 30. 07. 2004, Case No. CO/4038/2003, *R (on the application of Oliver Leslie Burke) and the General Medical Council and the Disability Rights Commission and the Official Solicitor to the Supreme Court*, [2004] EWHC 1879.

参考文献

Byrne B (2012) Minding the gap? Children with disabilities and the United Nations Convention on the Rights of Persons with Disabilities, In: Freeman MA (ed) Law and childhood studies: current legal issues, vol 14, Oxford University Press, Oxford, pp. 419-437.

Donnelly M (2001) Decision making for mentally incompetent people: the empty formula of best interests? Med Law 20: 405-416.

European Parliament, Directorate General for Internal Policies (2013) Study on Member States' Policies for Children with Disabilities, http://www.europarl.europa.eu/RegData/etudes/etudes/join/2013/474416/IPOL-LIBE_ET (2013) 474416_EN.pdf, Accessed 20 Mar 2015.

Freeman M (2007) Article 3: the best interests of the child, In: Alen A, vande Lanotte J, Verhallen E, Ang F, Berghmans E, Verheyde M (eds) A commentary on the United Nations Convention on the Rights of the Child, Martinus Nijhoff, Leiden, pp. 1-74.

Hendriks A (2010) The UN disability convention and (multiple) discrimination: should EU non-discrimination law be modelled accordingly? In: Quinn G, Waddington L (eds) European yearbook of disability law, vol 2, Intersentia, Antwerp, pp. 7-28.

Ministry of Health and Social Affairs and Ministry for Foreign Affairs, Sweden (2001) Child Impact Assessments: Swedish Experience of Child Impact Analyses as a tool for implementing the UN Convention on the Rights of the Child, Available via http://resourcecentre.savethechildren.se/sites/default/files/documents/6728.pdf, Accessed 24 Mar 2015.

United Nations Children's Fund (2013) The State of the World's Children 2013: Childrenwith Disabilities, Available via http://www.unicef.org/gambia/SOWC_Report_2013.pdf, Accessed 12 Mar 2015.

World Health Organization & World Bank (2011) World Report on Disability, Available via http://whqlibdoc.who.int/publications/2011/9789240685215_eng.pdf, Accessed 12 Mar 2015.

第 8 条　提高认识 213

奥蕾莉·巴兰哲

一、缔约国承诺立即采取有效和适当的措施，以便：

（一）提高整个社会，包括家庭，对残疾人的认识，促进对残疾人权利和尊严的尊重；

（二）在生活的各个方面消除对残疾人的定见、偏见和有害做法，包括基于性别和年龄的定见、偏见和有害做法；

（三）提高对残疾人的能力和贡献的认识。

二、为此目的采取的措施包括：

（一）发起和持续进行有效的宣传运动，提高公众认识，以便：

1、培养接受残疾人权利的态度；

2、促进积极看待残疾人，提高社会对残疾人的了解；

3、促进承认残疾人的技能、才华和能力以及他们对工作场所和劳动力市场的贡献；

（二）在各级教育系统中培养尊重残疾人权利的态度，包括从小在所有儿童中培养这种态度；

（三）鼓励所有媒体机构以符合本公约宗旨的方式报道残疾人；

（四）推行了解残疾人和残疾人权利的培训方案。 214

目　次

1　第 8 条：起草历史

从《残疾人权利公约》起草开始，消除残疾人面临的污名和定见、提高对残疾问题的认识就被确定为关键的优先事项。它们被墨西哥列入在 2002 年特设委员会第一届会议期间提交的题为“促进和保护残疾人权利和尊严的全面综合国际公约”的初步工作文件[1]的一个具体条款。拟议的第 5 条确认，“缔约国应促进改变妨碍残疾人或其家人行使其权利的陈规定型的看法、社会文化模式、习惯做法或任何其他性质的妨碍”，尤其是采取“提高社会对残疾人权利和需求的认识的措施，其中包括在所有级别的正规教育中创设提高认识的方案”。

特设委员会在 2004 年 5 月 24 日至 6 月 4 日的第三届会议上，根据其特别指定的工作组编写的案文草案，开始了公约草案的谈判。[2] 工作组草案初稿载有一项关于“第 5 条：促进对残疾人的积极态度”的提议。[3] 墨西哥提交的案文确认，有必要制定一项关于提高对不歧视的认识的详细规定。

会议就列入一项关于提高认识问题的具体条款的实际意义进行了讨论。在第三届会议期间，欧盟建议将本条与关于一般义务的第 4 条合并。然而，墨西哥坚持认为，必须保留一项单独条款，专门论述提高认识问题。在特设
215 委员会第四届会议期间，欧盟赞成单独条款的想法，但建议将其纳入第 24 条规定的支持措施。考虑到提高认识的全面横贯性（cross-cutting），欧洲残疾问题论坛也提出了这一建议。

在特设委员会第七届会议期间，韩国再次对为保障权利而列入一项关于“提高认识”的条款是否具有意义提出疑问。[4] 不过，特设委员会主席强调，

1　关于墨西哥提交的工作文件，见 A/AC. 265/WP. 1。

2　关于第 8 条的起草过程，见 http://www. un. org/esa/socdev/enable/rights/ahcstata8bkgrnd. htm。

3　拟订促进和保护残疾人权利和尊严的全面综合国际公约，第 5 条：促进对残疾人的积极态度，http://www. un. org/esa/socdev/enable/rights/ahcwgreportax1. htm#footnote1。

4　在特设委员会第七届会议期间，韩国认为“第 8 条是没有必要的，提高公众认识并不能保障权利”。

这样的做法是有先例的，《消除一切形式种族歧视国际公约》第 7 条就要求缔约国采取措施打击偏见。此外，《消除对妇女一切形式歧视公约》同样载有一项关于采取措施积极影响公众对性别问题的理解的规定。

特设委员会普遍认为，提高认识是保障残疾人平等参与和权利的必要前提条件，正如《残疾人机会均等标准规则》所述。[5] 第 8 条还呼应了其他国际文书，如 2006 年通过的《欧洲理事会残疾问题行动计划》也提到提高认识是一个主要问题。[6]

一些国家强调提高认识对促进必要的社会变革进而改变残疾人生活的重要性。在第三届会议期间，特立尼达和多巴哥支持肯尼亚提出的修正案，即纳入一个关于文化习俗的新子项，强调在一些国家，对残疾人的态度特别消极，导致一些家庭出于羞耻而将残疾儿童隐藏起来。[7]

这呼应了欧洲残疾问题论坛关于在该条中提及家庭的建议，即考虑到家 216
庭可以在残疾人的生活中起到积极和消极的作用，因此必须将家庭视为提高认识活动的受益对象之一。[8]

欧盟和南非及其他几个国家建议提及“促进对残疾人权利的尊重”的重要性，因为它们认为，与提高对残疾本身的认识相比，更重要的是从基于权利的角度来提高认识。在特设委员会第四届会议期间形成了一个决定，即在第 1 款第 1 项末尾添加“促进对残疾人权利的尊重”。[9]

第 1 款第 2 项增加“生活的各个方面”的措辞反映了提高认识的全面横贯性。事实上，在讨论本条的范围时，提高认识就被认可为一个横向问题。因此，在特设委员会第七届会议期间，提及“改变对残疾人在性、婚姻、生

5　联合国大会第 48 届会议通过了《残疾人机会均等标准规则》，1993 年 12 月 20 日第 48/96 号决议附件。

6　“同样认识到提高认识（第 15 项）是整个行动计划的一个关键问题。应反对歧视行为和污名化，并代之以有关损伤和残疾的后果的可及的和客观的信息，以促进更好地了解残疾人在社会中的需要和权利。应采取行动改变对残疾人的消极态度，并应促进将残疾问题在所有政府出版物和媒体出版物中的主流化。”见《欧洲理事会促进残疾人权利和充分参与社会行动计划（2006～2015）：提高欧洲残疾人生活质量》，第 3.15 段。

7　http://www.un.org/esa/socdev/enable/rights/ahc3sum5.htm.

8　http://www.un.org/esa/socdev/enable/rights/ahc3edf.htm.

9　http://www.un.org/esa/socdev/enable/rights/ahc4reporte.htm.

育和家庭关系等所有事项上的消极看法和社会偏见”这些具体目标的建议，以及任何将导致所涵盖事项范围受限的措辞，都被删除了。因此，这意味着具有文化敏感性的内容也能适用。[10]

在特设委员会第三届会议上，欧洲残疾问题论坛还强调必须避免使用居高临下的语言。在这方面，它支持欧盟和其他一些国家的建议，即明确提及“提高对残疾人权利的认识的措施”，而不是“对残疾人的积极态度”。欧洲残疾问题论坛还支持避免使用“消极的”陈规定型观念这一措辞，因为即使是“积极的”陈规定型观念（如盲人记忆力好、聋人注意力集中、唐氏综合征患者很友善等）也必须避免。事实上，“积极的陈规定型观念”也可能不利于残疾人的融入，因为它会阻碍社会为消除障碍而采取的必要行动。[11]欧洲残疾问题论坛建议修改该条标题，以明确提及“提高认识”。

217

2　第8条的范围和内容

第8条第1款强调必须“立即采取有效和适当的措施”以提高整个社会的认识。因此，提高认识被认为是当务之急，而且在社会各个层面都是必要的，以便消除残疾人面临的态度障碍，并实现《残疾人权利公约》预期的范式转变。

根据残疾的社会模式，社会障碍是残疾人的主要致残因素之一。全社会都应受益于提高认识的行动，包括残疾人的家庭。事实上，家庭对残疾人的态度可能与社会上其他人一样消极，包括同样缺乏对残疾人权利的认识。

欧盟基本权利署（European Union Agency for Fundamental Rights，FRA）

10　http://www.un.org/esa/socdev/enable/rights/ahcstata8sevscomments.htm.

11　例如，人们常常认为，科学、政治和艺术领域的天才之所以取得成功，是因为他们患有阿斯伯格综合征（孤独症的一种）。这可能是真的，但重要的是要避免助长将孤独症患者视为天才的定见。这种认为阿斯伯格综合征不是残疾且每个阿斯伯格综合征患者都是潜在天才的观点，是污名化的另一种形式，可能导致忽视阿斯伯格综合征患者的支助需要并给其带来不必要的压力。孤独症患者在支助性环境中可能会成功，但不利的环境以及对他们的与众不同缺乏尊重和容忍将会成为他们充分参与社会的主要障碍。See Autism-Europe（2012）.

最近一份专门研究针对残疾儿童的暴力问题的报告强调了对残疾人缺乏认识和存在偏见的影响。该报告强调了这样一个事实，即社会孤立和污名化加剧了暴力的风险。[12] 接受欧盟基本权利署调查的受访者“指认了暴力的各种原因，从基于偏见、缺乏对残疾的认识或理解的消极社会态度，到根植于对‘他者’不宽容的职业态度或个人态度”。据受访者称，社会排斥和孤立增加了在各种环境中暴力侵害残疾儿童的风险。他们还指出，将残疾儿童隔离在机构内反过来限制了他们与普通民众的互动，妨碍了人们对残疾的广泛认识和理解。因此，缺乏认识会引发恶性循环，使得对残疾人的歧视和排斥持久化。

残疾人权利委员会的大量结论性意见概述了需要更多地基于“残疾人权模式”而不是从“残疾预防”和“残疾医学模式”的提高认识活动。结论性意见还强调，必须通过宣传残疾人的积极形象、他们的权利和他们对社会的贡献，克服关于残疾的根深蒂固的陈规定型观念，以促进他们获得教育和服务的机会，并推动制定包容性政策。[13]

第 8 条第 1 款第 2 项提到需要通过提高认识来解决的关键问题，即“在生活的各个方面消除对残疾人的定见、偏见和有害做法，包括基于性别和年龄的定见、偏见和有害做法”。

> 偏见和定见共同造成和维持了社会的不平等。偏见是指人们对其他 218
> 群体的成员的态度和感受，无论是积极的还是消极的，无论是有意识的还是无意识的。相比之下，定见传统上被定义为对一个群体的具体看法，如对特定群体成员的长相、行为方式或能力的描述。[14]

研究表明，各种定见和偏见的性质和程度因残疾类型而异。[15] 一些残疾，

12　Fundamental Rights Agency（2015）.

13　见残疾人权利委员会的结论性意见：加蓬，CRPD/C/GAB/CO/1，第 17 段、第 20～21 段；乌克兰，CRPD/C/UKR/CO/1，第 8 段、第 15～16 段；卡塔尔，CRPD/C/QAT/CO/1，第 14 段、第 17～18 段。

14　Vescio and Weaver（2013）.

15　“福利政策专家早就注意到了‘不值得的穷人’这一概念，这是许多社会政策、政治和公众对一些贫困群体的态度的核心。残疾权利运动（disability rights movement）对这一现象有所改变。在公众和媒体的心目中，有‘正当’和‘值得’的残疾，通常是那些肉眼可见的残疾，如行动障碍和失明。另一方面，还有‘不值得的残疾人’，如那些被认为应该为自己的状况负责的人，那些患有难以核实或容易伪造的疾病的人，或那些其状况基于多数被医学认为有问题的生活方式选择和行为的人。”见 LaCheen（2000）。

如行动障碍和失明，更容易被公众理解。虽然人们可以根据个人对暂时性轻微损伤的亲身经历来想象身体或感官障碍会带来什么，但社交和沟通障碍的含义和影响是其他人很难理解和同情的。“看不见的残疾”本质上更难把握和理解。因此，某些残疾人群体更有可能遇到误解他们具体需要的人。英国组织 Scope 进行的一项调查表明，这种情况往往会发生在患有以下方面病症的人身上：精神健康问题（67%），智力、社交或行为或学习障碍（67%），记忆力（62%），灵巧性（54%），耐力/呼吸障碍（51%）。[16] 对残疾人的个人需要缺乏了解是残疾人最常遭遇的态度或行为，这也是那些遭遇过消极态度或行为的人最想改变的。因此，培养人们对某些残疾是看不见的这一事实的认识尤为重要，因为“人们常常认为值得认真对待的残疾是看得见的残疾”。[17]

围绕残疾人的污名化和错误看法可能助长第 8 条第 1 款第 2 项所述的“有害做法”。例如，白化病患者在非洲某些地区受到迫害就是这种情况。[18] 他们中的许多人因为古老的迷信而被杀害，这些迷信认为他们身体的一些部位可以传递魔法力量并带来繁荣。缺乏可获得的信息，家庭或护理人员的无知也可能导致有害的做法。例如，在寻找治疗孤独症的方法时，有人可能向家庭提供一些所谓的疗法，如“打包疗法”（packing）或使用漂白剂灌肠
219 （bleach enemas），尽管这些治疗方法具有潜在危害并遭到国际科学界的广泛驳斥。[19]

第 8 条第 1 款第 2 项还强调了这样一个事实，即歧视可能具有交叉性，残疾人可能遭受多重歧视，包括基于“性别和年龄”的歧视。残疾儿童问题已在上文中得到强调。《残疾人权利公约》第 6 条特别提到“残疾妇女和残疾女孩受到多重歧视，在这方面，应当采取措施，确保她们充分和平等地享有一切人权和基本自由”。[20] 2013 年，欧洲议会发表了一份专门讨论残疾妇女面临多重歧视问题的报告，建议“为了将残疾和性别问题纳入主流，需要

---

16 Aiden and McCarthy（2014）.

17 Stone（2005）.

18 Cruz-Inigo et al.（2011）.

19 Autism-Europe（2015）.

20 见本书对第 6 条“残疾妇女”的评注。

把提高普通民众的认识作为首要优先事项”。[21]

“立即采取有效和适当的措施”包括“发起”和“持续进行有效的宣传运动，提高公众认识”，以便：

1. 培养接受残疾人权利的态度；

2. 促进积极看待残疾人，提高社会对残疾人的了解；

3. 促进承认残疾人的技能、才华和能力以及他们对工作场所和劳动力市场的贡献。

残疾人权利委员会在 2015 年审议欧盟实施《残疾人权利公约》情况报告之后，在其结论性意见中提出了关于提高认识的下列建议：“委员会建议欧盟开展全面运动以提高对《公约》的认识，消除对残疾人（包括对残疾妇女和女童）的偏见，特别是对社会心理残疾人、智力残疾人和老年残疾人的偏见。委员会建议应以无障碍模式提供与能力建设和培训、提高认识、公开声明等有关的所有材料。”[22] 这呼应了残疾人组织的要求，即采取更多行动 220
来结束围绕残疾，特别是围绕心理健康残疾[23]和看不见的残疾（如孤独症）[24]的污名化。

“积极的认知和更高的社会意识”是帮助残疾人在一个认识到他们的价值和人类多样性丰富程度的社会中过上充实生活的关键因素。然而，仅仅提高“认识”是不够的。认识应导向“理解”和“接受”，以实现一个包容的尊重人类多样性的社会。为了实现这一目标，对残疾人的认识不应与残疾的“缺陷模式”相联系，即暗示修正残疾人的缺陷，而应当认可残疾人的长处、技能和内在价值，并认识到每个人都是拥有权利的主体。

21　Davaki et al.（2013）.

22　残疾人权利委员会的结论性意见：欧盟，CRPD/C/EU/CO/1，第 26~27 段。

23　精神病学（前）使用者和幸存者网络（ENUSP）对于欧洲而言，“欧盟应采取有效措施，在欧盟所有层面消除对社会心理残疾人的定见和污名化，包括结束认为其‘神志不清’‘危及自身或他人’‘需要治疗’‘不能表示同意’等固定看法，并与具有代表性的社会心理残疾人组织进行紧密而有意义的合作”。See ENUSP（2015）.

24　事实上，在 2007 年 12 月联合国通过设立“世界提高孤独症意识日”（WAAD）的决议之后，欧盟一级没有采取任何官方行动来提高对孤独症患者权利的认识。建议采取协调一致的多管齐下的方法，着重提高政府对其需要向任何年龄段的孤独症患者提供适当和优质服务的认识，以满足孤独症患者及其家庭日益增长的需要。更多信息，见 Autism-Europe（2015）。

重要的是，第 8 条第 2 款第 1 项第 3 目建议“促进承认残疾人的技能、才华和能力”，尤其是在就业方面。此处所提到的“对工作场所和劳动力市场的贡献”是关键所在。与其他地方一样，在欧洲，尽管已有立法，但与就业有关的残疾歧视仍然特别严重。自 1997 年以来，对（由《阿姆斯特丹条约》提出的）《欧洲共同体条约》的修改授权欧盟打击基于性别、种族或族裔出身、宗教或信仰、残疾、年龄或性倾向的歧视。2000 年，欧盟理事会通过了《关于建立就业和职业平等待遇一般框架》的第 2000/78/EC 号指令，要求所有成员国调整和开展国家立法，禁止在就业和职业培训领域对残疾人的直接和间接歧视。尽管所有欧洲国家现在都已确立此类立法，但这一指令在实践中的影响仍然有限。2014 年欧盟委员会关于该指令实施情况的报告指出，需要进一步努力实施该指令，特别是通过政策行动、提高认识和培训。[25]
221 与就业有关的歧视仍然发生在就业过程的许多不同阶段，并以多种多样的形式出现。也许影响残疾人的最明显的歧视形式是潜在雇主在招聘过程中的歧视，但求职者很难证明这一点。[26] 因此，必须提高对残疾人潜能的认识。

在工作领域之外，第 8 条第 2 款第 2 项将教育部门和儿童确定为提高认识的重要目标群体，确认有必要“在各级教育系统中培养尊重残疾人权利的态度，包括从小在所有儿童中培养这种态度”。

英国组织 Scope 开展的关于当前对残疾人态度的调查结果表明，积极的态度可以通过有损伤和无损伤儿童之间的更多互动来形成。[27] 一般而言，增进残疾人和非残疾人之间的积极互动机会，被认为是改变观念模式的关键。包容性教育是培养社会意识的关键因素。如上所述，欧盟基本权利署的报告强调了反对机构收容儿童的重要性。第 8 条第 2 款第 2 项强有力地呼应了《残疾人权利公约》关于教育的第 24 条，该条规定“缔约国应当确保在各级教育实行包容性教育制度和终生学习”。[28] 教育通常是不可或缺的，第 8 条第

---

[25] “仅靠立法不足以确保完全平等，因此需要将其与适当的政策行动结合起来。欧盟就业和社会团结（进步）方案已经为提高认识和培训活动提供了资金，但委员会需要与成员国合作，进一步加强这项工作，以确保在整个欧盟范围内切实提高对权利的认识。” See European Commission（2014）.

[26] Van Wieren et al.（2008），p. 301.

[27] Aiden and McCarthy（2014）.

[28] 见本书对第 24 条“教育”的评注。

2 款第 4 项同样确认应当“推行了解残疾人和残疾人权利的培训方案”。

媒体在影响人们对残疾人的看法方面非常强大。然而，它们有推广陈规定型观念的倾向。因此，在提高认识方面，媒体是一个极其重要的部门。故而根据第 8 条第 2 款第 3 项，缔约国应“鼓励所有媒体机构以符合本公约宗旨的方式报道残疾人”。

失实报道是很常见的，也往往会固化陈规定型观念，即使初衷是善意的。残疾人往往被报道成反复出现相似性的特征。正如世界聋盲联盟在第 8 条起草过程中强调的那样，“残疾人要么被描绘成受害者，要么被塑造成英雄，而不是仅仅将其作为普通人。通过媒体教育公众认识残疾人的生活、技能及其对社会的贡献是非常重要的”。残疾人更愿意被描绘成普通人，而不是英雄，更不是超级恶棍。然而，“在虚构的节目中，最可能包括残疾角色的类型是犯罪和惊悚电影。他们通常以罪犯、怪物或可怜的受害者的形象出现……在大多数情 222
况下，引入残疾角色不是因为他们是普通人，而恰恰相反”。[29]

媒体把“疯狂”作为犯罪的一个常见原因，这极大地助长了对精神障碍患者的污名化。报纸对于犯下暴力罪行的人往往强调其背景中的精神障碍史，而患有精神障碍的人成为犯罪受害者的可能性是成为罪犯的 2.5 倍。新闻节目经常耸人听闻地报道涉及精神病患者的犯罪事件。[30] 此外，自金融危机爆发以来，残疾人越来越多地被描绘成“利益敲诈者”，特别是一些残疾人还经常被描述为“不值得的”。对残疾人的固有价值和尊严缺乏尊重，所有这些行为都导致残疾人受到进一步歧视和社会排斥。[31] 应当把残疾人描绘为普通的个体，而不仅仅是基于其残疾进行描绘。

第 8 条要求在社会各层级和生活各领域提高认识，以实现残疾人生活的真正改变。消除广泛传播的无知，打破与残疾有关的“定见、偏见”，是朝着充分承认残疾人作为有权充分参与社会的权利主体而迈出的必要一步。提高认识应促进积极看待残疾人，而不是侧重“预防”或“缺陷模式”。提高认识应将整个社会作为目标。事实上，偏见和定见不仅来自个人，而且是制度化的。因

29　Barnes（1991），p. 3.

30　Autism-Europe（2012）.

31　Thornicroft（2006）.

此，第 8 条要求采取多管齐下的办法，解决教育、就业和媒体等各部门的问题，以改变整个社会的观念模式，消除残疾人面临的态度障碍，从而促进对一个面向所有人的包容性社会的尊重。

参考文献

Aiden H, McCarthy A (2014) Current Attitudes Towards Disabled People, Scope, UK, http://www.scope.org.uk/Scope/media/Images/Publication% 20Directory/Current - attitudes - towards-disabled-people.pdf, Accessed 3 March 2016.

Autism-Europe (2012) Autism and Stigma, Available on www.autismeurope.org.

Autism-Europe (2015) Alternative Report on the CRPD Implementation by the EU, Available on www.autismeurope.org.

Barnes C (1991) Discrimination: disabled people and the media, Contact 70: 45-48, http://disability-studies.leeds.ac.uk/files/library/Barnes-Media.pdf, Accessed 3 March 2016.

Cruz-Inigo AE, Ladizinski B, Sethi A (2011) Albinism in Africa: stigma, slaughter and awareness campaigns, Dermatol Clin 29 (1): 79-87, doi: 10.1016/j.det.2010.08.015.

223 Davaki K, Marzo C, Narminio E (2013) Discrimination generated by the intersection of gender and disability, Parlement européen, Direction générale des politiques internes de I'Union. doi: 10.2861/23765, http://bookshop.europa.eu/fr/discrimination-generated-by-the-intersection-of-gender-and-disability-pbBA0313048/, Accessed 3 March 2016.

ENUSP (2015) Shadow report 2015-Submission on CRPD implementation in the European Union, CRPD-Committee (14th session), http://tbinternet.ohchr.org/_layouts/treatybodyexternal/Download.aspx? symbolno=INT%2fCRPD%2fCSS%2fEUR%2f21115& Lang=en.

European Commission (2014) Joint Report on the application of Council Directive 2000/43/EC of 29 June 2000 implementing the principle of equal treatment between persons irrespective of racial or ethnic origin ("Racial Equality Directive") and of Council Directive 2000/78/EC of 27 November 2000 establishing a general framework for equal treatment in employment and occupation ("Employment Equality Directive"), http://ec.europa.eu/justice/discrimination/files/com_2014_2_en.pdf, Accessed 3 March 2016.

Fundamental Rights Agency (2015) Violence against children with disabilities: legislation, policies and programmes in the EU, http://fra.europa.eu/sites/default/files/fra_uploads/fra-2015-violence-against-children-with-disabilities_en.pdf, Accessed 2 March 2016.

LaCheen C (2000) Achy Breaky Pelvis, lumber lung and juggler's despair: the portrayal of the americans with disabilities act on television and radio, Berkeley J Employ Labor Law 21 (1): 223 - 245. http://scholarship.law.berkeley.edu/bjell/vol21/iss1/8, Accessed March 2, 2016.

Stone SD (2005) Reactions to invisible disability: the experiences of young women survivors of hemorrhagic stroke, Disabil Rehabil 27 (6): 293-304, doi: 10.1080/09638280400008990.

Thornicroft G (2006) Shunned: discrimination against people with mental illness, Oxford University Press, Oxford.

Van Wieren TA, Reid CA, McMahon B (2008) Workplace discrimination and autism spectrum disorders: the National EEOC Americans with Disabilities Act research project, Work 31: 299-308.

Vescio T, Weaver K (2013) Prejudice and stereotyping, Oxford University Press, New York, doi: 10.1093/OBO/9780199828340-0097.

225 第9条　无障碍

弗朗西斯科·西祖

一、为了使残疾人能够独立生活和充分参与生活的各个方面，缔约国应当采取适当措施，确保残疾人在与其他人平等的基础上，无障碍地进出物质环境，使用交通工具，利用信息和通信，包括信息和通信技术和系统，以及享用在城市和农村地区向公众开放或提供的其他设施和服务。这些措施应当包括查明和消除阻碍实现无障碍环境的因素，并除其他外，应当适用于：

（一）建筑、道路、交通和其他室内外设施，包括学校、住房、医疗设施和工作场所；

（二）信息、通信和其他服务，包括电子服务和应急服务。

二、缔约国还应当采取适当措施，以便：

（一）拟订和公布无障碍使用向公众开放或提供的设施和服务的最低标准和导则，并监测其实施情况；

（二）确保向公众开放或为公众提供设施和服务的私营实体在各个方面考虑为残疾人创造无障碍环境；

（三）就残疾人面临的无障碍问题向各有关方面提供培训；

（四）在向公众开放的建筑和其他设施中提供盲文标志及易读易懂
226 的标志；

（五）提供各种形式的现场协助和中介，包括提供向导、朗读员和专业手语译员，以利向公众开放的建筑和其他设施的无障碍；

（六）促进向残疾人提供其他适当形式的协助和支助，以确保残疾人获得信息；

（七）促使残疾人有机会使用新的信息和通信技术和系统，包括因特网；

（八）促进在早期阶段设计、开发、生产、推行无障碍信息和通信技术和系统，以便能以最低成本使这些技术和系统无障碍。

目　次

1　引言

我们在此的出发点是，当残疾人行使他们载于 1948 年《世界人权宣言》的最基本权利时，通常面临着多重歧视和不平等。[1] 例如，当残疾人行使行动权和使用公共建筑、交通运输服务等基础设施的权利时，往往遭受歧视。[2] 尽管国家已经立法，也制定了公共政策来缓解现存的问题，但由于执行工作进展缓慢或停滞，歧视和不平等状况仍然持续存在。因此，《残疾人权利公约》采用了一种全方位的、以人权为基础的无障碍方案，该方案不仅

1　UNGA Res. 217A（Ⅲ），10 December 1948，UN Doc. A/810，71；43（supp.）AJIL（1949），p. 127.

2　Rimmer et al.（2004），pp. 419-425.

基于物质无障碍，还基于信息无障碍（网络可访问性）[3] 和服务无障碍，为残疾人赋权并使其充分享有作为公民的权利。[4] 具体而言，《公约》在第3条（一般原则）和第21条（表达意见的自由和获得信息的机会）都确
227 认无障碍是一项权利，尽管这些条款及其他条款都没有提供无障碍的定义。

省略无障碍的定义“表面上”（*prima facie*）令人惊讶，因为“无障碍”这个词有多种含义，[5] 但证明这种省略并无不当的事实是，至少在关于歧视和服务的语境中，“无障碍权”这种表述足以清晰地表达这样一个普遍观念，即身体残疾人不得仅仅因为身体障碍而被拒绝使用服务或从服务中平等获益。[6] 据此，“无障碍权”这一术语可用来表示在不受基于身体残疾歧视的情况下，使用一般向公众提供的商品、服务、设施和便利，并平等获益的权利。对这些权利的侵犯，可能是由于提供服务的场所或提供服务的方式是残疾人因残疾而无法使用所引起的。此外，更重要的是，《公约》有一条（第9条）专门具体规定无障碍权——该权利本身被视为一项人权。

《公约》第9条是一项创新性规定，在联合国人权文件中首次规定了无障碍权。[7] 对《公约》的系统解读表明，“无障碍”不仅本身是一项常规权利，[8] 而且也是《公约》的一般原则。[9] 不能孤立地解读《公约》关于无障碍的一般性条款，特别是第9条，因此，当落实《公约》中的其他权利，如就业和

3 See Simeone (2007), pp. 507-511.

4 See Hendricks (2007), pp. 273 ff.

5 例如，Palacios and Bariffi (2007) 强调无障碍包括与身体、精神和沟通障碍等相关的问题。更一般地，Keith (2001, p. 437) 强调国际人权文书通常有一个需要解释的宽泛表述，需要加以解释。

6 See Halvorsen (2010), pp. 77 ff.

7 See, e. g., Schulze (2007), pp. 52 ff; Mégret (2008), pp. 261-278.

8 经济、社会和文化权利委员会的“判例”用类推方法附带地确认了这一点。其判例始终将无障碍认定为《经济社会文化权利国际公约》所包含权利的规范内容的关键组成部分，并建议各缔约国确保无障碍，以使老年人充分行使其所有权利。See also Office of the High Commissioner for Human Rights (2012).

9 See also Foggetti (2012), p. 50. 他强调，“根据欧盟的一项提案，无障碍已经被纳入《公约》第一部分的第9条，并在第3条基本原则中得到重申”。

工作权、康复权、受教育权和健康权时，无障碍也必须适用。[10]

《残疾人权利公约》第 9 条不仅着眼于解决实体无障碍，也着眼于解决信息无障碍。它强调需要及早考虑无障碍问题，例如在信息和通信技术早期阶段以最低成本发展无障碍技术。该条款的措辞与《消除一切形式种族歧视国际公约》的第 5 条（巳）项非常类似，后者规定“进入或利用任何供公众使用的地方或服务的权利，如交通工具、旅馆、餐馆、咖啡馆、戏院、公园等”。不过，与《消除一切形式种族歧视国际公约》第 5 条（巳）项不同的是，《公约》第 9 条并没有明确提及歧视。尽管如此，缺乏无障碍客观上构成了歧视。但是，第 9 条明确要求缔约国采取适当和合理的措施，对残疾人确保无障碍。[11] 228

第 9 条的字面解释表明，缔约国应当采取的措施包括在广泛的领域识别和消除障碍，并打击歧视。[12] 这种宽泛的解释也得到了联合国残疾人权利委员会的确认，该委员会在处理住房问题时将其作为《公约》第 9 条第 1 款第 1 项规定的无障碍权的一部分。通过解释缔约国为确保无障碍应当采取的步骤，委员会认为各缔约国必须同残疾人及其他利益攸关方协商，审查其规范框架并实施适当的无障碍立法。各缔约国还必须为公立和私立实体提供的服务制定无障碍最低标准。[13] 此外，确保实施和执行相关无障碍计划和战略的

10　见联合国残疾人权利委员会第 2 号一般性意见：第 9 条（无障碍），UN Doc. CRPD/C/GC/2，第 34～48 段，该意见涉及无障碍权与《公约》所保障的其他权利，如表达意见的自由和获得信息的机会（第 21 条）、教育（第 24 条）、健康（第 25 条）、工作和就业（第 27 条）以及参与政治和文化生活（第 29 条、第 30 条）之间的关系。

11　关于合理调适的实例，例如在已经可以找到标准厕所设施的大型天然山径步道附近提供非标准的厕所设施，或者为特定的山径步道或路线提供大型的、高度可见的标志，以帮助视障和非视障使用者。一项不合理的调适可能包括要求提供穿越原始森林的柏油碎石山径步道（尽管为一条或多条山径步道尤其是主要的突出的地点提供天然的硬质/平坦地面和引导绳/轨道，可以被视为一项合理调适）。Amplius Schulze（2007），pp. 52 ff.

12　顺便说一下，所有向公众开放的设施均应包括盲文标志并采用易读易懂的标志（《公约》第 9 条第 2 款第 4 项），公共建筑和设施的无障碍应考虑所有方面，并向残疾人提供支持以使其能够利用这些服务和有关它们的信息。关于这个主题，见 Ball（2011），pp. 759-798。更一般地，见 Rioux（2003），pp. 287-317。

13　见残疾人权利委员会第 2 号一般性意见（UN Doc. CRPD/C/GC/2）第 13 段：“只要商品、产品和服务是向公众开放的或向公众提供的，它们必须对所有人都是无障碍的，无论它们是由公共当局还是私营企业拥有和/或提供。”

职权机构应持续监测无障碍标准的遵守情况。[14] 鉴于在第一时间避免障碍几
229 乎总是比在后期消除障碍更具成本效益，《公约》第9条显然也具有提示的效用，提醒相关方需要在规划过程中及早地以一种全面的方式解决无障碍问题。

此外，与《消除一切形式种族歧视国际公约》第5条（巳）项不同的是，《残疾人权利公约》第9条明确规定了一个涵盖公共和私营主体的广泛的无障碍概念，因为它适用于任何“向公众开放或为公众提供”服务或产品的行为体。值得注意的是，第9条在有关互联网的信息和通信技术方面，将一项具体责任赋予了私营和公共行为体。[15] 现在的重点不再是服务、信息和通信的公共或私营属性。只要产品和服务是向公众提供的，它们就必须对所有人可用，无论它们是由私营企业还是公共机构提供的。这种公私分离前所未有。以前的规则将信息和通信技术的无障碍要求完全赋予公共或政府实体。这些实体基本上被认为是为了公共利益而以某种方式成立的，因此应保障向公众开放的无障碍权。《公约》第9条措辞上的变化，即目前包括的“向公众开放或为公众提供设施和服务”，将无障碍要求也施予私营企业，并为《公约》缔约国实现此类标准奠定了基调。然而请注意，第2款第2项中涉及私营实体的义务范围是相对有限的，仅必须“在各个方面考虑到无障碍”。

2 第9条的重要意义

不可否认，第9条是《公约》中争论最多的条款之一。同样不可否认，它也是《公约》中最重要和最“激进”的条款之一。第9条的激进之处在于它承认所有残疾人都享有无障碍权并有权在平等的基础上行使这一权利。对斯泰利奥斯·查理塔基斯（Stelios Charitakis）来说，[16] 第9条的激进主义或变革潜力是它为私营和公共行为体提供了在规划过程的早期全面解决无障

14 残疾人权利委员会第2号一般性意见，第27~33段。

15 Schulze（2007），pp. 52 ff.

16 See Charitakis（2011）；Charitakis（2013），pp. 28-35. See also Moscatelli（2010），pp. 136 ff.

碍问题的机会。换句话说，通过确保无障碍问题在诸多规划活动中不被忽视，第 9 条可以消除或至少减少无意识地给残疾人设置额外社会障碍的风险。委员会认为该条规定意义重大，足以成为其第一个一般性讨论日的主题。[17] 然而，第 9 条的争议性质可以通过这一事实得到感知：在该一般性讨论日后又过了 4 年，委员会才通过了一项一般性意见来处理第 9 条的要求。尽管如此，委员会正在提供有益的建议，即缔约国有责任为残疾人提供使其 230 有效行使无障碍权所需要的支持，并施予各缔约国为确保残疾人有效获得无障碍而采取积极措施的义务。委员会对新西兰[18]和丹麦[19]两国报告的结论性意见均表达出关切，因为这两国都没有采取“全面措施，以确保残疾人在与他人平等的基础上无障碍地进出物质环境，使用交通工具，利用信息和通信（包括信息和通信技术和系统）以及享用在城市和农村地区向公众开放或提供的其他设施和服务”。委员会已经对 20 多个缔约国提交的报告发表了结论性意见，所有结论性意见都强调了第 9 条的重要性，建议各国审查关于无障碍权的法律，执行便利残疾人在与其他人平等的基础上无障碍地进出物质环境，使用交通工具，利用信息和通信（包括信息和通信技术和系统）以及享用在城市和农村地区向公众开放或提供的其他设施和服务的政策和法律。此外，同样重要和值得注意的是，委员会在拟定关于第 9 条的一般性意见之前，在审查各缔约国的初次报告期间与缔约国进行的 10 场互动讨论中，每场讨论都将无障碍问题视为最敏感的问题之一。[20]

传统上，残疾人被系统性地拒绝获得服务、信息和通信的机会。伯特兰·法夫罗（Bertrand Favreau）、[21] 杰拉德·奎因（Gerard Quinn）[22] 和鲍勃·胡伯（Bob Huber）[23] 等学者认为，残疾人一直被视作被应对的“客体”而不是具有自身利益和权利的“主体”。“客体”本身就暗示了一种情况，即身

17　见残疾人权利委员会关于无障碍的一般性讨论。

18　残疾人权利委员会的结论性意见：新西兰，CRPD/C/NZL/CO/1，第 19 段。

19　残疾人权利委员会的结论性意见：丹麦，CRPD/C/DNK/CO/1，第 26 段。

20　残疾人权利委员会第 2 号一般性意见，第 10 段。

21　See Favreau（2006），pp. 3-35.

22　See Quinn（2009），Ch. 11.

23　Huber（2003），pp. 433-439.

体损伤被视为“侵蚀”了残疾人作为人的主体地位。这种迫害体现在关于无障碍权的限制性法律中。

除非无障碍权得到保障，否则残疾人也将无法实现其他基本权利。[24] 在若干国家，无障碍权曾经可以（并且仍然可以）仅仅由于被判定智力甚至肢
231 体损伤就被拒绝。[25] 这些残疾人仅仅基于其身体损伤的状态，就被拒绝使用诸如交通运输服务和公共建筑之类的基础设施或访问互联网。这种拒绝无障碍使用权的路径可被归类为“状态或生物—医学路径”。依此路径，残疾人无论其具体需求如何，都遭遇广泛的限制和拒绝。[26] 相应地，根据聚焦于损伤引起的功能限制的“功能限制路径”，残疾人的无障碍使用权也经常被剥夺或限制。[27] 由于失去了使用交通工具或履行工作职责的能力，残疾人往往变得无法履行个人的（取决于年龄、性别、社会和文化特征的）正常职责。也许还值得补充的是，功能限制路径在公共政策和法律方面一直并将继续产生极大的影响力。

如果没有第 9 条规定的无障碍权，《公约》保障的其他权利就变得一文不值。这就是为什么在《公约》起草谈判结束时，形成的一个普遍共识是，撤销该条可能会导致某些规划设计活动忽略无障碍问题，尽管有些代表团对它们履行第 9 条之下的法律责任的能力表示关切。[28] 然而，如果没有无障碍环境，残疾人将无法作出基本的生活选择，如作出医疗保健决策、享有平等的受教育权，以及决定在哪里工作或在哪里接受教育。更一般意义上，这意味着个人无法在社会中发挥积极作用，不能过上正常的生活。

第 9 条承认，残疾人是人，具有在与其他人平等的基础上享有和实现其

---

24 残疾人权利委员会第 2 号一般性意见强调了无障碍作为平等参与社会的先决条件的重要性，并对缔约国尊重、保护和实现该权利的义务提供了更详细的解释。

25 Schulze（2007），pp. 52 ff.

26 见联合国人权事务高级专员办事处（2014）。其前提是，在医学模式中关注的焦点集中在人的损伤上，这是不平等的根源，由此得出的结论是“人的需求和权利被吸收或确定为提供（或强加）给患者的医疗”。Brisenden（1986）强调《公约》及其任择议定书挑战了以往对残疾的认识——认为残疾是一个医学问题或慈善路径的源起，并建立了一种基于人权的赋权残疾人的方式。

27 见 Sokolow et al.（1958），pp. 1575－1584（强调功能限制与个人适当承担关键社会角色的能力有关，如就业或照顾家庭成员）。

28 See also Schulze（2007），pp. 52 ff；Moscatelli（2010），pp. 136 ff.

基本自由和人权的平等权利。它坚定地摆脱了“生物—医学路径”或“功能限制路径”所激发的模式——在这些模式中无障碍权不是优先事项，而趋向于承认残疾人的直接无障碍权。[29] 因此，缔约国必须“提供各种形式的现场协助和中介，包括提供向导、朗读员和专业手语译员，以利向公众开放的建筑和其他设施的无障碍”。[30] 更一般意义上，缔约国必须“促进向残疾人提供其他适当形式的协助和支助，以确保残疾人获得信息”。[31] 232

第 9 条要求限制任何对无障碍采用“状态或生物—医学路径”或“功能限制路径”的法规和公共政策。不同于上文所批判的“状态”和“功能限制”路径，第 9 条采纳了一种“社会路径”，即认可设施、产品、商品、基础设施、技术和服务应被设计为完全对残疾人无障碍。[32] 第 9 条开篇首先主张残疾人应当能够独立生活和充分参与生活的各个方面。它制定了一个“基于平等的模式，这种模式补充了独立生活和在需要时获得支持以融入社区的全面法律权利”。[33] 各缔约国应当颁布和监测实施的并不是自执行条款，而仅仅是开放或提供给公众的设施和服务的最低标准和导则，[34] 第 9 条可以被解释为一种社会经济权利，这意味着缔约国的国内主管部门在确定如何（及何时）实施这种社会权利方面，具有相当广泛的自由裁量权。即使根据残疾人权利委员会第 2 号一般性意见，缔约国不得一直等待直到收到对商品或服务强制实施无障碍导则的要求，情况仍然如此。[35] 如第 2 号一般性意见所阐明的那样，当无障碍标准不足时，为个人提供合理便利的义务就开始产生效力（*ex nunc*），即合理便利的要求可立即执行。[36]

第 9 条隐含地要求，必须具体（*in concreto*）认定将残疾人置于实质性不利地位的安排。第 9 条的措辞表明，应当给予这些安排一种广泛的解释。

29　See also Akinbola（2012），pp. 300 ff；Power et al.（2013）.

30　《残疾人权利公约》第 9 条第 2 款第 5 项。

31　《残疾人权利公约》第 9 条第 2 款第 6 项。

32　关于残疾的社会方法，见 Shakespeare and Watson（2002）；Goodley（2001），pp. 207-231。

33　关于在社区中生活的权利，见 Kanter（2012），pp. 181 ff。

34　关于无障碍的第 9 条还具体提及标准。它要求《公约》缔约国“拟订和公布无障碍使用向公众开放或提供的设施和服务的最低标准和导则，并监测其实施情况”。

35　残疾人权利委员会第 2 号一般性意见，第 28~33 段。

36　残疾人权利委员会第 2 号一般性意见，第 25~26 段。

一旦确定了某一适当的比较项（就第9条而言，即残疾人与非残疾人相比），就会产生提供一项替代性安排是否合理的问题。关于什么是“合理”的问题，值得回顾的是，服务提供商可能会表示，残疾人所要求的任何调适根据情况都是不合理的。这会引导人们得出结论认为，在这方面遵循最佳实践是有用的。例如，在拥有100个车位的停车场中“残疾人车位”必须限于1个
233 的建议似乎无视了下列事实：1/5的英国人口有身体或智力上的损伤（虽然很明显，并非所有残疾人都要求残疾人车位）。因此，至少提供6个残疾人车位将与常规的停车场设计更加一致。欧盟委员会的“改善残疾人无障碍旅游信息”提供了这方面的最佳实践指导。[37]

3　起草和讨论过程中的分歧

也许《公约》最先进和最重要的方面是它的起草过程。特设委员会允许所有感兴趣的民间社会组织参与《公约》的起草过程。第33条第3款体现了对残疾人代表团体和组织的重视，该款规定：民间社会，特别是残疾人及其代表组织，应当获邀参加并充分参与《公约》的监测进程。这一点在《公约》第4条第3款也有体现，该款呼吁缔约国“在为实施本公约而拟订和施行立法和政策时以及在涉及残疾人问题的其他决策过程中”，“通过代表残疾人的组织，与残疾人”“密切协商，使他们积极参与”。[38] 值得注意的是，这些团体不需要具有联合国咨商地位即可参加《公约》的起草。这大大增加了获允参加的残疾人实体的数量，对各国起草《公约》的立场产生了重大影响。

这些团体组成了国际残疾人组织核心成员组。[39] 国际残疾人组织核心成

37　European Commission（2004）.

38　因此，残疾人权利委员会最近在其第2号一般性意见第35段指出，缔约国应当与残疾人及其他相关利益攸关方协商，审查其法律框架并实施适当的无障碍立法。

39　国际残疾人组织核心成员组包括35个国际、区域和国内组织，代表着来自世界所有地区和所有残疾人群体的残疾人。国际残疾人组织核心成员组中的组织已经并还在尽一切努力向其组成单位通报这一进程，以确保所有残疾人充分享有所有人权。更多信息，见 http://www.disabilityworld.org/09-11_04/news/caucus.shtml。

员组认为，任何对无障碍的限制都等同于不平等待遇，因为对无障碍的限制合法化将破坏残疾人在何处居住、如何消度时光的决定。但是，在工作组工作期间，关于第 9 条的辩论主要围绕着公共和私营领域的范围以及该条款与反歧视有关的混合特性。关于私营和公共领域的讨论产生了“向公众开放或 234
提供”的表述。不过，需要注意，在第 2 款第 2 项涉及的私营实体的范围在某种程度上是有限的，因为该项仅要求其“在各个方面考虑为残疾人创造无障碍环境”。约旦正确地指出：“重要的不是谁拥有该建筑物，而是谁在使用它。”[40] 关于无障碍的要求是应仅适用于新建筑物，还是现有建筑物也应归于义务范围之内，也存在大量争论。[41] 强烈的反对意见中包括一些主张历史建筑和遗址不能进行无障碍改造的观点。[42] 同样，自然景观的局限性被认为是潜在的障碍。[43] 非洲国家集团支持消除障碍的理念；国际残疾人组织核心成员组从一开始就主张建造适宜的场所。[44]

在起草过程中出现了一项部分程度上模棱两可的规定。[45] 涉及的问题包括：为了实施《公约》，无障碍应当如何定义？[46] 无障碍标准应当被给予什么地位？无障碍标准应当是强制性的吗？如果一项新的或经改造的服务或设施不符合任何无障碍标准，将会产生什么后果？它能被认为是无障碍的吗？对国际残疾人组织核心成员组（IDC）来说，《公约》第 9 条需要整体修订。[47] 特别是，第 9 条必须明确指出，缔约国应当在立法和行政各级强制要求所有向公众提供服务或信息的实体采取适当措施，通过预防或消除所有服务和设施中

40　See Arendt（1949）.

41　See Arendt, op. ult. cit.

42　See also Melish（2014）, pp. 70 ff.

43　See Arendt（1949）.

44　See Arendt（1949）.

45　因此，Foggetti（2012）正确地回忆道：“根据促进残疾人权利的最重要的组织，例如精神残疾权利国际组织（Mental Disability Rights International, MDRI）和国际残疾人组织核心成员组，第 9 条……没有充分考虑无障碍。例如，精神残疾权利国际组织和国际残疾人组织核心成员组认为，无障碍在第 9 条中没有被视为一项权利，因为不能在争端解决机构前针对侵犯它的情况采取行动。”See also Halvorsen（2010）, pp. 77-102; Harpur and Suzor（2013）, pp. 745 ff.

46　值得注意的是，尽管欧盟法规提到了无障碍，但是在使用该术语的法律文书中并没有对该术语内容的定义。有关此问题，见 Waddington and Lawson（2009）。

47　关于该问题，见 Schulze（2007）。

的新障碍和现有障碍，确保对残疾人完全无障碍。[48] 此外，也是根据国际残疾人组织核心成员组的主张，第 9 条应当指明缔约国具有制定、执行和监督无障碍指南和要求（accessibility guidelines and requirements）的义务，这些指南和要求对于所有新的服务和设施以及对现有设施的改造具有强制性。[49]

235 现在要设法解决的是如何解释第 9 条以克服其语言争议问题，并朝一个更先进的直接无障碍的模式迈进。如果适用正确，第 9 条可以实现《公约》关于更好地尊重对残疾人平等和包容的目标。但是，如果为确立直接无障碍付出的努力不多，而第 9 条的含糊之处又被用来将延续对残疾人无障碍权的阻碍正当化，则整个《公约》的潜力就可能失效或受到严重破坏。

4　支持与注意事项

现在要考虑的是第 9 条第 2 款所要求的支持，以使残疾人在与其他人平等的基础上行使其无障碍权。在此将参考一些学者的建议，并简要概述欧盟一级[50]和向残疾人的直接无障碍迈进的若干进步国家已经实施的一些政策。

最开始，政策和法律改革应该帮助那些不需要复杂支持的人行使无障碍权。这就要求在早期阶段完善和推广无障碍通信系统和技术，提供通信辅助手段，包括盲文、可选择的通信和多媒体替代工具、信息援助和翻译。值得注意的是，应就残疾人行使无障碍权的情况向专业人员提供交流方面的培

48　Schulze（2007）.

49　Schulze（2007）.

50　欧盟批准了《残疾人权利公约》，因此欧盟有义务在其职权范围内履行《公约》义务。值得注意的是，欧盟已经采取措施，提议修订《公共采购指令》和通过《欧洲无障碍法》（EAA）以执行《公约》关于无障碍的规定。此外且更广泛地，欧盟已经通过了 18 项促进无障碍的法律，包括在交通和建筑环境领域关于行动不便人士权利的法规，以及与结构性资金有关的一般规定。正在进行的工作是促进“电子无障碍”（e-Accessibility），即帮助残疾人和老年人访问和使用信息和通信技术（ICT）方面的产品、服务和应用程序。Amplius Preud’homme（2014），pp. 336 ff; Lawson and Priestley（2013），pp. 739-757. 关于欧盟实施《公约》的重要评论，见 Freyhoff（2014）。其中指出，关于欧盟实施《公约》情况的初次报告，“在无障碍方面，该报告仅提出了非常笼统的建议，没有指明一个明确的时间表，没有作出任何具体规定，如以可供选择的或易于阅读的形式显示信息，以支持智障人士的无障碍。而且，报告本身并未以无障碍的形式提供，并且没有易于阅读的摘要”。

训，也应向雇主、法律人士、医生和法官提供这种培训。

尤其是对于那些有更严重损伤的人，例如有精神健康问题或成瘾经历的人（PWLE），西尔瓦娜·莫斯卡特利（Silvana Moscatelli）主张用立法规定来协助发展支持网络，以使其获得工作权、受教育权、健康权和交通便利权 236 及使用基础设施、交通运输服务等基本权利。[51]

在 2005 年通过的加拿大《安大略省残疾人无障碍法》（Accessibility for Ontarians with Disabilities Act，AODA）中可以找到一个成功的支持网络。该法的目的是创建强制性的无障碍标准，以改善全省的无障碍状况。该法聚焦于客户服务、信息和通信、就业、交通运输和建筑环境等关键领域。该法所采取的手段之所以令人钦佩有多个原因，尤其是要求在日常生活的关键领域消除残疾人面临的障碍，以及要求所有服务和商品的提供都应尊重残疾人的尊严、自由、融合和平等机会。

美国对直接无障碍有先进的非法律规定和法律规定。《美国残疾人法》（Americans with Disabilities Act，ADA）及其各项修正保障残疾人在州和地方政府的服务、就业、公共设施、商业设施和交通方面享有平等机会。私营和公共实体均受《美国残疾人法》的影响。[52] 此外，自 2009 年 1 月 1 日起生效的 2008 年《美国残疾人法（修订）》（Americans with Disabilities Amendment Act）扩大了从法律上划定的残疾范围，涵盖了心理、情感和生理状况。尽管残疾可以限制一个人的能力，但公共和私营实体都有责任通过适合残疾人个人需要的便利来提供平等可及。[53] 由于这是到目前为止影响最深远的无障碍立法，《美国残疾人法》值得全世界寻求制定直接无障碍条款以恰当履行《残疾人权利公约》第 9 条所定职责的国家关注。

发挥第 9 条变革潜力的最佳途径是缔约国在法律中规定广泛的无障碍概念。[54]

51　Moscatelli（2010），pp. 136 ff.

52　Amplius Yee and Golden（2002），pp. 413 ff.

53　Public Law 110-325（ADAAA）.

54　间接地，这一说法的正确性通过《公约》第 2 条中的“通用设计”标准得到有效验证，该标准使社会对所有人平等无障碍，并确保所有产品、设施和服务均符合一致的无障碍标准。尽管“通用设计”的定义不包括对任何最低标准的界定，情况也是如此。如其所述，“通用设计”标准要求产品、环境、服务和程序的设计必须在一定程度上“以最广泛的方式保证对所有人无障碍”。

同样，它们应当奉献承诺、创新和财政资源以详细制定适合其特定社会的直接无障碍方案。尽管对不同国家的规则进行广泛比较分析远远超出了本书的范围，但必须注意，每个特定国家的援助规则的特性将会影响直接无障碍可被快速高效实施的程度。像加拿大、美国和欧盟成员国这样的已经有先进社
237 会规范的国家，将能够比为残疾人安排得不够充分的国家更容易满足直接无障碍要求。在一些经济欠发达国家，残疾人仍然被污名化，被视为不祥情况。在这些领域中，残疾人的无障碍权的确很少有人关注，如果有的话。

尽管存在这一困难的现实，所有国家都应当在其国内法律秩序中朝着实施直接无障碍而努力前进。各国应当通过借鉴不同国家的改革和试点方案的成功经验，开展建设性对话。国家之间必须分享关于直接无障碍的良好做法和实施方案的范例。政府之间的信息交流也可以得到残疾权利社团的支持和促进，残疾权利社团应当鼓励各国充分利用残疾人权利委员会一般性讨论日（Committee Days of General Discussion）和缔约国大会。考虑到残疾人组织的共同目标，这种信息和良好实践的共享并非不切实际的路径。第 9 条应被理解为要求缔约国承认无障碍权和获得平等机会的权利，这会增进那些甚至身体损伤令人难以接受的人之间的社会团结，由此他们可以行使其行动权和使用基础设施的权利，包括交通服务和网络。

5 实施

只有当缔约国明确承诺高效执行《残疾人权利公约》规则时，《公约》的目标才能实现。换言之，缔约国不应采取粗略肤浅的做法，以为仅凭法律就能带来对于实现残疾人更广泛的实质性平等所必不可少的改变。

实施直接无障碍法律将需要重要的财政资源、组织和时间。这无疑将遭到打出众所周知的“资源有限”牌的缔约国的抵制。尽管如此，直接无障碍的成本可能在有人打这张牌之前，就被成年残疾人士不能参与工作活动所造成的利润损失抵消。

假设缔约国提供了令人满意的资源，那么在每个社区中，应如何最好地

执行对残疾人的支持？在此，《公约》规定的残疾人参与再次表明了应遵循的方向。残疾人最适合来精心制定克服排斥的策略，因为是他们在日常生活中经历障碍。[55] 身体和智力有损伤的人积极参与开发直接无障碍模式，将极 238
大地增加成功的可能性和有效性，因为这些模式是受该模式影响的人所建议的，资源不会被浪费在错误的家长式规制上。这种参与过程通过促进最能满足残疾人需求的解决方案，帮助消除阻碍他们使用公共设施和服务的障碍。残疾权利运动的参与也保障了第 9 条的力量：由于他们为获得无障碍权利而艰苦努力，他们很可能会继续争取该条款的适当实施。[56] 这样做是必要的，因为一些缔约国仍拒绝根据第 9 条适当地实施无障碍权。尽管如此，残疾权利运动对于适当实施第 9 条的重要性几乎没有什么不确定。维护残疾权利团体目前的动力是至关重要的，可确保缔约国得到鼓励而有效地落实无障碍权，使残疾人的日常生活取得切实进展。第 9 条是一项真正有抱负的规定，将对缔约国执行其戒律带来真正的挑战。无障碍权对残疾人生存的潜在利益预示着实施该权利的斗争将在全球范围内展开。

6　末论

本书已经表明，为什么捍卫《公约》第 9 条中的无障碍权对于实现对残疾人来说的积极改变如此重要。残疾人行使无障碍权的便利是他们行使《公约》所载其他几项基本权利的前提。在《公约》起草期间，为了在缔约国之间达成协议，第 9 条使用了一些模糊的措辞。这使得人们对第 9 条的实际要求产生了不同的解读。第 9 条强化了与《公约》的一般原则相一致的无障碍模式，以提高对残疾人独立和尊严的尊重。[57] 然而，本书强调一种风险，

55　根据《公约》第 4 条第 3 款，缔约国必须在为实施《公约》而“拟订和施行立法和政策”时，与残疾人及代表残疾人的组织“协商，使他们积极参与”。关于这个主题，见 Schulze（2014），pp. 209 ff。

56　See Van Veen et al.（2013），pp. 359 ff；Carrillo（2013），pp. 463 ff；Sabattello（2014），pp. 13 ff.

57　关于与残疾人有关的尊严概念的详尽讨论，见 Perlin（2014），pp. 191 ff。

即第9条有可能被解读为并不强制实施无障碍指南和标准。相应地，本书表示关切的是，对于一项新的或改良的服务或设施不满足任何无障碍要求时将会引发的结果缺乏任何解释，而这会削弱第9条的变革潜力。残疾权利运动将继续努力，以确保各国逐步解释第9条，并忽略现有的可能会严重损害整个《公约》目标的含糊措辞。

239 第9条提供了接受一个更广泛的无障碍概念的机会，该概念对残疾人更具包容性，更好地反映了人类思考的多种方式。由于我们仍处于发展以人权为基础的无障碍权方法的初期阶段，因此本书尚未就哪种直接无障碍方法最具有操作性表达偏好。不过，本书列出了一些已经提出的方法的价值。本书支持缔约国之间的建设性合作进程，以便更好地增强无障碍权。

保证在国内层面总体上实施《公约》特别是第9条将具有挑战性。但是，残疾人的参与意味着无障碍政策是根据他们对障碍的亲身的、直接的理解来设计的，因此，它们最有可能实现。参与本身将检验残疾人行使其无障碍权的能力。在实践中，实施无障碍权将施加责任和财务成本，迫使服务提供者制定调整计划。然而，这与弥合身体和智力残疾人传统上所遭受的困难可以是成比例的。通过多样性的公共政策保证所有残疾人的无障碍权，将提高对残疾人能力的理解和保护。这也将对社会整体有益，因为通过认识人类的差异，社会将变成一个更加开放和多样化的环境。建议法律工作者、教师、医生和服务提供者与在日常生活中行使无障碍权的残疾人合作。他们以及整个社会的其他成员必须接受培训，以便利所有残疾人行使无障碍权。顺便提一句，该结论间接得到了经济无障碍概念（可负担性）的支持，该概念包括服务应该为所有人获得的要求。只有理解了残疾人的需求和权利，社会才能达到残疾人可以在与他人平等的基础上行使无障碍权的程度。残疾人权利委员会最近的结论性意见表明，在我们达到完全承认无障碍权是一项基本权利之前，还有很多工作要做。残疾人仍然认为普遍缺乏机会是他们的生存特征。然而，当残疾人的无障碍权得到保障时，他们将体验自由和解放。当第9条得到逐步实现并且被提供适当的支持时，残疾人将实现社区融合。

综上所述，残疾人无障碍权获得更好考量的前景是令人称许的。通过缔约国坚决承诺朝着直接无障碍迈进，内在于第 9 条的措辞和实施的问题都有可能被克服。第 9 条应当循序渐进地得到理解和执行，并应按照《公约》的一般原则和目标来解读。如果这是通过残疾人组织的支持和推动而实现的，则第 9 条可以被认为是给《公约》带来积极变化的最强劲动力之一。第 9 条 240
与拒绝接受治疗的权利（第 25 条）[58] 和独立生活的权利（第 19 条）相结合，可能就是通向残疾人完全融入社会的道路。

参考文献

Arendt H（1949）Es gibt nur ein einziges Menschenrecht, Available at: http://www.holding.lknoe.at/fileadmin/media_data/Dateien/Holding/Abteilungen/Dokumente_Tagung%20Krems%2020.02.2012.pdf, Accessed 15 Apr 2015.

Akinbola BR（2012）Paradigm shifts in disability models and human rights, E Afr J Peace & Hum Rts 18（2）: 300-315.

Ball AR（2011）Equal accessibility for sign language under the convention on the rights of persons with disabilities, Case W Res J Int'l L 43: 759-798.

Brisenden S（1986）Independent living and the medical model of disability, Disabil Handicap Soc 1: 173-178.

Carrillo N（2013）The framework of the protection of the human rights of persons with disabilities from non-state entities, Int'l J H R 17（4）: 463-490.

Charitakis S（2011）The Challenges and Consequences of implementation of the UN CRPD for the EU with the focus on Accessibility [Ius Commune Training Programme: Introduction, Maastricht, 26-27/9/2011, and Marie Curie ITN, Network DREAM-Disability Rights Expanding Accessible Markets-Introduction to Policy Environment in the EU Institutions, Brussels, 23-25/11/2011].

Charitakis S（2013）An introduction to the disability strategy 2010-2020 with a focus on accessibility, Ars aequi 62: 28-35.

58　关于该问题的最近研究，见 Seatzu（2015）。

European Commission（2004）Improving information on accessible tourism for disabled people, Office for Official Publications of the European Communities, Luxembourg, Also available at: http://ec. europa. eu/enterprise/sectors/tourism/files/studies/improving_information_on_accessibility/improving_accessibility_en. pdf, Accessed 16 Apr 2015.

Favreau B（2006）Les droits de la personnehandicapée et la CEDH, In: Pettiti C, Favreau B (eds) Handicap et protection du droit européen et communautaire, Bruylant, Bruxelles, pp. 3-35.

Foggetti N（2012）E-accessibility standards definition in the UN Convention on the rights of persons with disabilities: current issues and future perspectives, Comm Tech L Rev 18 (2): 56-62.

Freyhoff G（2014）EU implementation of disability Convention "comprehensive but conservative", Available at: https://www. theparliamentmagazine. eu/articles/news/eu-implementation-disability-convention-comprehensive-conservative, Accessed 16 Feb 2015.

Goodley D（2001）"Learning difficulties", the social model of disability and impairment: challenging epistemologies, Disabil Soc 16: 207-231.

Halvorsen R（2010）Digital freedom for persons with disabilities: are policies to enhance accessibility and inclusion becoming more similar in Nordic countries and the US? In: Waddington L, Quinn G (eds) Eur YB Disability L, vol 2, Intersentia, Antwerp, pp. 77-102.

Harpur P, Suzor N（2013）Copyright protections and disability rights: turning the page to a new international paradigm, Univ of NSWLJ 36 (3): 745-755.

Hendricks A（2007）UN Convention on the rights of persons with disabilities, Eur J Health L 14: 273-298.

Huber B（2003）The concept of social integration: a policy-research agenda, Int Soc Sci J 55: 433-439.

241 Kanter AS（2012）There's no place like home: the right to live in the community for people with disabilities, under international law and the domestic laws of the United States and Israel, Is LR 45: 181-233.

Keith K（2001）Selected papers presented at the October 2000 Conference of the International Association of Refugee Law Judges at Bern Switzerland: The Difficulties of "Internal Flight" and "Internal Relocation" as Frameworks of Analysis, Geo Immigr LJ 15: 433-437.

Lawson A, Priestley M（2013）Potential, principle and pragmatism in concurrent multinational monitoring: disability rights in the European Union, Int'l J H R 17: 739-757.

Mégret F (2008) The disabilities Convention: towards a holistic concept of rights, Int'l J H R 12: 261-278.

Melish TJ (2014) An eye toward effective enforcement: a technical-comparative approach to the drafting negotiations, In: Sabatello M, Schulze M (eds) Human rights and disability advocacy, University of Pennsylvania Press, Philadelphia, pp. 70 ff.

Moscatelli S (2010) Articolo 9, In: Marchisio S, Cera R, Della Fina V (eds) La Convenzione delle Nazioni Unite sulle persone condisabilità. Commentario, Aracne editore, Rome, pp. 136 ff.

Office of the High Commissioner for Human Rights (2012) Normative standards in international human rights law in relation to older persons-Analytical Outcome Paper, Available at: http://social. un. org/ageing-working-group/documents/ohchr-outcome-paper-olderpersons12. pdf, Accessed 18 March 2015.

Palacios A, Bariffi F (2007) La discapacidad como una cuestión de derechos, Una aproximacióna la Convención Internacional sobre los derechos de las personas con discapacidad, Cinca, Madrid.

Perlin ML (2014) Understanding the intersection between international human rights and mental disability law: the role of dignity, In: Arrigo BA, Bersot HY (eds) The Routledge handbook of international crime and justice studies, Routledge, London [etc.], pp. 191 ff.

Power A, Lord J, De Franco A (2013) Active citizenship and disability: implementing the personalisation of support, Cambridge University Press, New York.

Preud'homme L (2014) Droit de l'Union européenne et handicap, Revue de l'Union européenne 579: 336-343.

Quinn G (2009) Resisting the "Temptation of Elegance": can the Convention on the rights of persons with disabilities socialise states to right behaviour? In: Arnardottir OM, Quinn G (eds) The UN Convention on the rights of persons with disabilities: European and Scandinavian perspectives, Martinus Nijhoff, Leiden, pp. 215-278.

Rimmer JH, Riley B, Wang E, Rauworth A, Jurkowski J (2004) Physical activity participation among persons with disabilities, Am Journ of Preventive Medicine 26: 419-425.

Rioux M (2003) On second thought: constructing knowledge, law, disability and inequality, In: Herr SS, Gostin LO, Koh HH (eds) The human rights of persons with intellectual disabilities-different but equal, Oxford University Press, Oxford, pp. 287-317.

Sabattello M (2014) A short history of the international disability rights movement, In: Sabatello M, Schulze M (eds) Human rights and disability advocacy, University of Pennsylvania Press, Philadelphia, p. 13.

Schulze M (2007) Understanding the UN Convention on the rights of persons with disabilities, Handicap International, Professional Publications Unit, New York, pp. 52 ff.

Schulze M (2014) Monitoring the Convention's implementation, In: Sabatello M, Schulze M (eds) Human rights and disability advocacy, University of Pennsylvania Press, Philadelphia, pp. 209 ff.

Seatzu F (2015) The UN Convention on disabilities: a useful tool for enhancing the protection of the Elderly's right to be free from non-consensual medical interventions? In: Sanchez-Patron JM, Torres Cazorla MI (eds) Bioderecho, Seguridad y Medio Ambiente, Tirant Lo Blanch, Madrid (on file with the author).

Shakespeare T, Watson N (2002) The social model of disability: an outmoded ideology research in social science and disability, Available at: http://www.leeds.ac.uk/disabilitystudies/archiveuk/Shakespeare/social%20model%20of%20disability.pdf, Accessed 16 Apr 2015.

242 Simeone J (2007) Website accessibility and persons with disabilities, Ment Phys Disabil Law Rep 31: 507-511.

Sokolow J et al. (1958) Functional approach to disability evaluation; preliminary report, J Am Med Assoc 26: 1575-1584.

UN Human Rights Office of the High Commissioner (2014) The Convention on the Rights of Persons with Disabilities-Professional Trainee Series No. 19, United Nations, Geneve, Also available at: http://www.ohchr.org/Documents/Publications/CRPD_TrainingGuide_PTS19_EN%20Accessible.pdf, Accessed 16 Apr 2015.

Van Veen SC, Regeer BJ, Bunders JGF (2013) Meeting the challenge of the rights-based approach to disability: the changing role of disability-specific NGOs and DPOs, Nor Jour Hum Rts 31 (3): 359-380.

Waddington L, Lawson A (2009) Disability and non-discrimination law in the European Union-An analysis of disability discrimination law within and beyond the employment field. Publications Office of the European Union, Luxembourg, Also available at: file:///C:/Users/

utente/Downloads/KE3209142ENC_web. pdf, Accessed 16 March 2015.

Yee S, Golden M (2002) Achieving accessibility: how the Americans with Disabilities Act is changing the face and mind of a nation, In: Breslin ML, Yee S (eds) Disability rights law and policy: international and national perspectives, Transnational, Ardsley, pp. 413 ff.

243 第 10 条 生命权

吉安卡洛·布鲁诺

缔约国重申人人享有固有的生命权，并应当采取一切必要措施，确保残疾人在与其他人平等的基础上切实享有这一权利。

目 次

1 导言

1948 年《世界人权宣言》第 3 条宣布，人人有权享有生命。许多全球性和区域性公约都明确保护该权利，如 1950 年《欧洲人权公约》第 2 条、联合国《公民及政治权利国际公约》第 6 条、1969 年《美洲人权公约》第 4 条、1981 年《非洲人权和人民权利宪章》第 4 条、2004 年《阿拉伯人权宪章》第 5~8 条。

对生命权的保护包含“消极”成分，即国家或其工作人员不得任意或非法剥夺生命；也包含“积极”成分，即国家有义务采取有利于人人生存的措施。[1]

对于《公民及政治权利国际公约》第 6 条，该公约设立的监督机构人权 244
事务委员会将生命权称为“最高权利”（the supreme right），强调“这是一项不应作狭隘解释的权利”。[2] 生命权是所有人权的基础，即使在危及国家存亡的公共紧急状态下，也不允许有任何克减。

《残疾人权利公约》第 10 条重申了《公民及政治权利国际公约》相应规定的内容，特别强调残疾人在与其他人平等的基础上切实享有生命权的必要性。

《公约》第 10 条的措辞精简，重点是规定固有的生命权，没有提及在公共紧急状态时期或危险情况下保护残疾人的问题。《公约》缔约国及其监督机构残疾人权利委员会因此需要对第 10 条作出宽泛解释，确保生命权得到最广泛的适用。

2　第 10 条的起草

作为各国谈判基础的《公约》初稿是由促进和保护残疾人权利和尊严全面综合国际公约特设委员会（以下简称特设委员会）在 2003 年设立的工作组（以下简称工作组）起草的。

在 2004 年 1 月 5~16 日举行的工作组会议之前，特设委员会主席提交了一份案文（以下简称“主席的草案要点”），供工作组参考。“主席的草案要点”包括了关于生命权的一条：“第 12 条，生命权。每个残疾人都享有固有

1　See Ramcharan（1983）；Desch（1985）；Ramcharan（1985）.

2　见人权事务委员会 1982 年 4 月 30 日通过的第 6 号一般性意见：第 6 条（生命权），第 1 段；另见人权事务委员会 1984 年 11 月 9 日通过的第 14 号一般性意见：第 6 条（核武器与生命权）。人权事务委员会当前正在就同一主题讨论一项新的一般性意见。人权事务委员会的目的是，参考国家实践和该委员会对这一问题的讨论，修改和详尽阐述其以前的一般性意见。2015 年 7 月，人权事务委员会进行了半天的讨论，超过 40 个实体（包括非政府组织）发表了声明，超过 100 个实体提交了书面意见。公民及政治权利中心（CCPR-Centre）编写了人权事务委员会（第 115、116、117 届会议）对一般性意见案文草案的讨论概要（此处所述新的一般性意见已经于 2018 年 10 月通过，即人权事务委员会第 36 号一般性意见：第 6 条生命权——译者注）。

245 的生命权和生存权。这项权利应受法律保护。任何人的生命不得被任意剥夺。”[3]

“主席的草案要点”依赖许多文件，尤其是对新公约的可能形式和内容进行商讨的区域性会议的贡献。事实上，该草案要点第 12 条重复了促进和保护残疾人权利和尊严全面综合国际公约区域研讨会通过的案文即“曼谷草案”（*Bangkok Draft*）的相应条款。该研讨会于 2003 年 10 月 14～17 日在泰国曼谷举行。[4] 在“曼谷草案”中，保护生命权（该权利为《公民及政治权利国际公约》第 6 条所确认）还被包含在一个“一揽子”条款中，该“一揽子”条款确认残疾人有权按照《公民及政治权利国际公约》和《经济社会文化权利国际公约》的具体条款所规定的权利，在同样的程度上充分和平等地享有一切人权和基本自由。[5]

其他关于起草《公约》的提议和文件都提交给特设委员会[6]，再由工作组审议。在讨论期间，很显然，不管是列入生命权条款还是其可能的内容都不是没有争议的。[7] 另外，若干意见和提议提出了武装冲突和特别保护残疾人的必要性问题。[8]

---

3 Chair's Draft Elements of a Comprehensive and Integral International Convention on Protection and Promotion of the Rights and Dignity of Persons with Disabilities-December 2003 .

4 见《曼谷草案：促进和保护残疾人权利和尊严全面综合国际公约拟议要点》第 11 条。“曼谷草案”借鉴了很多资料，主要是 2003 年 6 月在曼谷举行的亚太会议专家小组会议通过的“关于拟订促进和保护残疾人权利和尊严全面综合国际公约的曼谷建议”（A/AC. 265/2003/CRP/10）。在区域研讨会期间，有人指出“曼谷草案”并没有详尽列出一项新公约可以解决的一切问题，但可以成为公约最终文本不会删除的问题清单。

5 见“曼谷草案”，第 3 条。

6 See “Compilation of proposals for a Comprehensive and Integral International Convention to Promote and Protect the Rights and Dignity of Persons with Disability”（A/AC. 265/2003/CRP/13，http://www. un. org/esa/socdev/enable/rights/a_ac265_2003_crp13. htm）and “NGO contributions to the elements of a convention”（A/AC. 265/CRP. 13/Add. 1，http://www. un. org/esa/socdev/enable/rights/a_ac265_2003_crp13_add1. htm).

7 2004 年 1 月 13～15 日对草案案文进行了讨论。See the Daily Summaries prepared by Landmine Survivors Network，http://www. un. org/esa/socdev/enable/rights/wgsuma8. htm.

8 见欧盟在特设委员会第二届会议上提交的文件，“Elements for an International Convention”（A/AC. 265/2003/CRP. 13/Add. 2），以及欧盟 2003 年 12 月 18 日关于促进和保护残疾人权利和尊严综合国际公约案文的提案，载“Compilation of proposals for elements of a Convention” of 15 January 2004（http://www. un. org/esa/socdev/enable/rights/elementscomp. doc）。

其他提议涉及未出生婴儿的生命权，[9] 禁止国家根据产前残疾诊断强制堕胎，[10] 或在有关生命权的条款中提及对生育选择权的保护。[11] 246

在 2004 年 1 月 5~16 日举行的这次会议结束时，工作组提交了将由特设委员会审议的案文草案。[12] 关于生命权的第 8 条草案措辞如下："生命权：缔约国重申所有残疾人固有的生命权，并应采取一切必要措施确保残疾人切实享有这一权利。"[13]

在第三届全体会议上（2004 年 5 月 24 日至 6 月 4 日），特设委员会对工作组报告所载的公约案文草案进行了一读，但并未对该条草案进行详细分析或者提出修订和修正建议。[14]

在 2005 年 1 月 24~25 日举行的第五届会议上，特设委员会审议了第 8 条的草案。[15] 与会者广泛支持在公约中列入规定生命权的一条和使用工作组提供的案文，同意将哥斯达黎加提出的一项修正案作为讨论的基础。大家普

9　Disabled Peoples' International, Japanese Assembly Position Paper regarding the Convention, submitted on 19 June 2003, Article 3 of the Elements of the Convention (http://www.un.org/esa/socdev/enable/rights/wgcontrib-dpi.htm).

10　See World Blind Union, Manifesto for a United Nations Convention on the Rights of People with Disabilities, Equal Rights and Full inclusion as World Citizens (http://www.un.org/esa/socdev/enable/rights/wgcontrib-wbu.htm).

11　见世界精神病学使用者和幸存者网络（WNUSP）提交的文件，转载于"Compilation of proposals for elements of a Convention"。

12　促进和保护残疾人权利和尊严全面综合国际公约草案，A/AC.265/2004/WG/CRP.4 and Add.1, Add.2, Add.4, and Add.5。该案文还附有"关于特设委员会将审议的国际合作问题的讨论概要"，A/AD.265/2004/WG/1, of 24 January 2004, Annex Ⅱ。

13　该条草案案文增加了两个脚注，说明（a）关于该公约是否应包括一个生命权条款以及如果是的话应包括的内容，工作组内部有不同意见；（b）在讨论期间，工作组的一些成员建议，该公约应包括一个在武装冲突中保护残疾人权利的单独条款，类似于 1989 年《儿童权利公约》第 38 条第 4 款采取的方式。还有人建议，这样一条可以更广泛地保护处于特定危险中的群体的权利。See A/AD.265/2004/WG/1, 24 January 2004, Annex Ⅰ, footnotes 30 and 31. 一些非政府组织对这一案文提出了意见，主要涉及的问题是案文中提供的保护从其措辞来说是否会被认为比其他公约（如《儿童权利公约》）提供的保护要弱，以及未出生残疾婴儿的权利。See Compilation of comments on articles of the draft text of the Working Group, http://www.un.org/esa/socdev/enable/rights/wgdca8.htm.

14　See A/AC.265/2004/5 of 9 June 2004, Annex Ⅱ.

15　See A/AC.265/2005/2 of 23 February 2005, Annex Ⅱ, paras 8-11. See also the 5th Ad Hoc Committee Daily Summaries, prepared by Rehabilitation International, http://www.un.org/esa/socdev/enable/rights/ahc5summary.htm.

247 遍同意在该条草案的最后加上“在与其他人平等的基础上”，以呼应《公民及政治权利国际公约》第 6 条第一句的措辞。经过紧张的讨论，与会者普遍同意对该条草案的措辞采取更精简的做法，并在公约其他地方列入一项在公共紧急状态或危险情况下保护残疾人的规定。还有人提议详细说明或扩展第 8 条草案的规定。[16] 会议结束时，该条的措辞如下：“缔约国重申人人享有固有的生命权，并应当采取一切必要措施，确保残疾人在与其他人平等的基础上切实享有这一权利。”[17]

根据非正式讨论进展情况编写的一份载有重新编排了条款次序的公约草案的新工作案文，被作为特设委员会第七届会议报告的附件。[18] 有关生命权的第 10 条案文保持不变。[19] 公约草案所载的第 10 条的表述，没有再经进一步讨论，即在特设委员会 2006 年的第八届会议也是最后一届会议上，未经特设委员会单独表决而包含在公约草案中整体通过，[20] 然后提交联合国大会，由其于 2006 年 12 月 13 日以全体一致同意最终通过。[21]

3　残疾人权利委员会实践中出现的问题

依照《残疾人权利公约》第 35 条第 1 款，各缔约国承诺通过联合国秘

16　见萨尔瓦多关于承认人人从受孕时就享有生命权的提议，Daily Summary of Discussion of 24 January 2005（http://www.un.org/esa/socdev/enable/rights/ahc5sum24jan.htm）。

17　美国提交的对草案条款的修改，http://www.un.org/esa/socdev/enable/rights/ahc5usa.htm；国际残疾人组织核心成员组提交的对草案条款的修改，http://www.un.org/esa/socdev/enable/rights/ahc5docs/ahc5idcaucus.doc，accessed 20 July 2015。

18　See A/AC.265/2006/2，of 13 February 2006，annex Ⅱ.

19　国际残疾人组织核心成员组提议更改第 10 条，包括增加“并应承认”和“在生命的各个阶段”，使该条款变为“缔约国重申并应承认人人在生命的各个阶段都享有固有的生命权……”国际残疾人组织核心成员组还提议列入一句话：“残疾不是终止生命的正当理由。”在听取特设委员会的意见后，国际残疾人组织核心成员组撤回了其提议。See the seventh Ad Hoc Committee Daily Summaries, prepared by Rehabilitation International，17 January 2006，http://www.un.org/esa/socdev/enable/rights/ahc7sum17jan.htm.

20　See A/61/611 of 6 December 2006，para. 1.

21　See A/RES/61/105 of 13 December 2006. 马绍尔群岛在其对投票的解释中表示，其理解的残疾人的“生命权”从受孕那一刻开始贯穿自然生命的全过程直至死亡，见 A/61/PV.76 of 13 December 2006，p.4。

书长提交一份报告，说明其为履行《公约》规定的义务而采取的措施，供残疾人权利委员会审议：（a）在《公约》对缔约国生效后两年内，及（b）其 248
后至少每四年一次和残疾人权利委员会提出要求时。联合国秘书长发布的关于缔约国提交文件的指导准则提出，初次报告应成为缔约国说明其法律和实践在多大程度上符合《公约》所有规定的一次机会。[22] 关于第 10 条，缔约国的报告应说明，其立法是否"承认和保护残疾人在与其他人平等的基础上的生命权和生存权"，[23] 以及是否"残疾人的生命正在遭受任意剥夺"。[24]

根据《公约》第 36 条，残疾人权利委员会审议缔约国的每一份报告。在审议结束时，委员会将通过结论性意见，对报告提出适当的提议和一般性建议，并将这些提议和一般性建议转交给提交报告的缔约国。残疾人权利委员会在 2011 年至 2015 年 7 月期间通过了 28 项结论性意见，只有在少数情况下是针对第 10 条的具体建议。

2011 年，残疾人权利委员会通过了关于西班牙的结论性意见。[25] 对于与第 10 条相关的医疗知情同意的问题，残疾人权利委员会感到遗憾的是，代表被视为"无法律能力"（legally incapacitated）的残疾人的监护人可以有效地同意终止或撤回对残疾人的医疗、营养或其他生命支持。委员会要求西班牙确保所有残疾人在与医疗有关的所有事项上的知情同意，并提醒"生命权是绝对的，在终止或撤回生命支持治疗方面的替代决定不符合这一权利"。[26]

在审议中国提交的报告后通过的结论性意见中，残疾人权利委员会敦促中国继续调查诱拐绑架智力残疾人到国内某些地区的事件。根据警察的调查，这些人在煤矿中被杀害，但行凶者把这些谋杀伪装成"矿难"，向矿主索要赔偿。残疾人权利委员会请中国对受害者提供救济，并采取全面措施防止诱拐绑架事件再度发生。[27] 此外，就中国香港地区智力或心理残疾人士自杀

---

22 See CRPD/C/2/3, of 18 November 2009, Annex Ⅰ, para. A. 4. 1.

23 Ibid., para. B.

24 Ibid.

25 CRPD/C/ESP/CO/1, of 19 October 2011.

26 Ibid., paras 29-30.

27 CRPD/C/CHN/CO/1 of 15 October 2012, paras 19-20.

249 风险升高的情况，残疾人权利委员会呼吁当局基于上述人士自由和知情同意，向他们提供心理治疗和咨询，并定期评估他们的自杀风险。[28]

自杀问题也出现在对瑞典初次报告的结论性意见中。对于瑞典的情况，残疾人权利委员会对残疾人包括残疾男童和女童自杀率日益上升的问题深表关切，敦促缔约国采取一切必要措施，防止、查明和处理存在自杀风险的所有情况。[29]

《残疾人权利公约任择议定书》（以下简称“任择议定书”）赋予残疾人权利委员会职权，审议有关任择议定书缔约国涉嫌违反《公约》的个人申诉。

在 2012 年 4 月的第七届会议上，残疾人权利委员会依照任择议定书第 5 条通过了关于 H. M. 诉瑞典案（*H. M. v. Sweden*）的意见。[30] 该案是一宗以扩建不符合城市发展规划为由，拒绝给予一位身体残疾人士建设康复水疗池的建造许可的案件。提交人声称，瑞典侵犯了她根据《公约》若干条款包括第 10 条享有的权利。残疾人权利委员会的结论是，存在对《残疾人权利公约》的违反。但是，残疾人权利委员会指出，关于第 10 条以及第 9 条、第 14 条和第 20 条可能被违反，提交人没有提供充足的证据。因此其结论是，根据任择议定书第 2 条第 5 款，这些申诉不予受理。[31]

残疾人权利委员会在第十一届会议上审议了阿根廷在对待一位服监禁刑的残疾人方面是否违反了《公约》的情况。残疾人权利委员会在 2014 年 4 月 11 日通过的对 X 诉阿根廷案（*X v. Argentina*）的意见中，虽然承认阿根廷未能给提交人提供充分的便利（accommodation），因而违反了《公约》第 9 条和第 17 条以及第 14 条第 2 款规定的义务，但是因为提交人的申诉缺乏证据，遂驳回了其对阿根廷违反第 10 条以及第 15 条和第 25 条的指控。[32]

---

28 Ibid.，paras 63-64.

29 CRPD/C/SWE/CO/1 of 12 May 2014，paras 29-30.

30 *H. M. v. Sweden*，CRPD/C/7/D/3/2011 of 21 May 2012.

31 Ibid.，para. 7. 4.

32 *X v. Argentina*，CRPD/C/11/D/8/2012 of 18 June 2014. 尤其见 para. 8. 11。

4 结语

《残疾人权利公约》第 10 条的起草准备工作表明，其措辞与《公民及政治权利国际公约》第 6 条的措辞相近。在此可以补充一些关于该条款的考虑，以完善残疾人权利委员会监督缔约国实施《公约》的框架。

首先，要注意第 10 条使用了“人”（human being）这一术语。选择这一措辞是考虑到特设委员会关于未出生婴儿地位的讨论，也考虑到生命的起始问题以及胚胎和胎儿的地位。这里无法详细讨论这个问题，因为其影响超出了法律领域。[33] 但值得一提的是，当该问题在涉及《欧洲人权公约》第 2 条的案件中被诉至位于斯特拉斯堡的欧洲人权法院时，该法院并未作出任何抽象的回答，而是保持其论断紧扣其正在审查的案件，并承认有关国家享有广泛的自由判断余地对案件涉及的伦理和法律问题给出答案。[34] 因此，无论这个问题是否被提交至残疾人权利委员会，残疾人权利委员会最好都采取同样的方式。 250

第 10 条承认的生命权的“固有”本质，强调了生命权的最高性质。这样一项权利不是由社会或国家赋予个人的，它因人性而固有。[35] 因此，国家必须采取一切必要措施，确保生命权的切实享有。

当生命权作为生命不得被国家及其工作人员任意或非法剥夺的权利适用时，残疾人权利委员会可以广泛运用人权事务委员会关于《公民及政治权利国际公约》第 6 条的实践和“案例法”。[36] 人权事务委员会的实践和“案例法”多次提出对智力残疾人判处死刑违反《公民及政治权利国际公约》第 6 条的问题。

---

33 See Kayess and French（2007），p. 29；Lord et al.（2010），pp. 572–573.

34 See ECtHR，*Vo v. France*，Application No. 53924/00，Judgment of 8 July 2004，para. 85；*A. B. C. v. Ireland*，Application No. 25575/05，Judgment［GC］of 16 December 2010，para. 23. See also，Bestagno（2012），p. 56.

35 See Javawickrama（2002），p. 256.

36 See Joseph et al.（2004），p. 175.

保障生命权的义务也意味着采取适合一般情况的其他积极预防措施。这些措施包括，例如，一个旨在保护人的生命的法律秩序，一个预防、制止和惩罚违反保护生命规定的执法机制。在这个方面，人权条约所设立的所有条约机构的实践再一次为残疾人权利委员会今后的行动提供了有用的工具。在处理国家未能履行保障和保护被其羁押人员的义务方面，欧洲人权法院的判例也特别相关。[37]

251 此外，与民间社会和非政府组织合作，收集关于可能侵犯残疾人生命权问题的信息也非常重要。在残疾人权利委员会的实践中，这种合作已被证明富有成效，以便残疾人权利委员会最大程度地利用其现有的稀缺资源取得最好的结果。

相关案例

ECtHR 08. 07. 2004, Application No. 53924/00, *Vo v. France*, ECHR 2004-Ⅷ.

ECtHR (Grand Chamber) 16. 12. 2010, Application No. 25579/05, *A, B, and C v. Ireland*, [2010] ECHR 2032.

ECtHR 21. 12. 2010, Application No. 45744/08, *Jasinskis v. Latvia*, ECHR 2010.

ECtHR 18. 06. 2013, Application No. 48609/06, *Nencheva and Others v. Bulgaria*, [2013] ECHR 554.

ECtHR (Grand Chamber) 17. 07. 2014, Application No. 47898/08, *Centre for Legal Resources on behalf of Valentin Câmpeanu v. Romania*, ECHR 222 (2014).

参考文献

Bestagno F (2012) Articolo 2, In: Bartole S, De Sena P, Zagrebelsky V (eds) Commentario

37 特别见欧洲人权法院认定违反《欧洲人权公约》第 2 条的残疾人案件，*Jasinskis v. Latvia*, Application No. 45744/08, Judgment of 21 December 2010; *Nencheva and Others v. Bulgaria*, Application No. 48609/06, Judgment of 16 June 2013; *Centre for Legal Resources on behalf of Valentin Câmpeanu v. Romania*, Application No. 47898/08, Judgment [GC] of 17 July 2014。

breve alla Convenzione europea per la salvaguardia dei diritti dell' uomo e delle libertà fondamentali, Cedam, Padova, pp. 36-63.

Desch T (1985) The concept and dimensions of the right to life (as defined in International Standards and in International ad Comparative Jurisprudence), Öst Zeit öff Recht 36: 77-118.

Javawickrama N (2002) The judicial application of human rights law, National, regional and international jurisprudence, CUP, Cambridge.

Joseph S, Schultz J, Castan M (2004) The International Covenant on civil and political rights: Cases, materials, and commentary, 2nd edn, OUP, Oxford.

Kayess R, French P (2007) Out of darkness into light? Introducing the Convention of the rights of persons with disabilities, Hum Rights Law Rev 7: 1-34.

Lord JE, Suozzi D, Taylor AL (2010) Lessons from the experience of U. N. Convention on the rights of persons with disabilities: addressing the democratic deficit in global health governance, J Law Med Health 38: 564-579.

Ramcharan BG (1983) The right to life, Neth Int Law Rev 30: 297-329.

Ramcharan BG (1985) The right to life in international law, Martinus Nijhoff, Dordrecht.

253 第 11 条　危难情况和人道主义紧急情况

乔瓦尼·卡洛·布鲁诺

缔约国应当依照国际法包括国际人道主义法和国际人权法规定的义务，采取一切必要措施，确保在危难情况下，包括在发生武装冲突、人道主义紧急情况和自然灾害时，残疾人获得保护和安全。

目　次

1　导言

联合国大会采取的“整体方式”的背景包括《残疾人权利公约》谈判委员会不会创设任何新的人权。对《公约》的构想是将现有的人权适用于残疾人的特殊情况。换句话说，可以肯定的是，《公约》的目的过去是（现在也是）让残疾人不被忽视，在适用现行国际人权法规范和标准时能够得到各个国家和其他国际法主体的有效保护。

根据这一观点，《残疾人权利公约》载有在危难情况和人道主义紧急情况下残疾人获得保护和安全的一条也就不足为奇了。国际人权法和国际人道主义法*为保护受到武装冲突和其他暴力情况以及自然和人为灾害的不利影响的个人和群体提供了坚实的规范框架。 254

各缔约国负有在人道主义紧急情况下提供保护的首要责任，包括对违反国际人权法和国际人道主义法的情况制定有效的补救办法，并为某些受影响的人员类别（如妇女、儿童、平民和国内流离失所者）确立明确的规则。[1]

最近，联合国国际法委员会（ILC）提出有必要加强对自然灾害情况的法律规范。该委员会在 2007 年决定将“灾害中的人员保护”主题列入其工作方案，[2] 并在 2014 年一读通过了关于该主题的条款草案。就弱势群体而言，“人道主义原则”第 7 条声明：“应对灾害应本着人道、中立和公正的原则，在不歧视的基础上进行，同时考虑到特别弱势群体的需要。”[3] 2015 年 3 月 18 日在日本仙台举行的第三届联合国世界大会通过的《2015 ~ 2030 年仙台减灾框架》（Sendai Framework for Disaster Risk Reduction 2015–2030，简称 Sendai Framework）看来采用了这种方法。该框架承认“考虑到通用设计原则，残疾人及其组织在评估灾害风险、设计执行适合具体需求的计划方面至关重要”。[4]

《残疾人权利公约》第 11 条与此特别相关，因为它涵盖了所有紧急情况，并从“人权”的角度看待一个有时被限定为减灾机构的实践问题的事

---

* 红十字国际委员会及中国国际法学界多将“international humanitarian law”译为“国际人道法”。本书遵从《残疾人权利公约》作准中文本的译法。

1 见 Provost（2002）及其所载参考书目，pp. 351 ff。

2 关于该主题的介绍和精选文献，见 A/CN. 4/590（11 December 2007）及附件 3“Protection of Persons in the event of disasters”。

3 See A/CN. 4/L. 831，15 May 2014. 关于该问题的讨论概要载于国际法委员会第 62 届会议工作报告（2010 年），A/65/10。

4 见《2015 ~ 2030 年仙台减灾框架》（Sendai Framework）第 36 段。第 7 段、第 19 段和第 32 段也提到了残疾人。该文件要求对灾害风险采取更广泛和更以人为中心的预防措施，并要求在残疾人等的支持协助下规划和实施具有包容性和可及性的减灾做法。《2015 ~ 2030 年仙台减灾框架》是《2005 ~ 2015 年兵库行动纲领：加强国家和社区的抗灾能力》（the Hyogo Framework for Action 2005—2015：Building the Resilience of Nations and Communities to Disasters，HFA）的后续文件。http://www.preventionweb.net/files/43291_sendaiframeworkfordrren.pdf，Accessed 3 September 2015.

项——向残疾人提供援助。[5]

255 2 第11条的准备工作

在促进和保护残疾人权利和尊严的全面综合国际公约特设委员会2003年设立的工作组的首届会议上，有人提出了在危难情况下对残疾人提供特殊保护的需要。

工作组以及提交给特设委员会的一些文件[6]的一个普遍关切是，残疾人的状况往往在贫穷和武装冲突的情况下恶化，这对他们充分享有基本权利构成进一步的障碍。在讨论关于生命权的条款草案时这个问题被特别提出。[7]有人建议——但没有提出具体措辞——将《儿童权利公约》第38条作为模本，因为该条将国际人道主义法与人权法相联系以确保受武装冲突影响的儿童的权利。[8]

工作组讨论的结果成为提交给特设委员会审议和讨论的案文草案。该草案列入了关于生命权的第8条，并增加了一条脚注解释说，在讨论期间工作

---

5 见以下资料所载的行为准则、指南和手册：*Inter-Agency Standing Committee Operational Guidelines on the Protection of Persons in Situations of Natural Disasters*，The Brookings－Bern Project on Internal Displacement，2011，Annex Ⅲ，pp. 67 ff。

6 见欧盟在特设委员会第二届会议上提交的文件“Elements for an International Convention”（A/AC. 265/2003/CRP. 13/Add. 2），及其对2003年12月18日一项促进和保护残疾人权利和尊严的全面综合国际公约的案文的建议；2003年4月9～11日在厄瓜多尔基多举行的关于残疾人权利和发展的规范和标准的美洲区域性研讨会和工作坊的文件；墨西哥和委内瑞拉提交的文件。这些文件的节选均载于“Compilation of proposals for elements of a Convention”of 15 January 2004。

7 关于生命权问题的准备工作，见本书对第10条“生命权”的评注。

8 2004年1月13～15日举行的关于第8条草案的讨论；见“地雷幸存者网络”（Landmine Survivors Network，LSN）编写的每日摘要（http://www. un. org/esa/socdev/enable/rights/wgsuma8. htm），其中特别提到了LSN和南非的意见。《儿童权利公约》第38条约文如下：

1. 缔约国承担尊重并确保尊重在武装冲突中对其适用的国际人道主义法律中有关儿童的规则。

2. 缔约国应采取一切可行措施确保未满15岁的人不直接参加敌对行动。

3. 缔约国应避免招募任何未满15岁的人加入武装部队。在招募已满15岁但未满18岁的人时，缔约国应致力首先考虑年龄最大者。

4. 缔约国按照国际人道主义法律规定它们在武装冲突中保护平民人口的义务，应采取一切可行措施确保保护和照料受武装冲突影响的儿童。

组的一些成员建议《公约》应包括一个关于在武装冲突中保护残疾人权利的
单独条款草案，类似于《儿童权利公约》第 38 条第 4 款采取的方式。还有 256
人建议，这样一条可以更广泛地处理保护处于特殊危险中的群体的权利的
问题。[9]

特设委员会在第三届全体会议（2004 年 5 月 24 日~6 月 4 日）上对工作组报告中所载的公约草案案文进行了一读，但并未详细讨论案文，也没有考虑拟议的修订和修正案。[10]

特设委员会在其第五届会议期间，于 2005 年 1 月 24~25 日对第 8 条草案和新的第 8 条之二草案进行了第一次深入审查。第 8 条之二草案的案文规定缔约国有更广泛的义务维护残疾人的安全："缔约国承认，在对大众构成危难的情况下，残疾人处境尤其脆弱，应采取一切可行措施保护他们。"[11] 该案文采纳了一些代表团的建议——他们曾提出在保护弱势群体方面要有一个更具针对性的条款，是按照《儿童权利公约》第 38 条的思路起草的。[12] 第 8 条之二草案中是否应列入危难情况的具体实例（灾难、武装冲突、占领及其他类似危急情况）的问题被推迟讨论。

重新编号的第 8 条之二（自那时起的第 11 条）的新案文草案是基于非正式辩论的进展拟定的，并在特设委员会第七届会议（2006 年）上进行了讨论。该条措辞如下："缔约国确认在发生危及大众的情况［包括……］时，残疾人是处境特别脆弱的一个群体，应当采取一切可行措施保护他们。"[13]

新草案与前一份草案相比基本没变，但是其中的方括号表明，对于在该条中列入危难的情况或者列入的条件，没有明确一致的意见。但是，一些代

---

9 See A/AD. 265/2004/WG/1, 24 January 2004, Annex Ⅰ, footnote 31.

10 See A/AC. 265/2004/5 of 9 June 2004, Annex Ⅱ.

11 See A/AC. 265/2005/2 of 23 February 2005, annex Ⅱ, paras 12-14. 另见康复国际（Rehabilitation International）撰写的特设委员会第五届会议每日摘要，http://www.un.org/esa/socdev/enable/rights/ahc5summary.htm。

12 关于在当时草案第 12 条中增加一个第 3 款的提议，即把在公共紧急情况下的残疾人保护问题载入有关残疾人免于暴力和凌虐的自由的条款中的提议，没有得到讨论。未讨论该提议所基于的想法是，对该提议的考虑要与关于处理该问题的单独一条（第 8 条之二）的讨论一并进行，见 A/AC. 265/2005/2, cit., annex Ⅱ, para. 50。

13 See A/AC. 265/2006/2, 13 February 2006, Annex Ⅱ.

表团表示，有必要在该条中提到《公约》序言部分第 21 段提及的武装冲突中的平民，并有必要详细说明那些需要具体特别援助的情况（例如自然灾害）。其他一些代表团表示关切的是，列出具体的危难情况将是一个有争议
257 的过程。为了解决这个问题，特设委员会主席建议使用“处境脆弱的群体”一词。考虑到在这些情况下残疾人实际上可能有额外的需求，代表们留下了一个问题未作结论，即是否要规定在这些情况下，在与其他人平等的基础上保护残疾人这一要点。[14] 特设委员会主席在第七届会议的闭幕发言中敦促代表团在第 11 条上表现得灵活一点，以便就“本条是否应扩大到提及具体的特殊危难情况”找出折中方案。[15]

在特设委员会第八届也是最后一届会议上，基于起草小组（Drafting Group）的提案而形成的目前形式的本条草案随着《公约》整体未经表决而获得通过。[16]

3 残疾人权利委员会的实践

各缔约国有义务定期提交报告，说明其为履行《公约》规定的义务而采取的措施。[17] 与对其他条约机构一样，联合国秘书长就缔约国提交的关于履行《残疾人权利公约》情况的报告所应包含的内容，发布了一些指导准则。根据该指导准则，缔约国应当把提交初次报告作为一次机会，说明《公约》的各项规定在缔约国法律和实践范围内的遵守情况。[18]

关于第 11 条，缔约国应报告其“为确保残疾人获得保护和安全而采取的任何措施，包括为把残疾人纳入国家紧急情况规程而采取的措施”，[19] 以及

---

14 见康复国际（Rehabilitation International）撰写的特设委员会第七届会议的每日摘要，17 January 2006，http://www.un.org/esa/socdev/enable/rights/ahc7sum17jan.htm。

15 See http://www.un.org/esa/socdev/enable/rights/ahc7chairclose.htm.

16 See A/AC.265/2006/4，1 September 2006，Annex Ⅱ. 第 11 条的措辞参考了一些国家政府提出的修改意见，见 http://www.un.org/esa/socdev/enable/rights/ahc8gpcart11.htm。

17 See Article 35，para. 1，of the CRPD.

18 See CRPD/C/2/3，18 November 2009，Annex Ⅰ，para. A.4.1.

19 See CRPD/C/2/3，18 November 2009，Annex Ⅰ，para. B.

“为确保人道主义救援以无障碍的可及方式分配给处于人道主义紧急情况中的残疾人而采取的措施，特别是为确保应急住所和难民营的卫生设施和公共厕所可为残疾人使用而采取的措施”。[20]

残疾人权利委员会随后审议这些报告并通过结论性意见，对报告提出一些其认为适当的提议和一般性建议，并将其送交有关缔约国。[21] 从 2011 年至
2015 年 7 月，残疾人权利委员会共通过了 28 项结论性意见，在一些具体建 258
议中强调了缔约国对为遵守《公约》第 11 条而采取措施的核查。

即使经常遭遇自然灾害的国家也缺乏针对残疾人的具体预防、保护和援助规划，残疾人权利委员会不止一次对此表示关切。因此，残疾人权利委员会建议并敦促这些国家通过相关规划，并采取具体的宣传行动（包括通过媒体）和人员培训行动。[22]

西班牙是第一个提交初次报告的国家。残疾人权利委员会在对其报告的结论性意见中，对该国在紧急情况下对残疾人的具体规划的不足表示关切，呼吁该缔约国审查其关于该问题的法律和政策。[23] 委员会对澳大利亚、[24] 丹麦、[25] 德国[26]和库克群岛[27]也提出了同样的要求，尽管各国的情况稍有差别（例如，地方和州都有应急响应和灾难缓解计划，但缺乏针对残疾人的可实施的统一的国家级应急响应方案）。

就巴拉圭而言，该国在残疾人权利委员会审议其报告时已经就风险防护和民防事宜制定了国家政策，但残疾人权利委员会指出，该缔约国的目标和具体战略没有纳入残疾人。[28] 奥地利尽管就这个问题制定了计划，但残疾人

20　Ibid.

21　See Article 36 of the CRPD.

22　残疾人权利委员会的结论性意见：墨西哥，CRPD/C/MEX/CO/1，第 21～22 段；韩国，CRPD/C/KOR/CO/1，第 19～20 段；多米尼加共和国，CRPD/C/DOM/CO/1，第 21～22 段；土库曼斯坦，CRPD/C/TKM/CO/1，第 19～20 段；蒙古，CRPD/C/MNG/CO/1，第 18～19 段；捷克，CRPD/C/CZE/CO/1，第 20～21 段。

23　See CRPD/C/ESP/CO/1, 19 October 2011, paras 31-32.

24　See CRPD/C/AUS/CO/1, 21 October 2013, paras 22-23.

25　See CRPD/C/DNK/CO/1, 30 October 2014, paras 30-31.

26　See CRPD/C/DEU/CO/1, 13 May 2015, paras 24-25.

27　See CRPD/C/COK/CO/1, 15 May 2015, paras 21-22.

28　See CRPD/C/PRY/CO/1, 15 May 2013, paras 27-28.

权利委员会仍要求该国核查其在发生灾害时向残疾人提供必要支助的切实有效的准备情况；[29] 对于情况略有不同的瑞典，残疾人权利委员会也提出了这种要求。[30]

对于阿塞拜疆，残疾人权利委员会注意到，该国制定了从紧急区域疏散残疾人和提供人道主义援助的《行动计划》。委员会敦促该缔约国采取措施向负责在紧急情况下疏散残疾人的工作人员提供培训，并建议该国通过并实施一项完全无障碍的、具有包容性的减少灾害风险的全面综合计划。[31]

259 残疾人权利委员会在对萨尔瓦多的结论性意见中表示关切的是，关于在紧急情况下为残疾人提供预防、减轻风险和照顾的计划的相关资料没有以无障碍的形式提供，而且没有赋予残疾人组织在这些情况下的作用。[32]

只有奥地利和丹麦的报告提到了关于人道主义行动的国家计划。[33]

残疾人权利委员会可根据《公约》的条款和规定编写一般性意见，以促进《公约》的进一步实施并协助缔约国履行其报告义务。[34] 这种对《公约》内容作“权威性解释”的做法与其他条约机构的同样做法类似，但要记住，一般性意见对缔约国没有约束力。残疾人权利委员会在对有关无障碍的第 9 条的一般性意见中，强调了第 9 条与《残疾人权利公约》的大部分条款（包括第 11 条）的关系。委员会更为详细地强调，在危难情况、自然灾害和武装冲突的情况下，应急服务的无障碍是保护残疾人的前提条件。此外，委员会声明，灾后重建工作必须将无障碍作为一个优先考虑事项纳入，并且减少灾害风险的工作必须是无障碍的和对残疾具有包容性的。[35]

到目前为止，还没有人就涉嫌违反《残疾人权利公约》第 11 条向残疾

---

29 See CRPD/C/AUT/CO/1, 30 September 2013, paras 25-26.

30 See CRPD/C/SWE/CO/1, 12 May 2014, paras 31-32.

31 See CRPD/C/AZE/CO/1, 12 May 2014, paras 24-25.

32 See CRPD/C/SLV/CO/1, 8 October 2013, paras 25-26.

33 残疾人权利委员会的结论性意见：奥地利，CRPD/C/AUT/CO/1；丹麦，CRPD/C/DNK/CO/1。

34 见残疾人权利委员会《议事规则》第 47 条，CRPD/C/1。

35 See CRPD/C/GC/2, 22 May 2014, para. 36. 残疾人权利委员会在 2014 年 9 月发布的声明中重申了该问题，作为为 2015 年 3 月 14~18 日在日本仙台举行的第三届联合国世界减灾大会准备的文稿。在这份声明中，残疾人权利委员会赞扬了国际社会为确保拟定并实施减灾措施时采用包容残疾的视角所做的努力。

人权利委员会提出个人申诉。

4　一些重要评论

在《残疾人权利公约》谈判期间，在关于生命权的讨论过程中，出现了对危难和人道主义紧急情况作出具体规定的要求。第 11 条无疑是《公约》的一项成就，使紧急情况下的边缘群体得到关注。灾害管理措施中“人权路径”的影响反映了对残疾人的态度和方法朝着社会包容模式的方向转变。[36] 260

这些灾害管理措施的所有阶段都应以关注残疾人的特殊需求为特征，从而使政治当局、公共行政人员、民事保护当局和民间社会组织参与进来。

2014 年在实施《欧洲和地中海重大灾害协议》（Eur-Opa）的举措框架中提出的《紧急情况、危机和灾难情况下协助残疾人指南》（Guidelines for Assisting People with Disabilities during Emergencies，Crises and Disasters）也采用了同样的做法。《欧洲和地中海重大灾害协议》是 1987 年为欧洲和南地中海国家在重大自然和技术灾害领域开展合作而建立的平台。[37]

然后，残疾人权利委员会被要求核查缔约国在多大程度上履行了其通过和实施包容性应急规划的义务。残疾人权利委员会目前主要致力于核查紧急情况规划的存在和执行情况，主要集中在自然灾害方面。但是，《公约》第 11 条也涉及武装冲突，而在这种情况下开展核查要复杂得多。残疾人权利委员会尚未审议武装冲突下的紧急情况。关于《残疾人权利公约》的一个评论涉及的是，事实上《公约》作为一份“特别雄心勃勃的文件，引发了对其实施情况的担忧”。[38] 人们希望残疾人权利委员会利用其一切权威，敦促缔约

36　See Njelesani et al.（2012），pp. 23-24. 另见人权理事会，A/HRC/RES/28/4 of 26 March 2015：“残疾人在与他人平等的基础上独立生活和融入社区的权利”。人权理事会回顾了《残疾人权利公约》的一般原则，请求联合国人权事务高级专员办事处与各缔约国和其他相关利益攸关方磋商，为 2016 年举行的互动讨论编写一份关于《公约》第 11 条的研究报告。

37　这一指南是由亚历山大（D. Alexander）和萨戈拉摩拉（S. Sagramola）编写的，见 AP/CAT（2013）11 of 17 January 2014。

38　Andersons and Philips（2012），p. 2.

国针对武装冲突的情况为残疾人提供保护和安全的具体规划，并向委员会通报这些规划的存在和执行情况。在提过残疾人权利委员会完成其任务可能面临的困难后，值得提及的是，目前正在进行的联合国条约机构改革进程可能潜在地威胁到残疾人权利委员会的工作效率和工作效力。2014 年，联合国大会通过了一项关于加强和增进人权条约机构体系有效运作的决议。[39] 该决议阐明了协助各缔约国履行条约义务的一系列措施，还载有一些实践指导（关
261 于各国报告和条约机构结论性意见的长度，以及设想的条约机构在会议期间每周的审查进度）。[40] 这些指导原则上可能妨碍对棘手问题的彻底审查，如处于紧急情况下的群体的权利享有和特殊需求。

当有个人向残疾人权利委员会提出申诉时，第 11 条的实施可能会取得更有效的成果。在审查某一具体案件的具体情况时，残疾人权利委员会可以以欧洲人权法院在一些判决中所指出的“一般性措施”为范例，对第 11 条进行一些一般性的考虑。但是，目前还没有任何关于第 11 条的个人来文被提交给残疾人权利委员会。因此，委员会对这一条将采取何种方法尚不确定。

参考文献

Andersons J, Philips J（2012）Editor's introduction, In: Andersons J, Philips J（eds）Disability and universal human rights: legal, ethical, and conceptual implications of the convention on the rights of persons with disabilities, SIM, Utrecht, pp. 1-5.

Broecker C, O'Flaherty M（2014）The Outcome of the General Assembly's Treaty Body Strengthening Process, An Important Milestone on a Longer Journey, Policy Paper of the Universal Rights Group, available at http://www.universal-rights.org/wp-content/uploads/2015/02/URG_Policy_Brief_web_spread_hd.pdf. Accessed on 31 July 2015.

Egan S（2013）Strengthening the United Nations human rights treaty body system, Hum Rights

[39] See A/RES/68/268 of 21 April 2014. 该决议是联合国大会 2012 年启动的关于加强和增进人权条约机构体系有效运作的政府间进程的最终成果。有关进程的信息，见 http://www.ohchr.org/EN/HRBodies/HRTD/Pages/TBStrengthening.aspx; Egan（2013）; Broecker and O'Flaherty（2014）。

[40] 见该决议第 15 段、第 16 段、第 26 段。

Law Rev 13 (2): 209-243, doi: 10.1093/hrlr/ngt008.

Njelesani J, Cleaver S, Tataryn M, Nixon S (2012) Using a human-rights based approach to disability in disaster management initiatives, In: Cheval S (ed) Natural disasters, InTech, Vukovar, pp. 21-46.

Provost R (2002) International human rights and humanitarian law, Cambridge University Press, Cambridge.

263 # 第12条　在法律面前获得平等承认

玛丽·凯斯

一、缔约国重申残疾人享有在法律面前的人格在任何地方均获得承认的权利。

二、缔约国应当确认残疾人在生活的各方面在与其他人平等的基础上享有法律权利能力。

三、缔约国应当采取适当措施，便利残疾人获得他们在行使其法律权利能力时可能需要的协助。

四、缔约国应当确保，与行使法律权利能力有关的一切措施，均依照国际人权法提供适当和有效的防止滥用保障。这些保障应当确保与行使法律权利能力有关的措施尊重本人的权利、意愿和选择，无利益冲突和不当影响，适应本人情况，适用时间尽可能短，并定期由一个有资格、独立、公正的当局或司法机构复核。提供的保障应当与这些措施影响个人权益的程度相称。

五、在符合本条的规定的情况下，缔约国应当采取一切适当和有效的措施，确保残疾人享有平等权利拥有或继承财产，掌管自己的财务，有平等机会获得银行贷款、抵押贷款和其他形式的金融信贷，并应当确保残疾人的财产不被任意剥夺。

264 ## 目　次

1　导言

联合国《残疾人权利公约》的核心宗旨是促进残疾人平等并使他们充分和平等地享有所有人权，该公约强调必须打破实现这些权利的障碍。残疾人的权利正在全球范围内得到关注。在欧洲区域，欧盟已在其职权范围内批准了《残疾人权利公约》。关于残疾人，《欧盟基本权利宪章》“支持旨在确保残疾人独立、社会和职业融入以及参与社会生活的措施”。[1] 欧洲人权法院越来越多地将《残疾人权利公约》作为一个重要的解释来源。[2] 自引入《残疾人权利公约》以来，欧盟和欧洲理事会对残疾问题的关注日益加强。尽管欧洲人权法院在 2009 年首次承认了《残疾人权利公约》，但它的影响程度并不清晰。[3] 在戈洛尔诉瑞士案（*Glor v. Switzerland*）中，欧洲人权法院将《残疾

1　第 26 条，见 www. europarl. europa. eu/charter/pdf/text_en. pd。

2　ECtHR，*Glor v. Switzerland* App. No. 13444/04，30 April 2009；*Kiss v. Hungary* App No. 38832/06，20 May 2010；*Kiyutin v. Russia* App. No. 2700/10，10 March 2011；*Stanev v. Bulgaria* App. No. 36760/06，17 January 2012；*DD v. Lithuania* App. No. 13469/06，14 February 2012；*MH v. United Kingdom* App. No. 11577/06，22 October 2013.

3　ECtHR，*Kiss v. Hungary*，cit.；*Kiyutin v. Russia*，cit.；*Stanev v. Bulgaria* cit.；*DD v. Lithuania*，cit.；*Campeanu v. Romania* App. No. 47848/08，14 July 2014；*Ivinovic v. Croatia* App. No. 13006/13，18 September 2014.

人权利公约》描述为“在需要保护残疾人不受歧视待遇这一问题上欧洲和全265 球共识的基础”。[4] 由于对个人人身完整性的严重侵犯，否认法律能力所产生的负面影响被越来越多的人意识到，相关的诉讼案件越来越多。[5] 对《残疾人权利公约》日益增长的认识不仅扩大到区域一级，[6] 而且在涉及否认法律能力的案件中也被国内法院提及。[7]

本章从若干角度讨论第 12 条中对法律能力的承认，以便了解缔约国为防止对残疾人的歧视而需要做的事情。其中参考了特设委员会的谈判以及残疾人权利委员会的结论性意见，还参考了其他人权文书，特别是欧洲人权法院的判例，以便了解加强第 12 条所载各项权利的更广泛的可能性。

《残疾人权利公约》的指导原则包括固有的尊严、自主权、作出自己选择的自由和不受残疾歧视地充分参与社会。这些原则通过对所有残疾人的法律能力平等的承认得到尊重。消除承认法律能力的障碍对于残疾人实现对社会“充分和有效的参与”至关重要。过去仅仅依靠狭隘的医学方法已不再被认为是适当的。相反，侧重于消除参与障碍的社会和人权方法对实现平等至关重要。

平等要求禁止歧视，最重要的是，合理便利被“明确地纳入《残疾人权利公约》的非歧视要求”。[8]《公约》第 5 条要求缔约国确保提供合理便利。安娜·劳森（Anna Lawson）认为，这些是确保残疾人在与其他人平等的基础上享有人权的基本条件。[9] 她提到了“通过调整物理环境和机构组织的结构和实践来适应特定残疾人的具体情况”的责任。[10] 通常情况下，这是一种采取积极措施消除与非残疾人相比使残疾人处于不利地位的障碍的责任。

---

4 ECtHR，*Glor v. Switzerland*（n 2）. 承认《欧洲人权公约》第 14 条中的“其他身份”包括残疾具有重要意义，表明合理便利法律范围的扩大。瑞士尽管尚未签署《残疾人权利公约》，但其对《残疾人权利公约》的第一次提及显示了正在形成的共识。

5 ECtHR，*Shtukaturov v. Russia*，App. No. 44009/05，27 March 2008；*Stanev v. Bulgaria*，cit.；*DD v. Lithuania*，cit.

6 Clifford（2011）.

7 Ireland（High Court of），*MX*（*APUM*）*v. HSE*［2012］IEHC 491；UK Upper Tribunal，*AH v. West London Mental Health Trust & Secretary of State for Justice*［2011］UKUT 74（AAC）.

8 Lawson（2012），p. 16.

9 Lawson（2012）.

10 Lawson（2012）.

缔约国需要“采取一切适当措施，包括立法，以修订或废止构成歧视残疾人的现行法律、法规、习惯和做法”。[11] 提供合理便利的责任提供了“一个潜在的工具，特别是在社会和经济权利领域促成进一步的行动”。[12] 以支助的方式提供合理便利对实现第 12 条的目标至关重要。《公约》承认普遍的法律能力适用于所有残疾人的生活的所有方面，同时也通过规定提供支助和提供合理便利的义务承认了人与人之间的差异。 266

2　第 12 条的起源和含义

第 12 条对法律能力的承认是《残疾人权利公约》的核心，对于获得其他人权和保护（例如第 17 条所保护的人身完整性不受无端侵犯）至关重要。还有一点值得注意的是，法律能力的实现也与其他权利的实现有关，如第 25 条规定的健康权和第 19 条规定的独立生活权。虽然本章的重点是第 12 条，但很多其他条款与这一权利的实现或有重叠，或密切相关。

杰拉德·奎因（Gerard Quinn）肯定了法律能力的重要性，并将其视为一种法律工具，“……有助于确立人格的概念……允许意愿的表达”，并由此防止强制干预。[13] 这种重要的中心地位即使作为一个起点也是必要的，因为它反映了法律改革的迫切需要——这些法律影响到相当数量的人，他们被剥夺了对自我决策的控制，而且往往处于一个不断丧失权利的循环之中。因此，很多其他基本权利（包括对于对身体和心理完整性至关重要的护理和治疗的知情同意权）受到影响，导致个人对自己人身完整性的控制空间非常有限。欧洲人权法院将法律能力视为与自由权“至少同等重要”，但自由历来受到更大程度的关注。[14]

《世界人权宣言》和《公民及政治权利国际公约》保障法律面前人人平

11　第 4 条第 1 款第 2 项和第 5 项。

12　Quinlivan（2012）.

13　Quinn（2010）.

14　ECtHR，*Shtukaturov v. Russia*，cit.，para. 71.

等。法律能力[*]首次被提及是在《消除对妇女一切形式歧视公约》中，该公约第 15 条第 2 款承认妇女在“公民事务上”[**]具有与男子同等的法律能力，以及“行使这种行为能力的相同机会”。[15] 这一规定反映了改变世界各地妇女在过去乃至现在很多情况下被剥夺法律能力这一状况的必要性。残疾人的
267 状况与此类似，但在《残疾人权利公约》制定之前残疾人的状况没有得到明确承认。《公民及政治权利国际公约》第 16 条规定，“人人在任何所在有被承认为法律人格之权利”。“人人”一词被用来包含残疾人，尽管残疾不是一个具体的考虑因素或歧视理由，监督《公民及政治权利国际公约》履行的条约机构也没有对此提出疑问。就其产生的影响而言，由于缺乏一个包容性的焦点，这一普遍性的主张未能实现。这导致需要制定一项专门针对残疾人的公约。现在，必须促进残疾人与其他人一起平等地充分参与社会。

第 12 条概述了缔约国在处理残疾人在法律面前的平等权时必须考虑的因素。它首先重申所有残疾人享有在法律面前获得承认的权利，延续了始于《公民及政治权利国际公约》《消除对妇女一切形式歧视公约》《世界人权宣言》的规定。第 12 条第 2 款规定了残疾人在生活的各方面在与其他人平等的基础上享有法律能力。第 12 条第 3 款要求缔约国采取适当措施，便利残疾人获得他们在行使其法律能力时可能需要的协助。这三部分承认在普遍法律能力背景下的协助决策。第 12 条第 2 款不仅承认所有残疾人的法律能力，而且按阿米塔·丹达（Amita Dhanda）所评论的，“重新构造了‘残疾人’一词中‘人’的理念”，涉及一种“人类相互依存的概念……使缔约国有义务在他们行使法律能力时提供相互依存的因素，即对他们予以协助”。[16] 第 12 条第 5 款指向有关金融和经济事务的权利，代表着社会性的力量，而残疾人经常被剥夺这些权利。在与金融和财产有关的所有事务上，必须以协助残疾人行使法律能力来改变以往的做法。

---

* 在《消除对妇女一切形式歧视公约》作准中文本中，该词表述为“法律行为能力”。下文在引用该公约原文时，使用“法律行为能力”，在其他情况下使用“法律能力”。——译者注

** “公民事务”不能理解为与“公民资格”有关的事务，比如政治权力，而应包括“民事事务”。——译者注

15 《消除对妇女一切形式歧视公约》。

16 Dhanda（2012），p. 180.

自我导向的重要性是第 12 条的核心，它明确地从替代决策转向要求协助残疾人作出决策并实现其意愿和选择。第 12 条第 4 款包括了保障规定，确保法律能力的行使尊重个人的权利、意愿和选择，缔约国必须提供保障防止滥用。在可能产生不当影响的支助制度中可能会出现滥用现象，虽然在这方面监督是一个基本组成部分，但它必须确保对个人意愿和选择的尊重。当发生替代决策时——通常是以家长式的“最大利益”方法，承认法律能力的权利就会受到损害。因此，第 12 条呈现了对法律能力和人格的传统理解的前所未有的转变，承认传统的理解对人的可行能力（human capability）所造成的损害。[17]

在关于第 12 条的谈判中，最有争议的一个焦点是，某些类别的残疾人 268
是否可以成为某些权利的拥有者但不被允许行使这些权利。[18] 重要的考虑因素是，这种情况如何与普遍法律能力思路相适应并避免对残疾人分层和排斥。主要的例子是有智力或心理社会残疾或严重沟通困难的人，以及最常提到的昏迷中的人。阿米塔·丹达提出了保留普遍法律能力的三个理由：一是强调发展能力的需要，特别是残疾人与社会能力发展的需要；二是选择性的非普遍的法律能力将过于宽泛，并将固化残疾等同于无能力的刻板印象；三是无能力并不能完全归咎于残疾人，因此，选择性的非普遍的法律能力具有歧视性。[19] 关于《残疾人权利公约》是否允许替代决策的争论仍在继续，尽管残疾人权利委员会及其第 1 号一般性意见都非常明确地表示不允许替代决策。[20] 委员会一再指出，缔约国必须采取措施，以尊重个人的意愿和选择的协助决策制度取代替代决策制度。[21] 根据提交给委员会的初次报告，该一般性意见指出，“缔约国对根据第 12 条应承担的义务的确切范围存在普遍误解……总体上未能意识到要对残疾问题采取立足人权的模式进行范式转变，将替代决策范式转变为协助决策范式”。[22] 它明确指出，缔约国所承担的义务

17　Dhanda（2007）；Kampf（2010）.

18　特设委员会，第 5 届会议的每日摘要，2005 年 1 月 25 日。

19　Dhanda（2012），p. 181.

20　残疾人权利委员会第 1 号一般性意见，CRPD/C/GC/1，第 13 段。

21　残疾人权利委员会的结论性意见：克罗地亚，CRPD/C/HRV/CO/1。

22　残疾人权利委员会第 1 号一般性意见，第 3 段。

既要求废除替代决策制度，又要求代之以协助决策选项。[23]

2.1 法律能力和心智能力

残疾的事实经常导致关于无能力的假设，这被认为是状态路径（status approach），即一个人的事务被其他人接管，由其他人基于“最大利益”路径为其作出决策。这在精神卫生立法的应用中尤其明显——该立法重点偏向于非自愿住院和治疗，而很少注意促进尊重个人自主决定的真正协商一致的路径。这种对法律能力的剥夺影响重大，造成了自主控制和自尊的严重丧失。迈克尔·巴赫（Michael Bach）和拉娜·科兹纳（Lana Kerzner）提到
269 了因无行为能力判决而产生的“社会和法律伤害”。[24] 被认定为无行为能力对个人来说具有挫败性，很可能使得个人不学习未来作决策时所需要的技能。欧盟基本权利署（the EU Agency for Fundamental Rights，FRA）开展过一项关于丧失法律能力和决策能力受到其他限制的人的体验的研究。[25] 丧失法律能力的参与者“都有一种无力感，其描述的经历经常表现为缺乏一个解释或一种机会去质疑过程”。[26] 无论在机构内还是在社区里，即使是对决策自由的非正式限制也都使限制或取消其法律能力的法律措施复杂化。

欧洲理事会人权事务专员认为法律能力是“一个人在法律框架体系内行动的权力或可能”。[27] 残疾人权利委员会关于第 12 条的一般性意见表明，“感觉上或事实上的心智能力缺陷不得作为剥夺法律能力的理由”。[28] 在这种背景下，理解法律能力和心智能力是不同的概念非常重要。法律能力包括拥有权利和义务的能力（legal standing，法律地位、资格），也包括行使这些权利和义务的自由（legal agency，法定代理、法定行为能力）。第 1 号一般性意见将心智能力——一种动态变化的因素，指认为一个人的“决策技巧”。[29]

---

[23] 残疾人权利委员会第 1 号一般性意见，第 28 段。

[24] Bach and Kerzner（2010），p. 7.

[25] EU FRA（2012）.

[26] EU FRA（2012），paras 50-71.

[27] CoE，Commissioner for Human Rights（2012），p. 7.

[28] 残疾人权利委员会第 1 号一般性意见，第 13 段。

[29] 残疾人权利委员会第 1 号一般性意见，第 13 段。

这些技巧可能由于不同的时间、不同的人、不同的决定而各有不同，同时伴随着个人沟通技巧的变化。各种各样的因素，包括社会、情感和环境因素，影响着人类作为一个整体进行决策。对心智能力作出判断时，参与判断的人的态度和技能是一个重要因素。[30]

许多法域的立法将法律能力和心智能力混为一谈，自动否定了那些被认为决策技能受损的人的法律能力。相比之下，《残疾人权利公约》关于法律能力的推定具有普遍适用性，强调协助人们自己作决策而不是替他们作决策。获得协助的事实并不影响对法律能力的承认。

2.2　协助决策

如果一个人基于另一个人有残疾或其关于医疗等的决定与预期不相符这 270
样的事实而替其作出决定，就会产生替代决策。[31] 法律通过授权他人为受法定监护或保护的人作决策促进了这种做法。同样，社会心理残疾人的非自愿入院被认为是临床监护的一种形式，作决定的权力属于精神病顾问医生而不是当事人。[32]

监护导致残疾人部分或全部丧失其法律能力和自我决定权，可能导致严重的和不受欢迎的、影响身体完整性的干预和治疗。这通常可能导致完全控制残疾人个人生活的机构化和社会隔离。[33] 法律能力为残疾人提供了非残疾人认为理所当然地作出关于生活质量的关键决定的机会，而不是由其他人替残疾人作出决定；在由其他人替代决策的情况下，随着时间的推移，残疾人的决策技能不但不能像惯常那样得到发展，还会被削弱或丧失。

考虑到通常日常生活是互相依赖的，是“与他人一起”生活的，一个完全自主的人是不存在的。[34] 因此，协助决策是这种通常情况的一部分，不应该要求残疾人在决策过程中遵守比一般人群更高的标准。为了满足《残疾人

30　Emmett et al. (2013).

31　Williams et al. (2012); Emmett et al. (2013).

32　Law Commission Victoria (2011); O'Mahony (2012), p. 893.

33　ECtHR, *Shtukaturov v. Russia*, cit.; *Stanev v. Bulgaria*, cit.; *DD v. Lithuania*, cit.

34　Lewis (2011).

权利公约》的要求，第12条第3款明确要求以协助决策取代替代决策。伽柏·贡巴斯（Gabor Gombos）和阿米塔·丹达（Amita Dhanda）提出，虽然获得协助的权利是普遍的，但是对行使法律能力给予的协助将确保地方因素发挥一定作用，并因个人和社会背景的不同而有所不同。[35]

协助决策可以是正式的，也可以是非正式的，但最重要的是它尊重个人的权利、意愿和选择。罗伯特·迪内尔斯坦（Robert Dinerstein）将协助决策定义为“一系列有着或多或少形式和强度的关系、实践、安排和协议，旨在协助残疾人作出自己选择的决定并与他人沟通交流”。[36] 迈克尔·巴赫（Michael Bach）和拉娜·科兹纳（Lana Kerzner）认为决策协助包括生活规划，独立倡导，通信、解释和代表方面的协助，以及建立关系。[37] 爱尔兰精神卫生保健系统中的同伴支持者就体现了这样的协助体系的一些要素。[38]

271 菲奥纳·莫里西（Fiona Morrissey）在其关于精神卫生保健预先指示的著作中强调了一个有用的决策工具的例证，这一例证表明了合作关系积极转变的可能性。莫里西表示，预先指示“提供了实现残疾社会模式的机会，并融入了平等、参与、自主和包容等价值观”。[39] 如果人们预先作出指示，这也会带来更强的控制感以及更长的健康期。这些预先指示并不仅限于治疗问题，还可以包括生活规划问题。有些国家不愿意将这些措施适用于非自愿入院接受精神卫生治疗的人。不过，如果要在这方面取得进展，就应该只在明确规定的危及生命的紧急情况下才排除适用预先指示，以确保平等和避免关于歧视的指控。

同样的成功例子还有瑞典由用户控制的个人事务监察专员（Personal Ombuds）。这是一个由国家资助的支持系统，该系统中的个人事务监察专员们独立地与不再使用或信任相关服务的人合作，与他们建立关系并且只在他们的指示下工作。这些成功的方法是可以确保一致同意做法的协助决策的例

35 Gombos and Dhanda（2009）.

36 Dinerstein（2012）.

37 Bach and Kerzner（2010）, p. 74; Gooding（2013）.

38 Davidson et al.（1999）.

39 Morrissey（2012）, p. 436.

子。值得注意的是，对民事拘留的非强制性替代方案的系统审查报告称，“医疗保健用户倾向于自愿的和基于社区的替代治疗方案，对一些替代治疗方案的审查发现它们具有同样有效的治疗结果”。[40]

意识不到强制压力对于正式或非正式地协助个人作选择的协作式服务来说至关重要。蒂娜·闵可维兹（Tina Minkowitz）强调，“获得协助而又不丧失自主权，可以让人们更容易承认需要协助，并在需要的时候接受这种协助”。[41] 她评论道，“只有在残疾人真正自愿接受协助的情况下，并且提供协助的人明白他们的角色是辅助性的而不是指示性的，即他们是残疾人个人决策过程中的辅助者而不是中心参与者，协助才名副其实”。[42] 确保人们有机会与他人建立信任关系是协助方法成功的关键因素。

2.3　残疾人权利委员会和第 12 条

《残疾人权利公约》规定，残疾人权利委员会监督《公约》在国内层面
的实施，并就《公约》义务向缔约国提出建议。该监督系统要求缔约国遵守 272
有关落实《公约》权利的《条约专要文件准则》(guidelines on the treaty-specific document)。[43] 缔约国关于第 12 条的报告要求侧重于保持身心完整性、充分参与拥有和继承财产并掌管财务；报告必须包括限制个人完全法律能力的立法以及改变这些限制的任何行动；报告还必须包括行使法律能力和管理财务时可获得的协助。残疾人权利委员会关于第 12 条的结论性意见侧重于改革法律、政策和实践，使其符合《公约》义务并符合关于第 12 条的第 1 号一般性意见。[44] 残疾人权利委员会根据第 12 条提出的主要建议涉及从替代决策到协助决策的根本转变，以及要求彻底废除监护制度，即使经过改进的不完全监护制度也不例外。残疾人权利委员会的要求是考虑残疾人个人的意愿和选择，而不是最大利益的路径。在对克罗地亚和其他缔约国的结论性意

40　Nillson（2014），p. 21.

41　Minkowitz（2010），p. 158.

42　Minkowitz（2010）.

43　http://tbinternet.ohchr.org/_layouts/treatybodyexternal/Download.aspx?symbolno ¼ CRPD/C/2/3&Lang¼en.

44　残疾人权利委员会第 1 号一般性意见。

见中，委员会建议废除替代决策，采取“一系列尊重自主、意愿和选择的措施，包括对医疗作出和撤销知情同意的权利”。[45] 残疾人权利委员会对瑞典[46]和新西兰[47]也提出了类似的建议。

除了呼吁捷克的法律与第12条和第1号一般性意见协调统一之外，残疾人权利委员会还提出了非常具体和可行的建议。[48] 残疾人权利委员会关于克罗地亚的结论性意见中有一个例子。委员会表示，该缔约国应采取“切实步骤确立协助决策制度……并为此对社会工作者、法律专业人员和公共主管部门人员开展关于《公约》所载权利的培训”。[49] 委员会还建议，残疾人组织以及其他利益攸关方应参与这些立法和政策进程。在国家和地方政策的制定和实施过程中，改变力量平衡的可能性在于，与正在使用或以前使用过相关服务的人及其协助者建立协助伙伴关系。在其他结论性意见中，委员会建议在社区层面建立协助机制促进残疾儿童和成年人的选择、自主和包容。[50]

273 3 法律能力和精神卫生拘留

在精神卫生法中承认法律能力很重要，因为在精神卫生法中，残疾人的自由权和身体完整权往往被基于一系列理由否认。非自愿入院通常甚至自动导致非自愿治疗，而无视残疾人的法律能力。残疾人权利委员会不仅通过第12条，还通过其他条款，坚持对传统的强制性做法作出重大改变。[51] 阿米塔·丹达（Amita Dhanda）发问，否认残疾人的能力以及对他们使用武力和强迫手段所产生的影响是否“已经阻碍了精神卫生专业人士的能力发展，由于武力和强迫手段唾手可得，他们不觉得有必要发展对话、说服和理解的能

45 残疾人权利委员会的结论性意见：克罗地亚。

46 残疾人权利委员会的结论性意见：瑞典，CRPD/C/SWE/CO/1。

47 残疾人权利委员会的结论性意见：新西兰，CRPD/C/NZL/CO/1。

48 残疾人权利委员会的结论性意见：德国，CRPD/C/DEU//CO/1。

49 残疾人权利委员会的结论性意见：克罗地亚。

50 残疾人权利委员会的结论性意见：库克群岛，CRPD/C/COK/CO/1。

51 Mc Sherry and Wilson（2015）.

力”。[52] 她还建议，有必要“审查使用武力的理由的偏见基础”。[53] 对精神卫生保健患者的拘留和强制治疗虽然很少被这样认为，但显然是一种由他人完全掌握控制的监护形式。[54] 接受精神卫生保健的人，即所谓的自愿或非正式患者，往往被非正式地剥夺了他们同意入院或治疗的法律能力，或由于强迫威胁而顺从。[55] 被送入社区护理机构的人也是如此，权力不平衡很少被认为是阻碍他们能力发展的重要因素。[56]

3.1　《欧洲人权公约》

《欧洲人权公约》第 8 条规定的私生活受到尊重的权利的核心是承认法律能力。保持精神稳定是有效享有私生活受到尊重的权利的前提。[57] 这一权利包括尊严权、身份权、个人发展权，以及与他人交流和发展关系的权利。与在机构中受到控制和在隔离的环境中失去自由和丧失行为能力相比，这些是日常生活的一些基本要素。[58] 对法律能力的限制必须合乎比例以符合《欧洲人权公约》的要求，完全监护中的完全无法律能力不满足这个要求。[59] 残疾人权利委员会已经建议必须废除对法律能力的限制，即使是部分限制也必 274
须废除，这就向欧洲人权法院提出了关于任何限制的比例性的质疑。[60] 在考虑否认残疾人的法律能力或强制医疗和其他干预措施方面，欧洲人权法院在投票权方面的下列声明是很重要的：

> 如果对基本权利的限制适用于社会中在过去曾受到相当严重歧视的特别弱势群体，例如精神残疾人，那么缔约国的自由判断余地就会大大缩小，并且实施这些限制必须有非常重要的理由……这种方法本身就对

52　Dhanda（2012），p. 187.

53　Dhanda（2012），p. 187.

54　Victoria Law Reform Commission（2011）.

55　《2001 年爱尔兰精神卫生法》（Irish Mental Health Act 2001）对存在决策困难的缺乏保障或协助的“自愿”患者有一个广泛定义。

56　Brosnan（2012）.

57　ECtHR，*Bensaid v. United Kingdom*，Appl. No. 44599/98，6 February 2001.

58　ECtHR，*Stanev v. Bulgaria*，cit.

59　ECtHR，*Drobnjak v. Serbia* App. No. 36500/05，13 October 2009；*Shtukaturov v. Russia*，cit.

60　残疾人权利委员会的结论性意见：捷克，CRPD/C/CZE/CO/1。

> 某些分类提出了质疑，原因是这些群体在历史上经受的具有持久后果的偏见的影响对他们造成了社会排斥。这种偏见可能导致立法上的成见，禁止对他们的能力和需求进行个性化的评估。[61]

基于残疾导致无能力的假设，残疾人在决策时被适用了更高的标准。[62]只要被诊断为任何一种精神残疾，有关人员就不被允许从错误中吸取教训，而从错误中吸取教训对非残疾人来说则是常态。被轻易地认定为具有某种残疾有很多不利之处，并且明显地将残疾人置于有悖《残疾人权利公约》意图的完全不平等的地位。

欧洲人权法院在什图卡图罗夫诉俄罗斯案（*Shtukaturov v. Russia*）中处理了法律能力问题，将法律能力与精神障碍分离，声明“……精神障碍的存在，即使是严重的精神障碍，也不能成为证明完全无能力的唯一理由”。[63] 而残疾人权利委员会第1号一般性意见对第12条的解释则明确了普遍性原则，因此，似乎没有任何理由（无论是否“唯一”）可以证明无能力。[64] 欧洲人权法院承认，剥夺法律能力是对《欧洲人权公约》第8条所保护的私生活和家庭生活受到尊重的权利的严重侵扰，必须得到与之相适应的特定应对。欧洲理事会人权事务专员在2009年表示，欧洲人权法院在什图卡图罗夫案（*Shtukaturov v. Russia*）中的解释符合《残疾人权利公约》。[65] 考虑到残疾人权利委员会强有力的结论性意见，这是否属实还有待观察。

斯坦涅夫诉保加利亚案（*Stanev v. Bulgaria*）则暴露了社会心理残疾人士丧失法律能力、被剥夺自由和被送入社会护理机构之间的联系。[66] 斯坦涅夫被置于监护之下，被排斥参与决策，并被认为不能表达他的意愿或留在家
275 中。结果，他被迫在一个条件极为恶劣的社会护理机构中住了8年。他声称自己被剥夺了自由，违反了《欧洲人权公约》第5条，由于被极端隔离、缺

---

61 ECtHR, *Kiss v. Hungary*, para. 42.

62 CoE, Commissioner for Human Rights (2012).

63 ECtHR, *Shtukaturov v. Russia*, cit., para. 94; *Winterwerp v. Netherlands* App. No. 6301/73, 24 October 1979.

64 残疾人权利委员会的结论性意见：捷克。

65 CoE, Commissioner for Human Rights (2009).

66 ECtHR, *Stanev v. Bulgaria*, cit.

乏资金和身份证件被扣留，他无法对他的处境提出异议。欧洲人权法院认定包括第 5 条在内的《欧洲人权公约》若干条款被违反，因为他持续受到严格的日常化监督。在认定他受到了违反《欧洲人权公约》第 3 条规定的不人道和有辱人格的待遇之后，欧洲人权法院认为没有任何理由审查他根据第 8 条享有的法律能力，这招致了严重的批评。

欧洲人权法院认识到，缺乏协助导致他不能对自己的处境提出异议，也没有其他替代性措施，而且无法在他的社会需求和自由权利之间达到一个恰好的平衡。在一份极其重要的声明中，欧洲人权法院承认，如果申诉人没有因为精神障碍被剥夺法律能力，他就不会被剥夺自由。这份声明把剥夺法律能力置于比自由权更为根本的地位。少数法官对法院拒绝审查法律能力因素提出异议，并强烈认为未能确保斯坦涅夫有能力表达意愿和偏好得到尊重的做法违反了《欧洲人权公约》第 8 条：

> 斯坦涅夫被剥夺其按照偏好行动的能力是没有任何正当性的……对他最大利益的追求完全依赖于监护人表现出的善意或忽视。在这方面，不尊重申诉人被公认的个人自主权侵犯了《欧洲人权公约》第 8 条所保障的他的个人生活权和尊严权，也未能达到确保对他有能力表达意愿和偏好给予必要尊重的当代标准。[67]

利塞特·纳尔逊（Lycette Nelson）评论说，未能直接处理该案中的法律能力问题似乎“否认了机构中的心理社会残疾人和智力残疾人的非自愿安置以及监护和机构化的相互关系的系统本质”。[68] 她认为，这些事实都来自系统性的做法，没有处理关于第 8 条的问题也就没有处理缔约国确保残疾人在生活的各个方面享有与其他人平等的选择的义务。虽然这对生活在社会护理机构中的人来说是一个非常重要的决定，而且欧洲人权法院承认《残疾人权利公约》是一个重要的法律渊源，但令人失望的是，欧洲人权法院并没有处理法律能力问题。

67　ECtHR，*Stanev v. Bulgaria*，cit，卡兰德·杰娃亚（Kalayd Jieva）法官的部分反对意见。

68　Nelson（2012）.

4 功能评估作为进展

如果有支持的法律能力的普遍性是《公约》第 12 条的要求和今后的发展方向，那么就很难看出导致认定无法律能力的心智能力评估怎么能符合这
276 一要求和发展方向。心智能力评估要求摆脱传统的方法，如状态或刻板方法，这种方法假设具有某一种残疾的人缺乏法律能力；结果方法，即当个人的决定与评估人的期望不一致时就被认为是“不合理的”；功能测试，即基于一个人的认知能力，在被给予适当信息的情况下达到“理解和领会”决策的本质的特定标准。功能方法被认为更容易为人们所接受，因为它提供了一种量身定制的方法来确定心智能力，这一点反映在最近关于法律能力的法律改革中。[69] 心智能力评估与特定时间的决定有关，因此所评估的能力会因时因事而不同，允许变动。被评估者要理解与决策相关的信息并持有这些信息，能够权衡提供给他/她的选项并通过任何方式表达其选择。但是，残疾人权利委员会第 1 号一般性意见明确指出，《公约》第 12 条不允许开展能力评估，因为这违反了普遍性原则。[70]

功能方法不认可对协助的需要，必定会继续排除和否认法律能力。其对理性的检测不考虑决策中的情感、环境和意图等因素。阿米塔·丹达（Amita Dhanda）提到了“对残疾人能力的客观评价，并在这样做的过程中拒绝主观的评价”，并发问“我们如何协调个人决策与他人决策……作出任何决策的唯一正当理由是‘社会运行的实际需求’”。[71] 欧洲理事会人权事务专员评论说，功能方法“几乎没有关注协助的重要性，其未来用途可能不是作为一种评估法律能力的手段，而是作为一种确定应提供哪种协助的手段”。[72]

---

69 ECtHR, *Shtukaturov v. Russia*, cit.; Mental Capacity Act 2005 of England and Wales; Assisted Decision-Making (Capacity) Bill 2013 of Ireland.

70 残疾人权利委员会第 1 号一般性意见，第 25 段。

71 Dhanda (2012), p. 181.

72 CoE, Commissioner for Human Rights (2012).

迈克尔·巴赫（Michael Bach）和拉娜·科兹纳（Lana Kerzner）提出对功能方法予以调整，建议通过三种不同的决策状态来重述功能方法。[73] 第一种是法律独立状态。在这种状态中，个人理解相关信息，明辨决策的结果，并能够不受胁迫地向第三方表达其意图。决策时的协助不会影响其法律独立地位。第二种是协助决策状态。即被认可的代表了解个人的意愿和意图，并代表其意愿和意图进行决策。第三种是便利决策状态。在这种状态下，个人不能进行沟通，也几乎没有什么能表明他们的“意愿和意图”。一个人的意愿可能会在其预先指示（advance directive）、永久授权委托书或认识此人的 277
人那里得到证据。在特殊情况下得不到关于个人的信息时，“最大利益”原则将被适用，并将被明确限定于关注个人的生活质量。[74] “最大利益”这个问题仍有争议，并在许多法律改革中被拒绝，因为它与基于传统做法的家长制有着根深蒂固的负面联系。2008 年爱尔兰法律能力改革提案的早期草案包括了“最大利益”原则，但随后的草案删除了关于“最大利益”的提议并转而侧重于个人的“意愿和选择”。[75] 在便利决策方法中，重要的区别在于个人保留着法律能力，而不像目前的监护或其他替代决策系统那样将法律能力和心智能力混为一谈。

5　结语

以深入人心的态度改变促进实现《公约》第 12 条所表达的重要人权的可能性，取决于各广泛方面的坚定决心，尤其取决于各级认识的提高。显然，承认法律能力是实现其他权利的先决条件，但法律能力成功地获得承认也依赖其他权利的实现。在实施《公约》的早期阶段，有信息显示，缔约国需要作出重大承诺以满足《公约》的最基本要求。残疾人权利委员会第 1 号

73　Bach and Kerzner（2010），p. 83.

74　Bach and Kerzner（2010）.

75　Assisted Decision-Making（Capacity）Bill, 2013.

一般性意见指出了“对第 12 条缔约国义务范围的误解”。[76] 必须积极分享创造性的想法和实际范例，以努力找到解决诸如法律和实践中的不平等所造成的精神和情感困扰等挑战的创新办法。这不是一项容易的任务，只有当受此影响最大的人的意见在缔约国和其他方面的明确支持下起到推动法律和政策的改变的作用时，这一目标才能实现。而社会将会因此显著受益。

相关案例

ECtHR 24. 10. 1979, Application No. 6301/73, *Winterwerp v. Netherlands*, (1979) 2 EHRR 387.

ECtHR 06. 02. 2001, Application No. 44599/98, *Bensaid v. United Kingdom*, (2001) 33 EHRR 205.

ECtHR 27. 06. 2008, Application No. 44009/05, *Shtukaturov v. Russia*, nyr.

EctHR 13. 10. 2009, Application No. 36500/05, *Drobnjak v. Serbia*, IHRL 3681 (ECHR 2009).

ECtHR 30. 04. 2009, Application No. 13444/04, *Glor v. Switzerland*, unreported.

278 ECtHR 20. 05. 2010, Application No. 38832/06, *Alajos Kiss v. Hungary*, (2010) MHLR 245.

ECtHR 10. 03. 2011, Application No. 2700/10, *Kiyutin v. Russia*, (ECHR 2011).

ECtHR 14. 02. 2012, Application No. 13469/06, *DD v. Lithuania*, (2012) ECHR 254.

ECtHR 12. 01. 2012, Application No. 36760/06, *Stanev v. Bulgaria*, (2012) 55 EHRR 22.

ECtHR 22. 10. 2013, Application No. 11577/06, *MH v. United Kingdom*, (2013) ECHR 1008.

ECtHR 14. 07. 2014, Application No. 47848/08, *Campeanu v. Romania*, (2014) ECHR 789.

ECtHR 18. 09. 2014, Application No. 13006/13, *Ivinovic v. Croatia*, (2014) ECHR 918.

Ireland (High Court of) 23. 11. 2012, *MX (APUM) v. HSE*, (2012) IEHC 491.

UK Upper Tribunal 17. 02. 2011, *AH v. West London Mental Health Trust & Secretary of State for Justice*, (2011) UKUT 74 (AAC).

参考文献

Bach M, Kerzner L (2010) A new paradigm for protecting autonomy and the right to legal capac-

76 残疾人权利委员会第 1 号一般性意见，第 3 段。

ity, Law Commission of Ontario, http://www.lco-cdo.org/disabilities/bach-kerzner.pdf, Accessed 8 Apr 2015.

Brosnan L (2012) Power and participation: an examination of the dynamics of mental-health service-user involvement in Ireland, Stud Soc Just 6 (1): 45-66.

Clifford J (2011) The UN Disability Convention and its impact on European equality law, Equal Rights Rev 6: 11-24.

Council of Europe, Commissioner for Human Rights, Hammarberg T (2009) Persons with mental disabilities should be assisted but not deprived of their individual human rights, Council of Europe, Viewpoint, 21/09 2009, www.coe.int/t/commissioner/viewpoints/090921, Accessed 8 Apr 2015.

Council of Europe, Commissioner for Human Rights, Hammarberg T (2012) Who gets to decide? Right to legal capacity for persons with intellectual and psychosocial disabilities, CommDH/Issue Paper (2012) 2.

Davidson L, Chinman M, Sells D (1999) Peer support among individuals with severe mental illness: a review of the evidence, Clin Psychol Sci Pract 6 (2): 165-187.

Dhanda A (2007) Legal capacity in the disability rights Convention: stranglehold of the past or lodestar for the future? Syracuse J Int'l L & Com 34 (2): 429-462.

Dhanda A (2012) Universal legal capacity as a universal human right, In: Dudley M, Silove D, Gale F (eds) Mental health and human rights, vision: praxis, and courage, Oxford University Press, Oxford.

Dinerstein R (2012) Implementing legal capacity under Article 12 of the UN Convention on the rights of persons with disabilities: the difficult road from guardianship to supported decision-making, Hum Rights Brief 19 (2): 8-12.

Emmett C, Poole M, Bond J, Hughes J (2013) Homeward bound or bound for a home? Assessing the capacity of dementia patients to make decisions about hospital discharge, Comparing practice with legal standards, Int J Law Psychiatry 36 (1): 73-82.

European Union Agency for Fundamental Rights FRA (2012) Legal capacity of persons with intellectual disabilities and persons with mental health problems, Publications Office of the European Union, Luxembourg, pp. 50-71.

Gombos G, Dhanda A (2009) Catalysing self advocacy: an experiment in India, http://www.librarything.com/work/15052838.

Gooding P (2013) Supported decision-making: a rights-based disability concept and its implications for mental health law, Psychiatry Psychol Law 20 (3): 431-451.

Kampf A (2010) Involuntary treatment decisions: using negotiated silence to facilitate change? In: McSherry B, Weller P (eds) Rethinking rights-based mental health laws, Hart Publishing, Oxford.

279 Lawson A (2012) Disability equality, reasonable accommodation and the avoidance of ill-treatment in places of detention: the role of supranational monitoring and inspection bodies, Int Journ Hum Rights 16 (6): 845, 864.

Lewis O (2011) Advancing legal capacity jurisprudence, Eur Hum Rights Law Rev 6: 700-714.

Mc Sherry B, Wilson K (2015) The concept of capacity in Australian mental health law reform: going in the wrong direction? Int Journ Law Psychiat 40: 60-69.

Minkowitz T (2010) Abolishing mental health laws to comply with the Convention on the rights of persons with disabilities, In: McSherry B, Weller P (eds) Rethinking rightsbased mental health laws, Hart Publishing, Oxford, pp. 151-177.

Morrissey F (2012) The United Nations Convention on the rights of persons with disabilities: a new approach to decision-making in mental health law, Eur Journ Health Law 19: 423-440.

Nelson L (2012) Stanev v. Bulgaria: the Grand Chamber's cautionary approach to expanding protection of the rights of persons with psycho-social disabilities, http://strasbourgobservers.com/2012/02/29/stanev-v-bulgaria-the-grand-chambers-cautionary-approach-to-expanding-protection-of-the-rights-of-persons-with-psycho-social-disabilities/, Accessed 4 May 2015.

Nillson A (2014) Objective and reasonable? Scrutinising compulsory mental health interventions from a non-discrimination perspective, Hum Rights Law Rev 14 (3): 459-485.

O'Mahony C (2012) Legal capacity and detention: implications of the UN disability convention for inspection standards of human rights monitoring bodies, Int Journ Hum Rights 16 (6): 883-901.

Quinlivan S (2012) The United Nations Convention on the rights of persons with disabilities: an introduction, ERA Forum, doi: 10.1007/s12027-012-0252-1.

Quinn G (2010) Personhood & legal capacity perspectives on the paradigm shift of Article 12 CRPD, In: Legal capacity conference, Harvard Law School, 20February 2010, www.nuigalway.ie/cdlp/staff/gerard_quinn.html, Accessed 4 May 2015.

Victoria Law Reform Commission（2011）Consultation paper：guardianship，CP 10.

Williams V，Boyle G，Jepson M，Swift P，Williamson T，Heslop P（2012）Making best interests decisions：people and processes，http://mentalhealth.org.uk/content/assets/PDF/publications/best_interests_report_FINAL1.pdf，Accessed 12 Feb 2014.

281 # 第 13 条　获得司法保护

伊利欧诺尔·弗林

一、缔约国应当确保残疾人在与其他人平等的基础上有效获得司法保护，包括通过提供程序便利和适龄措施，以便利他们在所有法律诉讼程序中，包括在调查和其他初步阶段中，切实发挥其作为直接和间接参与方，包括其作为证人的作用。

二、为了协助确保残疾人有效获得司法保护，缔约国应当促进对司法领域工作人员，包括警察和监狱工作人员进行适当的培训。

目　次

1　在国际人权法中获得司法保护

近年来，获得司法保护这一概念在国际人权法的话语中极为引人瞩目。它被强调为很多边缘社群包括残疾人实现人权的关键。历史上的社会运动一直在努力阐明这项权利应如何适用于他们，以确保他们能够主张和行使其所 282
有其他人权。[1] 乍一看，获得司法保护的权利可能被认为仅指通过正式法律系统来提起“司法”主张、获得司法保护的权利，但罗德（Lord）等人将获得司法保护定义为“包括人们有效地利用在司法工作中所运用的体系、程序、信息及场所的机会”。如此宽泛的定义确保了获得司法保护的概念化框架能够解决残疾人和其他人提出权利要求、寻求行使权利或要求伸张正义的各种情况。

在联合国《残疾人权利公约》生效之前，任何联合国人权条约的核心文本都没有明确规定“获得司法保护”的一般权利。然而，获得有效救济和公正审判的权利可以被认为是获得更广泛的司法保护权利的逻辑前提。这些权利首先被列举在 1948 年的《世界人权宣言》中，随后在《公民及政治权利国际公约》等核心人权条约中得到重申。本章将讨论在《残疾人权利公约》的谈判过程中具体的获得司法保护的权利是如何产生的，并基于残疾人权利委员会的判例和该领域的学术研究情况探讨这一权利的范围。本章会考察第 13 条与《残疾人权利公约》其他条文之间的相互关系，以便基于残疾人权利委员会的判例和这一领域的学术研究，理解对这一权利的解释在未来会如何演变。

1　See, e. g. , Ghai and Cottrell (2010), Van de Meene and Van Rooij (2008), Francioni (2007), Genn (2010), Jacobs (2007) and Rhode (2005).

2　获得司法保护，残疾和人权：关于《残疾人权利公约》第13条的谈判

在特设委员会工作组2004年1月提出的《残疾人权利公约》第1稿草案中，[2] 没有关于获得司法保护的条款。但是，工作组关于第4条（一般义务）的报告中的一个脚注指出，该条之前的版本包括了关于获得有效救济权利的具体规定。[3] 这些规定没有被纳入工作组的最后草案，因为工作组担心国际人权法对于是否应当制定一个关于有效救济权或获得司法保护权的具体
283 条款的问题没有达成充分一致的意见。[4] 这个担心的根据是，获得有效救济的权利出现在《世界人权宣言》和《公民及政治权利国际公约》中，但没有出现在《经济社会文化权利国际公约》，因此没有被联合国三大核心人权文书承认。

在民间社会代表对工作组编写的案文提出的意见中，亚太国家人权机构论坛（Asia-Pacific Forum of National Human Rights Institutions）建议在第4条草案中增加下列段落：

> 本公约各缔约国承允：(1) 确保任何个人或人群，如其本公约所确认之权利或自由受到侵害，不论该侵害是由行使公职的个人、实体还是由私人或私立实体实施，均应获得有效救济；(2) 确保任何主张这种救济的人，均应由主管之司法、行政或立法机关，或国家法律制度规定的其他合格的主管机关来裁判其权利……以及有权就此等歧视导致的任何损害，向此类裁判机关寻求公正和充分的赔偿或补偿；(3) 确保上项救济一经核准，主管机关概予执行。

2　See United Nations Enable, Ad Hoc Committee, Working Group to draft a Comprehensive and Integral International Convention on the Protection and Promotion of the Rights and Dignity of Persons with Disabilities, Report to the Ad Hoc Committee, Annex Ⅰ, (16 January 2004), available at http://www.un.org/esa/socdev/enable/rights/ahcwgreporta4.htm.

3　Ibid., at footnote 18.

4　Ibid.

> 缔约国确认，为获得有效救济，可能需要向残疾人提供免费的法律帮助，以及调整或灵活适用规范程序和证据事项的现行相关法律和做法。[5]

显而易见，这一建议的措辞看来反映了国际人权法中已经存在的针对获得有效救济的权利的义务。鉴于特设委员会的任务不是创造任何新的权利而只是重申现行人权规范对残疾人的适用，这一建议遵循了《残疾人权利公约》起草过程的大部分做法。[6] 但是，仔细审查可知，该修订建议似乎包含了看来超越现有人权规范的一些内容。这些“新”的补充包括承认法律援助对于获得司法保护的必要性，承认现有关于程序和证据的法律需要具有灵活性以便利残疾证人和残疾被告，以及再次确认国家和公共机构执行相关救济的积极义务。

在 2004 年 6 月特设委员会的第三届会议上，[7] 智利提议在《公约》中设
置一个关于获得司法保护的单独条款。[8] 在特设委员会第四届会议上，亚太 284
国家人权机构论坛也提出了类似的建议。但是，到 2004 年 8 月特设委员会第四届会议结束时，[9] 关于起草获得司法保护的单独条款的行动还没有任何进展。相反，当时的草案第 9 条，即关于在法律面前获得平等承认的条款（《残疾人权利公约》最终版本第 12 条》），处理了获得司法保护的问题。这一条款草案的相关内容为：

> 缔约国应：……确保在主张权利、理解信息、沟通交流方面面临困难的残疾人能够获得援助，以理解向他们呈现的信息，表达他们自己的

5　See United Nations Enable, NGO Comments on the draft text—Draft Article 4, Proposal by Asia Pacific Forum of National Human Rights Institutions, (25 May 2004), available at http://www. un. org/esa/socdev/enable/rights/ahc3ngoa4. htm.

6　联合国新闻稿，“主席说，公约草案列出了详细的实施规则并阐明了个人权利应如何付诸实践”，2005 年 8 月 15 日，SOC/4680，http://www. un. org/News/Press/docs/2005/soc4680. doc. htm。

7　Landmine Survivors Network, Daily Summary of Discussion at Third Session of UN Convention on the Rights of Persons with Disabilities, Ad Hoc Committee, 3 June 2004, (Landmine Survivors Network, 2004), Volume 4 (8).

8　Ibid.

9　Landmine Survivors Network, Daily Summary of Discussions on Article 9 at Fourth Session of UN Convention on the Rights of Persons with Disabilities, Ad Hoc Committee, 26 August 2004, (Landmine Survivors Network, 2004), Volume 5 (4).

决策、选择和偏好，以及签订有约束力的协议或合同，签署文书和作证。[10]

虽然该条草案删掉了对获得有效救济权利的直接提及，但它确实包含了在第 13 条的最终约文中成为获得司法保护的权利的关键因素，包括需要获得关于权利和利益的无障碍信息，需要沟通协助以主张权利，在法律程序中被承认具有作为证人的资格，以及为主张和实现权利而作出法律指示的权利。然而，正如劳森（Lawson）和本章作者先前在其他地方所指出的，“国家在法律体系的狭窄范围之外实现获得司法保护的义务这一问题，在该草案中没有解决”。[11]

2005 年 2 月，特设委员会第五届会议再次讨论了是否需要单独制定一个专门条款以保障平等获得司法保护的问题。包括哥斯达黎加、墨西哥、智利、欧盟、挪威和日本在内的许多代表团支持单设条款的提议。随后，一些代表团举行非正式会议，起草第 9 条之二草案，规定：“缔约国应当确保残疾人在与其他人平等的基础上有效获得司法保护，便利他们在所有法律诉讼中，包括在调查和其他初步阶段，切实发挥其作为直接和间接参与者的有效作用”。[12]

在特设委员会的最后两届会议上，这一案文从在法律面前获得平等承认的条款（第 12 条）中独立出来，成为《残疾人权利公约》第 13 条。因此，
285 第 13 条的最终约文包含了早期草案的一些因素，包括缔约国有义务便利残疾人在法律诉讼程序中发挥作为证人和参与者的作用（这个想法在第 9 条草案中首次出现），以及有义务培训司法官员（智利在特设委员会第四届会议上的提议）。它还包括一些创新性的补充，包括“提供程序便利和适龄措施”——这一概念与《残疾人权利公约》关于残疾儿童的第 7 条有着明确的

---

10 See United Nations Enable, Ad Hoc Committee, Working Group to Draft a Comprehensive and Integral International Convention on the Protection and Promotion of the Rights and Dignity of Persons with Disabilities, Report to the Ad Hoc Committee, Annex Ⅰ, (16 January 2004).

11 Lawson and Flynn (2013), p. 23.

12 United Nations Enable, Article 13, Status of Discussions, Fifth Session, Ad Hoc Committee, Report of the Coordinator, (4 February 2005).

联系，也借鉴了亚太国家人权机构论坛关于调整证据法和司法程序以便利残疾人的提议。

3　权利和缔约国义务的范围

第 13 条是国际法对获得司法保护权利的第一次明确说明，因此值得进一步审查这一新权利的表达范围，以及它是否实际超越了现有国际人权规范的实质。本节将探讨残疾人权利委员会如何通过其解释来确定该权利的范围：先是审查在本书写作之时残疾人权利委员会与 20 个缔约国已经进行的对话，以及残疾人权利委员会发布的前两个一般性意见即关于第 9 条和第 12 条的一般性意见中涉及第 13 条的内容，然后进一步分析获得司法保护权的核心内容在学术研究中的情况。

首先，第 13 条约文对该权利的规定本身就值得注意。第 13 条第 1 款主要集中在残疾人参与"法律诉讼程序"，包括参与所有"调查"和法律诉讼程序的"其他初步阶段"。它还使用了残疾人作为"直接和间接"参与方这一术语，但约文并没有给出进一步定义。有趣的是，第 13 条第 2 款要求缔约国确保培训警察和监狱工作人员，显示出对"司法领域"作了更广泛的解释。这些方法将在下文中进一步讨论，因为残疾人权利委员会发布的结论性意见和一般性意见以及有关这一主题的学术文献已经利用了这些方法。

3.1　残疾人权利委员会关于第 13 条的范围的判例

西班牙是残疾人权利委员会审议的第一批国家之一，获得司法保护成为残疾人权利委员会与该国对话的一个关键议题。委员会在其问题清单中要求该缔约国提供关于获得司法保护权的进一步资料。[13] 西班牙在答复中回应道，其《公民司法权利宪章》(the Charter of Citizen's Right to Justice) 涵盖了这一

13　CRPD Committee, List of Issues to Be Taken up in Connection with the Consideration of The Initial Report of Spain, (2011), CRPD/C/ESP/Q/1, para. 12.

286 问题，该宪章平等适用于残疾人。[14] 西班牙还坚称尽可能确保了残疾人实际进入司法工作场所，以及在法庭程序中进行无障碍交流。但是，某非政府组织（CERMI）关于西班牙的影子报告对残疾人获得司法保护描绘了不同的景象。[15] 这份影子报告强调了西班牙全国范围内司法场所无障碍设施缺乏的程度，以及缺乏确保对司法制度适用无障碍权的法律义务（因为《公民司法权利宪章》等规定的措施似乎处于不具约束力的软法或政策工具的地位）。[16] 此外，影子报告对公证法规提出了关切，这些法规排除了智障人士和“盲、聋、哑”人士担任官方文件的法律证人。[17] 同样，残疾人被剥夺法律能力（legal capacity）致使他们不能对侵犯他们基本权利的任何其他情况提起诉讼或申诉，因为这些案件只能由个人的法律监护人提出。[18] 尽管有这些关切，残疾人权利委员会仍决定不向西班牙提出关于第 13 条的任何结论性意见。

在与阿根廷的对话中，残疾人权利委员会要求阿根廷在消除对妇女歧视委员会以前提出的意见的基础上，进一步提供关于残疾妇女获得司法保护的资料。[19] 消除对妇女歧视委员会的意见指出，残疾妇女尤其可能遭遇暴力和歧视，以及在其权利受到侵犯、寻求救济时尤其可能遭遇司法保护中的障碍；[20] 残疾人权利委员会要求阿根廷报告其为解决这些问题所采取的措施。

由许多主流人权非政府组织并有一些残疾人组织参与编写的关于阿根廷的影子报告，进一步表明了政府在应对这些问题方面的不一致，包括政府在没有残疾人或更广泛的民间社会参与的情况下，在 2011 年创建了一个为残
287 疾人提供司法协助的国家项目。[21] 影子报告也承认，阿根廷在向非自愿被拘

---

14 Ministry of Foreign Affairs and International Cooperation, Written Responses to CRPD Committee List of Issues to Be Taken up in Connection with The Consideration of The Initial Report of Spain, (2011), CRPD/C/ESP/Q/1, p. 11.

15 CERMI (2010).

16 CERMI (2010), p. 11.

17 *Reglamento de Organización y Funcionamiento del Notariado* (Royal Decree 45/2007).

18 Article 7. 1 Civil Procedure Act 1/2000 (*Ley 1/2000 de Enjuiciamiento Civil*).

19 CRPD Committee, List of Issues to Be Taken up in Connection with The Consideration of The Initial Report of Argentina, (2012), CRPD/C/ARG/Q/1, para. 10.

20 消除对妇女歧视委员会的结论性意见：阿根廷，CEDAW/C/ARG/CO/6，第 16 段。

21 REDI, CELS, ADC, FAICA, FENDIM (2012), p. 3.

留在布宜诺斯艾利斯精神病院的人提供免费法律代理方面作出了一些创新，但这需要扩大到全国，以便确保在残疾人特别是心理社会残疾人士获得司法保护方面发挥更大的作用。[22] 虽然残疾人权利委员会在关于阿根廷的结论性意见中对第 6 条（残疾妇女）确实表示了关切，认为阿根廷没有根据以前的意见采取足够措施确保残疾妇女获得司法保护，[23] 但是委员会没有根据第 13 条就更普遍地获得司法保护提出更广泛的结论性意见。

然而，委员会的确在对萨尔瓦多的结论性意见中就司法制度为残疾妇女和残疾女孩提供合理便利提出了建议，理由是这些个体更可能成为“虐待或忽视的受害者，因为其证言被认为可信度低”。[24] 鉴于这一点，委员会要求该缔约国“提供关注性别和年龄的合理的程序便利，以确保残疾人获得司法保护，并在警察调查阶段就以无障碍方式提供免费的法律援助和每个案件的信息，提供无障碍的司法场所和训练有素的萨尔瓦多手语翻译服务”，以及“采取措施确保残疾妇女和残疾女孩获得司法保护，并在审判阶段适当考虑她们作为证人和受害人的角色”。[25] 残疾人权利委员会在对墨西哥的结论性意见中也强调了残疾儿童获得司法保护的问题，建议该缔约国“通过提供符合儿童年龄以及具体残疾需要的程序便利，确保所有残疾儿童都能获得司法保护，并可以在决定儿童最大利益的过程中发表意见”。[26]

残疾人权利委员会在对萨尔瓦多和澳大利亚的结论性意见中都强调了培训专业人员的必要性，要求萨尔瓦多“制定对城市和农村的所有司法人员，包括警察、法官、法律专业人员、社会工作者和医务工作者的培训计划”，[27] 要求澳大利亚确保“在给警察、监狱工作人员、律师、司法机构和法院工作人员的培训方案中纳入有关残疾人的工作标准和强制性模式”。[28] 残疾人权利 288

[22] REDI, CELS, ADC, FAICA, FENDIM (2012), p. 4.

[23] 残疾人权利委员会的结论性意见：阿根廷，CRPD/C/ARG/CO/1，第 13~14 段。

[24] 残疾人权利委员会的结论性意见：萨尔瓦多，CRPD/C/SLV/CO/1，第 30 段。

[25] 残疾人权利委员会的结论性意见：萨尔瓦多，CRPD/C/SLV/CO/1，第 30（a）（d）段。

[26] 残疾人权利委员会的结论性意见：墨西哥，CRPD/C/MEX/CO/1，第 26（c）段。

[27] *Supra*, n 24 para. 30（c）.

[28] 残疾人权利委员会的结论性意见：澳大利亚，CRPD/C/AUS/CO/1，第 28 段。

委员会最近作出的一些结论性意见，例如对新西兰、[29] 韩国[30]和厄瓜多尔[31]的结论性意见，也特别强调了对司法人员、法律专业人员和法院工作人员的培训。

就中国而言，尽管获得司法保护没有出现在残疾人权利委员会为与该缔约国对话而设计的问题清单上，但委员会确实提出了关于第 13 条的结论性意见，其中强调了获得司法保护和法律能力之间的相互联系。中国在其缔约国报告中强调，为残疾人建立法律援助服务中心以及为残疾人指定专门的公共辩护人是确保平等获得司法保护的重要进展。[32] 但是，委员会对这些措施在促进残疾人与非残疾人平等获得司法保护方面的独立性和有效性表示怀疑。委员会表示："尽管赞赏为残疾人建立法律援助服务中心的做法，但委员会注意到这些服务中心往往缺少必要的资源，并且不能独立运作。委员会感到关切的是，残疾人无法在与其他人平等的基础上诉诸刑事和民事诉讼法律。相反，政府采取了施惠于残疾人的措施，例如指定公共辩护人，把相关残疾人当作不具备法律能力的人对待。"[33]

在同一个结论性意见中，委员会要求中国政府给法律援助服务中心分配必要的人力和财政资源。在对萨尔瓦多的结论性意见中委员会也提出了类似的意见，要求该缔约国"加强人权倡导者办事处（the Office of the Human Rights Advocate）在保护残疾人权利的法律救济方面的职能"。[34] 在对墨西哥的结论性意见中该义务又被向前推进了一步，委员会要求该国"为贫穷或居住在机构内的残疾人提供法律援助"。[35] 这是一个特别相关的要求，因为机构化或集中收治可能对获取法律信息、咨询和代理以及确保获得司法保护造成重大障碍。

289 委员会还要求中国审查"其民事和刑事诉讼法律，以规定必须为相关残

---

29 残疾人权利委员会的结论性意见：新西兰，CRPD/C/NZL/CO/1，第 28 段。

30 残疾人权利委员会的结论性意见：韩国，CRPD/C/KOR/CO/1，第 24 段。

31 残疾人权利委员会的结论性意见：厄瓜多尔，CRPD/C/ECU/CO/1，第 27 段。

32 残疾人权利委员会，缔约国提交的初次报告：中国，CRPD/C/CHN/1，第 55 段。

33 残疾人权利委员会的结论性意见：中国，CRPD/C/CHN/CO/1，第 23 段。

34 残疾人权利委员会的结论性意见：萨尔瓦多，CRPD/C/SLV/CO/1，第 30（b）段。

35 残疾人权利委员会的结论性意见：墨西哥，CRPD/C/MEX/CO/1，第 26（b）。

疾人提供程序便利，使其能够作为权利主体而不是被保护的对象参与司法制度”。[36] 委员会对巴拉圭的结论性意见中也有类似的表述。在此，委员会在第 13 条方面关切地注意到，巴拉圭的刑法规定了可以适用于残疾人的特别“照顾措施”，但没有给予残疾人同等程度的对于普通刑事审判应有的正当法律程序的尊重。因此，委员会建议“该缔约国审查其立法，以期确保适用于社会心理残疾人或智力残疾人的刑事制裁与该司法制度下的任何其他人受到的刑事制裁一样符合同等的程度和条件，在这些条件下，司法工作以合理和尊重正当程序的方式展开”。[37]

委员会对澳大利亚的结论性意见也反映了其对刑事司法系统中不平等待遇的关切，建议“该缔约国确保心理社会残疾人士在刑事诉讼程序中得到与他人同样的实体性和程序性保障，特别是确保不实施任何将个人转入精神卫生健康机构或要求个人参加精神卫生服务的转移处分机制”。[38] 此外，委员会还要求该缔约国“确保所有被指控犯罪和目前没有获得审判被关押在监狱和机构中的残疾人可就刑事指控为自己辩护，并得到其需要的能够促进他们有效参与的协助和便利”。[39]

残疾人权利委员会对新西兰的结论性意见在涉及评估事故赔偿请求和可能设立事故赔偿法庭时，提到了在非司法程序中获得司法保护的问题。委员会要求该国“审查事故赔偿公司（the Accident Compensation Corporation）的评估程序以确保提供充分的法律援助，并确保所有申请人都可以完全利用这些程序，最后应确保该机制关注人权”。[40] 残疾人权利委员会进一步建议该缔约国在设立任何法庭时都应咨询残疾人组织的代表，并建议“法庭采用灵活的方式认定证据，并为没有条件的残疾人提供充足的法律援助以确保其能充 290
分得到法庭的保护”。[41]

最后，在写作本书时能够获得的最新的结论性意见中，残疾人权利委员

36　残疾人权利委员会的结论性意见：中国，第 24 段。

37　残疾人权利委员会的结论性意见：巴拉圭，CRPD/C/PRY/CO/1，第 32 段。

38　残疾人权利委员会的结论性意见：澳大利亚，第 29 段。

39　残疾人权利委员会的结论性意见：澳大利亚，第 30 段。

40　残疾人权利委员会的结论性意见：新西兰，第 24 段。

41　残疾人权利委员会的结论性意见：新西兰，第 26 段。

会似乎更明确地关注获得司法保护方面的歧视问题，要求墨西哥“优先采用矫正措施，确保特别遭受歧视的残疾群体也能获得司法保护”，[42] 并要求韩国“确保切实执行《反歧视残疾人和残疾人救济法》（Anti－Discrimination against and Remedies for Persons with Disabilities Act）第26条”。[43] 司法系统中程序便利的内容和范围——主要是那些可以促进有效沟通的内容和范围——正在变得明确，如委员会建议哥斯达黎加确保“保障哥斯达黎加手语翻译，使用扩音辅助设备和替代性交流方式，以及实现实体环境、交通和通信的全面无障碍”。[44] 委员会还呼吁全面实施现有立法（包括法律援助和有效救济权立法），以实现获得司法保护的权利，特别是建议厄瓜多尔“对立法机构进行立法改革，在刑事、民事、劳动和行政程序法律中规定为残疾人提供程序性便利的要求，使残疾人能够在与其他人平等的基础上获得司法保护”。[45]

这些建议反映了委员会迄今为止的判例所形成的关于获得司法保护的广泛框架。然而，还应指出的是，至本书写作时残疾人权利委员会没有对其审查的很多缔约国报告发布针对第13条的任何具体建议，但经常在其针对其他条款特别是第8条、第9条、第12条和第14条的结论性意见中强调获得司法保护的问题。关于第13条和《公约》其他条款之间的相互关系，下一节将予以进一步探讨。

3.2 第13条与《公约》其他条款之间的关系

劳森（Lawson）和本章作者已经确定了第13条与第4条第3款、第5条、第8条、第9条、第16条、第21条、第29条和第33条之间的一些关键联系。[46] 从残疾人权利委员会的工作中也能明确看出，获得司法保护与缔约国关于无障碍和法律能力的义务有关，残疾人权利委员会关于第9条和第
291 12条的一般性意见就证明了这一点，这两条都涉及获得司法保护的具体问

42 残疾人权利委员会的结论性意见：墨西哥，第26（a）段。

43 残疾人权利委员会的结论性意见：韩国，第24段。

44 残疾人权利委员会的结论性意见：哥斯达黎加（2014），CRPD/C/CRI/CO/1，第26段。

45 残疾人权利委员会的结论性意见：厄瓜多尔，第27段。

46 Lawson and Flynn（2013）.

题。本节将首先概述这两项一般性意见，然后讨论第 13 条和《残疾人权利公约》其他条款之间的一些其他关键联系。

残疾人权利委员会关于第 9 条的一般性意见对提供合理便利的义务[47]和提供无障碍设施的法律义务作了如下区分：

> 无障碍与群体有关，而合理便利则与个人有关。这意味着提供无障碍的责任是一项事前（*ex ante*）责任。因此，缔约国有责任在个人提出进入或使用某一场所或服务的要求前提供无障碍便利。缔约国必须与残疾人组织协商，以通过无障碍标准，并对服务提供者、建筑人员和其他有关的利益相关方规定这些标准。[48]

该一般性意见接着在这些无障碍义务和获得司法保护之间创建了联系：

> 如果执法机构和司法机构所在的建筑物没有实行无障碍，如果它们提供的服务、信息和通信没有实行无障碍，那么就不可能有效获得司法保护（第 13 条）。[49]

第 9 条的一般无障碍义务和第 21 条的信息和交流无障碍以确保残疾人表达自由的具体要求之间显然也存在一些重合。关于无障碍以及信息和交流无障碍的法律义务（这可能与获得司法保护最为相关）的论述尚处于初期阶段，对这些义务的履行作出结论超出了本章的范围。但是，随着国际上关于该问题的判例不断发展，缔约国将不得不解决这些关切，特别是如关于第 9 条的一般性意见所指出的，缔约国可能不得不与残疾人组织商谈，以便了解如何以无障碍的方式为残疾人提供法律信息和法律咨询，从而确保残疾人有效获得司法保护。

残疾人权利委员会关于第 12 条的一般性意见概述了《残疾人权利公约》中行使法律能力的权利和其他核心权利之间的相互关系，讨论了获得司法保护的具体问题。[50] 该一般性意见的这一部分强调了第 12 条和第 13 条相互联系的一些关键问题，包括诉讼能力、作证能力、抗辩资格，以及更广泛的具

47　见本书对第 2 条“定义”的评注。

48　残疾人权利委员会关于第 9 条的一般性意见，CRPD/C/GC/2，第 25 段。

49　残疾人权利委员会关于第 9 条的一般性意见，CRPD/C/GC/2，第 37 段。

50　残疾人权利委员会关于第 12 条的一般性意见，CRPD/C/GC/1，第 38～39 段。

有象征性、参与性的问题——关于残疾人在司法制度中担任重要职位的代表情况。虽然在写作本书时残疾人权利委员会还未编写关于第 13 条的一般性
292 意见，但已有的一般性意见阐明了委员会关于获得司法保护立场的重要进展，也可为委员会未来在与缔约国对话时提出关于第 13 条的结论性意见提供背景材料。

也许《残疾人权利公约》中可以与第 13 条合并解读的最明显的具有交叉性的条款是关于不歧视的第 5 条，因为第 13 条规定的首要义务是“确保残疾人在与其他人平等的基础上有效获得司法保护”。[51] 虽然如劳森（Lawson）和本章作者先前讨论的，第 13 条没有明确提到禁止歧视的义务，但“在平等的基础上”一词明显隐含了禁止歧视的义务，并且禁止歧视也是《公约》第 3 条和第 4 条规定的一般原则和一般义务。在这方面，一项合理便利需要对标准做法或程序作出调整，以消除特定残疾人在试图获得司法保护时可能处于的特殊不利地位。[52]

《残疾人权利公约》第 5 条规定了不歧视要求的范围。这清楚地表明，在目的或效果上具有歧视性的行动必须被禁止，而不提供合理便利也构成歧视，[53] 因此也应被禁止。第 13 条第 1 款没有明确提到合理便利，但确实要求缔约国确保提供“程序便利和适龄措施”。如劳森和本章作者之前指出的，“这些便利措施和‘合理便利’之间的关系没有得到解释。不过，这些程序性的和与年龄相关的便利似乎属于更具一般性而更少个体性的办法。此外，提供这些便利的义务似乎也不能以这些便利措施是否合理以及会给义务承担者带来多大程度的负担而减轻”。[54]

根据上文讨论的结论性意见，关于程序便利的一个例子是残疾人权利委员会向墨西哥提出的建议，即“确保特别受歧视的残疾人群体也能获得司法保护”。[55] 提供程序便利可以采取的措施包括改变获得法律援助的资格标准，

---

51 《残疾人权利公约》第 13 条第 1 款。

52 《残疾人权利公约》第 2 条。

53 《残疾人权利公约》第 2 条。

54 Lawson and Flynn（2013），p. 23.

55 残疾人权利委员会的结论性意见：墨西哥，第 26（a）段。

以确保想要提出歧视索赔的残疾人得到法律援助；[56] 还可以包括改变法庭有关证据和证词的程序，使残疾人能够使用不同的交流形式。[57] 委员会已经向哥斯达黎加提出了这方面的建议。[58] 在今后的结论性意见中，委员会还可能 293
要求缔约国采用对残疾人更为无障碍的权利行使方式或代表形式，包括独立的代表辩护（representative advocacy）。[59]

第 8 条和第 16 条第 2 款也与第 13 条规定的获得司法保护的权利有重要的相互作用。这些条款规定缔约国有义务促进残疾人、他们的家庭及更广泛的社会整体提升关于残疾人权利以及如何行使这些权利的认识。在大多数情况下，认识到自己的权利以及如何落实权利是行使这些权利的重要前提。残疾人权利委员会在其有关这两个条款的结论性意见中纳入关于获得司法保护的问题，进一步说明了第 13 条和这两个条款之间的相互关系，即上文详细说明的内容。

4　结语

我们对第 13 条范围的理解和其实际实施情况的评估还处于早期阶段。但是，从残疾人权利委员会至今的判例和其与《残疾人权利公约》缔约国的对话来看，这样一种共识已经形成，即第 13 条秉持实质平等观并要求国家作出切实承诺，以真正实现残疾人获得司法保护。本章概述强调了缔约国层面一些前景良好的实践做法，缔约国可以进一步发展这些实践做法并作出相应的调整，以实现第 13 条的目标并确保残疾人平等地获得司法保护。但是，很明显，为了让残疾人在司法制度的各个方面真正获得司法保护，还有很多工作要做，包括在立法、司法和行政部门以及超出正式法律制度之外的非正式的争端解决机制、法律教育和政治参与等领域。

56　See Gooding（2000）.

57　Ziv（2007），p. 51.

58　残疾人权利委员会的结论性意见：哥斯达黎加，第 26 段。

59　Flynn（2010），p. 23.

参考文献

CERMI (2010) Human rights and disability: an alternative report on Spain, Madrid.

Flynn E (2010) A socio-legal analysis of advocacy for people with disabilities: competing concepts of "best interests" and "empowerment" in legislation and policy, J Soc Welf Fam Law 32 (1): 23-36.

Francioni F (ed) (2007) Access to justice as a human right, Oxford University Press, Oxford.

Genn H (2010) Judging civil justice, Cambridge University Press, Cambridge.

Ghai Y, Cottrell J (eds) (2010) Marginalised communities and access to justice, Routledge, London.

294 Gooding C (2000) Disability discrimination act: from statute to practice, Crit Soc Policy 20 (4): 533-549.

Jacobs J (2007) Civil justice in the age of human rights, Ashgate, Aldershot.

Lawson A, Flynn E (2013) Disability and access to justice in the European Union: implications of the UN Convention on the rights of persons with disabilities, European Yearbook of Disability Law, vol 4, Intersentia, Antwerp, pp. 7-44.

REDI, CELS, ADC, FAICA, FENDIM (2012) Status of Disability in Argentina 2008/2012, Buenos Aires, p. 3.

Rhode DL (2005) Access to justice, Oxford University Press, Oxford.

Van de Meene I, Van Rooij B (2008) Access to justice and legal empowerment: making the poor central in legal development co-operation, Leiden University Press, Leiden.

Ziv N (2007) Witnesses with mental disabilities: accommodations and the search for truth-the Israeli case, Disabil Stud Q 27 (4): 51.

第14条　自由和人身安全 295

弗朗西斯科·西祖

一、缔约国应当确保残疾人在与其他人平等的基础上：

（一）享有自由和人身安全的权利；

（二）不被非法或任意剥夺自由，任何对自由的剥夺均须符合法律规定，而且在任何情况下均不得以残疾作为剥夺自由的理由。

二、缔约国应当确保，在任何程序中被剥夺自由的残疾人，在与其他人平等的基础上，有权获得国际人权法规定的保障，并应当享有符合本公约宗旨和原则的待遇，包括提供合理便利的待遇。

目　次

1　导言 296

自由权和人身安全权密切相关，它们都属于最古老的人权规则，并不断得到国际（全球和区域）人权条约包括《公民及政治权利国际公约》[1]《美洲人权公约》《非洲人权和人民权利宪章》《欧洲人权公约》的重申。这些权利与各类弱势群体（包括残疾人）都息息相关，因为并非罕见的情况是，这些弱势群体尽管具有内在弱点或者正是因其内在弱点，不是在专门机构和医院中被剥夺个人自由，就是被官方当局或其他公民虐待。

《残疾人权利公约》第 14 条第 1 款第 1 项声明残疾人“在与其他人平等的基础上，享有自由和人身安全的权利”，第 14 条第 1 款第 2 项则明确禁止非法或任意剥夺自由。[2] 例如，与《公民及政治权利国际公约》第 7 条和第 9 条类似，但与《儿童权利公约》第 37 条不同，《残疾人权利公约》第 14 条指的是个人权利而不是国家的保证。同样，与《公民及政治权利国际公约》第 9 条一样，但与《欧洲人权公约》第 5 条不同的是，《残疾人权利公约》第 14 条没有列出缔约国可以采取拘留措施的全部理由清单；相反，它禁止任何非法或任意形式的拘留。

根据欧洲人权法院在 H. L. 诉英国案中的声明，“合法性”标准必须被解释为实施的所有法律都“足够准确，使公民（必要时给予适当建议）得以在某种合理的程度上预见特定行为可能导致的后果”。[3] 此外，合法性标准还要求在立法中明确规定拘留的理由，以及在评估拘留是否比例适当、合理和不可或缺时要考虑的一系列因素。就算第 14 条中找不到对这些要求的明确确认，也是如此。第 14 条的第二个标准，即不得任意剥夺个人自由，意味着任何剥夺自由都应是合乎比例的、必要的且当然是非歧视性的。正如人权事务委员会关于《公民及政治权利国际公约》第 9 条所指出的，任意性不能被视为“违反法律的同义词，因为必须对它进行更广泛的解释，以包括不
297 公正、不适当和缺乏可信度的问题”。[4] 这尤其意味着，在所有情况下，例如，为了避免重复定罪或干扰证据（reiteration of a crime or interference of evi-

1 《公民及政治权利国际公约》第 9 条第 1 款规定：“人人有权享有身体自由及人身安全。任何人不得无理予以逮捕或拘禁。非依法定理由及程序，不得剥夺任何人之自由。”关于该主题，见 Macken（2005），pp. 199 ff；Cassel（2009），p. 383。

2 See Eboli（2010），pp. 187 ff；Perez（2014）.

3 See ECtHR，*H. L. v. United Kingdom*，No. 45508/99，Judgment of 5 October 2004，para. 114.

4 CCPR，*Van Alphen v. The Netherlands*，Communication No. 305/1988 of 23 July 1990，para. 5. 8.

dence），拘留中的补救措施都应是必要的。

基于上述原因，虽然第 14 条总体来说对任何残疾人都具有重要性，但它对智力残疾人和精神残疾人尤其重要，因为他们的处境尤为不利，需要更广泛的援助服务来行使他们的法律能力和在社区中生活，他们也是最容易遭受到非法或任意拘留的群体。[5] 尽管如此，《残疾人权利公约》第 14 条与其他人权条约的相应规定还存在部分不同，即第 14 条所规定的自由和人身安全权不包括拒绝治疗的权利，而拒绝治疗权通常被认为是自由和人身安全权的一部分。[6]

2　智力残疾人的非自愿安置

《残疾人权利公约》第 14 条没有明确提及非自愿安置，即个人在被违背本人意愿的情况下被强行安置在机构中并且不能随意离开。这令人惊讶，至少有以下四个原因。第一，自由和人身安全的权利与非自愿安置（也称强制安置）有着严格的联系。[7] 第二，"智力残疾人"和/或"精神障碍者"的非自愿安置是一个相当多层面的、微妙的和具有当代性的问题，涉及难以被发现或不受惩罚的对基本权利的侵犯。第三，与非自愿治疗一样，非自愿安置在欧盟成员国的规定中有多种形式。第四，从我们的观点来看，最重要的是，长期以来国际上缺乏普遍接受的关于非自愿安置的概念。[8]

至少从表面（*Prima facie*）上看，上述《残疾人权利公约》第 14 条没有提及非自愿治疗，可以理解为在任何情况下都不允许非自愿安置残疾人。

5　See, e. g., CCPR, *A. v. New Zealand*, Communication No. 754/1997 of 3 August 1999.

6　值得强调的是，《残疾人权利公约》第 25 条要求保护残疾人对健康干预的同意，其中明确规定缔约国应确保在与其他人平等的基础上，在征得残疾人自由表示的知情同意的基础上向残疾人提供医疗保健服务。同《残疾人权利公约》第 14 条一样，该条也禁止基于任何残疾而剥夺自由，并重申残疾不是否认知情同意的合法理由。Amplius Gostin (2008), pp. 906 ff; Seatzu (2015).

7　欧盟基本权利署（2012）强调自由权在非自愿安置的情况下尤其重要，当个人被违背意愿安置在一个机构中并且不能随意离开时，其自由就会被剥夺。See also Minkowitz (2006), pp. 405-428.

8　值得注意的是，欧洲理事会第 10 号建议（2004）第 16 条将非自愿安置和非自愿治疗定义为"违背有关人员当前意愿的相关措施"。

298 反向（a-contrario）推理可以支持这种解释，特别是比较《残疾人权利公约》与1997年《奥维耶多公约》（Oviedo Convention）或《人权和生物医学公约》（Convention on Human Rights and Biomedicine），后者保护精神失常者的第7条明确提到了非自愿安置的可能性。[9] 此外且更重要的是，这一解释在残疾人权利委员会的实践中得到了确认。委员会要求缔约国“废除允许将任何残疾类别的残疾人机构化或剥夺其自由的立法”，并在其对突尼斯的结论性意见中建议，在按要求修改法律之前，“应当审查残疾人在医院或专门机构中被剥夺自由的所有案件，并且审查上诉的可能性”。[10] 同样，这种解释得到《欧盟委员会关于精神健康的绿皮书》（European Commission Green Paper on Mental Health）的支持。该绿皮书在表示强制安置和治疗“严重影响”“患者”的权利后，得出结论认为，强制安置和治疗“仅仅应当在限制程度较低的替代方案都失灵的情况下作为最后的手段”。[11] 此外，这一解释与《欧洲人权公约》相一致，该公约第5条允许基于“精神失常”（这一表述反映了20世纪50年代该公约制定时的措辞）而剥夺自由。[12] 最后但并非不重要的是，这一解读也与联合国《囚犯待遇最低限度标准规则》相一致，该标准规则规定，被发现患有“精神病”的人不应被关押在监狱，而应转移到精神病院。[13]

但是，如果更仔细地阅读《残疾人权利公约》第14条（结合残疾人权利委员会的最相关实践），就会发现在这个问题上应当得出与前述解释部分不同的、不那么激进的结论。正如起草《残疾人权利公约》的特设委员会主席所言，“第14条本质上是一个非歧视条款”，禁止基于智力或身体残疾的歧视。[14] 此外，第14条最终的措辞与一些残疾人非政府组织在《残疾人权利

---

9 《在生物学和医学应用方面保护人权和人类尊严公约》（《人权和生物医学公约》）第7条规定：“根据法律规定的保护条件，包括监督、控制和上诉程序，只有在不进行治疗可能会对其健康造成严重损害的情况下，才可以对有严重精神障碍的人进行未经其同意的旨在治疗其精神障碍的干预。”

10 残疾人权利委员会的结论性意见：突尼斯，CRPD/C/TUN/CO/1，第25段。

11 European Commission（2005），p. 11.

12 See，e. g.，Chatzivassiliou（2004），pp. 499 ff；Stoiber（1976），pp. 333 ff；Macovei（2004）.

13 联合国《囚犯待遇最低限度标准规则》，1955年8月30日。

14 UN，Convention on the Human Rights of People with Disabilities，Ad Hoc Committee，Seventh session，Daily summary of discussion，19 January 2006.

公约》起草期间提出的建议不同，它不排除在“符合法律”的情况下剥夺自由。[15] 如果这些说法是正确的（情况似乎也确实如此），那么就很难坚持认为，智力残疾人的非自愿安置（或强制拘留）在任何情况下都应被视为违反了《残疾人权利公约》。因此，诸如英格兰和威尔士授权对特别是智力残疾人实行非自愿安置的《精神卫生法》那样的精神卫生立法，就不应废除而只需进行部分改革或修订。[16] 299

残疾人的非自愿安置在歧视的情况下是非法的。第 14 条的不歧视性质在其第 2 款中体现得相当明显，该款规定“缔约国应当确保，在任何程序中被剥夺自由的残疾人，在与其他人平等的基础上，有权获得国际人权法规定的保障”。这表明，其他处理办法是行不通的。《残疾人权利公约》第 14 条第 1 款的最后一项规定，“在任何情况下均不得以残疾作为剥夺自由的理由”，由此可以认为，基于精神或智力残疾而非自愿安置残疾人也应被禁止。[17] 残疾人权利委员会向西班牙提出的建议也间接确认了这一点。该委员会建议西班牙审查“其允许基于残疾（包括社会心理或智力的残疾）而剥夺自由的法律；废除授权基于明显的或诊断的残疾的非自愿拘留条款；采取措施确保卫生保健服务，包括所有精神卫生保健服务，都以有关人员的知情同意为基础”。[18]

但是，如果非自愿安置残疾人是在与残疾无关的情况下实施的，则可被认为符合《残疾人权利公约》第 14 条，[19] 如非自愿安置与维护公共秩序具体（*in concreto*）相关。此外，在非自愿安置可以符合《残疾人权利公约》的意义上，同样的结论也适用于对丧失“决策能力”（decision-making-capa-

---

15　Schulze（2009）也强调“‘符合法律’这一表述为剥夺依据精神卫生法或类似规定而拘留的大多数人的自由提供了理由”。

16　See，e. g.，Jackson（2006），pp. 338 – 339；Owen et al.（2009），pp. 257 – 263；Bartlett（2012），pp. 752–778；Bartlett et al.（2007），pp. 42 ff；Gombos（2014）.

17　见 the ExCom，Conclusion No. 110，preambular para. 3。该段表明，作为一般规则，“长期有身体、精神、智力和感官缺陷的人不应被拘留”。Kanter 强调“确保任何人都不因残疾而被剥夺自由是确保残疾人真正平等的核心‘必要条件’之一”。

18　残疾人权利委员会的结论性意见：西班牙，CRPD/C/ESP/CO/1，第 36 段。

19　但欧盟基本权利署（European Union Agency for Fundamental Rights）强调，“残疾人权利委员会至今还未提及残疾中立的情况”。

bility，DMC）者的强制安置。如果我们接受以下观点，则至少就是这种情
300 况，即“决策能力”必须跟“残疾”明确分开，哪怕这两者可以同时存在，而且，即使由于《公约》缺乏“残疾”的正式定义以及单个缔约国由此有权在其国内法律秩序中以极大自由界定“残疾”，最终可以推导出一个不同结论，也仍然如此。[20]

相反，基于精神或智力残疾与其他因素（如严重性或护理和治疗等）的“混合”而对残疾人进行非自愿安置，则不能被认为符合《残疾人权利公约》。[21] 换句话说，“精神障碍”或“精神疾病”即使只包括强制拘留的众多必要条件中的一项，也会使这一系列要求与《残疾人权利公约》第 14 条相矛盾，因为只要以其为依据，残疾在任何情况下都能够使剥夺人身自由正当化。[22] 诚然，《残疾人权利公约》第 14 条的约文没有明确提到这一点，但它的起草历史则清楚地表明了这一点。特别是，这一结论可以从起草《残疾人权利公约》的特设委员会拒绝在第 14 条的最后文本中列入“单独”和“专门”等措辞中推断出来。[23] 正如艾琳·艾斯·坎特（Arlene S. Kanter）所言，这个事实本身足以得出这样的结论：“即使残疾人因其残疾和其他原因而被非自愿拘留，这种非自愿拘留仍可能违反第 14 条。”[24]

同样的结论加以必要变通（*mutatis mutandis*）也适用于“突发残疾”（emergent disability）的情况。至少如果“突发残疾”一词不被看作独立的，而是被看作“更广泛的‘残疾’一词（用来指完全或部分地由社会不平等

---

20 对于该观点，近来 Szmukler et al.（2014）也强调“决策能力”的缺陷不具有“状态”属性（基于对某种障碍或残疾类别的诊断）但具有“功能”属性（在特定时间内完成特定任务）。

21 对人权事务高级专员办事处而言，“非法拘留包括基于精神或智力残疾与其他因素（如危险或护理和治疗等）的结合而剥夺自由的情况。由于这些强制措施在一定程度上以人的残疾为理由，因此它们是歧视性的，违反了《残疾人权利公约》第 14 条所规定的禁止以残疾作为剥夺自由的理由和在与其他人平等的基础上享有自由的权利”。人权事务高级专员办事处（2009），第 48 段。

22 相关研究见 Szmukler et al.（2014），pp. 245 – 252；Hendricks（2007），pp. 273 ff；Seatzu（2009），pp. 535 ff。

23 See Kanter（2015），ch. 3.

24 See Kanter（2015），ch. 3. 另，Mulumba（2007）强调，“在任何情况下均不得以残疾作为剥夺自由的理由”这一措辞不足以保障残疾人免于只针对残疾人的剥夺自由，特别是不足以保障被怀疑患有某种精神疾病的人。

造成的身体、认知和/或生理状态）的一个子集”，就可适用。[25]

3　剥夺自由与《残疾人权利公约》第 14 条所指的纯粹限制 301

与《公民及政治权利国际公约》第 9 条和《欧洲人权公约》第 5 条等相似，《残疾人权利公约》第 14 条第 1 款第 2 项没有具体说明“剥夺自由”这一概念必须如何理解。同时，该项规定也没有表示“政策性拘留”“审前拘留”“临时逮捕”“行政拘留”“候审羁押”等措辞是否应作为“剥夺自由”的同义词。此外，与《欧洲人权公约》第 5 条不同，《残疾人权利公约》第 14 条第 1 款第 2 项也没有具体说明其所使用的剥夺自由的概念是否具有一种自主意义。事实上，《残疾人权利公约》本条所使用的语言差不多就是在暗示，任何符合国内规定的对自由的“剥夺”，无论从国内法角度还是从国际法角度来看，都可能是违法的，因此也违反了《残疾人权利公约》。如果将澳大利亚高等法院在艾尔-凯特毕（Al-Kateb）案中作出的著名判决的推理适用于对第 14 条的解释，似乎任何允许拘留但不符合国际人权标准的国内规定也会违反第 14 条。[26]

但是，与人们认为的可能不同，除了刚才所说的之外，第 14 条的这种不明确对解释者们并没有产生任何重大影响。至少，对来自欧洲理事会成员国的解释者们是这样。原因既清楚又简单。欧洲理事会成员国已经形成了一种观点，即欧洲理事会的现有标准［包括“合法性”要求、因非法逮捕或拘留而获得赔偿的权利、个人意见得到听取的权利以及所谓的获得司法审查的权利（有权通过诉讼程序“在合理时间段内”要求审查拘留的合法性）］[27]

25　See Ribet (2011). See also Mégret (2008), p. 494.

26　High Court of Australia, *Al-Kateb v. Godwin* [2004] HCA 37.

27　ECtHR, *Bezicheri v. Italy*, No. 11400/85, Judgment of 25 October 1989, Series A, No. 164.

与《残疾人权利公约》是一致的。[28] 欧洲人权法院也持同样的观点，即欧洲理事会的标准符合《残疾人权利公约》，并经常在其判例中提到《残疾人权利公约》的条款。[29] 此外，在欧洲理事会的支持下，《人权和生物医学公约》(the Convention on Human Rights and Biomedicine) 一项专门处理精神病人非自愿治疗的新附加议定书正在进行的工作也间接证实了这一点。尽管这一未来的议定书（至少从其目前的形式来看）并不完全符合《残疾人权利公约》第 14 条。[30]

302 欧洲理事会的标准[31]和欧洲人权法院在其丰富的判例法[32]中对“剥夺自由”概念的解释，能够让人立即意识到“剥夺自由”概念不能被认为涉及对迁徙自由的任何限制，因此《欧洲人权条约》第 5 条也不能被解释为适用于对迁徙自由的任何限制。单纯和粗浅地解读欧洲人权法院关于古扎蒂(Guzzardi) 案的判决，最终也可以推断出这一点。该案判决坚持认为，《欧洲人权公约》第 5 条规定的剥夺自由不应被限定于传统的逮捕或定罪后的拘留情况，因为它可以采取不同的形式。[33] 对《残疾人权利公约》规则和一般原则的系统解读进一步证实了上述观点：与《欧洲人权公约》第 5 条一样，《残疾人权利公约》第 14 条不适用于对残疾人人身自由的任何限制。《残疾人权利公约》第 18 条也证明了这一点，该条除了规定获得和改变国籍的权

---

28 欧盟基本权利署（European Union Agency for Fundamental Rights）也强调，“因此公约将作为欧洲理事会和欧盟未来制定标准的参照点”。

29 See, e. g., Seatzu (2014); Björgvinsson (2009), pp. 141 ff. See Favreau (2006), pp. 3-35; De Salvia (2006), pp. 21 ff.

30 See Council of Europe, Programme and Budget 2012-2013, pp. 58 ff. See also ENNHRI (2014).

31 值得强调的是，与联合国人权标准一样，欧洲理事会的标准远比《残疾人权利公约》第 14 条详细得多，因为它们还包括了关于逮捕理由的信息、向法院提起诉讼的权利以及可强制执行的赔偿权利等要素。关于这个话题，见 http://iddcconsortium.net/sites/default/files/resources-tools/files/hi_crpd_manual_sept2009_final.pdf。

32 关于申请人是否按《欧洲人权公约》第 5 条规定被拘留的案件有很多。See ECtHR, *H. M. v. Switzerland*, No. 39187/98, Judgment of 26 February 2002; ECtHR, *Storck v. Germany*, No. 61603/00, Judgment of 16 June 2005; and ECtHR, *H. L. v. United Kingdom*, No. 45508/99, Judgment of 5 October 2004 or ECtHR, *D. D. v. Lithuania*, No. 13469/06, Judgment of 14 February 2012, para. 146. 关于该观点，见 Marshall (2009)。

33 ECtHR, *Guzzardi v. Italy*, No. 7367/76, Judgment of 6 November 1980, para. 95.

利外，还规定了残疾人享有迁徙自由的权利。[34]

在其处理限制迁徙的案件中，欧洲人权法院明确指出，严重到足以达到《欧洲人权公约》第 5 条第 1 款规定的剥夺自由的对迁徙的限制与仅仅是限制自由之间的区别不是性质（或实质）的差异，而是程度或力度的差异。[35] 303
现在，如果将这个推理也适用于《残疾人权利公约》关于自由权和人身安全权的规定（第 14 条），那么结论就是，定义剥夺自由不仅应考虑相关人员的具体情况，也应当（或许更重要的是）考虑“有关措施类型、持续时间、效果和实施方式的一整套标准”。[36] 一个进一步的结论是，所谓的拘留的替代措施，例如保释或定期报告，由于其涉及某种形式的迁徙限制或剥夺个人的某些人身自由，也必须同等地考虑上述标准加以界定。

4　《残疾人权利公约》第 14 条第 2 款规定的对剥夺人身自由的司法控制保障

第 14 条第 2 款进一步完善了关于在规避或剥夺残疾人人身自由的情况下应遵循的人权规则和标准的论述，不论这种规避或剥夺的目的是什么，也不论其在国内层面是通过何种程序手段来实现的（例如，候审羁押、民事诉讼中作为强制措施的拘留、为教育监督目的对残疾未成年人的拘留、拘留精神不健全者或在作出驱逐或引渡决定前的拘留）。第 14 条第 2 款规定：“缔

---

[34] 《残疾人权利公约》第 18 条规定：“一、缔约国应当确认残疾人在与其他人平等的基础上有权自由迁徙、自由选择居所和享有国籍，包括确保残疾人：（一）有权获得和变更国籍，国籍不被任意剥夺或因残疾而被剥夺；（二）不因残疾而被剥夺获得、拥有和使用国籍证件或其他身份证件的能力，或利用相关程序，如移民程序的能力，这些能力可能是便利行使迁徙自由权所必要的；（三）可以自由离开任何国家，包括本国在内；（四）不被任意剥夺或因残疾而被剥夺进入本国的权利。二、残疾儿童出生后应当立即予以登记，从出生起即应当享有姓名权利，享有获得国籍的权利，并尽可能享有知悉父母并得到父母照顾的权利。”

[35] ECtHR, *Guzzardi v. Italy*, cit., para. 93; ECtHR, *Rantsev v. Cyprus and Russia*, No. 25965/04, Judgment of 7 January 2010, para. 314; ECtHR, *Stanev v. Bulgaria* [GC], No. 36760/06, Judgment of 17 January 2012, para. 115.

[36] ECtHR, *Ashingdane v. the United Kingdom*, No. 8225/78, Judgment of 28 May 1985, para. 41.

约国应当确保，在任何程序中被剥夺自由的残疾人，在与其他人平等的基础上，有权获得国际人权法规定的保障，并应当享有符合本公约宗旨和原则的待遇，包括提供合理便利的待遇。”

关于第 14 条第 2 款，必须指出的是，它没有严格规定要尊重的具体的国际人权标准和规则，这样就给如何理解和适用该条中的“国际人权法”留下了广泛解释的充分空间。因此，如果将《残疾人权利公约》第 14 条规定的剥夺残疾人人身自由的合法性机械地固定在对《欧洲人权公约》或《公民及政治权利国际公约》、规则和一般原则的尊重上，这种解释就显然违反了第 14 条第 2 款的字面规定。此外，出于相同的理由，如果将《残疾人权利公约》第 14 条与人权事务委员会关于《公民及政治权利国际公约》第 10
304 条的一般性意见[37]分开解释，或者甚至更糟糕地与经济、社会和文化权利委员会关于残疾人权利的第 5 号一般性意见分开解释，也会得出同样的结论。[38]

值得强调的是，《残疾人权利公约》第 14 条第 2 款还要求，任何残疾人，不仅包括任何残疾成年人还包括任何残疾儿童，[39] 在被剥夺个人自由时，应获得符合《残疾人权利公约》宗旨和一般原则的待遇。这一规定的确切含义是不明确的，除了它提到的“提供合理便利”。事实上，如其措辞所显示的那样，第 14 条第 2 款可能是多余的（如果不是无用的话），因为它似乎只是简单地提及了显而易见的一点，即对条约的系统性和目的性解释。[40] 换句话说，第 14 条第 2 款只是确认了《残疾人权利公约》关于自由和人身安全的权利的规定是一系列相互密切联系、应当合并解读的条款（第 14 条至第 17 条）的介绍性条款。[41]

---

37 人权事务委员会第 21 号一般性意见：被剥夺自由者的人道待遇（第 10 条），1992 年 4 月 10 日。

38 经济、社会和文化权利委员会第 5 号一般性意见：残疾人，E/1995/22。See Seatzu（2011），pp. 356-368.

39 关于残疾儿童的人权，见本书关于第 7 条“残疾儿童”的评注。See also Olkin（1997），pp. 29-42；“Chapter 15: The Human Rights of Children with Disabilities”.

40 值得注意的是，与《欧洲人权条约》第 5 条不同的是，《残疾人权利公约》第 14 条第 2 款没有规定以下任何保障：主管机关应独立于案件当事人和行政机关；被拘留者应当亲自听证，必要时由代理人听证；必要时，应指定律师协助被拘留人进行诉讼；应向外国人提供语言援助；诉讼程序应是对抗性的，并应保证当事双方（检察官和被拘留者）之间的“武器平等”；主管机关有权下令释放。

41 Schulze（2009）.

相关案例

Australia (High Court of) 06. 08. 2004, *Al-Kateb v. Godwin*, [2004] HCA 37.

CCPR 23. 07. 1990, Communication No. 305/1988, *Van Alphen v. The Netherlands*, CCPR/C/39/D/305/1988 (1990).

CCPR 03. 08. 1999, Communication No. 754/1997, *A v. New Zealand*, CCPR/C/66/D/754/1997.

ECtHR 06. 11. 1980, Application No. 7367/76, *Guzzardi v. Italy*, Series A No. 39.

ECtHR 28. 05. 1985, Application No. 8225/78, *Ashingdane v. United Kingdom*, Series A No. 93.

ECtHR 25. 10. 1989, Application No. 11400/85, *Bezicheri v. Italy*, Series A No. 164.

ECtHR 26. 02. 2002, Application No. 39187/98, *HM v. Switzerland*, ECHR 2002-Ⅱ.

ECtHR 05. 10. 2004, Application No. 45508/99, *HL v. United Kingdom*, ECHR 2004-Ⅸ.

ECtHR 16. 06. 2005, Application No. 61603/00, *Storck v. Germany*, ECHR 2005-Ⅴ.

ECtHR 07. 01. 2010, Application No. 25965/04, *Rantsev v. Cyprus and Russia*, ECHR 2010-I. 305

ECtHR (Grand Chamber) 17. 01. 2012, Application No. 36760/06, *Stanev v. Bulgaria*, ECHR 2012-Ⅰ.

ECtHR 14. 02. 2012, Application No. 13469/06, *DD v. Lithuania*, unpublished.

参考文献

Bartlett P (2012) The United Nations Convention on the rights of persons with disabilities and mental health law, Modern Law Rev 75: 752-778.

Bartlett P, Lewis O, Thorold O (2007) Mental disability and the European Convention on human rights, Martinus Nijhoof, Leiden/Boston.

Björgvinsson D (2009) The protection of the rights of persons with disabilities in the case law of the European Court of Human Rights, In: Arnardottir OM, Quinn G (eds) The UN Convention on the rights of persons with disabilities: European and Scandinavian perspectives, Martinus Nijhoff Publishers, Leiden/Boston, pp. 141 ff.

Cassel D (2009) International human rights law and security detention, Case W Res J Int'l L 40

(1): 383-401.

Chatzivassiliou D (2004) The guarantees of judicial control with respect to deprivation of liberty under article 5 of the European Convention of human rights: an overview of the Strasbourg case-law, ERA Forum 5 (4): 499-519.

De Salvia M (2006) Avancées et limites de la jurisprudence de la Cour européenne des droits de l'homme en matière de handicap, In: Dal GA, Krench F (eds) Les droits fondamentaux de la personne handicapée, Bruylant/Nemesis, Droit & Justice, Bruxelles, pp. 21 ff.

Dhanda A (2006) Legal capacity in the disability rights Convention: stranglehold of the past or lodestar for the future, Syracuse J Int'l L & Com 34 (2): 429-462.

Eboli V (2010) Articolo 14. In: Marchisio S, Cera R, Della Fina V (eds) La Convenzione delle Nazioni Unite sui Diritti delle Persone con Disabilitò. Commentario, Aracne editore, Roma, pp. 187-190.

ENNHRI (2014) Comments of the CRPD Working Group of the European Network of NHRIs (ENNHRI) on the Draft Additional Protocol to the Oviedo Convention, Available at: http://menneskeret.dk/files/media/dokumenter/handicapkonventionen/comments_on_draft_additional_protocol_to_the_oviedo_convention_final_20_06_14_logo.pdf, Accessed 7 Jan 2015.

European Commission (2005) Green paper: improving the mental health of the population towards a strategy on mental health for the European Union, European Commission, Brussels.

European Union Agency for Fundamental Rights (2012) Involuntary placement and involuntary treatment of persons with mental health problems, Available at: http://fra.europa.eu/sites/default/files/fra_uploads/2130-FRA-2012-involuntary-placement-treatment_EN.pdf, Accessed 30 Dec 2015.

Favreau B (2006) Les droits de la personne handicapée et la CEDH. In: Pettiti C, Favreau B (eds) Handicap et protection du droit européen et communautaire, Bruylant, Bruxelles, pp. 3-35.

Gombos G (2014) CRPD and mental health laws, Available at: http://www.academia.edu/2451709/CRPD_and_Mental_Health_Law, Accessed 19 Jan 2015.

Gostin LO (2008) "Old" and "new" institutions for persons with mental illness: treatment, punishment or preventive confinement? Public Health 122 (9): 906-913.

Hendricks A (2007) UN Convention on the rights of persons with disabilities, Eur J Health L 14: 273-298.

Jackson E (2006) Medical law: text, cases, and materials, Oxford University Press, Oxford/New York, pp. 338-339.

Kanter AS (2015) The development of disability rights under international law: from charity to human right, Routledge, London.

Macken C (2005) Preventive detention and the right of personal liberty and security under the International Covenant on civil and political rights, Adel L Rev 26 (1): 1-28. 306

Macovei M (2004) A guide to the implementation of Article 5 of the European Convention on human rights, Available at: http://www.echr.coe.int/LibraryDocs/DG2/HRHAND/DG2-EN-HRHAND-05 (2004).pdf, Accessed 20 Jan 2015.

Marshall J (2009) Personal freedom through human rights law? Autonomy, identity and integrity under the European Convention on human rights, Martinus Nijhoff, Leiden/Boston.

Mégret F (2008) The disabilities Convention: human rights of persons with disabilities or disability rights? Hum Rights Quart 30 (2): 494-516.

Minkowitz T (2006) United Nations Convention on the rights of persons with disabilities and the right to be free from nonconsensual psychiatric interventions, Syracuse J Int'l L & Com 34 (4): 405-428.

Mulumba M (2007) Analysis of the Uganda Mental Treatment Act from a human rights and public health perspective, Available at SSRN: http://ssrn.com/abstract=1006230 or http://dx.doi.org/10.2139/ssrn.1006230, Accessed 7 Jan 2015.

OHCHR Report (2009), Available at http://www.ohchr.org/Documents/Publications/I_OHCHR_Rep_2009_complete_final.pdf.

Olkin R (1997) The human rights of children with disabilities, Women Ther 20: 29-42.

Owen GS, Szmukler G, Richardson G, David AS, Hayward P, Rucker J et al. (2009) Mental capacity and psychiatric inpatients: implications for the new mental health law in England and Wales, Br J Psychiatry 195: 257-263.

Perez S (2014) L'applicazione della Convenzione ONU sui diritti delle persone con disabilità nell'ordinamento italiano, Available at: http://www.dirittifondamentali.it/unicas_df/attachments/article/165/Perez_L'applicazione%20della%20Convenzione%20Onu%20sui%20diritti%20delle%20persone%20con%20disabilità%20nell'ordinamento%20italiano.pdf,

Accessed 20 Jan 2015.

Ribet B (2011) Emergent disability and the limits of equality: a critical reading of the UN Convention on the rights of persons with disabilities, Yale Hum Rts & Dev L J 14 (1), Available at: http://digitalcommons. law. yale. edu/cgi/viewcontent. cgi? article = 1101&context yhrdlj, Accessed 7 Jan 2015.

Schulze M (2009) Understanding the UN Convention on the rights of persons with disabilities, Handicap International, Professional Publications Unit, New York, Available at: http://iddcconsortium. net/sites/default/files/resources-tools/files/hi_crpd_manual_sept2009_final. pdf, Accessed 7 Jan 2015.

Seatzu F (2009) La Convenzione delle Nazioni Unite sui diritti delle persone disabili: i principi fondamentali, Dir umani, dir int 2 (3): 535-559.

Seatzu F (2011) The UN Committee on economic, social and cultural rights and disability: the General Comment No. 5 and beyond, Dir umani, dir int 3: 356-368.

Seatzu F (2014) Does the European Convention on human rights protect the disabled? Ann Intern D H 397-420.

Seatzu F (2015) The UN Convention on disabilities: a useful tool for enhancing the protection of the elderly's right to be free from non-consensual medical interventions? In: Sanchez-Patron J M (ed), Bioderecho, Seguridad y Medio Ambiente, Tirant Lo Blanch, Valencia (on file with the author).

Stoiber CR (1976) The right to liberty: a comparison of the European Convention on human rights with United States practice, Hum Rights 5 (3): 333-350.

Szmukler G, Daw R, Callard F (2014) Mental health law and the UN Convention on the rights of persons with disabilities, Int J Law Psychiatry 37 (3): 245-252, Available at: http://www. antoniocasella. eu/archipsy/Szmukler_ 2014. pdf, Accessed 31 Dec 2014.

第15条　免于酷刑或残忍、不人道或有辱人格的待遇或处罚 307

安东尼奥·马尔切西

一、不得对任何人实施酷刑或残忍、不人道或有辱人格的待遇或处罚。特别是不得在未经本人自由同意的情况下，对任何人进行医学或科学试验。

二、缔约国应当采取一切有效的立法、行政、司法或其他措施，在与其他人平等的基础上，防止残疾人遭受酷刑或残忍、不人道或有辱人格的待遇或处罚。

目　次

相关案例

参考文献

1 导言

《残疾人权利公约》第15条第1款重申了国际法禁止酷刑或残忍、不人道或有辱人格的待遇或处罚，“特别是”禁止在未经本人自由同意的情
308 况下进行医学或科学试验。该款的措辞与《公民及政治权利国际公约》第7条相同。尽管它没有具体提到残疾人，但如《残疾人权利公约》第1条第1款所述，《公约》的宗旨表明，“任何人”一词应理解为等同于“任何残疾人”。[1]

与第1款不同，第15条第2款明确提到了残疾人，规定了“在与其他人平等的基础上”，防止残疾人遭受酷刑或残忍、不人道或有辱人格的待遇或处罚的义务。该款规定的措辞与《公约》第4条第1款确立的一般义务的措辞——“确保并促进充分实现所有残疾人的一切人权和基本自由”部分相重叠，但在范围上明显缩小了。

2 国际法中的禁止酷刑或残忍、不人道或有辱人格的待遇或处罚以及残疾人的特殊情况

因此，第15条第1款第1句是在一个专属于残疾人的人权目录中重述一项先前已经存在的规定。[2] 实际上，不受酷刑或残忍、不人道或有辱人格的待遇或处罚是一项适用于所有情况和所有地方的国际法规则。世界性和区

1 帕沃内（Pavone）认为，《公约》的起草人有意省略了所有涉及残疾人的内容，以强调酷刑和残忍、不人道或有辱人格的待遇或处罚是绝不可接受的。Pavone（2010），p. 200.

2 关于一般禁止酷刑的国际法的发展，见 Rodley and Pollard（2009）。

域性的所有主要人权条约都承认该规则适用于包括残疾人在内的所有人。《公民及政治权利国际公约》第 7 条、《美洲人权公约》第 5 条和《非洲人权和人民权利宪章》第 5 条都禁止酷刑和虐待，《欧洲人权公约》第 3 条也以类似措辞禁止。应当指出，《公民及政治权利国际公约》以及欧洲和美洲的人权公约中的上述条款属于“在威胁到国家生命的公共紧急状态下”也不得克减的条款。[3]

国际习惯法禁止酷刑也是普遍共识。[4] 这一结论所根据的因素包括下列一些事实：不受酷刑的权利是条约法规定的一项不可克减的权利（因此缔约国应当将该权利理解为一般国际法在任何情况下都不允许它们对这些权利置之不理）；通过《禁止酷刑公约》的联合国大会决议表明，该公约的目的是 309
“更有效地执行国际法和国内法已有的关于禁止酷刑的规定”（强调为后加）；[5] 前南斯拉夫问题国际刑事法庭在福伦兹贾案（Furundzija）中所作的决定详细列举了可以作为禁止酷刑的习惯法的存在依据的缔约国实践；[6] 最后且或许更重要的是，当缔约国当局被指控侵犯不受酷刑的权利时，它们要么是否认事实，要么是辩称其做法不算酷刑，基本上不承认（如果有的话也是很少）发生过酷刑的事实（从而强化了酷刑做法不可接受的观点）。[7]

同样，对那些因处于特殊的弱势而应得到额外保护的特定类别的个人，禁止酷刑或残忍、不人道或有辱人格的待遇或处罚也是以没有例外的形式规定的。例如，联合国《儿童权利公约》第 37 条和《保护所有移徙工人及其家庭成员权利国际公约》第 10 条都是这样规定的。

正是在后一种意义上，即保护属于弱势类别的人，《残疾人权利公约》

3　《公民及政治权利国际公约》第 4 条。《欧洲人权公约》第 15 条和《美洲人权公约》第 27 条有类似的规定；尽管《非洲人权和人民权利宪章》没有列入一条同等的规则，但其禁止酷刑的第 5 条没有规定任何具体的限制（与该宪章的其他一些条款不同）。

4　事实上，它经常被列入相当有限的强行法（*jus cogens*）规则清单。See De Wet（2004）.

5　Resolution n. 39/46, approved by *consensus* on 10 December 1984.

6　ICTY, *Prosecutor v. Anto Furundzija*, case No. IT-95-17/1-T, Judgment of 10 December 1998, 134-157.

7　国际人道主义法也禁止酷刑和类似做法。与武装冲突法有关的《日内瓦公约》第 3 条禁止“不论何时何地……对生命与人身施以暴力，特别如各种谋杀、残伤肢体、虐待及酷刑”。《日内瓦第三公约》第 17 条还规定“对战俘不得施以肉体或精神上之酷刑或任何其他胁迫方式借以自彼等获得任何情报”。

第15条被制定了出来。事实上，以下几点理由充分表明，对针对残疾人的酷刑或残忍、不人道或有辱人格的待遇或处罚，需要采取一种特殊思路，因此，具有这种作用的规定在《残疾人权利公约》背景下具有附加价值。

首先，达到酷刑或国际禁止的其他虐待行为的门槛所需的特定待遇所造成痛苦的程度，可能因受害者个人的情况而异。在确定是否构成这两种情况时，应考虑到残疾因素。

其次，有充分证据表明，生活在机构中的残疾人往往是虐待的受害者。根据联合国酷刑问题特别报告员曼弗雷德·诺瓦克（Manfred Nowak）的报告：

> 在监狱、社会照料中心、孤儿院和精神卫生机构等机构中，残疾人
> 310 往往与社会隔离。在这些机构中，残疾人经常受到难以形容的侮辱、忽视、严重的约束和隔离，以及身体、精神和性暴力。[8]

但是，问题并不仅限于机构内：

> 在私人领域，残疾人在家中特别容易受到家庭成员、护理者、健康专业人员和社区成员实施的暴力和虐待，包括性虐待。[9]

还有：

> 残疾人面临着未经其同意的医学试验和侵入性的、不可逆的医疗治疗（例如绝育、堕胎和旨在纠正或减轻残疾的某些干预措施，如电击治疗和包括神经抑制剂在内的神经药物）。[10]

最后，一个额外的担心是有这样一种风险：

> ……当对残疾人采取这些做法时，它们被无视或被视为正当，而不被认为是酷刑和其他残忍、不人道或有辱人格的待遇或处罚。[11]

基于所有这些理由，毫无疑问，残疾人特别容易受到酷刑和其他虐待，因此，提供额外保护是完全正当的。

---

8 Nowak（2008），para. 38.

9 Nowak（2008），para. 39.

10 Nowak（2008），para. 40.

11 Nowak（2008），para. 41.

以下段落将讨论酷刑的一般定义如何适用于残疾人的特殊情况。接着，将审查是否有任何额外义务来防止或惩罚以残疾人为受害者的酷刑或残忍、不人道或有辱人格的待遇或处罚。在阐述了这两个一般性问题之后，再简要讨论监狱或机构的生活条件以及医学试验或治疗的具体情况。

3　适用于残疾人的酷刑或残忍、不人道或有辱人格的待遇或处罚的定义

根据联合国《禁止酷刑公约》第 1 条，“‘酷刑’是指为了向某人或第三者取得情报或供状，为了他或第三者所作或涉嫌的行为对他加以处罚，或为了恐吓或威胁他或第三者，或为了基于任何一种歧视的任何理由，蓄意使某人在肉体或精神上遭受剧烈疼痛或痛苦的任何行为，而这种疼痛或痛苦是 311
由公职人员或以官方身份行使职权的其他人所造成或在其唆使、同意或默许下造成的。纯因法律制裁而引起或法律制裁所固有或附带的疼痛或痛苦不包括在内”。[12]

虽然严格来说这个定义仅是“为”联合国《禁止酷刑公约》确立的，但毫无疑问，它应该成为适用于联合国系统内其他本身没有酷刑定义的核心文书的酷刑定义的基础。原则上，基于《残疾人权利公约》第 15 条的目的而参考联合国《禁止酷刑公约》并不妨碍考虑可能使残疾人成为受害者的酷刑的具体特征，因为这些特征很可能包含在该定义之内。在不大可能的情况下——基于《残疾人权利公约》的酷刑定义不应完全符合联合国《禁止酷刑公约》的酷刑定义，可以通过残疾人权利委员会的判例法形成对酷刑概念的部分不同的理解。这符合《禁止酷刑公约》第 1 条第 2 款的规定，因为该款规定，第 1 款关于酷刑的定义“并不妨碍载有或可能载有适用范围较广的规定的任何国际文书或国家法律”。

12　关于《禁止酷刑公约》，见 Burgers and Danelius（1988）。关于酷刑的定义问题，见 Rodley and Pollard（2009）and Marchesi（2008）。

对于其他“残忍、不人道或有辱人格的待遇或处罚”，则必然采取后一种方法，即通过判例法发展酷刑的定义，因为“残忍、不人道或有辱人格的待遇或处罚”这一概念与残疾人的权利密切相关，但《禁止酷刑公约》没有给出定义。其他国际机构（包括其他联合国条约机构）和区域法院的实践，可以构成理解《残疾人权利公约》中的残忍、不人道或有辱人格的待遇或处罚的有益基础。

谈到联合国《禁止酷刑公约》的酷刑定义中与残疾人处境相关的主要要素时，其第一个要素，即“蓄意使某人在肉体或精神上遭受剧烈疼痛或痛苦的任何行为”，在这方面特别具有意义。如上所述，达到酷刑门槛所需要的疼痛或痛苦的性质和程度不能抽象地衡量，而必然取决于环境和受害者个人的情况。疼痛或痛苦的主观性质可能会导致这样的结论，即对非残疾人合法（或等于残忍、不人道或有辱人格的待遇或处罚但不构成酷刑本身）的待遇，会对残疾人造成更大程度的疼痛或痛苦，所以在对残疾人实施时就等同于酷刑。

联合国《禁止酷刑公约》的酷刑定义的第二个要素，即“为了基于任何一种歧视的任何理由”，顺理成章地可以被理解为包括基于残疾的歧视。
312 因此，以此为特定目的的待遇，只要具备了所有其他要求（包括施加剧烈疼痛或痛苦），就等同于酷刑。事实上，似乎对残疾人进行任何导致剧烈疼痛或痛苦的医疗，只要不能证明系出于医疗目的，都等同于酷刑或其他被禁止的虐待，因为在这种情况下，这种医疗很可能具有歧视性，而且还可能具有《禁止酷刑公约》的酷刑定义中所列的一个或多个具体目的（例如恐吓或胁迫）。[13]

酷刑或残忍、不人道或有辱人格的待遇或处罚行为也可能成为造成身体和/或精神残疾的原因。在理论上，这方面超出了第15条的范围，因为该条禁止的是对有残疾的人的酷刑，而禁止因酷刑或虐待导致残疾的义务是国际

13 “尽管一个完全合理的医疗可能会导致剧烈疼痛或痛苦，但当不以治疗为目的或并非旨在纠正或减轻残疾时，如果未经本人自由和知情同意而实施具有侵入性和不可逆性的医疗，可能会构成酷刑和虐待。”Nowak (2008), p. 47.

法禁止酷刑的一般规定的一个组成部分。[14] 但是，在实践中可能很难区分因虐待造成的损伤和因虐待造成的现有残疾的加重。

最后，正如诺瓦克已经正确指出的那样：

> 关于缔约国的有关要求……禁止酷刑不仅涉及公职人员，例如最严格意义上的执法人员，也可能适用于医生、健康专业人员和社会工作者，包括在私立医院、其他机构和拘留中心工作的人。[15]

换句话说，联合国《禁止酷刑公约》第 1 条的第三个要素，即“参与要求”认定，只要有通常意义上控制残疾人（和为残疾人负责）的人员参与，该要求就可以达到。特别是在机构中，上述这些人员属于“以官方身份行使职权的人”的类别。

4　防止和惩罚对残疾人的酷刑或残忍、不人道或有辱人格的待遇或处罚的义务 313

关于缔约国义务的内容，值得考虑的是，第 15 条第 2 款是否要求考虑到残疾人的特殊情况，采取任何超出防止酷刑的一般义务规范的临时特别措施。

该规定的措辞表明了肯定的答案。尽管其与联合国《禁止酷刑公约》第 2 条的措辞相似，但在我们看来，“与其他人平等”在该款中应被理解为施加了一项义务，即以**适当考虑残疾人的特殊脆弱性**的方式，来实施采取措施防止酷刑或残忍、不人道或有辱人格的待遇或处罚的一般义务。这项规则的确切含义（为了使其得到尊重而需要采取具体措施）将取决于该规则今后在

14　虐待造成损伤是人权事务委员会通过的意见中的观点，见 C 诉澳大利亚案（*C v. Australia*）采纳的观点，No. 900/1999，2002 年 10 月 28 日通过。“委员会注意到，在较长时期内对来文提交人的检查形成的精神病学证据……实质上一致认为，来文提交人的精神疾病是旷日持久的移民拘留造成的”，并且“尽管 1994 年 2 月和 6 月来文提交人的评估情况日益严重（还有一次企图自杀），但直到 1994 年 8 月，部长才行使其特别权力，以医疗为由将他从移民拘留中释放（但在法律上他仍被拘留）。后来的事情表明，当时来文提交人的病情已经严重到不可逆转的地步”。结论是，“在缔约国知道来文提交人的精神状况但没有采取必要措施缓解提交人精神状况恶化的情况下，继续拘留来文提交人构成了对他根据《公民及政治权利国际公约》第 7 条享有的权利的侵犯”（8.4）。

15　Nowak（2008），p. 51.

解释和实践方面的发展。

5　监狱和机构中对残疾人的酷刑或残忍、不人道或有辱人格的待遇或处罚

在阐释了禁止对残疾人施加酷刑或残忍、不人道或有辱人格的待遇或处罚所引出的主要概念问题后，让我们简要地考虑一下人权机构的做法。

目前，联合国残疾人权利委员会关于这一问题的实践非常有限。委员会有一项相关的声明载于其针对阿根廷申诉的意见。根据该声明，“当残疾人被剥夺自由时，未能采取相关措施和未能提供他们要求的合理便利，可能构成对《残疾人权利公约》第 15 条第 2 款的违反”。该声明因此确认了一项一般规则，即在保护残疾人免受酷刑和其他被禁止的虐待时需要给予额外照料，并将其应用于监狱处境。[16]

其他人权机构也处理过监狱和机构中的残疾人的相关问题。就监狱而言，人权事务委员会在汉密尔顿诉牙买加案（*Hamilton v. Jamaica*）中认为，
314 没有考虑申诉人双腿瘫痪的事实（尤其是不为他定期移走污水桶）违反了《公民及政治权利国际公约》第 10 条。[17]

同样，欧洲人权法院在普赖斯诉英国案中认定，“她遭受着致命的寒冷，因为床太硬或够不到而有生疮疼痛的风险，并且需要克服极大的困难上厕所或保持清洁”。对一个严重残疾的人而言，这样的拘留违反了《欧洲人权公约》第 3 条。[18]

关于特殊机构内的生活条件，联合国禁止酷刑委员会和联合国酷刑问题特别报告员都表示关切的是，这些生活条件可能等同于残忍、不人道或有辱人格

16　CRPD Committee, *X v. Argentina*, Communication No. 8/2012, CRPD/C/11/D/8/2012, 18 June 2014, para. 8. 7.

17　CCPR, *Hamilton v. Jamaica*, Communication No. 616/1995, CCPR/C/66/D/616/1995, 28 July 1999, para. 8. 2.

18　ECtHR, *Price v. the United Kingdom*, Application No. 33394/96, Judgment of 10 July 2001, para. 30.

的待遇，甚至酷刑。特别报告员还强调了这一事实，即这些生活条件：

> 经常与严厉的约束和隔离相结合。残疾儿童和残疾成人可能会被长时间绑在床、婴儿床或椅子上，包括使用锁链和手铐；他们可能被锁在“笼子”或“网床”里，也可能被过度使用药物作为一种化学约束。

他的结论是：

> 使用长期限制的方法而没有任何治疗上的理由，可能等同于酷刑或虐待。[19]

6　医疗领域中对残疾人的酷刑或残忍、不人道或有辱人格的待遇或处罚

如前所述，第 15 条第 1 款第 2 句使用了与《公民及政治权利国际公约》第 7 条相同的措辞，特别提到未经自由同意的医学或科学试验是一种酷刑或其他国际禁止的虐待形式。“特别”一词表明，未经残疾人本人同意而在其身上进行的试验，至少将会构成残忍、不人道或有辱人格的待遇或处罚；而如果达到了《禁止酷刑公约》定义的其他要求，则可能构成酷刑。从另一方面说，自由同意自身似乎不足以排除医学或科学试验中存在被禁止的虐待或酷刑，还要附加的另一项要求是“试验本质上不能被视为酷刑或残忍、不人道或有辱人格的待遇”。[20]

尽管第 15 条第 1 款第 2 句明确禁止了未经自由同意的医学试验，[21] 但在 315
广泛的以医疗干预治疗残疾的背景下，侵犯残疾人不受酷刑或遭受其他禁止虐待的权利的情况经常发生。其中包括侵入性的治疗，例如脑叶切除术（lobotomy）和精神外科手术，它们在某些情况下可能等同于酷刑或残忍、不人

19　Nowak（2008），p. 55.

20　Nowak（2008），p. 58.

21　应当指出的是，《公约》并没有具体讨论不能作出自由同意的精神残疾人的问题。法国和荷兰参考了其他国际文书在两个“相同”的声明中讨论了这个问题，认为除其他外（*inter alia*），“就生物医学研究而言，‘同意’一词适用于两种不同的情况：（1）由有能力同意的人作出同意；（2）在不能作出同意的情况下，由法律规定的代表或机关或机构作出同意”。

道或有辱人格的待遇。[22] 此外，对囚犯使用电击可能构成酷刑或被禁止的虐待，这取决于当时的具体情况以及是否事先获得自由和知情同意。最后，基于残疾而剥夺人的自由（例如，精神病院的非自愿限制），不仅可能因非法或任意而导致侵犯个人自由的权利，也可能因造成剧烈疼痛或痛苦而构成违反第 15 条的酷刑或残忍、不人道或有辱人格的待遇。

相关案例

CCPR 28. 07. 1999, Communication No. 616/1995, *Hamilton v. Jamaica*, CCPR/C/66/D/616/1995.

CCPR 28. 10. 2002, Communication No. 900/1999, *C v. Australia*, CCPR/C/76/D/900/1999.

CRPD Committee 18. 06. 2014, Communication No. 8/2012, *X v. Argentina*, CRPD/C/11/D/8/2012.

ECtHR 10. 07. 2001, Application No. 33394/96, *Price v. the United Kingdom*, (2002) 34 EHRR 53.

ICTY (Trial Chamber Ⅱ) 10. 12. 1998, Case No. IT-95-17/1-T, *Prosecutor v. Anto Furundzija*, (1999) 38 ILM 317.

参考文献

Burgers J, Danelius H (1988) The United Nations Convention against torture, A handbook on the Convention against torture and other cruel, inhuman or degrading treatment or punishment, Martinus Nijhoff, Dordrecht.

De Wet E (2004) The prohibition of torture as an international norm of jus cogens and its implications for national and customary law, Eur Journ Int Law 15: 97-121.

Marchesi A (2008) Implementing the UN Convention definition of torture in national law (with

22 Nowak (2008), p. 59.

reference to the special case of Italy), J Int Crim Justice 6: 195–214.

Nowak M (2008) Interim report of the special Rapporteur on torture and other cruel, inhuman or degrading treatment or punishment, UN Doc. A/63/175. 316

Pavone IR (2010) Articolo 15, In: Marchisio S, Cera R, Della Fina V (eds) La Convenzione delle Nazioni Unite sui diritti delle persone con disabilità. Commentario, Aracne, Roma, pp. 197–207.

Rodley N, Pollard M (2009) The treatment of prisoners under international law, 3rd edn, Oxford University Press, Oxford.

317 第 16 条　免于剥削、暴力和凌虐

安东尼奥·马尔切西

一、缔约国应当采取一切适当的立法、行政、社会、教育和其他措施，保护残疾人在家庭内外免遭一切形式的剥削、暴力和凌虐，包括基于性别的剥削、暴力和凌虐。

二、缔约国还应当采取一切适当措施防止一切形式的剥削、暴力和凌虐，除其他外，确保向残疾人及其家属和照护人提供考虑到性别和年龄的适当协助和支助，包括提供信息和教育，说明如何避免、识别和报告剥削、暴力和凌虐事件。缔约国应当确保保护服务考虑到年龄、性别和残疾因素。

三、为了防止发生任何形式的剥削、暴力和凌虐，缔约国应当确保所有用于为残疾人服务的设施和方案受到独立当局的有效监测。

四、残疾人受到任何形式的剥削、暴力或凌虐时，缔约国应当采取一切适当措施，包括提供保护服务，促进被害人的身体、认知功能和心理的恢复、康复及回归社会。上述恢复措施和回归社会措施应当在有利于本人的健康、福祉、自尊、尊严和自主的环境中进行，并应当考虑到因性别和年龄而异的具体需要。

五、缔约国应当制定有效的立法和政策，包括以妇女和儿童为重点的立法和政策，确保查明、调查和酌情起诉对残疾人的剥削、暴力和凌虐事件。

目　次

1　导言

《残疾人权利公约》第 16 条是相当长的一条，由 5 款组成，为《公约》缔约国规定了各种义务。这些义务大多要求采取“适当的”措施，包括“立法、行政、社会、教育和其他”措施。采取措施的目的是“保护”残疾人，“防止”一切形式的剥削、暴力和凌虐，“促进”遭受剥削、暴力和凌虐的残疾人的恢复、康复及回归社会，以及“查明、调查和酌情起诉”对残疾人的剥削、暴力和凌虐事件。

2　其他国际人权文书中的第 16 条

《残疾人权利公约》第 16 条与其他国际人权文书的相关规则有相似之处，这些规则承认特定类别的人的人权，他们由于弱势而经常受到侵犯。联合国《儿童权利公约》尤其如此，该公约与《残疾人权利公约》一样采用以权利为基础的方法来解决问题，而这些问题直到最近都还是以慈善方法来

解决的。[1] 例如，联合国《儿童权利公约》包括关于色情剥削和性侵犯儿
319 童、[2] 诱拐或买卖和贩运儿童[3]以及“其他形式的剥削”的条款，[4] 以及一个专门致力促进“任何形式的忽视、剥削或凌辱虐待”受害儿童“身心得以康复并重返社会”[5] 的条款。

除了由于隶属的公约采用的共同方法使它们具有相似之外，《残疾人权利公约》第16条和其他关于弱势个人的权利的公约所载的相关规则在某种程度上也包括同样的理由。这涉及多重脆弱性的情况。因此，《残疾人权利公约》第16条多次提到妇女和儿童的特定需要，[6]《儿童权利公约》第一次在其第2条的一般不歧视条款中特别提到了不得因残疾而歧视。[7]《儿童权利公约》还包括一个专门针对残疾儿童权利的独立条款，即第23条。此外，为了“给缔约国提供指导和协助，以努力全面涵盖《儿童权利公约》所有条款的方式实施残疾儿童的权利”，[8] 2007年儿童权利委员会根据其在审查缔约国报告中积累的“关于全球残疾儿童状况的丰富资料”，通过了一项一般性意见。[9] 其中有一节专门介绍了遭受“暴力、虐待和忽视”的残疾儿童的情况：

---

1 2014年联合国人权事务高级专员办事处的报告总结了处理残疾人情况的不同方法。关于《残疾人权利公约》在国际人权保护方面的新情况及其对国际人权法整体发展的潜在影响，见 Kayess and French（2008）and Mégret（2008）。另见 Hendricks（2007）。

2 《儿童权利公约》第34条。

3 《儿童权利公约》第35条。

4 《儿童权利公约》第36条。

5 《儿童权利公约》第39条。

6 第1款提到“基于性别的剥削、暴力和凌虐”；第2款提到“保护服务考虑到年龄、性别”；第4款提到“因性别和年龄而异的具体需要”；第5款提到“以妇女和儿童为重点的立法和政策”。

7 “第2条明确提及禁止基于残疾的歧视行为，是独一无二的，这可归因于残疾儿童属于最脆弱的儿童群体之一。在许多情况下，多重歧视的形式（基于多种因素，如残疾土著女孩、生活在农村地区的残疾儿童等）会使某些群体的脆弱性增加。因此，必须在不歧视的条款中明确提及残疾问题”，儿童权利委员会第9号一般性意见“残疾儿童的权利”，CRC/C/GC/9，2007年2月27日。相反，《消除对妇女一切形式歧视公约》并没有明确提及残疾人的权利，但在执行该公约时这些权利得到了强调。消除对妇女歧视委员会通过了关于“残疾妇女”的一般性意见，建议缔约国在其定期报告中提供“关于残疾妇女的资料……为解决她们的特殊情况所采取的措施，包括为确保她们能同样获得教育和就业、卫生服务和社会保障，并确保她们能参与各方面社会和文化生活所采取的措施”，消除对妇女歧视委员会第18号一般性意见“残疾妇女”，A/46/38 at 3（1993），1991。

8 着重号后加。

9 儿童权利委员会第9号一般性意见。

42. 残疾儿童更容易受到各种形式的虐待，无论是身心方面的虐待还是性虐待，也不管任何环境，包括家庭、学校、私营和公共机构，尤其是替代照料、工作环境和一般社区。人们常常引述说，残疾儿童遭受虐待的可能性要高五倍。在家中和在照料机构，残疾儿童都经常在身心上受到暴力和性虐待，而且由于他们往往为家庭带来额外的实际和财政负担，因此特别容易被忽视和受到冷漠的对待。此外，缺乏机会使用能发挥作用的申诉受理和监督机制，也助长了这种系统、持续的虐待行为。学校中恃强欺弱的现象是儿童遭受的一种特别暴力形式，而这种暴力形式常常以残疾儿童为目标。 320

根据这些前提，儿童权利委员会敦促《儿童权利公约》缔约国采取措施，其中一些措施与《残疾人权利公约》第 16 条就残疾人一般性地规定的措施十分相似。这些措施包括：培训和教育父母或照料儿童的其他人；确保父母在为子女选择照料者和设施时保持警惕；提供或鼓励为儿童的父母、兄弟姐妹及其他照料者设立支助小组；确保为残疾儿童提供照料的机构配备了受过专门训练的人员；采取一切必要的立法措施，对肇事者加以惩罚并将其逐出家庭；确保虐待和暴力的受害者得到治疗并重新融入社会。[10]

残疾儿童受到剥削、暴力和虐待的情况应在《残疾人权利公约》以及《儿童权利公约》的范围内解决，尽管这可能导致某些重叠，但能增加国际上对有关人员权利的关注并加强对他们的保护。

关于《残疾人权利公约》（特别是其第 16 条）和具有一般范围的人权条约之间的关系，国际人权两公约都没有明确提及残疾人的情况。[11] 但是，1994 年经济、社会和文化权利委员会发布了一项关于“残疾人”的一般性意见，审查了与《经济社会文化权利国际公约》所载义务有关的残疾人问题的状况，[12] 澄清了下面这一点：

10　儿童权利委员会第 9 号一般性意见，第 43 段。

11　“《经济社会文化权利国际公约》缺乏明确的与残疾相关的条款的原因在于，在至少 25 年前起草《经济社会文化权利国际公约》时，对明确（而不是仅仅含蓄地）提及这一问题的重要性认识不够”，经济、社会和文化权利委员会第 5 号一般性意见：残疾人，E/1995/22，第 6 段。

12　经济、社会和文化权利委员会第 5 号一般性意见，第 2 段。

残疾人显然有资格享受《公约》确认的一切权利。此外，只要有必要提供特殊待遇，缔约国就须酌情采取措施，尽最大可能利用所拥有的资源，使残疾人能够在享受《公约》明确规定的权利方面克服残疾带来
321 的种种不利因素。再者，《公约》第2条第2款规定，“人人行使本公约所载之各种权利”，不得基于某些所列理由“或其他身份”而有任何歧视。该条款显然适用于基于残疾的歧视。[13]

在具体涉及第16条的主题时，经济、社会和文化权利委员会的一般性意见提到了“剥削、虐待和忽视”*，但仅涉及“根据《经济社会文化权利国际公约》第10条第3款（由《儿童权利公约》的相应条款加强）的规定，有权受到特殊保护”的残疾儿童。[14]

至于《公民及政治权利国际公约》，虽然其第2条的一般非歧视条款和第26条法律面前平等条款中的“其他身份”一词都被认为包括残疾，但直到现在，人权事务委员会还没有通过一项关于残疾人状况的一般性意见，更不用说讨论《残疾人权利公约》第16条涉及的问题。[15]

最后，值得注意的是，国际人权两公约都没有规定针对所有人的不受“剥削、暴力和凌虐”的权利。在本章作者看来，这种情况可能表明，不受“剥削、暴力和凌虐”的权利在国际上被认为只属于本身具有脆弱性的特定类别的个人，包括残疾人（和儿童）。但是，这并不意味着对不属于任何上述特定类别的人的剥削、暴力和凌虐不会构成一种对国际承认的人权的侵犯。只是，对于这种情况，所讨论的侵犯人权的行为应归于对其他类型权利的侵犯，并应满足承认其他权利的规则所规定的要求（例如，免于酷刑或残忍、不人道或有辱人格的待遇或处罚的权利或《经济社会文化权利国际公约》规定的一项或多项经济和社会权利）。

---

13 经济、社会和文化权利委员会第5号一般性意见，第5段。

* neglect，委员会发布的中文本中为“遗弃”。——译者注

14 经济、社会和文化权利委员会第5号一般性意见，第32段。

15 奎因（Quinn）和德格纳（Degener）对不同于《残疾人权利公约》的国际人权文书（具体范围和一般范围）可用于保护残疾人的权利的方式进行了深入分析（2002）。

3　第 16 条的结构

在考虑第 16 条所规定的义务时，应该记住这一条要结合《公约》第 4 条进行解读，第 4 条规定了“确保并促进充分实现所有残疾人的一切人权和基本自由”的一般义务并为此要求缔约国采取各种措施。因此，第 4 条之后就具体权利规定缔约国采取措施的义务的每一个条款，包括第 16 条，都应当被视为对第 4 条的补充。

3.1　保护免于剥削、暴力和凌虐的义务 322

第 16 条第 1 款规定了缔约国的保护义务。换句话说，这是一项针对具体目标采取步骤的积极义务。这些步骤应当包括“适当的”措施，即满足审慎尽职标准的措施。这些措施像在第 4 条中一样——尽管不是以穷尽的方式（“和其他”），被描述为“立法”和“行政”的，也被描述为“社会”和“教育”的。

第 1 款规定的保护义务的目的是在终结剥削、暴力和凌虐方面取得进展。作为一项积极义务而非一项避免特定行为的消极义务，这一义务的主要目的是消除第三方（私营部门，而不是国家机关）的这些做法。[16] 这一点通过“家庭内外”这一说明得到了强调。第 16 条第 1 款也是《公约》中要求考虑性别因素的诸多条款之一。

3.2　防止免于剥削、暴力和凌虐的义务

第 2 款和第 3 款处理的是防止剥削、暴力和凌虐的问题。同样，《公约》规定了缔约国采取“适当的”措施的义务。

为了防止剥削、暴力和凌虐而采取的措施，即这两款中指的“方案”

16　在这方面，第 16 条第 1 款中义务的结构与第 4 条第 1 款第 5 项中义务的结构类似，虽然前者指的是剥削、暴力和凌虐而不是歧视。

“服务”或“设施”，在第 2 款的一些重复性规定中有详细的描述。相关适当的措施必须确保“向残疾人及其家属和照护人提供考虑到性别和年龄的适当协助和支助”。“协助和支助”的形式“包括提供信息和教育，说明如何避免、识别和报告剥削、暴力和凌虐事件”。最后，第 2 款再次规定缔约国必须确保“保护服务考虑到年龄、性别和残疾因素”。第 3 款专门致力于监测第 2 款所采取的措施，要求这些措施必须由“独立当局”“有效”地监测。

3.3 促进被害人的身体、认知功能和心理的恢复、康复及回归社会的义务

第 4 款规定缔约国有义务采取“适当的”措施，以促进受到任何形式的
323 剥削、暴力或凌虐的受害残疾人的“身体、认知功能和心理的恢复、康复及回归社会”。这些措施“包括提供保护服务”。该款还规定了进行恢复和康复应处于的环境，即一种“有利于本人的健康、福祉、自尊、尊严和自主”“并应当考虑到因性别和年龄而异的具体需要”的环境。

3.4 调查和起诉的义务

最后，第 5 款处理的是剥削、暴力和凌虐的调查和惩罚问题。它要求缔约国通过立法和政策，“确保查明、调查和酌情起诉对残疾人的剥削、暴力和凌虐事件”。为了履行义务，这些立法和政策应当是“有效的”且必须包括“以妇女和儿童为重点的立法和政策”。但是，与关于酷刑或其他国际关切的罪行的相关规定不同，《残疾人权利公约》没有关于罪行定义的更具体的规范，也没有就刑罚、管辖或案件的不可受理理由等问题制定具体规则。

4 残疾人权利委员会关于第 16 条的实践

残疾人权利委员会迄今通过的一般性意见没有涉及第 16 条，其关于个人申诉的任何意见中也没有特别提到这一条。因此，残疾人权利委员会目前

涉及第16条的实践仅限于其对25份缔约国初次报告作出的结论性意见。委员会表示的关切涉及下列问题，这些问题与委员会到目前为止审查的大多数报告有关：

(a) 缺乏关于残疾人状况的明确和全面的资料[17]；

(b) 缺乏充分的支助被害人的服务，包括无障碍求助服务热线或庇护场所[18]； 324

(c) 缺乏充分的对与残疾人一起工作的人员的培训项目[19]；

(d) 缺乏符合第16条第3款规定的独立监测机制。[20]

此外，委员会所有的结论性意见都提到有必要改进以性别和儿童为基础的保障残疾人权利的方式，并特别强调智力残疾妇女和女童的处境。

17　见残疾人权利委员会的结论性意见：巴拉圭（“委员会感到遗憾的是，残疾人遭受剥削、暴力和凌虐的事件仍然进入不到人们的视野，因为司法机构通常没有系统地记录这类案件”），CRPD/C/PRY/CO/1，第39段；萨尔瓦多（“委员会表示关切：缺少残疾人特别是妇女和儿童遭受剥削、暴力和凌虐案件的官方记录”），CRPD/C/SLV/CO/1，第35段；比利时（“委员会关切的是……缺少对残疾人照料机构的条件特别是照料老年残疾人的机构的条件进行登记、监测和跟踪的规程”），CRPD/C/BEL/CO/1，第30段；丹麦（“委员会表示关切……关于残疾人凌虐、剥削和暴力的报告及其结果缺乏现有的分类数据”），CRPD/C/DNK/CO/1，第40段。

18　见残疾人权利委员会的结论性意见：库克群岛（“委员会感到关切的是，关于家暴的现行立法……没有提供无障碍帮助热线或庇护场所”），CRPD/C/COK/CO/1，第29段；土库曼斯坦（“委员会建议缔约国：……为暴力和凌虐行为受害人提供无障碍的庇护场所、求助热线和信息”），CRPD/C/TKM/CO/1，第30段；瑞典（“委员会感到关切的是……可供残疾人使用的庇护场所比例较低”），CRPD/C/SWE/CO/1，第41段；哥斯达黎加（“委员会呼吁缔约国确保残疾妇女和儿童能够自主地获得保护机制，例如临时住所和协助他们从暴力、虐待和剥削中康复的治疗，并确保这些机制全面无障碍”），CRPD/C/CRI/CO/1，第36段。

19　见残疾人权利委员会的结论性意见：萨尔瓦多（“委员会敦促缔约国……组织……针对暴力侵害残疾人案件调查的培训”），CRPD/C/SLV/CO/1，第36段；丹麦（“委员会感到关切的是……对警察和其他干预者缺乏培训”），CRPD/C/DNK/CO/1，第40段；库克群岛（“委员会感到关切的是，现行立法……没有……对工作中接触残疾妇女和女童的保健专业人员、律师和警员提供培训”），CRPD/C/COK/CO/1，第29段；土库曼斯坦（“委员会建议缔约国：……对执法人员和司法机关开展培训”），CRPD/C/TKM/CO/1，第30段。

20　见残疾人权利委员会的结论性意见：土库曼斯坦（“确保独立监测和投诉机制的可得性和无障碍”），CRPD/C/TKM/CO/1，第30段；蒙古（“委员会建议缔约国：根据《公约》第16条第3款指定一个独立权威机构监测和保护残疾人免于剥削、暴力和虐待”），CRPD/C/MNG/CO/1，第27段；德国［“委员会感到关注的是，没有（a）任命一个独立的监测权威对机构内（风险更大）外残疾人受到的暴力和虐待的行为进行调查；（b）机构内的独立投诉机制”］，CRPD/C/DEU/CO/1，第35段。

最后，委员会的结论性意见还处理了强迫劳动问题和逼迫残疾人乞讨问题。[21]

325

参考文献

Hendricks A（2007）UN Convention on the rights of persons with disabilities，Eur J Health L 14：273-298.

Kayess R，French P（2008）Out of darkness into light：introducing the Convention on the rights of persons with disabilities，Hum Rights Law Rev 8：1-34.

Mégret F（2008）The disabilities Convention：human rights of persons with disabilities or disability rights? Hum Rights Quart 30：494-516.

Quinn G，Degener T（2002）Human rights and disability：the current use and future potential of United Nations human rights instruments in the context of disability，United Nations，New York/Geneva.

United Nations. Office of the High Commissioner for Human Rights（2014）The Convention on the rights of persons with disabilities，Training Guide（Professional Training Series No. 19）. United Nations，New York/Geneva.

21 CRPD/C/CHN/CO/1，2012 年 10 月 15 日；CRPD/C/KOR/C/1，2014 年 10 月 28 日；CRPD/C/PRY/CO/1，2013 年 5 月 15 日。

第 17 条　保护人身完整性 327

玛丽·凯斯

每个残疾人的身心完整性有权在与其他人平等的基础上获得尊重。

目　次

1　导言

第 17 条是一个单句声明，是《残疾人权利公约》中唯一没有对其含义提供进一步指导或详细说明的条款。尽管《欧盟基本权利宪章》第 3 条也有类似的规定，但将人身完整性作为独立条款列入联合国人权条约尚属首次。同《残疾人权利公约》第 12 条一样，第 17 条在性质上规定的也是一项公民和政治权利，因此缔约国有实现这些权利的即时义务。在特设委员会谈判起草《公约》期间，第 17 条的一份早期草案建议围绕强制干预纳入监管保障措施。[1] 这一草案遭到拒绝，理由是它为这种干预提供了合法性。最终，由
328 于未能就第 17 条的内容达成一致，在被认为是特设委员会所谈判的最具争议的这一条中，最后达成共识的只是这一句话。[2] 这句话没有明确说明它打算禁止哪些种类的侵犯人权行为。具体地说，约文没有提及非自愿干预是否被允许或是否受到限制。[3]

在谈判中，一些国家对第 17 条的必要性存有疑问，认为第 17 条虽然重要，但可以说其他条款通过具体规定禁止酷刑、不人道或有辱人格的待遇以及其他形式的暴力和凌虐等，对人身完整性的权利提供了更有力的支持。[4] 澳大利亚等地的法律制度则支持第 17 条，不认为其他条款能够充分涵盖第 17 条要解决的问题，因为不是每一种未经同意的待遇都等于酷刑或残忍或有辱人格的待遇。如果没有第 17 条，那些还够不上酷刑的凌虐行为会让人觉得不受《公约》的规制。在《公约》谈判期间，国际残疾人组织核心成员组（International Disability Caucus/IDC）“注意到了第 17 条解决相关问题的混乱和失败，对关于第 17 条和第 15 条的讨论的差异感到震惊”。[5] 在第 17 条的原始草案中，国际残疾人组织核心成员组认为，有人试图证明据称可以保护残疾人尊严和权利的非自愿精神健康干预的保障措施是正当合理的。国际残疾人组织核心成员组强调，尊重人身完整性的权利是一项与禁止酷刑、不人道或有辱人格的待遇密切相关的绝对权利。此外，国际残疾人组织核心成员组“倾向于合并第 15 条和第 17 条，以显示禁止酷刑及不人道或有辱人格的待遇的规范与尊重人身完整性这一基本权利之间的联系”。[6] 智利支持第 17 条，强

---

1 Ad Hoc Committee, Daily Summaries Draft Article 17, 7th Session January 19, 2006.

2 Kayess and French (2008).

3 Kampf (2010).

4 Ad Hoc Committee, Daily Summaries Draft Article 17—Protecting the Integrity of the Person, January 19 2006, Canada.

5 Ad Hoc Committee, Daily Summaries Draft Article 17—Protecting the Integrity of the Person, January 19, 2006, IDC. 特设委员会主席指出，缔约国没有预先提出关于第 17 条的建议，但国际残疾人组织核心成员组（IDC）提了。

6 Ad Hoc Committee (n 4).

调第 17 条应明确其主要重点是保障知情同意。[7]

残疾人权利委员会明确指出，知情同意是第 17 条的核心内容。缔约国必须说明其采取的措施，以保护残疾人不受未经自由和知情同意的医疗或其他非自愿治疗的影响，包括不遭受强制绝育和强制堕胎。残疾人权利委员会 329
要求缔约国提交的报告包括确保实现这一权利的独立审查机构的存在、组成和作用，以及这些机构所采取的方案和措施。[8] 因此，第 17 条的目标之一是解决干预时的知情同意问题。残疾人决策时自由知情同意的概念是保障其精神和身体完整的守门人，以对残疾人法律能力的承认为基础。《公约》第 12 条对支持残疾人行使自由的知情同意权至关重要。在精神保健中，不尊重残疾人的知情同意权的理由是以实际的或假想的残疾及其对残疾人自身或他人的风险为基础的。在特设委员会谈判期间，国际残疾人组织核心成员组表示：

> 问题在于，残疾常常被错误地描述为一种医疗紧急情况。疯癫或精神病的发作不是一种医学上的紧急情况，而是一种需要与当事人协商解决的残疾。此外，社会偏见往往导致不正确地将残疾定性为对公共卫生的一个威胁。[9]

这再次表明有必要采取一种合作一致的办法，以避免因采取强制性干预措施而侵犯人身完整性，特别是在心理社会残疾领域。第 12 条关于普遍法律能力的规定在确保知情同意和免于强制治疗方面发挥了关键作用。这涉及那些受正式或非正式替代决策限制的人，特别是当这些人被隔离在护理机构中并受到精神卫生法允许的强制性约束时。第 17 条规定的是一项广泛的权利，旨在保护人身完整性不受正式的或非正式权力的滥用。在这一点上，可以认为许多行动都有可能影响残疾人的身心完整性，因此《公约》第 3 条规定的一般原则有助于指导第 17 条的适用。最引人关注的原则是：尊重残疾

7　Ad Hoc Committee, Daily Summaries Draft Article 17—Protecting the Integrity of the Person, January 19 2006, Chile.

8　残疾人权利委员会，缔约国根据《残疾人权利公约》第 35 条第 1 款提交的条约专要文件准则，CRPD/C/2/3。

9　Ad Hoc Committee, Daily Summaries Draft Art 17—Protecting the Integrity of the Person, January 19, 2006, IDC.

人的固有尊严；个人自主，包括作出自己选择的自由；不歧视；以及尊重残疾儿童逐渐发展的能力。这些原则对于澄清和适用可能有些含糊的其他条款是重要的，但对第 17 条尤其重要，因为其范围具有潜在的无限性。

除第 12 条外，其他一些条款在维护《公约》的一般原则方面与第 17 条直接相关或相互重叠。第 15 条禁止酷刑或残忍、不人道或有辱人格的待遇或处罚，还延伸到禁止未经知情同意的医学或科学试验，特别是在没有治疗益处的情况下。第 15 条与第 17 条的重叠显而易见，都将知情同意作为身心完整性的守门人。有些侵害属于第 15 条规定的似乎更严重的侵害类别，而不属于第 17 条，但这些划分并不明确。杰拉德·奎因（Gerard Quinn）粗略
330 地将第 17 条与《公约》的其他一些条款归类为保护个人权利的条款。[10] 他评论说，第 17 条“重申了这一组条款的本质，该组条款实际上是用人权规范在人的周围设置了适当的保护盾牌”。[11]《公约》第 25 条也回应和支持了第 17 条，规定在残疾人自由表示的知情同意的基础上给予医疗，重申了人身完整性的要求。

《欧盟基本权利宪章》第 3 条与《残疾人权利公约》第 17 条的规定类似，要求必须“根据法律规定的程序”尊重“当事人的自由和知情同意”。[12] 一名评论者认为，利用强制性的国家权力实施治疗是“侵犯残疾人人权的最关键领域之一”。[13] 其他评论者认为，第 17 条的作用是限制缔约国实施治疗的权力，而不是完全限制非自愿治疗。[14]

2 《欧洲人权公约》和人身完整性

对个人开展干预治疗的合法性取决于当事人的知情同意，或者，传统

10 Quinn（2009），p. 104.

11 Quinn（2009），p. 105.

12 Charter of Fundamental Rights of the European Union.

13 Kayess and French（2008），p. 30.

14 Mc Sherry（2008）.

上，如果个人能力受损，则需要有其他合法权威同意。《残疾人权利公约》要求用支持决策模式对待那些缺乏干预决策技能的人。在《欧洲人权公约》中，自主权被表述为一项基本人权，《欧洲人权公约》第 8 条和普雷蒂诉英国案（*Pretty v. United Kingdom*）都确认了这项权利。[15] 它保护个人的身心完整权、精神稳定权和隐私权，包括自行决定医疗的权利。这与《残疾人权利公约》的一般原则和第 17 条类似，但《欧洲人权公约》不要求提供协助行使这项权利的合理便利。尊严权作为私生活的一个方面被列入《残疾人权利公约》的一般原则，也被《欧洲人权公约》确认为基本权利。在本赛德诉英国案（*Bensaid v. United Kingdom*）中，这项权利被解释为包括维持精神稳定的权利。[16]

精神卫生法一般通过允许强制治疗和其他形式的限制性做法使国家干预具有合法性，同时为个人提供一些保障。这些法律依赖使用替代决策来推翻 331
个人的决定，即使这个人拥有必要的决策技能。[17] 欧洲理事会防止酷刑委员会（The Council of Europe Committee for the Prevention of Torture，简称 CPT）指出，从原则上来说，治疗应该取得患者的自由和知情的同意，对个人采取非自愿的精神医疗保健不应被理解为授权可以未经当事人同意而治疗。[18] 欧洲人权法院在 X 诉芬兰案中重申了这一点，认为芬兰违反了《欧洲人权公约》第 8 条：

> ……强制用药是对人身完整性的严重干预，因此必须以保证适当保护措施的“法律”为基础……[19]

欧洲人权法院对 X 诉芬兰案的判决要求在强制入院和治疗之间实施实质性保障措施，以符合《欧洲人权公约》第 8 条。在许多部门抵制变革的背景下，这些变化对缔约国构成重大挑战。一些评论者提出，允许强制干预的精神卫生法违反《残疾人权利公约》，应该被废除，取而代之的应当是取得双

15　ECtHR, *Pretty v. United Kingdom*, Appl. No. 2346/02, 27 July 2002, para. 65.

16　ECtHR, *Bensaid v. United Kingdom*, Appl. No. 44599/98, 6 February 2001, para. 49.

17　Mental Health Act 2001 of Ireland, Mental Health Act 1983 & 2007 of England and Wales.

18　CPT (2003) (8th General Report [CPT/Inf (98) 12]).

19　ECtHR, *X v. Finland*, App. No. 34806/04, 3 July 2012, para. 214.

方同意的提供“基于有医疗支持空间的残疾社会模式”服务的做法。[20] 自由权和自主权、公民权利和政治权利历来是关于精神卫生法辩论的主要内容，但这不利于《残疾人权利公约》更广泛地关注对精神/情绪抑郁具有影响的经济和社会权利。更广泛的关注将有助于实现像第 19 条规定的独立生活和融入社区的权利，以及第 25 条关于享有可达到的最高健康标准的权利。这样，稀缺资源就可以被用于有精神/情绪抑郁的人所倾向的可持续的社区支持系统。

联合国酷刑问题特别报告员胡安 · E. 门德斯（Juan E. Méndez）在其关于医疗保健背景下的医疗滥用的报告中指出，这些滥用情况“跨越了虐待的门槛而进入酷刑或不人道或有辱人格的待遇的领域”，“残疾人尤其受到强制医学干预的影响，并继续遭受未经其同意的医疗”。[21] 他的报告指出，强制绝育是“一种暴力行为，一种社会控制的形式，一种对免遭酷刑和其他残忍、不人道或有辱人格的待遇或处罚的权利的侵犯”。[22] 该报告承认，在医疗情况下，
332 残疾人的选择经常基于他们的“最大利益”而被忽视，对残疾人的严重侵犯和歧视可能为医疗工作者的“良好用意”或家长式作风所掩盖。[23]

2.1 隔离与约束

酷刑问题特别报告员的声明指出，精神病院不得以治疗为由对被拘留在精神病院的人实行单独拘禁和长时间的约束，这些做法可能构成酷刑和虐待。[24] 短期的约束也可能构成酷刑和虐待。该特别报告员表示：

> 有必要在所有剥夺人身自由的场所（包括精神病院和社会护理机构）中绝对禁止一切形式的强制性措施和未经当事人同意的措施，包括对精神残疾人和智力障碍人士实施约束和单独拘禁。在病人处于弱势地位的环境中，医务人员给予残疾人约束和隔离等伤害性待遇，可能导致

---

20 Minkowitz（2010）, p. 151.

21 酷刑和其他残忍、不人道或有辱人格的待遇或处罚问题特别报告员胡安 · E. 门德斯，A/HRC/22/53，第 80 段。

22 同上，第 48 段。

23 同上，第 61 段。

24 同上，第 63 段。

其他未经同意的治疗，如强迫用药和电击手术。[25]

受到隔离或约束的人对他们经历的描述非常消极，包括屈辱感和丧失尊严感。事实上，在一些允许这种限制性做法的法域，人们也认识到了这种影响，要求当事人有机会讨论其体验，并将其作为最佳做法的一部分。[26] 预防酷刑委员会讨论了这一严重问题：

> 原则上，医院对病人和工作人员都应该是安全的地方。精神病患者应该得到有尊严和尊重的对待，以及以安全、人道的方式尊重他们的选择和自我决定。有必要为工作人员提供适当的培训和指引，使他们能够以合乎伦理的方式应对焦躁不安的和/或暴力的患者带来的挑战。[27]

欧洲人权法院后来在布雷斯诉捷克案（*Bures v. The Czech Republic*）中确认了这些观点，强调了化学约束的影响，并表示《欧洲人权公约》第 3 条绝对禁止酷刑或不人道或有辱人格的待遇或处罚，无论情况如何或受害者的行为如何。[28] 以物理约束的方式进行人身限制只有在例外的情况下，并且是防止对当事人或其他人造成即时的或迫近的伤害的唯一可用手段时，才能作为最后的手段来使用。挑战在于如何使欧洲人权法院这种看似妥协的方式与联合国特别报告员和残疾人权利委员会明确且不妥协的措辞相一致。 333

残疾人权利委员会在以《公约》第 14 条为审查重点时，提到了对缔约国未经当事人知情同意而提供精神卫生服务的权力的关切。[29] 委员会要求在精神卫生服务中消除一切形式的隔离和约束，指出这些强制措施影响人身完

25　酷刑和其他残忍、不人道或有辱人格的待遇或处罚问题特别报告员胡安 · E. 门德斯，A/HRC/22/53，第 63 段。

26　Mental Health Commission（2014），Seclusion and Restraint Reduction Strategy，www.mhcirl.ie/publications，Accessed on 28 April 2015.

27　欧洲理事会预防酷刑和非人道或有辱人格的待遇或处罚委员会（2006）：成人精神病院的约束手段，摘自第 16 次一般性报告［CPT/Inf（2006）35］。在对爱尔兰的访问中，欧洲理事会预防酷刑和非人道或有辱人格的待遇或处罚委员会会见了服用药物控制行为而不是减少疾病症状的患者，特别是在一次暴力事件后。见爱尔兰政府对欧洲理事会预防酷刑和非人道或有辱人格的待遇或处罚委员会 2010 年 1 月 25 日至 2 月 5 日访问爱尔兰的报告的答复。报告建议，必须对化学约束制定明确的规则并进行严格监督（第 132 段）。

28　ECtHR，*Bures v. The Czech Republic*，App. No 37679/08，18 January 2013，para. 83.

29　残疾人权利委员会的结论性意见：捷克，CRPD/C/CZE/CO/1；克罗地亚，CRPD/C/HRV/CO/1；库克群岛，CRPD/C/COK/CO/1。

整性，也凌驾于个人的同意能力之上。委员会提到了精神病院进行强迫治疗的常见做法，包括可能等同于酷刑的机械约束和化学约束。委员会建议为酷刑和虐待的受害者提供独立的监督和申诉机制，并提供补救和充分的赔偿，包括康复。同样，残疾人权利委员会在审查《公约》第 15 条时，也把单独监禁列入有害做法。[30] 委员会特别提到有必要废除对社会心理残疾人和接受住院护理（in residential care）的老年人以物理或化学约束的方式进行的人身限制，要求调查精神病院和老年人护理机构中的侵犯人权情况。在关注《公约》第 17 条时，委员会还注意到缺乏关于非自愿安置和治疗的可用数据。委员会的这些结论性意见毫无疑问地使缔约国明白了关于未经知情同意而进行严重干预的要求是什么。

2.2 未经同意的绝育

到目前为止，残疾人权利委员会处理第 17 条的思路特别注重精神保健中的未经同意的治疗和未经同意的绝育。反对绝育歧视的要求与第 6 条（残疾妇女）和第 7 条（残疾儿童）规定的权利有关，与第 23 条尊重家居和家庭（包括尊重残疾人的家庭计划以及在与其他人平等的基础上保留生育力）也有密切联系。同样，第 25 条规定对残疾人的医疗必须在征得当事人自由表示的知情同意的基础上不受歧视地提供，包括使残疾人获得考虑到性别的性和生殖方面的医疗保健。这些条款通过明确提到残疾人有权在性别、生育
334 和生殖健康方面获得与其他人平等的对待，激活了《公约》第 17 条中的保护人身完整性的权利。

承认具有法律能力的权利是这一问题的核心。干预的理由总是基于被认为没有法律能力，而残疾又往往是被认为没有法律能力的根据。如果一个人被认为缺乏能力，而绝育被认为是对她最有利、最不具有侵入性的手段，那么她很可能会被实施绝育。在一些法域，实施这样的绝育需要得到法院的授权。[31] 但如果实施绝育有治疗上的理由，那么就有可能不必得到法院的授权。

---

30 残疾人权利委员会的结论性意见：德国，CRPD/C/DEU//CO/1。

31 Mental Capacity Act Code of Practice DCA（2007）：para. 8.22；Assisted Decision-Making（Capacity）Bill 2013 at（n 26）.

加拿大最高法院在 1986 年的里夫案中受理了一项申请，该申请请求允许给一名 21 岁的有学习障碍的恋爱中妇女实施绝育以防止其怀孕。[32] 尽管该申请提出了手术理由，但法院强调了身体完整性，认为这一不可逆转的手术是对个人权利的“严重侵犯”。

一些评论人士相信，实施绝育会给当事人带来更大的性虐待风险，特别是但不限于在机构环境中。[33] 艾米丽·杰克逊（Emily Jackson）提到对个人生育选择自由的侵犯以及法律在处理这一问题上的不足：

> ……高尚的意图必然无法为未经当事人同意而永久地剥夺个人的生育能力提供充分的理由。未经同意而对无心智能力的妇女实施绝育，通常不被认为是一种令人发指的侵犯行为，反映了……对精神残疾妇女的性行为和未来生育可能性的负面假设。[34]

在一项研究中，68%有学习障碍的妇女不同意绝育并“感到被羞辱和诋毁”。[35] 另一个例子是欧洲人权法院尚未审结的高尔和其他人诉法国案（*Gauer & Others v. France*）。该案涉及 5 名有智力残疾的年轻妇女，她们每个人在 3 年多的时间里都被实施了以避孕为目的的绝育。[36] 她们没有被告知手术的性质，也没有被征求同意。她们申诉说：从诉讼一开始她们就没有代理人可用；诉讼程序不公平，违反《欧洲人权公约》第 6 条（公平程序权）；未经同意对其实施绝育违反了《欧洲人权公约》第 3 条（禁止酷刑、不人道或有辱人格的待遇），侵犯了她们的身体完整性；根据《欧洲人权公约》第 335
8 条（私生活和家庭生活受尊重权）和第 12 条（婚姻权）享有的私生活受尊重权和建立家庭权被侵犯。她们还主张，她们由于残疾而受到了歧视，这违反了与《欧洲人权公约》第 3 条、第 8 条和第 12 条相结合的第 14 条。[37]

---

[32] ECtHR, *E.* (*Mrs.*) *v. Eve*, [1986] 2 S. C. R. 388.

[33] Brazier and Cave (2007), p. 287.

[34] Jackson (2009), p. 55.

[35] Herring (2014), p. 279.

[36] ECtHR, *Gauer & Others v. France*, Appl. No. 61521/08, 10 December 2008. See also Amicus Curiae, https://www.scribd.com/fullscreen/73416199?access_key=key-d3jj7keqxh7xofxt0zm.

[37] 在写作本书时该案还没有作出判决（2015 年 5 月）。

3　残疾人权利委员会和人身完整性

残疾人权利委员会经常处理通过替代决策进行强制绝育和强制堕胎的问题。委员会关于德国的结论性意见指出，需要通过立法明确禁止未经当事人同意的绝育，并消除一切例外情况，包括替代同意或法院授权（在许多法域，法院可以未经当事人同意即下令对成人实施绝育）。[38] 显然，委员会在这个问题上采取了绝对立场，不准备允许任何例外。委员会就这个问题还向西班牙和澳大利亚提出了类似建议。[39] 残疾人权利委员会第 1 号一般性意见所建议的务实做法也明显体现在委员会的结论性意见中，即应将残疾青年纳入无障碍的性健康教育项目。[40] 委员会根据第 25 条作出的结论性意见进一步建议对医疗专业人员进行关于残疾的培训，并废除监护制度，以允许残疾人在性和生殖方面自主。

关于儿童的人身完整性这一具体问题，残疾人权利委员会关切的是，父母可以同意对其残疾子女进行绝育。这种情况发生在包括澳大利亚在内的一些缔约国，委员会对澳大利亚持续性的成人和儿童非自愿的绝育“深表关切”。[41] 委员会明确建议克罗地亚立即修改立法，“无条件禁止对残疾男孩和残疾女孩实施绝育，以及在没有个人事先、完全知情和自由同意的情况下对残疾成年人实施绝育”。[42] 委员会还处理了高度敏感的间性人（intersexuality）问题，并指出缔约国未能执行关于保护间性人（intersexuality）儿童身体完
336 整性的建议。[43] 培训的问题再次出现，这一次是关于对医疗专业人员进行无障碍和可替代的交流技能方面的培训，以便医疗专业人员与有智力、心理社

38　残疾人权利委员会的结论性意见：德国。

39　残疾人权利委员会的结论性意见：西班牙，CRPD/C/ESP/CO/1；澳大利亚，CRPD/C/AUS/CO/1。

40　残疾人权利委员会的结论性意见：库克群岛，第 1 号一般性意见，CRPD/C/GC/1。

41　残疾人权利委员会对澳大利亚和克罗地亚的结论性意见。

42　残疾人权利委员会的结论性意见：克罗地亚。

43　残疾人权利委员会的结论性意见：德国。

会和感官损伤的人交流。残疾人权利委员会目前的所有结论性意见都是对缔约国初次报告的回应。真正的考验将在缔约国下一个报告期出现。届时，缔约国将被要求报告其具体目标，如法律和政策的改革以及专业工作人员的交流技能培训等。这将能更准确说明《公约》的实施进展情况。

一般而言，残疾人权利委员会根据第 17 条讨论绝育问题，而根据第 15 条讨论手术阉割问题。二者的比较表明，手术阉割可能被视为比绝育更严重，尽管它更容易被识别。[44] 虽然委员会清楚地表明了第 17 条规定的非自愿绝育的严重性，即不允许终止残疾人的生育功能，其涉及基本人权。但不清楚为什么这种主要针对妇女的、不可见的、使功能永久丧失的绝育与手术阉割真的不一样。无论根据第 15 条还是第 17 条，就问题的严重性来分类和分级可能都很难，但人们必须质疑作为更普遍做法的强制绝育和作为特殊情况的强制阉割之间明显的性别区别。这两种情况都涉及当事人的知情同意和感知风险，缔约国必须清楚说明为什么使用其中之一，以避免基于性别和残疾的歧视。

4　结语

强迫或未经同意的治疗是残疾人（包括智力和心理社会残疾人士）面临的一个主要问题，侵犯了《残疾人权利公约》第 17 条保护的权利。《公约》关于平等的规定和第 12 条确认的可以通过协助来行使的法律能力与人身完整性紧密联系，因此对人身完整性这一权利的侵犯也是对第 12 条的违反。替代决策是护理文化的一部分，深深植根于社会中，不仅体现在人们的态度中，而且体现在政策和做法上。它往往得到法律（特别是精神卫生法）的授权，尽管有证据表明其缺乏有效性。这是缔约国面临的一项重大挑战。残疾人权利委员会和其他一些机构都明确指出，有必要废除延续人权侵犯行为的关于强制治疗的政策和法律，确保与人身完整性有关的决策得到个人自由和

44　残疾人权利委员会的结论性意见：捷克。

知情同意。如果人们被剥夺了法律能力，就为替代决策和缺乏知情同意的治疗开辟了道路。预防这些做法的出发点是尊重每个人的法律能力。

337

相关案例

Canada（Supreme Court of）23. 10. 1986，*E（Mrs）v. Eve*，［1986］2 S. C. R. 388.

ECtHR 06. 02. 2001，Application No. 44599/98，*Bensaid v. United Kingdom*，（2001）33 EHRR 205.

ECtHR 29. 04. 2002，Application No. 2346/02，*Pretty v. United Kingdom*，（2002）35 EHRR 1.

ECtHR 10. 12. 2008，Application No. 61521/08，*Gauer & Others v. France*，ECHR Ⅱ-532.

ECtHR 03. 07. 2012，Application No. 34806/04，*X v. Finland*，［2012］ECHR 1371.

ECtHR 18. 01. 2013，Application No. 37679/08，*Bures v. The Czech Republic*，［2012］ECHR 1819.

参考文献

Brazier M，Cave E（2007）Medicine，patients and the law，Penguin，London.

Herring J（2014）Medical law and ethics，5th edn，Oxford University Press，Oxford.

Jackson E（2009）Medical law：texts，cases & materials，2nd edn，Oxford University Press，Oxford.

Kampf A（2010）Involuntary treatment decisions：using negotiated silence to facilitate change? In：McSherry B，Weller P（eds）Rethinking rights-based mental health laws，Hart Publishing，Oxford.

Kayess R，French P（2008）Out of darkness into light? Introducing the Convention on the rights of persons with disabilities，Hum Rights Law Rev 8（1）：1-34.

Mc Sherry B（2008）Protecting the integrity of the person：developing limitations on involuntary treatment，In：McSherry B（ed）International trends in mental health laws，Law in context，vol 26，Federation Press，Annandale，pp. 111-124.

Minkowitz T（2010）Abolishing mental health laws to comply with the Convention on the rights of persons with disabilities, In: McSherry B, Weller P (eds) Rethinking rights-based mental health laws, Hart Publishing, Oxford.

Quinn G (2009) A short guide to the United Nations Convention on the rights of persons with disabilities, In: Yearbook on disability law, vol 1, Intersentia, Antwerp, pp. 89-114.

339 # 第 18 条　迁徙自由和国籍

拉切尔·塞拉

一、缔约国应当确认残疾人在与其他人平等的基础上有权自由迁徙、自由选择居所和享有国籍，包括确保残疾人：

（一）有权获得和变更国籍，国籍不被任意剥夺或因残疾而被剥夺；

（二）不因残疾而被剥夺获得、拥有和使用国籍证件或其他身份证件的能力，或利用相关程序，如移民程序的能力，这些能力可能是便利行使迁徙自由权所必要的；

（三）可以自由离开任何国家，包括本国在内；

（四）不被任意剥夺或因残疾而被剥夺进入本国的权利。

二、残疾儿童出生后应当立即予以登记，从出生起即应当享有姓名权利，享有获得国籍的权利，并尽可能享有知悉父母并得到父母照顾的权利。

目　次

1　残疾与移民

迁徙自由被人权事务委员会认为是“人自由发展的必要条件”，[1] 从《世界人权宣言》（第 13 条）的确认开始，在国际人权法中有着悠久的传统。

然而，随着时间的推移，移民法律和政策一直被用作将残疾人等某些不受社会欢迎的群体拒之门外的借口。有各种身体或智力残疾的外国人在入境过程中受到歧视，歧视的理由是保护公共健康和防止产生公共费用。

残疾和移民的叠加是一个复杂的现实问题，可以通过各种形式体验和处理。这一问题可以从两个角度来理解：（1）由于残疾而被拒绝入境；（2）残疾人在移民政策和法律框架中被忽视和边缘化。这一问题还可能引起复杂的歧视情况，即基于同时存在的歧视动机的跨部门、系统和社会歧视。这种歧视通常间接地来源于（据感知的）个人健康状况，或者与负责授予国籍或给予庇护的工作人员的歧视性做法有关。

有时移民过程本身可能造成损伤和残疾，移民政策与卫生或就业政策的相互作用导致损害日益增多。例如，越来越多地以刑事方法对待无证件移民，将个人排除在医疗系统之外，这可能导致疾病和损伤。此外，移民往往在糟糕和危险的工作条件下工作，移民工人受到伤害，导致身体损伤和

1　人权事务委员会（CCPR）第 27 号一般性意见：第 12 条（迁徙自由），CCPR/C/21/Rev. 1/Add. 9，1999 年 11 月 2 日。

死亡。[2]

《残疾人权利公约》第 18 条规定了强化的更为广泛的标准，并将其明确适用于残疾人的保护。它试图在立法和实践中禁止基于残疾的任何歧视——
341 这些歧视影响到残疾人在不同国家间的迁徙自由，包括获得国籍的权利。第 18 条还特别关注残疾儿童的出生登记问题。

2 《残疾人权利公约》之前的国际人权法和移徙

在《残疾人权利公约》出台之前，残疾人的一般权利和在移徙方面的权利得到的支持都非常零散。虽然相关国际文书规定了人权的普遍性，但这些权利在对残疾人实际适用时大异其趣。

《公民及政治权利国际公约》尽管范围广泛，但没有明确规定移徙方面的权利。《公民及政治权利国际公约》确实在第 12 条第 1 款载有关于迁徙自由的措辞。但是，第 12 条受到在一国之内合法居住要求的限制（这在难民和寻求庇护者方面尤其有问题）；在为保护“公共卫生或道德或他人的权利与自由”而有必要时，这一规定的适用也可能受到限制。

《公约》不承认外国人进入或居住在缔约国领土内的权利。原则上，国家可以决定允许谁进入其领土。然而，在某些情况下，外国人也可能享有《公约》在入境或居留方面的保护，例如，在考虑不歧视、禁止不人道待遇和尊重家庭生活的情况时。

但是，这种情况仍然需要遵守缔约国同意进入的条件。因此，虽然《公民及政治权利国际公约》载有普遍适用于残疾人的规定，但在其适用中，与迁徙有关的唯一具体规定是有条件和限制的。

鉴于人权理事会特别报告员的调查结果突出显示残疾人在公共和私人领域的脆弱性增加使他们面临严重的暴力和虐待，《禁止酷刑公约》在残疾人

2 Burns (2013).

权利方面的重要性显著增加。[3]

关于移徙问题，《禁止酷刑公约》阐明了缔约国不得在某国将有遭受酷刑危险的人驱逐、推回或引渡至该国的原则（第 3 条）。这一条显然与残疾寻求庇护者和难民有关，不应低估其重要性。[4] 但是，该第 3 条的适用范围有限，因为它只适用于寻求庇护的弱势个体，而不适用于为就业或家庭团聚而寻求移徙的人。

1951 年《关于难民地位的公约》（以下简称《难民公约》）尽管不是正式国际人权框架的组成部分，但与残疾人有关。原因有两方面。该公约显然 342
是专门针对人类移徙的文书。此外，由于难民群体普遍存在身心健康问题，《难民公约》适用的人群范围很重要。

根据《难民公约》第 1 条第 1 款第 2 项，如果缔约国确认由于“有充分理由担心因种族、宗教、国籍、参加特定的社会团体或具有某种政治见解而受到迫害”，个人不愿或无法返回原籍国，该个人将获得难民身份。对于残疾难民的情形而言，最好用的理由是“特定的社会团体”，即那些具有内在或不可改变特征的群体。例如，美国就有成功的例子，残疾儿童即被认为构成一个“特定的社会团体”。[5]

如果有关个人能够证明其因残疾而受到迫害，则将触发《难民公约》第 33 条。同《禁止酷刑公约》第 3 条一样，《难民公约》第 33 条载有不推回的义务，禁止缔约国将个人遣返回其生命权或自由权因所述理由而受到威胁的环境。[*]

然而，同《公民及政治权利国际公约》和《禁止酷刑公约》一样，《难民公约》在其协助残疾人权利方面也受到限制。按初步推定，《难民公约》不适用于那些自愿寻求移徙的人。此外，只有在个人根据《难民公约》所载理由之一证明其所受到的迫害达到所要求的程度后，才可援引不推回条款并

3　酷刑和其他残忍、不人道或有辱人格的待遇或处罚问题特别报告员的临时报告，A/63/175，2008 年 7 月 28 日。

4　Bourke and Gerard（2002），p. 150.

5　Bhabha and Crock（2007），p. 166.

*　原文的表述不够严谨，因为无论是“自由”还是“自由权”都超出了不推回义务的适用范围。——译者注

行使迁徙自由的权利。因此，《难民公约》仅适用于那些因作为某一特定社会团体的成员而害怕受到迫害的个人，而社会团体的定义本身就很复杂。[6]

上述审查说明，在《残疾人权利公约》之前，国际法律框架缺乏充分支持和维护残疾人移徙权利所需的具体规定。《残疾人权利公约》第18条试图纠正这一遗漏。

3 《残疾人权利公约》第18条

3.1 起草历史

在工作组的《公约》草案案文中，迁徙自由列入了关于“个人行动能力”的第20条，规定“缔约国应当采取有效措施，确保残疾人尽可能独立
343 地享有个人行动能力，包括：……（五）为残疾人按自己选择的方式和时间，并以低廉费用享有个人行动能力提供便利……”

但是，工作组和特设委员会第三届会议期间的讨论表明，许多成员对该草案条款所采取的办法感到困惑。

一些国家认为，该条的各个方面在《残疾人权利公约》其他地方已经得到充分解决（例如，欧盟和日本代表指出，关于“无障碍”的第19条草案包含了与身体移动有关的问题），而另一些国家则对有些条款似乎给予残疾人比一般存在的迁徙自由更多的权利表示关切（新西兰代表对第20条第5款的反应），认为它建立了“便利残疾人按自己选择的方式和时间，以低廉费用享有个人行动能力”的义务。

其他成员，特别是一些国家人权机构，认为该标题没有充分强调以权利为基础认识迁徙自由的路径。事实上，他们指出，残疾人经常被剥夺其国籍权利和（或）其拥有国籍标志（或其他身份）的权利，这反过来又限制了他们在本国内外旅行的能力。此外，残疾人往往无法获得与迁徙自由有关的程

6　对寻求庇护的残疾人来说，《难民公约》定义的几个要素可能特别具有挑战性。进一步分析，见 Crock et al.（2011）。

序，例如移民或其他程序。由于第 20 条草案没有处理传统意义上的迁徙自由问题，因而似乎应该增加一条，更全面地阐述与残疾人有关的迁徙自由权利。

因此，得到认可的办法是以原先关于个人行动能力的草案第 20 条来处理提供和发展协助服务的事项，并在一项新的条款草案中单独规定更广泛的迁徙自由，后者被理解为个人在其国家内自由迁徙以及离开和返回该国的权利仅受为保护国家安全、公共安全、卫生和预防犯罪等利益所必要的限制（如《公民及政治权利国际公约》第 12 条所预见的）。因此，新的条款草案将处理传统上与迁徙自由的权利有关的概念，并试图在残疾领域详细阐述。

3.2　原则和义务

各国的移民政策表明一种观点，那就是残疾人不论是在严格的经济意义上还是在社会和文化意义上都无法为东道国作出贡献。在移徙方面，这导致各国通过了对残疾人不方便和歧视的严格的法律和政策，体现为残疾的“医学模式”。残疾人往往被拒绝进入一个国家，因为他们被视为公共卫生和安全的威胁，或是国内卫生和社区服务的负担。在一些国家，甚至是《公约》
缔约国，如果一个人有健康问题（英国、澳大利亚），[7] 特别是精神障碍（对 344
巴林来说的心理社会残疾）、唐氏综合征和智力残疾，就会被限制入境。[8]

《残疾人权利公约》第 18 条克服了以前的国际文书的局限，保证残疾人平等地享有迁徙自由和国籍自由。残疾人“选择住所”的权利同样重要，因为它涉及《残疾人权利公约》第 19 条所保护的独立生活的权利，该条保护残疾人不会被迫以任何形式在国内流离失所。

在进入或留在一个国家的权利方面，《残疾人权利公约》没有给予残疾人任何额外的权利。事实上，第 1 款的起首复制了《公民及政治权利国际公约》第 12 条中关于流动、国籍和居住地的一般规定。[*]

7　见第 4 段。

8　在关于墨西哥报告的结论性意见中，残疾人权利委员会表示关切的是，有智力或社会心理残疾的移民被关在移民收容中心，政府对残疾人进入该国设定了更严格的要求。见残疾人权利委员会的结论性意见：墨西哥，CRPD/C/MEX/CO/1，第 39 段。

*　该公约第 12 条没有关于国籍的规定。——译者注

《公约》唯一的积极要求是，缔约国应承认残疾人在与其他人平等的基础上享有迁徙自由、选择居住地和国籍的权利。除了要求缔约国修正不一致的国内法律之外，[9] 这可能还包括为残疾人提供合理便利的要求，包括在不给国家造成不成比例的负担的前提下作出适当的修改和调整，以确保残疾人平等享有迁徙自由的权利。

第 18 条在残疾方面的特殊性在于查明包括残疾儿童在内的残疾人更受歧视的情况：(1) 获得和变更国籍；(2) 拥有和使用国籍证件或身份证件以及进入移民程序；(3) 返回自己的国家。

3.3 国籍的获得和变更

《残疾人权利公约》第 18 条第 1 款第 1 项规定了缔约国的两项义务：(1) 不因残疾而歧视残疾人获得和变更国籍；(2) 不得任意剥夺残疾人国籍。

345 国籍是个人与国家之间的法律纽带。它是成员身份，是某些权利的基础，包括国家在国际层面上给予外交保护和代表个人的权利。每个国家的法律都规定了应授予谁国籍。关于国籍归属的两大主要学说是“出生地主义”(*jus soli*)，即基于在缔约国土地上出生和“血统主义”(*jus sanguinis*)，即基于国民血统。国籍归属的第三个普遍根据是长期居住，借此可以打开入籍的大门。在某些情况下，一个人也可能放弃、丧失、变更或被剥夺国籍。

国际法原则上承认，缔约国对获得国籍的管理是行使主权的一种自由。然而，国籍权所引发并与之有关的国际准则的逐渐发展引人瞩目，1948 年《世界人权宣言》首先将其视为一项基本权利。在全球和区域两级，这些国际准则对各国根据其自身主权利益管理获得国籍的自由施加了重大限制。[10]

特别是，与该问题直接相关的文书——1997 年《欧洲国籍公约》和

9　针对以残疾为由拒绝进入库克群岛的做法，残疾人权利委员会建议缔约国修正法律以便让所有残疾人在与其他人平等的基础上进入缔约国。残疾人权利委员会的结论性意见：库克群岛，CRPD/C/COK/CO/1，第 38 段。

10　例如，《公民及政治权利国际公约》第 24 条；《儿童权利公约》第 7 条；《保护所有移徙工人及其家庭成员权利国际公约》第 29 条；《消除对妇女一切形式歧视公约》第 9 条；《消除一切形式种族歧视国际公约》第 5 条；《非洲儿童权利和福利宪章》第 6 条；《美洲人权公约》第 20 条；《联合国土著人民权利宣言》第 6 条。

1961 年《联合国减少无国籍状态公约》，都提出了《世界人权宣言》包含的关于对国籍管理的影响的总体原则。第一，缔约国必须根据不歧视原则，保障人人平等地享有国籍权。第二，缔约国有义务防止、避免和减少无国籍状态（确保每个人根据国籍权在某国被承认为国民）。[11]

此外，各个国际性法院根据其判例已逐步承认：缔约国有义务保证不歧视；拒绝授予国籍可能会由于对其尊严、身份和个人发展的影响而侵犯个人的私生活权利；[12] 当有关个人属于在历史上受到歧视并被社会长期排斥的弱势群体时，国家的自由裁量空间大幅缩小。[13]

《残疾人权利公约》遵循这种对待国籍的“人性化方式”（human approach），确立了残疾人在与其他人平等的基础上的有关权利。残疾人权利委员会在其结论性意见中重申了在选择国籍方面不歧视的原则，以及相应改变 346
国内立法的必要性。例如，残疾人权利委员会强调，获得秘鲁国籍的要求存在歧视性，它使智力和社会心理残疾人无法获得秘鲁国籍；[14]《厄瓜多尔入籍法》第 7 条也明显具有歧视性，因为它拒绝将国籍授予患有“慢性疾病”者，而残疾人权利委员会认为“慢性疾病”与残疾有关。[15]

3.4　国籍证件或身份证件和移民程序

由于国际旅行通常需要适当的证件（特别是护照），作为迁徙自由的必然结果，《残疾人权利公约》第 18 条第 1 款第 2 项规定了获得和使用必要的旅行证件或身份证件的权利，以及利用移民程序的权利。事实上，案例报告表明，在一些国家，残疾人在获得和使用身份证件方面面临挑战，这让他们在生活的几乎所有领域都会遇到障碍，包括旅行。[16]

另外，残疾人是实施移民法律过程中的“系统性”歧视的受害者。这尤

11　van Waas（2012）, p. 244.

12　ECtHR（Grand Chamber）, *Kuric and others v. Slovenia*, para. 36.

13　ECtHR, *Kiss v. Hungary*, para. 42; *Z. H. v. Hungary*, para. 29.

14　残疾人权利委员会的结论性意见：秘鲁，CRPD/C/PER/CO/1，第 6（c）段。

15　残疾人权利委员会的结论性意见：厄瓜多尔，CRPD/C/ECU/CO/1，第 32 段。

16　在关于秘鲁报告的结论性意见中，残疾人权利委员会对残疾人的数量表示关切，特别是农村地区和长期在机构中的残疾人，他们没有身份证件，有时甚至没有姓名。见 CRPD/C/PER/CO/1，第 22 段。

其涉及残疾人可能无法利用的移民程序。一些相关要求可能会歧视残疾人，例如他们无法以标准方式参加测试，智力残疾的人无法获得必要的知识或理解效忠誓言。同样，一些残疾人可能无法满足最低收入需求。在这种情况下，必须提供积极的措施和便利，以确保残疾人有机会在与其他人平等的基础上提出申请。

在将有关语言知识或特定国家信息的测试作为入籍程序的先决条件时，
347 欧洲及其他地区的许多法域提出了对残疾人的便利措施或豁免。[17] 捷克、[18] 芬兰、[19] 拉脱维亚、[20] 卢森堡、[21] 荷兰和斯洛文尼亚等国调整了语言和国别信息测试程序，以满足残疾人的需要。在斯洛文尼亚，"身体不便"并有医疗证明证实这一点的候选人可以提出请求修改所要求的语言考试。候选人可能只需要参加考试的一部分，或者得到额外的时间来完成写作任务。在芬兰，个人可以通过芬兰手语或芬兰—瑞典手语来证明他或她的能力，而不是展示所要求的口头语言能力。

虽然一些调整和便利措施可以确保一些残疾人满足要求，但不一定能够确保所有残疾人群体都能获得这些措施。在这种情况下，只有在个案中免除测试要求，他们才能获得公民身份。在欧洲人权法院的 H. P 诉丹麦案中，[22] 申请人要求国家通过在入籍程序中给予豁免来履行禁止基于残疾的歧视的义务。在该案中，申请人对语言要求的豁免请求被拒绝，因为申请人患有的创伤后应激障碍被排除在可获得豁免的条件清单之外。[23]

一些欧盟国家，如比利时、法国、英国、荷兰、德国、捷克、芬兰、拉脱维亚和列支敦士登，以及非欧盟国家，如澳大利亚、加拿大和美国，均免

---

17 进一步的信息，见 Waddington（2013）。

18 Act No. 40/1993 Coll. on the Acquisition and Loss of Citizenship of the Czech Republic.

19 Nationality Act 359/2003, Section 13, 1 (6).

20 Government Regulation No. 522 from 2011, http://likumi.lv/doc.php? id=232794.

21 Loi du 28 novembre 2006 sur l'égalité de traitement, www.legilux.public.lu/leg/a/archives/2006/0207/2006A3584A.html, du Loi du 15 juillet 2011 visant l'accès aux qualifications scolaires et professionnelles des élèves à besoins éducatifs particuliers, www.legilux.public.lu/leg/a/archives/2011/0150/a150.pdf.

22 ECtHR, *H. P. v. Denmark*.

23 根据 Section 23 of the Danish Circular no 90 of 1999（在相关时间内有效），"如果相关人员……被证明由于例如酷刑造成的智力障碍而无法学习足够程度的丹麦语"，则授权豁免语言要求。

除了残疾人为获得公民身份所需的语言要求。这些国家中的大多数明确豁免社会心理残疾人士。

3.5　移居和出入境

许多人权公约都规定了人们离开包括本国在内的任何一个国家的权利。所有这些公约的措辞都类似，表明了这项权利以及缔约国在解释和适用这项 348
权利时保持一致目标的重要性。[24]

离开包括本国在内的任何一个国家的权利是为了确保人们能够自由迁徙，包括离开他们所在的国家，而不受无理的阻碍。

缔约国可以对离开权加以限制，但任何这种限制都必须是必要的，并受到比例原则的检验。事实上，人权事务委员会在第 27 号一般性意见中警告说，"第 12 条第 3 款[25]允许的限制必须与《公约》保证的其他权利一致，必须符合平等和不歧视的基本原则"。[26] 因此，如果权利因所列举的任何种类的区分而受到限制，那么这项权利即受到明显侵犯，从而根据"其他身份"理由的基于残疾的歧视是被禁止的。

个人进入其本国的权利承认了个人与该国的特殊关系。该权利有很多方面。这意味着留在本国的权利。它不仅包括离开本国后返回的权利；如果一个人是在国外出生的（例如，该国是这个人的国籍国），那么其也有权第一次来到该国。

如《公民及政治权利国际公约》所提醒的，"其本国"的范围要大于"其国籍国"。它不限于正式意义上的国籍，即出生时获得或被授予的国籍；它至少包括这样的国家身份，即一些人有特殊联系或特殊权利而不能被仅仅视为外国人。[27]

24　See CoE—Commissioner for Human Rights（2013），p. 15.

25　这项规定授权缔约国仅为保护国家安全、公共秩序（*ordre public*）、公共卫生或道德以及他人的权利和自由而限制这些权利。

26　人权事务委员会第 27 号一般性意见：第 12 条（迁徙自由），CCPR/C/21/Rev. 1/Add. 9，1999 年 11 月 2 日，第 18 段（引文中所述《公约》为《公民及政治权利国际公约》——译者注）。

27　人权事务委员会第 27 号一般性意见，第 20 段。

3.6 残疾儿童

在国际法中，儿童的公民权不是来自他们参与行使对国家的权利，而是因为他们需要得到国家的保护。事实上，当《世界人权宣言》被转化为具有约束力的法律时，其第15条中所述的以前不受限制的国籍权利被缩小了，仅限于获得国籍的权利，且仅限于儿童。事实上，《公民及政治权利国际公约》并没有赋予每个人公民权利，仅声明“所有儿童有取得国籍之权”。[28]

349 《儿童权利公约》第7条明确提到儿童登记和获得国籍的权利。以《儿童权利公约》为参照，《残疾人权利公约》第18条第2款规定，缔约国必须采取必要措施，确保残疾儿童在出生时予以登记。与其他儿童相比，残疾儿童不被登记的比例更大。[29] 这不仅剥夺了他们的公民身份，而且往往也剥夺了他们获得医疗和教育的权利。出生时未进行登记的残疾儿童更有可能被忽视、被收容，甚至死亡，且如残疾人权利委员会强调的，由于没有关于他们存在的正式记录，对于他们的死亡负有责任者可能会相对而言免受惩罚。[30]

在这方面，残疾人权利委员会敦促在与其他儿童平等的基础上为生来残疾的儿童制定民事登记的方案，并确保登记能够以简便、快捷、免费的方式进行。[31]

登记是取得公民身份的前提条件，《残疾人权利公约》第18条第2款承认残疾儿童享有这项权利。但是，人权事务委员会确认，虽然这项规定的目的是避免儿童因无国籍而无法享受社会和国家提供的充分保护，但它并不必然使国家有义务将其国籍授予每一名在其领土内出生的儿童。然而，各国必须采取一切适当措施，无论是国内措施还是与他国合作，确保每名儿童在出生时都有国籍。[32]

---

28 Bhabha and Matache (2015), pp. 130-144.

29 例如，在关于巴拉圭初次报告的结论性意见中，残疾人权利委员会感到关切的是，缔约国没有对残疾儿童进行登记，而且尚未采取任何具体措施鼓励对残疾儿童（尤其是农村地区的残疾儿童）进行登记。见残疾人权利委员会的结论性意见：巴拉圭，CRPD/C/PRY/CO/1，第45段。

30 残疾人权利委员会第1号一般性意见：在法律面前获得平等承认，CRPD/C/GC/1。

31 CRPD/C/PRY/CO/1, para. 46.

32 人权事务委员会第17号一般性意见：第24条（儿童权利），第8段。

4　第 18 条的挑战：保留和基于残疾的移民限制

与《残疾人权利公约》的各项不歧视规定一起解读，第 18 条的效果是使缔约国的健康要求变得烦冗不堪和具有歧视性，并成为充分享受迁徙自由权利的障碍。

尽管如此，一些缔约国仍试图对《残疾人权利公约》第 18 条作出声明或保留。[33] 澳大利亚在批准《残疾人权利公约》时发表了一项声明，捍卫其 1958 年《移民法》对签证申请人规定的健康要求。[34] 这些健康要求可能对残 350
疾或疾病患者移民澳大利亚造成障碍。事实上，澳大利亚 1992 年《残疾歧视法》规定以残疾为由歧视一个人是非法的，但该规定并不适用于《移民法》。因此，在《移民法》的实施中，以残疾为理由的歧视是合法的，因而许多残疾人可能无法进入该国。[35]

英国对第 18 条的保留则是基于其保留对外国人入境的控制的需要，它能够以健康状况为由拒绝入境。[36] 英国的解释性备忘录[37]称，政府提出这种保留是为了保留其适用移民规则的权利，以及对入境英国或寻求留在英国的申请人实行更广泛的健康筛查的权利，尤其是在发生全球卫生紧急状态时。[38]

33　联合国条约汇编，https://treaties.un.org/Pages/ViewDetails.aspx?src=TREATY&mtdsg_no=IV-15&chapter=4&lang=en。

34　声明指出："澳大利亚承认残疾人在与其他人平等的基础上享有迁徙自由、选择住所和国籍的权利。澳大利亚进一步声明其理解，即《公约》并未创设个人进入或留在不是其国籍国家的权利，也未影响澳大利亚对寻求进入或留在澳大利亚的非国民的健康要求，这些需求是基于合法、客观和合理的标准。"

35　Waldeck and Guthrie (2007).

36　保留的内容是："英国保留如下权利，即在其认为必要的任何时候，对根据英国法律无权入境和留在英国的人之入境、逗留和离开英国适用相关立法。"

37　英国内阁为了启动批准《残疾人权利公约》的议会程序而于 2009 年 3 月 3 日发布的解释性备忘录及相关文件，见 http://www.equalityhumanrights.com/sites/default/files/uploads/documents/UNCRDP/gov_explanatorymemorandum23feb09.doc。

38　已有人指出，这样的理由"似乎混淆了与健康有关的问题和与残疾有关的问题，而全球卫生紧急状态显然会影响有残疾的人和没有残疾的人"，且"这只会加深误解，以为政府可以根据残疾人的严重程度来'挑选'应该允许哪些人入境和留在英国"。见 http://www.publications.parliament.uk/pa/jt200809/jtselect/jtrights/70/7010.htm。

在英国边境管理局审查后，平等和人权委员会对这一保留提出疑问，认为其不符合《残疾人权利公约》的目标和宗旨，尤其是《残疾人权利公约》第5条规定的不歧视原则。由于其适用范围如此广泛和笼统，这项保留被认为会取消《残疾人权利公约》可能向受到移民管控的残疾人提供的所有保护，因此被要求撤回。[39]

351 此外，马来西亚也批准了《残疾人权利公约》，但有一项保留，即它认为自己不受《公约》第15条和第18条的约束。许多缔约国反对马来西亚的保留，认为第15条和第18条涉及若干多边条约中反映的核心人权，排除适用这些条款破坏了对《公约》目标和宗旨的承诺。[40]

从法律角度看，对第18条的这种保留和声明不符合比例原则，也没有根据，因为该条款只是重申了所有人都有权享有的基本权利。剥夺或限制这些基本权利的享有显然不符合《残疾人权利公约》的宗旨，即促进、保护和确保《残疾人权利公约》第1条规定的“所有残疾人充分和平等地享有一切人权和基本自由”。针对这些广泛的保留意见和声明，残疾人权利委员会表示关切并建议取消。[41]

相关案例

ECtHR（lodged on 01.10.2009），Application No. 55607/09，*HP v. Denmark*.

39　残疾人权利委员会注意到，英国对《残疾人权利公约》的保留与其于2008年撤销的对《儿童权利公约》第22条的保留，以及其于2007年撤销的对《消除对妇女一切形式歧视公约》第14条第4款的保留几乎一模一样。残疾人权利委员会指出：“现有证据并未表明撤回这些移民保留对政府公平、适当和合法地适用移民规则的能力有何不利影响。”见 Equality and Human Rights Commission（2011）UN Convention on the Rights of Persons with Disabilities: Review of Immigration Reservation。

40　见奥地利、比利时、德国、匈牙利、葡萄牙、斯洛伐克和瑞典的反对意见。

41　残疾人权利委员会的结论性意见：澳大利亚，CRPD/C/AUS/CO/1，第8~9段。取消该保留符合《维也纳条约法公约》第19条，即缔约国不得作出不符合有关条约目标和宗旨的保留。泰国取消了其解释性声明，即《公约》第18条的适用须符合本国法律、条例和惯例。泰国对第18条所作的声明内容如此含糊不清，与《残疾人权利公约》的目标和宗旨形成显著反差。事实上，有人认为，如果这样的声明是为了阻扰以前被收治的人搬到社区住所，那么《公约》的一个主要存在理由（*raison d'etre*）就失效了。见 Perlin（2012），p. 152。2015年2月5日，泰国政府通知秘书长，决定撤回该解释性声明。

ECtHR 20. 05. 2010, Application No. 38832/06, *Alajos Kiss v. Hungary*, IHRL 3619 (ECHR 2010).

ECtHR (Grand Chamber) 26. 06. 2012, Application No. 26828/06, *Kuričand others v. Slovenia*, ECHR 070 (2014).

ECtHR 08. 11. 2012, Application No. 28973/11, *ZH v. Hungary*, HEJUD [2012] ECHR 1891.

参考文献 352

Bhabha J, Crock M (2007) Seeking asylum alone: unaccompanied and separated children and refugee protection in Australia, the US and the UK, Themis Press, Annandale.

Bhabha J, Matache M (2015) Are children's rights to citizenship slippery or slimy? In: Howard-Hassmann RE, Walton-Roberts M (eds) Human right to citizenship: a slippery concept, University of Pennsylvania Press, Philadelphia, pp. 131-144.

Bourke C, Gerard Q (2002) Chapter 6: The integrity of the person: the convention against torture and other cruel, inhuman or degrading treatment or punishment and disability, In: Human rights and disability: the current use and future potential of the United Nations human rights instruments in the context of disability, United Nations Press, New York/Geneva.

Burns N (2013) No entry: exploring disability and migration, http://nndr.no/no-entry-exploring-disability-and-migration/, Accessed 7 May 2015.

CoE-Commissioner for Human Rights (2013) The right to leave a country, http://www.coe.int/t/commissioner/source/prems/prems150813_GBR_1700_TheRightToLeaveACountry_web.pdf, Accessed 7 May 2015.

Crock M, McCallum R, Ernst C (2011) Where disability and displacement intersect: asylum seekers with disabilities, http://www.iarlj.org/general/images/stories/BLED_conference/papers/Disability_and_Displacment-background_paper.pdf, Accessed 7 May 2015.

Perlin ML (2012) International human rights and mental disability law: when the silenced are heard, Oxford University Press, New York.

van Waas LE (2012) Fighting statelessness and discriminatory nationality law in Europe, Eur J Migr Law 14 (3): 243-260.

Waddington L (2013) Access to citizenship and political participation with people with disabilities in Europe, http://www.disability-europe.net/theme/political-participation, Accessed 7 May 2015.

Waldeck E, Guthrie R (2007) Disability discrimination and immigration in Australia, Int J Discrimination Law 8 (4): 219-236.

第 19 条　独立生活和融入社区 353

朱塞佩·帕尔米萨诺

本公约缔约国确认所有残疾人享有在社区中生活的平等权利以及与其他人同等的选择，并应当采取有效和适当的措施，以便利残疾人充分享有这项权利以及充分融入和参与社区，包括确保：

（一）残疾人有机会在与其他人平等的基础上选择居所，选择在何处、与何人一起生活，不被迫在特定的居住安排中生活；

（二）残疾人获得各种居家、住所和其他社区支助服务，包括必要的个人援助，以便在社区生活和融入社区，避免同社区隔绝或隔离；

（三）残疾人可以在平等基础上享用为公众提供的社区服务和设施，并确保这些服务和设施符合他们的需要。

目　次

1 导言

第19条把《残疾人权利公约》最基本的目标之一——残疾人充分融入和有效参与社会——变成了规范用语和法律义务，并通过尊重他们的选择自由和他们控制自己生活的原则来实现。

这一条反映了《公约》的实质，实现了残疾领域价值观的深刻转变：从把残疾人当作需要管理或照顾的同情对象，到把他们视为值得享有平等权利之平等尊重的人类主体和“平等公民”。第19条与这个一般愿景相一致，规定缔约国尊重并促进残疾人完全享有独立生活和融入社区生活的首要权利。这种义务的含义和影响必须根据《残疾人权利公约》所载的对待残疾的“社会”进路和《公约》所依据的平等（和不歧视）的概念来理解。

关于前者，根据《残疾人权利公约》，“残疾是伤残者和阻碍他们在与其他人平等的基础上充分和切实地参与社会的各种态度和环境障碍相互作用所产生的结果”（序言第5段）。换句话说，问题不在于伤残者，而在于因为对人类差异和特殊性不敏感而使伤残者成为问题的外部环境和社会组织。因此，社会必须包容人类的多样性，并使残疾人（及其他人）成为社会的积极组成部分。

至于平等和不歧视，众所周知，该原则意味着处于同样境遇的所有人必须受到平等对待，而处于不同境遇的人必须受到区别对待。在《残疾人权利公约》体系内，其作用不仅是禁止直接歧视，而且还确保对残疾人的具体情况作出敏锐反应，以保证所有残疾人平等有效地享有所有相关权利，其方式是采取适当的步骤和措施，确保所有残疾人都能真正获得并享受对所有人开放的权利和集体利益。

上述所有考虑显然适用于第 19 条，也适用于缔约国充分和适当地履行由这一条产生的义务。

2　起草历史 355

自谈判开始以来，就有人提议在公约中包括有关可称作“社区生活”权的具体条款。2003 年 12 月，工作组的主席提出“促进和保护残疾人权利和尊严的全面综合国际公约草案要点”，其中已经列入关于“生活并成为社区一部分的权利”的草案条款（第 17 条）。[1] 其案文如下：

> 1. 残疾人有平等权利选择自己的生活安排，其中可能包括建立自己的家庭或与家人同住，以及获得必要的经济和其他支持以实现这一选择。该权利包括不居住在机构设施中的权利。
>
> 2. 缔约国确认所有残疾人有权在社区生活和成为社区一部分的权利，并应采取一切必要措施确保：
>
> （a）没有残疾人被收容在机构中；
>
> （b）残疾人可以获得有效支持社区生活所必需的一系列家庭、住宅和其他社区支助服务；
>
> （c）提供一般社区服务，满足居住在社区的残疾人的需求。

进行了一些修改和补充后，“草案要点”第 17 条成为工作组 2004 年 1 月制定的条款草案的第 15 条。[2] 标题改为“独立生活和融入社区”，案文如下：

> 本公约缔约国应当采取有效和适当措施，使残疾人能够独立生活并充分融入社区，包括确保：
>
> （a）残疾人有平等的机会选择其住所地点和居住安排；
>
> （b）残疾人不被迫生活在机构中，或必须选择一特定的居住安排；

1　See www. un. org/esa/socdev/enable/rights/wgcontrib-char1. htm.

2　See A/AC. 265/2004/WG/1，Annex Ⅰ（CRP. 4，CRP. 4/Add. 1，Add. 2，Add. 4 和 Add. 5）.

(c) 残疾人获得居家、住所和其他社区支助服务，包括必要的个人援助，以便在社区生活和融入社区，避免同社区隔绝或隔离；

(d) 在平等基础上向残疾人提供向普通民众提供的社区服务，并对他们的需要作出反应；

(e) 残疾人获得关于现有扶助服务的信息。

与“草案要点”相比，该案文的主要变化显然是不再明确提及残疾人选
356 择自己生活安排的“权利”和“为实现这一选择而获得必要的财政支助”。另一个重大变化是与所谓去机构化的问题相关：尽管“草案要点”承认“不居住在机构设施中的权利”，以及缔约国有义务采取一切必要措施以确保残疾人不居住在机构中，但工作组制定的案文选择了一种要求较低的方法，要求缔约国“确保残疾人不被迫生活在机构中”。但是工作组的一些成员认为，即便是这么一种办法，对缔约国的要求还是太高，因为他们“认为缔约国会发现不可能毫无例外地保障这一义务”。[3]

2.1 最有争议的问题

2.1.1 “独立生活”

关于工作组拟定的条款草案，必须指出的是，一些工作组成员“表示关切，该条草案的标题和导言部分中‘独立生活’的措辞没有反映许多国家的文化规范，并可能暗示残疾人应与其家人分开”。[4]

在《公约》谈判期间，这一点与去机构化确实是该条款最具争议的问题。在特设委员会第四届会议上，以色列特别坚持，对于“独立”的概念，“许多专业人员可能以不符合公约精神和社区生活的概念的方式解释”。[5] 以色列认为：“残疾人的许多特权和服务都基于其功能依赖的水平……生活方式多种多样。忽略任何选项，包括选择在社区中独立或不独立生活的权利，以及选择不在完全独立的设施中生活的权利，都是对人权的侵犯。残疾人是

---

3 Report of the Working Group to the Ad Hoc Committee, A/AC. 265/2004/WG. 1, p. 20, footnote 52.

4 Ibid. , footnote 51.

5 Fourth Session, Daily summary, volume 5, #5, August 27, 2004.

唯一能够自己作出选择和决定的人。”[6]

在非政府组织中，国际残疾人组织核心成员组支持以色列的立场，认为“应该明确承认在社区生活的权利，并应删除‘独立生活’这个措辞，因为它可以被用作允许残疾人生活在社区的资格标准”。根据国际残疾人组织核 357
心成员组的说法，“独立生活”一词所隐含的积极思想应该表述得更好一些，如提及“在与其他人平等基础上选择的概念”或“基于自主和自决的选择”。[7]

此外，一些缔约国（特别是非洲国家，如肯尼亚和南非）表示倾向于不使用一个可能被认为赞同“独立生活运动”的想法和概念的术语，因为这种术语可能只适用于某些地方和地区。因此，他们表示倾向于使用更广泛的并提及“选择自由”“个人自主”“自我决策”等概念的不同术语。[8]

相反，其他代表团则认为，保留“独立生活”的概念是必要的，以便充分表达残疾人的尊严和自主权，并强调选择和自由选择的重要性。在这方面，许多代表团表达的观点是，“独立生活”和“融入社区”这两个概念并不矛盾：使用“独立生活”一词旨在加强“社区生活”的概念，而不是被滥用为阻止不能独立生活的残疾人生活在社区的依据。[9]

两种不同立场在第 19 条的最终文本中找到了合理的折中解决方案：“独立生活”一词保留在该条款的标题中，而在导言部分中没有使用，取而代之的是“所有残疾人享有在社区中生活的平等权利以及与其他人同等的选择”。

2.1.2　禁止机构化

至于去机构化的问题，如在工作组提交的案文中反映的（缔约国将确保“残疾人不被迫生活在机构中”），一些非政府组织在谈判期间表示，对强迫机构化的禁止应该更严厉，明确表示“禁止强制机构化”[10] 或要求各国“取

6　Fourth Session, Proposed Modifications to Draft Article 15, Israel.

7　Seventh Session, Daily summary, volume 8, #5, January 20, 2006.

8　Fourth Session, Daily summary, volume 5, #5, August 27, 2004.

9　在特设委员会第七届会议期间，许多代表团持此观点，见第七届会议 2006 年 1 月 20 日的每日摘报，尤其是特设委员会主席概述该条讨论情况的声明。

10　See, for example, Disability Caucus in Fourth Session, Daily summary, volume 5, #5, August 27, 2004.

消机构护理，而不仅仅是不强迫残疾人在机构中生活”。[11] 这是因为“即使
358 不是在胁迫下，在机构中生活也因剥夺了社区规范生活框架中的生活而违背平等和尊严的基本原则，并构成最严重的侵犯人权行为之一”。[12] 根据融合国际（Inclusion International）的说法，“机构中对残疾人的隔离鼓励社会将残疾人士视为不同的和次等的人，并为拒绝医疗和许多其他形式的虐待提供了机会”。[13]

另一方面，一些政府代表团反对列入任何关于“机构”的提法或国家禁止机构化的明确义务，而其他代表团建议在禁令中增加某种保障条款，如“必要时除外”。[14]

然而，欧盟代表团明确指出，缔约国应确保残疾人不被迫在机构中生活。为了使那些反对在《公约》中绝对和立即禁止机构化的缔约国更能接受这一承诺，欧盟提议部分修改第 15 条草案的措辞，即“缔约国应当采取有效和适当的措施，以使残疾人独立生活和充分融入社区，包括确保：……（b）残疾人不被迫生活在机构中或在特定的居住安排中生活”。欧盟建议使用下述不同的措辞：“缔约国应当采取有效和适当的措施，以便利残疾人独立生活和充分融入社区，包括确保……残疾人不被迫在机构中生活或在特定的居住安排中生活。”[15]

新西兰尽管支持欧盟提案的很多方面及这一条是关于避免机构化（“这一政策导致残疾人的很多人权遭到侵犯”）的观点，但认为该条款应该以积极形式表现机构化的替代方法，强化残疾人作为有与其他人平等权利的“普通公民”融入社区的议题，并确保残疾人在社区背景下有决定他们在何处、与何人一起生活的平等选择。因此，新西兰对条款草案提出了不同的第 1 款，没有提及任何机构问题，而是明确提到选择居所的自由和“确保残疾人

---

11 Australian Federation of Disability Organizations, ibid.

12 Bizchut—Israeli Human Right Center for People with Disabilities, ibid.

13 Inclusion International (2012).

14 在这方面，见 the Report of the Ad Hoc Committee on its Sixth Session, August 2005，关于第 15 条草案的讨论。

15 见 Fourth Session of the Ad Hoc Committee, Contributions Submitted by Governments，欧盟对第 15 条草案的修改建议。

有平等机会决定如何、在何处以及与何人一起生活”的国家义务。[16]

新西兰的立场清楚地反映在第 19 条第 1 项的最后文本中，该项没有提 359
及机构或强制机构化，但是缔约国承诺确保“残疾人有机会在与其他人平等的基础上选择居所，选择在何处、与何人一起生活，不被迫在特定的居住安排中生活”。

3　根据条款标题和导言理解的第 19 条

3.1　权利的核心内容

第 19 条的标题是“独立生活和融入社区”。这一条的导言以略微不同的方式提到“在社区中生活”和“充分融入和参与社区”。

正如有人已正确指出的，“两者（一方面是独立生活，另一方面是融入社区）之间没有真正的紧张关系”。[17] 标题中的“独立生活”一词并不是指所谓残疾人绝对独立的权利，并非“自己”过一种高度独立和自给自足的生活。一位残疾研究学者认为：“当然，在现实中，现代工业社会中没有人是完全独立的：我们生活在一种相互依赖的状态中。因此，残疾人的依赖性并不是他们区别于其他人的特征。”[18] “独立生活”实际上指的是个人自主、就自己的生活作选择的自由，以及对自己的生活和决定的控制。在这个意义上，这一表述回应了《公约》序言，后者强调了“确认个人的自主和自立，包括自由作出自己的选择”；更特别的是，它载有《公约》第 3 条第 1 项列出的原则，即“尊重固有尊严和个人自主，包括自由作出自己的选择，以及个人的自立”。[19] 它还与第 12 条在法律面前获得平等承认和法律能力的权利相联系：享有这项权利对有效实现独立生活、作出选择和控制自己的日常生

16　Fourth Session of the Ad Hoc Committee, Daily summary, Vol. 5, #5, August 27, 2004, Contributions submitted by Governments，新西兰对第 15 条草案的修改建议。

17　联合国人权事务高级专员欧洲办事处（2012），第 26 段。

18　Oliver（1989），pp. 83-84.

19　见本书对第 3 条“一般原则”的评注。

活的权利确实是必不可少的。[20]

第 19 条把这种“独立生活”放在残疾人实际生活的社会环境中，即
360 “在社区中生活”。在这方面，该条规定，残疾人不仅享有在社区生活而不被孤立或隔离的平等权利，而且享有与其他人同等的充分融入和参与社区的选择。第 19 条的导言在此提到了《公约》第 3 条第 3 项所列的原则，即“充分和切实地参与和融入社会”。[21] 这样做清楚地“强调了社区或公民参与的权利维度，这一因素决定了如何分析和理解该条其余部分的其他更具体的义务”。[22]

将后一个维度（社区或公民参与维度的权利）与“独立生活”维度相结合，其结果正是在第 19 条的标题和导言中所体现的权利：在社区中独立生活的权利，即残疾人不被隔离或排斥而完全融入和参与社会的权利。这一结果要通过尊重他们个人的自主权和他们控制自己生活和决定的原则来实现——此时“自主权和包容相辅相成，共同防止隔离”。[23] 正如欧洲理事会前人权事务高级专员托马斯·哈马伯格（Thomas Hammarberg）所强调的那样：“《残疾人权利公约》第 19 条体现了一种积极的哲学，它使人们能够在社会中充分地生活。该权利的核心没有包含在其他权利的总和之内，它是关于消除残疾人由于在一个有障碍的社会环境下需要支助而遭受的毁灭性隔绝并失去对自己生活的控制的情况。”[24]

从最后这一点来看，第 19 条与第 8 条（提高认识）有明确的相互联系：事实上，“充分享有在社区独立生活的权利对于消除对残疾人的陈规定型观念和偏见并提高对残疾人的能力和对社会贡献的认识，既是结果，也是前提条件”。[25]

20　见本书对第 12 条“在法律面前获得平等承认”的评注。

21　见本书对第 3 条“一般原则”的评注。

22　联合国人权事务高级专员欧洲办事处（2012），第 26 段。

23　联合国人权事务高级专员办事处（2014），第 13 段。

24　Council of Europe Commissioner for Human Rights（2012），p. 11. 对第 19 条的一般问题和特点的一些评论，见 Schulze（2010），pp. 113-116 and Zambrano（2010），pp. 239-251。

25　联合国人权事务高级专员办事处（2014），第 4 页。

3.2　社区生活权利的法律承认

如果第 19 条的标题和导言将残疾人有效享有独立生活和融入社区的平等权利确定为这一条的核心目标，那么导言还阐明了《公约》缔约国在实现 361
这一目标方面负有何种义务。在导言中，各缔约国重申它们“确认”这项权利，并“应当采取有效和适当的措施，以便利”这项权利的充分享有。

关于缔约国对权利的“确认”，这一措辞与《公约》起草者为避免留下增加“新的”人权的印象而作的选择是一致的：《公约》没有确立新的“残疾人权利”，只是为了残疾人的利益而适用现有的人权。

然而，不得不说，不同于《公约》的许多其他权利（例如生命权、人身自由和安全权、在法律面前获得平等承认权、健康权、工作权、受教育权、社会保护权），独立生活和融入社会的权利在其他人权条约中没有确切的类似规定，也很难被认为是在一般国际法层面已确立的权利。在 1999 年《美洲消除对残疾人一切形式歧视公约》中可以找到与第 19 条依稀类似的一条，其中缔约国承诺“在以下方面开展有效合作：……（b）开发旨在便利或促进残疾人在平等条件下独立、自给自足和完全融入社会的手段和资源”［第 4 条第 2 款（b）项］。作为《残疾人权利公约》第 19 条的先例，更类似和更相关的是 1996 年修订的《欧洲社会宪章》第 15 条，该条确立了“残疾人独立、融入社会和参与社区生活的权利”。[26]

考虑到独立生活和融入社区是一项比较“新”的权利，从适当适用《公约》的角度看，缔约国确认其为一项法律权利显然具有更大的重要性。这意味着仅通过批准《残疾人权利公约》和相应地接受第 19 条并不能满足

---

[26] 经修订的《欧洲社会宪章》第 15 条案文如下：“为确保残疾人都能有效行使独立、社会融合和参与社区生活的权利，而不论其年龄、残疾的性质和来源如何，缔约国特别承诺：（1）采取必要措施，在可能的情况下通过一般计划的框架，或在不可能的情况下通过公共或私人的专门机构，为残疾人提供指导、教育和职业培训；（2）采取一切措施，鼓励雇主在正常工作环境中雇用和留住残疾人，并根据残疾人的需要调整工作条件，或在因故无法做到的情况下根据残疾程度安排或创造庇护性就业（在某些情况下，此类措施可能需要求助于专门的安置和支持服务）；（3）促进他们充分融入社会和参与社区生活，特别是通过技术援助等措施克服交流和流动的障碍，使他们能够获得交通、住房、文化活动和休闲。”

362 承认的要求。缔约国应明确和正式确认这项权利，主要是将其纳入本国法律，将其置于“一个立法框架，明确地将其确立为一项法律权利，并随之施予当局和服务提供者责任，同时也允许侵犯赔偿”。[27]

另外一种选择是，缔约国应颁布一项充分和全面的反歧视立法，禁止基于残疾的歧视，并在住房、交通、通信、文化和休闲活动等领域涵盖公共和私人领域。国内法还应为那些受到非法待遇的人规定有效的补救办法。但是，如果没有这样一项充分和全面的立法明确包括在社区中独立生活的权利，就不能认为其国内法律秩序符合第 19 条导言所载的“确认”要求。

3.3 采取有效和适当措施促进该项权利充分享有

除了确认这项权利外，第 19 条的导言规定，缔约国“应当采取有效和适当的措施，以便利残疾人充分享有”在社区中生活的权利以及充分融入和参与社区。很明显，从导言的文本和目标看，第 19 条没有规定缔约国有义务完全实现残疾人充分享有其在社区中独立生活的权利，以及充分融入和参与社区的具体效果（或结果）。当然，该条的目标是实现这一结果，但充分享有其在社区中独立生活以及充分融入和参与社区的权利取决于很多不同的因素（如环境和社会因素以及个人特点），以至于缔约国的法律义务不侧重于实际和完全实现这一目标，而是侧重于采取旨在并实际促进实现这一目标的措施。

在这方面，缔约国为履行第 19 条规定的义务而采取的措施是否充分，必须首先根据《公约》第 4 条（一般义务）确立的一般框架来衡量。[28]

这意味着缔约国必须自行承诺废止或修订在充分享有独立生活和融入社区方面对残疾人构成歧视的所有现行法律、法规、习惯和做法（第 4 条第 1
363 款第 2 项），以及避免实施与充分享受这种权利的目标不符的任何行为或做法，并确保公共当局和机构遵循这一目标行事（第 4 条第 1 款第 4 项）。

此外，考虑到独立生活和融入社区是典型的（*par excellence*）“社会”权

27 联合国人权事务高级专员办事处（2009），第 51 段。

28 见本书对第 4 条“一般义务”的评注。

利，显然需要通过采取积极的措施（例如政策、项目、计划的有效实施，资金和财政资源使用）来实现，缔约国承诺“尽量利用现有资源……以期逐步充分实现”这些权利（第 4 条第 2 款）。

正如经济、社会和文化权利委员会阐明的：“缔约国尽其资源能力所及以推动有关权利逐步实现的义务显然要求政府作出更多努力，而不仅仅是避免采取可能会对残疾人有不利影响的措施。针对这一弱势、处境不利的群体，缔约国有义务采取积极行动，减少结构性劣势并酌情给予残疾人优惠待遇，以实现所有残疾人充分参与社会和与其他人享有平等地位的目标。这几乎必然意味着需为此提供更多的资源，并采取一系列专门设计的措施。”[29]

这意味着，即使在经济危机、资源限制和开支缩减的情况下，“逐步实现”也不能作为国家不作为的理由。“‘逐步实现’的义务要求一些动态变化。这意味着完全没有这种动态及其所要求的审议过程是不符合《公约》的。更进一步地，这假定缔约国，甚至是贫穷的缔约国，有义务反思自己的现状和按照《公约》设想它们应该达到的状态，并谋划一个逐步朝正确方向前进的负责任的过渡。”[30]

在这方面，可以像欧洲社会权利委员会在一项关于残疾人独立、社会融入和参与社区生活权利（经修订的《欧洲社会宪章》第 15 条）的集体申诉的重要决定中陈述的那样，采取措施以促进根据《残疾人权利公约》第 19 条充分享有独立生活和融入社区的权利。该陈述如下：“当实现其中一项权利异常复杂且解决起来特别昂贵时，缔约国必须采取措施，使其能够在合理时间内实现《宪章》的目标，取得可衡量的进展，并最大程度地利用可用资源。缔约国必须特别注意其选择将对易受伤害的群体以及其他受影响的人产 364
生的影响，特别是出现体制缺陷时负担最重的家庭。”[31]

---

[29] 经济、社会和文化权利委员会第 5 号一般性意见：残疾人，E/1995/22，1994 年 12 月 9 日。

[30] 联合国人权事务高级专员办事处（2012），第 19 段。关于实现残疾人社区生活权利的缔约国政策以及对这些政策的监测，见 Academic Network of European Disability Experts（2009）和 Parker（2011）。

[31] 欧洲社会权利委员会，2003 年 11 月 7 日裁决 13/2002，*Autism-Europe v. France*，para. 34。

4　第 19 条明确要求的三类措施

4.1　确保居所选择和不被强制安排居住

4.1.1　真正自由地选择居所

第 19 条不仅要求缔约国在一般意义上采取有效和适当的措施，而且列举了缔约国为实现残疾人在社区生活的权利以及他们融入和参与社区的权利而必须采取的三类措施。

第一类措施涉及选择居所和居住安排。第 19 条第 1 项要求缔约国确保残疾人“有机会在与其他人平等的基础上选择居所，选择在何处、与何人一起生活，不被迫在特定的居住安排中生活”。

这类措施涉及的第一个问题是确保残疾人真正自由地选择居所。这意味着缔约国必须确保残疾人关于居所和生活安排的意愿和选择始终尽可能多地得到考虑和尊重，就像所有其他人一样。

实现这一要求在部分程度上与履行《公约》第 12 条第 2 款和第 3 款规定的义务有关。根据这两款，缔约国“应当确认残疾人在生活的各方面在与其他人平等的基础上享有法律权利能力”以及“应当采取适当措施，便利残疾人获得他们在行使其法律权利能力时可能需要的协助”。事实上，一个人既需要人格被法律承认，又需要具备实际行使法律权利能力的条件，能够决定自己的“居所”以及“在何处、与何人”一起生活。[32]

确保残疾人真正自由地选择居所还意味着挑战监护权和其他替代决策制度的正当性和使用情况。因此，缔约国被要求废除在有关居所和居住安排的
365 决定中将权力从残疾人转移到监护人（或其他“第三方”）的制度，并通过发展可使个人自主权最大化的协助决策的替代模式，重新审查将监护人同意等同于个人同意的法律。

[32] 见本书对第 12 条“在法律面前获得平等承认”的评注。

4.1.2 去机构化和禁止强迫机构化

第 19 条第 1 项涉及的另一个重要问题是去机构化和强迫机构化。

众所周知，世界各地有大量残疾人被安置在“机构”中，他们与家人、社区和更广泛的社会隔绝，在机构中往往遭受骇人听闻的生活条件和对他们人权的侵犯。

“机构”可被定义为“任何被贴上残疾标签的人被孤立、隔离和/或被迫生活在一起的地方。它也指人们不能或不被允许对自己的生活和日常决定行使控制权的地方”。[33] 必须指出的是，“虽然机构化在不同的背景下有所不同，但有一些共同的界定因素：与社区生活隔绝和隔离；当事人对日常决策缺乏控制；不考虑个人选择或需要的一成不变的日常生活；一群人在集中指令下在同一地点从事相同的活动；在提供服务方面采取家长式的做法；未经当事人同意监管其居住安排；在同一环境中生活的残疾人人数比例失调。因此，机构化不仅仅是生活在一个特定的环境中，它首先是关于强加某种生活安排而导致的当事人失去自主控制。在此意义上，如果监管机构仍然拥有总体控制权，那么包括集体住宅在内的小环境并不一定比大机构更好”。[34]

虽然第 19 条第 1 项没有明确提及“机构”或关闭长期机构的必要性，但这一条明确禁止强制机构化。这个结论很明显来自缔约国确保残疾人“不被迫在特定的居住安排中生活”的义务。《公约》第 14 条第 1 款第 2 项也强调了这一点，该项规定缔约国应确保“在任何情况下均不得以残疾作为剥夺自由的理由”。[35]

此外，值得回顾的是，第 19 条的核心内容和目标是“社区生活”，即残 366

33　European Coalition for Community Living (2009), p. 10.

34　联合国人权事务高级专员办事处（2014），第 21 段。关于残疾人机构化问题的人权视角，见 Parker (2010)。

35　见本书对第 14 条“自由和人身安全”的评注。在这方面值得强调的是，欧洲人权法院大审判庭最近裁定，当事人居住在社会护理机构中（*Stanev v. Bulgaria*, Application No. 36760/06, Judgment 17 January 2012）违反了《欧洲人权公约》第 5 条（规定了自由权的界限）。“申请人鲁西 · 斯塔内（Rusi Stanev）已经在机构中住了 9 年。他经历的疏远和隔绝、管制机构的机械日程安排、休假规定、缺乏选择的日常事务、缺乏发展有意义关系的机会，以及被剥夺法律行为能力的事实，都导致法庭判定该案存在对《欧洲人权公约》第 5 条所指自由权的违反。” See Council of Europe Commissioner for Human Rights (2012), p. 22.

疾人在社区生活、参与和融入社区以及不被社区隔离或隔绝的权利。在这方面有一种强烈的假设，即在长期机构中隔绝和隔离残疾人的做法本身并不符合第 19 条。《公约》第 14 条规定的禁止又加强了这一假设：该条不允许有任何基于实际或感知的残疾，包括感知的对他们自己或他人的危险而剥夺个人自由或拘留的例外情况。[36] 因此，只有在残疾人真正选择生活在大的或小的机构中从而与家庭和社区隔绝的情况下，机构化才能在抽象和理论上被接受。真正的选择意味着，除其他外，不同于生活在机构里的家庭或社区生活安排的真正选择是当事人实际上可得的。

考虑到这一点，虽然不能从第 19 条第 1 项的措辞中推断出缔约国既不关闭所有机构也不禁止机构化的义务，但是正确的做法是，为了确保残疾人有效行使独立生活和融入社区的权利，确认缔约国有义务根据第 19 条通过提供实际可行的生活安排而启动和推进非机构化进程。

当然，这是一项逐步实现的义务：去机构化不可能一蹴而就。这是“一个为残疾人居住安排提供转变的过程，从机构和其他隔绝的环境转变为一个促进社会参与、根据个人意愿和选择在社区提供服务的制度……有效的去机构化需要系统的方法，在医疗卫生、康复、支助服务、教育和就业以及社会对残疾的看法等领域的更广泛变化中，居所机构服务的转变只是其中一个因素”。[37] 但是，为了符合第 19 条第 1 项的目标和宗旨，缔约国必须采取所有
367 可能和可测步骤，尽可能利用现有资源并采用有明确时限和基准的资金充足的策略以实现去机构化的目标。

4.2 个性化的支助服务

第 19 条第 2 项确认了上述结论，要求缔约国确保“残疾人获得各种居家、住所和其他社区支助服务，包括必要的个人援助，以便在社区生活和融

---

[36] See the Statement of the Committee on the Rights of Persons with Disabilities on article 14, issued at the 12th Session of the Committee（CRPD/C/12/2, p. 14）. 在这方面，人们应该记得美国最高法院对 *Olmstead v. L. C.* ［U. S. 581（1999）］案作出的著名判决。法院认为，将能够独立生活并在社区环境中的同住者送入州护理中心本身就是一种歧视，违反了 1990 年《美国残疾人法》第二章。

[37] 联合国人权事务高级专员办事处（2014），第 25 段。关于去机构化过程的结果和成本，见 Mansell et al.（2007）。

入社区，避免同社区隔绝或隔离”。这正是第 19 条明确设想的缔约国为便利残疾人享受社区生活的权利而必须采取的第二类措施。

正如欧洲理事会前人权专员托马斯·哈马伯格（Thomas Hammarberg）指出的，“要获得各种服务，前提是存在这些服务，并且每个残疾人都能获得”。[38] 这意味着，缔约国首先有义务确保在其领土内确实存在各种支助服务（可能涉及不同的公共和私人提供者），并且生活在其管辖范围内的每个残疾人都能获得这些服务。

“自然发生的社区支助”，即由家庭、朋友或社区其他成员非正式地提供给残疾人的支助，必须被认为包含在第 19 条第 2 项要求缔约国确保的支助服务之内。对于这类支助，国家应给予激励，如社会保障福利、津贴和养老金规划。

无论缔约国应采取何种措施确保支助服务的存在和可及性，这些措施应符合的逻辑依据是，提供的服务及其范围要足以支助“在社区生活和融入社区”以及“避免同社区隔绝或隔离”。例如，支助服务显然包括关于自我护理和家政的家居服务，但在任何情况下，家庭支助的目的和适用都不能“阻止当事人在其想离开家时离开家，并且家庭支助应在当事人需要的时候得到其他社区服务的补充”。[39]

残疾人权利委员会具体讨论了第 19 条第 2 项的这个方面，在一件针对瑞典的个人来文的决定中涉及了支助措施的基本目标，即防止同社会的隔绝或隔离。在这一决定中，委员会确定，拒绝为康复目的而建造室内水疗池颁 368
发许可的做法剥夺了申请人获得水疗的机会，而这是可以支助其在社区生活和融入社区的唯一选择，结果导致申请人被迫进入专门的护理机构。委员会因此得出结论，提交人根据《公约》第 19 条第 2 项享有的权利受到了侵犯。[40]

来源于第 19 条的支助服务的另一个关键特点是必须以人为中心。第 2 项明确提到的“个人援助”就是这方面的明确说明。服务的个性化可以通过多种方式实现，“从有或没有支持的个性化预算到允许新提供者进入的‘市

38　Council of Europe Commissioner for Human Rights（2012），p. 30.

39　OHCHR（2014），para. 30.

40　CRPD Committee，Communication No. 3/2011，*H. M. v. Sweden*，2012 年 4 月 19 日通过，para. 8. 9。

场'自由化，等等"。[41] 向用户而不是向提供者付款可能确实有助于确保以人为中心的支助和尊重残疾人的选择，但在这种情况下，还应提供独立的支助规划和便利服务，协助残疾人决定如何使用个人预算。

服务的个性化还意味着"残疾人必须对所提供的支助有控制权，并成为聘用、雇用、监督、评估和解雇其助手的人"。[42] 这尤其适用于个人援助以及所有那些对于需要高水平的支助的个人来说必不可少的并且触及生活中最亲密部分（如日常护理）的服务。

确保残疾人获得支助服务的义务引起了关于是否存在支付这些服务费用的财政资源的问题：事实上，缔约国往往将缺乏可用的公共财政资源作为社区服务短缺或不足的理由。

在这方面，应该回顾《残疾人权利公约》缔约国根据第 4 条第 2 款有义务尽量利用现有资源采取措施的规定。此外，有人准确观察到，"成本往往是维持现状的借口。需要资源来资助加强、设立和维持基于社区的服务。一段时期内可能需要额外的资源，特别是在逐步取消居住机构并替换为基于社区的服务和支助的过程中。但是研究表明，当这一过程完成，一旦将服务和支助转移到社区并逐步淘汰机构，就可以节省费用。在机构不普遍但残疾人在社区中被边缘化的情况下，残疾人和他们的家庭在日常生活中将需要支
369 助，以融入和参与社区。在这两种情况下，由于残疾人可以获得为公众提供的服务，成本部分将会减轻"。[43]

4.3 主流社区服务的无障碍

确保"残疾人可以在平等基础上享用为公众提供的社区服务和设施，并确保这些服务和设施符合他们的需要"，是第 19 条明确要求缔约国采取以便利残疾人享有社区生活和参与社区权利的第三类措施。

对主流社区服务的融入性和无障碍应作广义的解释以涵盖社会所提供的所有服务和设施，譬如教育、卫生、职业培训，以及寻找和维持就业、社会

41 联合国人权事务高级专员欧洲办事处（2012），第 29 段。

42 联合国人权事务高级专员办事处（2014），第 38 段。

43 联合国人权事务高级专员欧洲办事处（2012），第 32 段。

援助、住房、交通、信息和通信技术方面的支助。

在这方面，第 19 条第 3 项与《公约》的许多其他条款密切相关：第 9 条“无障碍”要求缔约国采取措施，确保残疾人在与其他人平等的基础上，无障碍地进出物质环境，使用交通工具，利用信息、通信技术和系统，以及享用向公众开放或提供的其他设施和服务；第 20 条关于个人行动能力的表述；第 21 条部分地涉及获得信息的机会；第 24 条第 2 款涉及教育的表述；第 25 条关于健康的表述；第 27 条关于工作和就业的表述；第 28 条涉及社会援助和社会保护服务的表述；第 30 条涉及文化和体育服务的表述；第 5 条第 3 款要求缔约国“采取一切适当步骤，确保提供合理便利”。[44]

值得强调的是，第 19 条第 3 项要求缔约国确保的，不仅是主流服务在平等的基础上为残疾人可得，而且这些服务还要符合他们的需求。实现这一目标，就需要残疾人及其代表组织参与涉及主流服务无障碍政策和措施的规划、制定和执行并在其中居于中心地位。此外，这符合《公约》第 4 条第 3
款规定的义务，该款要求缔约国在拟订和施行立法和政策时以及在涉及残疾 370
人问题的其他决策过程中与残疾人“密切协商，使他们积极参与”。[45]

最后，关于使主流服务更能包容残疾人并对其作出反应的财政费用问题，必须注意的是，这些服务越是无障碍和包容，针对个人的专门服务的需求和成本就越低。欧洲理事会前人权事务高级专员解释说：“例如，确保培训一般健康服务提供者能服务不同类型的残疾人（例如，培训所有为公众服务的从业人员与智障人士沟通），将减少为残疾人创建专门服务的必要性。这样做的成本效益更高，也避免了专业化服务隔绝和不标准化的风险。在就业领域，与其为残疾人开发专门的车间，不如通过同事的现场和非正式支助便利个人融入常规工作场所。”[46]

44　见本书对第 5 条“平等和不歧视”、第 9 条“无障碍”、第 20 条“个人行动能力”、第 21 条“表达意见的自由和获得信息的机会”、第 24 条“教育”、第 25 条“健康”、第 27 条“工作和就业”、第 28 条“适足的生活水平和社会保护”，以及第 30 条“参与文化生活、娱乐、休闲和体育活动”的评注。

45　见本书对第 4 条“一般义务”的评注。

46　Council of Europe Commissioner for Human Rights（2012）, pp. 32-33.

5 适用第19条的主要问题

残疾人权利委员会在监测缔约国执行《公约》情况的活动中对第19条给予了相当的重视。回顾2011年至2015年委员会通过的结论性意见，可以确定缔约国实施独立生活和融入社区的权利的主要问题。

在这方面，必须考虑的第一个问题是加紧努力实现非机构化的义务。残疾人权利委员会一再敦促缔约国制定和实施关闭“居住机构”的国家计划，并采取资金充足的策略进行去机构化。[47] 委员会还强调，去机构化的政策过程应该“有明确的时间表和具体的执行基准，并定期进行有效的监测”。[48]

371 有时，残疾人权利委员也会批评缔约国违反了第19条：“和投入基于社区的支助服务网络建设的资源相比……在重建将导致隔离状态继续的大型机构上投入了过多资源”。[49] 它也建议缔约国“停止用国家担保的贷款为残疾人建造类似于机构的居所”。[50]

在少数情况下，委员会强烈谴责机构化本身，“因为将残疾人安置在机构中的做法有违《公约》第19条，使残疾人容易受到凌辱和虐待”，[51] 并建议缔约国“立即采取步骤，逐步淘汰并消除对残疾人的机构看护”。[52]

与去机构化密切相关的是委员会特别注意的另一个问题，即发展社区支助服务。事实上，残疾人权利委员会一再敦促缔约国制定和实施政策并分配资源，使残疾人能够获得各种居家、住所、社区和其他康复服务，以确保残

---

47 见残疾人权利委员会的结论性意见：澳大利亚，CRPD/C/AUS/CO/1，2013，第42段；阿塞拜疆，CRPD/C/AZE/CO/1，2014，第33段；比利时，CRPD/C/BEL/CO/1，2014，第33段；哥斯达黎加，CRPD/C/CRI/CO/1，2014，第40段；克罗地亚，CRPD/C/HRV/CO/1，2015，第29~30段；萨尔瓦多，CRPD/C/SLV/CO/1，2013，第42段；德国，CRPD/C/DEU/CO/1，2015，第42段。

48 残疾人权利委员会的结论性意见：捷克，CRPD/C/CZE/CO/1，2015，第40段；巴拉圭，CRPD/C/PRY/CO/1，2013，第48段；土库曼斯坦，CRPD/C/TKM/CO/1，2015，第34段。

49 残疾人权利委员会的结论性意见：匈牙利，CRPD/C/HUN/CO/1，2012，第33段。

50 残疾人权利委员会的结论性意见：丹麦，CRPD/C/DNK/CO/1，2014，第43段。

51 残疾人权利委员会的结论性意见：奥地利，CRPD/C/AUT/CO/1，2013，第36段。

52 残疾人权利委员会的结论性意见：中国，CRPD/C/CHN/CO/1，2012，第32段。

疾人能实际融入社区而不是被隐藏或与社会隔绝。[53] 在这方面，委员会经常强调个人援助和确保残疾人获得福利或获得足够的财政资源用于这种援助的必要性。[54] 委员会还批评缔约国将雇用个人助手的资源限于有特定程度或级别残疾的人。[55]

此外，关于采取政策和措施以推出或实施社区支助服务并使残疾人根据他们自己的选择独立生活，委员会不停地呼吁缔约国“让残疾人代表和残疾人家庭参与其准备工作”。[56]

最后，虽然似乎不是最关心的问题，委员会也不失时机地指出，在一些
情况下，由于缺乏法律和公共政策框架，缔约国未能充分承认独立生活和融 372
入社区的权利。[57]

相关案例

CRPD Committee 19. 04. 2012, Communication No. 3/2011, *HM v. Sweden*, CRPD/C/12/D/5/2011.

ECSR 07. 11. 2003, Complaint No. 13/2002, *Autism-Europe v. France.*

ECtHR 17. 01. 2012, Application No. 36760/06, *Stanev v Bulgaria*, (2012) ECHR 46.

US Supreme Court 22. 96. 1999, *Olmstead v. LC*, U. S. 581 (1999).

---

53 残疾人权利委员会的结论性意见：阿根廷，CRPD/C/ARG/CO/1，2012，第 34 段；比利时，CRPD/C/BEL/CO/1，2014，第 33 段；哥斯达黎加，CRPD/C/CRI/CO/1，2014，第 40 段；捷克，CRPD/C/CZE/CO/1，2015，第 39 段；德国，CRPD/C/DEU/CO/1，2015，第 41 段。

54 残疾人权利委员会的结论性意见：奥地利，CRPD/C/AUT/CO/1，2013，第 39 段；韩国，CRPD/C/KOR/CO/1，2014，第 40 段；瑞典，CRPD/C/SWE/CO/1，2014，第 44 段。

55 残疾人权利委员会的结论性意见：西班牙，CRPD/C/ESP/CO/1，2011，第 39~41 段。

56 残疾人权利委员会的结论性意见：比利时，CRPD/C/BEL/CO/1，2014，第 33 段；中国，CRPD/C/CHN/CO/1，2012，第 32 段；蒙古，CRPD/C/MNG/CO/1，2015，第 32 段；土库曼斯坦，CRPD/C/TKM/CO/1，2015，第 34 段。

57 残疾人权利委员会的结论性意见：萨尔瓦多，CRPD/C/SLV/CO/1，2013，第 41 段；克罗地亚，CRPD/C/HRV/CO/1，2005，第 29~30 段。

参考文献

Academic Network of European Disability Experts (ANED) (2009) (amended January 2010) The implementation of policies supporting independent living for disabled people in Europe: a synthesis report, Human European Consultancy, University of Leeds.

Council of Europe Commissioner for Human Rights (2012) The right of people with disabilities to live independently and be included in the community, Council of Europe Publishing, Strasbourg.

European Coalition for Community Living (2009) Focus on Article 19 of the UN Convention on the Rights of Persons with Disabilities, European Coalition for Community Living, London.

Inclusion International (2012) Inclusive communities = stronger communities. Global report on Article 19: the right to live and be included in the community, Inclusion International, London.

Mansell J, Knapp M, Beadle-Brown J, Beecham J (2007) Deinstitutionalisation and community living-outcomes and costs: report of a European Study, vol 2: main report, Tizard Centre, University of Kent, Canterbury.

Office for Europe of the UN High Commissioner for Human Rights (2012) Getting a life-living independently and being included in the community, http://cms.horus.be/files/99909/MediaArchive/pdf/Getting_a_Life_art_19_CRPD_and_EU_Structural_Funds.pdf, Accessed 15 Nov 2015.

OHCHR (2009) Thematic Study by the Office of the United Nations High Commissioner for Human Rights on enhancing awareness and understanding of the Convention on the Rights of Persons with Disabilities, A/HRC/10/48.

OHCHR (2014) Thematic study on the right of persons with disabilities to live independently and be included in the community, A/HRC/28/37.

Oliver M (1989) Disability and dependency: a creation of industrialised societies, In: Barton L (ed) Disability and dependency, Falmer Press, London, pp. 6-22.

Parker C (2010) Forgotten Europeans, forgotten rights-the human rights of persons placed in institutions, OHCHR, Regional Office Europe.

Parker C (2011) A community for all: implementing Article 19-a guide for monitoring progress on the implementation of Article 19 of the Convention on the Rights of Persons with Disabilities, Open Society Foundations, Open Society Institute Mental Health Initiative, New York/Budapest.

Schulze M (2010) Understanding the UN Convention on the Rights of Persons with Disabilities, 373
2nd edn, Handicap International, pp. 113-116, http://www.handicap-international.fr/fileadmin/documents/publications/HICRPDManual.pdf, Accessed 15 Nov 2015.

Zambrano V (2010) Articolo 19: Vita indipendente e inclusione nella società, In: Marchisio S, Cera R, Della Fina V (eds) La Convenzione delle Nazioni Unite sui diritti delle persone con disabilità, Commentario. Aracne, Roma, pp. 239-251.

375

第 20 条　个人行动能力

马克·法希廖内

缔约国应当采取有效措施，确保残疾人尽可能独立地享有个人行动能力，包括：

（一）便利残疾人按自己选择的方式和时间，以低廉费用享有个人行动能力；

（二）便利残疾人获得优质的助行器具、用品、辅助技术以及各种形式的现场协助和中介，包括以低廉费用提供这些服务；

（三）向残疾人和专门协助残疾人的工作人员提供行动技能培训；

（四）鼓励生产助行器具、用品和辅助技术的实体考虑残疾人行动能力的各个方面。

目　次

1　《残疾人权利公约》和个人行动能力权 376

《残疾人权利公约》于 2006 年 12 月 13 日由联合国大会通过，并与其任择议定书一道于 2008 年 5 月 3 日生效。《公约》是 21 世纪通过的第一项联合国人权条约，并被认为是有史以来谈判速度最快的人权条约。[1]《残疾人权利公约》旨在"促进、保护和确保所有残疾人充分和平等地享有一切人权和基本自由，并促进对残疾人固有尊严的尊重"（第 1 条），并成为处理残疾问题进路的一个转折点。事实上，《公约》自通过以来，在促进和保护残疾人权利方面发挥了先锋作用，并推动了包括欧盟在内的国家一级的法律变革。从第一个角度来看，《残疾人权利公约》不仅迅速成为国际反歧视法律框架的一部分，而且在确认残疾必须被视为一个演变中的概念方面作出了根本贡献，即残疾是"伤残者和阻碍他们在与其他人平等的基础上充分和切实地参与社会的各种态度和环境障碍相互作用所产生的结果"，[2] 这一概念的重点不仅必须集中在个人损伤上，而且必须主要集中在参与障碍上。总体而言，《残疾人权利公约》使处理残疾问题的进路发生了显著的文化转变，即从所谓的医学模式转变为社会模式——医学模式认为是损伤本身造成了限制，社会模式则将残疾的体验置于社会环境而非损伤本身。残疾的社会模式带有这样一个推论，即必须将残疾问题明确置于社会之中来讨论。在此模式下，问题的成因不是个体的缺陷，而是社会未能提供适当的服务，未能充分确保在社会的组织方面充分考虑残疾人士的需要。[3] 对残疾问题采取权利本位的进路为承认以下两点铺平了道路：无障碍原则——《残疾人权利公约》的三大

1　关于《残疾人权利公约》，见 Hendricks（2007），Lawson（2007），Kayess and French（2008）和 Flynn（2011）。

2　见《残疾人权利公约》序言第 5 段、第 1 条第 2 款和第 2 条。

3　这一模式涉及残疾活动家和学者将残疾重新解释为社会压迫，并将议题从矫正、治疗、照料和保护转向接纳残疾为人类多样性的一个积极方面，对那些导致排斥的社会规范进行问题化并加以拒绝。See Quinn（1999），p. 281.

支柱之一[4]——在《公约》规定的保护机制中的中心地位；第 20 条规定的个人行动能力权发挥的关键作用。

377 从第二个角度看，《公约》一直是并仍是推动国家法律体系变革的动力，通过在必要时推动对国内立法的修正纳入《残疾人权利公约》的基本原则。[5]

2 《残疾人权利公约》第 20 条的原理和范围

个人行动能力权旨在便利残疾人的行动（按自己选择的方式和时间），以及便利残疾人获得优质的助行器具、用品、辅助技术以及各种形式的现场协助和中介。根据第 20 条，《残疾人权利公约》规定缔约国有义务采取有效措施，确保残疾人尽可能独立地享有个人行动能力，并有义务促进和确保残疾人获得助行器具、用品、辅助技术。第 20 条提供了应采取措施类型的非详尽清单："（一）便利残疾人按自己选择的方式和时间，以低廉费用享有个人行动能力；（二）便利残疾人获得优质的助行器具、用品、辅助技术以及各种形式的现场协助和中介，包括以低廉费用提供这些服务；（三）向残疾人和专门协助残疾人的工作人员提供行动技能培训；（四）鼓励生产助行器具、用品和辅助技术的实体考虑残疾人行动能力的各个方面。"从这个角度来看，残疾人的个人行动能力权与主要的国际人权文书所载的更广泛的迁徙自由权具有共同的基础：1948 年《世界人权宣言》第 13 条；《公民及政治权利国际公约》第 12 条第 1 款；就保护人权的区域制度而言，《欧洲人权公约第四议定书》第 2 条；《欧盟基本权利宪章》第 45 条第 1 款；《美洲人权公约》第 22 条第 1 款；《非洲人权和人民权利宪章》第 12 条第 1 款。

个人行动能力权侧重于对行动的物质上的支持。换言之，尽管消除带有

4　第 3 条（一般原则）规定的无障碍同样规定在《残疾人权利公约》第 9 条。其他两个支柱是全面禁止基于残疾的歧视（第 5 条第 2 款）和缔约国提供合理便利的义务（第 2 条和第 5 条第 3 款）。

5　可以举几个例子来说明《残疾人权利公约》的这种"力量"。最突出的例子是，若干关于残疾的国家立法都经历了修正以纳入《残疾人权利公约》所体现的广泛的残疾概念。例如，英国 2009 年的《孤独症法》、克罗地亚 2012 年的《社会服务法》都纳入了《残疾人权利公约》及其对残疾的定义。

歧视性态度的、阻碍残疾人行动的建筑障碍和其他类型的障碍属于《残疾人权利公约》第 9 条（无障碍）的更广泛范畴，第 20 条的重点是必须便利残疾人获得适当的工具和技术，或促进其发展，目的是鼓励和支持残疾人自由行动的能力，从而尊重他们融入社会的权利。此外，应当强调残疾人的个人 378 行动能力权与《残疾人权利公约》保护的其他权利之间的渗透性。事实上，个人行动能力权与健康权（第 25 条）、适应训练和康复权（第 26 条）、工作和就业权（第 27 条）、受教育权（第 24 条），以及参与文化生活、娱乐、休闲和体育活动权（第 30 条）密切相关。实际上，所有这些权利的实现取决于残疾人自主行动的可能性，并受其制约。

就个人行动能力权的内容而言，有两个方面值得分析：第一，《残疾人权利公约》第 20 条规定的“助行用品”的概念；第二，缔约国为落实这项权利而应承担义务的类型。

2.1　个人行动能力权和“助行用品”的概念

就助行用品而言，它们代表了最常见的辅助技术或设备类型之一。辅助技术可以被定义为“任何项目、设备或产品的一部分，无论是购买的、修改的还是定制的，都用于增加、维持或改善残疾人能力的功能”。[6] 助行用品旨在便利或增强使用者的个人行动，关乎他们改变和保持身体姿势、从一个地方行走或移动到另一个地方的能力。通常包括拐杖、助行架、轮式助行器、轮椅（手动的或电动的）、三轮车、滑板车，或双脚规形夹、支架和夹板以及假肢（如人工腿）等。像盲杖之类的装置也被认为是助行用品，因为它们可以帮助视力损伤的人在他们的家庭和社区内独立移动。[7] 助行用品可以由广泛的利益相关方提供，例如政府、国际机构、非政府组织（包括慈善组织和宗教组织）和私营部门。事实上，在政府资源和能力有限的地方，红十字国际委员会（ICRC）等非政府组织以及包括国际组织在内的其他利益相关方在提供助行用品方面发挥着重要作用。残疾人可以通过许多不同的机构申

6　See WHO（2011），p. 101.

7　See WHO（2001），Chapter 4.

请助行用品，包括医院、康复机构、行动/拓展机构、社区基础项目、私人零售商和特殊教育机构等。通常，各种卫生人员，特别是康复人员参与了助行用品服务。这些人包括治疗师（如职业治疗师和理疗师）、医务人员（如
379 医生和护士）、假肢师和矫形师，以及社区工作者（如基于社区的康复工作者和社区卫生工作者）等。然而，提供助行用品通常是各国政府的一个低优先领域，因此，它往往没有反映在国家立法、政策或战略中，[8] 这就可能意味着违反了《残疾人权利公约》第 20 条规定的国家义务。

2.2　个人行动能力权和缔约国义务

各国有义务使国家标准和实践与《残疾人权利公约》保持一致。更具体地说，为了实现这一目标，各国承担着两种义务：一般义务和具体义务。首先，《残疾人权利公约》第 4 条第 1 款第 1 项和第 2 项对缔约国施加了两项一般义务：（1）采取一切适当的立法、行政和其他措施实施本公约确认的个人行动能力权；（2）采取一切适当措施，包括立法，以修订或废止在个人行动能力领域内构成歧视残疾人的现行法律、法规、习惯和做法。其次，就源自第 20 条的具体义务而言，缔约国受到法律的约束，要履行与个人行动能力权有关的义务。因此，政府和公共机构应采取措施，使残疾人能够按照他们希望的方式行动。例如，在规划交通基础设施时，公共当局应考虑每一种类型的助行用品对残疾人的影响。

对第 20 条案文以及准备工作文件的分析表明，个人行动能力权至少涉及国家的五项主要义务。第一，各国有责任通过相关的立法、政策和战略，促进和支持个人行动能力。实际上，各国应将获得辅助技术的权利纳入现有的残疾、健康、康复和/或社会福利立法、政策和战略，必要时还应包括实施有关辅助技术的具体规定。在提供助行用品的同时，还需要改善公共建筑、道路和交通通行性的措施。新建筑和道路的建设以及公共交通方案的选择应以通用设计原则为基础，并遵守关于无障碍的最低国家标准。改造现有

8　2005 年就联合国《残疾人机会均等标准规则》执行情况进行的一项全球调查显示，在对调查作出回复的 114 个国家中，有 50%的国家没有通过相关立法，48%的国家没有制定有关提供助行用品的政策。See South-North Centre for Dialogue and Development（2006），pp. 32 ff.

的基础设施，比如改善现有人行道的质量，增加盲道，安装坡道、电梯、宽门以及各类信号和引导装置，使残疾人可以使用其助行用品。

第二，各国有义务提供适足的资金和财政支持。事实上，与助行用品有 380
关的政策或战略需要政府提供预算支持并分配相应的资源，以确保实施。助行用品的预算应成为相关部委常规预算的组成部分，具体数额需要根据当地的需求确定，包括更换、维护和保养。构成最低核心义务的基本助行用品应该明确规定、得到公共资助并免费提供给无能力购买的人群，即使在经济和金融危机削减国家预算的情况下也应如此。[9]

第三，各国有责任增加助行用品的生产和供应。可以考虑采取各种不同的政策选择，以确保增加助行用品的生产和/或供应，特别是在发展中国家。必须指出的是，每个类型的适用性（小批量或者大批量，国产、进口，或者上述方法的组合）都取决于各国的国情，并因助行用品的不同类型而有相应差异。在考虑这些战略的适用性时，也应考虑用户利益及当地的就业情况。无论这些助行用品如何获得，与各国需求和环境相关的技术标准的建立和适用都应确保为服务部门和用户提供高质量辅具。此外，这些标准应该基于或者源自现行国际标准。[10]

第四，各国必须制定适宜的服务提供模式。每种模式都应符合各自国情，并能够响应国内已确定的需求。集中式服务与分散式服务可能是重要的考虑因素，有助于提高服务的可得性、可及性以及可负担性。[11]

第五，为确保残疾人能够获得适宜的助行用品，各国有义务在提供辅助技术服务的不同领域（如方案和评估、设计和开发、生产和服务以及维修）教育和培训相关人才，并特别考虑培养不同等级的人员以确保服务的广泛性。同样，培训项目需要根据国家或地区的具体情况来调整，比如考虑语言、社会经济和文化特征。此外，应鼓励培训残疾人以扩大合格人员人才库，并从他们使用助行用品的个人经验和知识中获益。

最后，缔约国的义务还包括第 32 条规定的义务，即采取适当和有效的 381

9　See，*infra*，para. 4.

10　例如，国际标准化组织的 ISO-7176 提供了一套轮椅的测试方法和要求。

11　See WHO（2011），p. 114.

措施，实现必要的国际合作，以支持该领域的国家政策和战略。

为了履行与提供辅助技术和助行用品有关的义务，各国在制定其国家政策和战略时应遵守若干原则。[12] 残疾人权利委员会在其最初的判例中已经承认，无障碍和可负担性必须包括在这些原则中。实际上，就无障碍原则而言，委员会认为，缔约国应确保所有残疾人都能使用助行用品（包括助行器具、技术工具、现场协助和辅助技术）。从这一角度来看，无障碍包括不歧视、物质无障碍和信息无障碍。[13] 此外，就可负担性原则而言，委员会要求各国鼓励研究和开发低成本助行用品，以便使残疾人及其家庭能够负担得起助行用品及相关服务，特别是在资源匮乏的地区。[14]

3　第 20 条权利在欧盟层面的实施

欧盟于 2010 年加入《残疾人权利公约》，[15] 因此该公约所载的权利现已成为欧盟法律的一部分，尽管仅限于欧盟拥有相关领域权限的范围。因此，《残疾人权利公约》在欧盟立法层级中处于一级法律和二级法律之间，为欧盟及其成员国创建了新的残疾人保护标准。

382 在与个人行动能力有关问题上，欧盟与其成员国拥有共同的权限。因此，欧盟的各种立法都涉及残疾人的个人行动能力权，规定欧盟运营商有义务向残疾或行动不便的乘客提供实时（和训练有素的）援助。就运输部门而言

12　根据世界卫生组织的要求，这些原则可能包括可接受性（Acceptability）、可及性（Accessibility）、可适配性（Adaptability）、可负担性（Affordability）、可获得性（Availability）和保证质量（Quality）。See WHO and USAID（2011），p. 19. 关于国家战略，见 the Northern Ireland Disability Strategy：Office of the First Minister and Deputy First Minister（2013）“The Disability Strategy 2012-2015”，Belfast，OFMDFM，p. 17。

13　提供助行用品应该是公平的，避免性别、年龄、群组、残疾分组、社会经济群体和地理区域之间的差异（见残疾人权利委员会的结论性意见：萨尔瓦多，CRPD/C/SLV/CO/1，第 44 段）。

14　残疾人权利委员会的结论性意见：巴拉圭，CRPD/C/PRY/CO/1，第 52 段。可负担性是指人们能够支付该器具和/或与之相关的服务的程度。

15　《残疾人权利公约》及其任择议定书是欧盟首次签署的联合国人权条约。关于欧盟批准《残疾人权利公约》的历史和过程，参见 Waddington（2009）。

言，这些原则可以在 2006 年的《航空旅客条例》、[16] 2007 年的《铁路旅客条例》、[17] 2010 年的《海洋和内水航道条例》[18] 以及 2011 年的《公共汽车和客车条例》[19] 中找到。2011 年底，欧盟委员会通过了一项关于所有运输方式下乘客权利的公告，[20] 其中提出了一项落实欧盟 10 项主要乘客权利的战略，包括在使用交通工具方面不受歧视的权利、得到协助和获得赔偿的权利。

至于驾车出行，重新制定的《驾驶执照指令》[21] 提出了关于残疾司机的若干具体规定。所有司机都必须通过技能和行为测试，并符合诸多方面的医疗标准。如果这些残疾人的状况不足以构成驾驶危险，并接受了医学监测，则允许他们驾驶，并在需要时对车辆进行调整。例外情况包括有严重精神障碍、严重智力迟钝、严重行为问题和严重心律失常的司机。残疾司机的驾照可能仅限于某些类别的车辆。最后，在 1998 年，《欧盟理事会建议》提出为残疾司机颁授停车证的社区模式（现为“欧盟模式”），并在 2008 年接纳新成员国时进 383
行了更新。[22] 这一相互承认和标准化的模式允许驾照持有人在其居住国和其他欧盟国家以优惠条件使用某些停车设施。适用条件始终是目的地国的条件。

欧盟在其他行动领域同样制定了使残疾人能以更低廉、更便利的方式行动的政策和战略。首先，就欧盟对来自欧盟以外的某些商品和服务的关税豁免制度而言，一般规则的豁免包括“专门为促进盲人或其他残疾人的教育、

16　见 2006 年 7 月 5 日欧洲议会和欧洲理事会关于残疾人和行动不便者乘飞机旅行时的权利的第（EC）1107/2006 号条例，［2006］OJ L 204/1。2012 年 6 月，委员会发布了《关于残疾人和行动不便者乘飞机旅行时的权利的第（EC）1107/2006 号条例的适用解释准则》，以便利和改进 2006 年条例的适用。

17　见 2007 年 10 月 23 日欧洲议会和欧洲理事会关于铁路乘客权利和义务的第（EC）1371/2007 号条例，［2007］OJ L 315/14。

18　见 2010 年 11 月 24 日欧洲议会和欧洲理事会关于海上和内水运输乘客权利的第（EU）1177/2010 号条例和第（EC）2006/2004 号修正条例，［2010］OJ L 334/1。

19　见 2011 年 2 月 16 日欧洲议会和欧洲理事会关于公共汽车和长途汽车运输中乘客权利的第（EU）181/2011 号条例和第（EC）2006/2004 号修正条例，［2011］OJ L 55/1。

20　见欧盟委员会（2011），欧盟委员会致欧洲议会和欧洲理事会的信函，A European vision for Passengers：Communication on Passenger Rights in all transport modes，COM（2011）0898 终稿。

21　见 2006 年 12 月 20 日欧洲议会和欧洲理事会关于驾驶执照（重新制定）的第 2006/126/EC 号指令，［2006］OJ L 403/18。

22　由于保加利亚、捷克、爱沙尼亚、塞浦路斯、拉脱维亚、立陶宛、匈牙利、马耳他、波兰、罗马尼亚、斯洛文尼亚和斯洛伐克加入，关于残疾人停车证的第 98/376/EC 号建议得到了修改，见［2008］OJ L 63/43。

科学或文化进步而设计的物品”，只要它们满足一定的条件。[23] 其中明确提到供盲人使用的长手杖。其次，就税收领域而言，《2003 年欧盟理事会指令》允许成员国对用于残疾人或由残疾人使用的能源产品和电力适用差别税率。[24] 欧洲创新联盟 2020 旗舰倡议[25]承认，需要通过提供辅助设备和技术等手段应对人口老龄化。《2010~2020 年欧洲残疾问题战略》的“无障碍”一章包括欧盟委员会的一项承诺，即培育一个覆盖整个欧盟的辅助技术市场。最后，在《2010~2020 年欧洲残疾问题战略》中，[26] 欧盟委员会确定了“消除残疾人行动障碍”的目标，尤其是职业、就业和教育领域。

384 4　金融危机对实现个人行动能力权的影响

关于国家保证残疾人个人行动能力权利的义务、当代经济危机和尽其现有资源逐步实现经济社会和文化权利的原则（见《残疾人权利公约》第 4 条第 2 款）之间的关系，还要作最后说明。实际上，许多国家有限的财政资源可能会对辅助技术和相关服务的可获得性和无障碍性（可及性）产生负面影响。就《残疾人权利公约》第 20 条所指的助行用品的可负担性和无障碍性而言，缺乏开发增强残疾人行动能力所需的技术的资源，是国家履行义务表现不佳的主要原因之一。换言之，虽然落实第 20 条规定的权利要求各国分配足够的资源，但由于当前的金融危机和经济衰退，以及各国为减轻债务和偿债负担而采取的反危机措施，资源的可获得性可能越来越有限，资源的分配也受到损害。事实上，这些措施通常适用于旨在削减社会福利公共支出或

---

[23] 见 2009 年 11 月 16 日第 1186/2009 号欧盟理事会条例第 17 章：建立一个关税减免共同体，［2009］ OJ L 324/23。

[24] 见 2003 年 10 月 27 日欧盟理事会第 2003/96/EC 号指令：重组能源产品和电力税收共同体框架，［2003］ OJ L 283/51。

[25] 见欧盟委员会致欧洲议会、欧洲理事会、欧洲经济和社会委员会以及区域委员会的信函，Europe 2020 Flagship Initiative Innovation Union SEC（2010）1161 COM（2010）0546 终稿。

[26] 见欧盟委员会致欧洲议会、欧洲理事会、欧洲经济和社会委员会以及区域委员会的信函，《2010~2020 年欧洲残疾问题战略：重申关于无障碍欧洲的承诺》，COM（2010）636 终稿。

涉及经济私有化措施的结构性调整政策，因此，这迫使各国重新分配资源，以确保严格遵守出自国家间外债协定的承诺。这甚至是以减少用于实现其他国际义务的资源分配为代价的，例如国际人权义务（尤其是经济、社会和文化权利义务）。总之，国家可能自称残疾人个人行动能力权也应逐步实现（如同对其他所有经济、社会和文化权利一样），因此仅在现有资源允许的范围内实施。在这种情况下，第 20 条权利的实现可能因缺乏资源而受阻，而且这种实现只能维持一段时期。国家还可以自称，由于全球金融危机造成资源匮乏，其减免尊重第 20 条义务的行为是正当的。

在这方面，应当指出，即使在金融危机和经济衰退的情况下，各国在对待经济、社会和文化权利方面也并不是完全不受约束的，因为这些权利可能不被认为是完全由国家自行决定的，至少从两个角度来看是这样。第一，就逐步实现的义务而言，国家并没有完全免除任何即时义务：它们负有采取步骤或措施的“即时”义务，以逐步实现经济、社会和文化权利，包括个人行动能力权。这意味着，即使在可能无法实现最终结果的情况下，各国也必须证明已经为实现这一结果作出了一切努力——这是一项即时义务。

第二，就保护残疾人而言，即使在如此严峻的情况下（也许尤其是在这
种情况下），也要求各国不得在社会群体之间不公平地分摊严苛的负担，而 385
忽略向在这种情况下代表了主要高危类别的弱势群体提供保护。残疾人属于此种高危类别，保护他们的经济、社会和文化权利，包括第 20 条规定的权利，必须被视为优先事项，即使（以及尤其）在预算限制迫使各国削减实现其他经济、社会和文化权利开支的情况下也是如此。

总之，在实现《残疾人权利公约》第 20 条所载的个人行动能力权方面，缔约国负有即时的恪尽职守的责任，在由其外债目标而产生的义务（例如为稳固公共开支而实施紧缩措施）与国际人权法规定的义务之间实现公允的平衡：执行紧缩措施时必须避免个人或群体之间的任何歧视，并符合合理和比例原则。[27]

27　关于经济和金融危机的影响以及保护弱势和边缘群体的经济、社会和文化权利的一般情况，见 Fasciglione（2014）。

参考文献

Fasciglione M (2014) The protection of economic, social and cultural rights of persons belonging to marginalized and vulnerable groups in times of financial crisis: how to reconcile the irreconcilable? Eur Yearb Minor Issues 11: 1-47.

Flynn E (2011) From rhetoric to action: implementing the UN Convention on the Rights of Persons with Disabilities, Cambridge University Press, Cambridge.

Hendricks A (2007) UN Convention on the Rights of Persons with Disabilities, Eur J Health L 14 (3): 273-298.

Kayess R, French P (2008) Out of darkness into light? Introducing the Convention on the Rights of Persons with Disabilities, Hum Rights Law Rev 8 (1): 1-34.

Lawson A (2007) The United Nations Convention on the Rights of Persons with Disabilities: new era or false dawn? Syracuse J Int'l L & Com 34 (2): 563-618.

Quinn G (1999) The human rights of people with disabilities under EU law, In: Alston P, Bustelo M, Heenan J (eds) The EU and human rights, Oxford University Press, Oxford, pp. 281-326.

South-North Centre for Dialogue and Development (2006) Global survey on government action on the implementation of the Standard Rules on the Equalization of Opportunities for Persons with Disabilities, Office of the United Nations Special Rapporteur on Disabilities, Amman.

Waddington L (2009) Breaking new ground: the implications of ratification of the UN Convention on the Rights of Persons with Disabilities for the European community, In: Arnardóttir OM, Quinn G (eds) The UN Convention on the Rights of Persons with Disabilities: European and Scandinavian perspectives, Martinus Nijhoff, Leiden/Boston, pp. 111-140.

WHO (2001) International classification of functioning, disability and health (ICF), World Health Organization, Geneva.

WHO (2011) World report on disability, World Health Organization, Geneva.

WHO, USAID (2011) Joint position paper on the provision of mobility device in less resourced settings, World Health Organization, Geneva.

第 21 条　表达意见的自由和获得信息的机会 387

拉切尔·塞拉

缔约国应当采取一切适当措施，包括下列措施，确保残疾人能够行使自由表达意见的权利，包括在与其他人平等的基础上，通过自行选择本公约第二条所界定的一切交流形式，寻求、接受、传递信息和思想的自由：

（一）以无障碍模式和适合不同类别残疾的技术，及时向残疾人提供公共信息，不另收费；

（二）在正式事务中允许和便利使用手语、盲文、辅助和替代性交流方式及残疾人选用的其他一切无障碍交流手段、方式和模式；

（三）敦促向公众提供服务，包括通过因特网提供服务的私营实体，以无障碍和残疾人可以使用的模式提供信息和服务；

（四）鼓励包括因特网信息提供商在内的大众媒体向残疾人提供无障碍服务；

（五）承认和推动手语的使用。

目　次

1 关于第 21 条所载原则的一般性评论

主张表达和意见自由[*]的许多理由倾向于将这些自由称为“人之全面发展不可或缺的条件”，是“每个自由民主社会的基石”。[1] 这些自由的意义尤其体现在对其他基本权利的赋能方面，在此意义上，它们配得上“超级自由”的称谓。从政治生活参与权到受教育权，从工作权到文化生活参与权，有效享有这些权利的前提条件是能够展开和交流自己的思想。

表达和意见自由与其他基本权利之间的交互作用甚至可以通过倒置二者关系的理由体现出来，因为侵犯其他人权也会妨碍意见和表达自由的享有。比如，剥夺受教育权会限制个人获得知识和技能的机会。

表达自由和意见自由这两种自由密切相关，表达自由为展开和交流意见提供了媒介。然而，它们的特征和限度各不相同。意见自由意味着每个人都

---

* 在《残疾人权利公约》作准英文本中，与作准中文本中“表达意见的自由”“自由表达意见”相对应的表述为“freedom of expression and opinion”。从作准英文本中的“and”可以看出，“表达自由”与“意见自由”是两种并列的自由，而非如中文“表达意见自由”这一动宾结构所示的一项自由。其他国际人权文书如《世界人权宣言》第 19 条和《公民及政治权利国际公约》第 19 条的中文表述也将表达自由与意见自由列为两种自由，尽管各中文本的措辞稍有不同。《世界人权宣言》中的相应表述是“有权享有主张和发表意见的自由”（has the right to freedom of opinion and expression），《公民及政治权利国际公约》中的相应表述是“有保持意见不受干预之权利”（have the right to hold opinions）和“有发表自由之权利”（have the right to freedom of expression）。本章除引用《残疾人权利公约》作准中文本原文外，将“表达和意见自由”作为“freedom of expression and opinion”的对应表述，即将第 21 条理解为规定了“表达自由”和“意见自由”这两项自由。——译者注

1 人权事务委员会第 34 号一般性意见，第 19 条：意见和表达自由（2011 年 9 月 12 日），CCPR/C/GC/34，第 2 段。

有权持有任何意见或观点，而不管其他人认为该意见有多受欢迎、多么令人不快或多么有争议。这是一项受到绝对保护的权利，不能受到国家任何形式的限制，否则就是允许国家干涉人们的意识和思想。

表达自由包含主动和被动两方面的视角。第一个视角包括传授或分享信息以及表达各种想法和意见的权利；第二个视角包括寻求和接受信息以便形成想法和意见的权利。与意见自由权不同，表达自由权带有某些责任并可能受到国家限制，这些限制可能涉及尊重他人的权利或名誉，也可能涉及保护国家安全、公共秩序、公共卫生或道德。

尽管表达和意见自由权很重要，但残疾人在充分享有这些权利方面仍面临许多障碍。其中一些障碍涉及缺乏无障碍模式的信息，另一些障碍则涉及往往造成一种环境的对待残疾人的态度和陈规定型观念——在这种环境中，残疾人的意见不被视为值得在与其他人的意见平等的基础上予以考虑。有时，智力和社会心理残疾人甚至无法思考和表达自己，因为精神药物治疗可 389
能会严重干扰一个人的思维过程。[2]

在《世界人权宣言》第 19 条的基础上，表达和意见自由在《公民及政治权利国际公约》第 19 条的核心规定、《消除一切形式种族歧视国际公约》第 5 条第 4 款，以及《儿童权利公约》第 12 条和第 13 条中得到了巩固和保障。

然而，这些条约，特别是《公民及政治权利国际公约》，由于没有在禁止歧视的理由中明确提及残疾，并且是从非残疾的健全的角度阐述对人权的理解，因此没有被寻求行使其权利的残疾人充分运用。

为了弥补这一缺陷，《残疾人权利公约》第 21 条明确承认意见和表达自由权，并根据残疾人的具体情况和能力对这些既定权利加以调整。《残疾人权利公约》将残疾人的意见纳入受保护的表达领域，既发展了先前受保护的不歧视原则，又为残疾人融入社会和国家从而解决残疾问题创造了更多可能。

2　Lord et al.（2012），pp. 46-47.

2 作为一项人权的信息获取和交流*

根据《残疾人权利公约》第 21 条，意见和表达自由权包括在与其他人平等的基础上，通过自行选择的一切交流形式，寻求、接受、传递信息和思想的自由。第 21 条的措辞反映了其他国际人权条约的相应表述。特别是"寻求、接受、传递"的说法与《公民及政治权利国际公约》第 19 条的有关表述一致，但《残疾人权利公约》更进一步，增加了保护"一切交流形式"表达的说法。然而，除此之外，第 21 条还展现出不止一点使表达和意见自由的范围扩大的新颖之处。

特别是，第 21 条没有像其他人权条约一样提出表达和意见自由权的要素。它将以前本质上基于不干涉的权利（或"消极"权利）转变为积极的国家义务。事实上，不干涉个人意见和表达的权利已经转变为一项国家义务，即以无障碍模式提供公共信息，并承认手语、盲文、辅助和替代性交流方式。从这个角度来看，《残疾人权利公约》第 21 条清楚地说明了为什么实现公民权利和政治权利必然同样要求国家发挥积极作用，而不仅仅是一种消极的不干涉主义做法。

第 21 条保障表达和意见自由权，解决的是影响残疾人在与他人平等的基础上享有权利的具体问题。

390 作为这项工作的最宝贵成果，第 21 条将残疾人在与他人平等的基础上获得信息的权利融入传统的表达和意见自由。经济、社会和文化权利委员会在其关于残疾人的第 5 号一般性意见中明确指出了无障碍环境与实现残疾人人权之间的联系，指出残疾人充分参与文化和娱乐生活的权利要求尽最大可

---

* 英文为"Access to Information and Communications"。值得注意的是，《公约》作准英文本中的"communication"在不同场合有不同的含义，在本条的语境下，与英文本"communication"对应的中文表述是"交流"，故此处应译为"信息获取和交流"；而在《公约》关于"无障碍"的第 9 条中，"information and communications"对应的中文表述为"信息和通信"。这样的区分可以联系《公约》第 2 条进行理解，即"信息和通信"的含义与"信息和通信技术"（information and communication technology）紧密相关，它是"交流"的一种方式、手段或模式。——译者注

能消除信息交流方面的障碍。[3] 必须指出的是，尽管并未具体提及信息和交流的无障碍性，但根据经济、社会和文化权利委员会的解释，无障碍可以被理解为隐含在内，因为如果不包括无障碍，条约所载的人权对残疾人来说就没有意义。[4] 因此，无障碍不是一项独立的权利，而是一项适用于所有其他人权的原则，类似于平等和不歧视原则。[5]

通过强调无障碍信息和交流的重要性，《残疾人权利公约》将无障碍推向中心舞台，使其成为国际法上的人权不可或缺的一部分。[6] 因此，表达自由权是《残疾人权利公约》所保障的复合权利的一个显著例子：为了确认这项权利，必须作出有关辅助和替代性交流方式的规定，否则，这项权利将毫无意义。在这方面，有人提出各种建议，详细说明第 21 条提到的交流形式和手段。最后，为了简化《公约》，此处提到了第 2 条，其中写道："'交流'包括语言、字幕、盲文、触觉交流、大字本、无障碍多媒体以及书面语言、听力语言、浅白语言、朗读员和辅助或替代性交流方式、手段和模式，包括无障碍信息和通信技术。"[7]

信息获取权利的范围可以通过援引《公约》的其他一些条款来进一步界定。比如，关于一般义务的第 4 条第 1 款第 7 项规定，缔约国承诺促进研究 391
和开发适合残疾人的新技术，并促进提供和使用这些新技术，包括信息和通信技术、助行器具、用品、辅助技术，优先考虑价格低廉的技术。

此外，关于无障碍的第 9 条涉及确保残疾人获得信息和通信，包括信息

3　经济、社会和文化权利委员会第 5 号一般性意见：残疾人（1994 年 12 月 9 日），E/1995/22，第 37 段。

4　有学者指出，自 2000 年以来，经济、社会和文化权利委员会通过的所有一般性意见都提到了信息获取权利。"其中一些参考文献描述了信息获取权利与其他人权的相互关系，以及它在实现其他人权中可以发挥的促进作用。另外一些参考文献侧重于特定人权信息无障碍的重要性，包括可获得性和可用性（例如，以特定的语言或格式）。" See Mc Gonagle（2015），p. 32；See also Donders（2015）.

5　Ad Hoc Committee on a Comprehensive and Integral International Convention on the Protection and Promotion of the Rights and Dignity of Persons with Disabilities, Accessibility to Information and Communication: Perspectives of the Visually Impaired, Background conference document prepared by the Department of Economic and Social Affairs, A/AC. 265/2006/CRP. 3, 11 Jan 2006.

6　Ellis and Goggin（2015），p. 53.

7　见本书对第 2 条"定义"的评注。

和通信技术和系统。

与此特别相关的还有《公约》第30条，该条规定应采取措施确保残疾人获得以无障碍模式提供的文化材料。另有一款规定确保获得以无障碍模式提供的电视节目、电影、戏剧和其他文化活动。此外，还有一款规定着重于保护知识产权，此类法律可能构成文化材料进行无障碍模式转化的障碍。它要求缔约国采取一切适当步骤，确保此类法律不构成“不合理或歧视性障碍”，阻碍残疾人获得文化材料。

尽管这些条款之间存在相互关系，但也存在实质性差异，因为第21条和第30条确认了人权，而第4条和第9条确定了为改善无障碍环境而采取公共措施的范围。履行第4条和第9条规定的义务将使残疾人能够享有第21条和第30条所承认的权利。

3 第21条规定的义务的法律范围

缔约国应采取一切适当措施，确保残疾人能够通过一切增强和协助性交流形式，在与其他人平等的基础上寻求、接受、传递信息。

作为一项公民权利和政治权利，意见和表达自由权要符合立即实现的实施标准。第21条并非一项含糊、空洞的规定，它就如何确保获得信息提供了明确的指示。第一，根据第2条所载的定义，明确了交流的内容。第二，它要求缔约国确保以无障碍模式和适合不同类别残疾的技术，及时向残疾人提供公共信息。这项义务也适用于向公众提供服务的私营实体。第三，第21条针对大众媒体，要求缔约国鼓励它们向残疾人提供服务。第四，第21条要求承认、接受和推动残疾人在正式事务中使用手语、盲文、辅助和替代性交流方式及残疾人选用的其他一切无障碍交流手段、方式和模式。

392 缔约国必须承担确保残疾人获得信息和交流的积极义务，这对于解决残疾人面临的障碍问题是必要的。如果没有这类条款，残疾人的信息自由和信息获取权利将毫无意义。然而，与保障表达和意见自由权方面的立即实现平等的要求不同，有关信息和交流无障碍的义务可以通过逐步实施来实现，因为残疾人权利委员会认为，障碍的取消应该是持续、系统、逐渐而稳定地进行的。[8] 实际上，尽管表达和意见自由一般不会造成公共开支的压力，但第 21 条所指的协助费用高昂。这反映了该条款所载权利的复合性质，因此人们可能会问，本条与其他一般的社会经济权利在资源方面有何不同。[9]

毕竟，不能指望财政资源有限的国家能够确保残疾人“通过自行选择……的一切交流形式”（第 21 条导言）行使其表达自由权。《残疾人权利公约》起草者也无意规定可能阻碍各国成为《公约》缔约国的过于繁重的义务。

理解这些义务的范围的关键是“在与其他人平等的基础上”这一措辞，但这一用语并不意味着期望缔约国确保所有残疾人都能充分获得信息和通信技术。相反，作为第一步，各国必须确保其法律制度为残疾人的意见和表达自由提供充分和有效的保障，这些保障适用于其整个领土，并可通过诸如正式承认手语等方式得到适当执行。然后，它们必须采取若干便利措施，确保残疾人能够获得实在的和可负担的信息和通信技术，使他们能够在与其他人平等的基础上受益于信息权。[10]

3.1　公共机构

第 21 条第 1 项和第 2 项所列措施主要与国家有关。这两项要求缔约国采取立法和其他措施，确保向残疾人提供公共信息，不另收费（第 1 项），并在一切正式事务中允许和便利残疾人使用其选用的交流手段（第 2 项）。 393

在《残疾人权利公约》谈判期间，各国围绕公共文件无障碍性的几个议题展开了辩论。一些代表团对工作组案文草案中的“公共信息”（public information）一词表达了关切，因为若不对该词予以一定程度的限定，就暗示着承认该词所指资源的范围是开放式的。有人提议用诸如“公开可得”（publicly available）或“官方”（official）等词来限定“公共”一词，即

8　残疾人权利委员会第 2 号一般性意见，第 9 条：无障碍（2014 年 5 月 22 日），CRPD/C/GC/2，第 27 段。

9　Koch（2009），p. 72.

10　Morten Haugen（2014），p. 41.

"公共"信息可以由国家或公共部门提供，而"官方"则意味着政府负责的信息。最后，第 21 条第 1 项规定，各国应以无障碍模式提供"面向公众"（intended to general public）的信息，无论信息来自哪里。

第 21 条第 1 项含蓄地呼吁各国制定必要的程序——如果此类程序尚不存在，"及时"向残疾人提供信息，且"不另收费"。关于"及时处理提供信息的请求"的要求，应当参照第 21 条导言所载"在与其他人平等的基础上"的规范来解释，也即在此信息以常规模式提供给其他人的同时。至于"不另收费"的要求，并不意味着应免费提供信息，而是与其他非残疾用户相比，提供无障碍模式的信息不收取额外费用。

有代表团（爱尔兰）想知道，是否要求各国政府在一切交流形式中提供公共领域的所有信息，无论这些信息是否应残疾人的要求提供。他们更希望有一份政府被要求采取的措施的清单，而不是一份无法确定其可执行性的简单的权利声明。工作组协调员认为，并未设想要求各国将所有公共文件转换为无障碍模式。更重要的是要确保，只要残疾人想要获取文件，他或她就可以通过某种机制获得该文件。

也有人认为私营实体不必（按无障碍模式）提供其材料。

为了确保公共实体生成和提供的所有信息都是可获得的，讨论集中在"公共信息"对提供公共服务的私营实体的限制和影响。[11] 在这方面，值得回顾的是，经济、社会和文化权利委员会已经在残疾领域讨论了私有化公共服务的责任这一关键问题。鉴于世界各国政府日益重视以市场为基础的政策，经济、社会和文化权利委员会强调缔约国有义务确保公营部门和私营部门都能在恰当限度内受规章条例的约束，以确保残疾人得到公平待遇。实际
394 上，"在提供公共服务的安排日益私营化，对自由化市场的依赖程度之高前所未有这一情况下，有必要使私人雇主、商品和服务的私人供应商以及其他非公营实体受到与残疾人相关的不歧视与平等准则的约束"。[12]

最终，《残疾人权利公约》第 21 条第 1 项的最后文本只要求材料由公共

11 Schulze（2010），p. 120.

12 E/1995/22，cit.，para. 11.

机构提供，而不要求私营实体提供。然而，此重要议题在本条有关私营实体的第 3 项和关于“鼓励”大众媒体更加无障碍的第 4 项再次出现。关于第 21 条第 2 项，谈判期间的讨论主要集中在两个方面。第一个方面涉及“正式事务”的概念，这一概念被阐明为与官方行为体的往来或互动，例如与政府官员会面或通信。

第二个方面涉及无障碍交流手段、方式和模式的例证。尽管有人反对第 1 项中罗列交流方式和手段，但有趣的是，第 2 项最终作出了这种列举，而关于这一点的辩论非常漫长。盲文和手语显然同等重要，应当加以促进，但一些代表团认为，使用“辅助和替代性交流方式”[13] 的措辞令人困惑，并建议将其删除。然而，第 21 条最终保留了分项清单，以提高对可能不为政府熟知的各种要素的认识，并提醒该用语在这方面是非排他性的。

另一个议题涉及对残疾人以及翻译者、协助者和中介者进行交流和语言技术培训的必要性，以确保残疾人能以他们偏好的交流语言、手段及方式来充分行使其意见和表达自由。在这方面，必须指出的是，关于“一般义务”的第 4 条第 1 款第 9 项提到了培训，但将这一概念纳入第 21 条时并没有得到多少支持。

3.2　私营实体

第 21 条第 3 项和第 4 项载有期待私营实体和大众媒体做什么的具体义务。值得一提的是，这两项规定明确提及因特网。结合同样提及因特网的第 395
9 条第 2 款第 7 项，这种确认使《残疾人权利公约》成为第一个处理获取信息和通信技术和系统（ICTs）的人权条约。ICTs 的重要性在残疾人权利委员会关于无障碍的第 2 号一般性意见中得到重申。该意见指出，ICTs 的重要性在于它能够开发大量的服务，改变现有服务，创造对信息和知识的更大需

[13] 辅助和替代性交流方式（AAC）是一个总括性术语，涵盖了对口头或书面语的表达或理解有障碍的人用来补充或代替言语或书写的交流方式。可以将 AAC 系统分为两类：独立的交流系统不需使用任何设备，包括手语和肢体语言；辅助的交流系统需使用外部工具，其范围从纸、笔、联络本或板，到生成语音输出（语音生成设备）和/或书面输出设备。

求，尤其对于未被提供周到服务和被排斥的人群（如残疾人）。[14]

关于第3项和第4项的范围，与涉及国家的条款相比，显然使用了更具弹性的措辞。实际上，大众媒体（包括因特网信息提供商）仅仅被“鼓励”向残疾人提供无障碍服务，而向公众提供服务的私营实体则是被“敦促”以无障碍模式向残疾人提供信息和服务。

“敦促”和“鼓励”这两个词使人不清楚国家应如何对私营实体采取行动，以确保残疾人的权利在与其他人平等的基础上得到行使。当然，这并不意味着，如果私营实体不以无障碍和残疾人可以使用的模式提供信息和服务，国家就可以指令私营实体这样做或对其施加制裁。因此，正如瓦尼（Varney）所指出的，可以认为“仅仅依靠鼓励私人行为体提供无障碍服务，不太可能克服残疾人面临的障碍，因为缺乏对私人行为体探索无障碍服务的经济激励”。[15]

这一问题在起草该条时已得到处理，当时一些代表团（特别是“地雷幸存者网络”）提请特设委员会考虑：国家仅仅鼓励私营实体和大众媒体是否就足够了。这种关切在于，鉴于媒体的影响力，以及向公众提供商品和服务的私营实体无处不在，可能有必要采用更强硬的措辞，以确保各国对这些实体采取相应措施。

然而，《残疾人权利公约》有其自身的局限性，因为其条约属性决定了它仅对缔约国具有约束力，而对自然人和法人没有约束力。要由缔约国通过其国内立法使这些个体遵守条约义务。

关于如何理解第21条第3项和第4项对缔约国提出的要求，《缔约国报告导则》提供了一些有益指示。在该文件中，拟报告的措施主要集中于防止
396 私营部门以替代形式阻碍或限制信息获取，以及大众媒体的无障碍程度和符合网络无障碍倡议（WAI）标准的公共网站所占的比例。[16][17]

---

[14] 残疾人权利委员会第2号一般性意见，第9条：无障碍（2014年5月22日），CRPD/C/GC/2，第5段。

[15] Varney（2015），p. 179.

[16] 残疾人权利委员会：缔约国根据《残疾人权利公约》第35条第1款提交的条约专要文件准则（2009年12月18日），CRPD/C/2/3，第12页。

[17] 有关WAI标准的进一步分析，见 http://www.w3.org/WAI/。

4　手语

《残疾人权利公约》的所有条款都能适用于聋人，其中有 5 条具体提到了手语和聋文化，分别涉及对手语的承认（第 2 条和第 21 条第 2 项、第 5 项）、翻译（第 9 条第 2 款第 5 项）、教育（第 24 条第 3 款第 2 项、第 3 项和第 4 款）和聋文化（第 30 条第 4 款）。事实上，在《公约》中，没有任何其他残疾群体及其需要像聋人/聋盲群体那样被明确和再三地公开提及。[18]

最明显地，《残疾人权利公约》是首个确认手语与口语具有同等地位的国际人权条约。在此之前，人权事务委员会在其第 34 号一般性意见中承认手语是受《公民及政治权利国际公约》第 19 条第 2 款保护的一种表达形式，但它没有明确提及有关残疾人行使表达自由和信息获取权利的问题。[19]

《残疾人权利公约》第 21 条在第 2 项提及在正式事务中使用手语之后，在第 5 项规定缔约国有义务承认和推动手语的使用。在这方面，《残疾人权利公约》对聋人政治议程的跨国批准起到了催化作用。[20] 在匈牙利，批准《残疾人权利公约》是《关于匈牙利手语及其使用的 2009 年第 125 号法》（EUD 2009）得以通过的立法进程的触发因素之一。《残疾人权利公约》的批准或各国政府的批准意向一直推动着俄罗斯、芬兰和日本手语承认立法的发展。[21]

在谈判期间，各方普遍同意在承认手语本身就是具有自己的词汇和语法的语言的基础上，插入一项有关手语的具体条款。此外，正如世界聋人联盟（World Federation of the Deaf）所强调的那样，手语赋予聋人作为语言少数群体的独特身份，他们的表达自由和平等获取信息的权利要求承认手语为其第一语言。

18　Wilcox et al.（2012），p. 374.

19　CCPR/C/GC/34，cit.，para. 12.

20　Batterbury（2012）.

21　De Meulder（2014），p. 14.

397 结果是，《残疾人权利公约》第 21 条第 5 项规定了两项不同但相互关联的义务。首先，该规定要求缔约国通过或实施赋予手语语言权利和法律地位的立法。

然而，世界聋人联盟代表团指出，必须确保手语的使用，并以大多数失聪儿童被禁止使用本国手语、在聋人中造成了严重文盲问题为例予以说明。因此，《残疾人权利公约》第 21 条第 5 项绝非毫无意义的承认，而是要求各缔约国推动手语的使用，从而确保聋人享有自然语言表达和发展的权利。

目前，有 31 个国家（其中大多数是欧盟成员国）在关于语言地位和/或语言权利的立法中承认了本国的手语。[22] 然而，与对大多数口语（包括小语种）的承认相比，对手语的承认并不总是意味着它们获得了国家、官方或少数语言的地位。最令人遗憾的是，现有的法律承认主要侧重于对手语的承认，而大多数法律缺乏对其文化的承认，忽视了聋人群体对其独特文化和身份认同的诉求，而这同样是《残疾人权利公约》的要求。[23]

5 残疾人权利委员会实践中的第 21 条

残疾人权利委员会在其关于缔约国报告的结论性意见中审议了与第 21 条有关的问题。其结论性意见强调，尽管匈牙利和澳大利亚等一些国家在承认手语方面取得了重大进展，[24] 但在信息获取方面仍然存在挑战。为了解决信息无障碍不足的问题，残疾人权利委员会建议将资金分配重点放在发展和

[22] 德·穆尔德（De Meulder）区分了 5 种最常见的手语法律承认：（1）宪法承认；（2）通过一般语言立法予以承认；（3）通过手语法律或法案予以承认；（4）通过包括其他交流方式的手语法律或法案予以承认；（5）通过国家语言委员会职能的立法予以承认。See De Meulder（2015），pp. 499-504.

[23] 可能这种缺陷与对聋人群体的认知方式有关。德·穆尔德指出："由于聋人既是残疾人又是文化—语言少数群体的双重身份，决策者倾向于将聋人和手语问题（仅）归类于残疾立法。" De Meulder（2015），p. 499.

[24] 残疾人权利委员会的结论性意见：匈牙利，CRPD/C/HUN/CO/1，第 7～8 段；澳大利亚，CRPD/C/AUT/CO/1，第 5 段。

推广无障碍模式的使用上。[25]

残疾人权利委员会有关第 21 条的大部分建议涉及承认和推动手语的使 398
用。在一些情况下，委员会呼吁缔约国通过正式承认手语的法律，[26] 或补充现有国内立法[27]；在另一些情况下，委员会对现行立法的执行情况表示关切，并概述了培训译员的必要性。[28]

残疾人权利委员会在关于第 9 条的一般性意见中讨论了在无障碍环境中获得信息和通信的问题。委员会发现，尽管大多数国家通过了一些关于无障碍环境的立法和政策，但这往往被理解为仅仅是进入物质环境，或者可能是使用交通工具，而在使信息、通信和服务无障碍方面做得还不够。相反，委员会强调了获得信息和通信作为享有思想和表达自由的促进者的作用，如果不能无障碍地获得信息和通信，残疾人的许多其他基本权利和自由就会受到严重损害和限制。[29] 实际上，《残疾人权利公约》第 9 条第 2 款指示缔约国应促进向残疾人提供现场协助和中介，包括提供向导、朗读员和专业手语译员（第 2 款第 5 项）；向残疾人提供其他适当形式的协助和支助，以确保残疾人获得信息（第 2 款第 6 项）；通过实行强制性无障碍标准，使残疾人有机会使用新的信息和通信技术和系统，包括因特网（第 2 款第 7 项）。[30]

25　残疾人权利委员会的结论性意见：澳大利亚，CRPD/C/AUS/CO/1，第 44 段；萨尔瓦多，CRPD/C/SLV/CO/1，第 46 段。

26　残疾人权利委员会的结论性意见：澳大利亚，CRPD/C/AUS/CO/1，第 44 段；萨尔瓦多，CRPD/C/SLV/CO/1，第 46 段；巴拉圭，CRPD/C/PRY/CO/1，第 54 段；韩国，CRPD/C/KOR/CO/1，第 42 段。

27　残疾人权利委员会的结论性意见：巴拉圭，CRPD/C/PRY/CO/1，第 53 段。

28　残疾人权利委员会的结论性意见：萨尔瓦多，CRPD/C/SLV/CO/1，第 46 段；中国，CRPD/C/CHN/CO/1，第 72 段；澳大利亚，CRPD/C/AUT/CO/1，第 43 段；新西兰，CRPD/C/NZL/CO/1，第 42 段。

29　CRPD/C/GC/2，para. 21.

30　迄今为止，一份涉及《残疾人权利公约》第 21 条关于手语使用的来文已提交残疾人权利委员会。该案涉及澳大利亚新南威尔士州司法行政官将聋人排除在陪审团之外的做法。提交人声称，国内当局拒绝准许用澳大利亚手语（Auslan）对法庭程序和陪审团审议进行手语翻译，这侵犯了其在与其他人平等的基础上通过自己选择的交流形式寻求、接受和传递信息和思想的自由。其理由是，应当把澳大利亚手语翻译看作《公约》第 21 条意义上的一种“交流形式”和“正式互动”。由于提交人本人从来没有被挑选履行陪审义务，残疾人权利委员会认为，提交人不能声称是任择议定书第 1 条第 1 款所指的受害人，因此宣布不予受理。CRPD Committee，*AM v. Australia*.

399

相关案例

CRPD Committee 27. 03. 2015, *AM v. Australia*, CRPD/C/13/D/12/2013.

参考文献

Batterbury SCE (2012) Language justice for sign language peoples: the UN Convention on the Rights of Persons with Disabilities, Lang Policy 11: 253-272.

De Meulder M (2014) The UNCRPD and sign language peoples, In: Pabsch A (ed) UNCRPD implementation in Europe-a deaf perspective. Article 29: participation in political and public life, European Union of the Deaf, Brussels, pp. 12-28.

De Meulder M (2015) The legal recognition of sign languages, Sign Lang Stud 15: 498-506.

Donders Y (2015) International Covenant on Economic, Social and Cultural Rights: accessibility and right to information, In: McGonagle T, Donders Y (eds) The United Nations and freedom of expression and information, Critical perspectives, Cambridge University Press, Cambridge, pp. 89-120.

Ellis K, Goggin G (2015) Disability and the media, Palgrave, London.

Koch IE (2009) From invisibility to indivisibility: the international Convention on the Rights of Persons with Disabilities, In: Arnadóttir OM, Quinn G (eds) The UN Convention on the Rights of Persons with Disabilities: European and Scandinavian perspectives, Martinus Nijoff Publishers, Leiden, pp. 67-77.

Lord J, Guernsey K, Balfe J, Karr V, de Franco A (2012) Human rights: yes! action and advocacy on the rights of persons with disabilities, In: Flowers N (ed) Human rights education series, vol 6, 2nd ed, University of Minnesota Human Rights Center, http://www1.umn.edu/humanrts/edumat/hreduseries/HR-YES/Human%20Rights%20YES%20Final%20PDF.pdf, Accessed 1 July 2015.

McGonagle T (2015) The development of freedom of expression and information within the UN: leaps and bounds or fits and starts? In: McGonagle T, Donders Y (eds) The United Nations and freedom of expression and information. Critical perspectives, Cambridge University Press, Cambridge, pp. 1–52.

Morten Haugen H (2014) Is internet access a human right–for everyone, or only for persons with disabilities? Kritisk Juss 40: 26–51.

Schulze M (2010) Understanding the UN Convention on the Rights of Persons with Disabilities, http://www.handicap-international.fr/fileadmin/documents/publications/HICRPDManual.pdf, Accessed 1 July 2015.

Varney E (2015) Convention on the Rights of Persons with Disabilities: ensuring full and equal access to information, In: Mc Gonagle T, Donders Y (eds) The United Nations and freedom of expression and information, Critical perspectives, Cambridge University Press, Cambridge, pp. 171–207.

Wilcox S, Krausneker V, Armstrong D (2012) Language policies and the deaf community, In: Spolsky B (ed) Cambridge handbook of language policy, Cambridge University Press, Cambridge/New York, pp. 374–395.

401

第 22 条　尊重隐私

瓦伦蒂娜·德拉·菲娜

一、残疾人，不论其居所地或居住安排为何，其隐私、家庭、家居和通信以及其他形式的交流，不得受到任意或非法的干预，其荣誉和名誉也不得受到非法攻击。残疾人有权获得法律的保护，不受这种干预或攻击。

二、缔约国应当在与其他人平等的基础上保护残疾人的个人、健康和康复资料的隐私。

目　次

1　第 22 条的起草历史

在《残疾人权利公约》谈判的第一阶段，现行第 22 条不是一项单独条款，其内容被并入关于尊重家居*和家庭的条款。

在特设委员会主席于 2003 年 12 月提交工作组的《促进和保护残疾人权利和尊严的全面综合国际公约草案要点》中，尊重隐私出现在题为“尊重隐私和家居权、保护家庭和结婚权”[1] 的第 16 条草案标题中。然而，该条款只涉及与残疾人的性行为、结婚和组建家庭的权利等有关的问题。 402

在工作组 2004 年起草的公约草案中，尊重隐私权仍然与保护残疾人家居和家庭这一更广泛的主题联系在一起（第 14 条草案）。[2] 该条关于隐私的第 1 款规定如下：“残疾人，包括居住在机构中的残疾人，其隐私不得受到任意或非法的干预**，并有权获得法律的保护，不受这种干预。公约缔约国应采取有效措施，保护残疾人的家居、家庭、通信和医疗记录的隐私，以及他们对个人事务作出决定的选择。”

在特设委员会就第 14 条草案进行辩论期间，一些代表团（爱尔兰、德国和南非）提议效仿其他人权条约的模式，将该规范分成单独两条。在 2005 年 2 月特设委员会第五届会议上，各方一致同意，关于隐私问题的第 1 款保留在草案第 14 条（现为第 22 条），而关于家居和家庭的第 2 款应成为新的

---

* 《公约》作准英文本中与“家居”对应的表述是“home”，本书采用《公约》作准中文本的表达把“home”译为“家居”，而《公民及政治权利国际公约》第 17 条、《世界人权宣言》第 12 条、《儿童权利公约》第 16 条和《保护所有移徙工人及其家庭成员权利国际公约》第 14 条的作准中文本中与“home”对应的表述均为“住宅”。——译者注

1　http://www.un.org/esa/socdev/enable/rights/wgcontrib-chair1.htm.

2　见草案第 14 条：尊重隐私、家居和家庭，A/AC.265/2004/WG/1，附件 1。2004 年欧盟关于《残疾人充分和平等享有所有人权和基本自由国际公约》案文的提案在第 7 条第 5 款提到隐私权：“缔约国应采取措施确保残疾人的隐私、家庭、家居和通信不受任意或非法干预。”

** 《公约》作准英文本中与作准中文本中“干预”对应的表述是“interference”，本书采用《公约》作准中文本的表达把“interference”译为“干预”，而《公民及政治权利国际公约》第 17 条、《世界人权宣言》第 12 条、《儿童权利公约》第 16 条和《保护所有移徙工人及其家庭成员权利国际公约》第 14 条的作准中文本中与“interference”对应的表述均为“干涉”。——译者注

第 14 条之二（现为第 23 条）。[3] 各代表团还同意将《公民及政治权利国际公约》第 17 条的用语用于隐私权条款，而关于家居和家庭的规范则以《消除对妇女一切形式歧视公约》第 16 条为范本。[4]

因此，第 14 条草案表述如下："残疾人，不论其居所地或居住安排为何，其隐私、家庭、家居和通信以及其他形式的交流，不得受到任意或非法的干预，其荣誉和名誉也不得受到非法攻击。残疾人有权获得法律的保护，
403 不受这种干预或攻击。"[5] 2005 年 8 月，又在现行第 22 条中增加了关于康复资料隐私的第 2 款。[6]

在谈判期间，几乎没有关于尊重隐私的规范的争论。在特设委员会第七届会议（2006 年 1 月 20 日）上，主席结束了对现行第 22 条的"不讨论"，指出没有代表团提交任何书面提案，并且俄罗斯联邦、欧盟和国际残疾人组织核心成员组（IDC）等对该文本表示支持。[7]

2 第 22 条的范围和规范性内容

第 22 条保护残疾人的隐私权，这是一项基本权利，它使个人拥有"私人领域，无论是否与他人互动，既不受国家干预也不受其他不请自来者的过度主动干预"。[8] 人权事务委员会强调，尊重隐私权必须"保证不受任何这类干预和攻击，无论这些干预和攻击来自政府当局还是自然人或法人"。[9]

根据第 22 条第 1 款，残疾人受到保护，不论其居所地或居住安排为何，其隐私、家庭、家居和通信以及其他形式的交流，不得受到任意或非法的干预，其荣誉和名誉也不得受到非法攻击。此外，第 2 款在与其他人平等的基

---

3 见本书对第 23 条"尊重家居和家庭"的评注。

4 http://www.un.org/esa/socdev/enable/rights/wgsuma14.htm.

5 见特设委员会的报告（2005 年 2 月 23 日），A/AC.265/2005/2，第 19~24 页。

6 该款已从第 21 条（现第 25 条"健康"）中删除。见 Schulze（2009），p. 84。

7 http://www.un.org/esa/socdev/enable/rights/ahc7sum20jan.htm.

8 See Lester and Pannick（2004），para. 4.82；Rengel（2013）.

9 见人权事务委员会第 16 号一般性意见：第 17 条（隐私权），HRI/GEN/1/Rev.1 at 21（1994），第 1 段。

础上保护残疾人的个人、健康和康复资料的隐私。[10]

这项规定的主要目的是保护残疾人在一切环境下表现其个性的隐私权，无论他们居住于何处。在起草过程中，在欧盟和其他代表团的支持下，第 22 条增加了“不论其居所地或居住安排为何”的措辞，以确保居住在机构或任 404
何其他安排中的残疾人的私生活得到尊重——在此类地方，其基本人权遭受侵犯的风险更高。[11] 这一增加与一些非政府组织在第 14 条草案辩论期间的发言一致。特别是，“地雷幸存者网络”强调，第 1 款“在很大程度上重申了《公民及政治权利国际公约》第 17 条的规定，而没有根据残疾人的具体情况对这些权利加以调整。例如，容许机构职员在未通知的情况下随时进入残疾人房间的政策本身并不违法，但仍然构成对隐私权的干预。因此，特设委员会不妨扩展有关隐私和干预家庭的规定”。[12]

如前所述，制定第 22 条第 1 款的基础是《公民及政治权利国际公约》第 17 条[13]以及其他国际层面保护该基本权利的人权条款，如《世界人权宣言》第 12 条、《儿童权利公约》第 16 条和《保护所有移徙工人及其家庭成员权利国际公约》第 14 条（这些条款都使用了相同的措辞）。区域人权文书也包含类似的规定。隐私权受到《欧洲人权公约》第 8 条、《欧盟基本权利宪章》第 7 条、《美洲人权公约》第 11 条以及《非洲人权和人民权利宪章》第 11 条的保护。[14]

10　见人权事务委员会第 16 号一般性意见：第 17 条（隐私权），HRI/GEN/1/Rev. 1 at 21 (1994)，第 3 段。

11　欧盟强调，保护残疾人不受任意或非法侵犯隐私权的原则适用于所有居住安排。因此，它建议将“包括住在机构中的残疾人”改为“不论其居所地”。这也与《残疾人权利公约》第 19 条有关，该条保护残疾人选择居所地的权利，不被迫在特定的居住安排中生活。见本书对第 19 条“独立生活和融入社区”的评注。

12　此外，世界精神病学使用者和幸存者网络（World Network of Users and Survivors of Psychiatry）建议在第 1 款中的“任意或非法”之后加上形容词“歧视性”。该组织指出，“特别是在机构中，出于管理考虑，对隐私的干预可以被合理化，因此不被视为任意或非法的，但它是歧视性的，因为没有被安排到机构中生活的人不会受到此种干预。当特定的机构化形式对残疾人的影响不成比例时，这种做法也可能构成基于残疾的歧视”。关于机构化，另见国际残疾人组织核心成员组（IDC）的立场，http://www.un.org/esa/socdev/enable/rights/ahcstata22fiscomments.htm。

13　关于《公民及政治权利国际公约》中的隐私权以及人权事务委员会关于第 17 条的判例，见 Joseph and Castan (2013)。

14　见《伊斯兰人权开罗宣言》第 18 条、《非洲联盟关于非洲言论自由原则宣言》第 4 条第 3 款和《美洲人权利和义务宣言》第 5 条。

欧洲人权法院关于《欧洲人权公约》第 8 条的判例和人权事务委员会关于《公民及政治权利国际公约》第 17 条的判例[15]有助于阐明隐私权的核心
405 要义（包括此两项规范中使用的概念），也有助于更好地理解第 22 条的范围。为此，以下各小节将研究此类机构在该领域的实践。

2.1 隐私（私生活）权

《欧洲人权公约》第 8 条第 1 款保护“私生活”的权利，该款规定“人人有权使自己的私人和家庭生活、住所和通信得到尊重”。

从欧洲人权法院的案例法可以看出，“私生活”的概念比“隐私”的概念要广泛得多，涵盖了每个人得以自由发展和实现自己个性的领域。[16] 然而，欧洲人权法院没有对私生活给出明确的定义，而是逐案确定了属于这一概念的情况。事实上，该法院在许多场合认为，第 8 条规定的“私生活”是一个广义术语，不易给出详尽的定义。[17] 根据关于第 8 条的判例，私生活包括以下领域：个人的身心完整，[18] 包括医疗、精神检查和心理健康；数据保护；儿童保育程序；个人身体和社会身份的各个方面。[19] 此外，性别认同、姓名、
406 性生活和性倾向以及性认同等要素属于第 8 条保护的私人领域。[20] 该规定还

---

15 See Rehman (2010), pp. 106 et seqq.

16 See Roagna (2012), p. 12.

17 欧洲人权委员会（ECommHR，随着《第十一附加议定书》生效而于 1998 年被撤销）指出，“对于许多英国和法国来文者而言，尊重‘私生活’的权利就是隐私权，即受保护的不被公开的按个人意愿生活的权利。然而，委员会认为，尊重私生活的权利并不止于此。它还在一定程度上包括了与他人建立和发展关系的权利（特别是在情感领域），以发展和实现自己的个性”。*X v. Iceland*, Application No. 6825/74, decision of the ECommHR of May 18, 1976, 5 DR 86. 关于《欧洲人权公约》中的隐私权，见 Coussirat-Coustere (1999), Russo (1999), Moreham (2008), Sottiaux (2008)。

18 See ECtHR, *X and Y v. the Netherlands*, Application No. 8978/80, Judgment of March 26, 1985, Series A No. 91, p. 11, para. 22.

19 See ECtHR, *Mikulić v. Croatia*, Application No. 8978/80, Judgment of February 7, 2002, ECHR 2002-I, para. 53.

20 See ECtHR, *B. v. France*, Application No. 13343/87, Judgment of March 25, 1992, Series A No. 232-C, pp. 53-54, para. 63; ECtHR, *Burghartz v. Switzerland*, Application No. 16213/90, Judgment of February 22, 1994, Series A No. 280-B, p. 28, para. 24; ECtHR, *Dudgeon v. the United Kingdom*, Application No. 7525/76, Judgment of October 22, 1981, Series A No. 45, pp. 18-19, para. 41。

包括个人发展权以及同他人和外部世界建立和发展关系的权利。[21]

在普雷蒂（Pretty）诉英国一案中，欧洲人权法院裁定，自主决定（self-determination）也包括在私生活权中。[22] 此外，法院在医疗框架内对备受争议的死亡权（right to die）给予了相关考虑，强调了其与第 8 条的关系。在这方面，法院认为，“在医疗领域，拒绝接受某一特定治疗可能不可避免地导致致命后果，但未经精神健全的成年患者同意而强制实行医疗，将干涉人的身体完整性，从而侵犯《公约》第 8 条第 1 款所保护的权利”。[23]

欧洲人权法院的案例法对“私生活”概念的广义解释可适用于《残疾人权利公约》第 22 条所涵盖的隐私权，[24] 对此可结合下列条款解读：禁止对残疾人一切形式的剥削、暴力和凌虐的第 16 条；尊重家居和家庭的第 23 条；要求医护人员，在征得残疾人自由表示的知情同意基础上，向残疾人提供在质量上与其他人所得相同的护理的第 25 条第 4 项；规定收集和维持信息的工作应当遵行法定保障措施，包括保护数据的立法，实行保密和尊重残疾人的隐私的第 31 条第 1 款。

关于第 22 条第 2 款所涵盖的个人数据隐私权，值得回顾人权事务委员会的建议。该委员会要求缔约国采取有效措施，确保有关私生活的信息不会披露给未经法律授权接收、处理和使用这些信息的人，而且绝不用于与《公民及政治权利国际公约》不符的目的。此外，人权事务委员会认为，为了使私生活得到最切实的保护，“人人都应有权以明白易解的方式确知个人资料是否存放在自动数据档案中；如果是这样，那么有哪些资料被存放，其目的为何。人人也都应能够确知哪些公共当局或私人或私营机构控制或可以控制

21　See ECtHR, *Friedl v. Austria*, Application No. 15225/89, Judgment of January 31, 1995, Series A No. 305-B, opinion of the Commission, p. 20, para. 45. 关于《欧洲人权公约》第 8 条的案例法，见 Roagna（2012）、Harris et al.（2014）。根据法院的判例，莫尔哈姆（Moreham）认定了第 8 条所涵盖的私生活的 5 个子类别：（1）在身心健全事项上免受干涉；（2）不受不必要的信息获取和收集；（3）不受严重环境污染；（4）自由发展个人身份；（5）以自己选择的方式生活。见 Moreham（2008）。

22　ECtHR, *Pretty v. United Kingdom*, Application No. 2346/02, Judgment of April 29, 2002, ECHR 2002-Ⅲ, paras 61, 63, and 65.

23　ECtHR, *Pretty v. United Kingdom*, Application No. 2346/02, Judgment of April 29, 2002, ECHR 2002-Ⅲ, para. 63.

24　在第 22 条的法文文本中，该术语为“vie privée”（亦即“私生活”——译者注）。

其档案。如果这种档案中有不正确的个人数据，或以违反法律规定的方式收
407 集或处理，则人人应有权要求改正或消除”。[25] 在这方面，残疾人权利委员会同样要求修正国内法律，“禁止未经有关人员同意将精神病医院中病人的隐私和机密资料转让给第三方，以遵守尊重隐私的原则”。[26]

2.2 家庭和家居

《残疾人权利公约》序言第 24 段界定了“家庭”一词，确认“家庭是自然和基本的社会组合单元，有权获得社会和国家的保护，残疾人及其家庭成员应获得必要的保护和援助”。在这点上，应当指出，《公约》再次使用了《世界人权宣言》第 16 条所载的家庭概念。

考虑到第 22 条第 1 款的范围，“家庭”的概念应根据《残疾人权利公约》第 23 条作广义解释，并与残疾人生活的社会背景相联系。[27]

第 22 条第 1 款还保护与“家居”（《残疾人权利公约》并未定义这一术语）有关的隐私权。然而，根据欧洲人权法院的相关案例法，应该对其进行广义解释。[28] 法院确已阐明，“家居”一词指的是一个人所住或通常工作的地方，以及“私人和家庭生活发展的实际界定区域”。[29] 这一概念还可包括商业场所、临时居住空间或活动房屋。更广泛地说，法院认为，为了确定“家居”的范围，有必要考虑它在社会保障和总体福祉方面对其居住者所代表的价值。

人权事务委员会也解释了这个概念，其第 16 号一般性意见确认：“依《公约》第 17 条所用的英文‘home’、阿拉伯文‘manzel’、中文‘住宅’、法文‘domicile’、俄文‘zhilische’、西班牙文‘domicilio’应被理解为表示一个人所

---

[25] 见人权事务委员会第 16 号一般性意见，第 10 段。

[26] 见残疾人权利委员会的结论性意见：丹麦，CRPD/C/DNK/CO/1，第 51 段。

[27] 见本书对第 23 条“尊重家居和家庭”的评注。

[28] See ECtHR, *Société Colas Est and Others v. France*, Application No. 37971/97, Judgment of April 16, 2002, ECHR 2002 - Ⅲ, paras 40 - 42; ECtHR, *Niemietz v. Germany*, Application No. 13710/88, Judgment of December 16, 1992, Series A no. 251-B, paras 29-30.

[29] See ECtHR, *Giacomelli v. Italy*, Application No. 59909/00, Judgment of November 2, 2006, 45 EHRR 871, para. 76. See Roagna (2012), pp. 73 et seqq.

居住或通常消遣的地方。"[30] 人权事务委员会进一步强调，必须按照"家庭"和"家居"这两个术语在有关国家社会中的含义来理解。这些概念确实因社会文化背景和国家法律制度的不同而有各自的含义，因此不能在国际层面加以界定。 408

2.3　通信以及其他形式的交流

《残疾人权利公约》第 22 条第 1 款也涵盖"通信以及其他形式的交流"。谈判期间在该条款中增加这一表述，以将保护范围扩大到所有交流方式，包括电子通信方式。[31] 因此，这项规定保护了信件、电话交谈、私人面对面交谈、电子邮件和所有其他形式的交流的隐私。

在这方面，应当指出，欧洲人权法院认为《欧洲人权公约》第 8 条既包括交流隐私，也包括信息隐私。前者包括电话、电子邮件和其他形式的交流的安全和隐私，而后者包括上网的隐私和个人隐私不被传播的权利。[32] 此外，通信领域的隐私保护与保护个人肖像权有关，因而含有个人肖像的照片或视频剪辑属于《欧洲人权公约》第 8 条规范的内容。[33]

人权事务委员会进一步阐明，"要遵守第十七条，就必须在法律上和实际上保障通信的完整和机密。信件应送达受信人，不得拦截、启开或拆读。应禁止监查（不管是否以电子方式）、拦截电话、电报和其他通讯形式、窃听和记录谈话"。[34]

此外，联合国大会 2013 年 12 月第 68/167 号决议呼吁所有国家尊重和保护数字通信中的隐私权。联大还促请各国审查其涉及通信监控、截取与收集个人数据的程序、做法和立法，强调国家应确保充分而有效地履行其按照国际人权法承担的义务。[35] 409

30　见人权事务委员会第 16 号一般性意见：第 17 条（隐私权），HRI/GEN/1/Rev.1 at 21（1994），第 5 段。

31　在起草过程中，有人建议更新《公民及政治权利国际公约》第 17 条使用的"通信"一词。各代表团同意使用《保护所有移徙工人及其家庭成员权利国际公约》中的"通信以及其他形式的交流"的措辞。

32　关于信息隐私，见 Baker（2004）。

33　See ECtHR, *Sciacca v. Italy*, Application No. 50774/99, Judgment of January 11, 2005, ECHR 2005-I, para. 29.

34　见人权事务委员会第 16 号一般性意见，第 8 段。

35　在这些方面，见联合国人权事务高级专员办事处报告：数字时代的隐私权，A/HRC/27/37。

考虑到《残疾人权利公约》第22条的目的，交流隐私应包含欧洲人权法院和人权事务委员会所概述的方面。此外，还应解释“通信”（correspondence）的概念，使之适应技术的发展。

2.4 荣誉和名誉

按照《公民及政治权利国际公约》第17条的模式，第22条第1款也保护残疾人的“荣誉”和“名誉”不受到非法攻击。这些术语没有国际通行的定义，因为其含义因缔约国的国内立法而异。然而，根据第22条第1款，国内法必须规定适当的保护措施以防止可能发生的任何非法攻击，并确保对遭受此类攻击的人采取有效救济措施。[36] 事实上，人权事务委员会建议缔约国在其报告中说明个人的荣誉或名誉在何种程序上受到法律保护，以及根据其法律制度应如何实现这种保护。[37]

在《欧洲人权公约》的框架内，名誉权没有得到明确保障，但欧洲人权法院认为，这项权利作为尊重私生活权利的一部分受第8条保护。但是，要符合该条要求，个人名誉受到的攻击必须严重到一定程度，从而在某种意义上对尊重私生活的权利造成损害。此外，名誉作为对言论自由的一项限制，也被《欧洲人权公约》第10条第2款覆盖。[38]

2.5 任意或非法的干预

隐私权并不是一项绝对权利，可能受到合法干预。实际上，《欧洲人权公约》第8条第2款载有一项克减条款，规定了缔约国可援引的限制隐私权的一般条件和具体理由。[39] 相反，从《公民及政治权利国际公约》第17条汲取灵感的《残疾人权利公约》第22条并没有明确规定缔约国可以合法干

---

36 诺瓦克（Nowak）认为，“荣誉”指的是一个人对自己的主观评价（个人的自尊），而“名誉”指的是别人对他/她的评价。See Joseph and Castan（2013），p. 551.

37 见人权事务委员会第16号一般性意见，第11段。

38 ECtHR，Factsheet—Protection of reputation，Unité de la press，January 2016.

39 《欧洲人权公约》第8条第2款规定：“公共机构不得干预上述权利的行使，但是，依照法律规定的干预以及基于在民主社会中为了国家安全、公共安全或者国家的经济福利的利益考虑，为了防止混乱或者犯罪，为了保护健康或者道德，为了保护他人的权利与自由而有必要进行干预的，不受此限。”关于克减条款，见Roagna（2012），pp. 34 et seqq。

预残疾人隐私权的理由。第 1 款规定的唯一限制是“任意或非法的干预”。 410

正如人权事务委员会就第 17 条所阐明的那样，“‘非法’一词意味着除法律所设定的情况以外，不得进行任何干涉。国家授权的干涉必须依据法律进行，而该法律本身必须符合《公约》规定、目的和目标”。[40]

此外，“任意干预”一词也可以扩展到法律所规定的干预。人权事务委员会认为，“使用任意这个概念的用意是保障即使是法律所规定的干涉也应当符合《公约》的规定、目的和目标，而且在任何特定情况下也要合情合理”。[41]

根据人权事务委员会的判例，未经法律规定的对隐私权的限制在第 17 条的意义上是“非法”的，而缺乏必要或并非用于正当目的的限制则构成对第 17 条规定的权利的“任意”干预。

这一解释也适用于《残疾人权利公约》第 22 条。因此，对残疾人隐私权的任何限制必须由法律规定，必须是达到正当目的所必需的，且必须符合《公约》的规定和目标。

3　个人资料的保护（第 22 条第 2 款）

《残疾人权利公约》第 22 条第 2 款将保护范围扩大到残疾人的个人、健康和康复资料，披露这些敏感数据可能构成对隐私权的侵犯，必须在与其他人平等的基础上确保对这些数据的保护。

该规定符合隐私权的最新发展，即隐私权包括保护个人数据资料的自主权。后者包括一系列有利于数据主体[42]的权利，如获知处理操作的权利，访问、更正、阻隔或删除数据的权利，基于合法理由反对处理数据的权利，以及获得任何损害赔偿的权利。为了遵守第 22 条第 2 款，《残疾人权利公约》缔约国必须确保残疾人在其法律秩序范围内享有这些权利。

40　人权事务委员会第 16 号一般性意见，第 3 段。

41　同上，第 4 段。

42　数据主体是指其个人数据被收集、保存或处理的人。

此外，残疾人个人资料的保护与《残疾人权利公约》关于在法律面前获
得平等承认的第 12 条有关。在这方面，残疾人权利委员会确认："替代决策
制度除了不符合《公约》第 12 条外，还有可能违反残疾人的隐私权，因为
411 这些替代决策者通常能够获得有关残疾人的大量个人数据资料和其他资料。
各缔约国在建立支持决策制度时，必须确保在为行使法律能力（legal capacity）
提供协助时充分尊重残疾人的隐私权"。[43]

3.1 欧洲理事会的数据保护权

在欧洲理事会，个人数据资料的保护权是《欧洲人权公约》第 8 条所保护的权利的一部分。欧洲人权法院审查了许多涉及数据保护问题的案件，例如涉及通信拦截、数种形式的监视以及公共当局存储个人数据的案件。法院对这些案件的判决清楚地表明，《欧洲人权公约》第 8 条不仅要求各国避免采取任何可能侵犯个人数据保护权的行动，而且在某些情况下，缔约国负有确保保护此类数据的积极义务。[44]

然而，为了应对信息处理技术的突飞猛进和国际数据流量的发展所带来的挑战，欧洲理事会于 1981 年通过了《关于个人数据自动化处理的个人保护的第 108 号公约》（以下简称《第 108 号公约》）。迄今为止，此公约是该领域唯一具有约束力的国际文书，尽管它只是一项区域条约。在世界层面仍然缺乏规范这一问题的协定。[45]

《第 108 号公约》的目的是，"确保缔约国内每一个体（不论其国籍或住所地）的个人数据在被处理时均得到保护，从而使个体的权利和基本自由得到尊重，尤其是他们的隐私权"。[46] 该公约就私营和公共部门收集和处理个

---

43 残疾人权利委员会第 1 号一般性意见（2014 年）：第 12 条（在法律面前获得平等承认），CRPD/C/GC/1，第 47 段。

44 See European Union Agency for Fundamental Rights, Council of Europe (2014), p. 15.

45 联合国已收到一项关于数据保护的普遍公约的提案，但迄今尚未通过任何协议。联合国大会 1990 年 12 月 14 日第 45/95 号决议通过了《电脑化个人档案使用准则》，该准则以《第 108 号公约》规定的原则为基础。

46 见《第 108 号公约》第 1 条，以及 1999 年通过的修正案。

人数据提供了保障。此外，它还禁止在缺乏适当法律保障的情况下处理有关 412
个人种族、政治、健康、宗教、性生活、刑事记录和其他方面的敏感数据。[47]

3.2　欧盟数据保护法

欧洲共同体的创始条约没有任何关于数据保护的内容。只有《里斯本条约》引入一项规定，确立了欧盟在数据保护事项上的立法权限（《欧洲联盟运行条约》第 16 条）。[48] 此规范通过《欧盟基本权利宪章》的条款得到加强，即后者关于尊重私人和家庭生活的第 7 条和规定个人数据保护权的第 8 条。[49]

至于次级法律，关于数据保护的主要法律文书是《欧洲议会和欧盟理事会关于在个人数据处理和此类数据自由流通过程中对个人数据进行保护的第 95/46/EC 号指令》（以下简称《数据保护指令》）。[50] 该指令的目的是协调各国法律，以确保所有成员国在处理个人数据方面对个人权利和自由的保护程度相当。欧盟在这一领域的法律框架由第 45/2001（EC）号条例进一步完善，该条例涉及在所有共同体机构处理个人数据时对个体进行保护并对个人数据的自由流动加以保护（《欧盟机构数据保护条例》）。[51] 平衡其他合法利益所必需的更详细的数据保护规定也已通过。在这方面，应提及《关于电子通信领域个人数据处理及保护隐私权的第 2002/58/EC 号指令》（以下简称
《隐私和电子通信指令》）和《关于存留因提供电子通信服务或者公共通信 413
网络而产生或处理的数据及修订第 2002/58/EC 号指令的第 2006/24/EC 号指

47　2001 年，《第 108 号公约》得到《关于监管机构和跨境数据流的附加议定书》的补充。欧洲理事会已经通过了一些软法，并且采取了许多措施来保护个人数据。See European Union Agency for Fundamental Rights, Council of Europe (2014).

48　《欧洲联盟运行条约》第 16 条第 1 款规定，每个人都有权保护其个人资料。

49　《欧洲联盟条约》第 6 条第 1 款规定，《欧盟基本权利宪章》具有与条约同等的法律价值。

50　http://ec.europa.eu/justice/policies/privacy/docs/95-46-ce/dir1995-46_part1_en.pdf, Accessed April 6, 2015. See Fromholz (2000).

51　该条例要求欧盟机构和部门至少任命一人担任数据保护官，保存处理操作的登记册，并向欧洲数据保护监管机构（European Data Protection Supervisor, EDPS）通报存在特定风险的系统。后者发布了有关欧盟机构和部门在工作场所处理健康数据的准则。此外，欧洲数据保护监管机构还处理过残疾员工提出的有关其个人数据处理的投诉，并就机构中有关残疾人资料处理的问题发表意见。See European Commission (2014), paras 113-117.

令》（以下简称《数据存留指令》）。2014 年 4 月，后者被欧盟法院宣布无效。在爱尔兰数字权利案中，法院裁定《数据存留指令》无效，因为它侵犯了《欧盟基本权利宪章》第 7 条和第 8 条所保障的隐私权和个人数据保护权两项基本权利。[52]

鉴于技术的迅速发展和个人数据保护面临的新挑战，欧盟委员会已采取主动行动，在欧盟推动更强有力和更连贯的数据保护。2012 年，在与所有主要利益相关者就审查当前保护个人数据的法律框架进行磋商后，欧盟委员会提交了“欧洲议会和欧盟理事会关于个人数据处理和此类数据自由流动方面的个人保护条例”（《通用数据保护条例》）[53] 的提案，以及关于保护为执法目的而处理个人数据的指令。[54]

2016 年 2 月，欧盟理事会确认欧洲各机构就法规文本和指令达成一致。它们可能从 2018 年春季开始生效。[55]

这些法案的通过加强了欧盟个人数据法，该法要求在整个欧盟范围内提供同等程度的保护。事实上，欧盟委员会概述说，缺乏共同的欧盟规则会造成成员国保护程度不同的风险，并对不同标准的成员国之间的个人数据跨境流动造成限制。

4　第 22 条规定的缔约国义务

《残疾人权利公约》第 22 条的核心目标是保护残疾人的隐私权，使其免

52　See CJEU, Cases C-293/12 and C-594/12, *Digital Rights Ireland v. Minister for Communication et al*, *and Kaertner Landesregierung*, Judgment of April 8, 2014.

53　新条例旨在取代第 95/46/EC 号指令，见 COM（2012）11 final。欧盟委员会认为，该条例是界定欧盟个人数据保护框架的最合适的法律文书，因为根据《欧洲联盟运行条约》第 288 条，该条例可直接适用于所有成员国。

54　See the proposal for a directive on the protection of individuals with regard to the processing of personal data by competent authorities for the purposes of prevention, investigation, detection or prosecution of criminal offences or the execution of criminal penalties, and the free movement of such data, COM（2012）10 final.

55　这些法案必须得到欧洲议会和欧盟理事会的正式通过，其文本将以所有官方语言在欧盟公报上公布。新规则将在两年后生效。

受公共当局或私人在该条款所涉领域的任何任意或非法的干预。

为了确保残疾人在国内享有这项权利，第 22 条首先对缔约国规定了消极义务，即不干涉其私人领域和不采取任何可能侵犯其隐私权的行为或行动。 414

然而，正如欧洲人权法院就《欧洲人权公约》第 8 条所阐明的那样，即使缔约国在如何规制该条款所涵盖的具体领域方面有相当大的自由判断余地，[56] 对隐私权的"尊重"也必然包含着积极的义务。[57] 人权事务委员会在解释《公民及政治权利国际公约》第 17 条规定的义务时也采用了同样的方法。[58]

根据欧洲人权法院和人权事务委员会的指示，根据《残疾人权利公约》第 22 条，缔约国还负有积极义务，以确保每个残疾人的隐私、家庭、家居和通信以及其他形式的交流不受任意或非法的干预，其荣誉和名誉也不得受到非法攻击。此外，缔约国有义务保障在机构或任何其他安排中的残疾人的隐私权得到尊重。[59]

为了落实禁止这类干预和攻击的规定并保护隐私权，缔约国有义务采取适当的立法措施。事实上，正如人权事务委员会所指出的，"正是在国家立法中，必须首先规定保护该条所规定的权利"。[60] 特别是，缔约国有义务制定必要的立法框架，以禁止与第 22 条相抵触的干预，并惩罚私人或公共当局非法干预残疾人隐私权的行为。缔约国同样有责任在这类案件中提供有效的司法救济。

此外，缔约国负有保证通信以及其他形式的交流的完整性和保密性的积极义务。这些义务还延伸到新的信息技术，特别是互联网服务，这些技术可

56　关于《欧洲人权公约》第 8 条规定的积极义务，见 ECtHR，*Airey v. Ireland*，Application No. 6289/73，Judgment of October 9，1979，Series A No. 32，para. 32；ECtHR，*I. v. Finland*，Application No. 20511/03，Judgment of July 17，［2008］ECHR 623，para. 36；ECtHR，*K. U. v. Finland*，Application No. 2872/02，Judgment of December 2，2008，［2009］48 EHRR 1237，paras 42-43。关于这些义务，见 Moreham（2008）、Roagna（2012）和 Wright and de Hert（2012）。

57　关于《欧洲人权公约》第 8 条范围内的自由判断余地，见 Rainey et al.（2014），pp. 365 et seqq。

58　关于《公民及政治权利国际公约》第 17 条规定的缔约国义务，见人权事务委员会第 16 号一般性意见，第 11 段。

59　在关于乌克兰初次报告的结论性意见中，残疾人权利委员会建议缔约国为在机构里生活的残疾男童和女童提供适足的生活水平，包括当下所缺乏的隐私（CRPD/C/UKR/CO/1，第 14 段）。

60　见人权事务委员会第 16 号一般性意见，第 2 段。

415 能对残疾人的隐私权构成严重挑战。在这方面，各国必须提供充分的保护，甚至在必要时在刑法中提供适当的保障。

第22条第2款产生了附加义务。为了遵守这一规定，缔约国必须采取立法和其他措施，在与其他个人平等的基础上保护与残疾人的个人领域、保健和康复有关的所有信息的机密性。这些确实是敏感数据，需要在国内一级采取特定形式保护。在这方面，欧洲人权法院认为："尊重健康数据的机密性是《公约》所有缔约国法律制度中的一项重要原则。因此，国内法必须提供适当的保障措施，防止任何可能与《公约》第8条的保证相抵触的个人健康数据的交流或披露。"[61]

《残疾人权利公约》第22条的范围非常广泛，涉及保护残疾人个人生活的诸多方面。然而，即使缔约国在确定隐私权的范围和限度时保有一定的自由判断余地，它们也有义务不进行与该规定相抵触的干预。此外，法律规定的对隐私权的合法干预也必须始终符合《残疾人权利公约》的目的和原则。

相关案例

CJEU 08.04.2014, Cases C-293/12 and C-594/12, *Digital Rights Ireland v. Minister for Communication et al, and Kaertner Landesregierung*, ECR Ⅰ-238.

ECommHR 18.05.1976, Application No. 6825/74, *X v. Iceland*, 5 DR 86.

ECtHR 09.10.1979, Application No. 6289/73, *Airey v. Ireland*, Series A No. 32.

ECtHR 22.10.1981, Application No. 7525/76, *Dudgeon v. the United Kingdom*, Series A No. 45.

ECtHR 26.03.1985, Application No. 8978/80, *X and Y v. the Netherlands*, Series A No. 91.

ECtHR 25.03.1992, Application No. 13343/87, *B v. France*, Series A No. 232-C, pp. 53-54.

ECtHR 16.12.1992, Application No. 13710/88, *Niemietz v. Germany*, Series A No. 251-B.

ECtHR 22.02.1994, Application No. 16213/90, *Burghartz v. Switzerland*, Series A No. 280-B, p. 28.

---

61 ECtHR, *Z v. Finland*, Application No. 22009/93, Judgment of February 25, 1997, [1997] ECHR 10, para. 95.（引文所述《公约》指《欧洲人权公约》——译者注）

ECtHR 31. 01. 1995, Application No. 15225/89, *Friedl v. Austria*, Series A No. 305-B.

ECtHR 25. 02. 1997, Application No. 22009/93, *Z v. Finland*, [1997] ECHR 10, 25 EHRR 12.

ECtHR 07. 02. 2002, Application No. 53176/99, *Mikulić v. Croatia*, ECHR 2002-Ⅰ.

ECtHR 16. 04. 2002, Application No. 37971/97, *Société Colas Est and Others v. France*, ECHR 2002-Ⅲ.

ECtHR 29. 04. 2002, Application No. 2346/02, *Pretty v. United Kingdom*, ECHR 2002-Ⅲ.

ECtHR 11. 01. 2005, Application No. 50774/99, *Sciacca v. Italy*, ECHR 2005-Ⅰ.

ECtHR 02. 11. 2006, Application No. 59909/00, *Giacomelli v. Italy*, ECHR 2006-Ⅻ, 45 EHRR 871.

ECtHR 17. 07. 2008, Application No. 20511/03, *I v. Finland*, [2008] ECHR 623, 48 EHRR 31.

ECtHR 02. 12. 2008, Application No. 2872/02, *K U v. Finland*, [2009] 48 EHRR 1237.

参考文献 416

Baker CE (2004) Autonomy and informational privacy, or gossip: the central meaning of the first amendment, Soc Philos Policy 21 (2): 215, 268.

Coussirat-Coustere V (1999) Article 8 § 2, In: Pettiti L-E, Decaux E, Imbert PH (sous la direction de) La Convention européenne des droits de l'homme. Commentaire article par article, Economica, Paris, pp. 323-351.

European Commission (2014) Report on the implementation of the UN Convention on the rights of persons with disabilities (CRPD) by the European Union, SWD (2014) 182 final, Brussels.

European Union Agency for Fundamental Rights, Council of Europe (2014) Handbook on European data protection law, Publications Office of the European Union, Belgium, http://www. echr. coe. int/Documents/Handbook_data_protection_ENG. pdf, Accessed 6 Apr 2015.

Fromholz JM (2000) The European Union data privacy directive, Berkeley Technol Law J 15 (1): 461-484.

Harris DJ, O'Boyle M, Bates EB, Buckley CM (2014) Law of the European Convention on human rights, Oxford University Press, Oxford/New York, pp. 522-591.

Joseph S, Castan M (2013) The International Covenant on civil and political rights: cases, materials and commentary, Oxford University Press, Oxford/New York.

Lester L, Pannick D (eds) (2004) Human rights law and practice, Butterworth, London.

Moreham NA (2008) The right to respect for private life in the European Convention on human rights: a re-examination, Eur Hum Rights Law Rev 1: 44-79.

Rainey B, Wicks E, Ovey C (2014) The European Convention on human rights, 6th ed, Oxford University Press, Oxford/New York, pp. 361 et seqq.

Rehman J (2010) International human rights law, 2nd edn, Pearson Education Limited, Harlow.

Rengel A (2013) Privacy in the 21st century, Brill/Martinus Nijhoff, Leiden/Boston.

Roagna I (2012) Protecting the right to respect for private and family life under the European Convention on human rights, Council of Europe, Strasbourg.

Russo C (1999) Article 8 § 1, In: Pettiti L-E, Decaux E, Imbert PH (sous la direction de) La Convention européenne des droits de l'homme. Commentaire article par article, Economica, Paris, pp. 307-321.

Schulze M (2009) Understanding the UN Convention on the rights of persons with disabilities, http://www.handicap-international.fr/fileadmin/documents/publications/HICRPDManual pdf, Accessed 6 Apr 2015.

Sottiaux S (2008) Terrorism and the limitations of rights, The ECHR and the US Constitution, Hart Publishing, Oxford/Portland.

Wright D, de Hert P (eds) (2012) Privacy impact assessment, Springer, Dordrecht/Heidelberg/London/New York.

第23条　尊重家居和家庭 417

瓦伦蒂娜·德拉·菲娜

一、缔约国应当采取有效和适当的措施，在涉及婚姻、家庭、生育和个人关系的一切事项中，在与其他人平等的基础上，消除对残疾人的歧视，以确保：

（一）所有适婚年龄的残疾人根据未婚配偶双方自由表示的充分同意结婚和建立家庭的权利获得承认；

（二）残疾人自由、负责任地决定子女人数和生育间隔，获得适龄信息、生殖教育和计划生育教育的权利获得承认，并提供必要手段使残疾人能够行使这些权利；

（三）残疾人，包括残疾儿童，在与其他人平等的基础上，保留其生育力。

二、如果本国立法中有监护、监管、托管和领养儿童或类似的制度，缔约国应当确保残疾人在这些方面的权利和责任；在任何情况下均应当以儿童的最佳利益为重。缔约国应当适当协助残疾人履行其养育子女的责任。

三、缔约国应当确保残疾儿童在家庭生活方面享有平等权利。为了实现这些权利，并为了防止隐藏、遗弃、忽视和隔离残疾儿童，缔约国应当承诺及早向残疾儿童及其家属提供全面的信息、服务和支助。

四、缔约国应当确保不违背儿童父母的意愿使子女与父母分离，除 418
非主管当局依照适用的法律和程序，经司法复核断定这种分离确有必要，符合儿童本人的最佳利益。在任何情况下均不得以子女残疾或父母一方或双方残疾为理由，使子女与父母分离。

五、缔约国应当在近亲属不能照顾残疾儿童的情况下，尽一切努力在大家庭范围内提供替代性照顾，并在无法提供这种照顾时，在社区内提供家庭式照顾。

目 次

1 第 23 条的起草历史

《残疾人权利公约》草案第一稿包含了保护残疾人的家居和家庭的一条，与 1993 年《残疾人机会均等标准规则》[1] 规则 9（“家庭生活和人格完整”）和若干人权条约所载的相关规定一致。[2] 特别是，在 2003 年《促进和保护残疾人权利和尊严的全面综合国际公约草案要点》（以下简称《草案要点》）中，第 16 条专门阐述了“尊重隐私和家居权、保护家庭和结婚权”。[3]

在工作组 2004 年的公约草案中，题为“尊重隐私、家居和家庭”的第

1 见联合国大会 1993 年 12 月 20 日第 48/96 号决议，并见 1975 年《残疾人权利宣言》（第 9 段）。

2 特设委员会主席于 2003 年 12 月提交给工作组的《草案要点》第 2 段。

3 特设委员会主席于 2003 年 12 月提交给工作组的《草案要点》。

14 条分为两款：第 1 款规定隐私权，[4] 第 2 款保护残疾人在家居和家庭方面 419
的权利。后一款规定基本上继用了《草案要点》第 16 条的内容，具体如下：

本公约缔约国应当采取有效和适当的措施，在涉及婚姻和家庭关系的所有事项中消除对残疾人的歧视，尤其应确保如下方面。(1) 不剥夺残疾人体验性行为、保持性关系和其他亲密关系以及成为父母的平等机会。(2) 所有适婚年龄的残疾男女均有权利经未婚配偶双方自由、充分同意结婚和建立家庭。(3) 残疾人有权在与其他人平等的基础上，自由、负责任地决定子女的人数和间隔时间，并有机会获得信息、生殖和计划生育教育以及使他们能够行使这些权利所必需的手段。(4) 如果本国立法中有子女监护、监管、托管和领养制度或类似制度，缔约国应当确保残疾人在这些方面的权利。为保障这些权利，缔约国应当在残疾父母履行抚养子女的义务时给予适当协助。(5) 不在违背父母意愿的情况下使子女与父母分开，除非主管当局依照适用的法律和程序，经司法复核断定这种分离是必要的，符合儿童本人的最佳利益。不得直接或间接地以父母残疾为由将儿童与父母分开。(6) 提高认识，提供信息，以便改变对残疾人性行为、婚姻和生儿育女的消极看法和社会偏见。[5]

关于本条规定的内容，工作组留下了一些值得关注的未决问题，因为它们影响了现行第 23 条的最后措辞。第一，工作组成员强调，有必要重新考虑“婚姻和家庭关系”的措辞，因为它局限太大。第二，工作组若干成员认为，禁止对残疾人实施绝育已隐含在第 3 项所承认的决定子女人数和间隔的权利中，但一些成员认为这一问题很重要，以至于特设委员会本应明确作出禁止性规定。[6] 第三，工作组认为，第 14 条草案没有涉及缔约国关于家庭规模的
国家政策，而只是规定在这方面不应将残疾人与普通民众区别对待；因此， 420
特设委员会本应考虑第 3 项中使用“在与其他人平等的基础上”这一措辞是

4　见本书对第 22 条“尊重隐私”的评注。

5　See *Draft Article 14-Respect for Privacy, the Home and the Family*, A/AC. 265/2004/WG/1, Annex Ⅰ.

6　See D'Espallie (2013). 残疾人权利委员会确认，“残疾妇女遭受强制节育的比例很高，同时，经常被以无法同意性行为为由剥夺控制生殖卫生和决策的权利”。见残疾人权利委员会第 1 号一般性意见 (2014)：在法律面前获得平等承认 (第 12 条)，CRPD/C/GC/1，第 35 段。

否必要。第四，一些代表团指出，缔约国将难以确保拥有必要的资源，如第4项规定的那样向残疾父母“给予适当协助”。第五，第5项第2句话的措辞仍有待讨论，有人建议删除“直接或间接地”用语，代之以“仅仅”，或用积极的表述代替，如“缔约国应当向残疾父母提供适当的协助，使其子女能够与他们共同生活”。[7]

另一个敏感的问题涉及残疾人的性权利。来自最保守国家的几个代表团反对将与性或生殖健康有关的问题纳入《公约》，但残疾人组织（DPOs）对此表示强烈反对。[8]

考虑到第14条草案的内容相当广泛，特设委员会第五届会议（2005年1月24日至2月4日）商定将其分为两个单独的条款。[9] 工作组案文中涉及隐私事项的第1款保留在第14条草案（现为第22条）中，而关于家居和家庭问题的第2款则成为新的一条（第14条之二，现为第23条）。

1.1 关于规范性内容的谈判

在特设委员会内部，由于第14条之二的内容高度详细并涉及敏感问题，[10]
421 诸多讨论都集中在该条之二上。特别值得一提的是，特设委员会第五届会议（2005年1月24日至2月4日）上的辩论，确定了现第23条所涵盖的大部分事项及其结构。[11]

首先，在关于第14条之二的讨论中，有人强调，“工作组在起草第14条之二时并非意欲推动缔约国修改涉及普通大众的家居和家庭事项的政策，

---

7 See D'Espallie (2013).

8 关于此问题，见本书《从隐形公民到变革的推动者：联合国为残疾人权利获得承认而斗争的简短历史》。

9 在特设委员会第三届会议上，哥斯达黎加和澳大利亚的非政府组织已经提议将第14条草案的主要内容分为两个单独的条款，一条关于隐私权，另一条关于家庭、家居和个人关系。

10 对罗马教廷来说，该条的详细程度已“造成太多问题”。见 Schulze (2009), p. 86。在特设委员会第三届会议（2004年5月24日至6月4日）上，罗马教廷建议将第14条草案（1）、（2）、（3）项合并为新的第1项，内容如下：“（1）婚龄残疾男女结婚和建立家庭的权利应当得到确认，未经未婚配偶自由、充分同意，不得结婚。”

11 见特设委员会的报告（2005年2月23日），A/AC. 265/2005/2，特设委员会内部普遍同意将工作组案文的（1）（2）（3）项作为草案第14条之二第1款（1）（2）（3）项，案文的（4）（5）（6）项则应成为草案第14条之二的第2款、第3款和第4款。

包括关于家庭规模、婚姻和生育问题的政策”。[12] 特设委员会内部的共识是，第 14 条之二的主要意图是确保残疾人在这些问题上得到与他人平等的待遇。这一目的被引入第 14 条之二第 1 款导言部分，并被特设委员会更改如下：“1. 本公约缔约国应采取有效和适当的措施，在涉及婚姻和家庭关系的一切事项中消除对残疾人的歧视，尤其应在与他人平等的基础上确保之。”[13]

1.1.1　性权利

对于第 14 条关于残疾人性行为的第 1 款第 1 项，一些代表团指出，该款措辞“过于具体，不易得到普遍认同”，而且这一规定的许多细节可能干扰现有权利或强加尚未商定的权利。不过，特设委员会指出，“该款的一个根本问题是这样一个现实，即大多数国家历来都在家庭和婚姻事项上将残疾人和普通人区别对待。对该款规定的确保任何缔约国不得以这种方式区别对待残疾人，各国没有异议。委员会理解的另外一点是，该款绝非评论或试图影响不同国家和文化中适用于普通人的一般规则”。[14]

为了反映这一思路，一些代表团建议在该款中增加“根据国内法”或“根据每个国家的法律、习俗和传统”等表述。然而，特设委员会认为，增加这些表述可能使第 1 款第 1 项案文受制于那些有悖草案第 14 条之二所载基本义务的国内法律或传统，这一基本义务就是对待残疾人不得有别于社会中的其他人。[15]

此外，国际残疾人组织核心成员组（IDC）指出，享有性关系和其他亲 422
密关系以及体验生儿育女的权利不应以普遍适用的国内法律、习俗和传统为条件，因为有些国内法明确否认残疾人的这些权利。

该款所涉问题的敏感性体现在各代表团表达的不同意见中。事实上，一些代表团建议删除第 1 款第 1 项，而另一些代表团则认为有必要保留，因为

12　见特设委员会的报告（2005 年 2 月 23 日），A/AC. 265/2005/2，第 94 段。

13　见特设委员会的报告（2005 年 2 月 23 日），A/AC. 265/2005/2，第 97 段。

14　见特设委员会的报告（2005 年 2 月 23 日），A/AC. 265/2005/2，第 99 段。

15　“根据每个国家的法律、习俗和传统”这一措辞当时被加了进去，但在谈判最后阶段，包括欧盟在内的几个代表团和非政府组织提议删除这句话，随后该提议获得通过。http://www. un. org/esa/socdev/enable/rights/ahcstata23sevscomments. htm.

在该项涵盖的事项中残疾人尤易受到歧视待遇。其他提案旨在删除“性行为”，增加“通过法律或合法婚姻”，或者将案文改为“残疾人的性行为应在与他人平等的基础上得到尊重”。

经讨论，第 14 条之二第 1 款第 1 项案文如下：“(1) 不得剥夺残疾人［根据每个国家的国内法律、惯例和传统］，［通过合法婚姻体验性生活］、保持性关系和其他亲密关系以及体验生儿育女的平等机会。”[16] 在磋商过程中，该项被删掉，而有关“性健康和生殖健康”方面的表述则被纳入《残疾人权利公约》第 25 条。[17]

1.1.2 结婚和建立家庭的权利

至于有关残疾人结婚和建立家庭的权利的第 1 款第 2 项，特设委员会内部普遍同意以《公民及政治权利国际公约》第 23 条为范本。[18] 不过，有人指出，“残疾男女”的措辞可能被理解为不包括残疾人与非残疾人之间的婚姻。[19] 这一问题交由协调人安东尼·米耶尼（Anthony Miyeni，南非）处理，目的是寻找避免这种模糊的适当措辞。为此，有人建议用“残疾人”取代“残疾男女”。

辩论结束时，第 1 款第 2 项的案文如下：“(2) 所有婚龄残疾［男女］均有权根据未婚配偶双方的自由、充分同意结婚和建立家庭，［而且夫妻应
423 是平等的伙伴］。”[20] 该草案的内容大致对应现在的第 1 款第 1 项。

1.1.3 决定子女人数和生育间隔的权利

至于第 14 条之二第 1 款第 3 项关于残疾人有权在与其他人平等的基础上，自由、负责任地决定子女人数和生育间隔的问题，特设委员会内部普遍同意第 3 项第一部分，即使有些代表团强调该条文增加的“生殖和计划生育

---

16 See A/AC. 265/2005/2, para. 104.

17 见本书对第 25 条“健康”的评注。

18 《公民及政治权利国际公约》第 23 条内容如下：“一、家庭是天然的和基本的社会单元，并应受社会和国家的保护。二、已达结婚年龄的男女缔婚和成立家庭的权利应被承认。”

19 “男女”一词在这一规定中用来修饰婚姻和父母身份，取自《公民及政治权利国际公约》第 23 条。但是，一些代表团对第 14 条之二可能被解释为将婚姻扩大到同性伴侣表示关切。

20 See A/AC. 265/2005/2, para. 108.

教育”表述较之其所依据的《消除对妇女一切形式歧视公约》第 16 条第 1 款第 5 项更进了一步。[21]

此外，各代表团一致认为，这一条款绝非改变或损害各国政府有关计划生育及相关事项的一般政策，只要这些政策在国家法律允许的范围内。为了明确这一思路，有人支持在第 1 款第 3 项中增加“只要是在普遍适用的国家法律允许范围内”的表述。

在特设委员会内，各代表团还支持《公约》在某个地方禁止强制绝育、强制流产或强制摘除器官，但对在《公约》哪一部分处理这些问题没有达成共识。[22] 有些代表团赞同在第 3 项中增加“保留生育力的平等机会”，但另一些代表团指出，案文已含有这层意思。

经讨论，第 3 项案文如下：“（3）残疾人有权自由、负责任地决定子女人数和间隔时间，［并获得信息、生殖教育和计划生育教育，获得使他们能够行使这些权利所需的手段以及保留生育能力的平等机会，只要是在普遍适用的国家法律允许范围内］。”[23]

1.1.4　残疾人在监护、监管、托管和领养儿童方面的权利

关于第 14 条之二第 2 款，特设委员会内的辩论主要集中在“领养”一词上，因为这一概念并不存在于所有法律秩序中；辩论还集中在关于监护、 424
监管、托管和领养儿童的“如果国家法规有这些观念的话”这一措辞上，该措辞借用了《消除对妇女一切形式歧视公约》第 16 条第 1 款第 6 项的文本。[24]

按照《消除对妇女一切形式歧视公约》条款的模式，特设委员会还建议在第 2 款中增加残疾人的“权利和责任”的措辞，认为这有助于平衡缔约国在该规范所涉领域的义务。这一提案获得通过，现行第 23 条第 2 款包含这

21　特设委员会的报告（2005 年 2 月 23 日），A/AC. 265/2005/2，第 110 段。《消除对妇女一切形式歧视公约》第 16 条第 1 款第（5）项规定：“有相同的权利自由负责地决定子女人数和生育间隔，并有机会获得使她们能够行使这种权利的知识、教育和方法。”

22　特设委员会的报告（2005 年 2 月 23 日），A/AC. 265/2005/2，第 111 段。关于“免遭暴力和虐待”的第 12 条草案也讨论了这些问题。

23　特设委员会的报告（2005 年 2 月 23 日），A/AC. 265/2005/2，第 112 段。

24　《消除对妇女一切形式歧视公约》第 16 条第 1 款第（6）项规定如下：“在监护、看管、受托和收养子女或类似的制度方面，如果国家法规有这些观念的话，有相同的权利和义务。但在任何情形下，均应以子女的利益为重。”

一措辞。特设委员会内也普遍支持增加“在任何情况下均应当以儿童的最佳利益为重”这一句话，并将其纳入最终文本。

关于工作组案文第2款的第二部分，特设委员会指出，这可能意味着要求缔约国提供的“协助”仅适用于该款第一部分所述情况。为了避免这种误解，建议删除最后一句的导语（“为保障这些权利”）。

工作组曾处理过的另一个问题是，缔约国是否能够保障所需的资源。实际上，鉴于有些代表团担心缔约国可能难以保障“提供适当协助”所需的财政资源，特设委员会将这一问题保留为未决问题。

辩论结束时，第2款案文如下：“2. 如果本公约缔约国的国内法中有监护、监管、托管和领养儿童或类似制度的概念，缔约国应确保残疾人在这些方面［的权利和责任］［不受歧视］，确保在任何情况下均应当以儿童的最佳利益为重。缔约国应为残疾人履行抚养子女的责任提供适当协助。”[25]

1.1.5 残疾儿童与其父母共同生活的权利

关于第14条之二第3款，特设委员会同意，不应使任何孩子因其本身或其父母一方或双方的残疾而与父母分离。此外，各代表团同意，任何分离都必须按照《儿童权利公约》第3条第1款尊重“儿童的最佳利益”的原则，并且其所根据的理由应与对待非残疾人的理由相同。至于分离的司法审查，无人反对允许采用法律规定的其他审查程序。

经讨论，第3款案文如下：“3. 缔约国应确保不违背儿童父母的意愿使子女与父母分离，除非主管当局按照适用的法律和程序，经法院审查或法律
425 规定的其他形式的行政审查，判定这样的分离确有必要，符合儿童的最佳利益。在任何情况下均不得［以］子女本身或父母一方或双方的残疾为由使子女与父母分离。”[26]

1.1.6 提高认识

至于第4款，特设委员会内部没有就所涉具体问题置于何处及其内容如何达成一致。关于第一个问题，一些代表团建议将第4款移至草案第5条

---

[25] See A/AC. 265/2005/2, para. 117.

[26] A/AC. 265/2005/2, para. 120.

（“促进对残疾人的积极态度”），因为第 5 条一般地处理了类似问题，但其他一些代表团则强调有必要在第 14 条之二中保留。最后，特设委员会成员商定在下一阶段再审议最佳位置问题。

关于该款的内容，有人提出一些修改意见，包括：删除“性生活”一词；限定“信息”一词，以便融入“无障碍”这层意思，并表明不仅是普通大众，残疾人也需要提高认识。[27]

特设委员会拟定的第 4 款案文如下：“4. 缔约国应采取［一切］适当和有效措施，提高公众认识，以无障碍形式向公众提供教育和信息，以期改变［在婚姻和家庭关系的一切事项上］对残疾人的［性生活、婚姻和生儿育女问题］的消极观念和社会偏见。”[28]

在 2005 年 8 月特设委员会第六届会议上，第 14 条之二的第 4 款被删除，其内容先是被并入现在的第 8 条（“提高认识”）；后来，它完全消失了。[29]

1.2　第 23 条的最终草案

在 2005 年 8 月 1 日至 12 日举行的特设委员会第六届会议结束时，主席编写了一份案文，以反映委员会迄今在精简公约草案方面取得的成绩。[30] 在新的案文结构中，条款编号也发生了变化，第 14 条之二变成题为“尊重家居和家庭”的第 23 条。

特设委员会主席指出，在讨论第 23 条期间，所有代表团一致认为，《公 426
约》不打算宣布、修改或试图影响适用于生活在不同国家和文化中的所有人、与一些敏感问题（如计划生育问题）有关的一般规则。《公约》就这些问题所要做的只是确保残疾人所受待遇不会与其他人不同。按照这种不歧视的进路，每个缔约国都可以保留其自身独特的价值观、传统和文化，并继续就第 23 条所涉问题决定其国家法律和政策。实际上，在主席看来，本条所

27　A/AC. 265/2005/2，para. 124.

28　A/AC. 265/2005/2，para. 125.

29　See A/AC. 265/2006/1，para. 91. http://www. un. org/esa/socdev/enable/rights/ahcchairletter7oct. htm，Accessed April 15，2015. See Schulze（2009），p. 87.

30　See A/AC. 265/2006/1.

载的规定“基本上只是不歧视条款”。[31]

在提出一系列修正案之后，特设委员会第七届会议（2006 年 1 月 16 日至 2 月 3 日）审议了主席的案文。[32] 特别值得一提的是协调人关于儿童问题的提议，其内容如下：“（2 之二）缔约国应当确保残疾儿童在家庭生活方面享有平等权利。为了实现这些权利，并为了防止隐藏、遗弃、忽视和隔离残疾儿童，缔约国应当承诺及早向残疾儿童及其家人提供全面的信息、服务和支助。（2 之三）在直系亲属不能照顾残疾儿童的情况下，缔约国应尽一切努力在更大的家庭范围内提供替代性照顾，并在无法提供这种照顾时，在社区内提供照顾。”[33] 此两款得到了一些代表团和非政府组织的支持，分别成为现行第 23 条第 3 款和第 5 款。[34]

《残疾人权利公约》第 23 条的最终措辞保护了与婚姻、家庭、生育和个人关系有关的广泛权利。[35] 最终草案中的后一个词（“个人关系”）有意没加
427 形容词，以便涵盖残疾人在家庭之外维持的所有个人关系。[36]

2 国际人权法对“家居”和“家庭”的保护

家居和家庭受到国际人权法的保护。《世界人权宣言》在这方面载有两项相关规定。第 12 条保护住宅和家庭不受任意干涉，而第 16 条确认家庭是

---

31 A/AC. 265/2006/1, para. 85.

32 见委员会的报告，A/AC. 265/2006/2，http://www. un. org/esa/socdev/enable/rights/ahc7report-e. htm。各国和非政府组织的提议和修正案，见 http://www. un. org/esa/socdev/enable/rights/ahcstata23sevscomments. htm，最后访问日期：2015 年 4 月 18 日。

33 同上。

34 欧盟不支持 2 之三，而国际残疾人组织核心成员组（IDC）完全赞成将此二款纳入第23 条。

35 联合国大会通过《残疾人权利公约》时，罗马教廷代表团在对《公约》表示赞赏的同时，强调了其对第 18 条、第 23 条和第 25 条的立场。关于第 23 条，切莱斯蒂诺·米廖雷（Celestino Migliore）总主教申明：“我方代表团对第 23 条中关于计划生育服务、生育和婚姻管理的所有术语和短语，以及‘性别’一词的解释，正如我方在开罗和北京国际会议上所作的保留和解释声明的一样。”由于上述条款的措辞，罗马教廷没有签署《残疾人权利公约》。

36 如前所述，在谈判的第一阶段，措辞是“家庭和个人关系”；后来，这些形容词被删除，因为它们被认为限制性太强。对于特设委员会的最终报告，见 A/61/611，December 6，2006。

“天然的和基本的社会单元”，并应受社会和国家的保护。此外，第 16 条还规定，成年男女，不受种族、国籍或宗教的任何限制，有权婚嫁和成立家庭。在婚姻方面，他们在结婚期间和在解除婚姻时，应有平等的权利。

在核心人权条约中，《公民及政治权利国际公约》第 17 条和第 23 条重申了《世界人权宣言》的相同权利，但关于家庭，第 23 条要求缔约国在解除婚姻的情况下保护儿童。此外，《经济社会文化权利国际公约》第 10 条第 1 款保护家庭和在男女双方自由同意的基础上缔婚的权利。而第 11 条规定，“人人有权享受其本人及家属所需之适当生活程度”。缔结婚姻及选择配偶的权利得到了《消除一切形式种族歧视国际公约》第 5 条（卯）项（iv）目的进一步保护。

如前所述，《消除对妇女一切形式歧视公约》第 16 条详细规定了与婚姻有关的权利以及计划生育。《保护所有移徙工人及其家庭成员权利国际公约》第 44 条也规定了对家庭的特殊保护，要求缔约国采取适当措施，确保移徙工人家庭的完整。

在区域层面，《欧洲人权公约》第 8 条保护私生活和家庭生活受到尊重的权利，而第 12 条规定达到结婚年龄的男女根据国内法享有结婚和成立家庭的权利。同样在欧洲范围内，《欧盟基本权利宪章》载有关于保护家庭的若干规定。第 7 条专门规定尊重私生活和家庭生活，第 9 条保护结婚和建立家庭的权利，而根据第 33 条第 1 款，家庭应享有法律、经济和社会保护。第 33 条第 2 款规定，为使家庭与职业生活协调，人人均享有免于因与妊娠有关之理由而被解雇的权利，以及享受带薪产假与因子女出生或领养而休育婴假的权利。

此外，《美洲人权公约》第 17 条重申了普遍承认的与家庭有关的权利。《非洲人权和人民权利宪章》第 18 条反映了对家庭更全面的保护。实际上， 428
这一规范包括提及消除对妇女的一切歧视，保护妇女、儿童以及老年人和残疾人的权利，他们“有权享有符合其身体和精神需要的特殊保护措施”。

在专门针对残疾问题的文书中，联合国《残疾人机会均等标准规则》建议各国促进残疾人充分参与家庭生活。各国应促进他们享有人格完整的权利，并确保法律在性关系、婚姻和生儿育女的权利方面不对残疾人有所歧视

(规则 9)。规则 9 还列出了各国应在国内一级采取的一些措施：确保残疾人能够与其家人一起生活；使他们有机会进行性生活、保持性关系和生儿育女的机会；改变对残疾人特别是对残疾少女和妇女的婚姻、性生活和生儿育女所持的消极态度；告知残疾人及其家庭如何采取预防措施来防止性凌虐和其他虐待。[37] 如前所述，第 23 条草案初稿从该规则中得到了启发。

2.1 第 23 条中的“家居”和“家庭”

第 23 条主要是一项适用于家居和家庭的不歧视条款。实际上，这是残疾人发展其个人关系的主要领域。残疾人应当能够在与其他人平等的基础上行使所有相关权利，包括与生儿育女有关的权利。[38]

《残疾人权利公约》没有定义“家居”一词。然而，人权事务委员会和欧洲人权法院分别为《公民及政治权利国际公约》第 17 条和《欧洲人权公约》第 8 条阐明了“家居”的概念。这两个机构概述的观点可经必要修改后适用于第 23 条。

人权事务委员会在第 16 号一般性意见中强调，“依《公约》第 17 条所用的英文‘home’、阿拉伯文‘manzel’、中文‘住宅’、法文‘domicile’、俄文‘zhilische’、西班牙文‘domicilio’应被理解为表示一个人所居住或通常消遣的地方”。[39]

欧洲人权法院的案例法中出现了一个更广泛的“家居”概念。根据该法院的意见，家居不仅指一个人目前的住所，还包括住房、商业场所、建筑物
429 的附属设施、活动房屋，以及违反城市规划相关条例而建造的住房。[40] 该法

37 See Quinn and Degener (2002), pp. 7 et seqq.

38 See Harnacke and Graumann (2012), pp. 41-42.

39 见人权事务委员会第 16 号一般性意见：第 17 条（隐私权），HRI/GEN/1/Rev. 1 at 21 (1994)，第 5 段。

40 关于商业场所，见 ECtHR，*Niemietz v. Germany*，Application No. 13710/88，Judgment of December 16，1992，[1992] 16 EHRR 97；关于度假屋，见 ECtHR，*Demades v. Turkey*，Application No. 16219/90，Judgment of July 31，2003；关于活动房屋和违反规划条例建造的房屋，见 ECtHR，*Buckley v. the United Kingdom*，Application No. 20348/92，Judgment of September 29，1996，[1996] 3 EHRR 101 和 ECtHR，*Chapman v. the United Kingdom*，Application No. 27238/95，Judgment of January 18，2000，[2001] 33 EHRR 18。

院将“家居”表述为“私人和家庭生活发展的实际界定区域”。[41] 更广泛地说，为了确定“家居”的范围，有必要考虑到它在社会保障和总体福祉方面对于居民所代表的价值。实际上，尊重家庭的权利不仅包括个人发展其私生活和家庭生活的物质空间不可侵犯的权利，而且包括在宁静中享受该空间的权利。[42]

第 23 条也可采用这一进路，以确保在这一领域更广泛地保护残疾人的权利。

关于《残疾人权利公约》中“家庭”的概念，应当指出的是，序言第 24 段申明，“家庭是自然和基本的社会组合单元，有权获得社会和国家的保护”，[43] 这与上述《世界人权宣言》第 16 条和《公民及政治权利国际公约》第 23 条的措辞相同。《残疾人权利公约》第 23 条第 5 款引入一个附加要素，有助于界定这一概念，因为它提到了“大家庭”。因此，似乎在《残疾人权利公约》中，“家庭”一词也应按照各缔约国社会的理解作广义解释，这也与人权事务委员会关于《公民及政治权利国际公约》第 17 条的建议相一致。[44]

在这方面，应当回顾的是，根据《儿童权利公约》第 5 条，“家庭”一词也应广义地解释为包括亲生父母、收养或寄养父母，或于适用时“尊重当地习俗认定的大家庭或群体成员”。

此外，考虑到欧洲人权法院关于第 8 条的案例法，“家庭”的概念不仅包括基于婚姻的家庭，而且根据不断发展的社会习俗，还包括事实上的关系(甚至同性之间的关系)，与兄弟姐妹的关系，养父母和养子女、祖父母和孙子女的关系。[45] 因此，为了界定家庭的概念，有必要参照这一制度的社会理解，即使它不符合法律上的概念。[46] 实际上，欧洲人权法院认为，《欧洲人权 430

41　See ECtHR, *Moreno Gomez v. Spain*, Application No. 4143/02, Judgment of November 16, 2004, [2004] ECHR 633 [2005] 41 EHRR 40, para. 53.

42　See ECtHR, *Guerra and Others v. Italy*, Application No. 14967/89, Judgment of February 19, 1998, [1998] 26 EHHR 375. Cf. Roagna (2012), pp. 73 et seqq.

43　在特设委员会第七届会议（2006 年 1 月 17 日）上，美国提议在公约草案中列入承认家庭是自然的和基本的社会单元的内容，这一点也体现在《公民及政治权利国际公约》中。

44　见人权事务委员会第 16 号一般性意见，第 5 段。

45　关于法院在这个问题上的判例，见 Roagna（2012）、Rainey et al.（2014）。

46　关于国际法中的“家庭”概念，见 Van Bueren（1998），pp. 69 et seqq。

公约》第 8 条不区分“合法”和“非法”家庭，这与《欧洲人权公约》第 14 条规定相一致，即禁止基于出生的歧视。[47]

3 第 23 条规定的与残疾儿童家庭生活相关的权利

许多残疾儿童没有享受家庭生活的权利，要么是因为被安置在机构中，要么是因为虽然住在家里但被排除在大多数家庭活动之外。基于这些原因，在谈判期间，许多代表团和非政府组织支持国际残疾人组织核心成员组的建议，即在第 23 条中新增一款，以确立“各国政府的义务，即向家庭提供必要的支助和教育，以促进实现家庭生活权，并增强家庭照顾子女的能力”，以及“加强应对家庭和社区范围内的消极态度的义务”。[48]

这项提议旨在加强残疾儿童的与家庭生活有关的权利，使这些权利适合他们的需要，因为他们被认为比其他儿童更加脆弱。在加强残疾儿童权利的努力中，第 23 条第 1 款第 3 项还纳入残疾儿童在与其他人平等的基础上保留其生育力的权利。[49] 如前所述，第 23 条第 3 款保障家庭生活方面的平等权利。为了防止隐藏、遗弃、忽视和隔离残疾儿童，缔约国必须及早向残疾儿童及其家属提供全面的信息、服务和支助。[50] 实际上，由于家庭缺乏信息、充分的服务和适当的支助，残疾儿童常常被拒绝、排斥并被剥夺上学或作为
431 家庭成员发挥积极作用的机会。这项规定旨在加强家庭照顾残疾儿童的能力，并进一步保护和促进他们的权利。

此外，第 23 条第 4 款的第一句保障残疾儿童与父母共同生活的权利，

---

47 See Mowbray (2012), p. 528.

48 关于国际残疾人组织核心成员组在特设委员会第七届会议（2006 年 1 月 23 日）上递交的提议文本，见 http://www.un.org/esa/socdev/enable/rights/ahcstata23sevscomments.htm。新西兰特别强调确保残疾儿童享有体验家庭生活的权利，这是隐含在《儿童权利公约》若干条款（第 5 条、第 9 条和第 18 条）中的权利，但《残疾人权利公约》对此需要具体提及，因为残疾儿童比其他儿童更容易被安置在机构而不是和家人在一起。

49 见下节第 4 段对“禁止绝育”的评注。

50 See Byrne (2012), pp. 419 et seqq.

强调不得违背儿童父母的意愿使子女与父母分离，除非主管当局依照适用的法律和程序，经司法复核断定这种分离确有必要，符合“儿童本人的最佳利益”。[51] 该款以《儿童权利公约》第 9 条第 1 款为范本，如前所述，其中提到了“儿童的最大利益”，这是《儿童权利公约》第 3 条第 1 款所载的该公约的核心原则。[52]

第 23 条第 4 款第二句禁止以子女残疾或父母一方或双方残疾为理由，使子女与父母分离。正如已经指出的那样，其被工作组纳入本条“基本上只是不歧视条款”。[53]

《残疾人权利公约》还规定，在原生家庭无法照顾残疾儿童的情况下，对他们予以保护。根据第 23 条第 5 款，缔约国应当在近亲属不能照顾残疾儿童的情况下，尽一切努力在大家庭范围内提供替代性照顾，并在无法提供这种照顾时，在社区内提供家庭式照顾。在这方面，儿童权利委员会认为，经济原因、资金和物质上的贫困绝不应成为将儿童带离父母照料的唯一理由，而应被视为需要为该家庭提供适当支助的信号。[54]

值得一提的是，为了促进生育和家庭领域的平等和不歧视，残疾人权利委员会建议缔约国修订或废除剥夺残疾人家庭权利的法律，并审查宣布父母不适合的程序。[55] 它还建议制定立法框架，规定提供必要的支助，以维护尊 432

51　又见《公民及政治权利国际公约》第 24 条，该条规定儿童有权享受家庭、社会和国家给予的必要保护措施，不因种族、肤色、性别、语言、宗教、民族或社会出身、财产或出生而受任何歧视。在区域层面，《欧盟基本权利宪章》第 24 条规定儿童享有于一固定期限内维持个人关系及与双亲直接接触的权利。

52　《儿童权利公约》在关于与父母分离的第 9 条、关于家庭团聚的第 10 条、关于父母责任的第 18 条、关于脱离家庭环境和替代性照顾的第 20 条、关于收养的第 21 条、关于被剥夺自由的儿童应同成人隔开的第 37 条第 3 项中明确提到了儿童的最大利益。关于《儿童权利公约》第 3 条，见 Freeman（2007）。

53　See Schulze（2009），p. 89.

54　见儿童权利委员会第 14 号一般性意见：将儿童最大利益作为首要考虑的儿童权利（第 3 条第 1 款）（2013），CRC/C/GC/14，第 15 段。

55　见残疾人权利委员会的结论性意见：阿根廷，CRPD/C/ARG/CO/1，第 36 段；阿塞拜疆，CRPD/C/AZE/CO/1，第 37 段；哥斯达黎加，CRPD/C/CRI/CO/1，第 44 段；德国，CRPD/C/DEU/CO/1，第 43~44 段。

重家居和家庭的权利，特别是获得协助育儿的支助服务的权利，[56] 以及采取措施向有残疾儿童的低收入家庭提供经济支助，使残疾儿童能够与家人共同生活。[57]

第 23 条规定的残疾儿童与家庭有关的权利补充了《儿童权利公约》在这方面的规定。[58] 关于儿童与父母分离的问题，儿童权利委员会强调，鉴于儿童与其父母分离产生的严重影响，这样的分离只应作为最后措施，而且如有不那么具有侵扰性的措施能保护儿童，就不能实行分离的做法。[59] 特别是，在诉诸分离的做法之前，各国应为家长提供支助，协助其承担为人父母的责任，恢复或增强家庭照顾子女的能力。[60] 同样，不得以子女残疾或父母一方或双方残疾为理由，使子女与父母分离，只有在为家庭提供的必要支助不足以有效避免儿童遭忽视或被遗弃的风险，或儿童面临人身风险的情况下，才可考虑采取分离的做法。[61] 此外，儿童权利委员会在第 9 号一般性意见中申明，“只要家庭在所有方面都得到充分的配备，残疾儿童在自己的家庭环境中得到的照料和养育才是最好的”。[62]

欧洲人权法院同样审查了有关将残疾儿童与父母分离的决定的案件，并认定其中有些案件违反了《欧洲人权公约》第 8 条。[63] 在相关的案例法中，该法院认定，各国在评估将儿童带走照料的必要性时有很大的自由裁量余
433 地，但这种自由裁量余地要受到更严格的审查，因为对权利的进一步限制包

[56] 见残疾人权利委员会的结论性意见：哥斯达黎加，第 44 段；萨尔瓦多，CRPD/C/SLV/CO/1，第 48 段。

[57] 见残疾人权利委员会的结论性意见：巴拉圭，CRPD/C/PRY/CO/1，第 55~56 段。

[58] 见《儿童权利公约》第 6 条、第 8 条、第 9 条、第 10 条、第 16 条、第 18 条、第 22 条和第 37 条。关于《儿童权利公约》和《残疾人权利公约》在保护残疾儿童方面的法律关联性，见 McCallum and Martin（2013）。

[59] 见儿童权利委员会第 14 号一般性意见，第 61 段。

[60] 见儿童权利委员会第 14 号一般性意见，第 61 段。

[61] 见儿童权利委员会第 14 号一般性意见，第 63 段。

[62] 儿童权利委员会第 9 号一般性意见：残疾儿童的权利（2006 年），CRC/C/GC/9，第 41 段。

[63] 见 Dimopoulous（2009）。欧洲理事会《促进残疾人权利和充分参与社会行动计划（2006~2015）：提高欧洲残疾人生活质量》确认，“主管当局必须认真评估残疾儿童及其家庭的需要，以便提供支助措施，使其能够在家人相伴下成长，能够融入社区和当地儿童的生活和活动”（第 4.4 章）。

含了父母和幼儿之间的家庭关系可能受到实际削弱的风险。[64]

2009 年《联合国关于替代性儿童照料的准则》[65] 加强了消除儿童机构化安置的趋势，强调了防止家庭分离和向家庭提供支助的重要性，并在提供支助时将残疾作为一个考虑因素。[66] 只有非常特殊和临时的寄宿照料是可以接受的，前提是“对有关儿童个体特别适当、必要且具有建设性并符合其最大利益”。[67] 这些设施“规模要小，要围绕儿童的权利和需要来安排，且尽量与家庭或小群体环境接近”。[68] 此外，安置应被视为重返家庭或替代性家庭环境的临时措施。[69] 这种寄宿照料被视为次优的替代方案，[70] 与“大型寄宿照料设施（机构）”有着明显区别，因此各国必须“以全面的去机构化战略为背景”发展替代性照料。[71]

4　第 23 条规定的缔约国义务

第 23 条既规定了缔约国不干涉残疾人与家庭和家居有关权利的消极义务，也规定了旨在保障残疾人家庭生活权利和残疾儿童福利的积极义务。

第 23 条第 1 款要求各国采取“有效和适当的措施”，消除在婚姻、家庭、生育和个人关系方面对残疾人的歧视。根据这一条款，在国内层面，必须在与其他人“平等的基础上”保护和保障三项权利以消除对残疾人的歧视： 434

64　See ECtHR, *Kutzner v. Germany*, Application No. 46544/99, Judgment of February 26, 2002, para. 67. See also ECtHR, *Saviny v. Ukraine*, Application No. 39948/06, Judgment of December 18, 2008.

65　见联合国大会第 64/142 号决议。通过这项不具法律约束力的文件的目的在于“进一步执行《儿童权利公约》及关于已失去或有可能失去父母照料的儿童的保护和福祉的其他国际文书的相关规定”（第 1 段和第 31 段）。

66　联合国大会第 64/142 号决议，第 3 段和第 9 段。See Mulheir (2012).

67　联合国大会第 64/142 号决议，第 21 段。

68　联合国大会第 64/142 号决议，第 123 段。

69　见联合国大会第 64/142 号决议，第 123 段。

70　《联合国关于替代性儿童照料的准则》确认，“根据多数专家的意见，应在以家庭为基础的环境中，为幼童，尤其是 3 岁以下幼童提供替代性照料”（第 22 段）。

71　同上，第 23 段。此外，残疾人权利委员会要求缔约国实施一个计划周密、有条理的残疾人“去机构化”安置进程（见关于第 24 条“教育”的第 4 号一般性意见草案，第 66 段）。关于第 24 条“教育”的第 4 号一般性意见已于 2016 年 8 月 26 日通过，见 CRPD/C/GC/4，第 66 段。

（1）结婚和建立家庭的权利；[72]（2）自由、负责任地决定子女人数和生育间隔的权利；[73]（3）在与其他人平等的基础上保留其生育力的权利。[74]

为了确保残疾人充分有效地享有上述权利，缔约国有义务采取必要措施，消除家庭生活和生儿育女方面的歧视和障碍。除此之外，这项义务可能包括按照《公约》第4条第1款第2项的要求通过必要的立法，修订或废止现行国内法，以及提供适足的服务和支助，包括提供关于生殖和计划生育的适龄信息和教育。在这方面，残疾人权利委员会建议阿根廷修订《民法典》，使之符合《公约》第23条第1款第2项，并使有需要的残疾人能够获得为人父母所需的支助服务。[75] 委员会还建议比利时采取适当措施，确保服务提供者尊重和保护残疾人享有私生活和家庭生活的权利，并向所有残疾人提供关于生殖和计划生育的适龄信息和教育。[76]

关于第23条第1款第3项，如前所述，在谈判期间，一些代表团提议明确禁止强制绝育，但其他国家反对。达成的妥协是该条款的肯定性措辞，即残疾人，包括残疾儿童，有权“在与其他人平等的基础上，保留其生育力”。根据该第1款第3项，国家法令不能授权对残疾人进行非自愿绝育，
435 即使在医疗需要的情况下，也不应允许非自愿绝育。在这方面，残疾人权利委员会认为，强制绝育违反了《公约》的若干条款，如身体完整权、家庭权和保留生育力权、健康权和法律权利能力。[77] 委员会促请秘鲁废除强制残疾

[72] 根据《残疾人权利公约》第46条，波兰保留“在修订有关国内立法之前不适用《公约》第23条第1款第1项的权利。在撤回保留之前，因精神疾病或精神残疾而致残的适婚残疾人，未经法院批准，不得结婚，而法院的批准是基于其健康或精神状况不危及婚姻也不影响未来子女的健康且本人尚未完全丧失行为能力。这些条件来自《波兰家庭和监护法》第12条第1款（《波兰共和国法律期刊》1964年第9期，第59项及其后续修正案）”。

[73] 波兰提出一项保留，声明“第23条第1款第2项和第25条第1项不得解释为赋予个人堕胎权或授权缔约国提供堕胎服务，除非该权利受到国家法律的保障”。摩纳哥同样“认为，除非国家法律有明确规定，否则不得将《公约》第23条和第25条解释为承认个人堕胎权”。见 Mykitiuk and Chadha（2011）。

[74] See Scully（2012），p. 77.

[75] 残疾人权利委员会的结论性意见：阿根廷，第36段。

[76] 残疾人权利委员会的结论性意见：比利时，CRPD/C/BEL/CO/1，第35段。

[77] 残疾人权利委员会认定强制绝育违反了第17条，见残疾人权利委员会对阿根廷初次报告的结论性意见，第31段；同样违反了第23条，见残疾人权利委员会对匈牙利初次报告的结论性意见，CRPD/C/HUN/CO/1，第38段；以及违反了第6条，见残疾人权利委员会对巴拉圭初次报告的结论性意见，第17段。关于此问题，见 Boezaarf（2012）。

人绝育的行政命令。[78] 此外，委员会还要求缔约国报告为保护残疾女孩和妇女不被强迫堕胎而采取的措施。[79]

第 23 条第 2~5 款保护父母关系和至少一名成员（父母或子女）为残疾人的家庭。这些规范规定了各国的具体义务，以保障残疾人享有其中所载的权利。

具体而言，根据第 2 款，缔约国有义务在国内层面保障残疾人在机构中行使权利和履行责任，如监护、监管、托管和领养儿童，但前提是国家立法中有这种制度，并且在任何情况下均应当以儿童的最佳利益为重。应当指出的是，第 2 款并不要求缔约国在国内法律秩序中引入上述制度，而只有在国家立法中已经存在上述制度时才要求以符合残疾人权利的方式适用这些制度。

关于尊重"儿童的最佳利益"的义务，儿童权利委员会在第 14 号一般性意见中申明，"各缔约国必须尊重和落实儿童将其最大利益列为首要评判和考虑的权利，并有义务采取一切必要、审慎、具体的措施，全面落实上述权利"。[80] 此外，儿童权利委员会指出，"儿童的最大利益是一个动态概念，涵盖了各类不断演化的问题"。[81]

根据第 2 款，缔约国还负有适当协助残疾人履行其养育子女的责任的积 436
极义务。

对残疾儿童给予特别保护，以保证他们在原生家庭中生活。根据第 3 款，缔约国有义务确保残疾儿童在家庭生活方面享有平等权利。因此，在国内层面，有必要制定具体的管理规定，以确保残疾儿童能够像所有其他儿童一样享有家庭生活权。此外，为了防止隐藏、遗弃、忽视和隔离残疾儿童，缔约国有积极义务向残疾儿童及其家属提供全面的信息、服务和支助。[82]

78　见残疾人权利委员会的结论性意见：秘鲁，CRPD/C/PER/CO/1，第 35 段；匈牙利，第 38 段。

79　残疾人权利委员会：缔约国提交的条约专要文件准则，CRPD/C/2/3，第 11~13 段。

80　第 14 号一般性意见，第 13 段。

81　同上，第 11 段。儿童权利委员会强调，儿童的最大利益概念包含了三个层面：（1）一项实质性权利；（2）一项基本的解释性法律原则；（3）一项议事规则（同上注，第 6 段）。另见第 38 段，其中委员会明确指出，关于收养的条款（第 21 条）进一步加强了最大利益权；最大利益不只是被列为"一种优先考虑"，而且是"最重大的考虑"。

82　残疾人权利委员会强烈建议比利时"设立一个面向残疾儿童家庭的支助机制，以防止残疾儿童遭遗弃或被送入机构"。见残疾人权利委员会的结论性意见：比利时，第 35 段。

根据第 4 款，缔约国有义务保障残疾儿童不因残疾或父母一方或双方残疾而违背父母意愿与父母分离的权利。[83] 该规定只允许各国在主管当局依照适用的法律和程序，经司法复核断定这种分离确有必要，符合“儿童本人的最佳利益”的情况下，才可克减这项义务。残疾儿童与父母分离是一项非常措施，受法律管辖并受到司法审查，只有在共同生活可能对儿童造成严重伤害时才可采取。执行这项规定要求缔约国采取具体的立法措施，确保残疾儿童不与父母分离，并规制合法的分离案件；还必须提供防止非法分离的充分法律保护，以确保能够诉诸申诉程序。

最后，第 5 款要求缔约国尽一切努力为近亲属无法照顾的残疾儿童提供替代性照顾。根据这一规定，各国必须发挥积极作用，为无法与父母共同生活的残疾儿童寻找居所。该规范提出了两种可能的解决办法：使残疾儿童同他们的近亲属居住，否则由社区在其熟悉的环境内提供照顾。在后一种情况下，有必要在有家庭型环境保证的地方找到替代原生家庭收容残疾儿童的方案。如前所述，在第 23 条中增加这一规定，目的是防止对残疾儿童任何形式的机构安置。因此，各国有积极义务寻找替代原生家庭的方案，避免对儿童采取任何形式的孤立。

437 尽管缔约国对执行第 5 款所需的国内措施有很大的自由裁量余地，但这些措施也必须符合《残疾人权利公约》界定的权利和《联合国关于替代性儿童照料的准则》。

相关案例

ECtHR 16. 12. 1992, Application No. 13710/88, *Niemietz v. Germany*, [1992] 16 EHRR 97.

ECtHR 29. 09. 1996, Application No. 20348/92, *Buckley v. the United Kingdom*, [1996] 3 EHRR 101.

ECtHR 19. 02. 1998, Application No. 14967/89, *Guerra and Others v. Italy*, [1998] 26 EHHR

83 不与父母分离的权利和家庭团聚的权利同样规定于《儿童权利公约》第 9 条和第 10 条。

375.

ECtHR 18.01.2001, Application No. 27238/95, *Chapman v. the United Kingdom*, [2001] 33 EHRR 18.

ECtHR 26.02.2002, Application No. 46544/99, *Kutzner v. Germany*, [2002] ECHR-I.

ECtHR 31.07.2003, Application No. 16219/90, *Demades v. Turkey*, unreported.

ECtHR 16.11.2004, Application No. 4143/02, Moreno *Gomez v. Spain*, [2004] ECHR-633.

ECtHR 18.12.2008, Application No. 39948/06, *Saviny v. Ukraine*, unreported.

参考文献

Boezaarf T (2012) Protecting the reproductive rights of children and young adults with disabilities: the roles and responsibilities of the family, the State, and judicial decision-making, http://law.emory.edu/eilr/content/volume-26/issue-1/recent-developments/protecting-reproductive-rights-children-young-adults.html, Accessed 12 April 2015.

Byrne B (2012) Minding the gap? Children with disabilities and the United Nations Convention on the rights of persons with disabilities, In: Freeman M (ed) Law and childhood studies: current legal issues, Oxford University Press, Oxford, pp. 419-437.

D'Espallie A (2013) Cutting the ties: sterilisation of persons with disabilities new perspectives after the introduction of the CRPD, http://www.jus.uio.no/english/research/news-and-events/events/conferences/2014/wccl-cmdc/wccl/papers/ws7/w7-despallier%20.pdf, Accessed 12 April 2015.

Dimopoulous A (2009) Intellectually disabled parents before the European Court of Human Right and English Courts, Eur Hum Rights Law Rev 1: 70-83.

Freeman M (2007) Article 3: the best interests of the child, In: Verhallen E, Ang F, Berghmans E, Verheyde M, Alen A, vande Lanotte J (eds) A commentary on the United Nations Convention on the rights of the child, Martinus Nijhoff, Leiden, pp. 1-79.

Harnacke C, Graumann S (2012) Core principles of the UN Convention on the rights of persons with disabilities: an overview, In: Anderson J, Philips J (eds) Disability and universal human rights: legal, ethical, and conceptual implications of the convention on the rights of persons with disabilities, Netherlands Institute of Human Rights (SIM), Utrecht, pp. 31-49.

McCallum R, Martin H (2013) Comment: the CRPD and children with disabilities, Austr Int Law J 20: 17-31.

Mowbray A (2012) Cases, materials, and commentary on the European Convention on human rights, 3rd edn, Oxford University Press, Oxford.

Mulheir G (2012) Deinstitutionalisation-a human rights priority for children with disabilities, Equal Rights Rev 9: 117-137.

Mykitiuk R, Chadha E (2011) Sites of exclusion: disabled women's sexual, reproductive and parenting right, In: Rioux MH, Basser LA (eds) Critical perspectives on human rights and disability law, Martinus Nijhoff Publishers, Leiden/Boston, pp. 157 et seqq.

438 Quinn G, Degener T (eds) (2002) Human rights and disability: the current use and future potential of United Nations human rights instruments in the context of disability, United Nations, New York/Geneva.

Rainey B, Wicks E, Clare Ovey C (2014) The European Convention on human rights, 6th edn, Oxford University Press, Oxford/New York.

Roagna I (2012) Protecting the right to respect for private and family life under the European Convention on Human Rights, Council of Europe, Strasbourg.

Schulze M (2009) Understanding the UN Convention on the rights of persons with disabilities, http://www.handicap-international.fr/fileadmin/documents/publications/HICRPDManual.pdf, Accessed 6 April 2015.

Scully JL (2012) The Convention on the rights of persons with disabilities and cultural understandings of disability, In: Anderson J, Philips J (eds) Disability and universal human rights: legal, ethical, and conceptual implications of the convention on the rights of persons with disabilities, Netherlands Institute of Human Rights (SIM), Utrecht, pp. 71-83.

Van Bueren G (1998) The international law on the rights of the child, Martinus Nijhoff Publishers, The Hague/Boston/London.

第24条　教育 439

瓦伦蒂娜·德拉·菲娜

一、缔约国确认残疾人享有受教育的权利。为了在不受歧视和机会均等的情况下实现这一权利，缔约国应当确保在各级教育实行包容性教育制度和终生学习，以便：

（一）充分开发人的潜力，培养自尊自重精神，加强对人权、基本自由和人的多样性的尊重；

（二）最充分地发展残疾人的个性、才华和创造力以及智能和体能；

（三）使所有残疾人能切实参与一个自由的社会。

二、为了实现这一权利，缔约国应当确保：

（一）残疾人不因残疾而被排拒于普通教育系统之外，残疾儿童不因残疾而被排拒于免费和义务初等教育或中等教育之外；

（二）残疾人可以在自己生活的社区内，在与其他人平等的基础上，获得包容性的优质免费初等教育和中等教育；

（三）提供合理便利以满足个人的需要；

（四）残疾人在普通教育系统中获得必要的支助，便利他们切实获得教育；

（五）按照有教无类的包容性目标，在最有利于发展学习和社交能力的环境中，提供适合个人情况的有效支助措施。

三、缔约国应当使残疾人能够学习生活和社交技能，便利他们充分和 440
平等地参与教育和融入社区。为此目的，缔约国应当采取适当措施，包括：

（一）为学习盲文，替代文字，辅助和替代性交流方式、手段和模式，定向和行动技能提供便利，并为残疾人之间的相互支持和指导提供便利；

（二）为学习手语和宣传聋人的语言特性提供便利；

（三）确保以最适合个人情况的语文及交流方式和手段，在最有利于发展学习和社交能力的环境中，向盲、聋或聋盲人，特别是盲、聋或聋盲儿童提供教育。

四、为了帮助确保实现这项权利，缔约国应当采取适当措施，聘用有资格以手语和（或）盲文教学的教师，包括残疾教师，并对各级教育的专业人员和工作人员进行培训。这种培训应当包括对残疾的了解和学习使用适当的辅助和替代性交流方式、手段和模式、教育技巧和材料以协助残疾人。

五、缔约国应当确保，残疾人能够在不受歧视和与其他人平等的基础上，获得普通高等教育、职业培训、成人教育和终生学习。为此目的，缔约国应当确保向残疾人提供合理便利。

目　次

1　第 24 条的起草历史：包容性教育问题 441

关于现行第 24 条的谈判主要集中在包容性教育问题上。然而，应该指出的是，《残疾人权利公约》的起草者并未立即就包容性受教育权达成一致。工作组以及特设委员会成员对规定提供特殊教育服务与普通教育制度之间的关系提出了不同的进路。[1]

实际上，工作组于 2004 年制定的第 17 条（“教育”）草案的措辞留有一些未决问题，包括是否应将残疾儿童在普通教育系统中接受教育视为一项规则，而将特殊教育服务视为例外。[2] 该条款旨在确立选择包容性教育和无障碍教育的权利，但并未规定残疾学生有义务在其需要不能得到充分满足的普通学校就读。第 17 条草案反映了起草者对残疾人受教育权的不同意见：一些代表团认为主流学校和特殊学校可以并行存在，但其他代表团认为包容性教育应是常态，而特殊教育应是例外。[3]

甚至特设委员会最初也承认残疾人有权在包容性教育和特殊教育之间选择。然而，在特设委员会第三届会议（2004 年 5 月至 6 月）期间，一些代表就第 17 条草案提出许多修正建议。[4]

特别值得一提的是加拿大安大略省人权委员会（Ontario Human Rights Commission）的立场。该委员会强调，第 17 条草案应包括各级教育（初等、

1　See de Beco（2014）, pp. 273 et seqq.

2　第 17 条草案文本可见于 http://www.un.org/esa/socdev/enable/rights/ahcstata24wgtext.htm。该条款的措辞部分取自 2003 年 12 月《促进和保护残疾人权利和尊严的全面综合国际公约草案要点》中的第 24 条（“受教育权”），见 http://www.un.org/esa/socdev/enable/rights/wgcontrib-chair1.htm。

3　一些工作组成员认为，不仅应该在普通教育系统不能适当满足需要的情况下提供特殊教育服务，而且还应该在所有情况下提供这样的服务，不应假定一个方式比另一个方式更好。一些工作组成员着重指出，有必要使聋哑儿童和盲童在同类儿童当中接受教育。工作组认为，如果采用后一个办法，国家仍然应有明确的义务使残疾学生能够没有障碍地在普通教育系统接受教育，但不限制个人选择进入普通教育系统还是特殊教育服务的能力。

4　关于特设委员会成员对工作组案文草案的拟议修订和修正的汇编，见 http://www.un.org/esa/socdev/enable/rights/ahcstata24tscompilation.htm。

442 中等和高等教育)，并应包括职业教育和其他形式的培训，有针对儿童的特殊需要但又不限于他们的规定。[5] 一些非政府组织强调，有必要在第 17 条草案中规定在主流教育系统内提供包容性教育的义务，并删除可能成为隔离残疾人到单独的特殊学校和歧视残疾人理由的第 3 款。[6]

在特设委员会第四届会议期间，第 17 条草案再次受到批评。在那次会议上，一些非政府组织强调，必须在《公约》中载入包容性教育的权利，消除“在隔离和包容之间”作出选择的可能性，并加强缔约国确保包容性教育制度的义务。[7]

在特设委员会第六届会议（2005 年 8 月 1 日至 12 日）上，第 17 条草案交由协调人罗斯玛丽·凯斯（Rosemary Kayess，澳大利亚）进一步讨论。[8] 根据各国政府和非政府组织提出的建议，协调人提交了第 17 条草案的综合案文，内容如下：

> 1. 缔约国确认所有残疾人的受教育权。为了在没有歧视和机会均等的条件下实现这一权利，缔约国应当确保［在各级教育］实行包容性教育［制度，包括学前、初等、中等、高等教育和职业培训］和终生学习，力求：(1) 充分开发人的潜力，培养自尊自重精神，加强对人权、基本自由和人的多样性的尊重；(2) 使所有残疾人能切实参与一个自由的社会；(3) 最充分地发展残疾人的个性、才华和创造力以及智能和体能。
>
> 2. 为了实现这一权利，缔约国应当确保：(1) 残疾人可以在自己生

5 委员会还回顾了加拿大最高法院 1997 年 2 月在伊顿诉布兰特县教育委员会一案中作出的裁决。法院在该案中裁定：“虽然融合因其普遍提供的好处而应被视为普遍适用的规范，但有利于融合教育的推定将对需要特殊教育以实现平等的学生不利。融合可以是一种好处，也可以是一种负担，这取决于个人能否从融合所提供的好处中获益。”委员会的观点载于其题为《成功的机会：为残疾学生实现无障碍教育》的报告中。见 http://www.ohrc.on.ca/en/opportunity-succeed-achieving-barrier-free-education-students-disabilities。

6 第 3 款内容如下：“如果普通教育系统不能适当满足残疾人的需要，缔约国就应当发展特殊和替代的教育形式。任何这种特殊和替代的教育形式都应当：(1) 体现与普通教育系统同样的标准和目标；(2) 采用适当的方式，使残疾儿童能够尽可能参加普通教育系统；(3) 使残疾人能够在普通和特殊系统之间进行自由和知情的选择；(4) 不限制缔约国在普通教育系统中继续努力满足残疾学生需要的义务。”

7 http://www.un.org/esa/socdev/enable/rights/ahcstata24fscomments.htm，最后访问日期：2015 年 9 月 15 日。

8 关于特设委员会讨论的详细情况，见 A/60/266，第 30~46 段。

活的社区内尽可能获得包容性的优质免费初等教育和中等教育；（2）提 443
供合理便利以满足个人的需要；（3）对各级教育的专业人员和工作人员开展入门和进修培训，包括对残疾的了解和学习使用适当的交流手段和方式、教育技巧和材料以协助残疾人；（4）残疾人在普通教育系统中获得必要的支助，便利他们切实获得教育，在普通教育系统不足以满足残疾人的个人支助需要的例外情况下，缔约国应当按照有教无类的目标，确保提供有效替代支助措施；（5）残疾人不因残疾而被排拒于普通教育系统之外，［残疾儿童不因残疾而被排拒于免费和义务初等教育或中等教育之外］。

3. 缔约国应当使残疾人能够学习生活和社交技能，便利他们充分和平等地参与教育和融入社区。为此目的，缔约国应当：（1）为学习盲文、替代文字、定向和行动技能提供便利，并为残疾人之间的相互支持和指导提供便利；（2）为学习手语和宣传聋人的语言特性提供便利；（3）确保以最适合个人情况的语文及交流方式和手段，在最有利于发展学习和社交能力的环境中，向［残疾儿童］［盲、聋、聋盲儿童］提供教育。[9]

4. 缔约国应当采取适当措施，确保聘用熟悉手语或盲文的教师，以确保向感官残疾学生提供高质量的教育。

5. 缔约国应当确保，残疾人能够在不受歧视以及机会平等的基础上获得普通高等教育、职业培训、成人教育和终生学习。为此目的，缔约国应当确保向残疾人提供适当支助。[10]

9　见 2005 年 8 月 2 日世界聋人联盟（World Federation of the Deaf）、世界盲人联盟（the World Blind Union）和世界聋盲联盟（World Federation of the Deaf-Blind）《关于为聋人、盲人和聋盲人提供包容性教育的声明：在教育方面的选择权的理由》。见 http://www. un. org/esa/socdev/enable/rights/ahcstata24sscomments. htm#wbu。

10　见 http://www. un. org/esa/socdev/enable/rights/ahcstata24ssfacilitator. htm。协调人指出，工作组案文第 1 款中关于逐步实现受教育权的提法已被删除，因为第 4 条（一般义务）规定了这类义务。此外，导言部分的平等规定需要根据整个《公约》采取的总体进路加以修订。在这方面，联合国教育、科学及文化组织支持在导言部分列入不歧视原则，因为这符合教科文组织 1960 年的《取缔教育歧视公约》。

444 该草案后来得到进一步发展，成为拟订现行第 24 条最终文本的基础。[11] 特设委员会第七届会议（2006 年 1 月 16 日至 27 日）对其进行讨论，[12] 然后在第八届会议（2006 年 8 月 14 日至 25 日）上定稿。在最后一届会议上，有代表还提出了加强包容性受教育权的进一步建议。[13] 正如将要指出的那样，迄今为止，《残疾人权利公约》第 24 条是保障包容性受教育权的唯一具有约束力的国际规范。在这方面，这一规定有助于扩大国际人权法所确认的受教育权的内容。

2 人权文书中的受教育权

在国际层面，受教育权是一项久已确立的权利。受教育权在《世界人权宣言》第 26 条中首次得到确认。[14] 此后，一些国际法律文书也承认了受教育权，目前它被视为一项普遍权利。[15]

在联合国系统内，联合国教科文组织 1960 年《禁止教育歧视公约》是第一份具有法律约束力的国际文书，确立了受教育权的核心要素。《禁止教育歧视公约》禁止教育领域的任何歧视，并规定了教育机会平等的原则。根

11 特设委员会主席在 2005 年 10 月 7 日给委员会全体成员的信中说，经过讨论，《公约》草案的结构发生了改变，条款的编号也随之改变。按照其他公约的做法，新的《公约》草案分为四部分，并第一次列入最后条款草案。然而，公民权利和政治权利并没有与经济、社会和文化权利分开，因为有强烈的观点主张它们必须被一体看待。见 http://www.un.org/esa/socdev/enable/rights/ahcchairletter7oct.htm。

12 http://www.un.org/esa/socdev/enable/rights/ahcstata24sevscomments.htm. Accessed September 18, 2015.

13 关于国家、国际组织、国家人权机构和非政府组织提交的建议，见 http://www.un.org/esa/socdev/enable/rights/ahc8contngos.htm。关于“残疾人权利国际公约之工作案文”，见 A/AC.265/2006/2，附件二。

14 第 26 条内容如下：“（1）人人都有受教育的权利，教育应当免费，至少在初级和基本阶段应如此。初级教育应属义务性质。技术和职业教育应普遍设立。高等教育应根据成绩而对一切人平等开放。（2）教育的目的在于充分发展人的个性并加强对人权和基本自由的尊重。教育应促进各国、各种族或各宗教集团间的了解、容忍和友谊，并应促进联合国维护和平的各项活动。（3）父母对其子女所应受的教育的种类，有优先选择的权利。”

15 关于国际法框架下的受教育权的详细分析，见 Beiter（2005）。

据《禁止教育歧视公约》第1条第1款（a）项，禁止任何人或任何一群人接受任何种类或任何级别的教育是一种歧视行为。第1条第1款所载的“歧视”定义没有明确提及基于“残疾”的歧视，但该不歧视理由清单并不详尽。此外，《禁止教育歧视公约》体现了联合国教科文组织确保“人人享有充分和平等的受教育机会”的使命，旨在保障所有人，特别是包括残疾人在内的边缘和弱势群体的受教育权。 445

此外，《禁止教育歧视公约》第4条要求缔约国拟订、发展和实施一种国家政策，以通过适合于环境和国家习俗的方法，促进教育上的机会平等和待遇平等。特别是，各国承诺：（1）使初级教育免费并成为义务性质；使各种形式的中等教育普遍设立，并对一切人开放；使高等教育根据个人成绩，对一切人平等开放；保证人人遵守法定的入学义务；（2）保证同一级的所有公立学校的教育标准都相等，并保证与所提供的教育的素质有关的条件也都相等；（3）对那些未受到或未完成初级教育的人的教育以及他们根据个人成绩继续接受的教育，以适当方法加以鼓励和推进；（4）提供师资培训，无所歧视。

这些规定促使缔约国使各自的教育制度更具包容性，特别是不加歧视地提供各级教育机会，尤其是为最弱势群体提供这种机会。联合国教科文组织还通过了其他若干项国际标准设定文书，包括1989年的《技术和职业教育公约》[16] 及一系列建议，进一步发展了受教育权的各个维度。[17]

在核心国际人权条约中，《经济社会文化权利国际公约》第13条被认为是保护受教育权的最完整的条款。[18] 该规范以联合国教科文组织《禁止教育 446

16　《技术和职业教育公约》第2条第4款规定：“各缔约国应特别注意残疾人和处于不利地位的居民的特殊需求，并为使这些人受益于技术和职业教育，采取适当的措施。”

17　见《禁止教育歧视建议书》（1960）、《关于教师地位的建议书》（1966）、《关于促进国际了解、合作与和平的教育以及有关人权与基本自由的教育的建议书》（1974）、《关于发展成人教育的建议书》（1976）、《关于承认高等教育学历与资格的建议书》（1993）、《关于高等教育教学人员地位的建议书》（1997）、《关于技术与职业教育培训的修订建议》（2001）。

18　关于对《经济社会文化权利国际公约》第13条所保护的受教育权的系统分析，见Beiter（2005），第339页及以下。《经济社会文化权利国际公约》第14条内容如下：“本公约任何缔约国在参加本公约时尚未能在其宗主领土或其他在其管辖下的领土实施免费的、义务性的初等教育者，承担在两年之内制定和采取一个逐步实行的详细的行动计划，其中规定在合理的年限内实现一切人均得受免费的义务性教育的原则。”见经济、社会和文化权利委员会第11号一般性意见：初级教育行动计划（第14条），E/1992/23。

歧视公约》为范本，在不歧视和平等待遇原则基础上保障“人人都有受教育的权利”。[19] 根据第 13 条第 1 款，教育应鼓励人的个性和尊严的充分发展，加强对人权和基本自由的尊重。此外，教育旨在“使所有的人能有效地参加自由社会，促进各民族之间和各种族、人种或宗教团体之间的了解、容忍和友谊，和促进联合国维护和平的各项活动”。根据第 13 条第 2 款，各种形式、各个层级的教育都包括一些“相互关联的基本特征”，即联合国前受教育权问题特别报告员卡特丽娜·托马舍夫斯基认定的“4A”：可获得性（availability）、可及性（accessibility）、可接受性（acceptability）和可适配性（adaptability）。[20]

经济、社会和文化权利委员会在 1999 年第 13 号一般性意见中指出，“受教育本身就是一项人权，也是实现其他人权不可或缺的手段。作为一项增长才能的权利，教育是一个基本工具，在经济和社会上处于边缘地位的成人和儿童受了教育以后就能够脱离贫困，取得充分参与社区生活的手段。教育具有重大作用，能使妇女增长才能，保护儿童不从事剥削性的危险工作或者受到性剥削，能够增进人权与民主、保护环境、控制人口增长。人们日益确认，教育是各国所能进行的最佳投资。但是，教育的重要性并不局限于实用层面：一个受过良好教育、开悟而活跃的心灵，能够自由无碍地漫思，是人生在世的赏心乐事”。[21]

联合国人权事务高级专员办事处还强调，“实现受教育权是社会和经济包容以及充分参与社会的一个前提条件”。从这一角度来说，受教育权是“所有人权不可分割和相互依赖的一个例证，因为它在充分和有效实现其他权利方面发挥着关键作用”。[22]

---

19 经济、社会和文化权利委员会强调，“采取暂时性特别措施的用意是为男女和处境不利的群体实现事实上的平等，并不违反在教育上不受歧视的权利，但这些措施不应为不同的群体维护不平等的或分别的标准，且其目的达到以后就不应继续实行”。见经济、社会和文化权利委员会第 11 号一般性意见：初级教育行动计划（第 14 条），E/1992/23，第 31~37 段。

20 第 13 条第 2 款列出了缔约国为实现受教育权而必须采取的若干具体步骤，见 de Beco（2014），第 267 页。

21 见经济、社会和文化权利委员会第 13 号一般性意见：第 13 条（受教育的权利），E/C.12/1999/10，第 1 段。

22 OHCHR（2013），para. 9. 关于残疾人教育的作用，特别是在发展中国家，见 World Health Organization，The World Bank（2011），第 203 页及以下。

其他人权条约涵盖了普遍受教育权的具体方面，[23] 包括《儿童权利公约》，该公约规定了儿童受教育的权利（第28~30条），并具体处理了残疾儿童的教育问题（第23条第3款）。[24] 447

受教育权也在有关难民法和国际人道法的国际法律文书、国际劳工组织的几项公约以及许多区域人权条约中得到承认。[25]

3　国际层面的包容性受教育权

包容性受教育权被1982年联合国大会通过的《关于残疾人的世界行动纲领》纳入国际残疾人权利框架，随后又得到1993年联合国《残疾人机会均等标准规则》和1994年《萨拉曼卡宣言和特殊需要教育行动框架》（以下简称《萨拉曼卡宣言》）的发展。[26]

在联合国《残疾人机会均等标准规则》中，教育是机会均等的“目标领域”，要求各国确保残疾人教育成为其教育系统的一个组成部分，并确保公共教育方案在其所有方面均体现充分参与和平等的原则（规则1，第4段）。专门讨论“教育”的规则6确认，普通学校的教育应为满足不同残疾人的需要而

23　见《消除对妇女一切形式歧视公约》（第10条）和《保护所有移徙工人及其家庭成员权利国际公约》（第12条、第30条和第45条）。

24　见Parkes（2013），第123页及以下。

25　见1952年《欧洲人权公约》第1议定书（第2条）、1996年经修订的《欧洲社会宪章》（第1部分第7条、第10条、第15条、第17条）、1992年《欧洲区域或少数民族语言宪章》（第8条）、1995年《保护少数民族框架公约》（第12~14条）、《欧盟基本权利宪章》（第14条）、1981年《非洲人权和人民权利宪章》（第17条和第25条）及其2003年《非洲妇女权利议定书》（第12条）、1990年《非洲儿童权利和福利宪章》（第11条）、2006年《非洲青年宪章》（第13条和第20条）、2009年《关于保护和救助非洲境内流离失所者公约》（“坎帕拉公约”）（第9条第2款第2项）、2004年《阿拉伯人权宪章》（第40~41条）、1988年《美洲人权公约关于经济、社会和文化权利的附加议定书》（萨尔瓦多议定书）（第13条）、1999年《美洲消除对残疾人一切形式歧视公约》（第3条）。

26　1990年，宗滴恩世界全民教育大会（Jomtien World Conference on Education for All）通过了《世界全民教育宣言》和《满足基本学习需要行动纲领》，确定了“全民教育”（EFA）的目标。1994年6月7~10日，西班牙与联合国教科文组织共同举办的关于“特殊需要教育：机会和质量”的世界大会通过了《萨拉曼卡宣言》。见http://www.unesco.org/edu，http://www.unesco.org/education/pdf/SALAMA_E.PDF。关于残疾人的包容性教育，见Shoonheim and Ruebain（2005），第163页及以下。关于“全民教育”，见Miles and Singal（2010）。

448 提供传译、充分的无障碍环境和支助服务。考虑到从隔离教育转向融合教育（进一步演变为“包容性教育”）的困难，同一条规则申明，“如一般学校系统尚未能充分满足所有残疾人的需要，则可考虑提供特殊教育。此种教育应力求为学生做好准备以接受一般学校系统中的教育”（第 8 段）。可见，根据这一段，各国应摆脱分隔特殊学校和普通学校的做法，将特殊教育设施转变为支助中心，以促进普通学校向能够教授所有残疾儿童的包容性学校过渡。[27]

《萨拉曼卡宣言》申明，“以包容性为导向的普通学校是反对歧视态度、创建友好社区、建立包容性社会以及实现全民教育的最有效手段”（第 2 条）。根据该宣言，包容性教育制度是指学校采用“能够成功地教育所有儿童，包括有严重弱势和残疾儿童的一种以儿童为中心的教学法”（《行动纲领》，第 3 段）。《萨拉曼卡宣言》要求普通学校向包括残疾学生在内的所有学生提供优质教育，不得因他们可能需要更高的支助要求而有所区别。

2000 年《达喀尔全民教育行动框架》进一步强调，教育制度必须具有包容性，并对所有学习者的情况和需求作出灵活反应。[28] 此外，2015 年 9 月联合国首脑会议通过 2015 年后发展议程所确定的 17 个可持续发展目标（SDGs）中也包括包容性教育。[29]

3.1 欧盟的包容性受教育权

根据《欧洲联盟运行条约》第 165 条，欧盟在教育领域的支助权能有限。欧盟只能在必要情况下通过支持和补充成员国的行动鼓励成员国之间的合作，同时，充分尊重成员国在教学内容、教育组织体系方面的职责及其文化与语言的多样性。[30]

---

27 See Shoonheim and Ruebain（2005），pp. 169-170；Mitchell（2005）.

28 http://www.unesco.at/bildung/basisdokumente/dakar_aktionsplan.pdf.

29 见“目标 4：确保包容和公平的优质教育，让全民终身享有学习机会”。http://www.un.org/sustainabledevelopment/education/.

30 根据《欧洲联盟运行条约》第 165 条第 2 款，联盟行动的目的在于发展教育的欧盟维度，特别是通过：（1）成员国语言的教学和传播；（2）鼓励学生与教师的流动；（3）促进教育机构之间的合作；（4）就成员国教育制度的共有问题开展信息和经验交流；（5）鼓励开展青年及社会教育培训者之间的交流；（6）鼓励青年参与欧洲的民主生活。

在欧盟法律框架内，《欧盟基本权利宪章》关于“受教育权”的第 14 条也很重要。该条规定，“人人享有受教育与接受职业培训及继续培训的权利”（第 1 款），“这一权利包括接受免费义务教育的可能性”（第 2 款）。 449

基于其有限的权力，欧盟通过了一些不具法律约束力的法案，旨在促进包容性教育。欧盟理事会在其 2003 年关于“促进残疾人的就业和融入社会”以及“残疾中小学生在教育和培训方面享有平等机会”的决议中，要求各成员国和欧盟委员会在各自职权范围内，“继续努力消除残疾人融入和参与劳动力市场的障碍，实施平等待遇措施，提高各级教育和培训系统的融合和参与水平”，以及“通过适当的教育和培训，鼓励和支持有特殊需要的儿童和年轻人充分融入社会，并将其纳入适应其需要的学校系统”。[31]

2008 年，欧盟委员会在《关于提高 21 世纪能力的公报：欧洲学校合作议程》中强调：“有特殊教育需要的学生倾向于接受包容性教育，而包容性教育可以使所有学生受益。尽管有强烈的政治意图，但仍有超过 2%的欧盟学生因其特殊教育需要而在隔离环境中接受教育。”另外，欧盟委员会认识到，实现包容性教育意味着重新考虑组织学习支助、改善学校与其他服务机构之间的合作以及实行个性化学习的政策。[32]

此外，“教育与培训”是《2010~2020 年欧洲残疾问题战略》的 8 个行动领域之一，其具体目标是促进残疾中小学生的包容性教育和终身学习。[33]该战略包括一系列行动，以确保残疾人在普通教育系统内获得所需的支助，便利他们获得教育，并按照有教无类的包容性目标，在最有利于发展学习和社交能力的环境中，提供适合个人情况的有效支助措施。

在该战略的框架内，包容性教育与培训的目标随后得到 2010 年“青年 450

31　分别见 2003 年 7 月 15 日理事会关于促进残疾人的就业和融入社会的决议，以及 2003 年 5 月 5 日理事会关于残疾中小学生在教育和培训方面享有平等机会的决议。

32　Communication from the Commission to the European Parliament, the Council, the European Economic and Social Committee and the Committee of the Regions, “Improving competences for the 21st Century: an Agenda for European Cooperation on Schools”, COM/2008/0425 final, paras 3. 17 and 3. 18.

33　Communication for the Commission to the European Parliament, the Council, the European Economic and Social Committee and the Committee of the Regions, “European Disability Strategy 2010-2020: A Renewed Commitment to a Barrier-Free Europe”, COM (2010) 636 final.

行动倡议”的支持。该倡议促进采取行动交流关于包容性教育的良好做法，并传播关于在教育中提供合理便利原则的指导材料。这项倡议包括致力降低辍学率和增加高等教育的参与率，旨在对残疾青年的包容性教育和就业安置计划产生影响。[34]

此外，“教育与培训 2020”（ET 2020）为成员国在教育与培训方面的合作提供了共同的战略目标。在“教育与培训 2020”的背景下，2013 年题为《支持教师的能力发展以获得更好的学习效果》的报告承认，教师需要具备应对多样性和包容性的知识、技能和态度。

最深入的是欧盟打击基于残疾的歧视的法律框架，然而，该框架目前仅限于就业、职业和职业培训领域。[35]

为了在劳动力市场以外实施人与人之间不分宗教信仰、残疾、年龄或性取向的平等待遇原则，2008 年，欧盟委员会提出了一项基于《欧洲共同体条约》第 13 条第 1 款（现为《欧洲联盟运行条约》第 19 条）的欧盟理事会指令的提议。[36] 该提议旨在扩大禁止基于上述理由的歧视的法律框架，并在欧盟范围内为遭受此类歧视的人建立统一的最低保护标准。

该提议涵盖了教育领域，并适当考虑了成员国在这一领域的权限。实际上，在欧盟委员会最初的提议中，关于该法令范围的第 3 条第 3 款规定：“本指令不影响成员国在教学内容、活动和教育系统组织方面的责任，包括提供特殊需要的教育。各成员国可基于宗教或信仰规定进入教育机构方面的不同

34 See European Commission, Working Paper Commission Staff Working Document, “Report on the Implementation of the UN Convention on the Rights of Persons with Disabilities (CRPD) by the European Union”, SWD (2014) 182, final, para. 123. 欧盟还通过欧洲特殊需要和包容性教育署（European Agency for Special Needs and Comprehensive education）促进包容性教育，这是一个由欧盟成员国与冰岛、挪威和瑞士共同设立的独立机构，旨在加强该领域的合作。

35 2000 年 11 月，欧盟理事会第 2000/78/EC 号指令确立了就业和职业平等待遇的一般框架，其中包括职业培训。欧洲法院将后者定义为“为某一特定专业、行业或就业资格做准备或为此类专业、行业或就业提供必要培训和技能的任何形式的教育……即使培训计划包含普通教育的内容”。See ECJ, Case 293/83, *Gravier v. City of Liege*, Judgment of February 13, 1985.

36 Proposal for a Council Directive on implementing the principle of equal treatment between persons irrespective of religion or belief, disability, age or sexual orientation, COM/2008/0426 final—CNS 2008/0140, http://eur-lex.europa.eu/legal-content/GA/TXT/?uri=CELEX:52008PC0426, Accessed October 15, 2015.

待遇。”该条款的措辞受到广泛批评，欧洲议会于 2009 年修订了该条款。[37] 451
然而，由于各代表团意见出现分歧，该指令的范围仍在讨论之中。绝大多数代表团原则上欢迎该指令提议，赞同通过横向处理所有四种歧视理由来完善现有法律框架的宗旨。一些代表团还强调了该提议在执行《残疾人权利公约》方面的重要性。然而，一些代表团在强调打击歧视的重要性的同时，也对欧盟委员会提议的必要性提出疑问，认为该提议侵犯了国家在某些问题上的权限，并与辅助性和相称性原则相冲突。特别是，一些代表团接着质疑将社会保护和教育纳入该指令（第 3 条）范围的做法，并呼吁加强《残疾人权利公约》与该提案之间的兼容性。2015 年，在卢森堡担任欧盟轮值主席国期间，该工作取得一些进展，特别是在指令中与残疾有关的条款方面。[38] 然而，由于一些代表团的反对，还需要进一步的工作才能达成所需的一致意见。

该法令的通过将有助于在国内推行包容性教育制度。实际上，尽管欧盟成员国承诺促进包容性教育，但仍有太多有特殊需要的学习者被安置在隔离机构或得不到充分支助的主流环境中。[39] 残疾人权利委员会在其 2015 年 9 月关于欧盟的结论性意见中强调了这一消极方面，建议“根据《公约》评估现状并采取措施，促进所有残疾学生获得和享受包容性、高质量的教育，并在追求教育目标时将残疾指标纳入欧洲 2020 战略”。[40]

4　第 24 条的规范性内容

如前所述，《残疾人权利公约》是第一个明确提及包容性教育的具有法律约束力的国际文书。实际上，根据第 24 条，包容性教育是使残疾人享有

37　2009 年 4 月 2 日，欧洲议会根据协商程序通过了该意见。在《里斯本条约》于 2009 年 12 月生效后，该提案现在归入《欧洲联盟运行条约》第 19 条的范畴。因此，在得到欧洲议会的同意后，理事会必须取得一致意见。有关对第 3 条的批评的详细信息，见 Cera（2015），第 87 页。

38　http://data.consilium.europa.eu/doc/document/ST-13877-2015-REV-1/en/pdf.

39　See NESSE Network of Experts and European Commission（2012）.

40　见残疾人权利委员会的结论性意见：欧盟，CRPD/C/EU/CO/1，第 61 段。

普遍受教育权的基本手段。[41]

452 《公约》没有界定包容性教育的概念。但残疾人权利委员会将包容性受教育权概括为“一个改变所有教育环境的文化、政策和做法，照顾每个学生的不同需要，并致力消除阻碍这种可能性的障碍的过程。包容性进路涉及加强教育系统接纳所有学生的能力”。[42]

这一进路符合 2005 年联合国教科文组织发布的《包容性教育指南：确保全民教育》。根据该指南，“包容性教育是通过增加对学习、文化和社区的参与，减少教育系统内外的排斥，应对所有学习者的多样化需要的过程。包容性教育以覆盖所有适龄儿童为共识，以常规体制负责教育所有儿童为信念，涉及教育内容、教育途径、教育结构和教育战略的变革和调整……包容性教育涉及查明和消除障碍”。[43]

残疾人权利委员会进一步明确：“包容性受教育权应理解为：（1）所有残疾人的一项基本人权（第 1 条第 2 款）；（2）充分实现受教育权的手段，也是实现其他人权不可或缺的手段；（3）一项原则，即重视所有学生的福祉，尊重他们的固有尊严，承认他们的需求及其为社会作出贡献的能力；（4）持续、积极地致力消除受教育权方面的障碍，同时改变普通学校的文化、政策和做法以接纳所有学生。”[44]

第 24 条第 1 款要求缔约国保障所有残疾人在各级教育接受包容性教育和终生学习。正如德·贝科（de Beco）所言，“《公约》规定包容性教育为原则，特殊教育为例外”，后者仅限于盲、聋或聋盲儿童（第 24 条第 3

453

41 See Arnardóttir (2011), Shaw (2014).

42 关于第 24 条“教育”的第 4 号一般性意见草案，第 9 段，见 http://www.ohchr.org/EN/HRBodies/CRPD/Pages/GCRightEducation.aspx。委员会认为，包容性教育的核心特征是：（1）整体教育环境；（2）“整个人”方针；（3）教师支助；（4）尊重多样性和多样性的价值；（5）友好的学习环境；（6）伙伴认可；（7）监测。与之不同的是，融合是“将残疾人安置在现有主流教育机构中，并要求他们适应这类机构的预设环境的过程”（同上，第 11 段）。关于第 24 条“教育”的第 4 号一般性意见于 2016 年 8 月 26 日通过，见 CRPD/C/GC/4。后者确认了上述包容性教育的定义及其核心特征。本章中所有参考资料都与草案有关，这是撰写本书时唯一可用的文件。关于包容性教育的概念，另见 OHCHR（2013），第 4 段。

43 http://unesdoc.unesco.org/images/0014/001402/140224e.pdf, pp. 13 and 15.

44 见第 4 号一般性意见草案，第 10 段。第 4 号一般性意见（2016）第 10 段确认了该进路。

款）。[45] 根据第 24 条第 1 款，包容性教育致力：（1）充分开发人的潜力，培养自尊自重精神，加强对人权、基本自由和人的多样性的尊重；（2）最充分地发展残疾人的个性、才华和创造力以及智能和体能；（3）使所有残疾人能切实参与一个自由的社会。[46] 联合国人权高专办强调，“第 24 条第 1 款所述的教育目标既非针对残疾，也与残疾无关”。[47] 特别是，第 24 条第 1 款类似于《经济社会文化权利国际公约》所宣称并在《儿童权利公约》中得到反映的基本目标，即开发人的潜力，培养自尊精神（第 24 条还提到“自重”），尊重人权（第 24 条添加了“人的多样性”），最充分地发展人的个性、才华和能力，以及切实参与一个自由的社会。[48]

关于第 24 条第 1 款第 1 项，残疾人权利委员会进一步强调，“包容性教育的核心目标必须是促进对所有人的尊重和重视，并力求建立这样的教育环境，即学习方法、机构文化和课程本身均体现和共享多样性的价值”。[49]

至于第 24 条第 1 款第 2 项，残疾人权利委员会指出：“残疾人教育往往侧重缺陷，根据残疾人的缺陷来界定残疾人，并因对残疾人潜力有先入为主的负面假设而限制他们的机会。根据该款，缔约国必须支持创造机会，发挥每一个残疾人特有的长处和才能。”[50]

在第 24 条第 1 款第 3 项规定的目标范围内，残疾人权利委员会敦促缔约国根据《儿童权利公约》第 23 条向残疾儿童提供帮助，以确保他们能够切实获得教育。这种帮助必须被视为一个高度优先事项，在初级教育阶段应当免费。[51]

为了在国内建立包容性教育体系，缔约国需要采取第 24 条第 2 款至第 5 款所列的一系列措施。正如联合国人权高专办所强调的，这些措施必须作为

45　See de Beco（2014），p. 274.

46　第 24 条提到的是残疾人，而不仅仅是儿童，因为学习是一个终生的过程。该规范还反映了这样一个事实，即并非每个人都在儿童或青少年时期都接受过初等和中等教育。见 Schulze（2009），第 91 页。

47　See OHCHR（2013），para. 19.

48　Ibid.

49　见第 4 号一般性意见草案，第 15 段；第 4 号一般性意见（2016），第 15 段（末句）。

50　上述两个文书的第 16 段。

51　上述两个文书的第 17 段。

454 一个整体而不是分开来考虑。具体而言，根据第2款第1项和第2项，缔约国必须确保“残疾儿童不因残疾而被排拒于免费和义务初等教育或中等教育之外”，[52] 并确保“残疾人可以在自己生活的社区内，在与其他人平等的基础上，获得包容性的优质免费初等教育和中等教育”。因此，不应因残疾儿童的缺陷而剥夺他们受教育的权利，必须一视同仁地给予他们接受包容性的优质免费初等和中等教育的机会。此外，为了履行第2款第2项规定的义务，国家教育系统应当体现前文提到的“4A”，即可获得性、可及性、可接受性和可适配性。[53]

第2款第3项要求缔约国基于个体评估提供合理便利。《残疾人权利公约》第2条界定了“合理便利”的概念，而且根据《公约》，拒绝提供合理便利就构成歧视。[54] 在这方面，应当指出，提供合理便利的义务是立即适用的，而不是逐步实现的。[55] 此外，根据第24条第2款第4项，缔约国必须确保“残疾人在普通教育系统中获得必要的支助，便利他们切实获得教育”，而第2款第5项要求“按照有教无类的包容性目标，在最有利于发展学习和社交能力的环境中，提供适合个人情况的有效支助措施”。鉴于这些规定的起源，德·贝科指出：“‘最有利于发展学习和社交能力的环境’的措辞同样可以被解释为特殊学校，尤其是因为该措辞同样出现在第24条第3款第3项中，该项为盲、聋或聋盲儿童规定了例外。”[56] 他还进一步强调：“尽管存在歧义，但与第24条第3款第3项相比，应更狭义地解读第24条第2款第5项，因为第24条第2款第5项规定必须‘按照有教无类的包容性目标’来提供支助措施。因此，它可能更多地指混合形式的教育而不是特殊教育。”[57]

455 第3款第1项、第2项和第3项涉及残疾人的机会均等，并特别注意有

52 残疾人权利委员会指出，第2款第1项“禁止将残疾人排除在普通教育系统之外，包括禁止任何基于残疾人的残疾或其残疾‘程度’限制其进入普通教育系统的立法或规定，例如‘根据个人潜力’决定是否纳入，或声称构成过重和不应有的负担，以逃避提供合理便利的义务。在这方面，普通教育包括所有常规学习环境和教育部门”。见第4号一般性意见草案，第18段。

53 同上，第19~25段。

54 见本书对第2条“定义”的评注。

55 见下文5.1“合理便利”。

56 See de Beco（2014），p. 282.

57 Ibid.

某种共同形式损伤的人的需要。该规定要求缔约国使残疾人能够获得生活和社交技能，便利他们充分和平等地参与教育和融入社区。其中包括为学习盲文、手语和其他交流手段和方式以及定向和行动技能提供便利。对于聋人，应当根据《公约》第 30 条第 4 款宣传其语言特性。第 24 条第 3 款旨在确保有感官或交流障碍的人不被排除在普通教育系统之外，并确保以适当的语言及交流方式和手段，在“最有利于发展学习和社交能力的环境”中为他们提供教育。如前所述，第 3 款第 3 项是包容性教育的一个例外。实际上，这项规定通常被解释为允许盲、聋或聋盲儿童在特殊学校接受教育。[58]

第 24 条第 4 款要求缔约国采取适当措施，聘用具备在包容性教育环境下教学的必要技能的教师，包括残疾教师，[59] 特别是有资格以手语和（或）盲文教学的教师。此外，必须培训各级教育的专业人员和工作人员，这种培训应当包括对残疾的了解和学习使用适当的辅助和替代性交流方式、手段和模式、教育技巧和材料以协助残疾人。然而，委员会在审查各缔约国的初次报告后发现，许多教师缺乏认识和能力仍然是包容性的重大障碍。为此，委员会敦促各国将残疾问题纳入教师职前培训，以便使所有教师都能获得在学生能力各异的包容性教育环境下开展工作的必要的技能和能力。[60] 最后，第 5 款涉及获得普通高等教育、职业培训、成人教育和终生学习，重申残疾人能够在不受歧视和与其他人平等的基础上，获得这些机会。[61] 这意味着既要达到一般的无障碍要求，也要提供合理便利，以消除妨碍公平获得教育的任何障碍。

包容性教育“被认为是各国保证受教育权普遍性和不歧视的最适当方 456
式”。[62] 残疾人权利委员会在其结论性意见中鼓励各缔约国保障和落实这项权

58　就《残疾人权利公约》第 24 条框架内关于特殊学校的评论。同上，第 284~286 页。

59　残疾人权利委员会要求缔约国对残疾教师的聘用和进修给予支持，这包括消除相关立法或政策障碍，不再要求应聘者达到特定的健康标准，并为他们从事教师工作提供合理便利。委员会认为，残疾教师的存在有助于促进残疾人进入教师行业的平等权利，给教学环境带来特有的专门知识和技能，有助于消除障碍和发挥榜样作用。见第 4 号一般性意见草案，第 36 段；第 4 号一般性意见（2016），第 37 段。

60　见第 4 号一般性意见草案，第 35 段；第 4 号一般性意见（2016）第 35 段的措辞已经改变。

61　见 4.1“高等教育、职业培训、成人教育和终生学习”。

62　OHCHR（2013），para. 3.

利，并提及“可执行的包容性受教育权”。[63] 此外，委员会表达了其更支持主流学校而不是特殊学校的明确立场。[64]

在这方面，英国的解释性声明（声明英国政府理解《残疾人权利公约》允许特殊学校存在）[65] 和毛里求斯共和国对第 24 条的保留（声明该国的包容性教育政策正在与特殊教育一起逐步实施）都为解释第 24 条确立包容性受教育权提供了先例。[66]

4.1 高等教育、职业培训、成人教育和终生学习

如前所述，根据第 24 条第 5 款，缔约国有义务确保残疾人能够在不受歧视和与其他人平等的基础上，获得普通高等教育、职业培训、[67] 成人教育和终生学习，并为此提供合理便利。这一规范旨在确保由于儿童时期缺乏机
457 会或权利而未受教育或受教育程度较低的大量成年残疾人的受教育权，并确认终生学习的重要性。[68]

根据联合国教科文组织的说法，终生学习包括学习的所有环境（正式的、非正式的和非正规的）和人生各个阶段（“从摇篮到坟墓”）。[69] 考虑到世界范围内成年人的比例正在增加，他们能有机会以适合年龄的方式与年轻人平等地学习就显得尤为重要。实际上，成年人接受高等教育对一个国家的社会和经济都有积极的影响。这些方面着实促进了过去 50 年成人高等教育

---

63 残疾人权利委员会的结论性意见：新西兰，CRPD/C/NZL/CO/1，第 50 段。另见受教育权问题特别报告员的报告（2007 年 2 月 19 日），A/HRC/4/29；以及人权理事会，A/HRC/25/L. 30。

64 残疾人权利委员会的结论性意见：阿根廷，CRPD/C/ARG/CO/1，第 38 段；澳大利亚，CRPD/C/AUS/CO/1，第 45 段；中国，CRPD/C/CHN/CO/1，第 36 段；巴拉圭，CRPD/C/PRY/CO/1，第 58 段。

65 该声明称：“关于《公约》第 24 条‘教育’的第 2 款第 1 项、第 2 项：英国政府致力继续发展一种包容性教育体系，使残疾儿童的父母在为子女选择有能力满足其需要的主流学校和工作人员方面，拥有更多的机会。英国的普通教育系统包括主流学校和特殊学校，英国政府认为这是《公约》允许的。”

66 http://www.ohchr.org/Documents/HRBodies/CRPD/DGD/2015/OSF.pdf, Accessed September 30, 2015.

67 在谈判期间，国际劳工组织支持在现行第 24 条中重点讨论职业培训，承认就业技能培训是使残疾人能够获得体面生活的关键。

68 See Chiappetta Cajola (2015).

69 See Yang et al. (2015), p. 7.

参与率的上升。[70]

1997 年，第五届国际成人教育大会通过《汉堡宣言》，确认成人教育“不仅仅是一种权利，它是打开 21 世纪的钥匙。它是人人争当积极公民的结果，也是充分参与社会的条件”（第 2 段）。此外，“未来议程”呼吁从小学到大学的各级正规教育机构向成人学员开放，修订计划并改善学习条件以适应成人学员的需要（第 19 段）。[71] 2000 年 10 月，终生学习、高等教育和积极公民意识大会发布的《关于终生学习的高等教育机构的特征要素的开普敦声明》勾勒出终生学习高等教育机构的轮廓。2009 年联合国教科文组织世界高等教育会议敦促各国对高等教育进行投资，以建设包容和多样的知识社会，促进科研、创新和创造。

此外，联合国教科文组织 1989 年还制定了《技术和职业教育公约》，规定了技术和职业教育与培训的规范框架。国际劳工组织通过的若干法律文书也承认技术和职业教育与培训是一项权利。[72]

对于残疾人，高等教育和职业培训作为确保他们融入社会和工作场所的一种手段，其重要意义在 1993 年联合国《残疾人机会均等标准规则》中得到体现。规则 7（“就业”）建议各国积极支持残疾人参加公开的就业，可以通过各种措施实现这种积极支持，其中就包括职业培训。[73] 此外，规则 6 号召各国确认残疾儿童、青年和成年人应能在混合班环境中享有平等的初级、中级和高级教育机会的原则。

关于具有法律约束力的规则，《儿童权利公约》第 28 条第 1 款第 2 项规定，缔约国应“鼓励发展不同形式的中学教育，包括普通和职业教育”。儿童权利委员会强调，必须确保在男女平等基础上为所有儿童和青少年提供职业培训机会，并优先考虑弱势群体儿童。[74] 458

区域一级也认识到职业培训和高等教育的重要性。在欧洲，欧盟委员会

70 See Osborne et al. (2015), pp. 17 et seqq.

71 http://unesdoc.unesco.org/images/0011/001161/116114eo.pdf.

72 见受教育权问题特别报告员的报告：从受教育权的角度探讨技术和职业教育与培训问题，A/67/310。

73 另见《世界人权宣言》第 26 条第 1 款，其中规定“技术和职业教育应普遍设立”。

74 见受教育权问题特别报告员的报告，第 28 段。

支持成员国提高高等教育培训体系的质量和有效性，确保其可及性。[75] 2002年的《哥本哈根宣言》规定了加强欧洲职业教育和培训（VET）合作的哥本哈根进程的优先事项。[76] 这一进程旨在提高职业教育和培训在欧洲的表现、质量和吸引力，并鼓励在终生学习语境下利用职业培训机会。哥本哈根进程是“教育与培训 2020”（ET 2020）不可或缺的一部分，如前所述，该进程有助于实现“欧洲 2020 战略”中与教育有关的目标。[77] 后者呼吁各成员国实现高等教育现代化，以使其与劳动力市场的需求相适应，并更开放地与企业合作。

5　第 24 条规定的缔约国义务

第 24 条的主要重点是在教育环境中消除基于残疾的歧视，以及在各级教育提供包容性教育和终生学习。为了实现这些目标，缔约国必须发展包容性教育制度，在这种制度下，残疾不应成为人们参与主流教育制度的阻碍。联合国人权高专办指出，《公约》规定了落实这一权利的双管齐下的方法：
459 首先，主流学校不歧视残疾学生，通过合理便利加强这项权利；其次，进行要求逐步实现这项权利的系统转变，并实行打击排斥和隔离的转变计划。[78]

应当指出，受教育权包括在《残疾人权利公约》第 4 条第 2 款规定的缔约国应在其现有资源最大限度内逐步实现的经济、社会和文化权利之中。[79] 然而，逐步实现残疾人受教育权并不意味着要推迟包容性教育。残疾人权利委员会强调，“逐步实现意味着缔约国负有一项明确、持续的义务，必须采

75　见欧盟委员会 1991 年《欧洲共同体高等教育备忘录》和 2000 年《终生学习备忘录》。2000 年《里斯本战略》和 2001 年欧盟委员会《使终生学习在欧洲成为现实》的公报进一步推动了提高成人高等教育参与率的目标。

76　关于哥本哈根进程，见 http://eur-lex.europa.eu/legal-content/EN/TXT/?uri=URISERV:ef0018。

77　See the European Commission's Communication，“Europe 2020-A strategy for smart，sustainable and inclusive growth”.

78　See OHCHR（2013），para. 70.

79　关于在国际人权法和国际贸易法框架内的受教育权，见 Tomasevski（2005）。

取尽可能迅速和切实有效的行动，争取充分实现第 24 条”。[80] 此外，《公约》第 4 条第 2 款不妨碍第 24 条规定的立即适用的义务，委员会从以下方面确认了这些义务：不歧视、提供合理便利、实行免费义务初等教育和实现第 1 款列出的教育目标。[81]

根据残疾人权利委员会的建议，第 24 条要求实行严格的隔离教育制度的国家朝着包容性教育的方向发展，为主流学校划拨必要的财政资源，以实现包容性教育。[82]

残疾人权利委员会表示，通过一项协调一致的战略[83]或计划，[84] 以建立一个充分包容的教育系统，是有效和迅速执行第 24 条的第一步，也是重要的一步。在国内层面，每个国家都必须对教育方案或做法进行全面评估，以 460
便在众多相关方的参与下，更好地确定一条高效而切实的前进道路。[85]

此外，在教育法中规定“不拒绝条款”可理解为源自《残疾人权利公约》第 24 条第 2 款第 1 项规定的不歧视义务的一项责任。[86] “不拒绝条款”的目的是禁止将残疾人排除在主流学校之外，并禁止任何法律法规以残疾为由限制将残疾人纳入主流教育系统，[87] 这符合残疾人权利委员会的建议和尊

80　见第 4 号一般性意见草案，第 40 段；第 4 号一般性意见（2016），第 40 段。另见经济、社会和文化权利委员会第 3 号一般性意见：缔约国义务的性质（1990），E/1991/23，第 9 段。See de Beco（2014），p. 268.

81　见第 4 号一般性意见草案，第 40 段。

82　残疾人权利委员会建议中国“将特殊教育体系中的资源转用于促进主流学校的包容性教育，从而确保更多的残疾儿童可以接受主流教育”（残疾人权利委员会对初次报告的结论性意见：中国，第 36 段）。委员会同样建议阿根廷“制定综合的国家教育政策，保障接受包容性教育的权利，并调拨充足的预算资源以确保逐步建立接纳残疾学生的教育制度”（残疾人权利委员会的结论性意见：阿根廷，第 38 段）。另见残疾人权利委员会的结论性意见：西班牙，CRPD/C/ESP/CO/1，第 9 段。

83　残疾人权利委员会的结论性意见：巴拉圭，第 58 段；比利时，CRPD/C/BEL/CO/1，第 37 段。

84　残疾人权利委员会的结论性意见：厄瓜多尔，CRPD/C/ECU/CO/1，第 37（a）段；德国，CRPD/C/DEU/CO/1，第 46 段。

85　See International Disability Alliance（IDA）submission on inclusive education，Day of General Discussion on the Right to Education，CRPD Committee，13th session，April 15，2015，p. 5.

86　See OHCHR（2013），para. 26.

87　残疾人权利委员会建议克罗地亚确立排他和隔绝式教育是歧视性做法的原则（对初次报告的结论性意见：克罗地亚，CRPD/C/HRV/CO/1，第 36 段）。

重义务。[88]

考虑到《公约》所载各项人权都是不可分割的和相互依存的，残疾人权利委员会强调，只有落实了某些其他权利才能在真正意义上实现包容性受教育权。具体而言，委员会指出，来源于第24条的义务与《公约》其他实质性条款如第3条、第6条、第7条、第8条、第9条、第12条、第16条、第19条、第21条、第25条、第26条、第27条、第29条、第30条和第32条所规定的义务有着紧密联系。[89]

5.1 合理便利

第24条第2款第3项提供合理便利的规定加强了教育领域的不歧视义务，这也符合《残疾人权利公约》第5条第3款。[90] 应当指出，一些国家甚至在批准《公约》之前就已将这一概念纳入国内法。[91]

461 关于第24条第2款第3项下的义务，残疾人权利委员会重申，“拒绝提供合理便利构成歧视”，[92] 而提供合理便利的责任“是立即适用而不是逐步实现的”。[93] 委员会还进一步强调，“提供合理便利的责任是一种事后责任。这意味着，从面临障碍的个人在特定情况下（例如在学校）需要这种便利以便在特定背景下平等享有自己的权利的那一时刻起，就应该履行这项责

88 在这方面，缔约国同样负有尊重、保护和实现的义务。尊重义务要求缔约国避免采取任何妨碍或阻止享有受教育权的措施，例如以残疾为由将某些儿童排除在教育之外的立法。保护义务要求缔约国采取措施，防止第三方干扰受教育权的享有。最后，实现义务要求缔约国采取平权行动措施，使残疾人能够享受并便利享受这项权利（例如无障碍学校）。

89 见第4号一般性意见草案，第41~58段；第4号一般性意见（2016），第42~57段。

90 见本书对第5条“平等和不歧视”的评注。另见经济、社会和文化权利委员会第20号一般性意见：经济、社会和文化权利方面不歧视（2009年），E/C.12/GC/20，第28段。See de Beco（2014），pp. 278 et seqq.

91 见经济和社会事务部编写的背景会议文件《部分国家残疾人立法中的合理便利概念》，http://www.un.org/esa/socdev/enable/rights/ahc7bkgrndra.htm.，最后访问日期：2015年9月30日。该文件详述了各国用以表达便利的类型所使用的各种措辞，例如，合理便利；合理调整、调适或采取措施；有效或切合的修改。

92 残疾人权利委员会的结论性意见：西班牙，第44段；匈牙利，CRPD/C/HUN/CO/1，第41段。

93 残疾人权利委员会的结论性意见：西班牙，第44段。第4号一般性意见草案，第30段。

任”。[94] 这项措施的目的是确保残疾人在与他人平等的基础上接受现行制度下的教育，包括高等教育。的确，如前所述，拒绝提供合理便利构成基于残疾的歧视。[95] 此外，利害相关者无须为所提供的合理便利承担费用。[96]

残疾人权利委员会担心在普通学校入学的残疾学生由于缺乏合理便利而受到不合格的教育，建议澳大利亚“加紧努力，提供教育方面必要质量的合理便利”。[97] 同样，关于比利时，委员会关切的是，由于主流教育体系中缺乏合理便利，许多残疾学生被迫进入特殊学校学习。因此，委员会请该缔约国为主流教育体系中的残疾儿童实施一项连贯的包容性教育战略，并确保提供适当的财政、物力和人力资源。委员会还进一步建议该缔约国确保残疾儿童得到所需教育支助，特别是无障碍学校环境、合理便利、个人学习计划及其他支助措施。[98] 不过，在澄清合理便利义务方面，委员会在关于德国的结论 462
性意见中又向前迈进了一步，建议该缔约国“确保在各级教育中提供合理便利，此种便利可通过法律加以执行，可通过法院得到裁决”。[99]

在教育领域，提供合理便利需要所有利益相关方的参与，例如教育提供者、残疾学生（考虑到学生的年龄，可酌情由父母和/或家庭成员代理），以确保便利符合学生的需求且教育机构能够提供这些便利。合理便利是个性化的措施，不能“一刀切”，因为每个人所需要的便利不尽相同。便利可以包括：改变上课地点；提供不同的课堂交流形式；放大印刷品或提供盲文格式的课堂材料；为学生提供笔记员；允许学生在学习和考试中使用辅助技术，

---

94 见第 4 号一般性意见草案，第 28 段。

95 See OHCHR (2013), para. 41. 另见残疾人权利委员会的结论性意见：匈牙利，第 15 段、第 16 段；西班牙，第 20 段；突尼斯，CRPD/C/TUN/CO/1，第 13 段。

96 残疾人权利委员会的结论性意见：西班牙，第 44 段。

97 残疾人权利委员会的结论性意见：澳大利亚，CRPD/C/AUS/CO/1，第 46 段。与教育和其他领域相联系的合理便利的概念也得到了其他条约机构的认可。见消除对妇女歧视委员会的结论性意见：匈牙利，CEDAW/C/HUN/CO/7-8，第 29（c）段；经济、社会和文化权利委员会的结论性意见：摩尔多瓦，E/C.12/MDA/CO/2，第 7 段；喀麦隆，E/C.12/CMR/CO/2-3，第 11 段；日本，E/C.12/JPN/CO/3，第 12 段；新西兰，E/C.12/NZL/CO/3，第 13 段。

98 残疾人权利委员会结论性意见：比利时，CRPD/C/BEL/CO/1，第 36~37 段。另见残疾人权利委员会对克罗地亚初次报告的结论性意见。委员会建议缔约国立即采取措施，确保所有残疾人都能获得包容性的优质小学、中学和高等教育，并在主流教育系统中提供合理便利。

99 见残疾人权利委员会的结论性意见：德国，第 46 段第 3 项。

或允许在私人房间参加考试。

必须定期讨论和重新评估合理便利，以确保其得到有效实施。为此，一些国家每年都会制订针对残疾学生的个性化教育计划（IEPs）。每年年初，个性化教育计划会大体列出学生将在学校获得的合理便利。

这可能会产生一个问题，即一项便利怎样才属“合理”。这一点必须具体情况具体分析。然而，根据《残疾人权利公约》第2条所载的定义，一项便利只要不造成过度或不当负担，就是合理的。[100] 这意味着，评估一项措施的财务成本，必须从中扣除作为补偿而获得的捐助和利益的净额，包括为采取措施的缔约国以外的其他方带来的好处。[101]

联合国人权高专办将“合理性”定义为“客观检验的结果，其中包括对资源的可用性、便利的相关性以及反歧视的预期目标进行的分析”。[102] 实际上，考虑提供合理便利的义务必须参考国家在机会均等的基础上无歧视地发
463 展包容性教育体系的总体义务。正如残疾人权利委员会指出的那样，缔约国以资源不足和成本太高为由逃避这一义务是不可接受的。[103]

5.2 支助措施

为了确保建立包容性教育制度并确保残疾人切实获得教育，根据第24条第2款第4项和第5项，缔约国有义务提供必要的支助。[104] 正如所强调的那样，“支助措施补充了合理便利，并为残疾人的受教育权增加了一个人权维度”。[105]

支助可以表现为不同的方式，但始终应考虑个人需要。一般性支助措施

---

100 见本书对第2条“定义”的评注。

101 See Cera（2015），pp. 91 et seqq. 国际残疾人联盟（IDA）指出，“在分析一项措施的财务成本以确定其是否构成不成比例的负担时，所考虑的资源应该是国家的整体资源，而不应局限于基层政府。应当禁止各国将自己的行政区域划分为尽可能多的分区，每个分区都有自己有限的预算，以便通过声称该分区因资源有限而承担了不成比例的负担，从而逃避实现包容性教育和提供合理便利的义务”。见国际残疾人联盟就包容性教育提交的意见书，第7页。

102 See OHCHR（2013），para. 43.

103 见第4号一般性意见草案，第28段。

104 意大利宪法法院在2010年2月22日第80号判决中援引了在包容性受教育权下获得个性化支助的权利。

105 关于支助措施与合理便利之间的关系，见 de Beco（2014），第280页、第283~284页。

可以通过在教室里配备一名教师助理或副手来提供，该助理或副手不是为任何特定的学生指定的，其存在能使所有学生受益。相反，个性化支助措施则针对特定学生，例如提供辅助设备、支持人员或其充分参与课堂所需的其他无障碍措施。

有些教育制度在包容性政策中采用“通用设计学习”（UDL）概念来解决结构性支助和个人支助问题。[106] 但是，上文提到的个性化教育计划（IEPs）也是一种有效手段，能使每个学生在考虑其个人能力的情况下，在充分支助下自主生活、学习和行动。通过个性化教育计划，残疾人可以获得许多支助措施，例如支助器具、特殊的学习辅助设备、辅助技术和信息技术，以及特殊教育程序的运用。[107] 这其中最重要的措施之一是使用学习支持助手，学生可以共享，也可以一对一使用。根据第 24 条第 2 款第 4 项规定的义务，支助措施应以适足的公共资源维持，即使是在财政限制的情况下也应如此。[108]

5.3　教育环境、材料和方式的无障碍 464

在无障碍方面，第 24 条与《残疾人权利公约》第 9 条（无障碍）、第 21 条（表达意见的自由和获得信息的机会）和第 30 条（参与文化生活、娱乐、休闲和体育活动）密切相关，它们相辅相成。要协调推进一般无障碍计划和包容性教育计划，发展包容性教育制度。[109]

残疾人权利委员会在第 2 号一般性意见中强调，必须实现包容性教育全过程的无障碍。[110] 学校的无障碍环境应包括以下内容：用本国手语、盲文、可供选择的文本，以及交流和培训的补充和替代模式、方法、格式，推动和

---

[106] See OHCHR（2013），para. 46. “通用设计学习”是一套原则，为教师提供一个能创造适应性学习环境和发展教学的结构，以满足所有学习者的不同需求。按此方式，通用设计学习通过设计满足所有学习者学习需求的课程来确保学习障碍最小化。

[107] 残疾人权利委员会鼓励缔约国制订个性化教育计划，确定每个学生需要的具体支助（见第 4 号一般性意见草案，第 32 段）。

[108] 关于在此方面的一些最佳做法，见 OHCHR（2013），第 49 段。

[109] 《2010～2020 年欧洲残疾问题战略》鼓励将无障碍和“面向所有人的设计”（design for all）纳入相关专业人员的教育课程和培训。

[110] 残疾人权利委员会第 2 号一般性意见：无障碍（2014 年 4 月 11 日），CRPD/C/GC/2，第 39 段。

实施学校课程内容，尤其注意适合盲、聋和盲聋学生交流的语言、方式和方法；[111] 教师职前和在职教育培训的无障碍课程和资料，确保残疾教师的融合，辅助用具和无障碍的信息通信技术（ICTs）；[112] 学校环境的无障碍，包括通用设计建筑的应用，[113] 设备、操场、图书馆、娱乐和运动场所、食堂、厕所，往返学校和远足的交通工具。[114]

此外，残疾学生应可选择在双语或多语种学校中在母语教师教学下学
465 习，并在尊重其不断发展的能力和身份的手语学习环境中受益。

应当回顾的是，一些国家剥夺了残疾人获得信息和文化、文学及艺术作品的权利，因为其版权法阻碍了残疾人以无障碍和替代形式获得此类作品。但是，根据《马拉喀什条约》、[115] 残疾人权利委员会[116]和儿童权利委员会的建议[117]

---

111 残疾人权利委员会的结论性意见：墨西哥，CRPD/C/MEX/CO/1，第 48（c）段，强调了使用盲文和手语以确保盲人、聋人和重听人获得无障碍服务，并强调了在这些领域以及在其他交流方式和方法中进行教师培训的至关重要性。残疾人权利委员会表示关切的是，许多缔约国未能为感官残疾儿童作出适当的安排，以便他们获得在所在社区接受教育所必需的生活和社交技能，这就要求缔约国履行第 24 条第 3 款规定的义务（见第 4 号一般性意见草案，第 34 段）。

112 残疾人权利委员会强调，需要开发无障碍教学材料和方法，并向残疾学生提供使用新技术和互联网的机会。见残疾人权利委员会的结论性意见：阿塞拜疆，CRPD/C/AZECO/1，第 41（a）段；比利时，第 37 段；萨尔瓦多，CRPD/C/SLV/CO/1，第 50（c）段；韩国，CRPD/C/KOR/CO/1，第 46（b）段。在关于厄瓜多尔的结论性意见中，委员会强调尤其要在大学内部留出足够的空间，见 CRPD/C/ECU/CO/1，第 37（d）段。

113 所有新的物品、基础设施、设备、货物、产品和服务的设计都必须按照通用设计的原则对残疾人实现充分的无障碍化，包括建造新建筑物和对现有建筑物进行翻新。见残疾人权利委员会第 2 号一般性意见，第 24 段。

114 See IDA submission on inclusive education，p. 9.

115 2013 年 6 月 17~28 日在摩洛哥马拉喀什举行的世界知识产权组织外交会议通过了《关于为盲人、视力障碍者或其他印刷品阅读障碍者获得已出版作品提供便利的马拉喀什条约》。该条约于 2016 年 9 月 30 日生效，要求各国规定版权例外，以确保盲人、视力障碍者或其他印刷品阅读障碍者可以获得以任何媒介提供的出版作品。

116 残疾人权利委员会敦促各国批准和执行《马拉喀什条约》。见残疾人权利委员会的结论性意见：阿塞拜疆，第 47 段；比利时，第 41 段；哥斯达黎加，CRPD/C/CRI/CO/1，第 63 段；丹麦，CRPD/C/DEN/CO/1，第 63 段；新西兰，CRPD/C/NZL/CO/1，第 66 段；韩国，第 58 段；厄瓜多尔，第 49 段；墨西哥，第 58 段；瑞典，CRPD/C/SWE/CO/1，第 54 段。

117 在多项一般性意见中，儿童权利委员会呼吁各国为有视障或其他障碍的儿童确立版权例外。见儿童权利委员会第 16 号一般性意见：关于商业部门对儿童权利影响的国家义务，CRC/C/GC/16，第 58 段；第 17 号一般性意见：关于儿童享有休息和闲暇、从事游戏和娱乐活动、参加文化生活和艺术活动的权利，CRC/C/GC/17，第 22 段。

以及国家层面的良好做法，[118] 确立版权例外得到世界范围内越来越多的支持。消除障碍和确保获得各种文化、文学和艺术作品应被视为实施第 24 条规定的包容性教育而固有的义务。

儿童权利委员会在其关于儿童游戏权的第 17 号一般性意见中，阐述了休息和闲暇、娱乐活动、文化生活和艺术活动对儿童福祉和发展至关重要的作用。该委员会已经认识到游戏在儿童教育发展中的重要性，认为它是儿童学习的重要手段。[119] 特别是，该委员会确认包容性教育和包容性游戏相辅相成，并呼吁对游戏环境采用通用和包容性设计，包括学校。[120]

6　第 24 条在国家层面的执行 466

2015 年，联合国教科文组织公布了关于《禁止教育歧视公约》及其建议书执行情况的第八次成员国磋商的结果，重点关注了残疾人的受教育权。[121]

磋商显示，若干国家加强了其法律框架，禁止在教育领域基于残疾的歧视，并采取了具体措施，使其教育系统更加包容残疾人。[122] 所有提交报告的国家都存在一个载有受教育权（尽管并非都是包容性教育）以及不歧视原则的宪法或法律框架。此外，许多国家的宪法或相关立法明确禁止基于残疾的歧视。联合国教科文组织认为，这是一个积极的进展，加强了反歧视的法律框架。

实际上，国内法及充足的公共资源，还通过根据《残疾人权利公约》第 24 条采取的积极和特别措施，在确保平等接受教育方面发挥着关键作用。在

118　不少国家已在其国内立法中引入版权例外。如 1996 年修订的《美国版权法》第 121 条第 1 款，17 U. S. Code § 121；1997 年修订的《加拿大版权法》第 32 条；欧盟，2001 年关于协调信息社会中版权及相关权利若干方面的第 2001/29/EC 号指令第 5 条第 3 款第（2）项；巴西，1998 年第 9.610 号法律第 46 条；尼加拉瓜，1999 年版权法第 34 条；巴拉圭，1998 年第 1328/98 号法律第 39 条；萨尔瓦多，1993 年《促进和保护知识产权法》第 44 条；巴拿马，1994 年第 15 号法律第 17 条；多米尼加，2000 年第 65 号法律第 44 条。

119　儿童权利委员会第 17 号一般性意见，第 23 段、第 27 段。

120　儿童权利委员会第 17 号一般性意见，第 58（e）（g）段。

121　See UNESCO（2015）. 59 个成员国参加了这次磋商，向教科文组织提交了国家报告，其中 80% 的国家报告了为残疾人采取的措施。

122　关于 54 个英联邦国家执行第 24 条的国家实践，见 Rieser（2012）。

这方面，加拿大的做法良好，其教育和人权法涉及提供合理便利以满足残疾人的需要。此外，卢森堡在 2011 年通过了一项关于有特殊教育需要的学生获得教育和职业资格的法律。根据这项法律，需提供合理便利的事项可能涉及课堂教学、课堂内外分配给学生的作业、课堂测试、评估和期末考试。[123]

各国在其报告中还强调，它们采取了为残疾人提供更多教育机会的政策和战略。巴林、爱沙尼亚、法国、格鲁吉亚、德国、伊拉克、摩洛哥、瑙鲁、新西兰、波兰、塞尔维亚和斯里兰卡等国家都在努力将有特殊需要的学生纳入正规学校系统。这些政策旨在确保包容性的学习环境，并鼓励残疾人进入主流学校。[124] 另一个相关方面是，一些国家（法国、伊拉克、拉脱维亚、毛里求斯和摩洛哥）采取了广泛的措施，通过消除阻碍残疾人享有受教育权利的物理障碍，促进教育的可及性。一些国家（特别是阿根廷、亚美尼亚、澳大利亚、捷克和毛里求斯）扩大了受教育的机会，为残疾学生提供免费的特殊教科书、学
467 习用品和不同形式的经济支持，如住房和交通补助、学生助学金和贷款。[125]

应当指出的是，尽管有这些积极的方面，但《公约》的许多缔约国，包括一些欧盟成员国，在按照《公约》第 24 条发展包容性教育制度方面仍存在困难。[126] 在过去几年里，由于教育系统预算削减和缺乏训练有素的特殊教师，意大利的主流学校在确保所有学习者接受包容性教育方面也面临着困难。[127] 实际上，一些残疾儿童的家长已向法院提出申诉，要求承认对其子女的教学支助。[128] 甚至意大利宪法法院也对此事作出裁决，称学校融合是宪法

---

123 See UNESCO（2015），pp. 13 and 71.

124 See UNESCO（2015），p. 13.

125 Ibid.，pp. 14-15.

126 See Cera（2015），pp. 96 et seqq. 关于第 24 条在欧盟成员国的执行情况，见 European Agency for Fundamental Rights（2015），第 12 页及以下 。

127 See UNESCO，UNICEF（2015）.

128 意大利自 20 世纪 70 年代以来制定了支持所有残疾儿童接受包容性教育的立法（见第 118/71 号、第 517/77 号和第 104/92 号法律）。关于学校改革的第 107/2015 号法律预见了具体的培训过程和单独的支助教师职业，以及将关于残疾学生的包容性战略的强制性培训纳入课程教师的课程，以提高残疾学生教育的质量和连续性。在 2014 年，残疾人组织（DPOs）推动了关于残疾学生的包容性教育和其他特殊教育需求的第 2444 号法案。该法案已提交众议院，但截至 2016 年 2 月，该法案尚未获得通过。意大利的包容性教育制度是世界公认的最先进的教育制度之一。See Kanter et al.（2014）；Cera（2015），pp. 102 et seqq.

保障的残疾学生的权利。这项权利也通过特殊教师得到保障，他们为每个人的“真实需要”提供充分支助。[129] 此外，该法院认为，教学支助必须始终被给予，而不能根据预算限制来确定。[130]

残疾人权利委员会根据监测实践，确认了缔约国执行第 24 条面临的一些持续挑战。因此，为了落实和维持一个针对所有残疾人的包容性教育制度，委员会建议在国家层面采取一系列措施。这些措施包括：（1）在所有相关部委（教育、财政、卫生、交通、规划、社会福利和儿童保护）的参与下，确保整个政府全面和跨部门地致力于包容性教育；（2）颁布立法，禁止基于残疾的歧视，包括建立质疑侵权行为的无障碍机制；（3）在教育部门计划的支持下，采用一个全面、协调的包容性教育立法框架，详细说明实施包容性教育制度的进程；（4）建立有效、无障碍、安全和可强制执行的投诉机制，应对受教育权遭到侵犯的情况；（5）实施一个计划周密、有条理的残疾人去机构化安置进程，因为包容性教育与长期机构化是矛盾的。[131] 468

此外，委员会还提请各国注意对残疾儿童幼儿时期的干预措施，这有助于加强他们受益于教育的能力，提高入学率和在校率。另外，收集适当的分类数据以帮助缔约国根据第 24 条制定政策也是至关重要的。因此，委员会要求缔约国采取措施，解决缺乏不同类型障碍者人数的准确数据的问题，也要解决关于入学、在校和升学情况以及妨碍残疾人获得优质教育的障碍的高质量研究和数据不足的问题。[132]

委员会强调的另一点涉及分配充足的财力和人力以支持实施包容性教育制度，建议缔约国建立符合《公约》第 24 条的为包容性教育环境划拨资源、提供激励的供资模式。

129　See Judgment of the Italian Constitutional Court No. 80 of February 22, 2010, “Gazzetta Ufficiale, I Serie Speciale”, No. 9 of March 3, 2010.

130　关于意大利教育资源的减少及其对残疾儿童教学支助的负面影响，见 European Parliament, Directorate General for Internal Policies, Policy Department C: Citizens’ Rights and Constitutional Affairs (2013), pp. 40-41。

131　见第 4 号一般性意见草案，第 59 段及其后；第 4 号一般性意见（2016），第 57 段及其后。

132　第 4 号一般性意见草案，第 68 段、第 69 段。

相关案例

Canadian Supreme Court 06. 02. 1997, Case No. 24668, *Eaton v. Brant County Board of Education*, [1997] 1 SCR 241.

ECJ 13. 02. 1985, Case 293/83, *Gravier v. City of Liege*, ECR 593.

Italian Constitutional Court 22. 02. 2010, Judgment No. 80, Gazzetta Ufficiale (I Serie speciale) No. 9 of 03. 03. 2010.

参考文献

Arnardóttir OM (2011) The right to inclusive education for children with disabilities-innovations in the CRPD, In: Eide A, Möller J, Ziemele I (eds) Making peoples heard. Essays on Human rights in honour of Gudmundur Alfredsson, Martinus Nijhoff Publishers/Brill, Leiden/Boston, pp. 197-227.

Beiter KD (2005) The protection of the right to education by international Law, Martinus Nijhoff Publishers/Brill, Leiden/Boston.

Cera R (2015) National legislations on inclusive education and special educational needs of people with autism in the perspective of Article 24 of the CRPD, In: Della Fina V, Cera R
469 (eds) Protecting the rights of people with autism in the fields of education and employment: international, European and national perspectives, Springer, Cham/Heidelberg/New York/Dordrecht/London, pp. 79-108.

Chiappetta Cajola L (2015) Tertiary education, vocational training and lifelong learning for adults with autism: comparing domestic laws and best practices, In: Della Fina V, Cera R (eds) Protecting the rights of people with autism in the fields of education and employment: international, European and national perspectives, Springer, Cham/Heidelberg/New York/Dordrecht/London, pp. 109-143.

de Beco G (2014) The right to inclusive education according to Article 24 of the UN Convention on the rights of persons with disabilities: background, requirements and (remaining) questions, Neth Q Hum Rights 32 (3): 263-287.

European Agency for Fundamental Rights (2015) Implementation of the Convention on the rights of persons with disabilities (CRPD). An overview of legal reforms in EU Member States. FRA Focus 05/2015, Available via http://fra.europa.eu/en/publication/2015/implementing-un-crpd-overview-legal-reforms-eu-member-states, Accessed 30 Oct 2015.

European Parliament, Directorate General for Internal Policies, Policy Department C: Citizens' Rights and Constitutional Affairs (2013) Country Report on Italy for the study on Member States' policies for children with disabilities, European Union, Brussels, Available at: http://www.europarl.europa.eu/studies, Accessed 30 Oct 2015.

Kanter AS, Damiani ML, Ferri BA (2014) The right to inclusive education under international law: following Italy's lead, J Int Spec Needs Educ 17 (1): 21-32, doi: 10.9782/2159-4341.

Miles S, Singal N (2010) The education for all and inclusive education debate: conflict, contradiction or opportunity? Int J Incl Educ, doi: 10.1080/13603110802265125.

Mitchell D (ed) (2005) Contextualising inclusive education: evaluating old and new international perspectives, Routledge, Abingdon/London.

NESSE Network of Experts and European Commission (2012) Education and Disability/Special Needs-policies and practices in education, training and employment for students with disabilities and special educational needs in the EU, http://www.nesse.fr/nesse/activities/reports/activities/reports/disability-special-needs-1, Accessed 30 Sept 2015.

OHCHR (2013) Thematic study on the right of persons with disabilities to education, Available via http://www.ohchr.org/EN/Issues/Disability/Pages/ThematicStudies.aspx, Accessed 30 Oct 2015.

Osborne M, Rimmer R, Houston M (2015) Adult access to higher education: an international overview, In: Yang J, Schneller C, Roche S (eds) The role of higher education in promoting lifelong learning, UNESCO Institute for Lifelong Learning (UIL), Hamburg, pp. 17-39.

Parkes A (2013) Children and international human rights law: the right of the child to be heard, Routledge, Abingdon/Oxon/New York.

Rieser R (2012) Implementing inclusive education: a commonwealth guide to implementing Article 24 of the UN Convention on the rights of persons with disabilities, 2nd edn,

Charlsworth Press, London.

Schulze M (2009) Understanding the UN Convention on the rights of persons with disabilities, http://www.handicapinternational.fr/fileadmin/documents/publications/HICRPDManualpdf, Accessed 30 Jan 2015.

Shaw B (2014) Inclusion or choice? Securing the right to inclusive education for all, In: Sabatello M, Schulze M (eds) Human rights and disability advocacy, University of Pennsylvania Press, Philadelphia, pp. 60-68.

Shoonheim J, Ruebain D (2005) Reflections on inclusion and accommodation in childhood education: from international standard setting to national implementation, In: Lawson A, Gooding C (eds) Disability rights in Europe: from theory to practice, Hart Publishing, Oxford/Portland, pp. 163-185.

Tomasevski K (2005) Globalizing what: education as a human right or as a traded service? Indian Glob Leg Issues 12 (1): 1-78.

UNESCO (2015) The right to education for persons with disabilities, Overview of the measures supporting the right to education for persons with disabilities reported on by Member States. UNESCO, Paris, http://unesdoc.unesco.org/images/0023/002325/232592e.pdf, Accessed 15 Oct 2015.

470 UNESCO, UNICEF (2015) Fixing the broken promise of education for all, http://www.unicef.org/education/files/allinschool.org_wp-content_uploads_2015_01_Fixing-the-Broken-Promise-of-Education-For-All-full-report.pdf, Accessed 20 Sept 2015.

World Health Organization, The World Bank (2011) World report on disability, WHO Press, Geneva.

Yang J, Schneller C, Roche S (eds) (2015) The role of higher education in promoting lifelong learning, UNESCO Institute for Lifelong Learning (UIL), Hamburg.

第25条　健康 471

伊利亚·理查德·帕沃内

缔约国确认，残疾人有权享有可达到的最高健康标准，不受基于残疾的歧视。缔约国应当采取一切适当措施，确保残疾人获得考虑到性别因素的医疗卫生服务，包括与健康有关的康复服务。缔约国尤其应当：

（一）向残疾人提供其他人享有的，在范围、质量和标准方面相同的免费或费用低廉的医疗保健服务和方案，包括在性健康和生殖健康及全民公共卫生方案方面；

（二）向残疾人提供残疾特需医疗卫生服务，包括酌情提供早期诊断和干预，并提供旨在尽量减轻残疾和预防残疾恶化的服务，包括向儿童和老年人提供这些服务；

（三）尽量就近在残疾人所在社区，包括在农村地区，提供这些医疗卫生服务；

（四）要求医护人员，包括在征得残疾人自由表示的知情同意基础上，向残疾人提供在质量上与其他人所得相同的护理，特别是通过提供培训和颁布公共和私营医疗保健服务职业道德标准，提高对残疾人人权、尊严、自主和需要的认识；

（五）在提供医疗保险和国家法律允许的人寿保险方面禁止歧视残疾人，这些保险应当以公平合理的方式提供；

（六）防止基于残疾而歧视性地拒绝提供医疗保健或医疗卫生服务，或拒绝提供食物和液体。

472 目　次

1　国际范围内的健康权

《残疾人权利公约》[1] 是 21 世纪通过的第一项联合国人权条约。[2]《公约》的宗旨是"促进、保护和确保所有残疾人充分和平等地享有一切人权和基本自由，并促进对残疾人固有尊严的尊重"（第 1 条），[3] 标志着对待残疾的进路的一个转折点。实际上，自通过以来，它在促进和保护残疾人权利方面发挥了先锋作用，并在欧盟[4]和国内层面推动了法律变革。

健康问题被广泛认为是造成损伤、限制活动和参与的主要原因。尤其是，残疾如今是一个公共卫生问题，因为正如《世界残疾报告》所强调的那样，残疾人在获得医疗和相关服务方面面临着严重障碍。[5]

《公约》第 25 条承认健康权，将其作为平等原则加以示范，因为它规定向残疾人提供其他人享有的，在范围、质量和标准方面同等的医疗保健服务和方案，并确保所提供的医疗卫生服务适应残疾的具体形式。平等和不歧视

1　《残疾人权利公约》于 2006 年 12 月 13 日通过，并于 2008 年 5 月 8 日与其任择议定书一起生效。

2　关于《公约》的一般情况，见 Marchisio et al.（2010）。

3　见本书对第 1 条"宗旨"的评注。

4　欧盟作为《残疾人权利公约》第 44 条所指的区域一体化组织，自 2011 年以来一直是《公约》的缔约方。

5　世界卫生组织和世界银行于 2011 年联合发布了《世界残疾报告》（World report on disability），见 http://whqlibdoc.who.int/publications/2011/9789240685215_eng.pdf?ua=1。

的一般原则被确立为《公约》的基础，在适用于健康权时转化为各国的具体义务。[6]

人人享有“可达到的最高身心健康标准”（最新和最完整的表述）的权利在国际、欧洲和国内各层面都得到广泛承认。健康权可归入经济、社会和文化权利范畴，为实现该权利，《公约》第 25 条对缔约国规定了积极义务。另外，为实现经济、社会和文化权利，《公约》要求每个缔约国“尽量利用现有资源并于必要时在国际合作框架内采取措施，以期逐步充分实现这些权利”（第 4 条第 2 款）。 473

《世界卫生组织章程》首次在国际层面承认健康权是一项基本人权，[7] 该法规定，“享有可达到的最高健康标准是每个人的基本权利之一”（序言）。《世界卫生组织组织法》还申明，“健康是一种身体、精神和社会较好融合的完美状态，而不仅仅是没有疾病、体弱”。1948 年《世界人权宣言》也有类似的表述（第 25 条）。[8] 尽管明确肯定享有这一权利的最终目标应该是个人的“健康和福祉”，但《世界人权宣言》的侧重点是“适足生活水准”的概念。因此，健康权与其他人权（如住房、社会保障以及医疗保健本身）是不可分割、相互关联、相互依存的。

随着时间的推移，若干国际和区域人权条约的表述都重申了健康是一项人权。[9]《经济社会文化权利国际公约》对这项权利的内容作了更为精确的界定，即为了实现健康权，各国必须“减低婴儿死亡率，确保儿童得到健康的发育；改善环境卫生和工业卫生；预防、治疗和控制传染病、风土病、职业病以及其他的疾病；创造保证人人能享有医疗保健服务的条件”

6　Arnardóttir and Quinn（2009），p. 17.

7　《世界卫生组织组织法》由 1946 年 6 月 19 日至 7 月 22 日在纽约举行的国际卫生大会通过，1946 年 7 月 22 日签署，1948 年 4 月 7 日生效。

8　《世界人权宣言》第 25 条第 1 款规定：“人人有权享受其本人及其家属康乐所需之生活程度，举凡衣、食、住、医药及必要之社会服务均包括在内；且于失业、患病、残废、寡居、衰老或因不可抗力之事故致有他种丧失生活能力之情形时，有权享受保障。”

9　例如，健康权载于 1965 年《消除一切形成种族歧视国际公约》（第 5 条）、1966 年《经济社会文化权利国际公约》（第 12 条第 1 款）、1979 年《消除对妇女一切形式歧视公约》（第 12 条第 1 款）、1989 年《儿童权利公约》（第 24 条第 1 款）等专门条约。

（第 12 条）。[10]

474 就区域人权保护制度而言，健康权已得到相关法律文书的承认，如 1996 年《欧洲社会宪章》（第 11 条）、1981 年《非洲人权和人民权利宪章》（第 16 条）、1988 年《美洲人权公约关于经济、社会和文化权利的附加议定书》（第 10 条）、1997 年《在生物学和医学应用方面保护人权和人类尊严公约》（以下简称《人权和生物医学公约》）（第 3 条）。《人权和生物医学公约》关于"公平获得医疗保健服务"的第 3 条特别规定："在考虑健康需要和可获得资源的基础之上，缔约国应采取适当措施，以期在其管辖范围内提供可公平获得的适当质量的医疗保健服务。"《公约》的解释性报告进一步说明了在健康语境下不歧视原则的内容，申明"必须公平地获得医疗保健服务。在这方面，'公平'首先意味着不存在不正当歧视。公平获得虽然不等同于绝对平等，但意味着有效地获得令人满意的保健程度"（第 25 段）。

在世界医学协会（WMA）框架内通过的几项不具法律约束力的国际文书也承认了健康权，例如在 1978 年的《阿拉木图宣言》中，各国承诺逐步发展全面的医疗保健系统，以确保有效和公平地分配用于维持健康的资源。各国重申其保障本国人民健康的责任，而只有通过提供适足的医疗卫生服务并采取多项社会措施才能履行这一责任。[11]

2 "享有可达到的最高健康标准"

鉴于有关健康权的正确含义存在不确定性，尤其是在确定各国在这一领域的确切义务方面，经济、社会和文化权利委员会于 2000 年通过了题为"享有可达到的最高健康标准的权利"的一般性意见。[12] 在这方面，经济、社会和文化权利委员会强调了"享有可达到的最高健康标准的权利"的确切

---

10 Alston（1994），p. 69.

11 See Buchanan（1984）.

12 经济、社会和文化权利委员会第 14 号一般性意见：享有可达到的最高健康标准的权利（2000 年，第 22 届会议），E/C. 12/2000/4。

内容，提出了健康权所产生的核心义务清单。该一般性意见指出，健康权不仅包括及时和适当的卫生保健，而且也包括“决定健康的基本因素”，如“获得安全的饮用水和适当的卫生条件，充足的安全食物、营养和住房供应，符合卫生要求的职业和环境条件，以及获得卫生方面的教育和信息，包括性 475
健康和生殖健康的教育和信息”（第 3 段）。[13] 它还强调了健康权的 4 个决定因素（第 12 段）。[14] 第一个是“可获得性”（availability），即足够数量的、正常运转的公共卫生和卫生保健设施、物资和服务，以及卫生计划。第二个是“可及性”（accessibility），即卫生设施、物资和服务必须面向所有人。可及性有四个彼此重叠的方面（不歧视、物理可及性、经济上的可及性、信息可及性）。在这一框架内，该一般性意见禁止在行使和享有健康权方面的歧视，包括基于残疾的歧视（第 18 段、第 26 段）。第三个是“可接受性”（acceptability），即所有卫生设施、物资和服务必须遵守医务职业道德，在文化上适当，并对性别和生命周期的需要敏感。第四个是“质量”（quality），即卫生设施、物资和服务必须在科学和医学上适当、质量过硬。

经济、社会和文化权利委员会尤其认为，健康权包括自由和权利。[15] 自由意味着每个人掌控自己的健康和身体，包括性和生育的自由、免于外来威胁或干预的自由，如不受酷刑或不接受未经同意的医疗干预的权利。另外，应该享有的权利包括参加卫生保护制度的权利（该制度应保障人民享有可达到的最高水平的健康的平等机会）。

3 残疾和健康权

传统上，残疾被认为本质上是一个健康问题。随着从残疾的“医学模式”（将残疾解释为“问题”）向“社会模式”或“基于权利的模式”的转变，人们对残疾有了更全面的看法，并对其作为健康决定因素的作用有了更

13 Murphy（2013），p. 43.

14 Acconci（2011），p. 61.

15 Tobin（2012），p. 185.

476 准确的理解。[16] 健康和残疾并不是相互排斥的，实际上，一个人可以在残疾的同时又完全健康。[17]

现在，对健康和残疾的关注主要涉及两个方面：在获得医疗保健服务方面的不歧视和平等机会，以及贫穷与残疾之间的关系。

关于第一个方面，正如许多学者所强调的那样，“通过考虑残疾人获得医疗保健服务的机会，可从公平、可及性和健康权方面评估卫生系统的整体有效性”。[18] 残疾人在利用医疗保健系统并因此获得医疗服务方面面临着特有的问题。例如，尽管残疾并不等同于健康不佳，但残疾人不太可能找到工作并因此获得雇主提供的医疗保险。

关于第二个方面，80%的残疾人居住在发展中国家和（或）最不发达国家，由此引发一系列问题，并导致贫困成为残疾代名词、残疾意味着难以获得适足医疗保健。事实上，有证据表明，残疾导致社会排斥和贫穷，而贫穷又增加了残疾的可能性。由于缺乏基本医疗保健服务，保障残疾人在医疗卫生部门的权利和需要在发展中国家尤其具有挑战性。在发展中国家，怀孕和分娩期间的医疗条件差，传染病（艾滋病毒/艾滋病、结核病、疟疾和“被忽视的传染病”）流行，使残疾人在获得医疗保健服务方面非常困难。[19]

在《残疾人权利公约》出台之前，残疾人的一般权利和健康权利一直是以非常零碎的方式得到支持的。虽然有关国际文书规定了人权的普遍性，将这些权利实际适用于残疾人却大有不同。[20]

然而，有关残疾人健康的问题并未被纳入《千年发展目标》（MDGs）[21]
477 中，尽管联合国大会已确认残疾问题现状是造成社会排斥和贫困的一个关键

---

16 残疾的社会模式可被视为《残疾人权利公约》的伦理基础。该模式确认，“残疾”不是个体自身的一个特性，而是“伤残者和阻碍他们在与其他人平等的基础上充分和切实地参与社会的各种态度和环境障碍相互作用的结果”，而且在不同程度的支持下，这些重大障碍是可以被消除的。关于这个问题的更多信息，见 Hughes and Paterson（1997），第 325 页。

17 Frieden（2005）.

18 MacLachlan et al.（2011）. 关于残疾人的健康和歧视问题，另见 Doebbler（2007），第 51 页。

19 Mitra et al.（2011）.

20 Lord et al.（2010），p. 564.

21 《联合国千年宣言》确定了发展目标所针对的若干弱势群体，如妇女、孕妇、儿童以及受艾滋病毒、疟疾或结核病等传染病影响的人，但没有包括残疾人。

因素，而社会排斥和贫困又增加了产生某类残疾的可能性。[22] 一些学者认为，未能充分实现八项千年发展目标的原因之一是缺乏专门针对残疾情况的任何目标。[23]

另一个方面则与智力残疾人有关。在这方面，1971 年《联合国智力迟钝者权利宣言》规定了这些人享有医疗保健、治疗和教育的权利。[24] 1991 年联合国《保护精神病患者和改善精神保健的原则》明确并重申了这些权利，还制定了一系列保障精神病患者的人权和保障充分治疗、护理和康复的标准。[25]

4　《残疾人权利公约》第 25 条

1975 年联合国《残疾人权利宣言》（第 6 条）[26] 和 1993 年《残疾人机会均等标准规则》（规则 2，“医疗护理”）已经阐明了残疾人的健康权，《残疾人权利公约》第 25 条重申了这一权利。[27]

《公约》确认残疾人有权享有可达到的最高健康标准，不受基于残疾的歧视，重申了《经济社会文化权利国际公约》对健康权的经典表述。第 25 478

22　联合国大会 2014 年 12 月 18 日通过的第三委员会报告（A/69/480）中的第 69/142 号决议：2015 年前后为残疾人实现《千年发展目标》和其他国际商定发展目标。《千年发展目标》未提及残疾人也是《残疾人权利公约》缔约国会议（依《公约》第 40 条而举行）关切的问题。见《残疾人权利公约》第八届缔约国会议报告，纽约，2015 年 6 月 9 日至 11 日，第 12 段，http://www.un.org/disabilities/default.asp? id=1625。

23　Groce and Trani（2009）.

24　《联合国智力迟钝者权利宣言》，GA Res. 2856（XXVI），26 UN GAOR Supp.（No. 29）at 93，UN DOC. A/8429（1971）。

25　《保护精神病患者和改善精神保健的原则》，UNGA Res. 46/119，46 UN GAOR Supp.（No. 49）at 189，UN DOC. A/46/49（1991）。

26　《残疾人权利宣言》，GA Res. 3447（XXX），30 UN GAOR Supp.（No. 34）at 88，UN DOC. A/10034（1975）。《宣言》第 6 条规定，“残疾人有权接受医药、心理和机能治疗”。

27　《残疾人机会均等标准规则》确认，残疾人有权“在同一系统内”得到“与其他人同样水平的医疗护理”。因此，当社区所有人都必须在远离社区的地方才能得到医疗保健时，残疾人也会面临同样的问题。此外，经济、社会和文化权利委员会在专门针对残疾人的第 5 号一般性意见规定，缔约国应当采取积极行动，减少影响他们的结构性不利条件。

条是人权条约中对健康权最完整的表述。

《公约》确立的“健康权”或“有权享有可达到的最高健康标准”，可理解为“较长表述的一个方便的简写”，即“有权享有能达到的最高的身体和心理健康的标准”。在这方面，缔约国应当采取一切适当措施，确保残疾人获得考虑到性别因素的医疗卫生服务，包括与健康有关的康复服务（第25条第1项）。

4.1 缔约国义务

《公约》规定了缔约国的一系列义务，目的是确保残疾人享有“其他人享有的，在范围、质量和标准方面相同的免费或费用低廉的医疗保健服务和方案”（第25条第1项）。

第一项义务是保障义务：各国必须确保残疾人能够不受任何歧视或污名化地获得公共医疗保健援助，并要求医护人员，在事先征得相关人员知情同意的基础上向残疾人提供适当质量的医疗援助（第25条第4项）。[28] 因此，各国有义务避免卫生部门基于残疾状况的任何形式的歧视，并必须通过征得知情同意，让残疾人参与有关其健康治疗的决策过程。[29]

残疾人直接参与有关其健康的决策过程的原则加强了第12条所载的残疾人享有法律能力的原则和第15条所载的禁止未经本人同意而进行试验的原则。第25条第4项规定，缔约国必须要求医护人员，“包括在征得残疾人自由表示的知情同意基础上，向残疾人提供在质量上与其他人所得相同的护理，特别是通过提供培训和颁布公共和私营医疗保健服务职业道德标准，提高对残疾人人权、尊严、自主和需要的认识”。

479 承认知情同意权的一个直接结果是，任何未经同意的对精神障碍的干预

---

28 经济、社会和文化权利委员会第14号一般性意见已经指出，“健康权既包括自由，也包括权利。自由包括掌控自己健康和身体的权利，包括性和生育自由，以及不受干涉的权利，如不受酷刑、未经同意的治疗和试验的权利”（第8段）。

29 Hendriks（2007），p. 273. 经济、社会和文化权利委员会第14号一般性意见将卫生部门的不歧视原则（界定健康权的四个“相互关联的因素”之一）具体规定为：“卫生设施、物资和服务必须在法律和事实上面向所有人，特别是人口中最脆弱的群体和边缘群体，不得以任何禁止的理由加以歧视。”

都将违反《公约》。[30] 然而，澳大利亚和挪威通过解释性声明在这个问题上采取了不同的立场。[31]

此外，根据联合国人权高专办的说法，《残疾人权利公约》并不打算实际上阻碍非自愿治疗。[32]

在这方面，只有在以直白的语言和其他无障碍形式向相关人员告知治疗和康复的目的和性质、后果和风险的情况下，才能作出可靠的决定。实际上，这项权利要求医生承诺向病人提供关于拟议治疗或医疗干预的性质的准确和无障碍的信息。与已经引用的经济、社会和文化权利委员会第 14 号一般性意见相比，这无疑是一种创新和进步。第 14 号一般性意见允许在"治疗精神病或预防和控制传染病"（例如艾滋病毒/艾滋病等）的情况下进行强制医疗干预（第 28 段和第 34 段）。

第二项义务是保护义务：《残疾人权利公约》第 25 条第 6 项重申了不歧视的原则，但这次特别提到在为残疾患者提供医疗保健、食物和液体方面的不歧视。这可能是一个特别值得关注的问题，例如，残疾人因其残疾状况而被拒绝器官移植。[33] 它还涉及生命终结问题，例如在健康状况严重的情况下拒绝治疗的权利，例如那些影响到永久性植物人状态（PVS）的 480
治疗。

30　见 Minkowitz（2007），p. 405；Szmukler et al.（2014）。另见残疾人权利委员会的两项结论性意见：在第一项意见中，委员会建议"废除授权对明显或确诊为残疾相关的病症患者实施非自愿入院收留的条款"（残疾人权利委员会的结论性意见：西班牙，CRPD/C/ESP/CO/1，第 36 段）；在第二项意见中，委员会呼吁"废止允许非自愿治疗和拘禁的法律，包括在获得第三方决策人（例如家属或监护人）授权的情况下"（中国，CRPD/C/CHN/CO/1，第 23 段）。

31　澳大利亚的声明称，"澳大利亚声明其理解是，《公约》允许对人进行强制性援助或治疗，包括在必要时为治疗精神残疾而采取措施"。挪威的声明称，"挪威声明其理解是，《公约》允许对人进行强制性护理或治疗，包括采取治疗精神疾病的措施，但条件是这种治疗必须作为最后手段，而且受到法律保障"。

32　见联合国人权事务高级专员的年度报告（2009 年 1 月 26 日），A/HRC/10/49。该报告第 49 段指出，"各国必须废除这样的条款：准许不经残疾人自由或知情同意而送其入院接受照料和治疗，准许以残疾人可能对自己和他人造成危险为由而对其实施预防性关押。这涵盖一切在立法中将这类照料、治疗和公共安全的理由与明显或诊断的精神疾病联系起来的情况。这不应解释为不能出于照料和治疗而合法关押或预防性关押残疾人，而是说，决定限制自由的法律依据必须与残疾状况脱钩，并作出中立性的界定，从而平等适用于所有人"。

33　Martens et al.（2006），pp. 658-664.

第三项义务是实现的义务：各国必须改善卫生服务的可用性和质量，以及获得医疗卫生和康复服务的条件。在这方面，《残疾人权利公约》第25条第3项要求缔约国提供因残疾而特别需要的医疗卫生服务，并承认残疾人有权“尽量就近在残疾人所在社区，包括在农村地区”，获得这些医疗卫生服务。根据第25条第1项，这包括获得性健康和生殖健康服务（SRHS）。[34] 这是一项非常重要且具有创新性的规定（这是这项权利首次被纳入联合国人权条约），因为获得性健康和生殖健康服务是全面实现千年发展目标的先决条件，特别是与艾滋病毒/艾滋病和产妇保健有关的目标。[35]

提供早期诊断和干预，并提供旨在尽量减轻残疾和预防残疾恶化的服务，“包括向儿童和老年人提供这些服务”，这属于《公约》授权范围内的行动（实际上，各国必须提供旨在减轻所有形式残疾的医疗保健服务）。

第四项义务是预防义务：根据第25条第5项，各国必须确保私营医疗保险服务提供者不拒绝向残疾人提供医疗援助；为此，各国必须采取适当措施，防止私营部门以残疾为由拒绝提供医疗援助。在这方面，值得一提的是，在欧盟层面，关于在就业部门以外不歧视的指令提议确立了保险部门不歧视原则的例外。[36] 实际上，该指令提议的第2条第7款规定：“在提供金融服务时，对于有关产品，年龄或残疾可能是基于相关准确的精算或统计数据进行风险评估的关键因素，成员国可允许按比例区别对待。”

481 ## 4.2 争议性问题：保留和解释性声明

结合《残疾人权利公约》的各项不歧视条款一道解读，第25条产生的效果就是在“平等获得医疗援助”原则的基础上对缔约国提出医疗卫生要

---

34 2003年，联合国人权委员会已经确定“性健康和生殖健康是人人享有能达到的最高标准的身心健康权利的组成部分”（人权委员会第2003/28号决议）。这一立场在2004年得到重申（人权委员会第2004/27号决议）。

35 见健康权问题特别报告员的报告。人人享有能达到的最高标准的身心健康权利特别报告员保罗·亨特向拟订促进和保护残疾人权利和尊严的全面综合国际公约特设委员会提交的关于第25条（健康）的说明，第15段，http://www.un.org/esa/socdev/enable/rights/ahc7srhealth.htm。

36 《关于执行人与人之间不分宗教或信仰、残疾、年龄或性倾向的平等待遇原则的理事会指令的提议》，COM（2008）426最终版。

求。尽管其具有关键作用，但仍有若干国家依据《公约》第 46 条[37]对第 25 条最具争议的条款作出声明或保留，尤其是：（1）获得性健康和生殖健康服务；（2）私营保险服务部门拒绝提供医疗援助；（3）撤销治疗。[38]

4.2.1　获得性健康和生殖健康服务

对《公约》第 25 条第 1 项规定的在性健康和生殖健康领域提供医疗卫生服务的义务的解释，[39] 与罗马教廷不签署《残疾人权利公约》的立场相关，原因是《公约》最终文本没有明确禁止自愿中断妊娠。尤其是《残疾人权利公约》提及的性健康和生殖健康服务被解释为含蓄地承认了妇女在产前影像诊断显示其胎儿畸形的情况下可以进行治疗性流产。[40] 自“性健康和生殖健康服务”的措辞在谈判过程中被提出以来，罗马教廷就一直反对该措辞。[41]

马耳他与罗马教廷的立场一致，其在《公约》签署之际就“性健康和生殖健康”的含义发表了一项解释性声明。根据该声明，“马耳他理解，《公约》第 25 条第 1 项中的‘性健康和生殖健康’的措辞不构成对任何新的 482
国际法义务的承认，不产生任何堕胎权利，也不能解释为对堕胎的支持、赞同或促进。马耳他还理解，使用这一措辞完全是为了强调在提供医疗卫生服务的地方不存在基于残疾的歧视”。[42] 实际上，马耳他的国内立法认为通过人

37　《残疾人权利公约》第 46 条规定：“保留不得与本公约的目的和宗旨不符。保留可随时撤回。”1969 年《维也纳条约法公约》第 2 条将“保留”定义为：“一国于签署，批准、接受、赞同或加入条约时所做之片面声明，不论措辞或名称如何，其目的在摒除或更改条约中若干规定对该国适用时之法律效果。”

38　科威特发表了一项关于“护理”（care）一词的解释性声明，指出该词“不应意味着承认合法婚姻以外的非法关系”。

39　第 25 条第 1 项规定，缔约国必须“向残疾人提供其他人享有的，在范围、质量和标准方面相同的免费或费用低廉的医疗保健服务和方案，包括在性健康和生殖健康及全民公共卫生方案方面”（着重号后加）。

40　见罗马教廷 2006 年 12 月 13 日在纽约联合国大会关于人权和基本自由的第 76 次全体会议上的发言，http://www.vatican.va/roman_curia/secretariat_state/2006/documents/rc_seg-st_20061213_un-rights-persons_en.html。

41　拟订促进和保护残疾人权利和尊严的全面综合国际公约特设委员会关于第 21 条“健康和康复权”的日常讨论摘要，见 http://www.un.org/esa/socdev/enable/rights/ahc3sum21.htm。关于这方面，见 Shaaf（2010）。

42　Enable. Declarations and reservations to the Convention on the Rights of Persons with Disabilities, http://www.un.org/disabilities/default.asp?id=475.

工流产终止妊娠是非法的。[43] 立陶宛也使用了类似的术语，并就《公约》第25条第1项发表了类似的解释性声明。[44]

波兰则在签署时提出明确保留，排除了第25条第1项在其领土上的适用。[45] 波兰是国际社会为数不多的几个只在怀孕危及孕妇生命或健康，或胎儿出现严重疾病或畸形时才允许堕胎的国家之一。[46] 摩纳哥也作了非常类似的解释性声明。[47]

在意大利，有关性健康和生殖健康措辞的解释问题同样引起了巨大争议。在这方面，国家生物伦理委员会（Comitato Nazionale per la Bioetica，CNB）的一些成员在2008年6月27日关于《残疾人权利公约》动议的说明中呼吁在批准《公约》时通过一项解释性声明。[48] 该声明应该明确指出，性别（gender）一词的含义应当从“性别差异”（sexual difference）的意义上
483 理解，而生殖健康的措辞应当理解为“符合国内法律秩序的生殖领域的健康”。[49] 实际上，这意味着《残疾人权利公约》应该按照2004年2月19日第40号法律（《医疗辅助生殖规则》）第1条进行解释，该条明确使用了胎儿的权利一词，在法律上将未出生者与“人”联系起来。[50]

4.2.2 私营保险部门拒绝提供医疗保健援助

《残疾人权利公约》谈判期间的另一个争议点涉及私营医疗保险机构及

---

43 根据马耳他《刑法典》第9章，在任何情况下都禁止堕胎。

44 立陶宛发表的解释性声明申明：“……立陶宛共和国声明，《公约》第25条第1项中使用的‘性健康和生殖健康’概念不应被解释为确立了新的人权并继而为立陶宛共和国创设了相关的国际义务。该概念的法律内容不包括支持、鼓励或促进有关残疾人终止妊娠、绝育等医疗手段，因为这会导致基于基因特征的歧视。”

45 保留声明：“波兰共和国理解，第23条第1款第2项和第25条第1项不得被解释为赋予个人堕胎权或授权缔约国提供堕胎服务。”

46 Act of 7 January 1993 on Family-Planning, Human Embryo Protection and Conditions of Legal Pregnancy Termination（Article 4a, paras 1 and 2）. 该法律的英译，见 http://www.federa.org.pl/reproductive-rights-and-health/abortion-law, Accessed 1 Sept 2015。

47 摩纳哥的解释性声明指出，“摩纳哥亲王殿下政府认为，除非国家法律有明确规定，否则不得将《公约》第23条和第25条解释为承认个人堕胎权”。

48 Motion on the UN Convention on the Rights of Persons with disabilities, http://www.governo.it/bioetica/mozioni/mozione_disabilita_onu.pdf.

49 意大利决定不对第25条作出保留或解释性声明。

50 第40号法律第1条规定：“该法律保障所有相关方的权利，包括胎儿。”

其拒绝向残疾人提供医疗保险的可能性。在这方面，韩国决定接受该条约，但对有关人寿保险的规定（第 25 条第 5 项）提出保留。这项保留是为了维护与《公约》相违背的国内法（《商法》），因为该法第 732 条禁止社会心理残疾人购买人寿保险和健康保险。

西班牙对韩国所作保留提出反对，指出“这引起了对韩国在不歧视、公平和合理地提供人寿保险方面对《公约》之目的和宗旨所作承诺的怀疑”。西班牙反对说，根据《公约》第 46 条第 1 款，不得允许有与《公约》的目的和宗旨不符的保留。[51] 在这方面，值得一提的是，根据 1969 年《维也纳条约法公约》第 20 条第 4 款 b 项，只是反对并不妨碍条约在反对国和保留国之间生效（除非反对国确切表示相反的意思，而西班牙的情况并非如此）。

与韩国的立场一致，新加坡虽然正式承认残疾人有权享有可达到的最高健康标准，不受基于残疾的歧视，但对“《公约》第 25 条第 5 项中的私营保险机构提供健康保险和人寿保险”提出了一项保留：新加坡卫生部规定的国家健康保险除外。

4.2.3　基于残疾而拒绝提供食物和液体 484

还有一个争议点涉及第 25 条第 6 项规定的防止基于残疾而歧视性地拒绝提供医疗保健或医疗卫生服务，或拒绝提供食物和液体的义务。在这方面值得一提的是，意大利卫生部于 2008 年 12 月 16 日根据《残疾人权利公约》第 25 条第 6 项颁布了一项指导性法案，该法案要求国家卫生系统的公共和私营机构不得中断持续植物状态患者的人工营养和补水。根据该国卫生部提供的解释，禁止中断残疾人的营养和补水的规定也适用于持续植物状态患者。

荷兰独自提出了一项解释性声明，涉及有权拒绝挽救生命或维持生命的治疗，申明“良好的护理包括尊重个人在医疗、食物和液体方面的意愿”。[52]

51　《维也纳条约法公约》规定，如果一个国家提出的保留“为条约所禁止”（第 19 条 a 项）或“与条约目的及宗旨不合”（第 19 条 c 项），则该保留是不合法的。《残疾人权利公约》自身就规定，“保留不得与本公约的目的和宗旨不符”（第 46 条第 1 款），并申明“保留可随时撤回”（第 46 条第 2 款）。

52　该声明指出，“个人自主是《公约》第 3 条第 1 项规定的一项重要原则。荷兰王国根据这一自主权理解第 25 条第 6 项。这一规定被解释为，良好的护理包括尊重个人在医疗、食物和液体方面的意愿，而撤销其中任何一项的决定也可能是基于医疗理由”。

参考文献

Acconci MP (2011) Tutela della salute e diritto internazionale, Cedam, Padova.

Alston P (1994) The best interest of the child: reconciling culture and human rights, Oxford University Press, Oxford.

Arnardóttir OM, Quinn G (eds) (2009) The UN Convention on the Rights of Persons with Disabilities, European and Scandinavian perspectives, Brill, Leiden.

Buchanan AE (1984) The right to a decent minimum of health care, Philos Public Aff 14: 55-78.

Doebbler CFJ (2007) The principle of non-discrimination in international law, CD Publishing, Washington.

Frieden L (2005) The right to health: fundamental concepts and the American disability experience, https://www.ncd.gov/rawmedia_repository/5cef6559_d74_43e3_99fc_de935f36d9b6.pdf, Accessed 25 Sept 2016.

Groce NE, Trani JF (2009) Millennium development goals and persons with disabilities, Lancet 374 (9704): 1800-1801.

Hendriks A (2007) UN Convention on the Rights of Persons with Disabilities, Eur J Health L 14 (3): 273-298.

Hughes B, Paterson K (1997) The social model of disability and the disappearing body: towards a sociology of impairment, Disabil Soc 12: 325-340.

Lord JE, Suozzi D, Taylor AL (2010) Lessons from the experience of U. N. Convention on the Rights of Persons with Disabilities: addressing the democratic deficit in global health governance, J Law Med Ethics 38 (3): 564-579.

MacLachlan M, Mannan H, McAuliffe E (2011) Access to health care of persons with disabilities as an indicator of equity in health systems, Open Med 5 (1): 10-12.

Marchisio S, Cera R, Della Fina V (eds) (2010) La Convenzione delle Nazioni Unite sui diritti delle persone con disabilità. Commentario, Aracne, Roma.

485 Martens MA, Jones L, Reiss S (2006) Organ transplantation, organ donation and mental retardation, Pediatr Transplant 10 (6): 658-664.

Minkowitz T（2007）The United Nations Convention of the Rights of Persons with Disabilities and the right to be free from nonconsensual psychiatric interventions，Syracuse J Int'l L & Com 34（2）：405–428.

Mitra S，Posarac A，Vick B（2011）Disability and poverty in developing countries：a snapshot from the world health survey，SP Discussion Paper No. 1109，http://siteresources. worldbank. org/SOCIALPROTECTION/Resources/SP-Discussion-papers/Disability-DP/1109. pdf，Accessed 25 Sept 2016.

Murphy D（2013）Health and human rights，Hart Publishing，Oxford.

Shaaf M（2010）Negotiating sexuality in the Convention on the Rights of Persons with Disabilities，International Journal of Human Rights No. 14，http://www. surjournal. org/eng/conteudos/getArtigo14. php?artigo=14，artigo_06. htm，Accessed 1 Sept 2015.

Szmukler G，Daw R，Callard F（2014）Mental health law and the UN Convention on the Rights of Persons with Disabilities，Int J Law Psychiatry 37（3）：245–252.

Tobin J（2012）The right to health in international law，Oxford University Press，Oxford.

487 # 第 26 条　适应训练和康复

伊利亚·理查德·帕沃内

一、缔约国应当采取有效和适当的措施，包括通过残疾人相互支持，使残疾人能够实现和保持最大程度的自立，充分发挥和维持体能、智能、社会和职业能力，充分融入和参与生活的各个方面。为此目的，缔约国应当组织、加强和推广综合性适应训练和康复服务和方案，尤其是在医疗卫生、就业、教育和社会服务方面，这些服务和方案应当：

（一）根据对个人需要和体能的综合评估尽早开始；

（二）有助于残疾人参与和融入社区和社会的各个方面，属自愿性质，并尽量在残疾人所在社区，包括农村地区就近安排。

二、缔约国应当促进为从事适应训练和康复服务的专业人员和工作人员制订基础培训和进修培训计划。

三、在适应训练和康复方面，缔约国应当促进提供为残疾人设计的辅助用具和技术以及对这些用具和技术的了解和使用。

目　次

1　术语的定义

《残疾人权利公约》将残疾人定义为肢体、精神、智力或感官有长期损伤的人，这些损伤与各种障碍相互作用，可能阻碍残疾人在与他人平等的基础上充分和切实地参与社会（第 1 条）。残疾人约占世界人口的 15%，这一比例还在增长，主要原因是老龄化进程导致慢性病增加。[1] 其他因素包括车祸、滥用毒品、人道主义危机（包括自然灾害和流行病）。其中，约 80%的残疾人生活在低收入国家。许多残疾人有严重的健康问题，并在获得医疗卫生和相关服务，如适应训练、康复、辅助技术、援助和支助服务以及社区康复（community-based rehabilitation，CBR）[2] 方面面临障碍。对于他们中的绝大多数人来说，获得适足和可负担的适应训练和康复是融入或重新融入社会并融入他们所在社区的先决条件。实际上，若没有适应训练和康复，许多残疾人将与社会、社区甚至家庭相隔绝。尽管通常认为适应训练和康复只包括医学方面，但现实情况是，它远远超出健康领域而涉及诸多问题。

适应训练（“赋能或使之能够”）是一个旨在帮助残疾人掌握新能力和新知识的过程。这一过程一般适用于出生时有残疾的儿童（例如，先天视力残疾的儿童），而且有时间限制。[3] 康复（“恢复状态、活动或能力”）是指在残疾或现有残疾状况发生变化后重新获得失去的能力或技能。[4]世卫组织将康复（特别针对残疾人）定义为“综合协调地应用医疗、社会、教育和职业措 489
施，对患者进行训练和再训练，使其活动能力达到尽可能高的水平”。[5]

1　http://www.who.int/disabilities/en/.

2　世界卫生组织于 1981 年提出社区康复（CBR）一词，其对象是在武装冲突（造成了他们的残疾状况）中人权遭受严重侵犯的弱势群体。社区康复是在社区层面采取的康复措施，这些措施可利用和依靠社区资源，包括损伤、残疾人员，他们的家庭和整个社群。See WHO Expert Committee on Disability Prevention and Rehabilitation（1981），p. 9.

3　Becker（2012），p. 18.

4　http://www.who.int/topics/rehabilitation/en/，Accessed 25 September 2016.

5　WHO Expert Committee on Medical Rehabilitation，Second Report，Technical Report Series 419，(Geneva，1969)，p. 6.

康复尤其强调医疗、社会和职业三个层面。医疗康复的重点是在严重疾病或损伤（如中风、脊髓损伤或紊乱、心脏手术、截肢、运动事故）后恢复人们的健康和活动能力。职业康复传统上是指提供某种类型的服务，以提高因身体残疾而受到限制的个人的就业能力。[6] 社会康复的目的是增强残疾人的社会和经济能力，从而力求减少残疾的社会影响并促进其重新融入社会。[7]

《残疾人权利公约》规定的适应训练和康复的目标是“使残疾人能够实现和保持最大程度的自立，充分发挥和维持体能、智能、社会和职业能力，充分融入和参与生活的各个方面”（第 26 条第 1 款）。

根据残疾医学模式所包含的将残疾视为健康问题的传统观念，适应训练和康复属于医学上的概念，因此是健康领域的一部分。然而，1993 年联合国《残疾人机会均等标准规则》将康复定义为“旨在使残疾人达到和保持生理、感官、智力、精神和（或）社交功能上的最佳水平，从而使他们借助于某种手段，改变其生活，增强自立能力”。因此，适应训练和康复包括一系列与身体、职业、教育、训练相关的措施和其他必要措施，以增强残疾人的独立性和参与社会的能力，而不仅仅是实现身心健康。为此，《残疾人权利公约》对健康权与适应训练和康复权进行分别处理。当然，例外的是，与健康相关的康复被承认为健康权的一部分。例如，这包括为加强受伤害、疾病或残疾影响的肌肉而进行的理疗。

490 2 国际概况

康复作为一项人权已经得到若干国际条约和宣言的承认，主要涉及某些目标群体，例如严重侵犯人权行为（酷刑和/或有辱人格待遇）的受害者、卷入武装冲突的儿童、地雷幸存者。因此，残疾人只是国际法规定有权获得适应训练和康复的一个群体。

---

6 Elliott and Leung (2004), p. 319.

7 Olaogun et al. (2009), p. 24.

国际劳工组织 1955 年的《（残疾人）职业康复建议书》[8] 首次在国际层面承认了这一权利，其规定“为实现职业康复而采取的一些办法，应能被每个残疾人掌握，不论其致残的原因或残疾的性质，也不论其年龄大小，条件是有关人员须能接受为从事一项适宜工作而进行训练，且能合乎情理地希望获得并保持此项工作”（第 2 条）。

随后是国际劳工组织 1983 年的《残疾人职业康复和就业公约》（第 159 号公约），其规定，“各会员国应根据国家条件、实践和可能，制定和实施有关残疾人职业康复和就业的国家政策，并定期进行审查”（第 2 条）。[9] 国际劳工组织 1983 年的《（残疾人）职业康复和就业建议书》（第 168 号）申明，“在向残疾人提供职业康复和就业援助时，应尊重男女工人机会和待遇平等的原则”（第 8 段）。

在联合国层面，《公民及政治权利国际公约》在第 10 条和第 14 条中提到了“重适社会生活”（rehabilitation）的概念，强调监狱系统的使命应以促进囚犯重适社会生活为目的。[10]

关于被视为危害人类罪的酷刑，禁止酷刑委员会欢迎将康复视为对受害者的一种补救形式的想法。特别是，酷刑及其对受害者的身心影响促进了这种认识。《禁止酷刑和其他残忍、不人道或有辱人格的待遇或处罚公约》第 14 条第 1 款规定：“每一缔约国应在其法律体制内确保酷刑受害者得到补偿，并享有获得公平和足够赔偿（包括尽可能使其完全复原的费用）的可强行权 491
利。”联合国大会第 61/153 号决议（“酷刑和其他残忍、不人道或有辱人格的待遇或处罚”）强调，“国家法律制度必须确保酷刑和其他残忍、不人道或有辱人格的待遇或处罚的受害者获得补救，得到公平和充分的补偿，并获

8　《国际劳工组织第 99 号建议书》于 1955 年 6 月 22 日通过。该《建议书》将“职业康复”定义为持续、协调的康复过程的一部分，包括为残疾人提供各种服务，如职业指导、职业培训和选择性安置，使残疾人能够获得和保持适当的就业。“残疾人”一词是指“由于身体或精神损害，获得和保持适当工作的前景大大减少的个人”（第 1 条）。

9　《第 159 号公约》于 1983 年 6 月 20 日在日内瓦通过，并于 1985 年 6 月 20 日生效。

10　《公民及政治权利国际公约》第 10 条第 3 款规定：“监狱制度所定监犯之处遇，应以使其悛悔自新、重适社会生活为基本目的。”第 14 条第 4 款确认：“少年之审判，应顾念被告年龄及宜使其重适社会生活，而酌定程序。”

得适当的社会康复和医疗康复”（第10段）。

《儿童权利公约》承认精神残疾或身体残疾的儿童有权“获得和接受教育、培训、保健服务、康复服务、就业准备和娱乐机会，其方式应有助于该儿童尽可能充分地参与社会，实现个人发展，包括其文化和精神方面的发展”（第23条第3款）。国际人道主义法对武装冲突下的情况作出了一些规定，而根据恢复原状原则，康复被视为对受害者的一种补救形式。[11] 实际上，1997年《关于禁止使用、储存、生产和转让杀伤人员地雷及销毁此种武器的公约》要求缔约国“为照顾受地雷伤害的人，帮助他们康复及重新融入社会和经济生活，和实施防雷宣传方案提供援助”（第6条第3款）。

此外，2000年儿童权利委员会《关于儿童卷入武装冲突问题的任择议定书》也提到了康复问题，要求缔约国“合作执行本议定书，包括防止违反本议定书的任何活动，协助受违反本议定书行为之害的人康复和重返社会”（第7条第1款）。

关于监禁移徙工人的问题，《保护所有移徙工人及其家庭成员权利国际公约》规定，这项措施（对移徙工人或其家庭成员的待遇）旨在保证囚徒的社会康复（第17条、第18条）。

《保护所有人免遭强迫失踪国际公约》对康复和补救之间的关系提供了一个深远的见解，确立了康复、复原、平反（包括恢复尊严和名誉）以及保证不再重演，都包括在受害者有权获得的“其他形式的补救”中（第24条第5款）。

3　联合国《残疾人机会均等标准规则》中的适应训练和康复

1993年的联合国《残疾人机会均等标准规则》尽管没有法律约束力，但在国际层面首次承认了残疾人适应训练和康复的权利。联合国《残疾人机会均等标准规则》将康复归为“残疾政策的基本概念”和“平等参与的先

492

11　Shelton（2005），p. 275.

决条件”。“康复”一词系指达到下述目标的一个过程：它旨在使残疾人达到和保持生理、感官、智力、精神和（或）社交功能上的最佳水平，从而使他们借助于某种手段，改变其生活，增强自立能力。康复可包括提供和（或）恢复功能、补偿功能缺失或补偿功能限制的各种措施。康复过程不包括初始的治疗。它包括范围广泛的措施和活动，从较为基本的和一般性的康复，到针对具体目标的活动，例如职业方面的恢复（序言）。

联合国《残疾人机会均等标准规则》建议各国确保所有残疾人都能获得全面、个性化的康复方案，并强调残疾人参与“设计安排涉及他们自己的康复服务”的重要性。联合国《残疾人机会均等标准规则》强化了在当地社区提供康复服务的必要性，但为达到“某种特定训练目的”，也可采取短期住宿方案。此外，还指示各国在拟订或评价康复方案时，应吸取残疾人组织的专门知识。

然而，由于缺乏强制执行措施，联合国《残疾人机会均等标准规则》关于适应训练和康复的规定在很大程度上被忽视了，这证实了“挑战不仅在于立法的制定，还在于立法的实施”。[12]

4　第 26 条的原理和范围

《公约》第 26 条专门规定的适应训练和康复的过程对于确保残疾人能够独立生活、自主行动和充分发挥其潜力至关重要。实际上，通过这些过程，残疾人确实能获得和发展必要的技能，从而参加工作和赚取收入，作出与他们有关的基本决定，参与社会生活，并享受《公约》所载的其他权利。[13] 因此，在《残疾人权利公约》以及人权领域的其他国际法律文书中，国家被认为有义务提供适应训练和康复，使个人能够充分享有其权利。

《残疾人权利公约》在若干条款中包含了代表适应训练和康复概念演变

12　Buchanan（2014），p. 105.

13　Montero（2007），p. 32.

的更多要素。第16条规定，残疾人应免于剥削、暴力和凌虐，在受到剥削、
493 暴力和凌虐的情况下，缔约国应采取适当措施促进被害人的康复。第22条
承认残疾人在康复资料方面的隐私权。最后，第25条第1项规定了享有可
达到的最高健康标准的权利，该款明确承认应确保残疾人获得考虑到性别因
素的医疗卫生服务，“包括与健康有关的康复服务”。

根据第26条的“构造”，康复和残疾人相互支持涵盖医疗卫生、就业、教育和社会服务等领域的一系列广泛行动，其目的是使残疾人能充分参与其社区，独立生活，并获得教育和就业机会（第1款）。[14] 第26条进一步规定，根据对个人需要和体能的综合评估应尽早开始，并应包括提供辅助用具和技术。因此，康复不仅限于医疗卫生服务，还包括就业、教育和社会服务（例如，根据《残疾人权利公约》第27条规定，康复的范围延伸至就业领域）。[15] 然而，《公约》第26条与关于健康权的第25条有着紧密联系（适应训练和康复事实上通常在医疗卫生政策领域得到处理，第25条的确明确使用了“与健康有关的康复”的措辞）。但是，适应训练和康复的过程要复杂得多，不仅涉及与健康有关的方面，还涉及其他问题，例如重返工作岗位、接受教育和恢复日常生活能力的可能。事实上，《公约》的起草者倾向于在一个单独的条款中处理健康权问题，而将适应训练和康复作为健康领域的一部分以不同的规范来处理。人们尤其认为，在适应训练和康复领域突出《公约》以人权为中心的进路同样必要。[16]

根据第26条，这些过程的目标是使残疾人能够实现和保持最大程度的自立，充分发挥和维持体能、智能、社会和职业能力，充分融入和参与生活的各个方面。这一规范尤其适用于智力或社会心理残疾人，他们受到的对待或治疗往往不尊重他们的个性，而是以改变他们的个性为导向。这决定了对传统的“康复或医学模式”的最终跨越。在那种模式之下，残疾完全被认为是由疾病引起的个人问题，这种损伤必须在监护机制下由医生或合格的医务

---

[14] 关于孤独症患者享有受教育权的问题，见 Cera（2015），第79页。

[15] 关于此问题，见 Kayess and French（2008），第30页。

[16] See http://www.un.org/esa/socdev/enable/rights/ahc8.htm，Accessed 25 September 2016.

人员进行专门治疗。[17]

第 26 条第 1 款规定的残疾人参与适应训练和康复方案的规划、制定和实施的原则，除其他外，还隐含在第 3 条规定的包容、自主和负责决策的一般原则之中。[18] 这些原则被视为基本原则，因此适用于《公约》承认的所有权利。 494

第 26 条还提到需要对从事适应训练和康复服务的专业人员进行持续培训（第 2 款），以及辅助用具和技术在适应训练和康复过程中发挥的重要作用（第 3 款）。[19] 实际上，专门为残疾人设计的辅助用具和技术，如轮椅、假肢、助行器具、助听器，以及提高行动能力、听力、视力和交流能力的专用计算机软硬件，在康复过程中起着根本性作用。

5　世卫组织《全球残疾行动计划》

世卫组织长期以来一直根据机会均等、待遇平等、主流化、康复和社区参与等原则促进残疾人的健康。[20]

世卫组织尤其积极支持实施《残疾人权利公约》第 26 条，并为正在确立和扩大康复服务、开发工具和制订一揽子培训计划以加强康复服务的国家提供技术援助和支持。为此，世卫组织于 2010 年 10 月 27 日颁布《社区康复指南》（CBR），[21] 并于 2014 年 5 月 13 日通过了《世卫组织 2014～2021 年全球残疾行动计划：增进所有残疾人的健康》（以下简称《行动计划》），旨在推动改善残疾人的健康、福祉和人权。[22] 这项行动计划意义重大，因为它

17　关于康复模式，见 Palacios and Walls（2006），第 124 页。

18　见本书对第 3 条“一般原则”的评注。

19　2004 年《辅助技术法》将辅助用具定义为“任何项目、设备或系统的一部分，无论是商业获得、改制，还是定制，都普遍用于增加、维持或改善残疾人功能的能力”。“辅助技术”一词是指为残疾人提供的辅助、适应和康复设备，包括挑选、安装和使用这些设备的过程。

20　例如，世界卫生大会于 2005 年 5 月 25 日通过《残疾，包括预防、管理和康复的决议（WHA58.23）》，要求世卫组织“协助会员国制定残疾和康复政策”。

21　http://www.who.int/disabilities/cbr/guidelines/en/, Accessed 25 September 2016.

22　http://www.who.int/disabilities/actionplan/en/, Accessed 25 September 2016.

支持执行《残疾人权利公约》中直接或间接涉及残疾人健康的条款，特别是
495 第5条（平等和不歧视）、第9条（无障碍）、第25条（健康）和第26条（适应训练和康复）。

这项《行动计划》是根据第一份《世界残疾报告》[23] 通过的，该报告强调了在向残疾人提供适当医疗保健援助方面存在的主要不足，同时也突出了在提供适应训练、康复、辅助技术以及协助和支助服务方面面临的主要挑战。[24] 这些挑战包括：缺乏优先次序、缺乏政策和计划、筹资机制不足、受过适当培训的专业人员数量不足、缺乏设施和设备、服务模式无效以及缺乏对服务的整合和转介（例如，在初级和二级医疗保健机构中提供适应训练和康复服务）。[25]

该《行动计划》建立在两大支柱上：（1）消除妨碍获得医疗卫生服务的障碍；（2）加强和扩大适应训练和康复服务。该行动计划适用于需要适应训练和康复的残疾人，如先天性脑瘫儿童、轮椅使用者、神经系统障碍患者、衰老相关性损伤和疾病患者。

该《行动计划》还提到了以社区为基础、多部门协作的康复。这是有关适应训练和康复的一个关键因素。实际上，这些服务通常是通过家庭成员和社会网络提供的。然而，在农村地区，家庭在向残疾亲属提供这些服务方面面临着一些挑战。因此，必须建立适当的社区适应训练和康复方案，使生活在资源非常有限的国家和（或）农村地区、贫穷家庭的残疾人能够获得康复、辅助技术和支助服务。在这方面，世卫组织自1970年以来推动了一项全面战略，以满足残疾人在其社区的需求。

特别是，《行动计划》在卫生领域的承诺旨在为实现联合国大会在2013年9月23日残疾与发展问题高级别会议上通过的成果文件[26]的目标提供支

23 该报告由世卫组织和世界银行于2011年联合发布，见 http://whqlibdoc.who.int/publications/2011/9789240685215_eng.pdf?ua=1。

24 该《行动计划》得到第66届世界卫生大会（WHA66.9）的核可。

25 见《行动计划》第40段。

26 《关于为残疾人实现千年发展目标和其他国际商定发展目标的大会高级别会议成果文件：前进道路，2015年前后兼顾残疾问题的发展议程》（A/RES/68/3），http://www.un.org/disabilities/defult.asp?id=1590。

持。该文件提及适应训练、康复和辅助设备，旨在满足生活在发展中国家的残疾人的特殊需要（第 8 段）。 496

实际上，根据联合国的数据，与发达国家相比，中低收入国家在提供适当的医疗适应训练和康复服务方面存在严重差距。在武装冲突或自然灾害的情况下，境况变得更加复杂。

为此，发展中国家根据《残疾人权利公约》的规定通过有关适应训练、康复和社区服务的立法、政策和法规，可作为成功的证据。在 2013 年 5 月 27 日第 WHA66.9 号决议中，世界卫生大会“注意到……根据环境及其他因素的趋势，残疾人数还将增多；注意到残疾过多地影响脆弱人群，尤其是妇女、老年人和穷人；与高收入国家相比，低收入国家的残疾患病率更高”（序言），敦促会员国“通过以下方式为整个生命过程中各种健康问题促进适应训练和康复：早期干预；综合和分散的康复服务，包括精神卫生服务；更好地提供轮椅、助听器、弱视设备及其他辅助技术；开展培训以确保提供足够的康复专业人员，使残疾人能够开发其潜力并有同样的机会充分参与社会活动”。

参考文献

Becker LC（2012）Habilitation, health and agency, A framework for basic justice, Oxford University Press, New York.

Buchanan C（2014）Gun violence, disability and recovery, Surviving Gun Violence Project, Xlibris LLC, Sidney.

Cera R（2015）National legislations on inclusive educational and special educational needs for people with autism in the perspective of Article 24 of the CRPD, In: Della Fina V, Cera R（eds）Protecting the rights of people with autism in the field of education and employment. International, European and National Perspectives, Springer, Dordrecht, pp. 79–109.

Elliott TR, Leung P（2004）Vocational rehabilitation: history and practice, In: Walsh WB, Savickas M（eds）Handbook of vocational psychology, Lawrence Erlbaum Press, Hillsdale, pp. 319–343.

Kayess R，French P（2008）Out of darkness into light? Introducing the Convention on the Rights of Persons with Disabilities，Hum Rights Law Rev 8（1）：1-34.

Montero F（2007）Rehabilitation and habilitation：powerful tools for empowerment，Int Rehabil Rev 56（1）：31-32.

Olaogun MOB，Nyante GGG，Ajediran AI（2009）Overcoming the barriers for participation by the disabled：an appraisal and global view of community-based rehabilitation in community development，Afr J Physiother Rehabil Sci 1（1）：24-29.

Palacios A，Walls M（2006）Changing the paradigm-the potential impact of the United Nations Convention on the Rights of Persons with Disabilities，In：The Irish yearbook of international law，vol 1，Hart Publishing，Oxford，pp. 121-166.

Shelton D（2005）Remedies in international human rights，Oxford University Press，Oxford.

WHO Expert Committee on Disability Prevention and Rehabilitation（1981）Technical report on disability prevention and rehabilitation，http://apps. who. int/iris/bitstream/10665/40896/1/WHO_TRS_668. pdf，Accessed 31 Aug 2015.

第27条　工作和就业 497

玛丽亚·文特戈德·利斯伯格

一、缔约国确认残疾人在与其他人平等的基础上享有工作权，包括有机会在开放、具有包容性和对残疾人不构成障碍的劳动力市场和工作环境中，为谋生自由选择或接受工作的权利。为保障和促进工作权的实现，包括在就业期间致残者的工作权的实现，缔约国应当采取适当步骤，包括通过立法，除其他外：

（一）在一切形式就业的一切事项上，包括在征聘、雇用和就业条件、继续就业、职业提升以及安全和健康的工作条件方面，禁止基于残疾的歧视；

（二）保护残疾人在与其他人平等的基础上享有公平和良好的工作条件，包括机会均等和同值工作同等报酬的权利，享有安全和健康的工作环境，包括不受搔扰的权利，并享有申诉的权利；

（三）确保残疾人能够在与其他人平等的基础上行使工会权；

（四）使残疾人能够切实参加一般技术和职业指导方案，获得职业介绍服务、职业培训和进修培训；

（五）在劳动力市场上促进残疾人的就业机会和职业提升机会，协助残疾人寻找、获得、保持和恢复工作；

（六）促进自营就业、创业经营、创建合作社和个体开业的机会；

（七）在公共部门雇用残疾人； 498

（八）以适当的政策和措施，其中可以包括平权行动方案、奖励和其他措施，促进私营部门雇用残疾人；

（九）确保在工作场所为残疾人提供合理便利；

（十）促进残疾人在开放劳动力市场上获得工作经验；

（十一）促进残疾人的职业和专业康复服务、保留工作和恢复工作方案。

二、缔约国应当确保残疾人不被奴役或驱役，并在与其他人平等的基础上受到保护，不被强迫或强制劳动。

目　次

1　《残疾人权利公约》和残疾就业法的发展

工作权是一项基本人权，在《世界人权宣言》（第23条）、《经济社会文化权利国际公约》（第 6 条）和《非洲人权和人民权利宪章》（第 15 条）、《美洲人权公约关于经济、社会和文化权利的附加议定书》（第 6 条）、《欧洲社会宪章》（第 2 部分第 1 条）等区域性人权文件中都得到了认可。

获得工作和就业通常被视为生活中获得充分机会平等的先决条件。工作和就业不仅能够提供收入和社会参与，也是个人发展的手段。平等获得工作
和就业机会既是一个目标，也是促进享有其他权利（如独立生活和社会融 499
入、康复、教育、适足收入、政治参与、参加文化生活和非歧视等）的一种手段。必须强调一点，获得就业不仅使一个人能够掌控自己的生活，在很大程度上也是一个获得社会权位的问题，例如政府官员、法官和强大的私有公司中的职位。

就此而言，全球范围内残疾人的低就业率令人思来不安。根据 2012 年 12 月联合国人权事务高级专员关于残疾人工作和就业专题研究的估计，处于就业年龄的残疾人从事经济活动的不足半数。相比之下，非残疾人从事经济活动的据估计约占 4/5。[1]

2　开放、包容和无障碍的劳动力市场

第 27 条所规定的主要义务是营造一个开放、包容和无障碍的劳动力市场，使残疾人在与其他人平等的基础上享有工作权。这与《残疾人权利公约》的基本原则一致：确保残疾人充分和切实地参与和融入社会；尊重差异，接受残疾人是人的多样性的一部分和人类一份子；机会平等；无障碍。

第 27 条第 1 款的措辞表明，工作和就业权关注的是获得“谋生机会”的权利。换句话说，该条款并未规定绝对的工作权利。这一解释与《经济社会文化权利国际公约》关于工作和就业权的解释一致。[2]

一个开放、包容和无障碍的劳动力市场究竟包括什么，该条并没有界

1　OHCHR（2012），p. 4.

2　经济、社会和文化权利委员会第 18 号一般性意见：第 6 条（工作权利），E/C. 12/GC/18，第 6 段。

定。但是，第 27 条第 1 款第 2 项规定，各国必须保护残疾人享有“公平和良好的工作条件”的权利。工作条件的概念可以说覆盖了规范工作的所有规则和条款，包括获得就业和晋升、工作任务、报酬、工作时间、假期、安全和健康、工作的身心环境、防止解雇以及获得病假和其他类型的假期。因此，主要问题涉及“公平和良好的”工作条件的定义。

500 显然，从《公约》的基本原则、《公约》第 1 条所规定的宗旨和第 5 条所规定的不歧视可以得出，残疾人至少应当有权享有与非残疾人相同的工作条件。然而问题是，这些一般性的工作条件必须在多大程度上表明劳动力包括残疾人与非残疾人，而且他们都享有工作和就业的权利。

第 27 条第 1 款在一个相对简短的起始段之后以第 1 项规定了“禁止”歧视、第 2 项规定了“保护”的义务，这表明缔约国的主要责任在于防止私营实体或个人侵犯残疾人的工作和就业权。

然而，营造一个开放、包容和无障碍的劳动力市场看起来需要采取更多积极主动的措施而不仅仅是防止侵犯。在一个真正开放、包容和无障碍的劳动力市场中，残疾人只需尽可能少的特殊调适即能享有机会平等。由此导致需要关注三个关键领域：灵活的工作时间和休息安排，物理与信息的无障碍，防止因工作能力降低而遭解雇。

2.1 灵活性

实际上，所有人在一生中都经历过与健康问题或家庭义务有关的工作能力降低的阶段。残疾在某些情况下也可能与工作能力降低有关。因此，一个为雇员保有灵活性的劳动力市场也将允许其他情况对残疾人更加具有包容性。一些劳动力市场有着允许员工选择非全职工作的更强大传统。灵活性还涉及带薪病假的可能。调控工作时间的灵活性和请假的规则并不仅受雇员和雇主之间的私人协议支配，而且也受公共法律、政策和集体协议的规制。因此，国家应该在促进劳动力市场上员工的弹性工作时间方面发挥积极作用。

2.2 物理与信息无障碍

工作场所的物理与信息高度无障碍与社会整体的无障碍水平密切相

关。社会和工作场所越是无障碍，与雇用残疾员工相关的额外成本就会越低。交通工具、建筑物、工作地点、互联网等更加无障碍的重要性怎么强调都不过分。残疾人作为个体使用普通社会设施时所遭遇的障碍都变成了 501
残疾人的职业障碍，因为这些障碍意味着他们终非全能型雇员。例如，如果邮局或网站不是无障碍的，那么雇主就不会太愿意雇用残疾人来完成与之相关的工作任务。[3] 创建一个完全无障碍的社会和劳动力市场在很大程度上取决于公共法律和政策，而不仅仅是一个可以留给私人雇主来解决的问题。

2.3　防止解雇

一个真正具有包容性的劳动力市场是保护雇员不会因工作能力下降而被无理解雇的劳动力市场。只有在雇主承担着为工作能力下降的雇员作出调整的一般性义务而不是直接解雇他们的地方，劳动力市场才会对工作能力下降的人具有充分的包容性。同样，有关解雇的规则不能仅仅由雇主单方确定，也要由国家和/或工会及雇主组织来确定。

瑞典是一个已经具有相对较好经验的国家范例，为雇员免于因工作能力下降而被解雇提供了有力保障，给雇主施加了根据工作能力下降的雇员的需要而作出调整的强大义务。大多数欧盟国家的残疾人就业率低于 50%，而瑞典的残疾人就业率达到了 65%。[4]

3　工会

根据第 27 条第 1 款第 3 项，缔约国必须确保残疾人能够在与其他人平等的基础上行使其劳工权益和工会权利。也就是说，本项的基础是《经济社会文化权利国际公约》规定组织工会权利的第 8 条和《公民及政治权利国际

3　见本书对第 9 条“无障碍”的评注。

4　Liisberg（2013），p. 158；Eurostat（2014），p. 2.

公约》第 22 条，以及国际劳工组织关于成立和积极参加工会的各项公约。[5]

在一些国家，工会在调整劳动力市场和维护雇员权利方面扮演着重要角色，在下列方面发挥着重要作用：（a）寻求确保集体协议所达成的工作条件
502 有助于建立一个对残疾人开放、包容和无障碍的劳动力市场；[6]（b）寻求为劳动力市场的所有部分，包括例如庇护工场和在就业支助下工作的雇员，达成集体协议；（c）寻求维护残疾雇员免受基于残疾的歧视的权利；（d）确保某人即使从事相对较少的工作或者仅仅从事有庇护和支持的就业，也有可能成为工会成员。有关工会的交流和资料至少应当是无障碍的。

4　歧视

4.1　歧视与机会平等

第 27 条第 1 款第 1 项规定，缔约国应当在一切形式就业的一切事项上禁止基于残疾的歧视。第 27 条第 1 款第 9 项要求缔约国确保在工作场所为残疾人提供合理便利。根据《公约》第 2 条，不提供合理便利就构成歧视。

《公约》以残疾的社会模式为基础，并且《公约》本身就是这种对待残疾的新方式的体现，与基于医学模式的政策和法律形成了鲜明对比。如上所述，第 27 条的主要目标是创建一个在所有总体结构和态度方面都开放、包容和无障碍的劳动力市场，以充分实现残疾人的机会平等。此外，《公约》还要求推出和实施禁止歧视的规定。[7]

尽管充分实现机会平等和创建一个开放、包容和无障碍的劳动力市场需要逐步实现，但禁止基于残疾的歧视是一项公民权利和政治权利，具有即时效力。[8]

5　见国际劳工组织《关于结社自由和保护组织权的第 87 号公约》《关于组织权和集体谈判权的第 98 号公约》。

6　参考上文第 2 节。

7　见本书对第 5 条“平等和不歧视”的评注。

8　见本书对第 4 条“一般义务”的评注。

《公约》第 2 条将基于残疾的歧视定义为："基于残疾而作出的任何区别、排斥或限制，其目的或效果是……损害或取消在与其他人平等的基础上，对一切人权和基本自由的认可、享有或行使。[……] 包括拒绝提供合理便利。"合理便利被定义为："根据具体需要，在不造成过度或不当负担的情况下，进行必要和适当的修改和调整，以确保残疾人在与其他人平等的基础上享有或行使一切人权和基本自由。"

503 劳动力市场上基于残疾的歧视可以发生在与就业相关的所有方面，包括招聘、就业条款和条件，如报酬、工作时间、工作任务、获得晋升、骚扰和解雇。

劳动力市场的歧视与生活中其他领域的机会不平等密切相关。只要残疾人还没有同等机会获得教育、信息、交通、商品和服务、司法保护，雇主就不愿意雇用残疾人。具体而言，劳动力市场缺乏包容性的总体结构也使得获得有效的反歧视保护更加困难。例如，在一个雇主因雇员工作能力下降而将其解雇被认为公正公平的国家里，提供合理便利的责任会被更加严格地解释。

4.2　残疾与合理便利的界定

禁止歧视的实际效用尤其取决于两点：残疾的定义和提供合理便利的责任。残疾在某些情况下可能与工作能力下降相关，因此在劳动力市场禁止基于残疾的歧视可能导致与劳动力市场作为市场的本质相冲突，因为劳动力市场是雇主在具有一定资格和能力的雇员之间进行挑选的地方。

有效地禁止基于残疾的歧视有赖于适用一种与《公约》第 1 条相一致的广泛的残疾定义。[9] 一方面，挑战在于限制基于残疾而不是疾病或一般而言的工作能力下降的歧视；另一方面，认识到即使轻微的损伤也会导致不合理的差别对待，因此人权法对残疾的定义极其宽泛。[10]

9　见本书对第 1 条"宗旨"的评注。

10　见关于残疾定义的案例法，ECtHR，*I. B. v. Greece*，Application No. 552/10，Judgment of 3 October 2013；CJEU，joined cases C－335/11 and C－337/11，*HK Danmark*，*acting on behalf of Jette Ring v. Dansk almennyttigt Boligselskab and HK Danmark*，*acting on behalf of Lone Skouboe Werge v. Dansk Arbejdsgiverforening*，Judgment of 11 April 2013。

关于为劳动力市场上的残疾人提供合理便利方面，雇主可能承担着调适工作条件的义务，以确保残疾雇员不会因残疾而处于相对于其他雇员不利的地位。[11] 只有当这种调适不会给雇主带来不成比例的负担时，要求这种调适
504 才是合理的。大体上，对残疾情况作出的调适如果妨碍了雇员履行核心工作职能，则这样的调适就是不合理的。例如，空中交通管制员需要有很高的压力阈值，在这一方面，残疾可能不必被接纳。不过，鉴于技术的发展（补偿的可能性）和对基于残疾的限制的接受程度越来越低，对核心工作职能的理解也处于持续发展当中。

4.3 多重歧视

《公约》第5条第2款强调缔约国应确保残疾人享有不受任何理由歧视的平等保护。《公约》第6条特别关注缔约国确保女性与女童免受多重歧视的义务。

发生在劳动力市场上的歧视可能仅仅基于残疾，也可能基于残疾与其他理由（如性别、种族、年龄等）的结合。例如，雇主可能会因预料一位高龄员工将发生与年龄相关的残疾而将其解雇。另一个例子是，刚性工作时间可能会妨碍女性员工履行作为其残疾孩子的主要照料者的责任。比起男性，女性更可能是儿童的主要照料者，缺乏对这类员工工作时间方面的调适和便利可能构成基于残疾与性别的双重歧视。[12]

5 就业促进

《公约》第27条第1款中有好几项强调缔约国必须促进残疾人就业，所列方法、性质多样，包括下列：

- 促进残疾人的就业机会和职业提升机会（第5项）；

---

[11] Waddington (2012).

[12] 确认关联歧视（discrimination by association）成立的一个判决范例，见ECJ, case C-303/06, *S. Coleman v. Attridge Law and Steve Law*, Judgment of 17 July 2008。

- 协助残疾人寻找、获得、保持和恢复工作（第 5 项）；
- 促进自营就业、创业经营（第 6 项）；
- 在公共部门雇用残疾人（第 7 项）；
- 通过平权行动方案、奖励和其他措施，促进私营部门雇用残疾人（第 8 项）；
- 促进残疾人在开放劳动力市场上获得工作经验（第 10 项）；
- 促进残疾人的职业和专业康复服务、保留工作和恢复工作方案（第 11 项）。

第 27 条第 1 款包含的许多促进措施可以概括为确立了：（1）国家在劳 505
动力市场的所有领域——公共、私营和自营——促进实现就业机会平等目标的责任；（2）国家确保平等获得一般康复、职业和就业促进服务的责任；（3）国家落实促进残疾人机会平等的平权行动方案的责任。

5.1　康复和就业促进服务

如上所述，第 27 条第 1 款多次提到残疾人应当享有康复、培训和职业介绍服务。根据《公约》基本原则，缔约国必须首先确保残疾人在平等基础上享有非残疾人可得到的一般服务。例如，从事职业介绍服务的雇员必须保持敏感，避免对残疾人能力的偏见影响向他们提供的职业介绍服务。另外，一个显著的风险是，为残疾求职者提供的服务次于为其他求职者提供的服务，因为帮助残疾求职者就业可能被认为更加费时费力。该风险应当通过培训负责职业介绍服务的官员以及为残疾求职者提供必要的支持方案加以克服。

应当在无障碍环境中为残疾求职者提供培训。另外，残疾人任何可能的特殊需求都应当以符合提供合理便利义务的方式予以满足。

适应训练和康复是确保残疾人机会平等的关键。[13]

5.2　平权行动方案

第 27 条关于平权行动的主要规定是第 1 款第 8 项，规定缔约国必须以

13　见本书对第 26 条“适应训练和康复”的评注。

“可以包括平权行动”的适当措施促进残疾人在私营部门就业。

《公约》第 5 条第 4 款也规定：“为加速或实现残疾人事实上的（*de facto*）平等而必须采取的具体措施，不得视为本公约所指的歧视。”大致来说，平
506 权行动就是这样一项在劳动力市场“加速或实现事实上的平等而必须采取的具体措施”。因此，从第 5 条第 4 款的措辞推断，采取平权行动不构成对《公约》的违反。[14]

平权行动被限定为“具体的”，大概表明有关措施只针对残疾人，而非针对残疾人与非残疾人的一般措施。

规定平权行动的第 27 条第 1 款第 8 项涉及国家在与私营部门关系方面的责任，与之相对的第 27 条第 1 款第 7 项则专门针对公共部门。国家对确保残疾人在公共部门就业负有直接义务，而对促进残疾人在私营部门就业则负有间接义务。

尽管《公约》的措辞可能给人一种印象，即各国可以自由选择是否采取平权行动来促进残疾人在私营部门就业，但残疾人权利委员会已经在若干结论性意见中建议缔约方发起平权行动以促进残疾人在私营劳动力市场就业。[15]

促进残疾人就业的平权行动可以采取支持性就业或配额的形式。支持性就业或多或少算是一种特殊的就业：在标尺的一头，人们可以发现完全隔离的庇护工场，其主要目标通常不是为参与者在开放的劳动力市场就业做准备；而在标尺的另一头，则是为残疾人在普通工作场所完成普通工作任务资助补贴的项目。配额可能是“软”的，也可能是“硬”的，可能对工作场所中或多或少的普通职位给予或多或少的就业优惠。

就业促进措施的支持理由是，残疾人在开放的劳动力市场上获得就业面临着极端障碍，而采取促进措施降低这些障碍是必要的。反对的理由是，为残疾人设立特殊的、隔离的工作场所和职位类别，会导致残疾人被排除在普

---

[14] 亦见关于特别具体措施的《消除一切形式种族歧视国际公约》第 2 条第 2 款和关于暂行特别措施的《消除对妇女一切形式歧视公约》第 4 条第 1 款（与“特别具体措施”“暂行特别措施”相对应的英文表述，在这两项公约中均为“special measures”——译者注）。

[15] 残疾人权利委员会的结论性意见：中国，CRPD/C/CHN/CO/1，第 78 段、第 97 段；萨尔瓦多，CRPD/C/SLV/CO/1，第 56 段；巴拉圭，CRPD/C/PRY/CO/1，第 64 段。

通的劳动力市场之外。因此，必须达到一个平衡，确保既有必要的促进措施到位，同时又保证这些措施不会导致残疾人在劳动力市场上被隔离和限制。

6　奴役、强迫或强制劳动

507

根据《公约》第 27 条第 2 款，缔约国“应当确保残疾人不被奴役或驱役，并在与其他人平等的基础上受到保护，不被强迫或强制劳动”。该条款是以《公民及政治权利国际公约》第 8 条为基础的。

国际劳工组织 1930 年第 29 号公约有对强迫劳动的定义，该定义至今仍有意义。该公约将强迫或强制劳动定义为“以惩罚相威胁，强使任何人从事其本人不曾表示自愿从事的所有工作和劳务”。[16] 以此定义为基础，国际劳工组织制定了关于强制劳动的判断指标，包括滥用弱势群体、隔离孤立，以及虐待性的工作和生活条件。[17]

依赖他人帮助的残疾人生活在孤立隔离之中，难以获得普通工作，有被奴役和被迫在虐待条件下工作的危险。

因此，缔约国必须采取措施为残疾人赋权，使他们有办法掌控自己的生活，独立生活，并获得普通就业和公正的工作条件。采取打击强迫和强制劳动的措施时，应当对残疾人的处境保持特别敏感。

相关案例

CJEU 11. 04. 2013，Joined Cases C-335/11 and C-337/11，*HK Danmark*，*acting on behalf of Jette Ring v. Dansk almennyttigt Boligselskab and HK Danmark*，*acting on behalf of Lone Skouboe Werge v. Dansk Arbejdsgiverforening*，nyr.

ECJ 17. 07. 2008，Case 303/06，*S. Coleman v. Attridge Law and Steve Law*，ECR I-5603.

16　国际劳工组织《关于强迫或强制劳动的第 29 号公约》第 2 条第 1 款。

17　ILO（2012）.

ECtHR 03. 10. 2013, Application No. 552/10, *I B v. Greece*, ECHR 283 (2013).

参考文献

Eurostat (2014) News release 184/2014, 2 Dec 2014, http://ec.europa.eu/eurostat/documents/2995521/6181592/3-02122014-BP-EN.pdf/aefdf716-f420-448f-8cba-893e90e6b460, Accessed 1 Oct 2015.

ILO (2012) ILO indicators of forced labour, ILO SAP-FL. Available via ILO, http://www.ilo.org/global/topics/forced-labour/publications/WCMS_203832/lang-en/index.htm, Accessed 1 Oct 2015.

508 Liisberg MV (2013) Flexicurity and employment of persons with disabilities in Europe in a contemporary disability human rights perspective, In: Waddington L, Quinn G, Flynn E (eds) European yearbook of disability law, Intersentia, Cambridge, pp. 145-168.

OHCHR (2012) Thematic Study on the work and employment of persons with disabilities, A/HRC/22/25.

Waddington L (2012) Equal to the task? Re-examining EU equality law in light of the United Nations Convention on the Rights of Persons with Disabilities, In: Waddington L, Quinn G, Flynn E (eds) European yearbook of disability law, Intersentia, Antwerp, pp. 169-200.

第 28 条　适足的生活水平和社会保护 509

马克·法希廖内

一、缔约国确认残疾人有权为自己及其家属获得适足的生活水平，包括适足的食物、衣物、住房，以及不断改善生活条件；缔约国应当采取适当步骤，保障和促进在不受基于残疾的歧视的情况下实现这项权利。

二、缔约国确认残疾人有权获得社会保护，并有权在不受基于残疾的歧视的情况下享有这项权利；缔约国应当采取适当步骤，保障和促进这项权利的实现，包括采取措施：

（一）确保残疾人平等地获得洁净供水，并且确保他们获得适当和价格低廉的服务、用具和其他协助，以满足与残疾有关的需要；

（二）确保残疾人，尤其是残疾妇女、女孩和老年人，可以利用社会保护方案和减贫方案；

（三）确保生活贫困的残疾人及其家属，在与残疾有关的费用支出，包括适足的培训、辅导、经济援助和临时护理方面，可以获得国家援助；

（四）确保残疾人可以参加公共住房方案；

（五）确保残疾人可以平等享受退休福利和参加退休方案。

目　次 510

511 1 第28条的两层内容

《残疾人权利公约》第28条通过一并承认残疾人享有适足生活水平权和获得社会保护权，将《经济社会文化权利国际公约》[1] 第9条和第11条所载的权利保障纳入同一条款。该条款的存在是为了责成缔约国满足残疾人的基本需要，如适足的食物、衣服、住房（包括公共住房方案）、洁净供水、退休福利和方案，以及社会保护和减贫方案，并确保所有残疾人及其家庭能够不受歧视地享有最基本水平的此类权利。确实，有明确的迹象表明，残疾人比其他人更容易陷入贫困和残疾的恶性循环，二者互为因果。

上述两项权利之间有着密不可分的联系，因为要享有适足的生活水平，就必须保证有适当水平的社会保护，尤其是对于最边缘化和最弱势的人。同样，如果不享有适足的生活水平，残疾人获得社会保护的权利就可能得不到有效实现。正是从这个角度，值得注意的是，在《公约》准备工作期间，该条款初稿标题是“社会保障和适足的生活水平”，而在谈判期间，一些国家

1 见1966年12月16日联合国大会第2200A（XXI）号决议通过的《经济社会文化权利国际公约》。

建议调换两者的位置，并最终被采纳。[2]

1.1 适足生活水平权

适足生活水平权的不同组成部分得到《世界人权宣言》第 25 条、《消除一切形式种族歧视国际公约》第 5 条（辰）项、《消除对妇女一切形式歧视公约》第 14 条第 2 款、《儿童权利公约》第 27 条第 3 款等国际文书的承认。然而，《经济社会文化权利国际公约》第 11 条所载的规定仍然是最完整的——这主要是由于经济、社会和文化权利委员会在其判例法中实现了对这项关键社会权利的具体化。具体就残疾人而言，经济、社会和文化权利委员会指出，《经济社会文化权利国际公约》第 11 条不仅包括“有必要确保残疾人能得到适足的食物、无障碍的住房和其他基本资料”，还包括如下必要：提供“支助服务，包括辅助性器材”，以便“帮助他们提高日常生活方面的独立能力和行使他们的权利”；保障得到适足衣着的权利，“这对残疾人来说也特别重要，因为残疾人在衣着方面有特殊需要，落实这项权利能使他们在社会中充分和有效地发挥作用”；向残疾人提供“适当的个人帮助”；保证适足住房权，“这包括残疾人对无障碍住房的权利”。[3]

因此，残疾人适足生活水平权的第一个基本组成部分包括获得适足食物以避免饥饿和营养不良的权利。从这一角度看，根据经济、社会和文化权利委员会第 12 号一般性意见，只有当“每一男子、女子、儿童，单独或与他人一道在任何时候都具备取得适足食物的实际和经济条件或获取食物的手段”时，食物权才得以实现。“因此，取得适足食物的权利不应作狭义或限制性解释，不应等同于最低限度热量、蛋白质和其他具体营养物的组合。”[4]

即使从《残疾人权利公约》第 28 条的角度来看，食物权的两个要素至

---

2 见促进和保护残疾人权利和尊严的全面综合国际公约特设委员会工作组关于“社会保障和适足的生活水平”的第 23 条草案，A/AC. 265/2004/WG/1，附件 1。关于特设委员会推进的谈判，见 Kayess and French（2008）。

3 经济、社会和文化权利委员会第 5 号一般性意见：残疾人（1994 年 12 月 9 日），E/1995/22，第 33 段。

4 经济、社会和文化权利委员会第 12 号一般性意见：取得足够食物的权利（1999 年 5 月 12 日），E/C. 12/1999/5，第 6 段。

少是该条核心内容的一部分：首先，食物必须是可得的，即其数量和质量必须足以满足个人饮食需求，不含有害物质，并在特定文化中可接受；其次，食物必须是可及的，即其方式可持续，而且不妨碍对其他人权之享受。根据经济、社会和文化权利委员会第 12 号一般性意见，食物的可得性“指直接依靠生产性土地或其他自然资源养活自己的可能性，或是指运转良好的分配、加工以及能够根据需求将粮食从生产地点运至需要粮食地点的市场制度
512 的可能性”，[5] 而可及性涵盖经济和现实两个方面。经济上的可及性意味着，“个人或家庭与获取食物、取得适足营养有关的开支水平应以其他基本需求的实现或满足不受影响或损害为限。经济上的可及性适用于人们据以获取食物的任何获得方式或资格，是衡量享有适足食物权满意程度的一个尺度”。[6] 与之对应，现实上的可及性意味着“人人都必须能够获得适足食物，包括身体虚弱者，如婴儿、幼儿、老年人、**身体残疾人**、绝症患者以及患有长期疾病的人（包括精神病患者）等”。[7]

《公约》第 28 条规定的适足生活水平权的另一个关键组成部分是获得适足住房的权利。经济、社会和文化权利委员会 1991 年通过的第 4 号一般性意见强调了这项权利对于享有所有经济、社会和文化权利的核心重要性。经济、社会和文化权利委员会认为，对住房权的解释不应该在“狭隘或限制性的意义上，把它等同于仅是头上有一屋顶的容身之处或把住所完全视为一种商品，而应该把它视为安全、和平和有尊严地在某处居住的权利”。[8]

然而，根据经济、社会和文化权利委员会的观点，“适足”这一概念对住房权尤其重要，因为它强调了在确定特定形式的容身之所是否可以被视为构成符合《公约》宗旨的“适足住房”时必须考虑的某些方面。对于《公约》第 28 条的残疾人住房权，也必须考虑这些方面。更具体地说，经济、社会和文化权利委员会认为，下列方面与残疾人尤其相关：（a）居住权的法

5 经济、社会和文化权利委员会第 12 号一般性意见，第 12 段。

6 经济、社会和文化权利委员会第 12 号一般性意见，第 13 段。

7 经济、社会和文化权利委员会第 12 号一般性意见，第 13 段。着重号后加。

8 经济、社会和文化权利委员会第 4 号一般性意见：适足住房权（第 11 条第 1 款）（1991 年 12 月 13 日），E/1992/23，第 7 段。

律保障，因为所有人都应拥有一定程度的居住权保障，以保证受到法律保护，免遭强迫迁离、骚扰和其他威胁；（b）服务、材料、设备和基础设施的可得性，因为适足住房权的**所有享有者**都应能持久地取得自然和共同资源，安全饮用水，用于烹调、取暖和照明的能源，卫生和洗涤设备，食物储藏手段，垃圾处理，排水设施，以及紧急服务；（c）经济上的可负担性，因为与住房有关的个人或家庭费用应保持在一定水平上，不能使其他基本需要的获得与满足受到威胁或损害；（d）适居性，因为适足的住房必须是适于居住的，即向居住者提供足够的空间，并保护他们免受寒冷、潮湿、炎热、风雨或其他对健康的威胁、建筑危险和疾病传染；（e）地点，因为适足的住房应处于便利就业选择、保健服务、就学、儿童托管和其他社会设施的地点； 513
（f）文化的适足性，因为住房的建造方式、所用建筑材料和支持住房的政策必须能恰当地体现住房的文化特征和多样化；（g）可及性，因为适足的住房必须为一切有资格享有者所可及，而且必须特别注意确保处境不利的群体充分和持续地获得适足住房资源。有意思的是，在经济、社会和文化权利委员会的意见中，“处境不利的群体”包括“老年人、儿童、**残疾人**、晚期患者、艾滋病毒阳性者、身患痼疾者、精神病患者、遭受自然灾害者、易受灾地区居民”，[9] 以及在住房领域应确保予以一定程度的优先考虑的其他群体。

1.2　社会保护权

就第 28 条所载的社会保护权而言，即使“社会保护”一词比《经济社会文化权利国际公约》第 9 条所载“社会保障”的概念更为宽泛，而正是经济、社会和文化权利委员会于 2007 年通过的关于第 9 条的第 19 号一般性意见代表了确定审议中的《残疾人权利公约》条款内容的基本解释文书。实际上，根据经济、社会和文化权利委员会的观点，缔约国必须“考虑制订计划，为处于不利地位的和边缘群体的个人提供社会保护，例如，为小农提供农作物保险和自然灾害保险，或为非正规经济部门中的个体经营者提供生计

9　见经济、社会和文化权利委员会第 4 号一般性意见，第 8 段。着重号后加。

保护”。[10] 此外，经济、社会和文化权利委员会在其第 5 号一般性意见中解释残疾语境下的社会保障权时，还强调了社会保障和维持收入方案对残疾人的根本重要性。最值得注意的是，第 5 号一般性意见重申了联合国《残疾人机会均等标准规则》[11] 规则 8 第 1 款的内容，承认“各国应确保向那些由于残
514 疾或与残疾有关的原因而暂时丧失收入或收入减少，或被剥夺就业机会的残疾人提供适当的收入支助”。[12] 同时，根据经济、社会和文化权利委员会的意见，这种支助应“体现特殊的需要和往往与残疾有关的其他费用……还应尽可能涵盖负责照料残疾人的个人（其中大多数为妇女）”。[13] 根据《残疾人机会均等标准规则》规则 8，社会保障制度应包括残疾人恢复挣取收入能力的激励措施，并提供或支持职业培训和安置工作。社会保障方案还应为残疾人求职提供奖励措施。[14] 应继续提供收入支助，直至残疾状况消失并且相关人员获得足够和可靠的收入，但此种支助不应达到使残疾人无心就业的程度。[15] 最后，经济、社会和文化权利委员会在处理残疾语境下的社会保障权方面的关键作用，是承认了残疾的额外费用、避免机构收容和利用社会支助使残疾人能够过上积极的生活。

有意思的是，《残疾人权利公约》第 28 条第 2 款规定了缔约国在社会保护方面的义务，比关于保障适足生活条件的第 28 条第 1 款规定得更为详细。根据第 2 款，缔约国有义务确保残疾人获得广泛的服务，即确保残疾人平等地获得洁净供水，以及获得服务、用具和其他协助，以满足与残疾有关的需要；确保残疾人，尤其是残疾妇女、女孩和老年人，可以利用

---

[10] 见经济、社会和文化权利委员会第 19 号一般性意见：社会保障权利（第 9 条）（2008 年 2 月 4 日），E/C. 12/GC/19，第 28 段。

[11] 见 1993 年 12 月 20 日联合国大会第 48/96 号决议通过的联合国《残疾人机会均等标准规则》，A/RES/48/96。《残疾人机会均等标准规则》是残疾人十年的主要成果，虽然不是一项具有法律约束力的文书，但代表了各国政府采取行动实现残疾人机会均等的坚定道义和政治承诺。《残疾人机会均等标准规则》是决策的工具，也是技术和经济合作的基础，并可作为在残疾语境下解释《经济社会文化权利国际公约》条款的指导来源。

[12] 经济、社会和文化权利委员会第 5 号一般性意见，第 28 段。

[13] 同上。

[14] 见第 4 款、第 5 款。

[15] 见第 6 款。

社会保护方案和减贫方案；[16] 确保生活贫困的残疾人及其家属，在与残疾有关的费用支出，包括适足的培训、辅导、经济援助和临时护理方面，可以获得国家援助；确保残疾人可以参加公共住房方案；确保残疾人可以平等享受退休福利和参加退休方案。通过这份服务清单，第 28 条第 2 款规定了缔约国的确切义务，并因此限制了各国在选择执行此类义务的方式方面的裁量权。

在第 28 条第 2 款规定的缔约国义务中，应提一下提供洁净水的义务。515
这一义务虽然也可以从残疾人享有适足生活水平权和健康权中推断出来，但也必须根据经济、社会和文化权利委员会第 15 号一般性意见加以解释。该意见强调，水权是“人有尊严地生活所不可或缺的”，并强调其是“实现其他人权的一个前提条件”。[17] 同时，经济、社会和文化权利委员会认为，这项权利“使每个人都有权获得充足、安全、可接受、便于汲取、价格合理的个人和家庭用水”，[18] 不仅涉及获得饮用水供应的权利，而且应被视为包括获得农业生产等其他目的所需的水资源的权利。[19]

2　第 28 条规定的缔约国义务

2.1　《经济社会文化权利国际公约》所载的一般原则

确定源自《残疾人权利公约》第 28 条的缔约国义务的起点是经济、社会和文化权利领域现有的一般标准。实际上，《经济社会文化权利国际公约》

16　就各国设立社会保护最低标准而言，国际劳工组织第 202 号建议书要求所有国家规定社会保护最低标准，至少提供下列基本社会保障：（1）享有国家规定的构成基本医疗保健的整套商品和服务；（2）至少是国家规定的最低水平的针对儿童的基本收入保障；（3）至少是国家规定的最低水平的，针对处于就业年龄阶段但又无法获得足够收入的人员的基本收入保障，特别是在疾病、失业、生育和残疾的情况；（4）至少是国家规定的最低水平的，针对老年人的基本收入保障。国际劳工组织，《关于国家社会保护最低标准的建议书》（2012 年 6 月 14 日通过），第 5 段。着重号后加。

17　经济、社会和文化权利委员会第 15 号一般性意见：水权（《公约》第 11 条、第 12 条）（2003 年 1 月 20 日），E/C. 12/2002/11，第 1 段。

18　经济、社会和文化权利委员会第 15 号一般性意见，第 2 段。

19　同上。

以及经济、社会和文化权利委员会形成的判例法构成了残疾人权利委员会在此领域内对《残疾人权利公约》所载条款发表其解释的法律基准。《经济社会文化权利国际公约》第 2 条第 1 款规定了一般法律义务，要求缔约国“承允尽其资源能力所及，各自并借国际协助与合作，特别在经济与技术方面之协助与合作，采取种种步骤，务期以所有适当方法，尤其包括通过立法措施，逐渐使本公约所确认之各种权利完全实现”。《经济社会文化权利国际公约》第 11 条第 1 款重申了不断改善条件的要求，涉及包括食物、衣着和住房在内的适足生活条件的权利。

众所周知，《经济社会文化权利国际公约》中的每一项权利都涉及三种义务：尊重、保护和实现的义务。根据尊重义务，各国不得采取任何妨碍或阻止享受经济、社会和文化权利的措施。根据保护义务，各国必须确保没有其他行为者干涉这些权利的享受。最后，实现义务——其范围取决于各项权利
516 的措辞——要求各国实现（提供）这些权利。上述源自经济、社会和文化权利的三重义务显然也适用于《残疾人权利公约》第 28 条的规定。[20]

经济、社会和文化权利实现的“逐渐性”，以及这种实现以现有可用资源为条件的理念，同样适用于《残疾人权利公约》第 28 条的规定。然而，即使是关于《残疾人权利公约》第 28 条规定的缔约国义务，经济、社会和文化权利委员会第 3 号一般性意见也能适用，因为其中确认每个人不受歧视地享有这些权利的义务和为实现这些权利而采取步骤的义务是即时义务。换言之，其创设了明确和可执行的结果义务。经济、社会和文化权利委员会在第 3 号一般性意见中还指出，各国采取的步骤必须“周密、具体、目标明确”，而且在《经济社会文化权利国际公约》对有关缔约国生效之后的“合理较短时间”之内就必须采取这些步骤。此外，缔约国必须“尽可能迅速和有效地采取行动”，以充分实现《经济社会文化权利国际公约》规定的各项权利。同样，所有这些义务都适用于《残疾人权利公约》第 28 条。

同理，还有另外两项一般义务是《残疾人权利公约》参考《经济社会

---

[20] 关于经济、社会和文化权利委员会对待缔约国义务的进路，以及对委员会在该主题上发展起来的三重义务理论的分析，见 Sepulveda（2003），第 173 页及以下页（特别是第 196~248 页）。

文化权利国际公约》所载的经济、社会和文化权利保护制度而来的：（1）有意采取的乍看不合法的倒退措施（只有促进了《公约》规定权利的总体实现才正当合理）；（2）尽管《公约》规定的大部分义务主要是行为义务（采取步骤），但缔约国仍有最低限度的核心义务实现每项权利的最基本水平。[21]至于《残疾人权利公约》第 28 条的规定，最低限度核心义务的确定由残疾人权利委员会逐案进行。[22] 在此必须强调的是，即使在经济衰退或金融危机
造成资源严重短缺、社会开支预算削减的情况下，各国也必须特别注意保护 517
社会中最脆弱的成员，其中就包括残疾人。[23]

2.2　由残疾人权利委员会的实践所形成的原则

通过残疾人权利委员会发布的关于第 28 条的判例，上述一般原则在不同的视角下得到了实质性的适用。

委员会处理的第一个系列案件涉及保障获得社会保护的权利的义务和相应采取的国家措施。委员会经常对土著社区和农村地区居民等特定不利处境群体的残疾人无法获得资源表示关切，要求各国审查获得社会保护的立法要求。[24] 在其他场合，委员会还指责直接或间接歧视残疾人的国家法律，以及对残疾移徙工人和残疾移徙工人子女的不平等待遇。[25] 在另一个视角下，委员会批评了居住在农村地区的残疾人和居住在城市地区的残疾人在获得社会福利方面存在的差距，并敦促缔约国采取国家弥补措施。[26] 它还批评了缔约国缺乏实现适足生活水准和社会保护权的各方面的国家战略的情况，建议各

21　See Young (2008).

22　See, infra, para. 2.2.

23　见经济、社会和文化权利委员会的结论性意见：中国（澳门），E/C.12/1/Add.9，第 17 段；格鲁吉亚，E/C.12/1/Add.42，第 12 段、第 25 段；爱尔兰，E/C.12/1/Add.35，第 17 段；西班牙，E/C.12/1/Add.2，第 14 段；菲律宾，E/C.12/1995/7，第 18 段；所罗门群岛，E/C.12/1/Add.33，第 18 段。另见经济、社会和文化权利委员会第 3 号一般性意见：缔约国义务的性质（《公约》第 2 条第 1 款）（1990 年 12 月 14 日），E/1991/23，第 12 段；第 4 号一般性意见，第 11 段。关于经济危机对享受经济、社会和文化权利影响的分析，见 Fasciglione（2014）及其引用的法律文献。

24　残疾人权利委员会的结论性意见：巴西，CRPD/C/BRA/CO/1，第 50~51 段。

25　残疾人权利委员会的结论性意见：阿根廷，CRPD/C/ARG/CO/1，第 45~46 段。

26　残疾人权利委员会的结论性意见：中国，CRPD/C/CHN/CO/1，第 43~44 段。

国采取措施，确保残疾人能够享有社会保护和非缴费计划，并敦促它们为此分配必要的资源。[27]

518 第二个系列案件涉及《公约》第 28 条规定的最低核心义务内容的确定。在某些情况下，残疾人权利委员会要求缔约国“确定社会保护最低标准”，该最低标准包含适足生活水平权的最低限度内容；[28] 或者，敦促缔约国重新设计社会住房原型，以照顾残疾人的需求。[29] 在其他情况下，委员会批评修改残疾儿童获得福利标准的国家法律，敦促各国重新规定附加社会补贴以便将残疾儿童家庭的生活水平保持在维持生计的水平以上。[30] 委员会还对一些国家法律规定将家庭成员有一定收入或财产的残疾人排除在社会保护福利之外表示关切。为此，委员会敦促缔约国根据“残疾人的个人特点、状况和需要，而不是根据残疾等级评定办法以及残疾人家庭的收入和财产状况”提供最低生活补助福利。[31]

残疾人权利委员会正是根据这些标准分析了各国采取的国家紧缩措施与第 28 条的一致性。实际上，在这些情况下，委员会常常对此类措施会对残疾人生活水平产生的不利倒退影响表示关切，敦促各国“通过确定社会保护最低标准来防止紧缩措施的进一步倒退影响”，[32] 或要求各国审查预算分配情况，增加残疾人的养恤金。[33]

第三个系列案件涉及在委员会对生活贫困的残疾人表示关切，或请各国加强减贫方案的情况下，仍然发生的残疾人特殊个人条件保护方面的对《残疾人权利公约》第 28 条的违反。在这些情况下，委员会要求各国采取公共社会保护和扶贫政策，作为抵消加剧残疾的社会经济因素的措施；[34] 或对生

---

[27] 残疾人权利委员会的结论性意见：萨尔瓦多，CRPD/C/SLV/CO/1，第 57~58 段；德国，CRPD/C/DEU/CO/1，第 51~52 段；蒙古国，CRPD/C/MNG/CO/1，第 42~43 段。

[28] 残疾人权利委员会的结论性意见：加蓬，CRPD/C/GAB/CO/1，第 60~61 段。

[29] 残疾人权利委员会的结论性意见：厄瓜多尔，CRPD/C/ECU/CO/1，第 44~45 段。

[30] 残疾人权利委员会的结论性意见：捷克，CRPD/C/CZE/CO/1，第 53~54 段。

[31] 残疾人权利委员会的结论性意见：韩国，CRPD/C/KOR/CO/1，第 53~54 段。

[32] 残疾人权利委员会的结论性意见：欧盟，CRPD/C/EU/CO/1，第 66~67 段。

[33] 残疾人权利委员会的结论性意见：乌克兰，CRPD/C/UKR/CO/1，第 52~53 段。

[34] 残疾人权利委员会的结论性意见：哥斯达黎加，CRPD/C/CRI/CO/1，第 57~58 段；土库曼斯坦，CRPD/C/TKM/CO/1，第 43~44 段。

活在贫困中的残疾人，尤其是那些在农村地区、罗姆人出身或属于其他少数 519
群体的残疾人表示关切；[35] 或对生活在贫困中并无合法移民身份的残疾人表示关切。[36]

3　第 28 条所承认的权利在欧洲区域层面的实施

3.1　《欧洲人权公约》

《欧洲人权公约》没有明确规定保护残疾人的任何具体权利，但是，该公约规定的人权属于每一个人，包括残疾人。因此，即使欧洲人权法院的判例法似乎总是不愿将采取措施帮助残疾人解决其难处的积极义务施予缔约国，[37] 但法院通常会考虑残疾人的特殊情况，以确保其切实享有《欧洲人权公约》所载的权利。

的确，《欧洲人权公约》必须被视为一项能够适应新发展的文书。正因为如此，欧洲人权法院判例法将其描述为一份“活的文书”。此外，《欧洲人权公约》的实施及其适用范围的确定，是通过欧洲人权委员会和法院根据“民主社会中不断变化的生活条件和主流观念和价值”对其规定进行解释而实现的。总之，尽管《欧洲人权公约》并未明确提及残疾问题，但多年来，残疾人提出的申请使欧洲人权法院的法官有机会阐述这一领域中判例法的重要原则，甚至涉及《残疾人权利公约》第 28 条所载的权利。

因此，欧洲人权法院在评估精神病院或社会福利院现有生活条件与《欧洲人权公约》的一致性时，会考虑适足生活条件的权利，并且，一旦这些条 520

35　残疾人权利委员会的结论性意见：克罗地亚，CRPD/C/HRV/CO/1，第 43~44 段；肯尼亚，CRPD/C/KEN/CO/1，第 49~50 段；墨西哥，CRPD/C/MEX/CO/1，第 53~54 段。

36　残疾人权利委员会的结论性意见：多米尼加共和国，CRPD/C/DOM/CO/1，第 52~53 段。

37　欧洲人权法院的这种“克制”可以在以下情况得到解释，即各国接受这种义务将给本国经济能力带来不可估量（可能也是过度）的负担［法院采取这种立场的例子见博塔诉意大利案（*Botta v. Italy*，1998 年 2 月 24 日的判决），以及 2002 年 5 月 14 日关于泽纳洛娃和泽纳尔诉捷克案的可诉性裁决（*Zehnalová and Zehnal v. Czech Republic*，受理编号 38621/97）等案］。对这种处理方法的批判性评论，见 de Schutter（2005）和 Abello Jimenez（2005）。

件作为一个整体（食物不足和质量低劣、建筑供暖不足、浴室和厕所破烂不堪等）构成不人道和有辱人格的待遇，即宣布其与《欧洲人权公约》第3条不符。[38]

同样地，从社会保护权的角度来看，欧洲人权法院的判例法多年来已经发展到这样一步：如今残疾人的缴费性福利和非缴费性福利都被认为属于《第一议定书》第1条规定的财产概念。在执行这一原则时，法院一再强调，尽管各国在支付水平方面享有相当大的裁量权，但社会保障或社会福利的权利受《欧洲人权公约》的保护，国内当局不能任意撤销。欧洲人权法院在涉及残疾人的几起案件中都应用了这一原则。在一些案件中，法院判定，在享受非缴费性福利（如残疾成年人补助）方面对法国国民与第三国国民予以区别对待不具备客观和合理的理由，因此违反了与《第一议定书》第1条一并解读的《欧洲人权公约》第14条关于禁止歧视的规定。[39] 在另一些案件中，法院强调，为解决养恤基金的财政困难而通过的新的立法，导致了个人残疾受益于残疾养恤金的百分比与《第一议定书》第1条不一致。实际上，法院认为，即使关注解决基金财政困难可能大体上看起来是一个正当的目的，但“绝大多数残疾养恤金领取者继续领取与新规则通过前相同水平的残疾津贴，而只有少数人，包括上诉人，不得不承担其养恤金权利的全部损失”的情况不符合《欧洲人权公约》。这种情况涉及过度和不成比例的负担，当局所依赖的正当社会利益可能无法成为这种负担的理由。[40] 在最近的一系列案件中，法院还认定，成员国颁布了具有追溯力的新立法，导致上诉人获得残疾照料的权利被完全剥夺，从而违反了《第一议定书》第1条。[41] 对于国家立法在严重先天性残疾（由于医疗失误而在产前检查中未发现）儿童的父母向国内
521 法院提起的诉讼中取消很大一部分损害赔偿的做法，欧洲人权法院也得出了

38 See ECtHR (Grand Chamber), *Stanev v. Bulgaria*, Judgement of 17 January 2012.

39 See ECtHR, *Koua Poirrez v. France*, Judgement of 30 September 2003.

40 See ECtHR, *Kjartan Ásmundsson v. Iceland*, Judgement of 12 October 2004. 有意思的是，法院认为，“如果申请人不得不承受合理和相称的利益减损，而不是承担全部损失，情况就不会是这样”。

41 See ECtHR, *Béláné Nagy v. Hungary*, Judgment of 10 February 2015. 该案已于2015年6月提交大审判庭。

同样的结论。[42]

3.2　欧盟法律制度

就《残疾人权利公约》第 28 条在欧盟法律体系内的实施而言，《欧洲联盟基本权利宪章》第 34 条承认社会保障权，并确保人人都能在欧盟之内合法居住和迁移，这是根据欧洲共同体法律和各国法律与实践享受社会保障福利和社会利益的一项权利。这项权利也适用于在欧盟境内流动的残疾人，尤其是残疾工人。实际上，《欧洲联盟运行条约》第 45 条和《第 492/2011 号（欧盟）条例》[43] 详细规定了工人流动自由所衍生的权利。在此背景下，所有行使其自由流动权的工人，包括残疾人，将在东道成员国享受与本国公民和本国残疾人同等的待遇。这在获得与残疾有关的福利方面尤为重要。实际上，欧盟法院为了鼓励和便利工人在欧盟内部自由流动，将“社会福利”这一概念解释为涵盖了主要因为工人身份或仅仅由于他们居住在成员国这一事实而给予工人的所有权利或福利。因此，欧盟工人家庭中的残疾成员将有权要求获得与本国残疾人相同的所有残疾相关福利。[44] 相应地，根据上述《第 492/2011 号（欧盟）条例》第 5 条，来自其他成员国的残疾人应获得与本国残疾人相同的救助。《条例》第 7 条第 1 款承认，来自其他成员国的残疾人在东道成员国的就业和工作条件方面必须享有同等待遇，尤其是在对本国残疾工人作出具体工作安排的情况下。此外，第 7 条第 2 款规定这些残疾人应当在社会福利方面享受同等待遇，尤其是在东道成员国向本国残疾工人和（或）其家庭成员提供特殊社会救济福利的情况下（包括为残疾家庭成员提供特殊的社会救济福利）。最后，根据《条例》第 9 条，同等待遇还应适用 522
于来自其他成员国的残疾工人获得住房和相关福利的情况，尤其是在为本国

42　See ECtHR（Grand Chamber），*Draon v. France* and *Maurice v. France*，Judgments of 6 October 2005.

43　Regulation（EU）No 492/2011，5 April 2011，on freedom of movement for workers within the Union［2011］OJ L 141/1.

44　就卢森堡法院在这一问题上的判例法而言，见 ECJ，Case 76/72，*Michel S. v. Fonds national de reclassement social des handicaps*，Judgment of 11 April 1973，ECR 457；and ECJ，Case C-326/90，*Commission of the European Communities v. Kingdom of Belgium*，Judgment of 10 November 1992，ECR I-5517。

残疾人提供专用设施的情况下。

欧盟社会保障领域的法律规定了协调各成员国的国家社会保障制度。实际上，虽然每个成员国都可以自由决定本国社会保障制度的细节，包括提供哪些福利，但关于社会保障制度协调的（欧洲共同体）第 883/2004 号条例确立了所有的国家主管机关必须遵守的共同规则和原则，涉及资格条件、福利计算方式和缴费金额等方面。这些规则确保在适用国家立法时尊重平等待遇和不歧视的基本原则，不对在欧盟内行使自由流动权的人产生不利影响。例如，关于丧失工作能力者的应享福利，《条例》规定了在跨境情况下计算丧失工作能力养恤金的规则。《条例》还涵盖了"长期护理福利"。目前，在（欧洲共同体）第 883/2004 号条例中没有关于该福利的定义，但是根据国内判例法和定义，长期护理福利可以界定为在很长时间内由于年老、疾病或丧失能力，加上缺少或丧失身体、精神、智力或感官自主，而需要他人协助或相当大的帮助才能完成基本日常活动的人获得的福利。因此，该定义涵盖了残疾人的具体情况，属于《残疾人权利公约》第 28 条的适用范围。

最后，就平等待遇而言，第 2006/54/EC 号指令[45]适用于男女在社会保障方面的平等待遇。该指令在第 1 条中确保在就业和职业等事项上贯彻男女机会平等和平等待遇原则。该指令第 2 章涉及职业生活保障计划中的平等待遇，包括对疾病、丧失工作能力、老化（包括提前退休）、工伤事故和职业病以及失业提供保护，并涉及现金支付和实物福利。就该指令的属人管辖范围而言，根据第 6 条，它适用于劳动人口成员，包括个体经营者，因疾病、生育、事故或非自愿失业而不再从事劳动的人，寻求就业人员，以及退休或残疾工人。

523

4 末论

《残疾人权利公约》第 28 条保障残疾人享有适足生活水平和社会保护的

45 See Directive 2006/54/EC of the European Parliament and of the Council on the implementation of the principle of equal opportunities and equal treatment of men and women in matters of employment and occupation (recast) [2009] OJ L 204/23-36.

权利，包括享有适当条件的食物、衣物和住房的权利。正如残疾人权利委员会、准司法机构以及区域人权法院所指出的那样，切实享有这些权利对残疾人尤其重要，因为他们特别容易遭受边缘化、社会排斥和贫困的风险，并且这种风险程度比其他任何人都更高。因此，保护这些权利是维护其人格尊严的一种方式。

相关案例

ECtHR 24. 02. 1998，Application No. 21439/93，*Botta v. Italy*，ECHR-1998 Ⅰ，（1998）26 EHRR 241.

ECtHR 14. 05. 2002，Application No. 38621/97，*Zehnalová and Zehnal v. Czech Republic*（*dec.*），ECHR 2002-Ⅴ.

ECtHR 30. 09. 2003，Application No. 40892/98，*Koua Poirrez v. France*，ECHR 2003-Ⅹ.

ECtHR 12. 10. 2004，Application No. 60669/00，*Kjartan Ásmundsson v. Iceland*，ECHR 2004-Ⅸ.

ECtHR 06. 10. 2005，Application No. 1513/03，*Draon v. France*，ECHR 2005-Ⅸ.

ECtHR 06. 10. 2005，Application No. 11810/03，*Maurice v. France*，ECHR 2005-Ⅸ.

ECtHR 17. 01. 2012，Application No. 36760/06，*Stanev v. Bulgaria*，ECHR-2012.

ECtHR 10. 02. 2015，Application No. 53080/13，*Béláné Nagy v. Hungary*，［2015］ECHR 144.

ECJ 11. 04. 1973，Case 76/72，*Michel S v. Fonds national de reclassement social des handicaps*，ECR 457.

ECJ 10. 11. 1992，Case C-326/90，*Commission of the European Communities v. Kingdom of Belgium*，ECR I-5517.

参考文献

Abello Jiménez AE（2015）Criminalizing disability：the urgent need of a new reading of the European Convention on Human Rights，Am Univ Int Law Rev 30（2）：285-313.

De Schutter O（2005）Reasonable accommodation and positive obligations in the European Convention on Human Rights, In: Lawson A, Gooding C（eds）Disability rights in Europe: from theory to practice, Hart Publishing, Oxford/Portland, pp. 35-64.

Fasciglione M（2014）The protection of economic, social and cultural rights of persons belonging to marginalized and vulnerable groups in times of financial crisis: how to reconcile the irreconcilable? Eur Yearb Minor Issues 11: 1-47.

Kayess R, French P（2008）Out of darkness into light? Introducing the Convention on the Rights of Persons with Disabilities, Hum Rights Law Rev 8: 1-34.

Sepulveda MM（2003）The nature of the obligations under the International Covenant on Economic Social and Cultural Rights, Intersentia, Antwerpen/Oxford/New York.

Young KG（2008）The minimum core of economic and social rights: a concept in search of content, Yale Journ Int Law 33: 113-175.

第 29 条　参与政治和公共生活 525

拉切尔·塞拉

缔约国应当保证残疾人享有政治权利，有机会在与其他人平等的基础上享受这些权利，并应当承诺：

（一）确保残疾人能够在与其他人平等的基础上，直接或通过其自由选择的代表，有效和充分地参与政治和公共生活，包括确保残疾人享有选举和被选举的权利和机会，除其他外，采取措施：

1. 确保投票程序、设施和材料适当、无障碍、易懂易用；

2. 保护残疾人的权利，使其可以在选举或公投中不受威吓地采用无记名方式投票、参选、在各级政府实际担任公职和履行一切公共职务，并酌情提供使用辅助技术和新技术的便利；

3. 保证残疾人作为选民能够自由表达意愿，并在必要时根据残疾人的要求，为此目的允许残疾人自行选择的人协助投票。

（二）积极创造环境，使残疾人能够不受歧视地在与其他人平等的基础上有效和充分地参与处理公共事务，并鼓励残疾人参与公共事务，包括：

1. 参与涉及本国公共和政治生活的非政府组织和社团，参加政党的活动和管理；

2. 建立和加入残疾人组织，在国际、全国、地区和地方各级代表残 526
疾人。

目　次

1　《残疾人权利公约》和残疾人参与权的扩大

参与国家政治生活的权利是积极公民权的一个不可或缺的组成部分。长期以来，由于排除性的法律规定，或者程序和设施的不便，残疾人被剥夺了其在社会中的作用。其结果是，残疾人在政治环境中缺席，残疾人的权利和义务问题被归入私人领域。

为了应对这种情况，《残疾人权利公约》第 29 条对残疾人的政治权利作出了重要规定。

遵循专门公约的标准做法（如《公民及政治权利国际公约》第 25 条、《儿童权利公约》第 12 条、《妇女政治权利公约》第 1~3 条、《消除对妇女一切形式歧视公约》第 7 条、国际劳工组织《关于独立国家土著和部落民族的公约》第 6~7 条），第 29 条对于《残疾人权利公约》的参与和包容原则作出了具体规定。

这样做符合国际人权法在特别弱势群体参与决策方面的最新发展（《儿童权利公约》第 12 条、国际劳工组织《关于独立国家土著和部落民族的公约》第 6~7 条）。

更重要的是，第 29 条将覆盖面扩大到选举领域之外，因为选举只是残疾人普遍被排除在公共生活之外的一个方面。它超越了选举和被选举担任公职的基本权利，以强调残疾人参与公共生活和市民社会其他方面的权利。

参与决策是机会均等和充分融入的基础，这一观念反映在联合国《残疾 527
人机会均等标准规则》规则 14 第 2 款和第 3 款中。根据一些国家（纳米比亚、肯尼亚）在特设委员会第三届会议上的提议，案文增加了关于残疾人参与发展决策的表述。该表述符合《残疾人权利公约》中极为重要的参与原则。《残疾人权利公约》在关于“一般原则”的第 3 条中将参与作为一项基本原则，并要求“充分和切实地参与和融入社会”，而关于“一般义务”的第 4 条第 3 款则要求各国在为实施《残疾人权利公约》而拟订和施行立法和政策时以及在涉及残疾人问题的其他决策过程中，“通过代表残疾人的组织，与残疾人，包括残疾儿童，密切协商，使他们积极参与”。

通过第 29 条、第 3 条和第 4 条的规定，《残疾人权利公约》在国际人权法中最明确地阐述了在个人利益受到影响时参与决策的权利。

2　第 29 条的原理、范围和结构

在《公约》谈判期间，大家普遍同意第 29 条的重要性，并要反映比《公民及政治权利国际公约》和《消除对妇女一切形式歧视公约》类似条款所载的更强有力承诺。这一条款的根本重要性显而易见：参与决策过程（包括但不限于投票和担任公职）的障碍，是实现残疾人真正融入社会的主要障碍。通过充分融入社会，残疾人作为平等的参与者得到承认和重视，他们的需要被视为社会和经济秩序的有机组成部分，而不是被贴上“特殊”的标签。

第 29 条是建立在如下认识基础上的，即参与政治和公共生活本身不仅

是一项目标，而且也是切实享有其他权利的前提条件。通过参与有关残疾问题的法律和政策改革，残疾人及其代表组织有机会在社会中作出改变，改进卫生、康复、教育、就业、获得商品和服务以及生活中任何其他方面的法律和政策。[1]

528 此外，这项规定与减贫战略密切相关。鉴于80%的残疾人生活在发展中国家，而其中绝大多数生活在贫困之中，参与发展进程是他们顺利融入社会和充分实现人权的一项前提条件。

从整体上看，第29条回应了残疾人切实享受参与权的所有障碍。参与政治和公共生活的一般权利是以平等为框架的，根据这一框架，第29条为残疾人在与其他人平等的基础上参与政治和公共生活的权利和机会提供了强有力的保障。

为了强调其主题划分，第29条分为三个部分。先由导言引入，再在两项之下的各目中具体规定了各国在残疾人选举和担任公职、参与政治组织，以及更一般地参与影响其利益的决策方面应承担的义务。这种具体程度符合确保边缘化群体参与社会的普遍做法。[2] 其目的是具体揭示并应对实现政治权利的潜在障碍。

第29条第1项强调了残疾人的选举权，即不受歧视和在与他人平等的基础上投票、参选以及担任公职的权利。这些确立已久的权利是为强调为确保残疾人充分享有权利而必须采取的特定积极措施而量身定制的。实际上，这些权利必须是通过便利残疾人的程序和设施提供的，否则对残疾人而言毫无意义，因此在接下来各目中，这些便利构成选举权的不可或缺的部分。关于无记名投票和协助投票的规定也是如此。

第2项涉及残疾人参与公共管理和处理公共事务，在分别侧重于参与非政府组织和其他团体与结社自由的两个分项中详述了这一权利。参与决策进程一直是特设委员会各代表团大力支持的一项原则，其中有代表团强调这一

---

1 人权理事会：联合国人权事务高级专员办事处关于残疾人参与政治和公共生活问题的专题研究报告，A/HRC/19/36，2011年12月11日，第18段。

2 见国际劳工组织《关于独立国家土著和部落民族的公约》第6~7条。该公约于1989年6月27日通过，1991年9月5日生效。

原则不仅必须包括参与涉及残疾问题的事宜，而且必须包括公众关心的所有领域（如智利、南非）。这项原则的意义，不仅在于赋予残疾人自由发表意见的权利，而且还在于强调他们的意见有权被听到并得到应有的重视。

3　第 29 条导语:“权利和机会” 529

导语适用于第 29 条的所有部分，明确规定了平等享有政治权利的原则。在阐述缔约国的相应义务时，导语使用了“应当保证权利”的措辞，这比《消除对妇女一切形式歧视公约》和《公民及政治权利国际公约》相应条款中的“应采取一切适当措施”或其他表述更为直接。

根据导语表述，残疾人不仅有权利而且有“机会”在与其他人平等的基础上享有政治权利。这就确立了缔约国有义务通过采取积极措施保证所有残疾人都有实际机会行使其参与权。

因此，仅仅使残疾人享有形式上的政治权利是不够的，各国还需要确保残疾人真正能够行使他们的权利，例如，通过无障碍选举或提供使用辅助技术和新技术使残疾人实际担任公职和履行公共职务。

正如人权理事会回顾的那样，各国在确定应采取哪些措施来确保残疾人确实有机会在与其他人平等的基础上参与本国公共事务方面有一定的自由裁量余地。然而，哪怕是缔约国仅仅被动应对也侵犯了残疾人在与其他人平等的基础上参与政治和公共生活的权利。[3]

4　第 29 条第 1 项：参与政治和公共生活

《残疾人权利公约》将参与作为一个贯穿各领域的问题来强调。参与载于《公约》序言和宗旨（第 1 条）中，被确认为一项一般原则（第 3 条），

3　人权理事会，A/HRC/19/36，第 16 段。

并在具体权利（如第 19 条、第 24 条、第 26 条）中被明确提及。

第 29 条第 1 项规定了残疾人在与其他人平等的基础上参与政治和公共生活的权利。该项明确提到作为这种权利关键方面的选举权和被选举权，但“政治和公共生活”的概念超出了投票权。该术语被保留，并与《消除对妇女一切形式歧视公约》第 7 条一致。与其他提法（如《公民及政治权利国际公约》中的措辞）相比，这一表述更为可取，因为它相当于使政治权利的范畴超出《公民及政治权利国际公约》较有限的范围，为长期处于边缘地位的群体赋予了适合他们的政治权利。

与《消除对妇女一切形式歧视公约》第 7 条一样，《残疾人权利公约》
530 第 29 条没有解释充分有效参与政治和公共生活包含哪些内容。消除对妇女歧视委员会第 23 号一般性建议对此作出了一些澄清。该建议解释说，政治和公共生活是一个广泛的概念，涉及立法、司法、行政和管理权力的行使，涵盖公共行政的所有方面以及国际、国家、区域和地方各级政策的制定和执行。这一概念还包括民间社会的许多方面，包括公共委员会、地方理事会，以及诸如各政党、工会、专业或行业协会、妇女组织、社区基层组织和其他与公共和政治生活有关的组织的活动。[4]

对于这一问题，欧洲理事会部长委员会通过了一项建议，呼吁欧洲各国政府“确保本国整体立法在政治和公共生活中不歧视残疾人”。[5] 在阐明要采取的措施时，很明确的是，“政治和公共生活”一词不仅指各级选举权和被选举权，而且还包括与他们的政治权利有关的通信、信息、程序和设施的无障碍，平等地担任公职，集会、参加或成立社团或政党，以及参与政治和其他决策进程的权利。

4.1 基于残疾的投票限制

《世界人权宣言》宣告“普遍和平等的投票权”，即人人有参与治理本

---

4 消除对妇女歧视委员会第 23 号一般性建议：政治和公共生活（1997 年 1 月 13 日），A/52/38，第 5 段。

5 欧洲理事会部长委员会，关于残疾人参与政治和公共生活的建议（2011 年 11 月 16 日），CM/Rec（2011）14。

国的权利（第 21 条）。同样，《公民及政治权利国际公约》规定，“每个公民均应有权利和机会”投票，“不受无理限制”（第 25 条）。

然而，尽管有这些保证，残疾人的投票权仍然不受国际和区域人权文书保护。与这些排除性做法不同的是，第 29 条确立了无例外的投票权，并保证残疾人在享受这项权利时不会遇到障碍。厄尔（Earl）和布什纳（Bushner）解释说，残疾选民遇到的障碍大致分为三类：有障碍的投票站、有障碍的投票记录技术和基于残疾的投票限制。[6] 这些障碍对所有类型的残疾人都有影响，并总是导致或加深对其他人权的剥夺。然而，第三类障碍，即基于残疾的投
票限制，在很大程度上只影响社会心理障碍者和（或）智力障碍者。[7] 这些 531
限制与保障平等、禁止基于残疾的歧视和普选的宪法与立法同时存在，在基本宪法原则与排斥社会心理障碍者参加投票之间产生了内在不协调。[8]

歧视性法律可能限制甚至完全禁止社会心理障碍者或智力障碍者的投票权，例如自动剥夺受监护者的选举权利。剥夺社会心理障碍者选举权的更为现代的理由被描述为“维护政治共同体”[9] 或“维护选举程序的完整性”，[10] 以及防止选民舞弊。[11] 换言之，各国辩称，为了避免舞弊、操纵和（或）无效投票，需要禁止所有类别的受监护者行使其选举权。[12] 陈规定型观念还可能使残疾人被排除在政党的公众宣传范围之外，或被排除在作为公职候选人的考虑之外。[13]

人权事务委员会在其关于《公民及政治权利国际公约》第 25 条的一般性意见中认为，基于“公认的智能丧失”的投票资格限制是剥夺投票权的充分理由。[14] 尽管委员会一再强调必须不加歧视地赋予投票权，甚至特别指出

6　Earle and Bushner（2001）.

7　前两类障碍在题为“无障碍选举”的下一小节中讨论。

8　Combrinck（2014），p. 78.

9　Karlan（2007），p. 925.

10　Karlan（2007），p. 925.

11　Schriner et al.（2000），p. 483.

12　对基于残疾的排除理由的深入分析，见 Fiala-Butora et al.（2014），第 85~89 页。

13　Lord et al.（2014），p. 117.

14　人权事务委员会第 25 号一般性意见：参与公共事务的权利、投票权与平等获得公共服务的权利（1996 年 6 月 12 日），CCPR/C/21/Rev1/Add7，第 4 段。

以身体残疾为由限制这一权利是“不合理的”，但它在同一意见中表示，基于智力障碍的区别对待是《公民及政治权利国际公约》所允许的。[15] 然而，值得注意的是，该一般性意见早于《残疾人权利公约》通过。重要的是，联合国人权事务高级专员办事处在其2011年的专题研究中指出，自人权事务委员会通过该一般性意见以来，“法律环境发生了显著的变化”，如今可以说，绝大多数对投票的限制不再符合禁止歧视的规定，特别是就基于心理或智力残疾而对选举权和被选举权作出的限制而言。[16]

532 残疾人权利委员会通过自身的解释和监测活动，消除了是否允许基于心理或智力障碍的限制的任何疑问。委员会在其关于第12条的第1号一般性意见中指出，尽管对法律能力的剥夺或限制也被用来剥夺某些残疾人的政治参与，尤其是剥夺选举权，但个人决策能力（decision-making ability）不得作为排除残疾人行使其政治权利的理由。[17]

残疾人权利委员会在若干结论性意见中都强调了这一点。在这些结论性意见中，委员会声明，根据《残疾人权利公约》，国家对一个人的法律能力的剥夺并不足以成为剥夺此人选举权的理由。[18] 例如，在对突尼斯的意见中，委员会建议“尽快通过”立法措施，以确保残疾人（包括受监护或托管的人）可以在与其他人平等的基础上行使其投票权。委员会对西班牙表示了类似的关切，即若智力或社会心理障碍者丧失了法律能力或被送入机构，他们的选举权就可能受到限制。通过在其他几项结论性意见中一再表达这种关切，残疾人权利委员会已经表明，不得以任何理由剥夺残疾人的选举权，无论其法律地位、残疾类型或安置情况如何。

欧洲人权法院在基什（Kiss）诉匈牙利一案中曾处理了这一问题。[19] 在此案中，申诉人被排除在选举登记之外，理由是他被置于部分监护之下。法

---

15 Savery（2014），p. 291.

16 人权理事会，A/HRC/19/36，第28段。

17 残疾人权利委员会第1号一般性意见：第12条（在法律面前获得平等承认）（2014年4月11日），CRPD/C/GC/1，第48段。

18 残疾人权利委员会的结论性意见：突尼斯，CRPD/C/TUN/CO/1，第35段；秘鲁，CRPD/C/PER/CO/1，第47～48段；匈牙利，CRPD/C/HUN/CO/1，第46段；澳大利亚，CRPD/C/AUS/CO/1，第51～52段。

19 ECtHR，*Kiss v. Hungary*.

院认为，这种排除违反了《欧洲人权公约第一议定书》第 3 条所规定的自由选举权，驳回了缔约国的论点，即自动剥夺所有被置于法定监护下的人的选举权利属于对自由选举权的适当干涉。然而，根据“个性化司法评估”而剥夺选举权的合法性问题尚未解决。[20]

这一点后来在欧洲理事会 2011 年的建议中得到澄清。根据该建议，所有成年残疾公民都应有投票权，法律不应有歧视性规定。建议明确规定，“所有残疾人，不论其是否有身体、感官或智力障碍，心理健康问题或慢性疾病，均享有与其他公民相同基础上的选举权，不得因任何限制残疾人法律 533
能力的法律，任何司法或其他决定，任何基于其残疾、认知功能或被认为的能力的其他措施，而剥夺他们的这一权利”。[21]

残疾人权利委员会在布伊多索（Bujdoso）诉匈牙利案这一来文中，明确拒绝了任何关于基于智力障碍的选举权可以有正当例外的建议。[22] 该来文涉及 6 名智障人士的名字被从匈牙利的选举登记册中删除，理由是他们受到监护。匈牙利试图辩称，这种剥夺投票权的做法是正当的，因为它已对相关立法作出修订，规定对受监护的人的投票能力进行个体化司法评估，这意味着智力障碍者并非自动被排除在投票之外。委员会否认了这一论点，并强调《残疾人权利公约》第 29 条“没有对任何残疾人群体规定任何合理的限制或例外”。在此基础上，残疾人权利委员会认为，基于智力残疾剥夺选举权，即便根据个体化的评估剥夺该权利，也违反了第 29 条，属于《公约》第 2 条所指的歧视。

残疾人权利委员会的权威解释明确指出，《公约》不承认选举权可基于残疾而有任何例外。[23]

20　Fiala-Butora et al.（2014），pp. 76-78.

21　欧洲理事会部长委员会，CM/Rec（2011）14。

22　CRPD Committee，*Zsolt Bujdosó and five others v. Hungary*，http://www.ohchr.org/EN/HRBodies/CRPD/Pages/Jurisprudence.aspx.

23　菲亚拉·布托拉（Fiala-Butora）等学者指出，确实有一小部分残疾人没有能力投票，即使向其提供了现有的所有形式的合理便利也是如此。例如，处于永久性植物人状态（昏迷）的人、痴呆晚期患者、严重精神障碍发作者或严重智力障碍者可能就属于这种情况。见 Fiala-Butora et al.（2014），第 88~89 页。

4.2 无障碍选举

《残疾人权利公约》对缔约国规定了进一步的义务，而不仅仅是要求它们不得剥夺选举权。这些义务涉及解决源自无法参加选举的其他主要投票障碍。这些障碍包括：有障碍的投票站，通常包括环境障碍（例如，缺乏停车便利设施、存在通往投票点的楼梯间障碍、门口狭窄致使轮椅无法通行等，或者，没有为视力障碍者准备清晰易读的大字标志）；无法获取信息（关于公开会议和协商、政党和投票程序）；有障碍的投票技术（如小型投票站无法获得盲文格式的纸质选票或存在其他障碍）。

534 根据第29条，残疾人不仅有权而且有机会参与选举，缔约国有义务采取积极措施确保残疾人有行使选举权的实际机会。此义务要求采取一种综合性办法，考虑到围绕投票的整个政治进程，以确保残疾人能够参与投票过程的所有方面。

尤其是，《残疾人权利公约》第29条第1项第1目规定，缔约国应确保"投票程序、设施和材料"对残疾人不构成障碍。《残疾人权利公约》第5条规定了不因残疾而歧视的义务，相应地，这就要求为实现权利提供合理便利，例如投票便利。第9条加强了这一义务，该条规定各国有采取无障碍措施的一般义务，以便利残疾人进出物质环境、利用信息和通信，所有这些都与实现政治参与密切相关。[24] 残疾人权利委员会强调了选举权与无障碍之间的相关性，即如果缔约国不确保投票程序、设施和材料适当、无障碍、易懂易用，残疾人就不能平等有效地行使这些权利。委员会还补充说，政治会议以及参加公共选举的政党或个人候选人使用和制作的材料应无障碍，否则，残疾人平等参与政治进程的权利就会被剥夺。[25]

4.3 无记名投票和协助投票

《残疾人权利公约》第29条第1项第2目预见了实现政治权利的核心程

---

24 关于提高选举无障碍性的最佳实例，见 Lord et al.（2014）。

25 残疾人权利委员会第2号一般性意见：无障碍（第9条），2014年4月11日，CRPD/C/GC/2，第43段。

序保障，即无记名投票原则。在这方面，各国不仅必须尊重投票的保密性，而且还必须采取适当措施，为选民创造投票机会，让他们不必担心受到监视。实际上，残疾人在行使其无记名投票的权利方面往往面临障碍，因为促进无障碍的努力方向错了。因此，这一规定对于确保投票保密性至关重要，即便是在促进无障碍的语境下。[26]

另外，《残疾人权利公约》第 29 条第 1 项第 3 目引入了协助投票的概念，即在必要时必须允许残疾人选择协助投票，以便利其行使选举权。

这一问题与《公约》第 12 条相符，该条承认残疾人享有平等的法律权 535
利能力，要求缔约国采取适当措施协助他们行使其法律权利能力。因此，第 12 条确立了一个协助决策框架，以创造条件，使决策不受胁迫和不当影响。在这种情况下，协助者帮助残疾人得出结论和（或）执行残疾人自己的决定，但不能代替残疾人做决定。[27] 当然，协助的程度是《残疾人权利公约》关于操纵危险性的谈判激烈辩论的主题。[28] 为了防范这种风险，《残疾人权利公约》第 29 条第 1 项第 3 目明确规定，投票协助者必须由残疾选民自行选择。

5　第 29 条第 2 项：处理公共事务

发挥政治影响的一个关键因素是参与处理公共事务的权利。与此相对照的是，正如联合国和平集会和结社自由权利问题特别报告员指出的那样，残疾人是在行使这些权利时最有可能被边缘化的群体。[29] 《残疾人权利公约》第 29 条第 2 项要求各缔约国创造环境，使残疾人能够在与其他人平等的基础上有效和充分地参与处理公共事务。

26　Flynn（2015），pp. 141-171. Flynn 介绍了一些能够确保残疾人进行独立和无记名投票的创新性便利的例子。

27　Fiala-Butora et al.（2014），p. 99.

28　Schulze（2010），p. 164.

29　人权理事会：和平集会和结社自由权利问题特别报告员马伊纳·吉埃的报告，A/HRC/26/29，2014 年 4 月 14 日。实际上，“协会登记过程可能对边缘化群体来说过于烦琐，从而导致对少数民族或残疾人的排斥。例如，这类群体可能无法使用用于沟通的语言，实际到达登记地点可能也是个挑战”（第 54 段）。

鉴于残疾人在政府政策层面的参与率总体上仍然很低，《残疾人权利公约》对这项权利的涵盖至关重要。[30] 在这方面，残疾人权利委员会将残疾人
536 参与决策的重要性扩大到政治权利范围以外，确保他们能够在所有对其有影响的事务中发表意见。[31] 正如残疾人权利问题特别报告员指出的那样，“残疾人参与公共决策可以对关系到他们的政府行动产生巨大影响，有助于作出更好的决策，因为残疾人最有资格说明自己的需求和满足这些需求的最适当政策”。因此，“将残疾人纳入公共决策将带来更高的效率和更公平的资源利用，从而为残疾人个人和群体带来更好的结果”。[32]

“公共事务”的广义概念包括公共行政和政策制定的各个方面，并且涉及政治权力的行使，包括立法、行政和管理权力。它还包括参加公开辩论和对话以及和平示威和集会。[33]

通过将参与定性为不仅“充分”而且“有效”，《残疾人权利公约》第29条第2项强调了旨在遵守此类义务的政策和方案的适足性。

5.1 非政府组织、政党和其他社团

《残疾人权利公约》指出，缔约国的首要义务是通过代表残疾人的组织与残疾人密切协商，使他们积极参与（《残疾人权利公约》第4条第3款），以此奉行残疾权利运动的标语——“没有我们的参与，不要做有关我们的决定”，确认残疾人是实施《公约》的主要对话方，各国应在影响残疾人的事务中优先考虑他们的意见。

《残疾人权利公约》第29条第2项第1目进一步要求各国确保残疾人有

---

30 在这方面，乌干达是一个独特的例外。乌干达1995年制定的新宪法规定议会中必须有5名国家议员有残疾经历。1997年《地方政府法》规定，每个村庄、教区、县和区议会都得选举出一名残疾妇女和一名残疾男子。结果，直接选举产生的机构中有大约47000名残疾代表，这无疑是世界上最大的残疾政治家群体。残疾议员已在各种议会委员会任职，包括总统任命、规则和特权、法律和议会事务、委员会、法定机构、国营企业、社会服务、公共服务、性别以及地方政府委员会。在修改规定以允许携带导盲犬和手语翻译参加会议和议会会议之后，残疾人在议会任职更加无障碍。Lord et al.（2012）.

31 人权理事会：残疾人权利问题特别报告员的报告，A/HRC/31/62，2016年1月12日，第18段。

32 人权理事会，A/HRC/31/62，第26段。

33 人权事务委员会，CCPR/C/21/Rev1/Add7，第8段、第25段。

权参与并在公共政策社团中有代表，包括非政府组织、政党和其他社团。这一条款旨在推动将残疾问题纳入主流，并从残疾角度促进公共政策的制定。实际上，残疾人往往无法加入政党以保护他们的利益，也无法参加社会组织。因此，这一条款似乎是对不歧视原则的进一步说明。《残疾人权利公约》第 29 条第 2 项第 2 目规定了建立和加入残疾人代表组织的权利，而第 29 条第 2 项第 1 目规定推动残疾人平等参加除专门残疾机构以外的社区社会组织，特别是涉及管理国家的公共和政治生活的组织，因为残疾是一个贯穿各 537
领域的问题。这意味着，各国必须在所有对话和磋商过程中、在任何有必要之时为残疾人提供合理便利，还必须保证与公共决策和协商有关的所有设施和程序的无障碍。

《残疾人权利公约》第 29 条第 2 项第 1 目没有具体规定残疾人的参与也适用于在国际层面代表政府和在国际组织的工作。承认这种参与应该能够反映由新西兰、纳米比亚、肯尼亚、也门和塞拉利昂提出并得到其他国家支持的建议，同时也能够与其他人权条约（特别是《消除对妇女一切形式歧视公约》第 8 条）保持一致。然而，必须指出的是，联合国残疾人权利问题特别报告员已经阐明，让残疾人及其代表组织参与的要求也适用于联合国系统内外的国际决策进程。[34]

5.2　结社自由

《残疾人权利公约》第 29 条第 2 项第 2 目承认残疾人有权建立和加入残疾人组织（DPOs），在各级代表残疾人。

列入一项具体提及残疾人组织的条款是促进残疾人切实参与的核心环节。这些组织在政治技能、参与和领导能力方面为残疾人提供了宝贵的培训场所，因此是解决社会排斥、自我倡导和赋权的关键组成部分。此外，由有现实残疾经历的人建立和运营的社团最适合确保在决策过程中听到残疾人的声音。事实上，残疾人组织在起草《公约》的过程中发挥了重要作用；提及在国际层面代表残疾人是对继续实施《公约》的明确承诺。

34　人权理事会，A/HRC/31/62，第 94 段。

在这方面，应当区分由残疾人自己领导的残疾人组织和为残疾人服务的组织。后者通常是为残疾人提供服务的非政府组织，往往也为残疾人维权，有时会不顾这类服务是基于人权还是残疾人自己的选择。因此，国家没有区分残疾人“的”组织和“为”残疾人服务的组织正是这两类组织在正当性、选择和控制、资源分配等方面关系紧张的主要原因。[35]

538 根据《残疾人权利公约》第 29 条第 2 项第 2 目，各国必须为残疾人代表组织的建立和运作创造有利环境。由于登记程序有障碍、费用昂贵和手续繁复，残疾人组织面临的主要挑战之一往往是获得法律地位。这种情况构成了获得法律人格、外部资金和申请税收优惠的障碍。此外，许多国家的条例要求残疾人组织既要在一个主流登记册登记，也要在一个专门针对残疾人的登记册上登记，才能获得正式的地位。因此，许多代表残疾人的组织仍然没有获得登记。

为遵守《残疾人权利公约》第 29 条第 2 项第 2 目，国家应当实施有利于残疾人组织建立和持续运作的政策框架，包括审查现行法律、提供支持、建立正式机制，以确保残疾人组织能够注册为法律实体、参与和被咨询。一些残疾人组织提议在最后案文中规定缔约国有义务采取措施，承认残疾人独立组织并向其提供财政支助（“曼谷草案”[36] 也提出过这一建议），但该提议未被采纳。不过，残疾人权利委员会在一些结论性意见中已经表明了对这一观点的承诺。[37]

相关案例

CRPD Committee 16. 04. 2013, Communication No. 1/2010, *Zsolt Bujdosó and five others v. Hungary*, CRPD/C/9/D/1/2010.

---

35 人权理事会，A/HRC/31/62，第 38 段。

36 《曼谷草案：促进和保护残疾人权利和尊严的全面综合国际公约拟议要点》第 23 条第 2 款第 2 项第 2 目，见 http://www. un. org/esa/socdev/enable/rights/bangkokdraft. htm#part2。访问日期：2015 年 7 月 1 日。

37 人权理事会，A/HRC/31/62，第 39 段。残疾人权利委员会的结论性意见：卡塔尔，CRPD/C/QAT/CO/1，第 10 段；加蓬，CRPD/C/GAB/CO/1，第 9 段；肯尼亚，CRPD/C/KEN/CO/1，第 8 段；澳大利亚，CRPD/C/AUS/CO/1，第 13 段；匈牙利，CRPD/C/HUN/CO/1，第 14 段。

ECtHR 20. 05. 2010, Application No. 38832/06, *Alajos Kiss v. Hungary*, IHRL 3619 (ECHR 2010).

参考文献

Combrinck H (2014) Everybody counts: the right to vote of persons with psychosocial disabilities in South Africa, In: African disability rights yearbook, vol 2, Pretoria University Law Press (PULP), Pretoria, pp. 75-100.

Earle TH, Bushner KM (2001) Effective participation or exclusion: the voting rights of people with disabilities, Temple Polit Civil Rights Law Rev 11: 327-329.

Fiala-Butora J, Ashley Stein M, Lord JE (2014) The democratic life of the union: toward 539
equal voting participation for Europeans with disabilities, Harv Int Law Journ 55: 71-104.

Flynn E (2015) Disabled justice? Access to justice and the UN Convention on the Rights of Persons with Disabilities, Ashgate, Farnham.

Karlan PS (2007) Framing the voting rights claims of cognitively impaired individuals, McGeorge Law Rev 38: 917-930.

Lord J, Guernsey K, Balfe J, Karr V, de Franco A (2012) Human rights: YES! Action and advocacy on the rights of persons with disabilities, In: Flowers N (ed) Human rights education series, vol 6, 2nd edn, University of Minnesota Human Rights Center, http://www1. umn. edu/humanrts/edumat/hreduseries/HR-YES/Human% 20Rights% 20YES% 20Final%20PDF. pdf, Accessed 1 July 2015.

Lord JE, Ashley Stein M, Fiala-Butora J (2014) Facilitating an equal right to vote for persons with disabilities, J Hum Rights Pract 6: 115-139.

Savery J (2014) Voting rights and intellectual disability in Australia: an illegal and unjustified denial of rights, Sydn Law Rev 37: 287-300.

Schriner K et al (2000) Democratic dilemmas: notes on the ADA and voting rights of people with cognitive and emotional impairments, Berkeley J Employ Labor Law 21: 437-483.

Schulze M (2010) Understanding the UN Convention on the Rights of Persons with Disabilities, http://www. handicap-international. fr/fileadmin/documents/publications/HICRPDManual. pdf, Accessed 1 July 2015.

第30条　参与文化生活、娱乐、休闲和体育活动

541

路易吉诺·曼卡

一、缔约国确认残疾人有权在与其他人平等的基础上参与文化生活，并应当采取一切适当措施，确保残疾人：

（一）获得以无障碍模式提供的文化材料；

（二）获得以无障碍模式提供的电视节目、电影、戏剧和其他文化活动；

（三）进出文化表演或文化服务场所，例如剧院、博物馆、电影院、图书馆、旅游服务场所，并尽可能地可以进出在本国文化中具有重要意义的纪念物和纪念地。

二、缔约国应当采取适当措施，使残疾人能够有机会为自身利益并为充实社会，发展和利用自己的创造、艺术和智力潜力。

三、缔约国应当采取一切适当步骤，依照国际法的规定，确保保护知识产权的法律不构成不合理或歧视性障碍，阻碍残疾人获得文化材料。

四、残疾人特有的文化和语言特性，包括手语和聋文化，应当有权在与其他人平等的基础上获得承认和支持。

五、为了使残疾人能够在与其他人平等的基础上参加娱乐、休闲和体育活动，缔约国应当采取适当措施，以便：

（一）鼓励和促进残疾人尽可能充分地参加各级主流体育活动；

（二）确保残疾人有机会组织、发展和参加残疾人专项体育、娱乐活动，并为此鼓励在与其他人平等的基础上提供适当指导、训练和资源； 542

（三）确保残疾人可以使用体育、娱乐和旅游场所；

（四）确保残疾儿童享有与其他儿童一样的平等机会参加游戏、娱乐和休闲以及体育活动，包括在学校系统参加这类活动；

（五）确保残疾人可以获得娱乐、旅游、休闲和体育活动的组织人提供的服务。

目　次

1　引言

《残疾人权利公约》第 30 条规定，残疾人有权在与其他人平等的基础上参与文化生活、娱乐、休闲和体育活动。

这项规定是《公约》准备工作期间广泛讨论的议题。首先，总的来说，应当指出，自第三届会议以来，一些代表团（例如南非和国家人权机构）建议增加单独两条：一条涉及保护残疾人的文化生活，另一条涉及他们参与娱乐、休闲和体育活动。在这方面，上述国家人权机构特别强调，“将这些单独的权利紧密结合在单独一条中不足以强调文化生活权”。虽然这是与其他

543 保护残疾人的国际文书相一致的总体上合理的建议，但最终被否决了：这些权利最终还是作为单独一条的不同部分来处理。[1]

关于该规定的内容，准备工作文件再次清楚地表明，纳入几项旨在扩大该条款范围的提议“得到普遍支持”。[2] 在这方面，例如，关于专门提及残疾人参与旅游业和残疾儿童的游戏权的提议得到了采纳。[3] 相反，关于加入一项关于残疾人参与宗教生活的具体规定的提议未被接受。[4]

2 残疾人参与文化生活——《残疾人权利公约》之前通过的立法概述

众所周知，文化生活权是许多国际人权法律文书的主题。[5] 在全球层面，《世界人权宣言》第 27 条第 1 款承认了这一权利，根据该款，“人人有权自由参加社会的文化生活，享受艺术，并分享科学进步及其产生的福利”。同样的权利，尽管措辞不同，也得到《经济社会文化权利国际公约》第 15 条第 1 款的保障。毋庸置疑，这两项规定不加区别地适用于所有人，当然也包括残疾人。经济、社会和文化权利委员会在其第 5 号一般性意见（1994 年）也确认了这一进路。尤其是，该委员会回顾《经济社会文化权利国际公约》第 2 条第 2 款“本公约缔约国承允保证人人行使本公约所载之各种权利，不因种族、肤色、性别、语言、宗教、政见或其他主张、民族本源或社会阶级、财产、出生或其他身份等等而受歧视”，认为该条款“显然适用于基于残疾的歧视”。[6]

---

1 See Report by the Chairman, Sixth Session of the Ad hoc Committee on a Comprehensive and Integral International Convention on the Protection and Promotion of the Rights and Dignity of Persons with Disabilities, available at www. un. org/esa/soedev/enable/rights/ahesta30ssrepchair. htm, Accessed April 23, 2015.

2 Ibid.

3 Ibid.

4 Ibid.

5 关于国际法中文化生活权的概述，见 Stamatopoulou（2007）、Donders（2007）和 Ferri（2014）等。

6 经济、社会和文化权利委员会第 5 号一般性意见：残疾人（1994 年 12 月 9 日），E/1995/22，第 5 段。

《经济社会文化权利国际公约》未载有关于文化或文化生活的定义。在这方面，不妨回顾经济、社会和文化权利委员会关于该公约第 15 条的第 21 号一般性意见（2009 年）。在这份文件中，该机构对“文化”作了广泛的定义，“除其他外，包含生活方式、语言、口头和书面文学、音乐和歌曲、非口头交流、宗教或信仰制度、礼仪和仪式、体育和游戏、生产方法或技术、 544
自然和人为环境、食品、服装、风俗习惯和传统，通过这些，个人、群体和社区表达其人性及其赋予生存的意义，并建立反映他们应对影响其生活的外力作用的世界观……”[7]

通过将分析从国际人权文书的广泛范围转移到与残疾人权利有关的更具体的文书领域，我们必须回顾联合国大会 1993 年通过的《残疾人机会均等标准规则》。[8] 规则 10 规定了一项一般原则，根据这项原则，各国“将确保促进残疾人得以在平等基础上参与或能够参加各种文化活动”。其后各款具体说明了应采取哪些措施，以确保残疾人参与文化生活。第 1 款规定，各国应确保“残疾人有机会发挥其创造能力以及艺术和智力潜能，不仅为了他们自己，而且还为了丰富他们所在的城乡社区……”；第 2 款规定，各国“应促使各种文化表演和服务场所……对残疾人开放并做到无障碍”；第 3 款规定，各国“应着手发展和运用一些特别技术安排，使残疾人可以无障碍地观赏文学、电影和戏剧等”。

3　《残疾人权利公约》对文化生活的保护

与前述联合国《残疾人机会均等标准规则》不同的是，《残疾人权利公约》第 30 条第 1 款的措辞密切遵循《世界人权宣言》，承认“残疾人有权在与其他人平等的基础上参与文化生活”。

该规定还概述了实现这一权利的方式。尤其是，各国有积极义务采取一

7　见经济、社会和文化权利委员会第 21 号一般性意见：人人有权参加文化生活（2009 年 12 月 21 日），E/C. 12/GC/21，第 13 段。

8　见联合国大会第 48/96 号决议。更多关于标准规则的细节，见 Saulle（1998）。

切必要的适当措施，确保残疾人能获得以无障碍模式提供的文化材料。在这方面，应当指出，工作组编写的第一份草案更加详细，因为它实际上列出了“无障碍模式”的一些示例，例如“电子文本，手语和盲文，音频和多媒体格式”。

第30条第1款还规定，各国必须确保残疾人获得以无障碍模式提供的电视节目、电影、戏剧和“其他文化活动”。在这里，有必要强调这一清单
545 的非穷举性：该款“其他文化活动”的措辞本身就证实了这一解释。该款的第3项规定，各国必须保证残疾人可以进出文化表演或文化服务场所，并可以进出在本国文化中具有重要意义的纪念物和纪念地。考虑到这种权利可能并不总是容易得到保障，残疾人权利委员会在其第2号一般性意见（2014年）中详述了该条款规定的义务，委员会尤其申明，“缔约国有义务努力使这些场所实现无障碍”，[9] 并确保文化遗址无障碍的义务适用于城市和乡村地区。[10]

至于“文化活动场所”，该条款明确提到剧院、博物馆、电影院、图书馆、旅游服务场所，尽管这仅是举例说明。显然，该条款规定的基本义务是消除可能严重阻碍残疾人行使有关权利的任何建筑障碍。

关于参与文化生活，第30条第2款涉及保护残疾人的艺术和智力潜力。这项规定事实上占据了上述《残疾人机会均等标准规则》的很大一部分，它要求缔约国采取“适当措施”，使残疾人能够“有机会为自身利益并为充实社会，发展和利用自己的创造、艺术和智力潜力”。

更有意思的是，第30条第3款规定，缔约国“应当采取一切适当步骤，依照国际法的规定，确保保护知识产权的法律不构成不合理或歧视性障碍，阻碍残疾人获得文化材料”。自《残疾人权利公约》的准备工作开始以来，知识产权与残疾人获得文化材料之间的关系就一直受到特别关注。该规则是《公约》的创新之一，旨在为残疾人获取文化材料提供便利。在逐步消除版权法障碍方面，《马拉喀什条约》（2013年6月27日在世界知识产权组织的

---

[9] 残疾人权利委员会第2号一般性意见：第9条（无障碍），CRPD/C/GC/2，第44段。

[10] 同上，第16段。

主持下通过）具有特别重要的意义，因为其宗旨正是为盲人、视力障碍者或其他印刷品阅读障碍者获得已出版作品提供便利。[11] 事实上，其重要性得到了世界卫生组织最近公布的统计数据的印证。据估计，全世界有 2.85 亿人有视力障碍，其中 3900 万人失明，2.46 亿人弱视。[12] 该条约于 2016 年 9 月
30 日生效，是第一个完全致力于引入知识产权限制的多边协议。简言之，该 546
条约在其序言中回顾了《世界人权宣言》和《残疾人权利公约》宣告的不歧视、机会均等和无障碍原则之后，责成各缔约国在其国内版权法中规定对复制权、发行权和向公众提供权的限制或例外，以便于提供无障碍格式版的作品。根据该条约，“无障碍格式版”是指“采用替代方式或形式，让受益人能够使用作品，包括让受益人能够与无视力障碍或其他印刷品阅读障碍者一样切实可行、舒适地使用作品”的作品版本（第 2 条）。该条约还规定，由被授权实体根据限制或例外制作的无障碍格式版可以进行跨境交换（第 5 条）。毫无疑问，该条约将对此类残疾人的生活产生积极影响。这是向文化传播和残疾人充分参与社会迈出的重要一步。残疾人权利委员会也概述了该条约的重要性。尤其是，《公约》的这一监测机构在就缔约国报告通过的结论性意见中，一再对该条约尚未得到批准表示关切，并敦促缔约国在这方面采取适当措施。[13]

《公约》第 30 条第 4 款规定，“残疾人特有的文化和语言特性，包括手语和聋文化，应当有权在与其他人平等的基础上获得承认和支持”。在准备工作期间，委员会对是否纳入这一规定进行了额外讨论。正如主席所述，该款的案文是那些希望删除该款的人和那些支持保留该款的人之间妥协的结果。[14]

11　就此问题，除其他外，见 Hess-Klein（2013）、Rekas（2013）和 Li and Selvadurai（2014）。

12　世界卫生组织：第 282 号实况报告（更新于 2014 年 8 月），www.who.int。

13　残疾人权利委员会的结论性意见：哥斯达黎加，CRPD/C/CRI/CO/1，第 61～62 段；阿塞拜疆，CRPD/C/AZE/CO/1，第 46～47 段；瑞典，CRPD/C/SWE/CO/1，第 53～54 段；丹麦，CRPD/C/DNK/CO/1，第 62～63 段；新西兰，CRPD/C/NZL/CO/1，第 65～66 段。

14　See the Report by the Chairman, Sixty Session of the Ad hoc Committee on a Comprehensive and Integral International Convention on the Protection and Promotion of the Rights and Dignity of Persons with Disabilities, cit.

话虽如此，也必须注意并赞赏其具体提及了对手语和聋文化的承认。[15] 这与《残疾人权利公约》的其他条款是一致的，这些条款总体上旨在确认和促进手语的使用并将其作为聋人群体交流的基本工具（例如，见关于表达意见的自由和获得信息的机会的第21条和关于受教育权的第24条）。

547 4 《残疾人权利公约》中的参与娱乐、休闲和体育活动

第30条第5款对残疾人参加娱乐、休闲和体育活动作出了专门规定。根据该款，缔约国必须确保残疾人“在与其他人平等的基础上”参加这些活动。[16] 该规范的含义很明确：必须消除任何形式的孤立，确保残疾人充分参与社会生活的各个方面。在这方面，毫无疑问，包容和参与体育、娱乐和休闲活动之间有着密切的联系。[17]

此处所讨论的条款所载的权利保护不是《残疾人权利公约》引入的创新。事实上，《世界人权宣言》第24条规定，“人人有享有休息和闲暇的权利”。[18] 这一权利在随后的1966年《经济社会文化权利国际公约》（第7条第4项）中得到重申。虽然《经济社会文化权利国际公约》没有关于体育的具体条款，但可以说，体育是其第15条第1款间接保护的对象。经济、社会和文化权利委员会的意见是，事实上，体育活动包含在文化的概念中。

此外，联合国系统通过的专门旨在保护残疾人权利的国际文书，必须提及1982年《关于残疾人的世界行动纲领》，以及特别是上述1993年《残疾人机会均等标准规则》。后者包含一项非常详细的规则（规则11），即各国应“采取措施，确保残疾人享有进行娱乐和体育活动的同等机会”。总体而

---

15 关于在《残疾人权利公约》中承认手语的进一步讨论，见 Ball（2011）。

16 关于这个问题的更全面的观点，见 Roy（2007）、Fay and Wolff（2009）和 Lord and Stein（2009）。关于体育活动，另见 International Disability in Sport Working Group, in partnership with the United Nations Office of the Special Advisor to the Secretary-General on Sport for Development and Peace（2007）。

17 See Lord and Stein（2009），p. 264.

18 着重号后加。

言，这项规定的部分内容已被纳入《残疾人权利公约》。

除了所引述的法律文书外，在具体针对休闲活动的文书方面，还可以提及联合国世界旅游组织（UNWTO）大会通过的旨在促进旅游无障碍的其他软法文书（决议、建议和宣言）。根据大会 2013 年 8 月第 A/RES/637（XX）号决议通过的建议，一般而言，“无障碍旅游”是指“一种旅游形式，涉及利益攸关方之间的协作进步，通过提供通用设计的旅游产品、服务和环境，使得那些有无障碍需求（包括行动、视觉、听觉和无障碍认知层面）的人能够独立、公平和有尊严地发挥作用”。该文书详细列出了为使残疾人能够无 548
障碍地进出物质环境、使用交通工具和利用信息等而需要采取的措施。

在这些考虑之后，我们现在可以着手分析第 30 条第 5 款。该款载有各国必须采取的各类措施的清单。总的来说，国家既有避免干涉这些权利享有的消极义务，也有保护、促进和确保这些权利行使的积极义务。起草第 1 项的目的是鼓励和促进残疾人参加所有体育活动。在这方面，根据该规定，必须鼓励残疾人“尽可能充分地”参与，以加强保护水平。在准备工作期间，南非关于删除这一表述的提议几乎无人支持。[19]

随后的第 2 项涉及残疾人的专项体育、娱乐活动。具体而言，该规定的第一部分要求各国必须保证残疾人在三个层面上的参与，即组织、发展和参加。为了落实这一点，该规定的第二部分敦促缔约国鼓励提供适当的指导、培训和资源。仔细阅读该规范，我们无法不注意到，在该规定的第二部分中，《公约》起草者倾向于使用“鼓励”一词而不是“保证”或“确保”。这一选择可能会削弱义务的范围。然而，正如一些学者所述，“这样做可能是因为缔约国意识到许多国家的资源有限”。[20]

第 3 项涉及无障碍问题，这是行使权利的关键所在。该项以强制性的措辞规定，各国必须“确保残疾人可以使用体育、娱乐和旅游场所”。从必须与《公约》第 9 条一并解读的该项中将产生的义务是：一方面，确保可以使用所有上述场所的权利；另一方面，消除可能阻碍残疾人使用这类场所的障碍。

19　见拟订促进和保护残疾人权利和尊严的全面综合国际公约特设委员会第七届会议，国家人权机构每日讨论摘要，2006 年 1 月 27 日，www.un.org/esa/socdev/enable/rights/ahc7sum27jan.htm。

20　See Roy（2007），p. 7.

在对第 30 条第 5 款的分析中，专门针对残疾儿童的第 4 项也具有特别意义。根据这项规定，各国必须“确保”残疾儿童“享有与其他儿童一样的平等机会参加游戏、娱乐和休闲以及体育活动，包括在学校系统参加这类活动”。这项规定必须结合专门致力于残疾儿童保护的《残疾人权利公约》第 7 条第 1 款加以解读。后者实际上包含了一项重要的一般原则，即承认儿
549 童是自主权利的享有者，它特别规定，“缔约国应当采取一切必要措施，确保残疾儿童在与其他儿童平等的基础上，充分享有一切人权和基本自由”。第 30 条第 5 款旨在保护儿童行使具体人权，例如休闲权、游戏权、进行和参加体育和娱乐活动权。为了更好地理解该条款中所列这些不同活动的含义，这里有必要提及联合国体育促进发展与和平机构间工作队 2003 年关于“体育促进发展与和平：努力实现千年发展目标”的报告。该报告提出：“*游戏*，特别是儿童游戏，是一种具有趣味性和参与性的体育活动。它通常是无组织的，不受成人的指导。*娱乐活动*比游戏更有组织性，通常包括身体积极运动的休闲活动。*体育运动*同样更具组织性，涉及规则或习惯，有时还涉及竞争。”[21] 现在回到对第 30 条第 5 款的分析。我们可以说，这项规定总体上符合《残疾人权利公约》序言部分的规定（根据序言，“残疾儿童应在与其他儿童平等的基础上充分享有一切人权和基本自由”）和《儿童权利公约》的规定，后者同样在序言部分明确提及这一点。事实上，《儿童权利公约》第 31 条第 1 款规定，“缔约国认识到儿童有权享有休息和闲暇，从事与儿童年龄相宜的游戏和娱乐活动，以及自由参加文化生活和艺术活动”。根据第 2 条，《儿童权利公约》禁止以残疾为由的任何形式的歧视。值得注意的是，在全球范围内，《儿童权利公约》是为数不多的将残疾明确列入禁止歧视理由清单的国际法律文书之一。正如儿童权利委员会在关于残疾儿童权利的第 9 号一般性意见（2006 年）中所述，将残疾列入禁止歧视理由的做法可以归因于“……残疾儿童属于最脆弱的儿童群体之一”。[22]

儿童权利委员会在第 9 号一般性意见（2006 年）中概述了游戏作为残

---

[21] 着重号后加。关于此报告，另见 Roy（2007），第 6 页。

[22] 见儿童权利委员会第 9 号一般性意见（2006）：残疾儿童的权利，CRC/C/GC/9，第 8 段。

疾儿童融入社会的一种手段的重要性。委员会认为，“残疾儿童全面融入社会的目标，在儿童有机会、场所和时间一起游戏时……便得到实现”。[23]

残疾人权利委员会对残疾儿童在参与体育活动方面的困境也给予了特别关注。在这方面，为了保证体育活动的包容性，委员会建议缔约国“以包容性方式”设计竞技性和非竞技性体育活动，并根据需要调整体育活动。

从上述考虑似乎可以清楚地看出，《残疾人权利公约》的规定并没有对 550
缔约国提出新的义务，因为它规定的许多措施根据上述规则应该已经得到落实了。

最后，第 5 项再次提到无障碍。具体而言，它规定了一项义务，即缔约国采取适当措施，确保“残疾人可以获得娱乐、旅游、休闲和体育活动的组织人提供的服务”。尽管该项没有明文规定，但根据《残疾人权利公约》第 9 条，必须保证公共实体或私营实体提供的所有服务都无障碍。[24]

5　第 30 条在欧盟的执行情况：一般说明

欧盟作为《公约》第 44 条所指的区域一体化组织，自 2011 年起成为《公约》缔约方。

总体而言，在欧洲法律秩序中，与保护残疾人权利有关的渊源包含在 2009 年生效的关于欧洲联盟运行的《里斯本条约》（第 19 条禁止基于残疾的歧视）以及《欧盟基本权利宪章》中。在《里斯本条约》生效后，该《宪章》对欧盟机构和各国政府具有法律约束力。它重申了上述不受基于残疾的歧视的原则（第 21 条），并加入了一条专门针对残疾人融入社会的规则（第 26 条），其中“欧洲联盟承认并尊重残疾人从旨在确保他们的独立、社会和职业融入以及参与社会生活的措施中受益的权利”。从该条的措辞可以明显看出，残疾人权利的保护以一个分为四个层次的进路（独立、社会融

23　同上，第 70 段。

24　见本书对第 9 条“无障碍”的评注。

入、职业融入和参与社区生活）为基础。[25] 总的来说，这是一种积极的办法，至少在一定程度上反映了其他国际文书，如1996年欧洲理事会通过的经修订的《欧洲社会宪章》所采用的办法。

2010年，欧盟委员会通过了一份关于《2010~2020年欧洲残疾问题战略》的专门文件。在该文件中，欧盟委员会概述了消除障碍的主要优先行动领域，其中包括残疾人参与社会，特别是行使“充分参与文化、娱乐和体育活动”的权利。在这方面，欧盟委员会一直致力于改善“体育、休闲、文化
551 和娱乐组织、活动、赛事、场馆、商品和服务（包括音像传媒服务）的无障碍环境”，[26] 促进残疾人参与体育赛事，并支持举办残疾人体育赛事。[27]

5.1 参与文化生活

在欧盟，有各种旨在保护残疾人参与文化生活的法律文书。首先，上述《欧盟基本权利宪章》规定，“欧洲联盟应尊重文化、宗教和语言多样性”（第22条）。关于获得文化材料，应当提及关于协调信息社会中版权和相关权利若干方面的第2001/29/EC号指令，其中载有便利残疾人获得这些材料的具体规定。[28] 该指令的序言部分指出成员国需要采取“一切必要的措施以便利因残疾而有困难自行利用作品的人获取作品，并对无障碍格式给予特别关注”。根据该指令第5条第3款，成员国可以对供残疾人使用的版权规定例外或限制。欧盟委员会在上述《2010~2020年欧洲残疾问题战略》中概述了该规定的重要性。事实上，欧洲机构致力于促进使用该指令规定的例外或限制。

此外，在这方面值得强调的是，2014年10月，欧盟委员会代表欧盟提议批准已于2014年4月30日签署的《马拉喀什条约》。这进一步表明了欧盟对残疾人人权的持续关注。因此，欧盟尽快加入该条约是极为可取的。

---

25 见 Olivetti（2001），第205页。关于这一点，另见 Carletti（2005）。

26 见欧洲委员会致欧洲议会、欧洲理事会、欧洲经济和社会委员会以及地区委员会的通知——《2010~2020年欧洲残疾问题战略：对无障碍欧洲的再次承诺》，COM（2010）636，第5页。

27 同上，第6页。

28 O. J. L 167，22. 06. 2001.

5.2　发展无障碍旅游

关于旅游（通常理解的休闲所涵盖的一种活动）这一主题，我们的分析必须从这样的总体考虑开始，即授予欧盟旅游方面的具体权限是《里斯本条约》引入的主要创新之一。这一权限目前由《欧洲联盟运行条约》第 195 条 552
规定。在这一点上，应该指出，根据新的权限，欧盟只能支持成员国的行动，而不能协调各国的法律。

考虑到以上情况，在残疾人参与旅游活动方面，欧盟正在促进和发展无障碍旅游。为此，欧盟采取了各种举措，例如提高旅游部门经济运营者的认识、改善这一部门的各种专项技能，以及收集有关有特殊需求旅行者的需求和行为概况的信息。[29] 在审查欧盟旨在保障残疾人获得旅行服务的各种行动时，我们应该提及一些有关保护旅行者的重要立法，[30] 例如，关于残疾人和行动不便者在航空旅行中的权利的第（EC）1107/2006 号条例；[31] 关于铁路乘客权利和义务的第（EC）1371/2007 号条例；[32] 关于海上和内水运输乘客权利的第（EU）1177/2010 号条例；[33] 关于公共汽车和长途汽车运输中乘客权利的第（EU）181/2011 号条例。[34]

自 2007 年起生效的第 1107/2006 号条例旨在制定“保护和援助乘坐飞机旅行的残疾人和行动不便者的规则，保护他们不受歧视，并确保他们得到援助”（第 1 条第 1 款）。

该条例的一个基本假设是，“单一航空服务市场应使公民普遍受益”。因此，“残疾人以及因残疾、年龄或其他因素造成行动不便人士，都应有与其他公民同等的航空旅行机会”（序言，第 1 段）。

该条例适用于“在离开、过境或抵达位于某一成员国境内的机场时使用

29　See European Commission, Report on the implementation of the UN Convention on the Rights of Persons with Disabilities（CRPD）by the European Union, SWD（2014）182 final, p. 40.

30　关于残疾人使用交通工具的权利，见 Camarda（2011）。

31　O. J. L 204, 26. 07. 2006.

32　O. J. L 315, 3. 12. 2007.

33　O. J. L 334, 17. 12. 2010.

34　O. J. L 55, 28. 02. 2011.

或打算使用商业客运航空服务的残疾人和行动不便人士”（第1条第2款）。
有些规则也适用于这类人在第三国并被送往某一成员国境内的机场的情况，
如果该航班是由欧盟的航空公司执飞的。例如，禁止航空公司、其代理商或
旅行经营者以残疾或行动不便为由拒绝登机或预订，以及航空承运人有义务
向残疾人和行动不便人士提供援助且不收取额外费用。如前所述，该条例规
553 定，航空公司、其代理商或旅行经营者不得以残疾或行动不便为由拒绝接受
残疾人或行动不便人士的预订或拒绝他们乘机。只有在条例（第4条）确定
的特殊情况下，才允许对该权利减损；但是，航空公司、其代理商或旅行经
营者仍有义务“作出合理努力……为当事人提出可接受的替代方案”。

自2009年起生效的第1371/2007号条例专门用整整一章的篇幅来论述保护残疾人或行动不便人士的权利（第19~25条）。第19条规定了交通权利：“铁路企业、售票员和旅行经营者不得拒绝接受残疾人或行动不便人士的预订或拒绝向其签发车票，或要求由他人陪同，但确有必要的除外。”后续条款包括：向残疾人或行动不便人士提供充分信息的义务；车站、站台、车辆或其他服务无障碍；在火车站和车上提供的援助水平；提供这种援助的条件。最后，一项具体规则规定，“如果铁路企业对残疾人或行动不便人士使用的机动设备或其他特定设备的全部或部分损失或损坏负责，则其赔偿金无限额”。至于这方面的实践，欧盟委员会最近一份关于该条例实施情况的报告指出，“铁路企业总体上比较有效地实施了该条例”，[35] 没有发生系统性的违规案例。关于保护残疾人或行动不便人士的规定，报告显示，拒绝接受这类人的预订的情况“罕见”。[36] 但是，在报告中，委员会也对铁路企业和票务供应商在旅行前提供最低限度的必要信息义务的履行情况提出批评。报告指出，在这种情况下，运营商往往未能提供“有关轮椅的最大尺寸和重量以及适当的车载设施的信息”。[37]

---

35 See European Commission, Report from the Commission to the European parliament and the Council. Report on the Application of Regulation (EC) No. 1371/2007 of the European Parliament and of the Council of October 23, 2007 on Rail Passengers' Rights and Obligations, COM (2013) 0587 final.

36 Ibid., para. 2. 1. 2.

37 Ibid., para. 2. 2.

2011 年起生效的关于海上和内水运输乘客权利的第 1177/2010 号条例（第 2 章第 7~15 条）和 2011 年起生效的关于公共汽车和长途汽车运输中乘客权利的第 181/2011 号条例（第三章第 9~18 条）中也有类似的监管框架。其中与保护残疾人或行动不便人士尤其相关的是在上述条例中增加了关于人员培训的具体规定。如第 181/2011 号条例序言部分所述，为满足此类人的 554
需要，培训是必要的，并应与残疾人代表组织合作举办。

5.3 包容残疾人的体育活动

除了旅游，体育是《里斯本条约》引入的另一项新的欧盟权限。

欧盟委员会的更多文件均有对体育重要性的概述。尤其是 2007 年《体育白皮书》，承认体育“具有教育意义”，并“发挥社会、文化和娱乐作用”。[38] 该文件还具体提及残疾人。有必要指出的是，对残疾人的提及见于专门讨论“体育对社会包容、融合和机会平等的潜力”这一段。[39] 委员会的包容性战略的基础是使体育基础设施适应残疾人的需要。在这方面，委员会强调需要确保体育场馆无障碍。委员会对残疾儿童给予了特别关注。根据委员会的意见，事实上“应采取具体标准确保体育运动的平等参与（equal access）”。[40] 前述《2010~2020 年欧洲残疾问题战略》和其后 2011 年关于发展欧洲体育运动的文件确认了对残疾人参与体育运动的关注。在 2011 年的文件中，欧盟委员会强调“在体育运动中实现社会包容，通过体育运动实现社会包容”。[41] 委员会回顾了《残疾人权利公约》，明确指出“残疾人有权在与其他人平等的基础上参加体育活动”，[42] 并概述了全面实施《残疾人权利公约》的必要性。

---

38 See European Commission, White Paper on Sport, COM (2007) 391 final, para. 2.

39 Ibid., para. 2. 5.

40 Ibid.

41 见欧洲联盟委员会致欧洲议会、欧洲理事会、欧洲经济和社会委员会以及地区委员会的通知——发展欧洲体育运动，COM（2011）12，第 2.5 段。

42 同上。

参考文献

Ball AR (2011) Equality accessibility for sign language under the Convention on the Rights of Persons with Disabilities, Case West J Int Law 43 (3): 759-798.

Camarda G (2011) Il trasporto dei disabili. Profili giuridici ordinamentali, Rivista di diritto dell'economia, dei trasporti e dell'ambiente 9: 183-205.

Carletti C (2005) I diritti fondamentali e l'Unione europea tra Carta di Nizza e Trattato-Costituzione, Giuffrè editore, Milano.

555 Donders Y (2007) The legal framework of the right to take part in cultural life, In: Donders Y, Volodin V (eds) Human rights in education, science and culture: legal developments and challenges, UNESCO Publishing, Ashgate.

Fay T, Wolff E (2009) Disability in sport in the twenty-first century: creating a new sport opportunity spectrum, Boston Univ Int Law J 27 (2): 231-248.

Ferri M (2014) L'evoluzione del diritto di partecipare alla vita culturale e del concetto di diritti culturali nel diritto internazionale, Com int 2: 211-236.

Hess-Klein C (2013) The book famine: international copyright rules as barriers to knowledge for impoverished persons with disabilities, In: Nadakavukaren Schefer KB (ed) Poverty and the international economic legal system: duties to the world's poor, Cambridge University Press, Cambridge, pp. 358-376.

International Disability in Sport Working Group, in partnership with the United Nations Office of the Special Advisor to the Secretary-General on Sport for Development and Peace (2007) Sport in the United Nations Convention on the Rights of Persons with Disabilities, Center for the Study of Sport in Society, Northeastern University, Boston.

Li J, Selvadurai N (2014) Reconciling the enforcement of copyright with the upholding of human rights: a consideration of the Marrakesh Treaty to Facilitate Access to Published Works for the Blind, Visually Impaired and Print Disabled, Eur Intellect Prop Rev 36 (10): 653-664.

Lord JE, Stein MA (2009) Social rights and the relational value of the rights to participate in sport, recreation, and play, Boston Univ Int Law J 27 (2): 249-281.

Olivetti M（2001）Art. 26. In：Bifulco R，Cartabia M，Celotto M（eds）L'Europa dei diritti. Commento alla Carta dei diritti fondamentali dell'Unione europea，Il Mulino，Bologna，pp. 202-209.

Rekas A（2013）Tracking the progress of the proposed WIPO Treaty on exceptions and limitations to copyright to benefit persons with print disabilities，Eur YB Disability L 4：45-72.

Roy EC（2007）Aiming for inclusive sport：the legal and practical implications of the United Nation's disability Convention for sport，recreation and leisure for people with disabilities，Entertain Sports Law J 5（1）：1-12.

Saulle MR（1998）Le norme standard sulle pari opportunità dei disabili，Edizioni scientifiche italiane，Napoli.

Stamatopoulou E（2007）Cultural rights in international law，Article 27 of the Universal Declaration of Human Rights and beyond，Martinus Nijhoff，Leiden.

557 第 31 条　统计和数据收集

马斯·彼得森

一、缔约国承诺收集适当的信息，包括统计和研究数据，以便制定和实施政策，落实本公约。收集和维持这些信息的工作应当：

（一）遵行法定保障措施，包括保护数据的立法，实行保密和尊重残疾人的隐私；

（二）遵行保护人权和基本自由的国际公认规范以及收集和使用统计数据的道德原则。

二、依照本条规定收集的信息应当酌情分组，用于协助评估本公约规定的缔约国义务的履行情况，查明和清除残疾人在行使其权利时遇到的障碍。

三、缔约国应当负责传播这些统计数据，确保残疾人和其他人可以使用这些统计数据。

目　次

578

1 《残疾人权利公约》和数据收集的发展

在现有的关于《残疾人权利公约》的文献中，第 31 条可能不是被讨论最多的条款，但有可能成为影响最大的条款之一。对这一条的“低调形象”的一个解释是，其工具性大于实质性。因此，在通过《残疾人权利公约》的谈判会议上，以色列残疾人人权中心在评论在《残疾人权利公约》中列入关于数据和统计的一个条款的提议时，认为数据收集是“一项促进权利的工具，而不是权利本身”。[1] 为此，一些人认为第 31 条不属于人权条约的内容。[2]

但是，对于负责条约草案谈判的特设委员会来说，关于收集数据义务的想法并不陌生。《残疾人机会均等标准规则》规则 13 就已经建议收集数据，明确要求“各国承担收集和散播有关残疾人生活状况信息的最终责任并促进对各个方面包括对影响残疾人生活的障碍的综合研究”。[3] 2003 年 12 月 22 日联合国大会通过的第 58/132 号决议第 8 段也强调了改进关于残疾人的数据和统计的重要性。[4] 呼吁收集数据也在联合国其他公约中得到重申。[5] 不 559
过，在人权条约的案文中列入关于数据收集的条款是一项突破。

1　参见拟订促进和保护残疾人权利和尊严的全面综合国际公约特设委员会第三届会议的各项意见、建议和修正案。事实上，第 31 条的内容本身并没有被视为一项权利，而只是被视为促进权利的一种工具，这非常符合《残疾人权利公约》起草过程中的一般主题，即《残疾人权利公约》并不是要创造新的人权，而只是确保残疾人在与他人平等的基础上享有所有人权，见 Arnardóttir（2009）。鉴于其目的是平等，《残疾人权利公约》仍然创造了新的权利，见 Arnardóttir（2009）、Mégret（2008）、Kayess 和 French（2008）。

2　见《拟订促进和保护残疾人权利和尊严的全面综合国际公约特设委员会第三届会议报告》，A/AC. 265/2004/5。

3　1993 年 12 月 20 日，联合国大会第四十八届会议第 48/96 号决议通过。

4　见《〈关于残疾人的世界行动纲领〉的实施情况：在 21 世纪缔造一个人人共享的社会》，A/RES/58/132。

5　见消除种族歧视委员会，第 24 号一般性意见（关于人口构成的资料）；消除对妇女歧视委员会，第 9 号一般性建议（有关妇女状况的统计资料）；儿童权利委员会，第 5 号一般性意见（执行《儿童权利公约》的一般措施），均载于 Doc. HRI/GEN/1/Rev. 9（第 Ⅱ 卷）；消除对妇女歧视委员会第 31 号以及儿童权利委员会有关有害做法的第 18 号联合一般性建议/意见，CEDAW/C/GC/31-CRC/C/GC/18。

在条约草案的谈判中，代表团强烈支持在《残疾人权利公约》的案文中列入关于统计和数据收集的一条，强调该条款将“使缔约国对残疾人的需要作出更有效的反应，并精确评估有关人员的状况，以便实施可促进其福利的方案”。[6] 从对第 31 条的讨论中可以明显看出，收集数据的义务是符合《残疾人权利公约》第 4 条的实施《公约》承认的权利的一种手段。从这个意义上说，第 31 条确实是一个创造变革的“工具”。然而，与第 4 条相反，第 31 条规定的义务在某种程度上是明确的。

第 31 条实现有效变革的能力取决于，随着时间的推移，这项义务能在多大程度上推动各种行动主体收集可靠的、具有连续性的和可比较的数据，以确保侵犯权利的行为得到适当的处理。**如果你不算算，那它就不重要**。几十年来，关于残疾人生活的可靠和可比较的数据既不完整又不一致。[7] 在 20 世纪 60 年代以前，社会研究没有考虑到妇女、残疾人或少数民族等群体。这些研究充其量是把重点放在被视为问题的个人和损伤上而不是放在社会背景和环境上。[8] 在《残疾人权利公约》之前，残疾人是被忽视的少数群体，[9] 也是不为国际人权法所见的部分。[10]

在国家层面，只有几次尝试将残疾纳入统计和数据收集的主流，结果是缺乏足够的数据来有效支持监测过程。目前，数据的缺乏给国家人权机构
560 （NHRIs）和残疾人组织（DPOs）证实侵犯残疾人权利的指控带来挑战。[11]
联合国大会残疾与发展问题高级别会议[12]和 2015 年后发展议程高级别知名人

---

6 《拟订促进和保护残疾人权利和尊严的全面综合国际公约特设委员会第三届会议报告》，A/AC. 265/2004/5。

7 见联合国大会通过的《关于残疾人的世界行动纲领》，A/RES/37/52；联合国大会通过的《残疾人机会均等标准规则》，A/RES/48/96。

8 Traustadóttir（2009），p. 6.

9 Kallehauge（2007），p. 337.

10 Kayess and French（2008），p. 12.

11 见 Report on the 2013 Work Forum on the Implementation of the UN CRPD in the EU，2013 年 10 月 24 日和 25 日欧盟委员会在布鲁塞尔举办的实施《残疾人权利公约》第四届年度工作论坛的讨论情况的概述。

12 关于为残疾人实现千年发展目标和其他国际商定发展目标大会高级别会议的成果文件《前进道路：2015 年前后兼顾残疾问题的发展议程》，A/68/L. 1。

士小组，[13] 以及联合国经济和社会事务部都呼吁彻底改善残疾数据的收集、分析和监测。经济和社会事务部的结论是“显然，在国家和国际层面上，有关残疾统计的数据收集和数据传播还不完善，需要进一步加强”。[14]

2　收集数据的义务

2.1　义务的范围

最重要的是，第 31 条要求缔约国收集关于残疾的数据，以便监测《残疾人权利公约》权利和义务的实施情况，并确定这些权利如何体现在残疾人的生活中。到目前为止，残疾人权利委员会没有发表关于第 31 条的一般性意见或声明，也没有就此事项制定具体的准则以阐明义务的范围。不过，残疾人权利委员会在其关于缔约国报告的准则中讨论了这个问题。[15]

关于缔约国报告的准则指出：

> 本条规范了缔约国的数据收集程序。
>
> 缔约国应报告：
>
> 1. 为收集适当的分组信息（包括统计和研究数据）以制定和实施
> 落实《公约》的政策，尊重人权和基本自由、道德规范、法律保护、数 561
> 据保护、机密性和隐私而采取的措施；
>
> 2. 统计数据的传播情况以及为确保残疾人可以使用这些数据而采取的措施；
>
> 3. 为确保残疾人充分参与数据收集和研究工作而采取的措施。[16]

委员会还在迄今为止的所有结论性意见中都讨论了第 31 条的履行情况，

13　A New Global Partnership: Eradicate Poverty and Transform Economies Through Sustainable Development—The Report of the High-Level Panel of Eminent Persons on the Post-2015 Development Agenda (2013).

14　United Nations Department of Economic and Social Affairs, Strategic Action towards Inclusive Development: Disability, Human Rights and Statistics, United Nations (2010).

15　《缔约国根据〈残疾人权利公约〉第 35 条第 1 款提交的条约专要文件准则》，CRPD/C/2/3。

16　同上，第 E 节。

强调收集残疾数据的重要性。

缔约国收集的数据必须符合或考虑《残疾人权利公约》所阐述的由医学模式向社会模式的转变。[17] 这要求数据必须将重点从有损伤的人转移到社会中存在的或不存在的可能阻碍残疾人在与他人平等的基础上充分有效地参与社会的障碍上（物理、交流和/或态度上的）。

此外，如报告准则所述，第 31 条要求残疾人组织（DPOs）参与数据的收集、分析和传播，例如，关于选择收集数据时使用的标准。[18] 在收集关于残疾的可靠数据时的一项具体挑战是，如何将尽可能广泛的残疾人纳入调查，包括那些可能最边缘化的残疾人。与残疾人组织（DPOs）合作是应对这一挑战的重要一步。

收集数据的义务涵盖社会的所有领域，如教育、卫生、就业等。此外，收集数据时必须考虑可能受到多种形式排斥的特定残疾人群体的情况。[19] 报告准则规定，缔约国应报告“关于实现《残疾人权利公约》每项权利的统计数据，这些数据基于过去四年的年度比较，按照性别、年龄、残疾类型（肢体、感官、智力和精神）、族裔、城市/农村人口及其他相关类别分列”，[20] 还规定缔约国应该报告“关于具体反歧视措施效果的分组比较统计
562 数据，以及在确保残疾人平等实现各项《公约》权利方面取得的进展，包括基于性别和年龄的视角”。[21] 简而言之，第 31 条规定了系统地收集、分析和传播所有相关数据（所有有利于实施《残疾人权利公约》的数据）的义务。

报告准则还指出，数据收集必须以真正的比较为补充。[22] 鉴于《残疾人权利公约》的国际性质，可比性的概念不仅指国家层面，而且也指区域和国际层面。到目前为止，由于各缔约国关于收集数据的定义和方法不一致，进

---

17 见残疾人权利委员会的结论性意见：秘鲁，CRPD/C/PER/CO/1，第 47 段。

18 见残疾人权利委员会的结论性意见：巴拉圭，CRPD/C/PRY/CO/1，第 72 段；《缔约国根据〈残疾人权利公约〉第 35 条第 1 款提交的条约专要文件准则》，第 D 节。

19 见残疾人权利委员会的结论性意见：阿根廷，CRPD/C/ARG/CO/1，第 50 段；《缔约国根据〈残疾人权利公约〉第 35 条第 1 款提交的条约专要文件准则》，第 A. 3. 2（h）节。

20 《缔约国根据〈残疾人权利公约〉第 35 条第 1 款提交的条约专要文件准则》，第 A. 3. 2（h）节。

21 同上，第 B. 5 节。

22 See also Flynn（2011），pp. 273-274.

行跨国比较很难甚至不可能。因此，比较不同缔约国实施《残疾人权利公约》的程度目前是不可行的。为了实施第 31 条的规定，各国正在做着系统化和协调数据收集的努力。华盛顿残疾统计小组已经编制出两套涉及机会平等评估功能的问题集。[23] 该方法被联合国统计委员会接受和承认为提高残疾统计的质量、可得性和国际可比性的宝贵工具。[24] 各国也在作出进一步努力，构建研究课题和关键残疾指标，以便发现在实施和监测《残疾人权利公约》中可能存在的任何差距。本章第 3 节将进一步介绍其中一些努力。

2.2　逐步实现

如本章第 1 节所述，第 31 条首先是实施《残疾人权利公约》承认的权利的一项措施，不能被归类为经济、社会和文化权利或公民和政治权利。因此，《残疾人权利公约》第 4 条第 2 款关于实现权利和履行义务的指导原则并不影响第 31 条的实施。不过，第 31 条规定缔约国“承诺”收集数据，这与第 4 条第 2 款关于逐步实现《残疾人权利公约》中经济、社会和文化权利的措辞相同。从这一角度看，似乎可以合理地得出这样的结论，即第 31 条要求缔约国在其现有资源最大限度内采取措施，以便逐步充分履行其收集可靠、一致和可比较数据的义务。

2.3　隐私和道德原则 563

从《残疾人权利公约》的准备工作文件可以清楚地看到，对统计和数据收集条款的一项特别关切是滥用信息的风险。[25] 为了应对这种风险，第 31 条列入了关于收集和使用数据的规定，包括一般保障措施、国际标准和关于统计的道德原则，但没有列出涉及的所有因素。不过，第 31 条明确规定，所

23　See Washington Group on Disability Statistics Statement of rationale for the Washington Group general measure on disability, http://www.cdc.gov/nchs/data/washington_group/Rationale.pdf.

24　See Statistical Commission's Report on the forty-fifth session (March 4－7, 2014), decision 45/109. E/2014/24-E/CN.3/2014/35.

25　See Report of the third session of the Ad Hoc Committee on a Comprehensive and Integral International Convention on the Protection and Promotion of the Rights and Dignity of Persons with Disabilities, note 23. A/AC.265/2004/5.

有数据的收集必须确保保密和尊重残疾人的隐私，不能侵犯残疾人的人权和基本自由。

作为条约草案谈判的一部分，联合国统计司为特设委员会工作组编写了一份关于收集和传播残疾统计的简报说明。[26] 简报提到了联合国《官方统计基本原则》（UN Fundamental Principles of Official Statistics）。[27] 该《官方统计基本原则》规定，统计机构为统计汇编而收集的个体数据（individual data），不论涉及自然人还是法人，都应严格保密，而且只用于统计目的。[28]

第 31 条提到的一般保障措施、国际标准和关于统计的道德原则也可以在联合国《国际统计活动指导原则》（UN Principles Governing International Statistics Activities）中找到。[29] 这些原则同样要求，收集到的有关自然人和法律实体的个体数据，或受国家保密规则规制的小规模聚合数据（small aggregates）的个体数据，应严格保密，并仅被用于统计目的或法律规定的目的。[30] 它们还要求立即和妥当地处理对统计数据的错误解释和滥用。[31]

564

3 收集数据的使用

3.1 作为监测工具的数据

统计数据和政策制定不可分：

> 政策管理、人权和统计系统是密切相关的，因此需要彼此协调以促进人民福祉。制定政策或统计指标不是一种规范或价值中立的做法。不

---

26 Briefing note on the collection and dissemination of disability statistics, United Nations, Department of Economic and Social Affairs, Statistics Division, Demographic and Social Statistics Branch, 30 August 2004.

27 The UN Fundamental Principles of Official Statistics，2013 年联合国统计委员会第 44 届会议通过。

28 同上，原则 6。

29 The UN Principles Governing International Statistical Activities，2014 年 3 月 3 日联合国统计活动协调委员会第 23 届会议通过。

30 同上，原则 6。

31 同上，原则 7。

过，将人权纳入这些进程不仅是一项必要规范，而且具有很好的实际意义。做不到这一点则会产生真正的后果。[32]

第 31 条提醒我们，收集可靠、一致和可比较的残疾数据并对其进行分类，以查明在实现权利方面的歧视和差异，是实施《残疾人权利公约》的重要组成部分。[33] 为此，第 31 条与《残疾人权利公约》中有关国际合作以及《公约》的实施和监测的部分密切相关。统计数据可以支持立法发展、政策制定和制度强化，以监测和报告《公约》各项规定的实施。[34] 第 31 条第 2 款明确规定，收集的数据可“用于协助评估本公约规定的缔约国义务的履行情况，查明和清除残疾人在行使其权利时遇到的障碍”。根据第 31 条，收集数据的目的必须是制定和执行政策，以实施本公约。为此，第 31 条第 3 款明确规定，缔约国应当负责传播这些统计数据，并使收集的数据具有可及性，确保残疾人和其他人可以使用这些统计数据。这是收集数据的一项先决条件。残疾人权利委员会也在一些结论性意见中强调了数据无障碍的必要性。[35]

然而，编写人权统计作为监测框架的做法仍然处于初级阶段。[36] 为了实现《残疾人权利公约》的目标，必须加强和进一步发展国家的研究和统计能力，以便按照第 31 条的要求收集、分析和传播残疾统计数据。[37] 此外，必须 565
进一步支持和发展统计能力与国家人权机构和/或其他独立机制之间的合作，以便查明和解决残疾人面临的挑战。在许多方面，这一发展是使缔约国能够制定和执行最能全面实施《公约》的政策的先决条件。

32　OHCHR (2012), p. Ⅲ.

33　See, e.g., Briefing note on the collection and dissemination of disability statistics, United Nations, Department of Economic and Social Affairs, Statistics Division, Demographic and Social Statistics Branch, 30 August 2004.《缔约国根据〈残疾人权利公约〉第 35 条第 1 款提交的条约专要文件准则》, Stein and Lord (2010)。

34　Lawson and Priestley (2013) 只是一般地将统计数据作为监测工具，而非专门针对《残疾人权利公约》。

35　残疾人权利委员会的结论性意见：韩国，CRPD/C/KOR/CO/1，第 60 段；中国，CRPD/C/CHN/CO/1，第 24 段。

36　OHCHR (2012), p. Ⅲ; Landman (2010), p. 3.

37　Stein and Lord (2010), p. 726.

3.2 指标

人们普遍同意统计指标在有效监测和促进人权方面的潜力。[38] 指标可作为评估缔约国遵守国际人权情况的宝贵工具。[39] 但是，国际上并没有一套可以广泛应用的人权指标。此外，缔约国收集的许多数据并没有按残疾分类。由于在国家、区域和国际层面存在残疾的不同模式和不同的文化阐释，对残疾的具有一致性的衡量也被认为是一项挑战。[40] 这种一致性的缺乏对查明和证实违反《残疾人权利公约》的行为造成了进一步的困难。

残疾人权利委员会也多次强调需要指标来支持立法发展。[41] 同样，世界卫生组织强调改善残疾统计资料的重要性，以便为政策目的制定具有可比性的国际指标。[42]

人权事务高级专员办事处编写了关于人权指标的一般性指南。[43] 该指南
566 将人权指标定义为“与人权规范和标准有关的目标、事件、活动或结果的状态或情形的具体信息；处理和反映人权原则和关切的具体信息；可用于评估和监测人权的促进和落实的具体信息”。[44]

人权事务高级专员办事处的指南并不寻求编写一份适用于所有国家的共同指标清单，也不打算创建一个关于人权实现情况的跨国比较框架。相反，其目的只是方便确定和识别具有特定语境含义的指标。[45]

---

38 见 OHCHR（2012）；儿童权利委员会，关于《执行〈儿童权利公约〉的一般措施》的第5号一般性意见（2003），CRC/GC/2003/5；Landman（2004），第909~910页；Andreassen and Sano（2007），第275~277页；Welling（2008），第940页；Flynn（2011），第273页；De Beco（2013），第380页；Lawson and Priestley（2013），第740页。

39 De Beco（2008），pp. 23-25.

40 See，e. g.，Broderick（2014）；Report on the 2013 Work Forum on the Implementation of the UN CRPD in the EU.

41 See，Conference of States Parties to the Convention on the Rights of Persons with Disabilities Seventh session，matters related to the implementation of the Convention：round table 2 National implementation and monitoring，CRPD/CSP/2014/3，para. 38. 又见残疾人权利委员会的结论性意见：突尼斯，CRPD/C/TUN/CO/1，第37段；西班牙，CRPD/C/ESP/CO/1，第50段。

42 See WHO and The World Bank（2011），p. 45.

43 OHCHR（2012）.

44 Ibid.，p. 16.

45 See OHCHR（2012），p. 33.

按照《残疾人权利公约》第 31 条，需要有能够促进跨国比较的指标。为此，一些有用的办法已经出现或正在开发。一些在国际、区域和国家层面执行的项目已经开始侧重于结构、过程和结果指标。

在国际层面，华盛顿残疾统计小组（WG）致力于在更大范围内提高残疾措施的质量和国际可比性，并已经开发出两套残疾评估办法，旨在得出国际可比的数据。[46] 世界卫生组织和世界银行也开发了一个示范性残疾调查（MDS），这是一项一般性人口调查，提供关于残疾人生活的详细信息，并允许对残疾程度和状况不同的群体进行直接比较，包括与非残疾人的比较。[47] 同样，埃塞尔基金会（Essl Foundation）、世界未来理事会（World Future Council）和欧洲基金会中心（European Foundation Centre）一起完成了一个关于社会指标的项目，以衡量《残疾人权利公约》的实施情况并评估该公约当前在世界各地的实施现状。[48]

在区域层面，联合国亚洲及太平洋经济社会委员会（UNESCAP）制定了《亚洲及太平洋残疾人“切实享有权利”仁川战略》（Incheon Strategy），其中汇编了 62 项指标。[49] 欧盟基本权利署（FRA）还与欧盟委员会和欧洲残疾问题专家学术网（ANED）合作制定了 28 项指标，以评估欧洲残疾人的政
治参与情况。[50] 最近欧盟基本权利署已开始制定指标，以评估《残疾人权利 567
公约》第 19 条的执行情况。[51]

许多指标项目往往侧重于《残疾人权利公约》的一个或两个具体条款。此外，它们常常包括项目旨在阐明的每项权利的许多问题。受到英国平等和

46　See http://unstats. un. org/unsd/methods/citygroup/washington. htm. 另见上文第 2.1 节参考文献。目前工作组与联合国儿童基金会正一道为残疾儿童制定一套类似的残疾评估方法。

47　http://www. who. int/disabilities/data/mds/en/.

48　http://zeroproject. org/.

49　http://www. unescapsdd. org/publications/incheon-strategy.

50　http://fra. europa. eu/en/publications-and-resources/data-and-maps/comparative-data/political-participation.

51　http://fra. europa. eu/en/project/2014/rights-persons-disabilities-right-independent-living. 在这些措施之前，一个由欧洲残疾问题专家学术网、残疾人国际、世界卫生组织、欧盟统计局等的代表参加的工作组已经提出了一套符合《残疾人权利公约》的以权利为基础的定性和定量的比较指标。这些指标被称为“欧洲残疾平等指标”（Indicators of Disability Equality in Europe，IDEE）。

人权委员会平等衡量框架的启发，[52] 丹麦人权研究所（DIHR）在国家层面提出了不同的方法。[53] 该机构与丹麦国家社会研究中心一起，正在致力于确认一套 10 项“统计结果黄金指标”，以评估《残疾人权利公约》在丹麦的执行情况。该国设立了一个由有关当局和残疾人组织组成的参考小组，以确保主要利益攸关方就 10 项黄金指标达成共识。该项目的目标是制定一套包含 10 项统计结果的指标，概括描述丹麦遵守《残疾人权利公约》的情况，最终目标是利用这些黄金指标来强调丹麦残疾人在享有《残疾人权利公约》规定的权利时所面临的主要挑战。该项目目前只限于丹麦，但其长期目标是获得区域和国际上对黄金指标的承认，以便可以将其作为在已批准《残疾人权利公约》的国家之间进行比较的基础。[54]

近年来出现的不同项目或多或少都符合《公约》第 31 条。但是，由于缺乏残疾人权利委员会关于如何评估《公约》执行情况的指南，国家、区域和国际层面收集的数据仍然显示出在这些层面上不同的残疾模式和对残疾的不同文化阐释所产生的影响。尽管如此，其中一些项目特别注重收集符合第 31 条的可靠、一致和可比较的数据。为此目的，如果要可靠地用残疾统计数据来评估《残疾人权利公约》的实施情况，就必须确保根据《残疾人权利
568 公约》对残疾的定义来确定评估指标。符合第 31 条的其他关键指标领域涉及进行国际比较的可能性，与《残疾人权利公约》规定的权利及残疾人和义务承担者的相关性，确保数据随着时间的推移而更新，持续评估指标的可靠性和准确性，确保有能力进一步分解数据。

---

52 http://www.equalityhumanrights.com/about-us/our-work/key-projects/equality-measurement-framework.

53 http://www.humanrights.dk/disability.

54 2012 年 5 月首次发布的“委员会残疾在线工具”（Disability Online Tool of the Commission, DOTCOM）是一个非常独特和全面的项目，很好地运用了比较指标。“委员会残疾在线工具”提供了前所未有的关于欧洲国家残疾政策的知识。该数据库包含每个欧洲国家和欧盟的相关法律、政策和项目的描述性数据，所选的 44 个项目与《残疾人权利公约》的实施有关。但是，“委员会残疾在线工具”整体来看更多的是《2010~2020 年欧洲残疾问题战略》（European Disability Strategy）而不是《残疾人权利公约》的监测工具。See also Lawson and Priestley（2013）, pp. 750–752.

参考文献

Andreassen BA, Sano H－O（2007）What's the goal? What's the purpose? Observations on human rights impact assessment, Int'l J H R 11（3）：275–291.

Arnardóttir OM（2009）A future of multidimensional disadvantage equality? In：Arnardóttir OM, Quinn G（eds）The UN Convention on the Rights of Persons with Disabilities–European and Scandinavian perspectives, Martinus Nijhoff, Leiden, pp. 41–66.

Broderick A（2014）Report on the 2013 work forum on the implementation of the UN CRPD in the EU, drafted at the request of the European Commission.

de Beco G（2008）Human rights indicators for assessing state compliance with international human rights, Nor Jour Int Law 77：23–49.

de Beco G（2013）Human rights indicators：from theoretical debate to practical application, J Hum Rights Pract 5（2）：380–397.

Flynn E（2011）From rhetoric to action：implementing the UN Convention onthe Rights of Persons with disabilities, Cambridge University Press, New York.

Kallehauge H（2007）The genesis of a new human rights convention–a Convention on the Rights of Persons with Disabilities, In：Implementing human rights：essays in honour of Morten Kjærum, The Danish Institute for Human Rights, Copenhagen, pp. 337–347.

Kayess R, French P（2008）Out of darkness into light? Introducing the Convention on the Rights of Persons with Disabilities, Hum Rights Law Rev 8（1）：1–34.

Landman T（2004）Measuring human rights：principle, practice and policy, Hum Rights Quart 26（4）：906–931.

Landman T（2010）Measuring human rights, Routledge, New York.

Lawson A, Priestley M（2013）Potential, principle and pragmatism in concurrent multinational monitoring：disability rights in the European Union, Int'l J H R 17（7–8）：739–757.

Mégret F（2008）The disability Convention：human rights of persons with disabilities or disability rights? Hum Rights Quart 30（2）：494–516.

OHCHR（2012）Human rights indicators－a guide to measurement and implementation, HR/PUB/12/5, United Nations, New York and Geneva.

Stein MA, Lord JE (2010) Monitoring the Convention on the Rights of Persons with Disabilities: innovations, lost opportunities, and future potential, Hum Rights Quart 32 (3): 689-728.

Traustadóttir R (2009) Disability studies, the social model and legal developments. In: Arnardóttir OM, Quinn G (eds) The UN Convention on the Rights of Persons with Disabilities-European and Scandinavian perspectives, Martinus Nijhoff, Leiden, pp. 3-16.

Welling JV (2008) International indicators and economic, social, and cultural rights, Hum Rights Quart 30 (4): 933-958.

WHO, The World Bank (2011) World report on disability, http://www.who.int/disabilities/world_report/2011/report.pdf, Accessed 24 Feb 2015.

第 32 条　国际合作 569

瓦伦蒂娜·德拉·菲娜

一、缔约国确认必须开展和促进国际合作，支持国家为实现本公约的宗旨和目的而作出的努力，并将为此在双边和多边的范围内采取适当和有效的措施，并酌情与相关国际和区域组织及民间社会，特别是与残疾人组织，合作采取这些措施。除其他外，这些措施可包括：

（一）确保包容和便利残疾人参与国际合作，包括国际发展方案；

（二）促进和支持能力建设，如交流和分享信息、经验、培训方案和最佳做法；

（三）促进研究方面的合作，便利科学技术知识的获取；

（四）酌情提供技术和经济援助，包括便利获取和分享无障碍技术和辅助技术以及通过技术转让提供这些援助。

二、本条的规定不妨害各缔约国履行其在本公约下承担的义务。

目　次

1　关于第32条的谈判

墨西哥2002年提交的《促进和保护残疾人权利和尊严的全面综合国际公约》草案多次提到国际合作。[1]

2004年，工作组就《公约》框架下国际合作的作用进行了讨论，各方表达了不同意见。[2] 其中，获得工作组一致同意的是，国家遵守《公约》不应以接受国际发展援助或协助为条件，因为这是国家的责任。然而，一些工作组成员坚持认为，对实现《公约》目标和实施《公约》的国内努力来说，国际合作是重要的支持手段。按照这一路径，《公约》案文应反映缔约国之间团结协作和伙伴关系的精神。一些成员还强调，"国际合作"一词应作广义解释，包括许多因素，如信息和最佳做法的交流、科学研究、培训、提高认识、残疾人组织之间的合作、技术发展和能力建设等。因此，根据在工作组中表达的意见，国际合作并不局限于资金转移或援助计划。但是，应注意的是，一些工作组成员反对将国际合作列入《公约》，强调这一领域不应在人权条约中规定，只有联合国大会才有资格考虑这一问题。

工作组开展的讨论还包括缔约国在这一领域的义务。在这方面，一些成员反对创设法律义务，强调国际层面的做法不应给缔约国强加国际合作义务。但是，其他成员认识到将残疾维度纳入国际合作活动和协议的重要性，有助于消除对残疾人的歧视。为此目的，《公约》可要求缔约国承诺采取一

1　其第1条要求缔约国"促进新形式的国际合作以支持各国造福残疾人的努力，以期实现本公约的各项目标"。此外，国际合作还被列为缔约国会议的任务（第19条）和残疾人权利专家委员会的职责（第20条）。该草案文本，见 A/AC. 265/WP. 1。

2　讨论的概要，见 A/AC. 265/2004/WG/1，附件二。

些具体措施。

甚至关于国际合作问题在《公约》框架中的位置，工作组各成员也没有 571
达成一致意见。工作组内部审议了以下一些备选方案：在序言中；在公约宗旨中（当前《公约》第 1 条）；在一般原则中（当前第 3 条）；在一般义务中（当前第 4 条）；作为单独的一条；作为独立的一条并在序言、一般义务或一般原则中得到提及。

最后，工作组同意，关于国际合作的任何条款的措辞都必须经过谨慎平衡以避免误解，并阐明这一领域在《公约》背景下的范围。因此，在 2004 年工作组的草案文本中，国际合作只在序言（第 9 段）和关于无障碍的第 19 条第 2 款第 6 项中提到。[3]

在特设委员会第三届会议期间（2004 年 5 月 24 日至 6 月 4 日），代表们就国际合作讨论了几个选择。有代表提议修改序言第 9 段的措辞，使之提及第 2 条（一般原则）、第 4 条（一般义务）、第 23 条（适足的生活水平和社会保护）中的国际合作，并增加关于国际合作的单独一条。墨西哥提议在《公约》中就这个问题引入具体一条（草案第 24 条之二），中国和越南也提交了增加单独一条的建议。[4] 其他一些国家支持这些提议的具体内容或者一般内容。

经过讨论和非正式磋商，2005 年 8 月，第 24 条之二的协调人墨西哥的马里亚纳·奥利维·韦斯特（Mariana Olivera West）起草了以下案文：

> 缔约国应当促进国际合作，并承诺为实现本公约的宗旨而采取适当措施相互协调，以及与国际和区域组织及其他利益攸关方协调。国际合作除其他外应包括：a）就执行本公约的措施、立法、国家政策、方案和项目的最佳做法以及在这方面取得的进展和面临的挑战交流信息；b）提高公众对残疾以及残疾人充分平等享有人权和基本自由的认识；c）确

3　第 9 段规定："强调国际合作对促进残疾人充分享有人权和基本自由非常重要。"还提出以下备选案文供审议："认识到国际合作对改善每一国家，尤其是发展中国家残疾人的生活水平非常重要。"第 19 条第 2 款第 6 项措辞如下："在制定标准、准则和辅助技术方面促进通用设计和国际合作。"见 A/AC. 265/2004/WG/1，附件一。

4　这些提议的文本，见 A/AC. 265/2004/5。

保国际合作方案对残疾人具有包容性；d）鼓励向发展中国家提供技术
572 合作和经济援助，包括技术转让；e）促进无障碍技术的研究和应用，包括残疾人辅助技术；f）举办培训课程、研讨会、讲习班和研究；g）支持和发展全面实施本公约的能力建设。[5]

各国代表对这个草案有各种不同的意见。就其相关性而言，值得一提的是欧盟代表团的立场。他们认为，国际合作是实施《公约》的一个至关重要的因素，“因为残疾造成贫困，贫困引发残疾，限制了获得教育和就业的机会，并导致经济和社会排斥”。[6] 但是，对于欧盟来说，国际合作是实施《公约》的一种手段，而不是个人的权利。因此，欧盟代表团认为，人权条约并没有将国际合作规定为义务，甚至作为《公约》模本的《儿童权利公约》的第 4 条在这方面的做法也符合国际惯例。[7] 在作出这些一般性评论之后，欧盟指出，“关于国际合作的单独条款可能妨碍《公约》的实施，因为它将允许各国把它们不尊重残疾人权利归因于其他国家没有履行各自的国际合作义务。尽管国际合作在《公约》实施中至关重要，但欧盟不支持有关国际合作的单独条款，而是支持在适用于所有条款的一般义务条款中规定国际合作”。[8]

美国支持欧盟的立场，其他代表团则表示同意将第 24 条之二作为单独的一条。[9] 一些非政府组织也支持关于国际合作单独条款的提议，特别是国际残疾人组织核心成员组（IDC）、英国残疾人理事会（British Council of Disabled People）、瓦努阿图残疾促进和倡导协会（Disabled Promotion Advocacy Association of Vanuatu），以及欧洲残疾问题论坛（European Disability

5 http://www.un.org/esa/socdev/enable/rights/ahc6facilitator.htm.

6 Daily summary of discussion at the sixth session, August 1, 2005, http://www.un.org/esa/socdev/enable/rights/ahc6sum1Aug.htm.

7 《儿童权利公约》第 4 条规定：“缔约国应采取一切适当的立法、行政和其他措施以实现本公约所确认的权利。关于经济、社会及文化权利，缔约国应根据其现有资源所允许的最大限度并视需要在国际合作范围内采取此类措施。”

8 Daily summary of discussion at the sixth session, cit. 值得回顾的是，2006 年 1 月 19 日，欧洲议会通过了一项关于残疾和发展的决议，呼吁欧盟理事会和欧盟委员会支持《残疾人权利公约》中关于国际合作的单独条款，作为“发展中国家之间以及发展中国家与欧盟之间合作行动的必要基础”（第 6 段）。

9 包括非洲集团、智利、萨尔瓦多、韩国、俄罗斯联邦和也门等。

Forum）。它们甚至建议按照《儿童权利公约》的做法在序言部分提及国际合作。

2005 年 8 月，在特设委员会第六届会议上，草案第 24 条之二的协调人 573
提出了一份修订案文，该案文考虑了特设委员会第三届会议期间各国提出的不同建议和意见。[10] 修订后的条款为进一步谈判奠定了基础，并促使目前的第 32 条最终获得通过。[11]

2　联合国《残疾人机会均等标准规则》和《残疾人权利公约》框架下的国际合作：一项包容性的发展合作

缔约国之间合作的义务几乎包括在所有环境协定以及在国际刑法、海洋法和其他领域缔结的条约中。但是，在核心人权条约中，只有《经济社会文化权利国际公约》和上文提及的《儿童权利公约》提到了国际合作。在这两项公约中，国际合作被认为是一项执行措施和实现公约目标的有用工具，特别是那些需要大量资源的目标。[12]

关于残疾人权利保护，1993 年联合国《残疾人机会均等标准规则》体现了国际合作的相关作用，其序言回顾了技术和经济合作是残疾领域社会政策的重要方面（第 3 段）。[13] 此外，标题为“技术和经济合作”的规则 21 确认“各国，无论是工业化国家还是发展中国家，均有责任开展合作和采取措施，改善发展中国家残疾人的生活条件”。为此目的，该规则列举了技术和

10　http://www. un. org/esa/socdev/enable/rights/ahcstata32ssrepchair. htm. 第 24 条之二修订案草案，见 http://www. un. org/esa/socdev/enable/rights/ahcstata32ssfacilitator. htm。

11　见在特设委员会第七届会议上提交的关于第 32 条的意见、建议和修正案，http://www. un. org/esa/socdev/enable/rights/ahcstata32sevscomments. htm。2006 年 2 月 1 日协调员关于国际合作的案文，http://www. un. org/esa/socdev/enable/rights/ahc7facilitator. htm。特设委员会第八届会议（2006 年 8 月 25 日第 20 次会议）未经表决整体通过了《残疾人权利公约》及其任择议定书。见 A/AC. 256/2006/4 及其附录 1。

12　See Alston and Robinson (2005) and Skogly (2006).

13　见 1993 年 12 月 20 日联合国大会第 48/96 号决议。

经济合作的优先领域并建议将实现残疾人机会均等的措施“纳入总体发展方案”和“所有形式包括双边和多边、政府和非政府的技术和经济合作之中”（该规则第 1 条和第 2 条）。

继而，标题为“国际合作”的规则 22 建议缔约国在联合国、其各专门
574 机构和其他有关的政府间组织范围内，积极参加涉及残疾人机会均等政策的国际合作。为此目的，缔约国应：（1）在关于标准、信息交流、发展方案等内容的一般谈判中，酌情提及有关残疾方面的问题；（2）鼓励和支持在一些利益攸关方，如与残疾问题有关的非政府组织、残疾领域外地方案（field program）代表和专业团体的代表、残疾人组织、国家协调委员会之间，交流知识和经验。此外，根据规则 22 第 4 条，联合国及所有政府间机构和各国议会间机构应将残疾人组织纳入其工作范围。

同样，正如已经指出的那样，《残疾人权利公约》提供了一个“将残疾权利方法纳入包括千年发展目标在内的发展活动的范式”。[14] 的确，《公约》在序言中确认“国际合作对改善各国残疾人，尤其是发展中国家残疾人的生活条件至关重要”（第 12 段）并强调贫穷和残疾的联系（第 20 段）。[15] 此外，《公约》在第 4 条第 2 款中强调国际合作是实现充分享有经济、社会和文化权利的手段。同样，《公约》第 37 条和第 38 条也规定国际合作是实施《公约》的手段，为此，残疾人权利委员会与缔约国和联合国机构的关系发挥着关键作用。第 32 条完善了这些规定，第一次在一项核心人权条约中规定了一个维持包容性发展的法律框架，要求包括发展计划在内的国际合作具有包容性并对残疾人无障碍。[16]

---

14 See Stein *et al.* (2013), p. 276.

15 世界卫生组织和世界银行强调，“残疾是一个发展问题，因为它与贫穷具有双向联系——残疾可能增加贫穷的风险，而贫穷也可能增加残疾的风险”。See WHO and the World Bank (2011), p. 10. See also Yeo (2001); Stein and Stein (2014); Ghosh *et al.* (2016), pp. 81-97. 另见本书珍妮特·E. 洛德和迈克尔·阿什利·斯坦撰写的《〈残疾人权利公约〉对人权法的发展》。

16 See UN-DESA, OHCHR, IPU (2007), p. 8; Mattioli (2008); Katsui (2008); Maclachlan and Swartz (2009); WHO and the World Bank (2011), p. 11. 可见的是，《残疾人权利公约》的若干条款含蓄地提及将残疾人权利纳入国家发展和减贫计划，例如第 9 条、第 11 条、第 27 条和第 28 条，以及关于妇女（第 6 条）和儿童（第 7 条）等脆弱群体的条款。See Stein *et al.* (2013), pp. 276-277.

3　第 32 条的显著特点

与《残疾人权利公约》所载的范式转变相一致，人权事务高级专员办事处在 2010 年的一份研究中强调了第 32 条的真正创新路径，概述了该条的一些特殊方面。[17]

首先，人权事务高级专员办事处强调，在《残疾人权利公约》框架内，国际合作直接指向实现其目标，并且在这方面超越了传统上对经济、社会和 575
文化权利的重视，也包括了在公民和政治权利领域的合作。其次，第 32 条规定的国际合作不仅限于南北合作，也包括北北合作和南南合作，以及缔约国和第三国之间的合作。[18] 此外，《公约》将不同主体纳入国际合作活动，如全球性和区域性组织（例如，联合国及其专门机构、欧盟、[19] 欧洲理事会、美洲国家组织和非洲联盟）和民间社会组织。[20] 残疾人组织参与所有与国际合作有关的行动符合《残疾人权利公约》第 3 条列出的 8 项原则之一（充分和切实地参与和融入社会），也符合《公约》第 4 条第 3 款规定的这一领域的一般义务。[21]

人权事务高级专员办事处指出的这一条的第三个创新路径是，它以国际合作应采取的符合《公约》规定义务的形式向缔约国提供指导和信息的能力。的确，不像其他人权文书，第 32 条第 1 款第 1 项、第 2 项、第 3 项和第 4 项规定了“四种与支持实现残疾人权利的国际合作最密切相关的互相重叠的模式”。

17　See OHCHR (2010), paras 3–10; Baht (2013).

18　人权事务高级专员办事处概述了第 32 条第 1 款提到的“缔约国之间”的合作。

19　关于欧盟在国际合作中的作用，见下文第 5 节。

20　例如，全球残疾与发展伙伴关系（the Global Partnership for Disability and Development, GPDD）是世界银行为加强国际合作设立的一项全球倡议，旨在推动将残疾问题和相关考虑纳入社会和经济发展的主流努力。全球残疾与发展伙伴关系是由政府部委、双边和多边捐助者、联合国机构、非政府组织、残疾人组织、国家和国际发展组织以及其他致力于加强残疾人权利和包容性发展的组织组成的联盟。See GPDD, Report for OHCHR on Article 32. 关于国际金融机构（IFIs）参与实施《残疾人权利公约》第 32 条的情况，见 Stein and Stein (2014)。

21　See van Veen *et al.* (2013).

其他显著因素是第 32 条第 1 款第 1 项规定的国际合作的“包容”和“便利”。人权事务高级专员办事处指出，包容是一个广泛的概念，一方面要求残疾人及其代表组织不被排斥在发展方案、实施或监测和评估之外，另一方面要求采取积极措施提供咨询并确保残疾人切实有效和有意义地参与这些过程。此外，根据《公约》第 1 条的宗旨，包容性发展合作应充分关注所有残疾人。

无障碍也是一个广泛的概念，根据《残疾人权利公约》第 9 条，包括无障碍地进出物理环境，使用交通工具，利用信息和通信，以及其他向公众开
576 放的设施和服务。[22] 人权事务高级专员办事处认为，第 32 条所要求的包容性和无障碍合作，对于解决残疾人在社会和国际合作活动中的边缘化问题具有重要意义。此外，它“提供了一种赋予残疾人权利的手段，并有助于确保合作符合其他原则，如不歧视、机会平等和尊重固有尊严”。[23]

包容和无障碍的国际合作是第 32 条所载的发展合作“双轨路径”的基础。该路径的目的是将残疾问题纳入所有相关方案和项目的主流，并制订针对残疾人的具体计划。[24] 残疾问题应得到主要资助项目的重视，也应通过具体的残疾项目来解决，以加强残疾人及其代表组织的能力建设和赋权。在这方面，应当指出的是，联合国促进残疾人作为发展的推动者和受益者的机会均等。联合国秘书长指出，“双轨路径”包括：“a）将具有残疾敏感性的措施纳入所有政策和方案的设计、实施、监测和评价；b）提出专门针对残疾问题的举措，协助增强残疾人权能。主流化战略和有针对性的支助之间的平衡应按照实际情况加以调整，以满足具体社区的需要；但总体目标应永远是使残疾人融合和纳入社会和发展的各个方面。”[25]

人权事务高级专员办事处的研究还指出了第 32 条的其他创新特征，如包括了国际人道援助的国际合作广泛概念，要求缔约国根据《残疾人权利公约》第 11 条采取一切必要措施，确保在危难情况下，包括在发生武装冲突、人道

---

22 见本书对第 9 条“无障碍”的评注。

23 See OHCHR (2010), para. 11.

24 Stein and Stein (2014), pp. 1263-1264，强调“通过人权方法将残疾纳入发展的主流和目标，对发展包容性社会和实现残疾人的人权至关重要”。

25 See the Report of the SG “Mainstreaming disability in the development agenda,” E/CN. 5/2012/6, para. 12.

主义紧急情况和自然灾害时，残疾人获得保护和安全。[26] 此外，《公约》促进基于权利路径的国际合作。的确，根据第 32 条，国际合作应支持实现《公约》第 1 条所载的宗旨及其目标。在这方面，应该注意的是，第 32 条符合联合国发展集团（UNDG）在 2003 年通过的《联合国关于以人权为基础的发展合作路径的共识》（UN Common Understanding on the Human Rights-Based Approach to Development Cooperation），确保联合国的机构、资金和项目在全球、区域和国家层面的一般规划的过程中适用一致的以人权为基础的方法。[27] 577

4　千年发展目标和残疾

世界银行指出，“尽管残疾和贫困之间的联系得到了广泛承认，但促进发展和减贫的努力并不总是充分地包括残疾”。[28] 事实上，8 项千年发展目标及实现这些目标的具体目标和指标都没有提到残疾。[29]

然而，考虑到发展中国家 98%的残疾儿童没有上学，将残疾人列入千年发展目标对于实现其中一些目标至关重要，特别是要实现目标 1 设想的到 2015 年将贫困和饥饿发生率减半，[30] 以及确保每个儿童享有免费和普及的小学教育的权利（目标 2）。[31]

联合国大会第 63/150 号、第 64/131 号、第 65/186 号、第 67/140 号和

26　见本书对第 11 条“危难情况和人道主义紧急情况”的评注。

27　http://hrbaportal.org/the-human-rights-based-approach-to-development-cooperation-towards-a-common-understanding-among-un-agencies.

28　WHO and the World Bank (2011), p. 12. See also Eide and Ingstad (2011).

29　在 2000 年 9 月的千年首脑会议上，联合国会员国的国家元首和政府首脑们商定了千年发展目标，见联合国大会第 55/2 号决议《联合国千年宣言》。关于千年发展目标，见 Alston（2005），第 755页及以下；WHO and the World Bank（2011），第 11~12 页；Langford *et al.*（2013）。另见 2015 年联合国秘书长《千年发展目标报告》，http://www.un.org/millenniumgoals/2015_MDG_Report/pdf/MDG%202015%20rev%20(July%201).pdf。

30　See Yeo (2001), Thomas (2005), Van Kampen *et al.* (2008), and Grech (2009).

31　据估计，迄今为止，残疾人约 10 亿人，占世界人口的 15%，其中约 80%生活在发展中国家。见联合国秘书长的说明“Mainstreaming disability in the reduction of poverty and inequality”，CRPD/CSP/2015/2，第 3 段。

第 69/149 号决议强调了将残疾纳入实现千年发展目标和其他国际商定的发展目标工作的所有方面的紧迫性。此外，2010 年 9 月，联合国大会在千年发展目标高级别会议结束时通过了题为《履行诺言：团结一致实现千年发展目标》的第 65/1 号决议。该决议承认，发展政策和行动必须重点关注穷人和在最脆弱状态下生活的人们，包括残疾人，以使他们能从实现千年发展目标的进展中受益。[32]

578 **2015 年前后残疾包容发展议程**

在 2000 年 9 月的千年首脑会议上，联合国会员国承诺到 2015 年实现千年发展目标。鉴于截止日期日益临近，2013 年 9 月，联合国大会召开了国家元首和政府首脑级别的残疾与发展问题高级别会议（HLMDD），主题为“前进道路：2015 年前后包容残疾问题的发展议程”。[33]

在残疾与发展问题高级别会议的最后，联合国大会 2013 年 9 月 23 日以第 68/3 号决议通过了一份行动导向的成果文件，以确保为残疾人实现千年发展目标，将残疾人纳入发展的所有方面，并在即将形成的 2015 年后联合国发展议程中充分考虑所有残疾人。[34] 在这项没有法律约束力的法案中，国家元首和政府首脑承认，残疾人既是发展的推动者也是发展的受益者，对社会整体福祉、进步和多元化作出了宝贵贡献。他们还强调有必要通过并实施更为宏大的包容残疾问题的国家发展战略，并努力采取针对残疾的行动。[35]

为了实现 2015 年前后残疾人发展目标，并将国际承诺转化为具体行动和成果，该成果文件向缔约国提出了一系列建议，包括：在所有发展政策和决策过程中考虑残疾人（妇女、儿童、青年、土著和老年人）的需求；制订具体计划，包括必要时颁布与千年发展目标相关的国家立法；确认机会均等和不歧视的受教育权利，使所有残疾儿童同其他儿童一样均能获得无障碍免
579

---

32 UNGA Resolution 65/1 of September 22, 2010, para. 28.

33 http://www.un.org/disabilities/default.asp?id=1590. See Vandemoortele (2012).

34 见关于为残疾人实现千年发展目标和其他国际商定发展目标的大会高级别会议成果文件《前进道路：2015 年前后包容残疾问题的发展议程》。Cf. Silecchia (2013), pp. 101-102.

35 人权理事会 2014 年 6 月第 26/20 号决议在关于残疾人权利特别报告员的职权中规定了致力于实现残疾人千年发展目标并促进包容和无障碍发展的任务。

费初等义务教育；确保残疾人获得无障碍保健服务。[36]

2014 年，联合国大会主席受邀在第 70 届联合国大会期间召开小组讨论，主题涉及残疾与发展问题高级别会议和《残疾人权利公约》的残疾人国际发展目标的现状和进展的后续活动。[37] 联合国会员国同意在可持续发展目标[38]通过后举行这一讨论，以确保将残疾问题纳入未来全球发展框架实施的主流。[39]

2015 年 7 月 8 日，将要在 2015 年 9 月联合国首脑会议上通过的 2015 年后发展议程成果文件草案定稿。[40] 最终草案整个文件及其最敏感的领域都提到了残疾问题，如教育（目标 4）、增长和就业（目标 8）、减少不平等（目标 10）、人类住区无障碍（目标 11），以及数据收集和可持续发展目标的监测（目标 17）。

联合国内部的若干倡议有助于将残疾问题纳入可持续发展目标。特别 580
是，2015 年 5 月 11 日至 13 日，联合国在贝鲁特召开了一个专家小组会议，目的有两方面：首先，从包容残疾的角度制定 2015 年后框架的实施战略；

36　See Resolution 68/3, Part Ⅱ, "Realizing the development goals for persons with disabilities towards 2015 and beyond", para. 4. 另见 2013 年 5 月通过的"Statement of the Committee on the Rights of Persons with Disabilities on including the rights of persons with disabilities in the post 2015 agenda on disability and development"，其确认"为了具有可持续性，2015 年后议程中的发展目标应该根植于基于人权的方法，考虑到所有残疾人都享有公民、政治、经济、社会和文化权利"。

37　See UNGA Resolution 69/142 of December 18, 2014, para. 20.

38　小组讨论于 2016 年 6 月 13 日举行。在联合国可持续发展大会"里约+20"上，会员国同意创设一个政府间进程，制定一套可持续发展目标，以帮助推动可持续发展的实施。题为"我们期望的未来"（The Future We Want）的"里约+20"成果文件也呼吁这些目标要与 2015 年之后的联合国发展议程一致。该成果文件多次提到残疾，强调可持续发展要求残疾人切实和积极参与（第 43 段、第 135 段、第 229 段、第 58 段）。2013 年 9 月，由 30 名成员组成的联合国大会开放工作组（OWG）开始准备一项关于可持续发展的建议，并于 2014 年 7 月将其提交联合国大会。关于可持续发展目标（SDGs），见 Sachs（2012）。

39　秘书长还强调了将残疾问题纳入 2015 年后议程的重要性，见《人人过上有尊严的生活：加快实现千年发展目标并推进 2015 年后联合国发展议程》（A life of dignity for all: accelerating progress towards and advancing the United Nations development agenda beyond 2015），A/68/202；《2030 年实现尊严之路：消除贫穷，改变所有人的生活，保护地球》（The road to dignity by 2030: ending poverty, transforming all lives and protecting the planet），A/69/700。

40　见成果文件《变革我们的世界：2030 年可持续发展议程》（Transforming Our World: the 2030 Agenda for Global Action）。该议程规定了 17 个可持续发展目标，内含 169 个完整统一不可分割的子目标，并包括所有人权，以确保所有人享有人权和基本自由，不因包括残疾在内的理由而受到歧视。确定该成果文件的最后一次谈判会议于 2015 年 7 月 20 日至 31 日举行。

其次，为2015年后议程实施制定一份包容残疾的实用建议清单。[41] 同样，2015年6月9日至11日召开的第八届残疾人权利公约缔约国大会的主题是"将残疾人权利问题纳入2015年后主流发展议程"。[42]

所有这些倡议促成了2015年9月25日至27日联合国首脑会议通过的2015年后发展议程，各国元首和政府首脑就《变革我们的世界：2030年可持续发展议程》成果文件达成一致，该文件包括17个目标和169个具体目标，旨在未来15年内消除贫困、减少不平等和应对气候变化。[43] 在这份不具有法律约束力的文件中，其声明（第19段、第23段和第25段）、目标4、目标8、目标10、目标11和目标17以及后续落实和评估都多次提到残疾。

5 欧盟发展政策和残疾

与联合国系统一样，欧盟是世界范围内国际合作的主要行动者之一。鉴于欧盟是《残疾人权利公约》的缔约方，有必要简要分析欧盟在残疾方面的发展政策。

关于法律框架，应该回顾一下题为"欧盟对外行动"的《欧洲联盟运行条约》第5部分，其中第3个主题"与第三国的合作和人道救助"规定了欧盟同第三国的合作政策。发展合作被纳入欧盟及其成员国的共同权限，需要注意的是，欧盟在发展合作和人道援助领域行使职权并不妨碍成员国行使各自的职权。[44]

---

41 专家小组会议由联合国经济和社会事务部的社会政策和发展司与联合国西亚经济社会委员会共同召开，主题为"残疾与发展：实施2015年后残疾人发展议程"（Disability and development: operationalizing the post-2015 development agenda for persons with disabilities）。

42 见秘书长的说明《将残疾问题纳入减少贫穷和不平等的主流》（Mainstreaming disability in reduction of poverty and inequality），CRPD/CSP/2015/2。另见第八届缔约国大会的报告，CRPD/CSP/2015/5。

43 见2015年9月25日的第70/1号决议。成果文件的内容与2015年7月的最终草案一致。

44 Under Article 208, para. 1, of the TFEU, "The Union's development cooperation policy and that of the Member States complement and reinforce each other". See Craig (2010), pp. 391 et seqq; Keukeleire and Delreux (2014).

关于将残疾人纳入欧盟对外行动的问题，《2010~2020 年欧洲残疾问题战略》指出，“欧盟及成员国应在其对外行动中促进残疾人的权利，包括欧盟扩员（EU Enlargement）、周边关系和发展计划”。[45]《2010~2020 年欧洲残疾问题战略》特别承诺：（a）在欧盟的对外行动中，在更广泛的不歧视框架内，强调残疾是一个人权问题；（b）提高对《残疾人权利公约》和在紧急人道救助领域残疾人需求的认识，包括无障碍；（c）提高欧盟代表团对残疾问题的认识；（d）确保候选国和潜在候选国在促进残疾人权利方面取得进展，并确保其加入欧盟前的金融援助工具被用于改善残疾人的状况。 581

此外，2012 年 6 月欧盟理事会通过的《欧盟人权和民主战略框架与行动计划》（EU Strategic Framework and Action Plan on Human Rights and Democracy）明确将残疾人权利作为优先事项之一，而该计划中的“行动 30”（Action 30）建议促进残疾人权利，包括在发展方案中促进残疾人权利。

甚至欧洲议会也在一些决议中提到了这个问题。在 2006 年 1 月 19 日关于残疾与发展的决议中，欧洲议会提出了残疾问题的人权方法，并呼吁将残疾问题纳入欧盟所有的发展合作项目。在 2012 年通过的一项决议中，欧洲议会呼吁实施《残疾人权利公约》第 32 条，开展更具包容性的国际合作。[46] 2011 年，非洲、加勒比和太平洋地区国家集团—欧盟议会大会（ACP-EU Parlimentary Assembly）通过关于在发展中国家包容残疾人的决议，就如何确保残疾人受益于国家的发展努力并为之作出贡献，向非洲、加勒比、太平洋地区国家和欧盟提出了建议。[47]

45　“对外行动”是《2010~2020 年欧洲残疾问题战略》确定的 8 个主要领域之一。See Communication from the Commission to the European Parliament, the Council, the European Economic and Social Committee and the Committee of the Regions, “European Disability Strategy 2010-2020: A Renewed Commitment to a Barrier-Free Europe”, COM (2010) 636 final, p. 9.

46　See European Parliament resolution of October 23, 2012 on “An Agenda for Change: the future of EU development policy”.

47　See European Commission, “Report on the Implementation of the UN Convention on the Rights of Persons with Disabilities (CRPD) by the European Union,” SWD (2014) 182 final, para. 206.

欧盟关于为2014~2020年发展合作创设金融工具的条例、[48] 关于为世界民主与人权创设金融工具的条例[49]和关于为加入欧盟前的援助创设工具的条
582 例[50]也载有根据《残疾人权利公约》支持残疾人社会融入和残疾人权利的明确规定。此外，根据为欧盟对外行动融资制定共同规则和程序的欧盟理事会第1083/2006号条例第16条，[51] 欧盟成员国和欧盟委员会有义务在基金实施的各个阶段采取适当步骤，防止任何基于残疾的歧视。特别是，对残疾人无障碍是在界定联合融资行动时所必须遵守的标准之一，并在执行中予以考虑。

此外，欧盟通过残疾专项项目和将残疾问题纳入国际合作活动主流实行双轨路径。这些项目通过欧盟与民间社会组织（包括残疾人组织）的伙伴关系以及欧盟与伙伴国家的双边合作来实施。[52] 同时，欧盟寻求将残疾人的关切和特殊需求纳入其所有主流发展方案。[53]

欧盟还全面参与制定了2015年后发展议程。[54] 欧盟委员会2013年2月和7月的文件，[55] 2014年6月的文件，[56] 欧盟理事会2013年6月和12月的结

---

48 Regulation (EU) No 233/2014 of the European Parliament and of the Council of March 11, 2014 establishing a financing instrument for development cooperation for the period 2014-2020, OJ L 77/44, 15.3.2014.

49 Regulation (EU) No 235/2014 of the European Parliament and of the Council of March 11, 2014 establishing a financing instrument for democracy and human rights worldwide, OJ L 77/85, 15.3.2014.

50 Regulation (EU) No. 231/2014 of the European Parliament and of the Council of March 11, 2014 establishing an Instrument for Pre-accession Assistance (IPA Ⅱ), OJ L 77/11, 15.3.2014.

51 See Council Regulation (EC) No. 1083/2006 laying down general provisions on the European Regional Development Fund, the European Social Fund and the Cohesion Fund and repealing Regulation (EC) No. 1260/1999, OJ L 210/25, 31.7.2006.

52 2008~2012年，欧盟资助了87个发展中国家的民间社会组织开展的约300个残疾专项项目，总额约1.4亿欧元。See European Commission, cit., para. 207.

53 欧盟委员会将残疾问题纳入主流采取的措施，见 European Commission, cit.，第208~209段。

54 欧盟委员会为2013年9月的联合国残疾与发展高级别会议的筹备工作作出了贡献，并于2013年4月主办了关于将残疾问题纳入2015年后主流发展框架的欧洲区域协商会议。此外，2013年《关于〈残疾人权利公约〉执行情况的第六次高级别小组报告》(the sixth High Level Group Report on the implementation of the CRPD) 讨论了残疾与发展合作的主题，并提供了欧盟及其成员国关于如何实施《残疾人权利公约》第32条的信息。

55 See "A decent life for all: Ending poverty and giving the world a sustainable future", 4 COM (2013) 92; "Beyond 2015: towards a comprehensive and integrated approach to financing poverty eradication and sustainable development", 1COM (2013) 531.

56 See "A decent life for all: From vision to collective action", COM (2014) 335.

论，[57] 2014 年 12 月的结论，[58] 概述了欧盟 2015 年后议程的愿景：对于欧盟来说，残疾人权利必须被纳入可持续发展的所有三个方面——社会、经济和环境。[59]

残疾人权利委员会在对欧盟初次报告的结论性意见中认可了欧盟将残疾人权利纳入欧盟对外行动的融资[60]以及将残疾问题纳入欧盟优先领域的积极趋势。不过，残疾人权利委员会还是建议欧盟对残疾包容性发展采取统一政策，确立一个系统化的方法，将残疾人的权利纳入欧盟所有国际合作政策以及项目的主流，在相关机构中指定残疾协调人，并带头落实残疾包容性的可持续发展目标。[61] 583

6　第 32 条下的缔约国义务

如前所述，在关于第 32 条的谈判中，各代表团同意，国际合作可以在促进有效和及时实施《公约》和实现其目标（特别是那些需要大量资源的目标）方面发挥关键作用。同时，一些代表团对缔约国可能会将国际合作条款作为其不实施《公约》的借口表示关切，而其他代表团则指出，所有缔约国（包括发展中国家）都有义务采取一切必要措施履行《残疾人权利公约》规定的义务，特别是那些可以立即实现的义务。为了明确第 32 条规定的国

57　See "The overarching post-2015 agenda", 11559/13; "Financing poverty eradication and sustainable development beyond 2015", 17553/13.

58　See "A transformative post-2015 agenda," 16827/14.

59　See the Communication from the Commission to the European Parliament, the Council, the European Economic and Social Committee and the Committee of the Regions, "A Global Partnership for Poverty Eradication and Sustainable Development after 2015," COM (2015) 44 final.

60　残疾人权利委员会还注意到，在 2014~2020 年方案拟订期间，《欧洲结构和投资基金条例》（European Structural and Investment Funds Regulations）所载条款反映了《残疾人权利公约》，并通过该基金（ESI Funds）下的行动强化促进残疾人的平等、非歧视、包容和无障碍（见残疾人权利委员会的结论性意见：欧盟，CRPD/C/EU/CO/1，2015 年 10 月 2 日，第 4~5 段）。

61　残疾人权利委员会还建议欧盟建立残疾数据分解机制，监测欧盟发展项目中残疾人的权利，以及中断任何被用于长期隔离残疾人的国际发展资金，并将这种资金重新分配给旨在遵守《公约》的项目和倡议。见残疾人权利委员会的结论性意见：欧盟，第 75 段。

际合作义务不会减损缔约国在《公约》下的义务，该条第 2 款明确规定，“本条的规定不妨害各缔约国履行其在本公约下承担的义务”。

为了支持在国际合作框架内实现残疾人权利，第 32 条第 1 款要求缔约国采取适当和有效的措施。特别是，呼吁缔约国与其他缔约国合作，与相关国际和区域组织及民间社会，特别是残疾人组织合作，以便：（a）确保包容和便利残疾人参与国际合作，包括国际发展方案；（b）促进和支持能力建设，如交流和分享信息、经验、培训方案和最佳做法；（c）促进研究
584 方面的合作，便利科学技术知识的获取；（d）酌情提供技术和经济援助，包括便利获取和分享无障碍技术和辅助技术以及通过技术转让提供这些援助。

这些措施确认了《公约》框架内的国际合作包括经济和技术合作、能力建设项目、技术转让等。遵循这一路径，缔约国在发展项目的计划和执行中可以发挥重要作用，这些发展项目必须符合《公约》第 32 条所载的“双轨路径”，对残疾人无障碍并包容残疾人。[62]

残疾人权利委员会已就第 32 条的实施情况提供了一些指示，并建议通过以下方式实施该条款：（a）国际发展承诺，包括 2015 年后发展框架，采取基于残疾人权利的路径；（b）在实施 2015 年后发展议程的各种政策和方案中有针对残疾人的适当预算；（c）建立一个将残疾人纳入发展援助一般性方案和项目主流的全面综合数据库，并引入可对落实权利进展情况进行系统化分析和评估的标准。委员会还建议，所有发展援助都应当包括残疾人，包括在数据收集方面。[63]

此外，人权理事会在其 2015 年 3 月的第 28/4 号决议中鼓励缔约国“开展旨在增强本国能力的国际合作，以充分保障残疾人在与他人平等的基础上独立生活和融入社区的权利”（第 8 段），并在可持续的基础上调动公共和私人资源，将残疾问题纳入发展的主流。人权理事会还建议通过交流促进包容残疾发展的良好做法和伙伴关系，促进和加强各个层面的国际合作。

62　See Guernsey *et al.*（2007），pp. 16-17.

63　残疾人权利委员会的结论性意见：德国，CRPD/C/DEU/CO/1，第 60 段。

缔约国国内实施情况：一些最佳做法

在批准《公约》之后，一些缔约国采取了旨在实施第 32 条的具体行动，特别是通过支持“双轨路径”或将残疾问题纳入发展合作倡议和项目。[64]

在这些国家中，应该提到意大利。意大利外交与国际合作部的“意大利发展合作项目”（the Italian Development Cooperation，IDC）于 2010 年 11 月批准了“在意大利发展合作项目的政策和活动中引入残疾问题的准则”。[65] 585
这些准则是各机构（包括地区、自治省和地方当局）、去中心化的合作主体、民间社会和残疾人组织开展的一个包容性协商的结果。根据这些准则，2013 年 7 月意大利通过了《意大利发展合作残疾行动计划》。该行动计划基于以下五个支柱：（a）政策和策略——国家残疾政策规划和监测工具；（b）包容性项目规划和设计；（c）无障碍和可用的环境、商品和服务；（d）人道援助和紧急情况，包括残疾人；（e）利用民间社会和公司在残疾领域获得的经验和技能。[66]

《行动计划》通过旨在将残疾问题纳入发展合作主流的具体计划行动和区域层面为针对残疾人的项目预留款项的做法，明确体现了“双轨路径”在意大利的实施。[67]

在西班牙，《2012～2020 年西班牙残疾问题战略》以《2010～2020 年欧洲残疾问题战略》为模本，是西班牙残疾公共政策的长期指导方针。涉外行动属于《2012～2020 年西班牙残疾问题战略》规定的领域之一，其目标是在西班牙的对外行动（包括发展项目）中促进残疾人的权利。实现这一目标的

64　关于该领域的国家实践，见 Mattioli（2008）and Lord *et al.*（2010）。

65　http://www.cooperazioneallosviluppo.esteri.it/pdgcs/documentazione/PubblicazioniTrattati/2010-07-01_GuidelinesDisability.pdf.

66　每个支柱都规定了应采取的具体行动。有关行动计划的英文版，见 http://www.cooperazioneallosviluppo.esteri.it/pdgcs/Documentazione/NormativaItaliana/2013_10_30_PDA-ITALIANO-ESEC.pdf。

67　See the Action Plan，cit.，pp. 13 ff. 另见 the Sixth High Level Group Report on the implementation of the UN Convention on the Rights of Persons with Disabilities of September 2013，该报告讨论了残疾与发展合作的主题，并提供了关于欧盟及其成员国实施《残疾人权利公约》第 32 条的资料。关于意大利，见该报告第 149 页及之后，以及 Rete italiana disabilità e sviluppo（2015）。2015 年，意大利外交与国际合作部详细制定了《人道主义援助和残疾手册》，http://www.cooperazioneallosviluppo.esteri.it/Pdgcs/Documentazione/Vademecum_ENG_23.11.2015.pdf。

战略措施之一，是将残疾因素纳入紧急行动、人道援助和项目，以及西班牙外交与国际合作部、西班牙国际发展合作署（AECID in Spanish）制定的国际合作文书。

为了遵照《残疾人权利公约》确保将残疾问题纳入西班牙的发展合作，西班牙还修改了关于国际发展合作的第23/1998号法律。根据西班牙第26/2011号法律，对残疾人不歧视和普遍无障碍被作为优先事项，与规划无障碍和包容性发展方案的必要性，一起被引入第23/1998号法律。此外，《2013~
586 2016年西班牙国际合作总体规划》承诺为人类发展作出贡献并在合作活动中促进包容性态度。[68]

还值得一提的是，德国在2013年2月通过了一项将持续到2015年的将残疾人纳入德国发展合作的《行动计划》。该《行动计划》有三个目标：第一个目标针对各机构（包容性员工政策、无障碍）；第二个目标指向伙伴国家的残疾人融合；[69] 第三个目标旨在改善与多边组织、私营部门和民间社会的合作，促进包容残疾的发展。残疾人组织与该《行动计划》的执行机构、民间社会和私营部门都一起参与了该《行动计划》的准备工作。[70]

奥地利甚至在批准《公约》之前就实施了“双轨路径”。如2003年修订的奥地利《联邦发展合作法》在第1（4）节要求，所有措施都必须以适当方式考虑残疾人的需求。[71] 为了加强和促进残疾人的权利，奥地利也支持相关的具体项目。此外，奥地利发展合作项目（ADC）通过奥地利发展署（ADA）努力将残疾问题纳入所有活动的主流，将残疾人的需求和权利纳入

---

68 2012年11月，西班牙残疾人代表委员会（CERMI）与西班牙国际发展合作署（AECID）合作发表了题为《西班牙发展合作政策中的残疾状况》（The situation of disability in the Spanish policy of development cooperation）的报告，可作为将残疾问题纳入发展合作的指导方针。See the Sixth High Level Group Report，p. 143 et seq（q）.

69 这一目标包括以下行动领域：纳入战略指导、监测和评价机制；残疾专家的参与；残疾人的若干项目；10个伙伴国家5个部门（初等教育、职业教育和培训、社会保护、健康、“民主、民间社会和公共行政”）的包容设计；德国关于残疾问题发展合作方面的人员培训；包容发展知识的管理和研究。更多信息，见 the Sixth High Level Group Report，第134~136页。关于残疾和合作的德国政策，另见 Mattioli（2008），第28~29页。

70 尽管有这些成就，残疾人权利委员会还是就国际合作与发展，特别是与千年发展目标有关的问题向德国提出了一些建议（见残疾人权利委员会对德国初次报告的结论性意见，第50~60段）。

71 http://www.entwicklung.at/uploads/media/development_cooperation_law_01.pdf.

方案和项目。在这方面,《2013~2015 年奥地利发展政策三年方案》在其任务声明中指出,残疾人受贫困和脆弱性的影响最大。因此,残疾人是干预的目标群体和优先领域。[72] 2013 年,奥地利发展署编写了《关于将残疾人纳入奥地利发展合作项目周期管理的准则》的手册,为具有包容性的奥地利发展 587
合作方案和项目的设计提供基础信息来源和参考框架。它明确遵照《残疾人权利公约》的规定,为具有包容性的项目周期管理提供了实际指导。该手册针对的是奥地利发展合作项目伙伴、在奥地利和外地办事处的奥地利发展合作项目工作人员、非政府组织和执行组织,以及参与发展政策的其他行为体。[73]

截至 2016 年 9 月尚未批准《公约》的美国和芬兰也有一些好的做法。2010 年,美国在其政策、规划和学习处内部设立了残疾与包容发展办公室,推动美国国际开发署(USAID)将残疾问题纳入其工作主流。题为《在美国国际开发署任务中促进残疾包容》的相关准则鼓励美国国际开发署的各项任务采取两个措施来实现这一目标:首先,任命一名残疾事务高级协调员;其次,制订和实施“残疾包容行动计划”。该行动计划应列入具体行动和时间表,以减少障碍并确保将残疾人充分纳入美国国际开发署的所有项目和行动。[74]

在芬兰,促进脆弱群体(包括残疾人)的权利是人权政策的优先事项。2012 年 2 月以来,芬兰的“发展政策方案”坚持以普遍性、参与性、非歧视和平等享有权利等原则为基础的“基于人权方法的联合国共识”。在芬兰的人权政策中,残疾人被列为实施发展合作的优先群体。芬兰在国际层面强化残疾人权利的方法是“三轨路径”:(1)将残疾问题纳入所有发展项目的主流,以确保不歧视,并根据相关情况考虑项目结果对残疾人的可获得性

---

72 http://www.entwicklung.at/uploads/media/ThreeYearProgramme_13-15.pdf.

73 http://www.entwicklung.at/uploads/media/Manual_Persons_with_disabilities.pdf. 该手册必须结合下列政策文件来理解:“人权”,其规定促进残疾人的权利是一个具体领域;“善政”,其提到残疾人是人权方案的优先事项之一;奥地利发展合作项目(ADC)的《人权手册》,其为工作人员和项目伙伴在实施以人权为基础的发展方法上提供了指导,包括将残疾权利作为一个具有局部性和横跨性(a sector and crosscutting)的问题;题为“奥地利发展合作项目中的残疾人”的重点文件(Focus paper),该文讨论了残疾人在发展合作中的重要性及奥地利发展署(ADA)实现包容发展的方法。See the Sixth High Level Group Report, p. 162.

74 见秘书长报告《将残疾问题纳入发展议程主流:直到 2015 年及其后》(Mainstreaming disability in the development agenda: towards 2015 and beyond),E/CN.5/2013/9,第 14 段。关于美国残疾法及其与《残疾人权利公约》的关系,见 Stein *et al.*(2010)。

(availability)、可及性(accessibility)、可接受性(acceptability)和可适配性(adaptability);(2)设计和实施有针对性的项目,重点加强为残疾人提供服务和机会,使他们能够主张自己的权利;(3)将残疾问题纳入所有政策对
588 话、国家谈判和多边合作以及所有的信息传播。[75]

上述提到的基于将残疾问题纳入主流发展方案和双轨路径的国际合作政策,符合《残疾人权利公约》第32条和残疾人权利委员会的建议,该委员会还呼吁将基于残疾权利的视角纳入2015年后发展框架。[76]

参考文献

Alston P (2005) Ships passing in the night: the current state of the human rights and development debate seen through the lens of the millennium development goals, Hum Rights Quart 27: 755-829.

Alston P, Robinson M (eds) (2005) Human rights and development: towards mutual reinforcement, Oxford University Press, Oxford.

Baht N (2013) Mainstreaming disability in international development: a review of Article 32 on international co-operation of the Convention on the rights of persons with disabilities, Avail able at http://ssrn.com/abstract=2262946 or http://dx.doi.org/10.2139/ssrn.2262946, Accessed 20 Apr 2015, doi:10.2139/ssrn.2262946.

Craig P (2010) The Lisbon Treaty: law, politics, and treaty reform, Oxford University Press, Oxford.

Eide AH, Ingstad B (eds) (2011) Disability and poverty: a global challenge, The Policy Press, Bristol.

Ghosh S, Dababnah S, Perish SL, Igdalsky L (2016) Disability, social exclusion and poverty, In: Iriarte EG, McConkey R, Gilligan R (eds) Disability and human rights: global per-

75 See the Sixth High Level Group Report, p. 176. 编写本书时,芬兰仍未批准《残疾人权利公约》,其2016年5月才批准。

76 见残疾人权利委员会的结论性意见:瑞典,CRPD/C/SWE/CO/1,第59~60段;新西兰,CRPD/C/NZL/CO/1,第72段。

spectives, Palgrave Macmillan, London, pp. 81–97.

Grech S (2009) Disability, poverty and development: critical reflections on the majority world debate, Disabil Soc 244 (6): 771–784, doi:10.1080/09687590903160266.

Guernsey K, Nicoli M, Ninio A (2007) A Convention on the rights of persons with disabilities: its implementation and relevance for the World Bank, http://siteresources.worldbank.org/SOCIALPROTECTION/Resources/SP-Discussion-papers/Disability-DP/0712.pdf, Accessed 24 Apr 2015.

Katsui H (2008) Towards participation of persons with disabilities from the south: implications of Article 32 of the Convention, In: Kumpuvuori J, Scheinin M (eds) United Nations Convention on the rights of persons with disabilities-multidisciplinary perspectives, The Center for Human Rights of Persons with Disabilities in Finland (VIKE), Åbo Akademi University, Turku, Vaasa, pp. 138–158.

Keukeleire S, Delreux T (2014) The foreign policy of the European Union, 2nd edn, Palgrave Macmillan, Basingstoke, pp. 211–218.

Langford M, Sumner A, Yamin AE (eds) (2013) Millennium development goals and human rights, Cambridge University Press, New York.

Lord J et al (2010) Disability and international cooperation and development: a review of policies and practices, World Bank, Washington.

Maclachlan M, Swartz L (eds) (2009) Disability & international development. Towards inclusive 589
global health, Springer, New York.

Mattioli N (2008) Including disability into development cooperation. Analysis of initiatives by national and international donors. Instituto Complutense de Estudios Internacionales, Universidad Complutense de Madrid, Madrid.

OHCHR (2010) Thematic study on the role of international cooperation in support of national efforts for the realisation of the rights of persons with disabilities, A/HRC/16/38, Available via http://www.ohchr.org/EN/Issues/Disability/Pages/ThematicStudies.aspx, Accessed 26 Apr 2015.

Rete italiana disabilità e sviluppo (2015) Disabilità & sviluppo. Come includere le persone con disabilità nella cooperazione allo sviluppo, http://www.superando.it/files/2015/09/rids-manuale-settembre-2015.pdf, Accessed 20 Oct 2015.

Sachs JD (2012) From millennium development goals to sustainable development goals, Lancet

379：2206–2211.

Silecchia LA（2013）The Convention on the rights of persons with disabilities：reflection on four flaws that tarnishits promise，J Contemp Health Law Policy 30（1）：96–130.

Skogly SI（2006）Beyond national borders：states' human rights obligations in international co-operation，Intersentia，Antwerpen.

Stein MA，Stein PJS（2014）Disability，development，and human rights：a mandate and framework for international financial institutions，UC Davis Law Rev 47：1231–1278.

Stein MA，Lord JE，Stein PJS（2010）The law and politics of US participation in the UN Convention on the rights of persons with disabilities，In：Waddington L，Quinn G（eds）European yearbook of disability law，vol 2，Intersentia，Antwerp，pp. 29–46.

Stein MA，MacClein–Nhlapo C，Lord JE（2013）Education and HIV/AIDS：disability rights and inclusive development，In：Langford M，Sumner A，Yamin AE（eds）Millennium development goals and human rights，Cambridge University Press，New York，pp. 274–294.

Thomas P（2005）Disability，poverty and the millennium development goals：relevance，challenges and opportunities for DFID，http://digitalcommons. ilr. cornell. edu/cgi/viewcontent. cgi? article=1257&context=gladnetcollect，Accessed 26 Apr 2015.

UN–DESA，OHCHR，IPU（2007）From exclusion to equality：realizing the rights of persons with disabilities. Handbook for Parliamentarians on the Convention on the Rights of Persons with Disabilities and its Optional Protocol，UN，Geneva.

Van Kampen M，van Zijverden IM，Emmett T（2008）Reflections on poverty and disability：a review of literature，Asia Pac Disabil Rehabil J 19（1）：19–37.

van Veen SC，Regeer BJ，Bunders JGF（2013）Meeting the challenge of the rights–based approach to disability：the changing role of disability–specific NGOs and DPOs，Nor Jour Hum Rts 31（3）：359–380.

Vandemoortele J（2012）Advancing the global development agenda post–2015：some thoughts，ideas and practical suggestions，UN System Task Team on the Post–2015 UN Development Agenda，New York. http://citeseerx. ist. psu. edu/viewdoc/download? doi = 10. 1. 1. 362. 7057&rep=rep1&type=pdf，Accessed 15 Dec 2015.

WHO，the World Bank（2011）World report on disability，WHO Press，Geneva.

Yeo R（2001）Chronic poverty and disability，http://www. addc. org. au/documents/resources/add–chronic–poverty–and–disability_990. pdf，Accessed 2 May 2015.

第 33 条　国家实施和监测 591

路易吉诺·曼卡

一、缔约国应当按照本国建制，在政府内指定一个或多个协调中心，负责有关实施本公约的事项，并应当适当考虑在政府内设立或指定一个协调机制，以便利在不同部门和不同级别采取有关行动。

二、缔约国应当按照本国法律制度和行政制度，酌情在国内维持、加强、指定或设立一个框架，包括一个或多个独立机制，以促进、保护和监测本公约的实施。在指定或建立这一机制时，缔约国应当考虑与保护和促进人权的国家机构的地位和运作有关的原则。

三、民间社会，特别是残疾人及其代表组织，应当获邀参加并充分参与监测进程。

目　次

1 导言

《残疾人权利公约》是第一个获得全体一致通过的完全致力于残疾人权利的人权条约。《公约》的通过，消除了在这个问题上除了适用于所有人（包括残疾人）的国际人权两公约之外缺乏一项有约束力的法律文书而造成的“监管真空”。[1]《残疾人权利公约》不仅详细规定了残疾人的所有人权，而且详细规定了监测残疾人权利落实的程序。为《公约》规定适当的控制机制具有重要性和必要性，这从《公约》的准备工作文件（*travaux préparatoires*）中就可以明显看出。在这方面有一个普遍的共识，正如联合国大会设立的旨在评估关于拟订促进和保护残疾人权利和尊严的全面综合国际公约建议的特设委员会主席所广泛概述的，首先是需要在《公约》中加入监测程序条款，其次是这样的程序必须实际有效。[2] 考虑到正如《公约》序言所承认的，残疾人的人权“在世界各地”继续受到侵犯，因此，加强对《公约》所载权利的尊重和落实成为共识。[3] 起草《公约》过程中的各种讨论，最终形成了一种合并在国际和国内两个层面运行的两种不同监测机制的“双轨控制”，尽管应当强调这些监测机制是相辅相成的。

在国际层面，《残疾人权利公约》已经建立了适当的机制，即以独立机

1 联合国对残疾问题的关注是众所周知的。在《残疾人权利公约》通过之前，联合国已经对此表示出了兴趣，联合国主要机构通过的具体决议和宣言（非约束性文书）尤其体现了这一点。关于这一点，见 Saulle（1981）；Saulle（2003），第 395～405 页。

2 See Report of the Chairman, Sixth Session of the Ad hoc Committee on a Comprehensive and Integral International Convention on the Protection and Promotion of the Rights and Dignity of Persons with Disabilities.

3 关于监测问题，另见联合国人权事务高级专员的立场。关于《残疾人权利公约》的准备工作文件显示，高级专员“鼓励所有代表确保”该《公约》“强烈反映国家层面的强有力保护机制的必要性”。详见 Ad hoc Committee on a Comprehensive and Integral International Convention on the Protection and Promotion of the Rights and Dignity of Persons with Disabilities, Daily Summary of discussion at the Seventh Session, January 27, 2006。

构（残疾人权利委员会）的活动来监测（控制）缔约国义务的履行。简而言之，根据《公约》第 35～36 条，残疾人权利委员会的任务包括审查缔约 593
国关于实施公约条款的报告。根据《残疾人权利公约任择议定书》，残疾人权利委员会可以接受个人或个人团体的来文，并可以在《公约》受到严重和系统的违反时展开调查。[4] 此外，与联合国其他人权条约机构一样，残疾人权利委员会还可经与专门机构、非政府组织、学术界和人权机构协商，发表声明（一般性意见），对《公约》条款作出自己的解释。残疾人权利委员会明确指出，一般性意见的目的是协助“缔约国实施《公约》，并鼓励国际组织和非政府组织有效促进实现《公约》规定的权利”。[5]

另外，国家监测机制是由《残疾人权利公约》第 33 条规定的，一般来说，它涉及缔约国和民间社会。[6] 这一条对适当适用《公约》规则的重要性再怎么强调也不为过。2009 年，人权事务高级专员办事处认为有必要对监测《公约》实施的国家机制进行专题研究，这一研究将会被反复提及。[7] 该研究报告也载有构成缔约国适当和有效实施第 33 条重要准则的建议。

总的来说，在《公约》中纳入一个有关国家监测和实施的具体条款，得到了缔约国、非政府组织（尤其是那些专注于残疾人问题的非政府组织）、国家人权机构和国际组织的普遍支持，这在联合国人权条约范围内并不常见。[8] 唯一的先例是 2002 年 12 月 18 日第 57 届联合国大会[9]通过并于 2006 年生效的《禁止酷刑公约任择议定书》。该任择议定书第 3 条和第 17 条要求缔约国建立一个或多个独立的国家预防机制，在国内层面防止酷刑。这可能为《公约》的起草者确立了一个参照点。

在一般考虑范围之内，还应指出，因为《公约》起草者的慎重选择，第 33 条并不是特别详细。事实上，特设委员会主席提出的一份关于国家

4　见本书对《残疾人权利公约任择议定书》的评注。

5　见残疾人权利委员会第五届会议通过的《残疾人权利委员会的工作方法》（2011 年 4 月 11 日至 15 日），CRPD/C/5/4。

6　有关第 33 条的广泛分析，见 De Beco（2011）、Astorga Gatjens（2011）和 De Beco（2013）。

7　See Human Rights Council (2009).

8　相反，这种做法在其他条约，特别是国际环境条约中很常见。有关该做法的更多细节，见 Lord and Stein (2008)，第 463 页。

9　See Resolution 57/199, January 9, 2003.

594 监测机制的讨论文本载有这方面的详细法律框架，但被相关国家批评规定过多。应该指出，由于建立国家独立机制明显是要求国家有更多参与的一步，一些缔约国对这个问题特别谨慎和敏感也就不足为奇了。最后的决定是，制定一条明确给予缔约国一定自由裁量权的规则，尽管是在一定限度内。

2 对第33条的解读：设立协调中心

根据《公约》第33条第1款，缔约国有两个不同但相关的积极义务：第一，在政府内指定一个或多个与实施《公约》有关的协调中心；第二，设立或指定一个协调机制，以便利采取措施。如一些作者所述，这种协调“是必要的，可以避免与残疾人有关的政策采取孤立措施的形式”。[10] 首先，必须指出，这一条留给缔约国自由裁量权以决定是设立一个还是多个协调中心。从准备工作文件中可以明显看出，代表团表达了对多个而不是一个协调中心的强烈偏好，[11] 尽管一些讨论的参与者确实更喜欢后一种模式。[12] 此外，一项将“协调中心”改为“独立委员会”的建议没有得到支持。[13]

从已通过的《公约》文本看，“协调中心”一词的确切含义是什么或其相关任务是什么，尚不清楚。尽管一些非政府组织强调有必要在《公约》中列入政府协调中心的具体职能，[14] 但在通过的《公约》文本中，这一条笼统地指向“负责有关实施本公约的事项”。

10 See De Beco (2011), p. 100.

11 见美国、南非和印度尼西亚的立场。

12 See Ad hoc Committee on a Comprehensive and Integral International Convention on the Protection and Promotion of the Rights and Dignity of Persons with Disabilities, Daily Summary of discussion at the Seventh Session, January 27, 2006, cit.

13 Ibid.

14 根据某非政府组织的建议，“公约应具体提及政府协调中心的主要任务。这些任务包括：(1) 促进不同部委之间及适用的地方、区域或联邦当局之间的协调；(2) 确保或协调收集有关有效的政策规划和实施评估所需的数据和统计数据；(3) 与民间社会和代表残疾人的组织以及国家机构合作；(4) 与国际监测机制合作，特别是在定期报告、后续行动和执行国际机制提出的建议方面；(5) 在提高认识、教育公众、培训和能力建设领域开展活动或协调政府活动”。

不过，在《残疾人权利公约议员手册》和前面提到的专题研究中可以找到关于协调中心的指定及其作用的有用资料。尤其是，根据这些资料的具体规定，协调中心可以是政府某部或某机构（比如人权部或残疾人部这样的专门的部）或残疾人委员会中的一个人或一个部门。正如相关专题研究所指出的，在选择协调中心时，必须考虑《残疾人权利公约》所基于的新视角，即不再从医学或社会角度处理残疾问题，而是把残疾问题视为一个人权问题。因此，如果缔约国决定指定政府各部在其内部设立协调中心，最好避免指定卫生部或福利及劳工部；[15] 相反，应鼓励在部门内部指定负责司法和人权[16]的人员。 595

关于其任务，国家协调中心应协调政府各部在残疾人权利方面的活动；制定、修订或修正有关规定；起草缔约国必须向残疾人权利委员会提交的定期报告；[17] 按照《公约》第 31 条的规定收集国家统计数据。值得强调的是后一项任务的重要性：残疾统计信息（特别是有关残疾人状况的统计信息）及其传播实际上对《公约》全面有效实施至关重要，尤其是在促进和制定国家政策和方案时。专门规定“统计和数据收集”的第 31 条的准备工作文件也确认了这一考虑。

应当指出，设立国家协调中心并不是《公约》所提出的一项创新做法。事实上，1993 年联合国大会通过的联合国《残疾人机会均等标准规则》已经规定了类似的机制。[18] 因此，一些缔约国可能已经按照联合国《残疾人机会均等标准规则》设立了其关于残疾问题的国家协调中心。根据人权事务高级专员办事处的专题研究，在这种情况下，第 33 条第 1 款的实施“可能仅需要重新考虑已有的结构而不需要设立新的实体”。[19]

15　See Human Rights Council (2009), p. 7.

16　Ibid.

17　See United Nations, Office of the High Commissioner for Human Rights, Inter-Parliamentary Union (2007).

18　See UNGA Resolution 48/96, December 20, 1993, Rule 17. 与《残疾人权利公约》不同，《残疾人机会均等标准规则》不具有法律约束力。有关《残疾人机会均等标准规则》的概述，见 Saulle (1998)。

19　See Human Rights Council (2009), p. 6.

596 3 设立一个或多个国家独立机制

《公约》第33条第2款规定，缔约国应“维持、加强、指定或设立一个框架，包括一个或多个独立机制”。这是《公约》的主要创新规定之一。设立国家独立机构的建议是由国家人权机构在特设委员会第六届会议上提出的。[20]

同样，当下讨论的这一条款一方面确立了积极义务，另一方面又给予缔约国很大幅度的自由裁量权。从这个角度来说，缔约国可以将《公约》规定的促进、保护和监测的任务分配给现有的国家独立机构。换句话说，缔约国可以保留现有的机构并扩大它们的授权。当然，这是最简单的选择。或者，如前面提到的人权事务高级专员办事处的专题研究建议的，如果缔约国尚未设立国家独立机构，希望它们能设立国家独立机构。

另一个值得注意的方面进一步强调了这一条的灵活特点，即缔约国可以指定或设立一个或多个机构。[21] 这一灵活解释已经得到上述人权事务高级专员办事处专题研究的明确确认。该研究指出，第33条“未详细规定监测框架的特别形式……缔约国可根据本国的政治和机构情况，自由决定适当的结构框架”。[22]

但是，值得注意的是，这一条明确规定缔约国在设立这样的独立机制时，还必须考虑联合国大会1993年通过的《关于国家机构的地位的原则》[23]（也称《巴黎原则》[24]）。明确提及国家监测机制的条约（尤其是《巴黎原则》）并不常见：如前所述，唯一值得提及的先例是《禁止酷刑公约任择议

---

20 See Quinn (2009), pp. 247-248. 工作组起草的有关国家实施框架的文本没有提到任何独立机制。其规定：“缔约国应在政府内指定一个协调中心，负责与实施本公约有关的事项，并适当考虑设立或指定一个协调机制，以便在不同部门和不同级别采取有关行动。缔约国应当按照本国法律制度和行政制度，在国内维持、加强、指定或设立一个框架，以促进、保护和监测本公约所确认权利的实施。”

21 关于这点，见 De Beco (2011)，第97页。

22 See Human Rights Council (2009), p. 9.

23 See Resolution 48/134, December 20, 1993.

24 这些原则是1991年联合国在巴黎组织的国家人权机构国际研讨会上起草的。关于《巴黎原则》的广泛分析，特别见 De Beco 和 Murray (2015)。

定书》，它规定缔约国要自批准该《议定书》起的一年内建立国家预防机 597
制；并且根据该《议定书》第 18 条第 4 款，缔约国在建立所谓的国家预防机制时，“应充分考虑有关促进和保护人权的国家机构的地位的原则”。

在继续我们对第 33 条的分析之前，此处先对《巴黎原则》进行一些一般性的考察可能更为适当。

3.1　《巴黎原则》的法律性质和内容概述

所谓的《巴黎原则》本质上没有约束力，但其构成设立国家人权机构时的重要参考。这些原则的指导目标是确定这些机构应符合的最低条件，以便对促进和保护人权作出有效贡献。《巴黎原则》对国家人权机构的权限与职责、组成和工作方法作出了明确具体的规定。《巴黎原则》的“附加原则”对可能被赋予这些机构的准司法权进行了规范。

一般来说，国家人权机构是通过立法措施设立的常设独立机构。[25] 独立性要求是其构成因素之一，其重要性已被联合国大会决议[26]和人权理事会[27]反复强调。

关于这些机构的组成，《巴黎原则》规定了多元化的标准：国家人权机构必须代表促进和保护人权的社会力量（市民社会），特别是注重人权的非政府组织、工会、有关的社会组织和专业组织（例如律师协会、研究人员、记者等）、哲学或宗教思潮的代表、大学、议会和政府部长（后者仅有顾问的身份）。

国家人权机构的一般任务是促进和保护人权。具体来说，《巴黎原则》规定，国家人权机构的任务是向政府、议会或任何其他主管机构提交人权问题的意见、建议、提议和报告。在这方面，《巴黎原则》规定，国家人权机构可以就国内人权保护的状况提出立法建议和编写报告，并请政府或其他机构注意所报告的人权侵犯情况。国家人权机构应鼓励批准国际文书并确保将 598
其纳入国内法，并积极参与起草缔约国必须定期向联合国机构、委员会或其

25　Pohjiolainem (2006), p. 6. 关于国家人权机构，另见 Decaux (2001)、Ramcharan (2005)、Murray (2010)。

26　见联合国大会 2012 年 4 月第 66/169 号决议、2014 年 1 月第 68/171 号决议。

27　例如，见 2014 年 10 月第 27/18 号决议、2013 年 6 月第 23/17 号决议。

他在区域一级监督人权保护的国际机构提交的报告。特别重要的是，国家人权机构被赋予提高认识、开展人权教育的职能：能够宣传人权和反对一切形式歧视的努力的信息，并协助制定关于人权的教学和研究方案。

到目前为止，我们已经概述了《巴黎原则》赋予国家人权机构的促进人权的具体职能。如前所述，《巴黎原则》还规定了旨在扩大其职能范围的“附加原则”。这些附加的有关规定为缔约国决定其国家人权机构是否应拥有“准司法”权提供了广泛的自由裁量权：如果是这样，国家人权机构可以被授权受理和审议个人申诉。《巴黎原则》还确认了若干参考模式来规范管辖权的行使。特别是但不限于，预期国家人权机构收到申诉后可以尝试通过调解达成和解，或发布具有约束力的决定，或仅直接将其转交给有关主管当局，或就可能的法律修改或改革提出其建议，加以妥处。

在国际层面，为了协调国家人权机构的活动，1993 年国家人权机构国际协调委员会（International Coordinating Committee of National Institutions）* 成立了。它是一个有着自己的规章的国际协会。为了履行其职能，国家人权机构国际协调委员会设立了一个资格认证小组委员会，授权其审查和分析国家人权机构提交的各种认证申请。

总的来说，资格认证小组委员会的任务是评估某一特定国家人权机构是否遵守《巴黎原则》。这是通过一个相当复杂的程序进行的，该程序被设计得具有包容性并以透明原则为基础。

资格认证小组委员会的工作结果是，完全符合《巴黎原则》的国家人权机构被赋予“A 级地位”，不完全符合《巴黎原则》的则被归于“B 级地位”，完全不符合《巴黎原则》的则归于“C 级地位”。关于认证申请的最后决定由国际协调委员会主席团作出。尽管《巴黎原则》在国际和区域人权文书中获得了越来越多的承认，但国家关于建立上述机构的内部专业知识和技能仍然有限。[28] 国家人权机构国际协调委员会最近发布的数据显示，全球

---

* 2016 年，国家人权机构国际协调委员会更名为国家人权机构全球联盟。——译者注

[28] 联合国大会和人权条约机构一再呼吁建立国家人权机构。在联合国大会最近的决议中，见 2010 年 3 月第 64/161 号决议、2011 年 3 月第 65/207 号决议、2012 年 4 月第 66/169 号决议、2013 年 3 月第 67/163 号决议和 2014 年 1 月第 68/171 号决议。

只有 69 个机构拥有“A 级地位”（完全符合《巴黎原则》），22 个机构拥有 599
“B 级地位”。这表明，它们没有完全遵守《巴黎原则》。[29]

3.2　《巴黎原则》和国家独立机制

如前文所述，《巴黎原则》包含了设立国家人权机构时应考虑的主要标准。

正如一些评论家所指出的，《残疾人权利公约》的起草者也将这些原则适用于国家人权机构以外的机构。[30] 这是《公约》另一个有趣的方面，因为它表明《巴黎原则》不仅成为处理人权问题的国家机构的有用参考点，而且一般情况下也适用于被授予特定专题职权的任何国家独立机构。

从实用的角度看，在审查《残疾人权利公约》第 33 条第 2 款规定的国家独立机制时，适用《巴黎原则》使厘清这些机制的主要特征成为可能。这些特征可以概括如下：正式的国家机构、永久性地位、多元化组成、独立、广泛的权限，以及最后但并非最不重要的一点——能获得充足和自主的财政资源。

值得注意的是，残疾人权利委员会在其审查缔约国定期报告后通过的结论性意见中多次重申遵守《巴黎原则》的重要性。[31] 事实上，残疾人权利委员会还负有评估缔约国建立的独立机制是否符合《巴黎原则》的微妙责任，[32] 尽管《公约》并没有明确规定这样的任务。

3.3　国家独立机制的功能

根据上述提到的第 33 条第 2 款，国家独立机制涉及广泛的活动。一般来说，设立机制是为了“促进、保护和监测《公约》的实施”。任务清单表明，国家独立机制在保护残疾人权利方面负有巨大责任。促进活动包括旨在加强尊重残疾人人权的培训、宣传和提供相关信息。具体的活动方式多种多

29　相关数据见联合国人权事务高级专员办事处官网。

30　De Beco (2011), p. 93.

31　见残疾人权利委员会的结论性意见：匈牙利，CRPD/C/HUN/CO/1，第 52 段；巴拉圭，CRPD/C/PRY/CO/1，第 75 段。

32　See De Beco (2011), p. 94.

600 样，例如，编写教材，举办会议和研讨，开展学习、报告、研究和说明等。

保护职能的主要特征是在权利受到侵犯时提供充分补救的活动。这意味着，缔约国必须在国内层面建立一个基于审议个人和团体申诉的监察制度及适当的调查程序。

另外，一般来说，监测是指评估条约在缔约国的实施情况，以防止受保护的权利受到侵犯。

显然，为了使国家独立机制履行其指定职能，缔约国必须确保充足的资金。《巴黎原则》明确规定，独立机制的资金对其有效性和独立性至关重要。

3.4 国家独立机制与国家人权机构之间的关系

第 33 条第 2 款对《巴黎原则》的具体提及并不意味着现有的国家人权机构必须被指定为独立机制。根据国家人权机构国际协调委员会的概述，《残疾人权利公约》仅要求缔约国在建立这类机制时应考虑《巴黎原则》。[33] 这意味着，缔约国不妨决定建立除国家人权机构以外的新机构，专门负责促进、保护和监测《公约》的实施。

然而，现有的国家人权机构基于其在保护人权（包括残疾人权利）方面的丰富经验，显然可以在这个问题上发挥重要作用。人权事务高级专员办事处在关于第 33 条的专题研究中也正式承认了这一基本作用。事实上，根据人权事务高级专员办事处的研究，“现有的国家人权机构有可能被指定为独立机制”。[34] 此外，从不同的角度看，同样重要的是，《公约》的条款构成了国家人权机构在国家一级的活动进一步发展和扩大的基础。

快速概览《公约》的国内实施情况可以看到，缔约国在实施第 33 条第 2 款方面有相当大的差异。自《公约》生效以来，一些缔约国已开始将其国
601 家人权机构指定为独立机制，比如德国、英国、丹麦和新西兰。[35] 有些缔约

---

33 See International Coordinating Committee of National Institutions for the Promotion and Protection of Human Rights (ICC), Canadian Human Rights Commission (2011), p. 4.

34 See Human Rights Council (2009), p. 11.

35 关于第 33 条第 2 款实施情况的初步统计，见 International Coordinating Committee of National Institutions for the Promotion and Protection of Human Rights (ICC), Canadian Human Rights Commission (2011)。对该条实施情况的比较，另见 De Beco (2013)。

国选择在国家人权机构之外设立一个独立的替代机构。不幸的是，还有些缔约国没有设立任何独立机构。在后一种情况下，如残疾人权利委员会在其结论性意见中要求的，缔约国应尽快建立一个充分独立的机制。一些缔约国已设立了具体的机构，但其主要履行促进职能，意大利的情况就是这样，根据 2009 年 3 月 3 日的第 18 号法律建立了国家残疾人状况监测机构。该国家监测机构虽然组成广泛（如管理其活动的意大利 2010 年 7 月 6 日第 167 号部际法令第 1 条所概述的，该国家监测机构的组成包括残疾人组织），但主要是一个咨询机构，为制定国家残疾政策提供技术和科学支持。它的任务包括促进《残疾人权利公约》的实施，收集残疾人状况的统计数据，支持实现残疾领域的学习和研究，但不处理关于侵犯残疾人权利的申诉。

4　国家独立机制、国家人权机构和残疾人权利委员会之间的关系

《公约》的另一个积极特征是列入了旨在规范残疾人权利委员会与其他机构之间相互作用的具体条款。为了“促进本公约的有效实施和鼓励在本公约所涉领域开展国际合作”，第 38 条定义了残疾人权利委员会与联合国专门机构、其他联合国机构、国际人权条约设立的有关机构以及“其他主管机构”之间的合作模式。[36]

关于国家独立机制和残疾人权利委员会之间的关系，应当指出，残疾人权利委员会第十一届会议（2014 年 3 月至 4 月）修订的《议事规则》包含了一个具体条款。[37] 详细来说，根据残疾人权利委员会《议事规则》第 30 条第 3 款，残疾人权利委员会“可邀请”[38] 它们“就本《公约》所涉属于它们活动范围内的事项提交书面资料”。显而易见，这一条没有规定它们提交 602
书面意见或资料的权利。因此，国家监测机构参与残疾人权利委员会的程度

[36] 见本书对第 38 条“委员会与其他机构的关系”的评注。

[37] See CRPD/C/1, June 5, 2014.

[38] 着重号后加。

留给残疾人权利委员会裁量。鉴于这种合作对于更好地开展工作至关重要，残疾人权利委员会将大力鼓励对话和充分参与。委员会目前正在起草准则，以便细化国家独立机制的参与模式。

最后要注意的是，残疾人权利委员会《议事规则》第 30 条也适用于国家人权机构。在这方面，值得注意的是，还有其他程序性规则规定国家人权机构参与委员会的活动。一般而言，根据《议事规则》第 51 条，委员会可邀请“国家人权机构代表向委员会会议作口头或书面陈述，并提供与《公约》规定的委员会活动相关的领域的资料或文件”。至于残疾人权利委员会的监测活动，例如，国家人权机构可能参与缔约国报告程序，特别是调查程序，具体来说，如果缔约国政府已接受了《残疾人权利公约任择议定书》规定的调查程序，在《残疾人权利公约》规定的残疾人权利受到严重和系统性侵犯时，国家人权机构可构成残疾人权利委员会的重要信息来源。

5　民间社会的参与

第 33 条第 3 款规定：“民间社会，特别是残疾人及其代表组织，应当获邀参加并充分参与监测进程。”《公约》起草者选择的这种有趣的“包容性办法”，代表了《公约》向前迈出的重要一步。总体而言，可以说这一具体提法并不是随意的，而是源自联合国重视和加强与民间社会合作的一贯实践。[39] 在这种新的背景下，必须看到《残疾人权利公约》概括规定的民间社会（特别是残疾人及其代表组织）在监测和实施《公约》时应有的积极作用，[40] 如同它们在起草《公约》时已经发挥的积极作用一样。众所周知，特

39　在这方面，可以提到 2000 年 9 月 8 日通过的《联合国千年宣言》（A/RES/55/2）、2004 年 6 月 11 日的联合国知名人士小组报告（又称《卡多佐报告》，A/58/817）。关于联合国与民间社会关系的综述，见 Tramontana（2013）。

40　众所周知，“市民社会”一词含义广泛。虽然它经常被等同于非政府组织，但实际上这个措辞被倾向于指代主体多元化。一些作者表示，“民间社会包括范围广泛的行为体，如教堂或宗教和精神组织、法律协会和专业协会、工会或土著人民等特定团体。它还延伸到社会运动，比如反对全球化的运动，这些运动可能有不同的制度化程度”。相关内容，见 Staberock（2011）。

设委员会自第一届会议起，就提议并核准了民间社会（特别是非政府组织）参与制定《公约》;[41] 事实上，民间社会被授权出席会议、发表声明并接收文件。[42] 因此，在《公约》中规定一条赋予民间社会（尤其是残疾人及其代表组织）在《公约》的国家监测中发挥关键作用的规则，并不让人奇怪。 603

无论如何需要强调，第 33 条第 3 款符合《公约》第 3 条规定的残疾人“充分和切实地参与和融入社会”的一般原则，以及《公约》第 4 条第 3 款明确规定并在《公约》序言中回顾的，缔约国负有使残疾人积极参与影响他们的所有决策过程的一般义务。[43] 此外，应当记住的是，1993 年联合国《残疾人机会均等标准规则》中列有类似的一条，请缔约国承认残疾人组织在残疾事务的任何决策中的咨询作用。[44] 可以说，《残疾人机会均等标准规则》和《残疾人权利公约》在这一具体问题上有明确的连续性。

《公约》的准备工作文件显示，缔约国和非政府组织强烈支持将民间社会列入《公约》的国家监测进程。虽然《公约》条款没有明确规定，但显然民间社会的参与应在各级，特别是在协调中心和在国家一级设立的独立机制内进行。

一般而言，民间社会有充分的机会参与国家对《残疾人权利公约》的实施和监测。例如，民间社会可以通过在缔约国定期报告编写阶段的积极参与，以及宣传和执行残疾人权利委员会最后的结论性意见，协助国家机构执行报告程序。民间社会也可监测残疾人权利委员会在任何个人申诉程序结束时通过的最后决定的执行情况，可拟制关于实施《公约》的建议，可协助国家机构收集信息（包括统计数据）。

除此之外，必须指出，残疾人权利委员会在其审查各缔约国的报告后通过的结论性意见中，一再强调残疾人及其代表组织充分参与监测进程的原则。特别是，残疾人权利委员会已请缔约国不仅在设立和指定国家协调中心

41　Woodburn（2013），p. 81.

42　Ibid.

43　《公约》序言第 15 段规定，“残疾人应有机会积极参与政策和方案的决策过程，包括与残疾人直接有关的政策和方案的决策过程”。

44　See Rule 18.

604 时，而且在建立协调机制时，与残疾人组织磋商。[45] 此外，关于国家独立机制，残疾人权利委员会指出，任何这种机制都需要包括与残疾人组织“永久磋商”的内容。[46] 在某些情况下，残疾人权利委员会已将残疾人及其代表组织充分参与监测过程作为“优先事项”。[47]

6 第 33 条在欧盟的实施

自 2011 年以来，欧盟一直是《残疾人权利公约》的缔约方。根据《残疾人权利公约》第 33 条第 1 款，关于欧洲共同体（现为欧盟）加入《残疾人权利公约》的欧盟理事会第 2010/48/CE 号决定[48]第 3 条指定欧盟委员会作为协调中心，在“属于共同体的职权范围内”负责有关实施《残疾人权利公约》的事项。[49] 关于该协调中心的职能，在欧盟理事会、欧盟会员国和欧盟委员会的《行为准则》中有详细规定。[50] 2012 年，为了执行《残疾人权利委员会》第 33 条第 2 款，欧盟理事会建立了欧盟框架，以促进、保护和监测《残疾人权利公约》。这一框架包括 5 个成员：欧洲议会、欧盟监察专员、欧盟委员会、欧盟基本权利署和欧洲残疾问题论坛。[51] 欧盟框架以欧洲机构（European institutions）、独立组织（independent bodies）、欧洲机关（European agencies）和非政府组织之间的合作为基础。

2013 年 1 月，欧盟框架举行第一次会议。根据 2013 年 5 月第二次会议后修订的欧盟框架运行条款，欧盟框架作为“一个简单、高效和实用的机制”，“其成员在各自职权范围和已有授权范围内，共同为促进、保护和监测

---

45 残疾人权利委员会的结论性意见：哥斯达黎加，CRPD/C/CRI/CO/1，第 66 段。

46 残疾人权利委员会的结论性意见：巴拉圭，第 76 段。

47 残疾人权利委员会的结论性意见：秘鲁，CRPD/C/PER/CO/1，第 49 段。

48 O. J. L 23，January 27，2010.

49 关于第 33 条在欧盟的实施情况，见 Waddington（2011）。

50 O. J. L 340，December 15，2010.

51 更多欧盟委员会的详情，见《欧盟实施联合国〈残疾人权利公约〉的报告》。SWD（2014）182 final，pp. 48-50.

《残疾人权利公约》的共同目标作出贡献”。欧盟框架运行条款中特别提到了工作方法的独立性。事实上，它规定“欧盟框架的成员将共享信息并考虑彼此的活动，同时自由和独立地工作”。欧盟框架的所有会议均由指定的任 605
期两年的欧盟框架轮值主席主持。欧盟框架每年至少举行两次会议，也可应任何框架成员的要求举行额外会议。至于决策过程，欧盟框架运行条款表明，所有“决定均由全体成员协商一致作出”。

参考文献

Astorga Gatjens LF (2011) Analysis of Article 33 of the UN Convention: the critical importance of national implementation and monitoring, Sur-Int J Hum Rights8 (14): 71-83.

De Beco G (2011) Article 33 (2) of the UN Convention on the Rights of Persons with Disabilities: another role for human rights institutions? Neth Q Hum Rights 29 (1): 84-106.

De Beco G (2013) Article 33 of the UN Convention on the Rights of Persons with Disabilities, Martinus Nijhoff Publishers, Leiden.

De Beco G, Murray R (2015) A commentary on the Paris Principles on National Human Rights Institutions, Cambridge University Press, Cambridge.

Decaux E (2001) Evolution and perspectives for national institutions for the promotion and protection of human rights, In: Sicilianos LA, Bourloyannis-Vrailas C (eds) The prevention of human rights violations. Contributions on the occasion of the twentieth anniversary of the Marangopoulos Foundation for human rights, Athènes/The Hague, pp. 233-243.

Human Rights Council (2009) Thematic study by the Office of the United Nations High Commissioner for Human Rights on the Structure and Role of National Mechanisms for the Implementation and Monitoring of the Convention onthe Rights of Persons with Disabilities, A/HRC/13/29.

International Coordinating Committee of National Institutions for the Promotion and Protection of Human Rights (ICC), Canadian Human Rights Commission (2011) Survey of national human rights institutions on Article 33.2 of the convention on the rights of persons with disabilities, http://nhri.ohchr.org/EN/Themes/PersonsDisabilities/ICC%20CHRC%20Study/ICC%20

CHRC%20Study%20on%20NHRIs%20and%20Article%2033%20CRPD%20ENGLISH. pdf, Accessed 30 Apr 2015.

Lord JE, Stein MA (2008) The domestic incorporation of human rights law and the United Nations Convention on the Rights of Persons with Disabilities, Wash Law Rev 83: 449-479.

Murray R (2010) The role of national human rights institutions, In: Baderin MA, Ssenyonjo M (eds) International human rights law: six decades after the UDHR and beyond, Asghate, Farnham, pp. 305-316.

Pohjiolainem AE (2006) The evolution of national human rights institutions. The role of the United Nations, The Danish Institute for Human Rights, Copenhagen.

Quinn G (2009) Resisting the 'temptation of elegance': can the Convention on the Rights of Persons with Disabilities socialise States to right behaviour? In: Arnadóttir OM, Quinn G (eds) The UN Convention on the Rights of Persons with Disabilities. European and Scandinavian perspectives, Martinus Nijhoff Publishers, Leiden, pp. 215-256.

Ramcharan BG (2005) The protection role of national human rights institutions, Martinus Nijhoff Publishers, Leiden.

Saulle MR (1981) The disabled persons and the international organizations, International Documentation Ent., Roma.

Saulle MR (1998) Le norme standard sulle pari opportunità dei disabili, Edizioni scientifiche italiane, Napoli.

Saulle MR (2003) Lezioni di organizzazione internazionale, vol Ⅱ. Le organizzazioni internazionali e i diritti umani, Edizioni scientifiche italiane, Napoli, pp. 395-405.

Staberock G (2011) Civil society. Max P YB Un Nat Law, Oxford University Press, http://opil.ouplaw.com, Accessed 19 Jan 2015.

Tramontana E (2013) Organizzazioni non governative e ordinamento internazionale, Cedam, Padova.

606 United Nations, Office of the High Commissioner for Human Rights, Inter-Parliamentary Union (2007) From exclusion to equality: realizing the rights of persons with disabilities. Handbook for parliamentarians on the convention on the rights of persons with disabilities, United Nations, Geneva.

Waddington L (2011) Reflections on the establishment of a framework to promote, protect and monitor implementation of the UN Convention on the rights of persons with disabilities [Article 33 (2) CRPD] by the European Union, Maastricht Faculty of Law, Working Paper

No. 2011-3.

Woodburn H (2013) Nothing about us without civil society: the role of civil society actors in the formation of the UN Convention on the rights of persons with disabilities, Polit Perspect 7 (1): 75-96.

607 # 第34条 残疾人权利委员会
第35条 缔约国提交的报告
第36条 报告的审议

奥内拉·费拉乔洛

第34条 残疾人权利委员会

一、应当设立一个残疾人权利委员会（以下称“委员会”），履行下文规定的职能。

二、在本公约生效时，委员会应当由十二名专家组成。在公约获得另外六十份批准书或加入书后，委员会应当增加六名成员，以足十八名成员之数。

三、委员会成员应当以个人身份任职，品德高尚，在本公约所涉领域具有公认的能力和经验。缔约国在提名候选人时，务请适当考虑本公约第四条第三款的规定。

四、委员会成员由缔约国选举，选举须顾及公平地域分配原则，各大文化和各主要法系的代表性，男女成员人数的均衡性以及残疾人专家的参加。

五、应当在缔约国会议上，根据缔约国提名的本国国民名单，以无记名投票选举委员会成员。这些会议以三分之二的缔约国构成法定人数，得票最多和获得出席并参加表决的缔约国代表的绝对多数票者，当选为委员会成员。

608 六、首次选举至迟应当在本公约生效之日后六个月内举行。每次选举，联合国秘书长至迟应当在选举之日前四个月函请缔约国在两个月内递交提名人选。秘书长随后应当按英文字母次序编制全体被提名人名单，注明提名缔约国，分送本公约缔约国。

七、当选的委员会成员任期四年，可以连选连任一次。但是，在第一次选举当选的成员中，六名成员的任期应当在两年后届满；本条第五款所述会议的主席应当在第一次选举后，立即抽签决定这六名成员。

八、委员会另外六名成员的选举应当依照本条的相关规定，在正常选举时举行。

九、如果委员会成员死亡或辞职或因任何其他理由而宣称无法继续履行其职责，提名该成员的缔约国应当指定一名具备本条相关规定所列资格并符合有关要求的专家，完成所余任期。

十、委员会应当自行制定议事规则。

十一、联合国秘书长应当为委员会有效履行本公约规定的职能提供必要的工作人员和便利，并应当召开委员会的首次会议。

十二、考虑到委员会责任重大，经联合国大会核准，本公约设立的委员会的成员，应当按大会所定条件，从联合国资源领取薪酬。

十三、委员会成员应当有权享有联合国特派专家根据《联合国特权和豁免公约》相关章节规定享有的便利、特权和豁免。

第 35 条　缔约国提交的报告

一、各缔约国在本公约对其生效后两年内，应当通过联合国秘书长，向委员会提交一份全面报告，说明为履行本公约规定的义务而采取 609
的措施和在这方面取得的进展。

二、其后，缔约国至少应当每四年提交一次报告，并在委员会提出要求时另外提交报告。

三、委员会应当决定适用于报告内容的导则。

四、已经向委员会提交全面的初次报告的缔约国，在其后提交的报告中，不必重复以前提交的资料。缔约国在编写给委员会的报告时，务请采用公开、透明的程序，并适当考虑本公约第四条第三款的规定。

五、报告可以指出影响本公约所定义务履行程度的因素和困难。

第 36 条　报告的审议

一、委员会应当审议每一份报告，并在委员会认为适当时，对报告提出提议和一般建议，将其送交有关缔约国。缔约国可以自行决定向委员会提供任何资料作为回复。委员会可以请缔约国提供与实施本公约相关的进一步资料。

二、对于严重逾期未交报告的缔约国，委员会可以通知有关缔约国，如果在发出通知后的三个月内仍未提交报告，委员会必须根据手头的可靠资料，审查该缔约国实施本公约的情况。委员会应当邀请有关缔约国参加这项审查工作。如果缔约国作出回复，提交相关报告，则适用本条第一款的规定。

三、联合国秘书长应当向所有缔约国提供上述报告。

四、缔约国应当向国内公众广泛提供本国报告，并便利获取有关这些报告的提议和一般建议。

五、委员会应当在其认为适当时，把缔约国的报告转交联合国专门机构、基金和方案以及其他主管机构，以便处理报告中就技术咨询或协助提出的请求或表示的需要，同时附上委员会可能对这些请求或需要提出的意见和建议。

610 **目　次**

1 《残疾人权利公约》国际监测系统

《残疾人权利公约》第 34~36 条设立了监测缔约国履行《公约》情况的国际机制。第 34 条确立残疾人权利委员会作为公约监测机构。根据第 35 条，缔约国有义务向残疾人权利委员会提交关于其国内实施《公约》情况的定期报告。第 36 条规定委员会审议报告，并在其认为适当时向缔约国提出提议和一般性意见。该制度得到《残疾人权利公约任择议定书》的补充。任择议定书进一步委托残疾人权利委员会：（a）审议据称反映违反《残疾人权利公约》情况的个人来文；（b）在某些有可靠资料证明的特定情况下，对严重违反《公约》的行为进行调查。所有这些规范都应被作为一个整体看待，因为所有这些都与旨在监督《公约》的实施、防止或处理不遵守《公约》行为的国际机制的运行有关。但考虑到《残疾人权利公约》和《残疾人权利公约任择议定书》是两个不同的条约，以下将讨论《公约》第 33~36 条的报告程序，对任择议定书的讨论则针对其他程序。[1]

这种双重办法（基本条约规定对所有缔约国都具有强制性的监测机制，再加上进一步的任择条款或文书）可追溯至《公民及政治权利国际公约》和《公民及政治权利国际公约第一任择议定书》。[2] 随后，它成为在联合国主持下缔结并适用于全球范围的人权公约的传统。在促进和保护残疾人权利和尊严的全面综合国际公约特设委员会（以下简称“特设委员会”）进行谈 611

1　见本书对《残疾人权利公约任择议定书》的评注。

2　联合国大会 1966 年 12 月 16 日通过第 2200A（XXI）号决议，整体通过《公民及政治权利国际公约》及其第一任择议定书。该议定书规定了个人来文程序以补充《公民及政治权利国际公约》的监测系统。

判时，《残疾人权利公约》也采取同样的做法并非显而易见。[3] 一般来说，未来的公约需要有监测系统的观点得到了广泛接受，因为监测机制对所有人权条约的实施都是必要的。关于残疾人的权利，这个问题被认为更为重要，因为在许多社会中残疾人即使没有受到歧视也处于边缘地位，在其权利受到侵犯的情况下，他们获得司法和其他补救的机会往往有限。此外，《残疾人权利公约》是21世纪谈判达成的第一项人权条约，这使其起草者获得了从现有人权条约机构的经验中获益的独特机会。

另外，特设委员会的谈判会议与联合国人权条约机构体系的整体改革进程同步。[4] 因此，《残疾人权利公约》筹备工作的特点是希望对现有制度的缺陷作出反应，例如繁重的报告义务、缔约方迟交报告、委员会审议报告的积压、资源限制等。[5] 参与关于未来公约的广泛磋商进程的专家建议建立一个强有力的监测系统，根据现有的最佳做法规定若干程序，包括基于《消除对妇女一切形式歧视公约任择议定书》模式的个人来文申诉程序。[6] 残疾人及其代表组织参与监测进程被认为是另一个相关问题。区域研讨会建议赋予《公约》监测机构审议能力，使之除了缔约国报告之外还考虑“民间社会其
612 他有关行为体、残疾人及其组织提供的资料，并建议邀请这些人参与委员会

3　特设委员会是根据联合国大会2001年12月19日通过的第56/168号决议设立的。它举行了八届会议（2002年7月29日至8月9日；2003年6月16日至27日；2004年5月24日至6月4日；2004年8月23日至9月3日；2005年1月24日至2月4日；2005年8月1日至12日；2006年1月16日至2月3日；2006年8月14日至25日）。在第二届会议上，特设委员会设立了一个工作组，由缔约国、非政府组织和一个国家人权机构的代表组成。工作组于2004年1月5日至16日举行会议，编写了一份公约草案，作为缔约国谈判的基础。关于特设委员会和工作组的工作文件，见 http://www.un.org/esa/socdev/enable/rights/adhoccom.htm。

4　对联合国条约机构体系的全面审查始于1988年至1995年由联合国秘书长任命的独立专家菲利普·阿尔斯通（Philip Alston）撰写的三份报告。关于这一早期倡议，以及联合国系统内外的进一步改革，见 O'Flaherty（2010），尤其是第322~327页。另见 Egan（2013），第210~214页。关于其结果，见 UNGA Resolution 68/268，of April 9，2014，“Strengthening and enhancing the effective functioning of the human rights treaty body system”。

5　Stein and Lord（2010），p. 690.

6　Cf. “Informal Briefing on the Ad Hoc Committee”，June 26，2002，United Nations，New York，“Síntesis Executiva de los debates de la Reunión de expertos”．关于《消除对妇女一切形式歧视公约任择议定书》确立的个人来文程序，见 Connors（2012），第619~659页。

的审议”。[7]

墨西哥在特设委员会第一届会议上提出的建议反映了一些进步的观点。[8] 许多国家的政府支持根据以前人权条约的经验建立国际监测系统。20 世纪下半叶缔结的某些保护环境的全球性公约所建立的监测机制是进一步的灵感来源。一个例子是，该建议还提出，为《残疾人权利公约》配备一个技术咨询机构，以支持缔约国会议的活动。[9]

另外，整个联合国人权机制都在接受审查，这一事实给进一步建立一个条约机构增加了困难。一些代表团认为，现有人权条约机构的做法已充分涵盖这个问题，并对可能出现的重复表示关切。[10] 此外，还不清楚如何协调残疾人权利委员会与联合国残疾问题特别报告员的活动，以监测《残疾人机会均等标准规则》的实施情况。[11] 然而，《残疾人机会均等标准规则》并不具有法律约束力。这促使许多代表团支持设立一个残疾人权利监测机构，作为解释关于残疾人权利的所有（有约束力的和无约束力的）现有文书的“权威参照点”。[12] 对欧盟来说，这样一种机制对于公约的目的“至关重要”。但是，最好在谈判的最后阶段讨论这个问题，因为在联合国人权机构进行全面改革之前，很难设想一种机制能够避免现有人权条约机构在实践中的弱点并 613

7 Cf. “Seminar of Quito”, Ad Hoc Committee, New York, 16-17 June 2003, “Compilation of Proposals for a Comprehensive and Integral International Convention to Promote and Protect the Rights and Dignity of Persons with Disabilities”.

8 Cf. draft Article 20, Ad Hoc Committee, New York, 29 July-9 August 2002, “Working paper by Mexico”, Articles 20-24, A/AC. 265/WP. 1.

9 Cf. Ad Hoc Committee, New York, 16-17 June 2003, “Views submitted by Governments, intergovernmental organizations and United Nations bodies concerning a comprehensive and integral international convention on the protection and promotion of the rights and dignity of persons with disabilities”, A/AC. 265/2003/4+A/AC. 265/2003/4/Corr. 1, para. 29.

10 Ibid., para. 30.

11 Ibid., paras 36 and 37. 1993 年 12 月 20 日，联合国大会第 48/96 号决议通过了《残疾人机会均等标准规则》。

12 Ad Hoc Committee, New York, 16-17 June 2003, “Views submitted by Governments, intergovernmental organizations and United Nations bodies concerning a comprehensive and integral international convention on the protection and promotion of the rights and dignity of persons with disabilities”, cit., para. 40. 关于多年来为保护残疾人权利而通过的软法文书，见 Kayess and French（2008），第 14~17 页。

防止前后不一或重复。[13]

2003 年，特设委员会第二届会议审议了这些范围广泛的建议和提案。特设委员会后来向工作组提交的供进一步细化的案文草案包括两套关于监测的备选条款。[14] 第一套条款（模式 A）侧重于在国家法律层面建立一个强有力的报告系统，同时设立一名联合国残疾问题监察员，并加强现有联合国条约机构在监督残疾人人权实施方面的作用。第二套条款（模式 B）也设想建立一个国家机构，负责促进和监测《残疾人权利公约》的实施情况（第 29 条之二），此外还设想建立一个具有报告程序、个人申诉程序和调查程序的残疾人权利委员会，后两个程序分别有“加入”和“退出”的条款。工作组无法在这些选项中作出选择。它注意到政府间组织区域讨论会、[15] 非政府组织和各国政府提出的进一步的提案和建议。[16] 但是，工作组提交特设委员会作为缔约国谈判基础的案文草案没有列入关于监测的条款，除了关于国家实施的一条。[17] 关于国际监测，工作组报告指出，一些成员认为这个问题相当重要，而另一些成员在这方面有保留意见。[18] 这种情况直到特设委员会第八
614 届也是最后一届会议才有所改变，与监测相关的事项主要是在特设委员会休会期间通过非正式磋商来讨论的。[19] 最后，参与的缔约国商定一个折中的解决办法，即根据《公约》建立一个核心监测系统，同时通过一项任择议定书

13 See Ad Hoc Committee, New York, 29 July-9 August 2002, “Position paper by the European Union”, A/AC. 265/WP. 2. See also Ad Hoc Committee, New York, 16-27 June 2003, “European Union-Elements for an international convention”, A/AC. 265/2003/CRP. 13/Add. 2.

14 Ad Hoc Committee, “Chair's Draft Elements of a Comprehensive and Integral International Convention on Protection and Promotion of the Rights and Dignity of Persons with Disabilities”, “Draft Elements on Implementation”, 24 December 2003.

15 有影响力的还有所谓的《曼谷草案》。Cf. “Regional Workshop towards a Comprehensive and Integral International Convention on Protection and Promotion of the Rights and Dignity of Persons with Disabilities, 14-17 October 2003, Bangkok, Thailand”.

16 Ad Hoc Committee, “Compilation of proposals for elements of a Convention,” 5 January 2004, Part Ⅶ. Monitoring Mechanisms.

17 见本书对第 33 条“国家实施和监测”的评注。

18 “Report of the Working Group to the Ad Hoc Committee”, Annex Ⅰ, “Draft articles for a Comprehensive and Integral International Convention on the Protection and Promotion of the Rights and Dignity of Persons with Disabilities”, A/AC. 265/2004/WG/1, fn. 112.

19 Cf. Stein and Lord (2010), p. 693 and fn. 14.

提供补充监测程序。[20]

《公约》和其任择议定书的案文由特设委员会于 2006 年 12 月 5 日提交联合国大会，联合国大会于 2006 年 12 月 13 日以协商一致的方式整体通过。[21]《残疾人权利公约》和《残疾人权利公约任择议定书》均于 2008 年 5 月 3 日生效。[22]

2　残疾人权利委员会（第 34 条）

2.1　一般特征

根据《残疾人权利公约》第 34 条第 1 款设立的残疾人权利委员会由 18 名独立专家组成，他们由缔约国提名和选举，但以个人身份任职。[23] 在《残疾人权利公约》生效时，[24] 委员会的人数为 12 人，在《公约》获得另外 60 份批准书或加入书后，委员会增加 6 名成员（第 34 条第 2 款）。这一条款的理由是，在不修改《公约》的情况下调整委员会的人数，从而防止由于缔约国可能不批准或迟批准《公约》而产生的问题。一项旨在增加儿童权利委员会成员数目的修正案就是一个例子，该修正案大约花了 7 年时间才生效。[25] 一旦残疾人权利委员会的成员达到 18 名，就不再进一步增加成员（第 34 条第 2 款）。

同所有人权条约一样，《残疾人权利公约》规定了残疾人权利委员会成员的某些必要条件（第 34 条第 3 款）。后者必须是“品德高尚”的人，在

20　See Annex Ⅱ to “Interim Report of the Ad Hoc Committee on its Eighth session”, A/AC. 265/2006/4, September 1, 2006. See also “Final Report of the Ad Hoc Committee on a Comprehensive and Integral International Convention on the Protection and Promotion of the Rights and Dignity of Persons with Disabilities”, A/61/611, December 6, 2006.

21　A/RES/61/106, January 24, 2007.

22　截至 2015 年 7 月 13 日，《残疾人权利公约》共有 157 个缔约方，《残疾人权利公约任择议定书》有 87 个缔约方。

23　See infra, para. 2. 2.

24　见本书对第 45 条“生效”的评注。

25　《儿童权利公约》第 43 条第 2 款修正案于 1995 年 12 月 12 日由缔约方大会通过，1995 年 12 月 21 日由联合国大会通过，2002 年 11 月 18 日生效。Cf. UNTS, vol. 2199, p. 210.

615 《残疾人权利公约》所涉领域具有公认的特定能力和经验（这也是对儿童权利委员会和保护移徙工人权利委员会成员的要求）。[26] 由于《残疾人权利公约》第34条第3款的反致（*renvoi*）规定，根据《残疾人权利公约》第4条所规定的原则，[27] 缔约国在向残疾人权利委员会提名其候选人时应与残疾人及其代表组织协商。这种协商不一定导致向委员会提名残疾人，但应有助于确保候选人在《公约》所涉领域具有特定能力和专门知识。关于残疾人权利委员会成员的一般属性（第34条第4款），公平地域分配和各主要法系的代表性是联合国系统的传统要求，而"男女成员人数的均衡性"仅能在最近的条约中找到。[28] 当然，"残疾人专家的参加"是《残疾人权利公约》的特色。通过这些必要条件和已经提到的对《公约》第4条第3款的反致规定，第34条以温和的方式反映了对该条的最初建议，强制规定委员会成员中应包括大多数残疾成员和同等人数的男女。[29]

关于选举的规则载于第34条第5款和第6款。因此，残疾人权利委员会成员从缔约国提名的该国人员名单中选出。每次选举，联合国秘书长请缔约国至迟应当在选举之日前4个月递交提名人选；随后，将被提名人名单分送缔约国。残疾人权利委员会成员应当在缔约国会议上以无记名投票方式选举产生，[30] 这些会议以2/3的缔约方构成法定人数。获得出席并参加表决的缔约国的绝对多数票的候选人，当选为委员会成员。首次选举至迟应当在《残疾人权利公约》生效之日后6个月内举行（第34条第6款）。因此，缔约国会议在2008年11月3日举行委员会12名初始成员的选举。[31] 成员任期4年，可以连选连任一次，但是在首次选举中当选的委员会初始成员中，6

---

26 参见《儿童权利公约》第43条第2款和《保护所有移徙工人及其家庭成员权利国际公约》第72条第1款第2项。

27 见本书对第4条"一般义务"的评注。

28 参见《保护所有人免遭强迫失踪国际公约》第26条。

29 Cf. "Chair's Draft Elements", Article 30 bis; "Bangkok Draft", Article 37. See also Bruce (2009), pp. 137-138. 目前，残疾人权利委员会的大部分成员是残疾人。

30 《残疾人权利公约》缔约国定期举行会议，以审议与《公约》实施有关的任何事项。见本书对第40条"缔约国会议"的评注。

31 Cf. "Report of the Committee on the Rights of Persons with Disabilities on its first session. Geneva, 23-27 February 2009", CRPD/C/1/2, October 8, 2009, p. 3, paras 7-8.

名成员的任期应当在两年后届满（第 7 款）。在人权条约中这样的规定非常常见。在首次选举之后，委员会主席立即抽签选出将于 2010 年 12 月任期届满的 6 名成员。[32] 2010 年 9 月 3 日举行了补充这些席位的中期选举。[33] 此时， 616
《残疾人权利公约》缔约方的数量已达 80 个，残疾人权利委员会同年达到了其最大规模。[34]

残疾人权利委员会自行制定了《议事规则》（第 34 条第 10 款），委员会第三届会议最初通过了这些规则，并在第十一届会议上作了修订。[35]《残疾人权利公约》按照《公民及政治权利国际公约》第 39 条和《禁止酷刑公约》第 18 条的模式，没有列入有关委员会行政管理方面的条款，尽管 2003 年“主席草案要点”规定了若干相关规则。[36] 根据《议事规则》，委员会应在必要时举行会议，以便按照《残疾人权利公约》及其任择议定书“有效履行其职能”（规则 1）。委员会通常每年在联合国日内瓦办事处举行两届常会，也可应多数委员或缔约国的要求召开特别会议（规则 4）。委员会从委员中选举 1 名主席、3 名副主席和 1 名报告员，他们共同组成“委员会主席团”（规则 15）。[37]《残疾人权利公约》及其任择议定书或是《议事规则》赋予主席的各项职能，并不会使主席处于高于其他委员的地位。[38] 就通过决定而言，协商一致是一般规则；如果无法达成协商一致意见，则以出席会议并参与表决的委员的简单多数通过决定（规则 35）。每位委员均有一票，所有投票在

---

32 See “Membership of the Committee on the Rights of Persons with Disabilities and terms of office”, Annex Ⅱ to “Report of the Committee on the Rights of Persons with Disabilities on its first session. Geneva, 23-27 February 2009”, cit.

33 “Report of the Committee on the Rights of Persons with Disabilities on its fourth session, 4-8 October 2010”, CRPD/C/4/3, March 7, 2012, p. 3, paras 7-8.

34 “Report of the Committee on the Rights of Persons with Disabilities on its third session. Geneva, 22-26 February 2010”, CRPD/C/3/2, March 7, 2011, p. 4, paras 7-8.

35 Cf. CRPD/C/1, June 5, 2014.

36 Cf. Ad Hoc Committee, “Chair's Draft Elements”, cit., Article 33.

37 委员会主席团成员的任期为两年，可连选连任，但须坚持轮换原则（规则 17）。

38 规则 18 第 2 款规定，“主席在行使其职能时，应始终处于委员会权力之下”。除其他外，主席有权召开特别会议（第 4 条），宣布每届会议的开幕和闭幕，主持讨论，确保议事规则得到遵守，并将问题付诸表决以及宣布决定等（规则 33）。

通过决定时有相同权重，即使是在赞成票和反对票票数相等的情况下也是如此。[39]

617 按照联合国人权条约的惯例，残疾人权利委员会没有自己的秘书处。联合国秘书长是《残疾人权利公约》及其任择议定书的保存人，[40] 为残疾人权利委员会有效履行其职能提供必要的工作人员和便利（第 34 条第 11 款）。

2.2 成员的独立性

成员的独立性对所有人权条约机构都是一个特别重要的问题。设立这些机构是为了监督缔约国实施条约，因此它们必须完全独立于政府履行其职能。委员会成员在履行职责时，不得受到任何形式的指示或影响，而且必须公正。这些原则已载入联合国所有人权条约，并在 2012 年联合国条约机构主席通过的所谓《亚的斯亚贝巴准则》（Addis Ababa Guidelines）中得到了进一步明确。[41]

关于《残疾人权利公约》，当时的案文草案第 35 条要求残疾人权利委员会成员"要独立和公正，不得在立法、司法或行政部门担任任何可能损害其公正性的职位"。[42] 最后，《公约》第 34 条第 3 款没有支持这一条，而只是规定残疾人权利委员会成员"以个人身份"任职。许多人权条约都使用这一准则，总体上没有明确禁止委员会成员担任政府职务、在其本国执行官方职责或受雇于国际组织，只有少数条约规定成员必须公正。[43] 根据委员会《议事规则》，残疾人权利委员会成员在当选后所作的庄严宣誓反映了其在履行职责时的独立性。[44]

---

39 如果选举以外的事项赞成票和反对票票数相等，该提案应视为被否决（规则 34 和规则 36）。

40 见本书对第 41 条"保存人"的评注。

41 "Guidelines on the independence and impartiality of members of the human rights treaty bodies", A/67/222/21887, Annex Ⅰ. See also Truscan (2012).

42 Ad Hoc Committee, Documents of the Eight Session, Intersessional Documents, "Report by the United Nations Special Rapporteur on Disability on the Question of Monitoring", p. 7, para. 3. 3.

43 See Ulfstein (2012), p. 80.

44 "本人庄严宣誓，作为残疾人权利委员会的委员，我将诚信、忠实、公正、认真地履行我的职责，行使我的职权。"（规则 14）

根据《残疾人权利公约》第 34 条第 7 款，残疾人权利委员会成员任期 618
不得超过两届，每届任期 4 年。早期所有人权条约都没有对连选连任加以限制。[45] 在实践中，某些专家在人权条约机构中任职了很长时间。[46] 2006 年通过的两项人权公约《残疾人权利公约》和《保护所有人免遭强迫失踪国际公约》的起草者采用了一种不同的方法，从促进联合国条约机构成员的更新和多样性以及加强成员对政府独立性的角度看，这种方法似乎更合适。[47]

基于上述原则，残疾人权利委员会成员的国籍本身没有法律意义。然而，由于委员会成员的候选人是缔约国“提名的本国国民”（《残疾人权利公约》第 34 条第 5 款），《公约》进一步规定，如果当选成员死亡或辞职或因任何其他理由而停止履行其职责，提名该成员的缔约国可指定另一人完成所余任期（第 34 条第 9 款）。与其他条约中关于填补空缺的类似条款不同，《残疾人权利公约》不要求新成员的任命必须经残疾人权利委员会[48]或多数缔约国[49]批准，只要被任命的人士具备选举所设立的同样资格和要求即可。在某些特定情况下，成员的国籍会得到进一步的考虑，以防止利益冲突。一个委员会成员如果是已经根据《公约》第 35 条向残疾人权利委员会提交报告的缔约国的国民，则不得参加对该报告的审议。[50] 在委员会审查根据《残疾人权利公约任择议定书》提交的个人来文时，也规定有些成员因国籍或其他特殊情况不得出席。[51] 该事项由残疾人权利委员会《议事规则》而不是由《公约》管辖，这符合一般原则，因为只有条约机构才有权决定某一成员与

---

45 见《公民及政治权利国际公约》第 32 条第 1 款、《消除一切形式种族歧视国际公约》第 8 条第 5 款（子）项、《消除对妇女一切形式歧视公约》第 17 条第 5 款、《禁止酷刑和其他残忍、不人道或有辱人格的待遇或处罚公约》第 17 条第 5 款和《儿童权利公约》第 43 条第 6 款。

46 Boerefijn（2012），p. 479.

47 Cf. “Strengthening the United Nations Human Rights Treaty Body System, Dublin Ⅱ Meeting, Dublin, 10-11 November 2011”, p. 6, para. 21. 关于 2009~2012 年的“都柏林进程”，见 O’Flaherty（2010）、Tomuschat（2014）。

48 《消除一切形式种族歧视国际公约》第 8 条第 5 款（丑）项、《消除对妇女一切形式歧视公约》第 17 条第 7 款、《儿童权利公约》第 43 条第 7 款。

49 《禁止酷刑和其他残忍、不人道或有辱人格的待遇或处罚公约》第 17 条第 6 款、《保护所有人免遭强迫失踪国际公约》第 26 条第 5 款。

50 残疾人权利委员会《议事规则》规则 43。

51 残疾人权利委员会《议事规则》规则 60。

某一缔约国是否存在权限冲突。[52]

619 “考虑到委员会责任重大”（第 34 条第 12 款），经联合国大会核准，残疾人权利委员会成员按后者所定条件，从联合国资源领取薪酬。这一条应有助于确保成员的独立性，尽管专家因其在委员会内的活动而收取的费用肯定不足以保证充分的经济独立性。另外，成员享有与为联合国执行任务的专家相同的便利、特权和豁免（第 34 条第 13 款）。除其他外，这些豁免包括人身不受逮捕或拘留，以及在履行公务过程中的言论和行为免于任何形式的法律追究。[53]

2.3 职能

《残疾人权利公约》对残疾人权利委员会职能的规定简明扼要，尽管某些案文草案对此作了详细阐述。显然，一旦缔约国决定在一个明确的条约中规定某些监测程序，将残疾人权利委员会所有职能详细列入《公约》案文的选择就不再可行。因此，《公约》第 34 条仅表明，残疾人权利委员会履行“下文规定的职能”（第 1 款）。当然，这个同义重复的表达意味着它将在《残疾人权利公约》随后的条款中更精确地展开。它不包括委员会根据《残疾人权利公约任择议定书》而拥有的其他职能，这些职能只由该议定书来管理。但根据所有适用的规则，残疾人权利委员会的职能与所有联合国条约机构的职能是平行的，一般来说，包括监督缔约国如何在其国内法律秩序中实施相关条约。

根据众所周知的条约机构的活动分类，[54] 严格意义上，残疾人权利委员会应当通过接收并审议缔约国提交的关于《公约》实施情况的报告而履行“监测职能”。此外，对于也批准了《残疾人权利公约任择议定书》的缔约国，委员会审查声称因缔约国违反《残疾人权利公约》而受到伤害的个人指

52 Cf. “Proposed Criteria to Safeguard the Independence of Treaty Body Members”, in Truscan (2012), p. 17.《亚的斯亚贝巴准则》（Addis Ababa Guidelines）规定了相关标准，以避免条约机构成员的任何“真实或可见”的利益冲突。Cf. “Guidelines on the independence and impartiality of members of the human rights treaty bodies”, pp. 2-3.

53 《联合国特权和豁免公约》第 22~23 节。

54 Cf. Keller and Ulfstein (2012), pp. 2 et seqq.

控，并因此履行那些人权条约机构审查国家间控告、个人或集体来文的“准司法职能”。在某些特殊情况下，委员会被授权对严重违反《残疾人权利公约》的行为展开进一步调查，并成为少数还履行“核查”或“调查”职能的联合国条约机构之一。[55]

人权条约没有明确赋予其监测机构解释性职能。但是，所有人权条约机 620
构都已经通过在审议国别报告后提出的建议和通过所谓的“一般性意见”（也就是针对一般性专题问题而非具体国家情况的建议）作出对条约条款的权威性解释。[56] 鉴于《残疾人权利公约》和《残疾人权利公约任择议定书》于 2008 年生效（第一个报告周期始于 2010 年），到目前为止，残疾人权利委员会阐述《残疾人权利公约》规则性内容的时间相对较短。不过，到目前为止，残疾人权利委员会的做法与其他条约机构的做法没有什么不同，包括发表“一般性意见”。[57]

残疾人权利委员会的所有任务和活动都体现了条约机构被赋予的和解权力，以促进实施条约和防止或解决缔约国之间的争端。因此，残疾人权利委员会使用的所有程序都涉及与有关缔约国的“建设性对话”，最后由委员会发表不具法律约束力的“意见”或“观点”，其主要目的是协助缔约国履行其义务，而不是压制违反《残疾人权利公约》的行为。残疾人权利委员会可采用的任何程序都不具有强制力，包括审查个人索赔要求或进行调查并可能查明已发生违反或严重违反《公约》的行为。另外，所有人权条约机构都没有强制力，而其意见缺乏法律约束力并不一定影响其意见的效力。[58] 在这方面还应记住，《残疾人权利公约》规定缔约国有法律义务与残疾人权利委员会合作，并协助委员会成员履行其任务。[59] 根据这一规定，缔约国如果持续

55　Cf. Tomuschat (2014), pp. 271-276.

56　Keller and Ulfstein (2012).

57　基于其提交联合国大会和经社理事会的报告中提出的“提议和一般建议”的职权（见本书对第 39 条“委员会报告”的评注），根据其《议事规则》第 47 条（“委员会可根据《公约》的条款和规定编写一般性意见，以促进其进一步实施和协助缔约国完成其报告义务”），残疾人权利委员会目前已经通过 3 个“一般性意见”。

58　Tomuschat (2014), p. 233. 关于联合国条约机构建议的“软法效力”这一话题，另见 Kälin (2012)，第 31 页。

59　见本书对第 37 条“缔约国与委员会的合作”的评注。

不遵守残疾人权利委员会的要求或建议，那么在某些情况下可能构成不尊重1969年《维也纳条约法公约》第26条所规定的“条约必须遵守”原则。[60]显然，《残疾人权利公约》第37条规定的义务具有非常一般性的内容，但
621 是，这并不能改变残疾人权利委员会的“结论性意见”和“意见”是权威建议而非国家法律义务渊源的事实。

赋予条约机构执行其任务的特殊职权因各有关条约而异。残疾人权利委员会的特殊职权来自《残疾人权利公约》及其任择议定书的适用准则。例如，残疾人权利委员会有权邀请联合国专门机构、联合国机关和其他主管机构参与其监测活动，以便为了协调各自的工作而获得专家意见，或与其他联合国条约机构进行磋商的能力。[61] 根据《残疾人权利公约》第35条和第36条的报告程序行事时，残疾人权利委员会可决定其认为适当的适用于报告内容的准则。[62] 根据《残疾人权利公约任择议定书》，残疾人权利委员会在审查个人索赔之前，可要求有关缔约国采取“临时措施”，并可在调查程序的框架内，在该缔约国同意的情况下，前往其领土进行实地考察。[63]

此外，如前所述，残疾人权利委员会不仅制定了自己的《议事规则》（《残疾人权利公约》第34条第10款），而且也有广泛的自我管理其活动的权限，这是所有条约机构都承认的。根据这种职权和所谓的默示权力原则，残疾人权利委员会可以任命特别报告员、建立工作组、利用补充程序等。简言之，它可以正当地采取其认为履职所必需的任何做法或工作方法，只要此类决定不违反《残疾人权利公约》和《残疾人权利公约任择议定书》。这种行为方式是人权条约机构的一般做法，但在改革过程中受到某些缔约国的批评。这些国家认为联合国条约机构采取的工作方法超出其授权范围，在相关条约中没有法律依据。[64] 但是，这种立场仍然是孤立的，似乎并没有损害或限制条约机构自我管理的传统原则，而这对于确保人权条约机构独立于缔约

---

60 《维也纳条约法公约》（1969年5月23日）第26条规定：“凡有效之条约对其各当事国有拘束力，必须由各该国善意履行。”

61 见本书对第38条“委员会与其他机构的关系”的评注。

62 See infra, para. 3. 2.

63 见本书对“《残疾人权利公约任择议定书》”的评注。

64 Cf. Broecker (2014), p. 3.

国运行是必不可少的。

3　报告程序（第 35 条和第 36 条） 622

3.1　缔约国义务

《残疾人权利公约》第 35 条、第 36 条概述了所有联合国人权条约都确立的国家报告程序。[65] 根据缔约国向人权条约机构提交关于其国内实施条约情况的定期报告的义务，这种程序被认为是条约机构所使用的所有程序中最弱的一种。它的最终结果是委员会提出不具约束力的“结论性意见”，而这些意见往往以非常宽泛的措辞起草，[66] 而且它的一个显著特点是，有关资料是由受审查的机关即各国政府来提供的（“自我报告”制度）。在实践中，这些程序并不是无效的，但其运作在很大程度上取决于当事各方履行其实质义务和程序义务的程度。毫不奇怪，缔约国普遍接受了以自我报告为基础的监测系统，以至于所有人权公约都将其规定为强制性而不是选择性的。

在《残疾人权利公约》谈判的过程中，曾有些试图改变报告程序的尝试，以提高其效力。有人建议“倒置”国家义务的传统内容，允许残疾人权利委员会成员主动监测国家的情况，包括通过实地访问使各缔约国集中完成对某些优先问题的报告义务。这个办法旨在便利国家人权机构、非政府组织和其他利益攸关者参与监测进程。最重要的是，它把重点放在公约的实施上，而不是报告本身。[67] 但这些提议都没有成功。因此，《残疾人权利公约》的相关规定并不是特别进步。根据第 35 条，通过联合国秘书长，缔约国必

65　参见《公民及政治权利国际公约》第 40 条、《经济社会文化权利国际公约》第 16 条、《禁止酷刑和其他残忍、不人道或有辱人格的待遇或处罚公约》第 19 条、《消除一切形式种族歧视国际公约》第 9 条、《消除对妇女一切形式歧视公约》第 19 条、《儿童权利公约》第 44 条、《保护所有移徙工人及其家庭成员权利国际公约》第 73 条和《保护所有人免遭强迫失踪国际公约》第 29 条。

66　Kälin（2012），pp. 16-17.

67　具有讽刺意味的是，自我报告的一个结果是，一旦缔约国提交了报告，就被认为已经履行了义务，而没有人充分注意到其为有效确保在其国内尊重人权而采取的措施所能发挥的效力。Cf. Stein and Lord（2010），pp. 703-704.

须向残疾人权利委员会提交报告，说明其为履行本公约规定的义务而在其国内法律秩序下采取的措施。各缔约国在本公约对其生效后两年内应提交一份初次报告（第1款）；其后，缔约国至少应当每四年提交一次定期报告，并在残疾人权利委员会提出时另外提交报告（第2款）。

适用于编写报告的某些标准载于第35条，因而对缔约国具有约束力。
623 但是，这些标准都是一般性的。初次报告必须是“全面的”，并向残疾人权利委员会说明缔约国为实施《公约》而采取的措施和在这方面取得的进展（第35条第1款）。这些报告的主要目的是向残疾人权利委员会提供充分的信息，以评估缔约国关于残疾人权利的国内立法是否以及在何种程度上符合《残疾人权利公约》的实质性规定。已经提交全面的初次报告的缔约国，在其后提交的报告中就不必重复这些一般性的资料（第35条第4款），应当在随后的定期报告中向残疾人权利委员会提供关于其采取的任何进一步的立法、行政、司法或其他措施的资料。缔约国必须提供的资料不仅要说明其在履行义务方面取得的进展，而且要说明其遭遇的困难（第35条第5款）。所有人权条约都有这种内容的条款，因为缔约国一般不太愿意就其国内存在的危急情况或人权保护方面的差距向监测机构提出详尽的报告。但是，缔约国根据《公民及政治权利国际公约》和其他早期公约而提交报告的做法表明，这些条款不一定能防止它们提交非常令人不满意的报告。[68]

关于残疾人、非政府组织和其他利益攸关方参与程序的问题，《残疾人权利公约》第35条第4款“务请”缔约国在编写提交残疾人权利委员会的报告时“采用公开、透明的程序”，并进一步地“适当考虑”根据《公约》第4条第3款与残疾人及其代表组织协商的一般义务。这些条款的措辞太弱，以至于从中得不出如下结论，即缔约国在起草提交残疾人权利委员会的报告时在适当意义上有法律义务与残疾人、国家人权机构或非政府组织协商。尽管如此，第35条第4款呼应了人权事务高级专员办事处向特设委员会提出的建议，[69] 因而相对于所有之前的人权条约，以及2006年的《保护所

---

68 Cf. Tomuschat (2014), p. 224.

69 Cf. Bruce (2009), pp. 141-142.

有人免遭强迫失踪国际公约》，向前迈出了一步，因为后者对编写国家报告没有任何此类要求。人权条约机构关于报告的导则通常也不要求缔约国在起草报告时接收和考虑民间社会的信息。[70] 此外，缔约国向残疾人权利委员会报告的义务应结合《残疾人权利公约》第 33 条解读，后者要求缔约国建立国家的独立机制，监测《公约》在其国内的实施情况（第 2 款）。根据该条第 3 款，缔约国有义务确保民间社会，特别是残疾人及其代表组织，在国家一级参加并“充分参与”监测进程。因此，可以认为，残疾人和非政府组织也应参与编写缔约国提交残疾人权利委员会的报告。无论这种解释是对是 624
错，民间社会参与编写国家报告主要取决于缔约国在其国内法律秩序中为实施《残疾人权利公约》第 33 条和第 35 条所采取的措施。[71]

3.2 关于报告的导则

所有人权条约机构都通过了关于报告的详细导则，以补充适用的条约条款。这些导则虽然没有法律约束力，但缔约国一般都遵守，因为缔约国政府向条约机构提供资料的可靠性更多地取决于这些导则，而不是条约义务中往往模糊不清的内容。《残疾人权利公约》第 35 条第 3 款将相关做法成文化，规定“委员会应当决定适用于报告内容的导则”，而这一点通常没有被列入人权条约案文。[72]

残疾人权利委员会在 2009 年通过了自己的报告准则，[73] 考虑了所有联合国核心人权条约下所谓的报告协调准则。[74] 这种合作旨在加强协调，但尊重联合国条约机构之间根据有关条约而存在的差异。考虑到许多国家已经批准了全部或几乎全部联合国人权核心条约，更不用说它们根据区域性人权公约

70 Cf. Kälin (2012), p. 22.

71 在实践中，许多国家建立了独立机制，确保国家实施和监测人权条约，包括《残疾人权利公约》。Cf. Pavone (2010), pp. 469-470.

72 不过，《残疾人权利公约》第 35 条第 3 款的先例可在《保护所有移徙工人及其家庭成员权利国际公约》第 73 条第 3 款中找到。

73 “Guidelines on treaty-specific document to be submitted by states parties under Article 35, paragraph 1, of the CRPD”, CRPD/C/2/3, November 18, 2009.

74 “Compilation of guidelines on the form and content of reports to be submitted by states parties to the international human rights treaties”, HRI/GEN/2/Rev. 5, May 29, 2008. See also HRI/GEN/2/Rev. 6.

和其他包含人权成分的条约承担的更多的报告义务，协调还有助于减少缔约国的报告负担。[75]

根据2006年制定的编写国家报告的协调程序，所有提交联合国条约机构的报告应当分两部分起草。第一部分称为“共同核心文件”，载有缔约国关于人权保护的国家法律框架的一般资料，并可作为向所有人权条约机构提
625 交报告的共同基础。第二部分称为“条约专要文件”，缔约国应以分析的方式报告其为履行每项条约下的义务而采取的措施。就根据《残疾人权利公约》提交报告而言，“条约专要文件”应包括关于《公约》所有实质性条款实施情况的资料。残疾人权利委员会将其归纳如下：一般规定（第1条至第4条）、受保护的权利和自由（第5条至第30条）、脆弱性情况（第6条至第7条）、具体的国家义务——包括国家实施和监测（第31条至第33条）。

此外，依据《残疾人权利公约》第35条，缔约国报告应提供有关以下主题的信息：（a）报告国是否制定了政策、战略和法律文书，以落实《残疾人权利公约》保护的各项权利，并制定了全面的反残疾歧视立法；（b）报告国是否有任何国家机制监测《残疾人权利公约》的实施情况；（c）《残疾人权利公约》保护的每项权利是否直接适用于该缔约国的国内法律秩序，以及在其权利受到侵犯的情况下，受害者可获得哪些司法救济和其他适当的补救；（d）充分落实这些权利的“结构性”或其他“重大障碍”是否由缔约国无法控制的因素造成。最后但并非最不重要的是，缔约国应按性别、年龄、残疾类型、种族来源等分组提供关于实现《残疾人权利公约》保护的各项权利的统计数据。[76]

根据残疾人权利委员会的导则，初次报告应载有相关宪法、立法、司法和其他文本的充分引文和适当的摘要。缔约国应进一步提供资料，说明在其领土或管辖范围内影响残疾人实际状况的国家立法和任何国家做法的成效。在这样做时，缔约国应特别注意处于不利地位的群体的处境，例如残疾妇

75 Kälin (2012), pp. 17-19.

76 CRPD Committee, “Guidelines on treaty-specific document”, cit., pp. 7-20. 至于报告的篇幅，初次报告不应超过60页，定期报告不应超过40页。Ibid., pp. 3-4.

女、儿童和其他面临多重歧视风险的人。[77] 继而，定期报告至少应包括：（a）残疾人权利委员会针对前一份报告发表的“结论性意见”的落实情况；（b）以结果为导向对缔约国实施《公约》而采取的额外措施的审查；（c）报告国管辖下的残疾人在充分享有其人权和基本自由方面仍然存在的或正在出现的阻碍的资料。[78]

上述导则并不适用于缔约国应委员会要求提交的报告（所谓的例外报 626
告），后者仅由委员会《议事规则》管辖。[79]

面对所有人权条约下的报告程序在实践中遇到的同一困难，[80] 2014 年残疾人权利委员会提出“简化程序”，在缔约国自愿的基础上适用于定期报告。根据委员会的《议事规则》，[81] 这一程序反映了所谓的“报告前问题清单”（LOIPR）。该清单最初由禁止酷刑委员会提出，随后被其他联合国条约机构遵循和完善。[82] 根据这一程序，残疾人权利委员会提前编写和通过一份问题清单（LOIs）并转交报告国，该国的回复就被视为一份报告。残疾人权利委员会通过该简化程序，旨在落实联合国大会在其关于“加强和增进人权条约机构体系有效运作”的决议中提出的建议。[83] 由于新的方法适用于《残疾人权利公约》缔约国在 2014 年及以后提交的报告，因此目前无法对其影响进行评估。但是，设想好的程序简化很可能有助于缔约国以更及时和有效的方式履行其报告义务，并将减少残疾人权利委员会在审议报告之前要求补充资料的必要性（到目前为止这是报告程序拖延的主要因素之一）。[84]

3.3　残疾人权利委员会报告审议

根据《残疾人权利公约》第 36 条第 1 款，残疾人权利委员会有权审议

77　Kälin（2012），p. 4.

78　Ibid.，p. 5.

79　Ibid.

80　Cf. Crawford（2000），pp. 4 et seqq.

81　残疾人权利委员会的《议事规则》第 48 条之三规定“委员会应允许缔约国根据一种简化报告程序提交其定期报告”。

82　See Tomuschat（2014），pp. 227–228；Egan（2013），pp. 217–219.

83　UNGA Resolution No. 68/268，April 21，2014，cit.，paras 1 and 2.

84　See Egan（2013），p. 212.

缔约国提交的每一份报告，并提出其认为对该缔约国适用的“提议和一般建议”。委员会根据报告提出的意见将转交报告国，报告国可自行决定选择任何资料作出答复。这些规定并不损害委员会要求缔约国提交补充资料的职权。审议报告的程序不是保密的。在这方面，《公约》第 36 条第 3 款与联合国其他人权条约的规定一致，即缔约国提交的任何报告均由秘书长向所有其
627 他缔约国提供。根据第 4 款，缔约国有义务在其国内广泛提供国家报告，并便利获取残疾人权利委员会的相关建议。

上述规定得到了残疾人权利委员会《议事规则》以及委员会第五届会议通过的《工作方法》的补充，[85] 在该届会议举行时委员会第一次审查了缔约国（突尼斯）的初次报告。[86] 根据这些规则，残疾人权利委员会提前起草了一份问题清单，以便与报告国就某些优先问题进行集中的“建设性对话”。通常，委员会指定一名或两名成员作为国别报告员，负责编写拟与缔约国代表团讨论的问题清单草案。[87] 此外，在每届定期会议之前，委员会召集一个最多由 5 名委员会成员组成的会前工作组，拟定并向相关缔约国提交一份基于该国报告的议题和问题清单（LOIs）。[88] 然后，残疾人权利委员会在全体会议上与缔约国代表团讨论这些问题。缔约国代表团应包括在《残疾人权利公约》所涉领域具有必要知识和专业知识的人员。[89] 如果有关缔约国没有选择“简化程序”，委员会在审查其初次报告和定期报告时也采用这种工作方法。[90]

残疾人权利委员会可根据第 38 条第 1 项，请联合国专门机构和其他主管机构就《公约》在其各自职权范围内某些特定领域的实施情况提供专家意见。这些实体和机构要根据残疾人权利委员会的《工作方法》提交书面

---

85 CRPD Committee，“Working methods of the Committee on the rights of persons with disabilities adopted at its fifth session（11-15 April 2011）”，CRPD/C/5/4，September 2，2011.

86 “Report of the Committee on the Rights of Persons with Disabilities on its fifth session，11-15 April 2011”，CRPD/C/5/5，April 5，2012.

87 CRPD Committee，“Working methods”，cit.，I，p. 3，E.

88 Rule 5 of the Committee RP. 议题和问题清单发布在残疾人权利委员会网站，http://tbinternet.ohchr.org/_layouts/treatybodyexternal/TBSearch.aspx?Lang=en&TreatyID=4&DocTypeID=18。

89 CRPD Committee，“Working Methods”，cit.，I，p. 3，F.

90 Rule 48 bis of the Committee RP.

资料。[91] 就“主管机构”一词而言，在其他情况下，它们被解释为指民间社会组织，特别是关于条约的准备工作。[92] 另外，假如《残疾人权利公约》的起草者希望提供一个法律基础，以便委员会也可以从非政府来源接收和审议 628
资料，那么关于该内容的一个条款就应该列入《公约》文本。无论如何，残疾人权利委员会在 2014 年通过了《残疾人组织和民间团体组织参与委员会工作的指导方针》（Guidelines on the participation of disabled persons' and civil society organizations in the work of the Committee），[93] 遵循了在人权条约机构中很常见的从非政府组织接收“替代”（影子）报告的做法。残疾人组织和其他民间社会组织可以书面形式向残疾人权利委员会提交具体国家的信息资料。[94] 残疾人组织也可以申请与委员会举行简报会，以讨论具体国家的问题。[95]

延迟提交缔约国报告是所有人权条约规定的自我报告程序的弱点。就《残疾人权利公约》而言，这个问题自 2010 年该程序开始实施以来就出现了。截至委员会第 5 届会议闭幕之日（2011 年 4 月 15 日），在应于 2010 年提交报告的 32 个缔约国中，只有 13 个国家提交了初次报告。[96] 与其他公约

91　Cf. CRPD Committee, “Working Methods”, cit., Ⅱ. “Relationship with other organizations and agencies for the completion of the work of the Committee”, pp. 5-7.

92　《儿童权利公约》第 45 条第 1 款（在《儿童权利公约》作准中文本中，与其作准英文本中“competent bodies”对应的概念是“有关机关”“有关机构”。而在《残疾人权利公约》作准中文本中，与其作准英文本中“competent bodies”对应的概念是“主管机构”。“主管机构”含有上级机构的意思，而“有关机关”“有关机构”则没有上级机构的含义。“competent bodies”与“有权组织”可能更对应——译者注）。

93　Cf. “Report of the Committee on the Rights of Persons with Disabilities on its eleventh session (31 March-11 April 2014)”, CRPD/C/11/2, 14 May 2014, Annex Ⅱ.

94　这些信息资料可在审议进程的不同阶段提交：（a）在缔约国提交报告前后；（b）在委员会通过“议题和问题清单”之前；（c）在报告国向委员会提交答复之后、委员会同该缔约国进行“建设性对话”之前；（d）在“简化程序”的框架内，在委员会通过要提交报告国的问题清单之前。Ibid., p. 9, para. 5.

95　Ibid., p. 11, paras 14-19. 在 2015 年 3 月 25 日至 4 月 17 日残疾人权利委员会第十三届会议上，民间社会组织提交了 9 份替代（影子）报告，其中 7 份是关于《残疾人权利公约》在欧洲的实施情况的。http://tbinternet.ohchr.org/_layouts/treatybodyexternal/SessionDetails1.aspx?SessionID=982&Lang=en.

96　Cf. “Report of the Committee on the Rights of Persons with Disabilities on its fifth session, 11-15 April 2011”, cit., Annex Ⅱ.

不同，《残疾人权利公约》提供了补救措施，即如果缔约国“严重逾期未交报告”（这种不精确的表述给监测机构留下了自由裁量的评判余地），残疾人权利委员会可以通知该缔约国，委员会有必要根据手头的“可靠资料”审查其实施《公约》的情况（第36条第2款）。如果尽管残疾人权利委员会作出了进一步的努力，[97] 有关缔约国在3个月内仍未提交报告，委员会可以在其认为必要时着手审查相关情况，但应邀请有关缔约国参与这种审查。

上述条款反映了在缺乏特别条约规定时人权条约机构通过其程序规则和
629 工作方法制定的程序，防止缔约国未履行报告义务而造成对该国的监测机制陷于瘫痪。[98] 显然，就其本国实施《公约》的情况而言，这种程序必须平衡上述缔约国的集体利益和每一缔约国参与监测进程的权利。缔约国的这种参与，以及回答条约监测机构提出的问题和意见，被恰当地描述为人权条约下国家的报告义务之一。[99] 另外，每一缔约国也的确有权参加对其报告的审议并被听取意见，这也是国际法中任何调解程序所固有的。因此，条约机构认为，在有关国家代表缺席的情况下审查该国的情况是最后不得已的程序。

3.4 “结论性意见”和后续工作

在与报告国进行对话后，残疾人权利委员会在非公开会议上通过其“结论性意见”。该文件同时提到积极方面和阻碍该国实施《残疾人权利公约》的困难，以及委员会关注的主要议题、委员会的建议和意见，并在必要时要求该国补充资料。[100] 如果缔约国请求或需要技术咨询，委员会会把缔约国报告连同委员会自己的意见转交联合国专门机构、基金和方案或其他主管机构（第36条第5款）。此外，委员会可在征得该报告国同意后，任命委员会成员访问报告国。[101] 一经委员会通过，“结论性意见”就转交给有关缔约国，并在通过该“结论性意见”的届会的最后一天公布。随后，人权事务高级专员办

---

97 根据残疾人权利委员会《议事规则》的规则40，联合国秘书长在每届会议上预先通知委员会所有未提交报告的情况，并且委员会“本着对话的精神”，尽一切努力鼓励缔约国提交报告。

98 Cf. Bruce（2009），p. 141.

99 Cf. Kälin（2012），p. 31.

100 CRPD Committee，“Working Methods”，cit.，I，p. 3，G.

101 Ibid.，pp. 9-10，V，A.

事处官方网站发布这些报告，并将其列入委员会向联合国大会提交的报告。[102]

自最初适用以来，上述程序在实践中就遇到了积压问题。在整个 2011～2013 年期间，残疾人权利委员会只审议了 10 份报告。[103] 2014 年和 2015 年情况有所好转，委员会第 12 届会议审议了 6 份初次报告（来自比利时、丹麦、厄瓜多尔、墨西哥、新西兰、韩国），[104] 第 13 届会议审议了另外 7 份报 630
告（来自库克群岛、克罗地亚、捷克、多米尼加、德国、蒙古国和土库曼斯坦）。[105]

看这些“结论性意见”的内容，残疾人权利委员会似乎在协调《残疾人权利公约》覆盖领域的国家立法和实践，以及对《公约》基本法律概念和原则（“残疾”“合理便利”“不歧视”等）进行权威性解释方面，发挥了重要作用。迄今为止，残疾人权利委员会对国别报告进行了特别广泛的审查，并通过了特别详细的“结论性意见”。[106] 显然，人权条约机构起草其意见的方式，部分取决于条约条款的形式。在《残疾人权利公约》中，有许多条款责成缔约国采取“适当措施”，因此使用了非常宽泛的形式，《消除对妇女一切形式歧视公约》也是如此。然而，在许多情况下，与《消除对妇女一切形式歧视公约》不同的是，《残疾人权利公约》还规定了所要求采取的措施的内容。[107] 《公约》保护的每项权利的内容，对于监测同样具有影响；条约机构在监测经济、社会和文化权利的逐步实现方面遇到的困难是众所周知的。此外，与大多数人权条约一样，《残疾人权利公约》对监测残疾人权利委员会“结论性意见”的执行情况保持沉默。然而，残疾人权利委员会通过自己的《工作方法》及 2014 年通过的《关于结论性意见后续行动程序的准则》（Guidelines on the procedure for follow up to concluding observations），为

102　CRPD Committee，“Working Methods”，cit.，I，p. 4，H. “结论性意见”公布于 http://tbinternet. ohchr. org/_layouts/treatybodyexternal/TBSearch. aspx?Lang = en&TreatyID = 4&DocTypeID = 5。

103　Cf. “Report of the Committee on the Rights of Persons with Disabilities on its tenth session，2-13 September 2013”，CRPD/C/10/2，May 13，2014，Annex Ⅱ.

104　Cf. “Report of the Committee on the Rights of Persons with Disabilities on its twelfth session，15 September-3 October 2014”，CRPD/C/12/2，November 5，2014，p. 5，para. 25.

105　Cf. CRPD，“13 Session（25 March 2015-17 April 2015）”.

106　Cf. Kanter（2015），pp. 10-11.

107　See Mégret（2008），p. 506.

此创设了一套程序。[108] 这一行动符合人权事务委员会自1993年开始采取的一种一般性做法。当年，人权事务委员会针对自己关于个人来文申诉的“意见”，创设了《公民及政治权利国际公约第一任择议定书》所没有规定的后续程序。[109]

残疾人权利委员会根据自己创设的后续程序，要求缔约国详细报告委员会在其“结论性意见”中提出的关切话题，并就采取所建议措施提供书面资料。[110] 委员会规定了某些标准，以确定在委员会“结论性意见”中所载的所
631 有建议中（一般来说，数目可观），哪些建议（每个国家不超过两个）可被选择用于后续程序。首先，要从确保所有残疾人切实享有人权和基本自由的视角，根据所涉问题的严重性来作出选择。其次，后续程序最好集中于那些可由委员会衡量，且有关缔约国的执行在短期、中期或长期内具有可行性的建议。[111]

残疾人权利委员会可另外决定任命一名委员会成员担任“国家后续行动报告员”，报告员规定缔约国提交所要求信息的最后期限，自通知之日起不超过1年。然后，报告员有两个月的时间，起草并向残疾人权利委员会提交一份关于结论性意见后续行动的报告。[112] 如果委员会认为有关缔约国的答复“令人满意”，则停止该程序。如果缔约国至少采取了一些执行措施，委员会可认为其答复“部分令人满意”，并可根据《公约》第37条第2款，在必要时允许该缔约国获得技术援助。如果有关缔约国采取的措施不够充分，或根本没有发生改变，委员会可认为缔约国的答复“不能令人满意”。在这种情况下，委员会可同国家后续行动报告员一起采取进一步措施，促使有关缔约国执行后续行动。如果没有进一步取得进展，委员会可决定停止后续程序，未解决的问题仍留在一般报告程序的框架内接受审查。[113]

---

108 Cf. “Report of the CRPD Committee on its twelfth session, 15 September-3 October 2014”, cit., Annex Ⅱ, pp. 9-10.

109 Cf. Schmidt (2009), pp. 25-26.

110 CRPD Committee, “Working Methods”, cit., I, p. 4, paras 19 and 20.

111 CRPD Committee, “Guidelines on the procedure for follow up”, p. 9, para. 2.

112 CRPD Committee, “Working Methods”, cit., p. 4, paras 20 and 21.

113 CRPD Committee, “Guidelines on the procedure for follow up”, cit., pp. 9-10, para. 4.

3.5 “预警”和“紧急行动”特别程序

残疾人权利委员会的工作方法还包括两项“特别”程序。这些程序与其他人权条约机构为防止或制止严重违反条约而创设的程序相对应。1993 年，消除种族歧视委员会提出了一项“预警和紧急行动”程序，以解决“严重的、大规模的或一贯的种族歧视现象，其中某些具有种族灭绝的维度”。[114] 2007 年修订的适用准则规定，公民社会组织可参与相关程序。[115] 2006 年的《保护所有人免遭强迫失踪国际公约》是第一个规定“紧急行动”程序的人权条约。失踪者的亲属、他们的法律代表、律师或任何得到其授权的人，以 632
及任何拥有合法权益的其他人，均可作为紧急事项，向强迫失踪问题委员会提出查找失踪者的请求，由委员会启动这一程序。[116]

同样，作为其工作方法之一，残疾人权利委员会创设了一项旨在防止国内问题升级为全面冲突的“预警程序”以及一项“紧急行动程序”，以紧急审议必须立即采取行动的情况，避免《残疾人权利公约》遭到严重违反，或减少此种违反行为的数量或规模。[117] 这些程序的一个显著特点是，它们可由残疾人权利委员会主动启动，或在“任何利益相关方，包括非政府组织”向其提出请求时启动。[118] 请求必须以书面形式提出，并有证据或适当的资料支持。[119]

基于其设立附属机构的权力，[120] 残疾人权利委员会还设立了一个“预警和紧急行动工作组”，以监督有关程序。[121] 工作组将负责与有关缔约国的代表讨论当前局势的最关键方面。鉴于委员会有权要求缔约国在其认为必要时为其职能目的提供资料，缔约国代表应对委员会任命的工作组提出的任何问题

---

114 CERD Committee, “Guidelines for the Early Warning and Urgent Action Procedures”, Annual Report A/62/18, Annexes, Chapter Ⅲ, p. 2, para. 7.

115 Cf. Shirane (2011), pp. 20-22, 36.

116 《保护所有人免遭强迫失踪国际公约》第 30 条第 1 款。

117 CRPD Committee, “Working Methods”, cit., I, K, p. 5, para. 26.

118 Ibid., para. 27.

119 Ibid., loc. cit.

120 Cf. Rule 54 of the Committee RP.

121 CRPD Committee, “Working Methods”, cit., I, K, p. 5, para. 27.

作出答复。非政府机构及其他利益相关方可向工作组提交书面意见。在对问题进行审查之后，残疾人权利委员会将通过一项最后决定。该决定可能要求有关缔约国采取某些具体措施，以纠正该程序管辖下的有关问题，并可能要求有关缔约国在下一次定期报告中依据《公约》第 35 条提交进一步的相关资料。[122] 委员会也可以任命一位后续报告员，工作方式和其"结论性意见"的后续行动报告员一样。[123]

预警和紧急行动程序被列入残疾人权利委员会《工作方法》中关于依据《残疾人权利公约》第 35 条和第 36 条的缔约国报告程序一节。但由于监测活动具有内在的灵活性，残疾人权利委员会没有理由不能从这些所谓的特别程序转向《残疾人权利公约任择议定书》下的调查程序，只要有关国家是任择议定书的缔约国，并且所有其他关于调查程序的法律要求都符合。到目前为止，残疾人权利委员会只报告了一份根据预警和紧急行动程序登记的申请
633 文件，对这一申请的审议在"来文和调查工作组"对相关情况进行了初步调查后停止。[124]

参考文献

Boerefijn I (2012) Article 17, In: Freeman MA, Chinkin C, Rudolf B (eds) The UN Convention on the elimination of all form of discrimination against women. A commentary, Oxford University Press, Oxford, pp. 475-487.

Broecker C (2014) The reform of the United Nations' human rights treaty bodies, In: ASIL Insights, 18 (16) August 8, 2014, http://www.asil.org/insights/volume/18/issue/16/reform-united-nations%E2%80%99-human-rights-treaty-bodies#_edn15, Accessed 22

122 Ibid., paras 27-28.

123 Ibid., para. 29.

124 "委员会…… (f) 注意到来文和调查工作组鉴于有关缔约国提交的信息而作出的停止审议根据委员会的预警和紧急行动程序登记的第一份来文的决定。" "Report of the Committee on the Rights of Persons with Disabilities on its tenth session, 2-13 September 2013", cit., p. 4, para. 10. 关于来文和调查工作组，见本书对"《残疾人权利公约任择议定书》"的评注。

May 2015.

Bruce A (2009) Negotiating the monitoring mechanism for the Convention of the rights of persons with disabilities: two steps forward, one step back, In: Alfredsson G, Grimheden J, Ramcharan BG, de Zayas A (eds) International human rights monitoring mechanisms, Essays in Honour of Jakob Th. Möller, 2nd revised edn, Martins Nijhoff, Leiden - Boston, pp. 133-148.

Connors J (2012) Optional Protocol, In: Freeman MA, Chinkin C, Rudolf B (eds) The UN Convention on the elimination of all form of discrimination against women. A commentary, Oxford University Press, Oxford, pp. 607-679.

Crawford J (2000) The UN human rights treaty system: a system in crisis? In: Alston P, Crawford J (eds) The future of UN human rights treaty monitoring, Cambridge University Press, Cambridge, 2000, pp. 4 et seqq.

Egan S (2013) Strengthening the United Nations human rights treaty body system, Hum Rights Law Rev 13 (2): 209-243.

Kälin W (2012) Examination of state reports, In: Keller H, Ulfstein G (eds) UN human rights treaty bodies. Law and legitimacy, Cambridge University Press, New York, pp. 16-72.

Kanter AS (2015) The development of disability rights under international law: from charity to human rights, Routledge, Abingdon/New York.

Kayess R, French P (2008) Out of darkness into light? Introducing the convention on the rights of persons with disabilities, Hum Rights Law Rev 8 (1): 1-34.

Keller H, Ulfstein G (2012) Introduction, In: Keller H, Ulfstein G (eds) UN human rights treaty bodies. Law and legitimacy, Cambridge University Press, New York, pp. 1-15.

Mégret F (2008) The disabilities Convention: human rights of persons with disabilities or disability rights? Hum Rights Quart 30 (2): 494-516.

O'Flaherty M (2010) Reform of the UN human rights treaty body system: locating the Dublin statement, Hum Rights Law Rev 10 (2): 319-335.

Pavone IR (2010) Articolo 35, In: Marchisio S, Cera R, Della Fina V (eds) La Convenzione delle Nazioni Unite sui diritti delle persone con disabilità. Commentario, Aracne, Roma, pp. 467-471.

Schmidt M (2009) Follow-up activities by UN human rights treaty bodies and special procedures mechanisms of the human rights council-recent developments, In: Alfredsson G, Grimheden

J, Ramcharan BG, de Zayas A (eds) International human rights monitoring mechanisms. Essays in Honour of Jakob Th. Möller, 2nd revised edn, Martinus Nijhoff, Leiden/Boston, pp. 25-38.

634 Shirane D (2011) ICERD and CERD: a guide for civil society actors, International Movement against All Forms of Discrimination and Racism (IMADR), Geneva, http://www.ohchr.org/Documents/HRBodies/CERD/ICERDManual.pdf, Accessed 15 June 2015.

Stein MA, Lord JE (2010) Monitoring the Convention on the rights of persons with disabilities: innovations, lost opportunities, and future potential, Hum Rights Quart 32 (3): 689-728.

Tomuschat C (2014) Human rights. Between idealism and realism, 3rd edn, Oxford University Press, Oxford.

Truscan I (2012) The independence of UN human rights treaty body members, Geneva Academy of International Humanitarian Law and Human Rights, Geneva, http://www.geneva-academy.ch/docs/expert-meetings/ga_inbrief_web%281%29.pdf, Accessed 25 May 2015.

Ulfstein G (2012) Individual complaints, In: Keller H, Ulfstein G (eds) UN human rights treaty bodies. Law and legitimacy, Cambridge University Press, New York, pp. 73-115.

第 37 条　缔约国与委员会的合作 635

西尔瓦娜·莫斯卡泰利

一、各缔约国应当与委员会合作，协助委员会成员履行其任务。

二、在与缔约国的关系方面，委员会应当适当考虑提高各国实施本公约的能力的途径和手段，包括为此开展国际合作。

目　次

1　第 37 条的范围

《残疾人权利公约》第 37 条第 1 款所载的“应当……合作”一词，指的是两个主要行动体，即缔约国和残疾人权利委员会，应根据《公约》定义的不同的作用和职能“共同行动”以实现《公约》的目标。为此目的，《公约》第 37 条第 1 款规定了缔约国与残疾人权利委员会合作并协助委员会成员履行其任务的义务。

缔约国和残疾人权利委员会之间的关系主要有两种情况：(a) 缔约国指
636 定候选人参选残疾人权利委员会成员（第 34 条）；(b) 向残疾人权利委员
会提交关于《残疾人权利公约》实施情况的国家报告（第 35 条）。

此外，委员会应努力与缔约国进行建设性对话，以帮助它们在国内层面更好地实施《公约》。[1]

2 缔约国协助残疾人权利委员会成员的义务

在第 37 条第 1 款的框架内，缔约国负有协助残疾人权利委员会成员的义务。这项义务可特别指向报告程序、交换资料和对残疾人权利委员会拟定的问题清单作出书面答复。[2]

在上文提及的建设性对话中，残疾人权利委员会可依照《公约》第 36 条，要求任何缔约国提供补充报告或补充资料，并指明提交补充报告或补充资料的期限。[3]

由于负有协助残疾人权利委员会成员的义务，提交报告的缔约国的代表团应由具备知识、职权和权威的人组成，以解释该国残疾人人权状况的所有方面，并对委员会关于《公约》实施情况的问题和意见作出答复。

此外，本着与残疾人权利委员会合作的精神，根据《残疾人权利公约任择议定书》第 1 条，议定书的缔约国承认残疾人权利委员会有权接受和审议该国管辖下的个人或联名提出或以其名义提出的、声称因该缔约国违反公约规定而受到伤害的来文。[4] 根据任择议定书第 4 条第 1 款，残疾人权利委员会收到来文后，在对实质问题作出裁断前，可以随时建议该国从速考虑采取必要

---

1 See Working Methods of the Committee of Persons with Disabilities, fifth session (11 - 15 April 2011), CRPD/C/5/4, 2 September 2011, para. 1.

2 关于第 37 条，残疾人权利委员会通过的议事规则指出，委员会在必要时，还应就提高各缔约国实施《公约》能力的途径和手段提供建议和帮助，并就加强国家实施和监测机制的能力和职权提出建议和意见（规则 48）。See CRPD Committee, Rules of Procedure, CRPD/C/1, 5 June 2014.

3 See Rule 44, CRPD Committee, Rules of Procedure, cit.

4 见本书对《残疾人权利公约任择议定书》的评注。

的临时措施，以避免对声称权利被侵犯的受害人造成可能无法弥补的损害。 637

3　增强国家在残疾领域能力的途径和手段

根据第 37 条，残疾人权利委员会在评价缔约国履行其实施《公约》的承诺时，应适当考虑提高缔约国实施《公约》的能力的途径和手段。[5] 为此，残疾人权利委员会在其 2014 年年度报告中，鼓励国家人权机构和国家独立监测机制（NMMs）根据《公约》第 37 条第 2 款发挥其作为能力建设机构的作用。

残疾人权利委员会的任务包括探索与国家人权机构和国家独立监测机制密切合作的可能性，以制定监测《残疾人权利公约》的核心指标，并评估支持国家人权机构和国家独立监测机制活动的其他方式，包括建立数据库，以交流关于监测《公约》实施情况的良好做法的信息。[6]

4　考虑将国际合作作为实施《残疾人权利公约》的一种手段

《残疾人权利公约》的每一条都必须根据其第 3 条所载的一般原则来解释，这些一般原则反映了《残疾人权利公约》处理残疾问题的跨学科、整体性的方法。[7]《公约》尤其认识到，残疾人往往面临贫穷的危险，其中许多人因经济地位或其他状况而遭受多种形式的歧视，因此强调迫切需要解决贫困对残疾人的负面影响。[8]

5　Lord *et al.*（2010）.

6　CRPD Committee，Report of the Committee on the Rights of Persons with Disabilities，twelfth session，15 September-3 October 2014，CRPD/C/12/2，5 November 2014，p. 16.

7　见本书对第 3 条“一般原则”的评注。

8　见《残疾人权利公约》序言的第 7 段、第 13 段和第 16 段。关于这些看法，见 Schulze（2009）的评论。

在实现《公约》目标的手段中，残疾人权利委员会必须适当考虑国际合作，《残疾人权利公约》第 32 条明确阐明了这一点。

缔约国必须通过与其他国家和/或相关国际和区域组织及民间社会建立伙伴关系进行国际合作，以支持缔约国为实施《残疾人权利公约》而采取的
638 国家措施。具体地说，第 32 条确认了各国可以在国际合作框架内采取的一系列措施，包括：(1) 能力建设，包括交流和分享信息、经验、培训计划和最佳做法；(2) 促进研究和科学知识的获取；(3) 技术和经济援助，包括便利获得无障碍技术和辅助技术。[9]

根据第 37 条第 2 款，残疾人权利委员会应将国际合作视为提高各国实施《公约》的能力的一种手段，并且，在实现经济、社会和文化权利的情况下，诉诸国际合作是缔约国在《公约》第 4 条第 2 款和序言中确认的一项义务。[10]

在这方面，残疾人权利委员会在 2013 年 5 月通过的《残疾人权利委员会关于将残疾人权利纳入 2015 年后残疾与发展议程的声明》(Statement of the Committee on the Rights of Persons with Disabilities on including the rights of persons with disabilities in the post 2015 agenda on disability and development) 中强调："千年发展目标和 2015 年后发展议程与落实《公约》所载残疾的社会模式和人权模式是一致的，并且它们的重点应是使世界各地的所有残疾人充分享有人权。"[11] 它还确认，2015 年后议程中的发展目标要实现可持续，就必须采取以人权为基础的方法，并将所有残疾人享有其公民、政治、经济、社会和文化权利考虑在内。[12]

在实施《残疾人权利公约》的措施中，还值得一提的是在区域层面开展的一些方案和活动。

---

9 见本书对第 32 条"国际合作"的评注。

10 另见《经济社会文化权利国际公约》第 2 条。关于这些方面，见 Alston (1995), Quinn and Degener (2002)。

11 See Statement of the Committee on the Rights of Persons with Disabilities on including the rights of persons with disabilities in the post-2015 agenda on disability and development, May 2013, para. 1.

12 See UNGA, Report of the Ad Hoc Committee on a Comprehensive and Integral International Convention on the Protection and Promotion of the Rights and Dignity of Persons with Disabilities, Seventh session, New York, 16 January-3 February 2006, A/AC. 265/2006.

在欧洲范围内，2006 年，欧洲理事会的部长委员会通过了第 5 号建议：《欧洲理事会促进残疾人权利和充分参与社会行动计划（2006~2015 年）：提高欧洲残疾人生活质量》[Recommendation Rec（2006）5 on the Council of Europe Action Plan to Promote the Rights and Full Participation of Persons with Disabilities in Society：Improving the Quality of Life of Persons with Disabilities in Europe 2006-2015]。该行动计划的基本目标是帮助成员国加强反歧视和人权的
措施，以提高残疾人的机会平等和独立性，保障他们的选择自由和完整的公 639
民身份，并通过提高他们的生活质量保障他们积极参与社区生活。[13]

在残疾领域，2014 年欧盟发表了其关于《残疾人权利公约》实施情况的首份报告。[14] 欧盟的残疾政策载于《2010~2020 年欧洲残疾问题战略》。该战略的总体目标是赋权残疾人，使他们能够充分享有其权利，并在与其他人平等的基础上参与社会和经济。该战略标志着欧盟再次承诺建设无障碍欧洲，并在 8 个优先领域采取行动：无障碍、参与、平等、就业、教育和培训、社会保护、卫生和外部行动（初步行动清单涵盖 2010~2015 年）。该残疾问题战略还支持欧盟成员国实施《残疾人权利公约》。[15]

此外，欧洲委员会还在残疾人高级别小组（DHLG）内促进良好做法的交流。在那里，成员国的专家定期讨论实施残疾问题战略和《残疾人权利公约》的情况，其中一些专家是《残疾人权利公约》第 33 条所指的国家协调中心，以及残疾人组织的成员、残疾服务的提供者和其他利益攸关者。[16]

值得一提的是，2014 年 10 月，残疾问题首次被列入亚欧会议（ASEM）议程。[17] 中国残疾人联合会与世界卫生组织及其他国际组织共同决定举办

13　CoE, Committee of Ministers, Recommendation Rec（2006）5 on the Action Plan to Promote the Rights and Full Participation of Persons with Disabilities in Society：Improving the Quality of Life of Persons with Disabilities in Europe 2006-2015.

14　关于《残疾人权利公约》生效前欧洲层面残疾人权利保护情况的概述，见 Merrills and Robertson（2001），Lawson and Gooding（2005）。

15　See Flynn（2011）.

16　European Commission, Report on the implementation of the UN Convention on the Rights of Persons with Disabilities（CRPD）by the European Union, SWD（2014）182 final, Brussels, June 5, 2014, p. 8.

17　Asia-Europe Meeting, Responsible Partnership for Sustainable Growth and Security, 10th ASEM Summit, 16-17 October 2014, Milan, Italy, Final Chair Statement, Annex 1.

“亚欧会议残疾问题之友”小组会议，以推动亚欧会议成员国间的合作。来自亚欧各国的政府代表、专家和学者参加了残疾问题之友小组会议。他们就如何在残疾领域开展务实合作达成了初步共识。[18]

在国家层面，在残疾领域也有几项国际合作倡议。在德国，联邦经济合
640 作与发展部（BMZ）负责制定德国的发展合作方案，多个机构共同执行。[19]在过去的20年里，在双边合作框架下，德国为40个国家的近200个残疾人项目和方案提供了支持。德国的项目政策采用了“双轨路径”，既包括为残疾人采取的具体措施，也包括被纳入具有重要战略意义的发展领域的旨在应对社会结构性不平等的活动，并通过促进伙伴国家提高残疾人获得保健、教育和社会保护服务的机会来预防残疾。[20]

意大利的残疾政策也是残疾领域国际合作的一个良好做法。《关于在意大利国际合作的政策和活动中引入残疾问题的指南》（The Guidelines for the introduction of the issue of disability within the policies and the activities of the Italian cooperation）具体提到支持促进融合教育、就业培训和创造，以及对康复和预防的认识的倡议。[21] 意大利落实残疾政策的方法侧重于确保残疾人及其组织的参与，采用多学科方法，支持包容性进程，保护残疾人权利，并促进他们参与社会生活的所有领域，实现包容性发展。2006年，意大利还与中国启动了“促进残疾人融入社会法制建设”（Institutional Support for the Formulation of Laws and Regulation Aimed at the Social Integration of Persons with Disabilities）的合作项目。该意大利项目支持中国修订《残疾人保障法》，修订后的法律于2008年7月1日生效。2000~2008年，“意大利国际合作”项目（Italian Cooperation）还在一些国家发起了促进残疾人权利的倡议。[22]

---

18 http://www.chinadaily.com.cn/world/2014-10/19/content_18766057.htm.

19 德国的相关机构是 Gesellschaft fur Technische Zusammenarbeit（GTZ）、KfW（Development Bank）、InwENT（Capacity Building International）和 DED（German Development Service）。

20 See Deutsche Gesellschaft für Technische Zusammenarbeit（GTZ）（2006），pp. 10-12.

21 See Ministero degli affari esteri, Cooperazione italiana allo sviluppo（2010）.

22 阿尔巴尼亚、安哥拉、波黑、喀麦隆、中国、古巴、厄瓜多尔、萨尔瓦多、埃塞俄比亚、约旦、肯尼亚、黎巴嫩、利比亚、摩洛哥、黑山、中非共和国、塞尔维亚、苏丹、巴勒斯坦、突尼斯、越南、也门和赞比亚等。

5　结论

实施《残疾人权利公约》第 37 条要求缔约国向残疾人权利委员会成员提供协助，并在交流经验和传授知识方面开展合作。

根据第 37 条第 2 款，残疾人权利委员会应适当审议在残疾问题国际合作中已经采取的行动和措施，视国际合作为实现《残疾人权利公约》目标的最重要手段之一。

对国际合作的考察表明，残疾问题已成为国际发展援助的一部分。全球 641
性和区域性组织都已将残疾问题纳入其职权范围内的方案和活动，其中一些方案和活动已建立很久；而在国家层面，缔约国已将残疾问题纳入其合作政策，并辅以相关战略、行动计划和具体方针。

参考文献

Alston P（1995）Disability and the International Covenant on Economic, Social and Cultural Rights, In: Degener T, Kostner-Dresse Y（eds）Human rights and disabled persons, Martinus Nijhoff, Dordrecht.

Deutsche Gesellschaft für Technische Zusammenarbeit（GTZ）（2006）Disability and development, A contribution to promoting the interests of persons with disabilities in German Development Cooperation, Policy Paper, Bonn, pp. 10-12, http://www2.gtz.de/dokumente/bib/06-0868.pdf, Accessed 6 Feb 2015.

Flynn E（2011）From rhetoric to action: implementing the UN Convention on the Rights of Persons with Disabilities, Cambridge University Press, New York.

Lawson A, Gooding C（2005）Disability rights in Europe. From theory to practice, Hart Publishing, Oxford/Portland.

Lord J, Posarac A, Nicoli M, Peffley K, McClain-Nhlapo C, Keogh M（2010）Disability and international cooperation and development: a review of policies and practices, http://siteresources. worldbank. org/DISABILITY/Resources/Publications-Reports/Disability_and_Intl_Cooperation. pdf, Accessed 28 Sept 2016.

Merrills JG, Robertson AH (2001) Human rights in Europe. A study of the European Convention on Human Rights, 4th ed, Manchester University Press, Manchester.

Ministero degli affari esteri, Cooperazione italiana allo sviluppo (2010) Linee guida per l'introduzione della tematica della disabilità nell'ambito delle politiche e delle attività della Cooperazione Italiana, http://www. cooperazioneallosviluppo. esteri. it/pdgcs/documentazione/PubblicazioniTrattati/2010-07-01_LineeGuidaDisabilita. pdf, Accessed 3 Feb 2015.

Quinn G, Degener T (eds) (2002) Human rights and disability. The current use and future potential of the United Nations human rights instruments in the context of disability, United Nations, New York/Geneva.

Schulze M (2009) Understanding the UN Convention on the Rights of Persons with Disabilities. A handbook on the human rights of persons with disabilities, Handicap International, http://iddcconsortium. net/sites/default/files/resources-tools/files/hi_crpd_manual_sept2009_final. pdf, Accessed 3 Feb 2015.

第38条　委员会与其他机构的关系 643

西尔瓦娜·莫斯卡泰利

为了促进本公约的有效实施和鼓励在本公约所涉领域开展国际合作：

（一）各专门机构和其他联合国机构应当有权派代表列席审议本公约中属于其职权范围的规定的实施情况。委员会可以在其认为适当时，邀请专门机构和其他主管机构就公约在各自职权范围所涉领域的实施情况提供专家咨询意见。委员会可以邀请专门机构和其他联合国机构提交报告，说明公约在其活动范围所涉领域的实施情况；

（二）委员会在履行任务时，应当酌情咨询各国际人权条约设立的其他相关机构的意见，以便确保各自的报告编写导则、提议和一般建议的一致性，避免在履行职能时出现重复和重叠。

目　次

644

1 第38条的范围

为支持《残疾人权利公约》的实施并促进残疾领域的国际合作，第38条促进了残疾人权利委员会与其他机构，包括与联合国系统的其他机构、专门机构和其他条约机构之间的互动。[1]

特别是根据第38条第1项，各专门机构和其他联合国机构有权派代表列席残疾人权利委员会审议属于其职权范围的规定的实施情况。委员会还可邀请各专门机构和其他主管机构，包括其他联合国机构，[2] 就其各自职权范围内的具体领域提供专家意见，[3] 并就《残疾人权利公约》在其任务范围内的实施情况提交报告。[4]

第38条第1项指向联合国各机构及其他主管机构，第38条第2项则更具体地指向人权条约机构。[5] 根据该规定，残疾人权利委员会可与这些机构协商，以确保他们的一般性意见或建议是一致的，并尽可能是交叉贯通的，[6]

---

1 根据《残疾人权利公约》第38条第1项，残疾人组织和非政府组织也被允许参加残疾人权利委员会的工作。See the Committee's Working Methods, CRPD/C/5/4, September 2, 2011, paras 41-42. See also Wallas and Palacios (2006), p. 161.

2 应缔约国的请求，联合国机构可以协助它们履行与定期报告进程和落实残疾人权利委员会建议有关的义务。

3 为了加强与联合国机构的合作，残疾人权利委员会定期与联合国专门机构举行讨论会。讨论的事项包括有关联合国日内瓦办事处对残疾人无障碍、协调联合国秘书长残疾和无障碍问题特使与残疾人权利委员会的任务、残疾人受教育权、儿童权利委员会与残疾人权利委员会的互动，等等。See the Report of the CRPD Committee on its twelfth session (15 September-3 October 2014), CRPD/C/12/2, November 5, 2014, paras 16-21.

4 Stein and Lord (2009), pp. 30-31.

5 残疾人权利委员会《议事规则》再次确认了第38条的内容，并补充说，委员会可允许专门机构和其他联合国机构的代表向委员会作口头或书面陈述，并为委员会根据《公约》开展的活动提供适当和相关的资料（规则49）。See CRPD Committee, Rules of Procedure, CRPD/C/1, adopted on 5 June 2014.

6 See Schulze (2009), p. 127.

避免职能重复。在这方面，应当指出，人权机构之间的协调已成为一项标准规定，《儿童权利公约》第 45 条也指出了这一点。[7]

2　联合国系统与残疾问题 645

由于《残疾人权利公约》代表了关于残疾问题的总体国际规范框架，联合国大会在其第 62/170 号、[8] 第 64/131 号[9]和第 65/186 号[10]决议中呼吁联合国各机构支持成员国实施本公约。尤其是在第 64/131 号决议中，联合国大会指出，《残疾人权利公约》既是一项人权条约也是一个发展工具，并提供了一个机会通过加强政策来实现 21 世纪的“全民社会”（society for all），要求联合国系统齐心协力将残疾问题纳入其工作。

作为这项决议的结果，联合国系统采取了一系列联合倡议，以支持《残疾人权利公约》的实施，并促进人权机构在残疾领域开展更广泛的合作。

在这方面，值得一提的是，2014 年 6 月人权理事会第 20/26 号决议确定了残疾人权利特别报告员的任务。实际上，该特别报告员的任务之一就是与残疾人权利委员会和联合国其他相关机构、项目和基金，包括联合国促进残疾人权利伙伴关系和联合国秘书长残疾和无障碍问题特使，在其各自范围内密切合作，以避免不必要的工作重叠。[11]

近年来，国际社会日益认识到完成国际一致商定的发展目标的必要性，因为发展必须包容所有人。在这方面，国际和区域合作以及伙伴关系被认为

7　See Verheyde and Goedertier (2006), pp. 27-30.

8　联合国大会决议，《残疾人权利公约》及其任择议定书，A/RES/62/170，第 4~5 段。

9　UNGA, Realizing the Millennium Development Goals for persons with disabilities, A/RES/64/131, December 18, 2009, paras 2-5.

10　UNGA, Realizing the Millennium Development Goals for persons with disabilities towards 2015 and beyond, A/RES/65/186, December 21, 2010.

11　HRC, Special Rapporteur on the rights of persons with disabilities, A/HRC/RES/26/20, June 27, 2014, para. (f). See also Working Methods of the CRPD Committee adopted at its fifth session (11-15 April 2011), CRPD/C/5/4, September 2, 2011, paras 67-76.

是支持将残疾问题纳入发展主流的重要组成部分。[12]《残疾人权利公约》第32条载入包容性发展的概念，这是核心人权条约中关于国际合作的第一个独立条款。[13]

值得强调的是，2011年联合国促进残疾人权利伙伴关系成立，作为联合国组织根据《残疾人权利公约》通过国家联合计划（joint country programs）
646 共同促进残疾人人权的合作框架。[14] 联合国促进残疾人权利伙伴关系的任务是促进联合国各机构对各国的协调有序的支持，鼓励行动的互补性，减少重叠，并促进改善联合国发展系统（UNDS）在国家层面的效力和影响。此外，它促进了联合国发展系统的活动在支持国家优先事项方面更加协调一致，并为建立一个多机构信托基金（MDTF）支持伙伴关系的工作确定了主要指导方针。[15]

在2012年联合国可持续发展大会（里约+20）期间，成员国同意启动制定一套可持续发展目标的进程，接替2015年到期的千年发展目标。可持续发展目标应涉及可持续发展的所有三个方面（环境、经济和社会），并应与联合国2015年后发展议程保持一致，并纳入其中。[16] 可持续发展目标提议草案的多个部分提到了残疾问题，例如，目标4，确保包容和公平的优质教育，促进全民终身享有学习机会；目标8，促进持久、包容和可持续的经济增长，促进充分的生产性就业和人人获得体面工作；目标10，通过增强权能和促进包括残疾人在内的所有人的社会、经济和政治包容，努力减少国家内部和国家之间的不平等；目标11，涉及建设包容、安全和可持续的城市和人类住区；目标17，强调为了加强执行手段和重振全球可持续发展伙伴关系，可持续发展目标的数据收集、监测和问责至关重要。[17]

---

12 See McInerney（2015）.

13 关于本条的范围，见本书对第32条“国际合作”的评注。

14 联合国促进残疾人权利伙伴关系（UNPRPD）由联合国人权高专办、联合国经济和社会事务部、联合国开发计划署、联合国儿童基金会、国际劳工组织和世卫组织发起。联合国所有组织以及国际和区域性的组织和金融机构都可以加入。

15 见UNPRD and Multi-Donor Trust Fund职权范围，mdtf. undp. org/document/download/7975。

16 See UNGA，The future we want，A/RES/66/288，July 27，2012，para. 245.

17 2015年9月，联合国首脑会议通过了可持续发展目标，见成果文件《改变我们的世界：2030年可持续发展议程》（UNGA resolution 70/1 of September 25，2015）。与可持续发展目标提议草案一致，该成果文件的目标4、目标8、目标10、目标11和目标17都提到了残疾问题。

在这方面，残疾人权利委员会回顾其 2013 年 5 月关于将残疾人权利纳入 2015 年后发展议程的声明，强调 2015 年后发展议程坚定植根于平等和不歧视原则，2015 年商定的任何可持续发展框架都明确将不歧视和平等作为跨 647
领域问题处理。[18]

2.1 《残疾人权利公约》机构间支助小组

2006 年 9 月，联合国系统行政首长理事会（CEB）[19] 决定成立一个由 25 个联合国机构、基金和项目组成的《残疾人权利公约》机构间支助小组（IASG）。成立机构间支助小组的目的是促进遵守《残疾人权利公约》，并提高联合国参与残疾问题的规模和效率。

联合国大会通过第 65/186 号、第 64/131 号和第 64/154 号决议，[20] 敦促联合国系统协同努力将残疾问题纳入其工作，并鼓励《残疾人权利公约》机构间支助小组继续开展工作，确保发展项目（包括千年发展目标的政策、进程和机制）能够包容和对残疾人无障碍。

在 2007 年向《残疾人权利公约》作出的联合承诺声明中，机构间支助小组确认联合国系统在促进和保护残疾人权利方面发挥着关键作用。此外，它还指出，联合国致力于通过保护和促进各类残疾人的权利，并考虑有关性别和年龄的关切，在其工作和政策中支持《残疾人权利公约》的实施。

为此，《残疾人权利公约》机构间支助小组通过了《机构间支助小组战略》和《行动计划》，作为联合国系统协调一致支持各缔约国实施《残疾人权利公约》的基础。该战略和行动计划相辅相成。其中，该战略是机构间支助小组商定的文件，并得到其成员机构的认可，但该行动计划则要接受定期审查，反映每个目标在不同阶段的必要改变。必须强调，机构间支助小组的

18　OHCHR, Committee on the Rights of Persons with Disabilities, Statement on sustainable development goals addressed to the eighth session of the Open Working Group on Sustainable Development Goals, January 2014.

19　联合国系统行政首长理事会定期召集联合国系统的 29 位行政首长，包括各基金和项目、专门机构、世界贸易组织和国际原子能机构的首长，并由联合国秘书长担任主席。该理事会在各行政首长负责的领域为整个联合国系统提供广泛的引导、协调和战略指导。联合国系统行政首长理事会的活动侧重于维护所涉机构独立职权的机构间事项和倡议。

20　《残疾人权利公约》及其任择议定书。

648 战略目标7具体提到该小组对残疾人权利委员会有效运作的贡献。根据该战略，相关机构承诺：(a) 协助缔约国履行其根据《残疾人权利公约》提交报告的义务，并履行任择议定书规定的其他义务；(b) 酌情支持民间社会组织和独立监测机制与残疾人权利委员会的工作；(c) 向残疾人权利委员会提供各机构职责范围内事项的资料，包括残疾人权利委员会建议执行情况的资料；(d) 支持缔约国执行残疾人权利委员会的建议。

为了确保联合国与《公约》有关的努力是一致的和相辅相成的，机构间支助小组寻求协调联合国支持《公约》的活动。为此，机构间支助小组在联合国发展集团（UNDG）的框架内，为联合国国家工作队（UNCTs）[21] 和执行伙伴编写了题为《在国家层面将残疾人权利纳入联合国方案》的指导说明。[22]

3 联合国专门机构及其在残疾领域的活动

一些联合国专门机构在其职责范围内开展的活动中遵循将残疾问题纳入主流的原则。下文将介绍一些联合国专门机构在残疾领域的活动，作为良好做法的例子。

3.1 粮食及农业组织（粮农组织）

在残疾问题方面，粮农组织已采取行动减少农村地区残疾人等处境不利群体的贫困。粮农组织特别开展了旨在改善农业和相关部门残疾人的创收和就业机会的活动。该组织促进农业生产技术升级，以满足残疾工人的特殊需
649 求；防止农业和林业领域的事故；改善针对残疾人的饮食习惯和粮食安全干

---

21 See HRC, Thematic study by the Office of the United Nations High Commissioner for Human Rights on the role of international cooperation in support of national efforts for the realization of the rights of persons with disabilities, A/HRC/16/38, December 20, 2010.

22 关于联合国发展集团（UNDG），见 http://www2.ohchr.org/english/issues/disability/docs/GuidanceNoteJuly2010.pdf。

预措施；鼓励成员国将残疾问题纳入其农村发展政策和方案。[23]

为了提供一个制度性论坛来解决残疾人在农业和农村生计方面的问题，粮农组织设立了残疾问题特设利益小组（Ad Hoc Interest Group on Disability Matters），汇集了粮农组织许多技术领域的专家，这些领域包括农业技术、营养、农业管理和营销、农村人口教育、农业推广、实地作业、法律事务和农村可持续发展等。[24]

在与支助残疾人的各国政府和非政府组织的伙伴关系管理框架内，粮农组织也对若干项目活动进行了大量投资。[25]

3.2　世界卫生组织（世卫组织）

2011 年，世卫组织与世界银行合作，发表了首份《世界残疾报告》（World Report on Disability）。该报告大大促进了关于残疾与发展的国际辩论。该报告根据现有的最佳经验证据分析了残疾对社会经济的影响，并建议采取明确的、可实施的行动来改善残疾人的生活。[26]

在这一领域，世卫组织还与世界银行合作推出《残疾调查模型》（MDS），这是一项提供关于残疾人生活的详细和细致信息的普遍人口调查。[27]《残疾调查模型》强调，国家和国际两个层面都缺乏关于残疾问题的准确的和可比较的数据。上述《世界残疾报告》指出，这一空白是进一步了解残疾和实施残疾融合政策的主要障碍之一。[28]

世卫组织承认残疾是全球公共卫生问题、人权问题和发展优先事项。
2014 年 5 月 24 日，第 67 届世界卫生大会通过第 A67/VR/9 号决议，批准了 650

23　See FAO's input to the proposal of the Ad Hoc Committee on a Comprehensive and Integral International Convention on Protection and Promotion of the Rights and Dignity of Persons with Disabilities.

24　FAO, Note prepared for the Eighth Session of the Ad Hoc Committee on a Comprehensive and Integral International Convention on Protection and Promotion of the Rights and Dignity of Persons with Disabilities, New York, August 14-25, 2006.

25　See Hanko (2001).

26　WHO, The World Bank (2011).

27　关于《残疾调查模型》，见 http://www.who.int/disabilities/data/mds_v2.pdf?ua=1。

28　See WHO, The World Bank (2011), pp. 21-24. 另见本书对第 31 条“统计和数据收集”的评注。

《世卫组织 2014～2021 年全球残疾行动计划：增进所有残疾人的健康》。[29]《全球残疾行动计划》为世卫组织和各国政府提高全球 10 亿残疾人生活质量的努力发挥了重大的推动作用。[30]

《全球残疾行动计划》有三个主要目标：（a）清除障碍并提高卫生服务和规划的可及性；（b）加强和推广康复、辅助技术、援助和支助服务以及社区康复；（c）加强收集国际上可对比的相关残疾数据，支持残疾和相关服务的研究。

《全球残疾行动计划》提供了一个框架，指导世卫组织和成员国加大努力，确保残疾人更好地获得医疗保健并取得更好的健康结果。

3.3　联合国教育、科学及文化组织（联合国教科文组织）

联合国教科文组织提倡以人权为基础的教育方法，以确保残疾人享有平等的教育机会。该组织倡导包容性教育，特别是通过实施 1960 年联合国教科文组织《禁止教育歧视公约》和《禁止教育歧视建议书》，[31] 为保护受教育权提供了一个国际法律框架，并尤其支持实施《残疾人权利公约》第 24 条。[32]

为监测全民受教育权的落实情况，教科文组织定期发起会员国磋商，要求缔约国提交报告，强调说明其在实施 1960 年《禁止教育歧视公约》方面的进展和困难。[33]

联合国教科文组织的包容性教育政策是通过各种平台促进有效做法和知
651 识共享来实施的，例如，其与欧洲特殊需要教育发展机构合作开发的“包容性教育行动”（Inclusive Education in Action）数据库，以及“为残疾人建设包容性社会”（Building Inclusive Societies for Persons with Societies）在线知识

29　该文件见 http://apps.who.int/gb/ebwha/pdf_files/WHA67/A67_R7-en.pdf。

30　该行动计划的完整文本，见 http://apps.who.int/gb/ebwha/pdf_files/WHA67/A67_16-en.pdf。

31　联合国大会在通过《禁止教育歧视公约》的同时通过了《禁止教育歧视建议书》，是因为一些缔约国因其联邦结构而在批准《禁止教育歧视公约》时可能会遇到一些困难。上述建议书与公约除了在措辞和法律范围上体现两类文书的固有差异外，内容完全相同。

32　见本书对第 24 条“教育”的评注。

33　See UNESCO（2015a，b）.

社区。[34]

联合国教科文组织还通过“残疾儿童全球伙伴关系教育工作组”（Educational Task Force of the Global Partnership for Children with Disabilities）建立了机构伙伴关系，由联合国儿童基金会和教科文组织共同领导，指导缔约国实施《残疾人权利公约》第 24 条。[35]

它还通过每年 12 月 3 日的“国际残疾人日”和每两年发起一次的联合国教科文组织/贾比尔·艾哈迈德·贾比尔·萨巴赫埃米尔奖（Emir Jaber al-Ahmad al-Jaber al-Sabah Prize）倡导受教育权，以促进智力残疾人士的优质教育。该奖项用以奖励积极促进包容性教育的个人、团体、组织和中心的活动。[36]

3.4　国际劳工组织

国际劳工组织对残疾问题的关注基于其对社会正义和人人享有体面和生产性工作的承诺。国际劳工组织关于就业的职责建立在 2003 年《全球就业议程》（the 2003 Global Employment Agenda）[37] 和 2008 年《国际劳工组织关于争取公平全球化的社会正义宣言》（the 2008 ILO Declaration on Social Justice for a Fair Globalization）的基础上。[38] 这些法案与 2009 年《全球就业契约》（the Global Jobs Pact）一起，强调加强对处于不利地位的男女包括残疾

34　See UNESCO（2009）.

35　全球残疾儿童伙伴关系（GPCWD）由 240 多个组织组成，包括国际、国家和地方非政府组织、残疾人组织、政府、大学和私营企业，致力于促进残疾儿童的权利。

36　关于联合国教科文组织奖，见 http://www.unesco.org/new/en/unesco/prizes-medals/unesco-prizes/literacy-and-teaching/unesco-emir-jaber-al-ahmad-al-jaber-al-sabah-prize-for-the-promotion-of-quality-education-for-the-mentally-disabled/。

37　消除贫困和社会排斥是 1995 年社会发展问题世界首脑会议和 2000 年第 24 届联合国大会特别会议的目标之一。它们呼吁国际劳工组织制定一项协调一致的国际战略，促进自由选择的生产性就业。《全球就业议程》（Global Employment Agenda）是国际劳工组织通过其理事会就业和社会政策委员会的三方协商一致意见制定的。该议程自 2003 年通过以来得到了进一步的阐述，更具有可操作性。目前，它构成了国际劳工组织实现将就业置于经济和社会政策中心的目标的基本框架。http://www.ilo.org/gea. 关于该问题，见 ILO（2006）。

38　该《宣言》在 2008 年 6 月 10 日举行的国际劳工组织第 97 届大会上通过。

人的支持。[39]

除其他外，国际劳工组织制定的标准包括 1983 年《残疾人职业康复和
652 就业公约》（第 159 号公约）及相关建议书（第 168 号）和 1975 年《人力资源开发公约》及其 2004 年的建议书（第 195 号）。[40]

后者和国际劳工组织 2001 年的《工作场所残疾事务管理实践准则》（the ILO Code of practice on managing disability in the workplace of 2001）[41] 为该组织回应关于支持将残疾人纳入一般培训和就业相关项目以及开放劳动力市场的请求提供了框架。这些目标通过一般化的和专门针对残疾问题的会议、研讨会和培训方案得到积极推广。

此外，国际劳工组织还开展了若干活动，包括汇编相关资料，说明为确保有效实施有关残疾人就业和培训的立法而采取的办法，以及雇主为促进残疾人的就业能力和就业及融入劳动力市场而采取的主动措施。[42]

4 人权条约机构和残疾人权利委员会

联合国各条约机构是国际人权体系的重要组成部分，通过独立评估各缔约国遵守人权义务的情况来加强人权保护。它们在公开审议缔约国关于条约实施情况的定期报告期间与缔约国政府代表互动，并发表评价其进展情况的结论和意见。[43]

在这方面，《残疾人权利公约》第 38 条第 2 款提到各条约机构协调和改进工作方法的必要性，这仍然是一项持续不断的努力。[44]

---

39 See ILO (2010).

40 See O'Reilly (2007), Gilbert (2008), and Buckup (2009).

41 See ILO (2002).

42 见本书对第 27 条“工作和就业”的评注。

43 See Broecker (2014).

44 自 1995 年以来，根据联合国大会 1994 年第 49/178 号决议，人权条约机构主席每年举行会议，讨论其工作，探讨如何提高条约机构系统的有效性，并协调各委员会的工作方法。关于这些方面，见 Bayefsky (2001)。

最近，各委员会在有效编写问题清单草案方面取得了进展，例如，通过闭会期间的协商和工作组加速问题清单草案的通过，采用无纸化程序，在正式会议时间之外举行利益攸关方会议，缩短结论性意见。[45]

2009 年，联合国人权事务高级专员认识到这些挑战，发起了一系列被称为“都柏林进程”的利益攸关方的多方磋商，旨在“加强”条约机构。[46] 653
2012 年 6 月，人权事务高级专员发表《加强联合国人权条约机构系统》报告，其中载有“都柏林进程”提出的重要意见。人权事务高级专员报告的一个关键方面是呼吁各条约机构协调其工作方法。

经过两年的政府间进程，2014 年 4 月 9 日，联合国大会通过第 68/268 号决议，承认各条约机构通过审查缔约国在履行其相关义务及对其实施人权条约提出的建议方面取得的进展，进而在促进和保护人权方面的重要、宝贵和独特的作用及贡献。它还强调，促进和保护人权应以合作和真正对话的原则为基础，以加强缔约国为全人类的利益而履行其人权义务的能力。[47]

5　结论

第 38 条鼓励残疾人权利委员会与联合国专门机构和其他机构合作。第 38 条的精神是支持联合国各机构在残疾领域进行重大对话和交流。这些机构是残疾人权利委员会利用其在《公约》所涉具体领域的专门知识的重要资源。

第 38 条还强调条约机构在履行职能方面必须进行协调并避免重叠，以便在更广泛的人权范围内更好地实现《公约》的宗旨。

近年来，促进联合国努力实施《公约》的核心因素是《残疾人权利公约》机构间支助小组（IASG），其成立目的是将《残疾人权利公约》纳入联合国体系的主流，并通过战略计划、政策和方案促进残疾人的权利。

45　See Broecker and O'Flaherty (2014).

46　关于“都柏林进程”，见 http://www2.ohchr.org/english/bodies/HRTD/docs/DublinStatement.pdf。

47　General Assembly, Strengthening and enhancing the effective functioning of the human rights treaty body system, A/RES/68/268, adopted on April 9, 2014.

与机构间支助小组相比，联合国促进残疾人权利伙伴关系（UNPRPD）则代表了在发展国家利益攸关方能力方面的努力，它特别关注各国政府和残疾人组织，并在不同行为体之间创造协同效应。联合国促进残疾人权利伙伴关系是基于对2011年《世界残疾报告》明确指出的主要障碍的分析而建立起来的，目的是《残疾人权利公约》成功实施。

654 在这方面，《残疾人权利公约》机构间支助小组和联合国促进残疾人权利伙伴关系是在联合国框架内设立的两大主要工具，在国际和国家层面协调行动，以支持实现《残疾人权利公约》的宗旨。

参考文献

Bayefsky AF (2001) United Nations human rights treaty system: universality at the crossroad, Kluwer Law International, The Hague/London/New York.

Broecker C (2014) The reform of the United Nations' human rights treaty bodies, ASIL Insight, vol 18, issue 16, http://www.asil.org/insights/volume/18/issue/16/reform-united-nations%E2%80%99-human-rights-treaty-bodies, Accessed 30 May 2015.

Broecker C, O'Flaherty M (2014) The outcome of the General Assembly's treaty body strengthening process: an important milestone on a longer journey, available at http://www.universalrights.org/component/k2/outcome-of-ga-treaty-body-strengthening-process, Accessed 30 May 2015.

Buckup S (2009) The price of exclusion: the economic consequences of excluding people with disabilities from the world of work, Employment Sector Working Paper No. 43. ILO, Geneva.

Gilbert M (2008) ILO Skills and Employability Department. 2008. Count us in! How to make sure that women with disabilities can participate effectively in mainstream women's entrepreneurship development activities, ILO, Geneva.

Hanko J (2001) Mushroom cultivation for people with disabilities. A training manual, Rap Publication, FAO, Rome.

ILO (2002) Managing disability in the workplace, http://www.ilo.org/wcmsp5/groups/public/ed_emp/documents/publication/wcms_103324.pdf, Accessed 10 June 2015.

ILO (2006) Implementing the global employment agenda: employment strategies in support of decent work. "Vision" document, http://www.ilo.org/employment/Whatwedo/Publications/WCMS_103335/lang--en/index.htm, Accessed 10 June 2015.

ILO (2010) Employment policies for social justice and fair globalization, Report I. ILO, Geneva.

McInerney TF (2015) Strategic treaty management, Cambridge University Press, Cambridge.

O'Reilly A (2007) The right to decent work of persons with disabilities, ILO, Geneva.

Schulze M (2009) Understanding the UN Convention on the Rights of Persons with Disabilities: a handbook on the human rights of persons with disabilities, Handicap International, http://iddcconsortium.net/sites/default/files/resources-tools/files/hi_crpd_manual_sept2009_final.pdf, Accessed 10 June 2015.

Stein MA, Lord JE (2009) Future prospects for the United Nations Convention on the Rights of Persons with Disabilities, In: Arnadóttir OM, Quinn J (eds) The UN Convention on the Rights of Persons with Disabilities: European and Scandinavian perspectives, Martinus Nijhoff Publisher, Leiden.

UNESCO (2009) Policy guidelines on inclusion in education. UNESCO, Paris, http://www.inclusive-education-inaction.org/iea/dokumente/upload/72074_177849e.pdf, Accessed 22 Mar 2015.

UNESCO (2015a) Supporting the right to education for persons with disabilities reported on by Member States, UNESCO, Paris.

UNESCO (2015b) The right to education for persons with disabilities. Overview of the measures supporting the right to education for persons with disabilities reported on by Member States, UNESCO, Paris, http://unesdoc.unesco.org/images/0023/002325/232592e.pdf, Accessed 22 March 2015.

Verheyde M, Goedertier G (eds) (2006) Articles 43-45, The UN Committee on the Right of Child. A commentary on the United Nations Convention on the Rights of the Child, Martinus Nijhoff Publisher, The Hague.

Wallas M, Palacios A (2006) Changing the Paradigm-the potential impact of the United Nations 655
Convention on the Rights the Persons with Disabilities, In: Allain J, Mullally S (eds) Irish yearbook of international law, vol 1, Hart Publishing, Oxford, pp. 121-16.

WHO, the World Bank (2011) World report on disability, http://www.who.int/disabilities/world_report/2011/report.pdf, Accessed 20 Feb 2015.

657

第 39 条　委员会报告

罗西塔·福阿斯蒂尔罗

委员会应当每两年一次向大会和经济及社会理事会提出关于其活动的报告，并可以在审查缔约国提交的报告和资料的基础上，提出提议和一般建议。这些提议和一般建议应当连同缔约国可能作出的任何评论，一并列入委员会报告。

目　次

1　第 39 条和准备工作文件

当前分析的这条规范是《残疾人权利公约》建立的国际监测机制的一部分。与已有的联合国人权公约相比，《残疾人权利公约》的监测机制并不具有特别的新颖性，只是反映了固有的做法。事实上，监测和实施该《公约》的总体框架是以已有的核心人权条约为基础的，尤其是《保护所有人免遭强迫失踪国际公约》（CPED），该公约是在《残疾人权利公约》通过 8 天后通过的。联合国 9 项核心国际人权条约全部都建立了监测机制，责成条约机构监督缔约国实施条约规定，即使是通过审查各缔约国提交的定期报告。实际上，报告程序是唯一的所有国际人权条约都设立的程序，代表了联合国人权 658
条约体系的一个核心特征。[1]

在人权领域以及国际法其他领域，条约机构的设立对确保缔约国国内法律秩序符合国际义务提出了挑战。[2] 监测程序能否实现这一目标取决于若干因素。[3] 在国际层面，决定报告程序是否能够给法律、政策和实践带来真正改变的因素，包括从缔约国提交报告到有关委员会审议报告之间的时间跨度，委员会审查报告的效率和被感知的公正性，以及委员会审议报告后所通过的结论性意见、提议和一般建议的质量。因此，就《残疾人权利公约》来说，只有通过第 39 条与第 34~38 条的相互影响，才能更好地澄清第 39 条的范围。

事实上，第 39 条是《残疾人权利公约》监测和实施制度的最后一项规定，解释了残疾人权利委员会在联合国人权机制框架内的作用。换言之，报告程序和随后的执行活动为“委员会和缔约国整体，促进各国之间的信息交流，更好地理解各国所面临的共同问题，并更充分地了解为促进有关条约所载各项权利的有效实现而可能采取的措施的类型”[4] 提供了一个常设论坛。

《残疾人权利公约》的准备工作文件表明了将残疾人权利委员会置于与缔约国和联合国机构进行更具建设性和知情对话的中心的意愿。[5]在这方

1　许多国际环境协定也要求提供详细的报告。裁军领域也有类似的报告程序。关于该问题，见 Sands and Klein（2009），第 320 页及以下。

2　关于条约监测机构的性质，见 Shaw（2014），第 224 页及以下。See also Alston and Crawford（2000），Bassiouni and Schabas（2011），and Bayefsky（2000）.

3　拟订促进和保护残疾人权利和尊严的全面综合国际公约特设委员会第五届会议（2005 年 1 月 24 日至 2 月 4 日），联合国人权事务高级专员办事处编写的背景会议文件：“监测国际人权文书的执行情况：当前条约机构系统概览”，第 21 段。

4　经济、社会和文化权利委员会第 1 号一般性意见：缔约国的报告，E/1989/22，July 27，1981。

5　见拟订促进和保护残疾人权利和尊严的全面综合国际公约特设委员会第五届会议（2005 年 1 月 24 日至 2 月 4 日），联合国人权事务高级专员办事处编写的背景会议文件（根据 2004 年 12 月 20 日联合国大会第 59/198 号决议第 6 段）。关于《残疾人权利公约》监测系统，见 Quinn（2009），第 250 页及以下。

面，特设委员会讨论的主题之一涉及残疾人权利委员会的权限问题。[6] 不过，
659 关于国际监测程序规范的讨论基本上留给了特设委员会的最后谈判会议。这一点在工作组的公约草案案文中显而易见。该草案包括了一项关于国家监测的规定（第25条），同时在脚注中解释说国际监测问题留给随后的谈判会议处理，因为“工作组没有时间考虑公约草案的国际监测问题。工作组的一些成员指出，国际监测对他们来说是一个相当重要的问题，而其他成员则对此持保留意见”。[7]

在谈判进程最后一届会议期间提交的建议强调了残疾人权利委员会的报告制度在联合国人权系统框架内的重要性。[8] 哥斯达黎加、以色列、墨西哥、一些非政府组织和国家人权机构也提出了这方面的建议。特别是，哥斯达黎加提议设立一项广泛的报告制度，涉及联合国大会、联合国秘书长、缔约国、联合国经济及社会理事会、（当时的）联合国人权条约机构和联合国社会发展委员会。该提案第44条提出：“委员会应每年就其所有活动向联合国大会提出报告。联合国秘书长应将委员会的年度报告转交本公约缔约国、经济及社会理事会、联合国人权条约机构、联合国社会发展委员会和其他有关组织……”[9]

以色列提出了相似的建议，其中包括委员会发表“（特别是）基于审查
660 缔约国报告和任何意见的考虑和建议”的可能性。最后，墨西哥的提案限定了该条款的范围，规定“联合国秘书长应将委员会的报告转交社会发展委员

6　拟订促进和保护残疾人权利和尊严的全面综合国际公约特设委员会是根据墨西哥的提议由联合国大会2001年12月19日第56/168号决议设立的。根据第34条设立残疾人权利委员会是特设委员会内部涉及联合国条约机构系统改革进程的一场密集而冗长的讨论的对象。在《残疾人权利公约》谈判期间，联合国条约机构系统改革正在进行。残疾人权利委员会由18名独立专家组成，负责监测《公约》的执行情况。他们从缔约国会议上各国提名的人员名单中选出，任期4年，可连选连任一次。

7　拟订促进和保护残疾人权利和尊严的全面综合国际公约特设委员会，促进和保护残疾人权利和尊严的全面综合国际公约草案附件一（A/AC. 265/2004/WG/1），供通过的最后案文汇编（CRP. 4，plus CRP. 4/Add. 1，Add. 2，Add. 4 and Add. 5），2004年1月27日，http://www. un. org/esa/socdev/enable/rights/ahcwgreporta25. htm，Accessed 27 July 2015。

8　See Bruce（2009），pp. 133-148.

9　见《残疾人权利国际公约监测机制提案汇编》，2006年5月12日，http://www. un. org/esa/socdev/enable/documents/mntrng_cmpltn. doc。

会和人权理事会供其参考”。

欧盟也对本条的讨论提出意见，其提案特别引用了《消除对妇女一切形式歧视公约》第 21 条第 1 款和《禁止酷刑公约》第 24 条的措辞。[10] 在欧盟的提案中，委员会的报告只提交联合国大会和《残疾人权利公约》缔约国。与第 39 条的最后文本不同，欧盟的提案没有提到经济及社会理事会。

第 39 条的起草过程表明，残疾人权利委员会报告制度的目的是加强条约机构与联合国人权职能机构之间的关系。此外，前述的一些提案还建议建立一个与缔约国报告有关的全面审查机制，包括“实况调查代表团”。在非政府组织中，国际残疾人组织核心成员组建议“委员会应在其年度报告中概述其在来文申诉程序和调查程序下的活动”。其他提案建议委员会在准备年度报告时，使用各缔约国通过的国家行动计划作为信息来源。在此值得一提的是国家人权机构提交特设委员会第六届会议的提案。该提案建议“委员会应当向联合国大会提交关于本公约实施情况的年度报告，包括委员会自己尤其基于对缔约国国家行动计划和缔约国任何意见的审查的考虑和建议”。[11]

有趣的是，其中一些提案建议残疾人权利委员会的报告应以无障碍格式提供。在第 39 条的最后版本中，这一内容被删除了。

2　第 39 条的原理和范围 661

第 39 条规定，首先，残疾人权利委员会应当每两年向联合国大会和经社理事会报告其活动；其次，该条要求委员会在审查缔约国提交的报告和资料的基础上，提出“提议和一般建议”，并列入缔约国的任何评论。因此，残疾人权利委员会的报告对于信息获取、监测和决策都特别重要。

10　欧盟的提案是：“第 43 条（委员会报告）：1. 委员会应每两年准备一份关于其活动和优先事项的报告，包括对本公约各项权利执行情况的一般评估（参考《消除对妇女一切形式歧视公约》第 21 条第 1 款）；2. 委员会应向本公约缔约国和联合国大会提出报告（参考《禁止酷刑公约》第 24 条）。”见《残疾人权利国际公约监测机制提案汇编》。

11　国家人权机构向特设委员会第六届会议提交的监测案文草案，2005 年 8 月 10 日，http://www.un.org/esa/socdev/enable/rights/ahc7docs/ahc7nhrimonitoraug05.doc。

应该指出，一般而言，联合国内部有一个广泛的报告制度，联合国秘书长、经社理事会和国际法院都向联合国大会报告。具体到人权领域，《联合国宪章》第 13 条第 1 款第 2 项表明，联合国大会要监督联合国的所有努力和举措。这项规定赋予联合国大会发动研究并作出建议的职权，除其他外，目的是不分种族、性别、语言或宗教，助成全体人类之人权及基本自由之实现。此外，根据《联合国宪章》第 62 条，经社理事会是最初指定的另一个增进尊重和维护人权的机构。[12]

如上所述，负有定期报告和提供资料的义务是所有人权条约机构实践的一致特征。事实上，根据联合国大会保护人权的广泛职权，这些机构都定期向联合国大会提交报告。但是应该指出，残疾人权利委员会是唯一同时向联合国大会和经社理事会提交报告的人权条约机构。[13] 为了使联合国保护人权的主要机构都能够充分参与，《残疾人权利公约》第 39 条赋予联大和经社理事会同等地位。

关于其他委员会的做法，《公民及政治权利国际公约》第 45 条规定了不同的解决办法。该条规定，人权事务委员会应经由经济及社会理事会向联合国大会提出关于其工作的年度报告。

《儿童权利公约》第 44 条第 5 款包含了一个类似的规定。具体来说，为了实施《儿童权利公约》，儿童权利委员会应通过经济及社会理事会每两年向大会提交一次关于其活动的报告。在这个报告中，儿童权利委员会分析缔约国提交报告的内容，并强调其中的积极方面和阻碍缔约国实施《儿童权利公约》的可能障碍。[14]

662 其他条约中也包含类似的措辞。《消除对妇女一切形式歧视公约》第 21 条规定，消除对妇女歧视委员会应就其活动，通过经济及社会理事会，每年向联合国大会提出报告，并可根据对所收到缔约各国的报告和资料的审查结

---

12 经社理事会于 1946 年设立人权委员会，即根据联合国大会 2006 年 3 月 15 日第 60/251 号决议设立的人权理事会的前身。人权委员会已于 2006 年 6 月 16 日停止运作。联合国机构反映了《联合国宪章》的动态性质。在这方面，见 Bantekas and Oette（2013），第 145 页及以下。关于联合国系统的整体概述，另见 Marchisio（2012），第 158 页及以下。

13 同样，见 Boerefijn（2012），第 519-526 页。另见 Nowak and McArthur（2008）、Stein（2010）。

14 关于《儿童权利公约》监测系统，见 Ferrajolo（2014）、Detrick（1999）。

果，提出意见和一般性建议。此外，《消除对妇女一切形式歧视公约》报告程序规定，联合国秘书长应将消除对妇女歧视委员会的报告转送妇女地位委员会（the Commission on the Status of Women，CSW），“供其参考”。[15]

《保护所有移徙工人及其家庭成员权利国际公约》第 74 条要求移徙工人及权利委员会向联合国大会提交报告。此外，它还规定：“联合国秘书长应将委员会的年度报告递送本公约缔约国、经济及社会理事会、联合国人权委员会、国际劳工总局总干事和其他有关组织。”

不同于上述规定，《禁止酷刑和其他残忍、不人道或有辱人格的待遇或处罚公约》第 24 条和《保护所有人免遭强迫失踪国际公约》第 36 条分别规定其委员会应根据各该公约向其缔约国和联合国大会提交关于其活动的年度报告。对这两条中使用的不同措辞的一种有说服力的解释是，其起草者认为，委员会对选举其成员的缔约国所负的责任是“首要的”。[16]

另一个需要考虑的重要方面是人权条约机构报告的内容。与其他委员会的做法相一致，《残疾人权利公约》第 39 条没有就残疾人权利委员会报告的内容提供指导。不过，残疾人权利委员会 2014 年 6 月通过的《议事规则》[17] 及 2011 年 4 月第五届会议通过的《工作方法》载有关于这一问题的更为具体的说明。[18]

截至 2016 年，残疾人权利委员会已分别于 2011 年、2013 年和 2015 年向大会提交了三份报告。[19] 除其他外，这些报告还包括对残疾人权利委员会 663
在常会和特别会议期间的活动及先期工作组在报告期间活动的说明。在这方面，年度报告是关于残疾人权利委员会职能和工作方法的宝贵资料来源。此外，它们还包括组织事项、委员会工作组的信息、报告员和焦点问

15 关于《消除对妇女一切形式歧视公约》第 21 条，见 Boerefijn（2012），第 519 页及以下。关于对妇女的国际保护和《消除对妇女一切形式歧视公约》执行机制的总体情况，见 Maffei（2006），第 191 页及以下。

16 关于该问题，见 Burgers and Danelius（1988），第 168 页。

17 残疾人权利委员会《议事规则》（CRPD/C/1），规则 38“向联合国大会和经社理事会提交报告”。

18 残疾人权利委员会，残疾人权利委员会第五届会议通过的工作方法（2011 年 4 月 11～15 日），CRPD/C/5/4。

19 残疾人权利委员会向联合国大会提交的报告。

题、通过的决定清单以及委员会的意见、建议和看法的概述。根据残疾人权利委员会的《工作方法》，“委员会将在其向联合国大会提交的报告中包括其对审查过的缔约国报告的结论性意见的文本，以及其收到的有关缔约国的任何意见”。[20] 残疾人权利委员会报告的附件载有已签署、批准或加入《残疾人权利公约》及其任择议定书的所有缔约国的最新名单、委员会各届会议的议程以及与委员会成员有关的资料。缔约国报告的提交情况也见于附件。

3 残疾人权利委员会实践中的“提议”和“一般建议”

提出各种各样的“提议”和“一般建议”（也即“一般性意见”），是所有人权条约机构的共同做法。[21] 这种做法的依据是允许条约监测机构根据其审查缔约国报告的情况提出提议和一般建议的条约条款。这些不具有法律约束力的一般性意见是实施各项公约的宝贵指导，经常被联合国各机构、非政府组织及其他行为体提及。

阐明解释条约义务的提议和一般建议在长度和复杂性方面逐渐演变，并构成对具体条款或主题的详细全面的评论。早期的一般建议或一般性意见旨
664 在总结结论性意见和判例法实践。而最近几年来，至少对一些条约机构来说，它们有时候已经超越了这一范围而对条约条款进行广泛的解释。事实上，各个委员会利用提议和一般性意见发展出了每项公约的详细“判例”(jurisprudence)。[22]

在此基础上，一般性意见被定义为：“（一般性意见）是联合国人权专

---

20 该《工作方法》还规定：“结论性意见一经通过，即转交有关缔约国。该结论性意见将在通过它的届会的最后一天公布，并在联合国人权事务高级专员办事处网站发布。它们还将被列入委员会提交联合国大会和经济及社会理事会的届会报告和年度报告。”

21 1972 年，消除种族歧视委员会开创了通过一般性意见的实践。《消除一切形式种族歧视国际公约》第 9 条规定，消除种族歧视委员会应“根据审查缔约国所送报告及情报的结果，拟具意见与一般建议”。《消除对妇女一切形式歧视公约》第 21 条也有相同的措辞。

22 见 Alfredsson（2005），第 559 页及以下。另见 Keller and Grover（2012），第 116 页及下页。

家委员会就其监测实施的条约条款引发的问题提炼其仔细考虑的观点的一种手段，并以正式声明的形式就其认为具有重要意义的问题提出这些观点。从本质上讲，其目的是阐明并使人们更容易利用从其工作中产生的‘判例’。”[23] 在这方面，具有说明性的例子是经济、社会和文化权利委员会根据《经济社会文化权利国际公约》考虑残疾人人权问题的第 5 号一般性意见和消除对妇女歧视委员会关于残疾妇女的第 18 号一般性建议。

就其法律效力范围来说，这些提议和一般建议都不具有法律约束力。然而，一般性意见的非约束性本质并不意味着它们不产生任何法律效果，而只是意味着其效果有限。特别是，它们可以被视为一种“软性立法”（soft legislation）。[24] 事实上，条约监测机构通过的提议和一般性意见并没有为缔约国创设法律义务，但它们与解释和分析各公约所载原则和规定息息相关。因此，它们经常被国际法院和国内法院作为权威文件援引。[25]

因此，残疾人权利委员会根据《公约》第 36 条拟订提议和一般性意见的权限是该委员会的一项关键任务，有助于使《残疾人权利公约》成为一项有生命力的法律文书。[26] 截至 2016 年，残疾人权利委员会已经通过了 4 项一般性意见：第 1 号一般性意见涉及《残疾人权利公约》第 12 条所规定的权利“在法律面前获得平等承认”；[27] 第 2 号一般性意见是关于第 9 条“无障碍” 665
作为残疾人独立生活和充分平等地参与社会的前提条件；[28] 第 3 号一般性意见是关于第 6 条对残疾妇女和残疾女孩这些脆弱群体的多重和交叉歧视；[29] 第 4 号一般性意见是关于第 24 条规定的包容性受教育权。[30]

23　Alston（2001），p. 775.

24　关于条约机构职能和权限的概述，见 Ulfstein（2012），第 428 页及以下。

25　在这方面，例如国际法院（ICJ）2010 年 11 月 30 日关于 *Ahmadou Sadio Diallo, Republic of Guinea v. Democratic Republic of the Congo* 一案的判决，第 66~67 段。关于条约机构对国际法律秩序的影响，见 Klein（2005），第 571 页及下页。

26　谈判过程中特设委员会 2006 年 1 月 16 日至 2 月 3 日召开的第七届会议也强调了这一特点。见特设委员会关于现有监测机制的专家文件，A/AC. 265/2006/CRP. 4（未经编辑）。

27　残疾人权利委员会，第 1 号一般性意见，关于第 12 条：在法律面前获得平等承认，CRPD/C/GC/1。

28　残疾人权利委员会，第 2 号一般性意见，关于第 9 条：无障碍，CRPD/C/GC/2。

29　残疾人权利委员会，第 3 号一般性意见，关于第 6 条：残疾妇女和女童，CRPD/C/GC/3。

30　残疾人权利委员会，第 4 号一般性意见，关于第 24 条：包容性教育权，CRPD/C/GC/4。

通过这些一般性意见，残疾人权利委员会为指导其今后的工作确定了路线方针。

相关案例

ICJ 30. 11. 2010，Judgment（Merits），*Ahmadou Sadio Diallo*，*Republic of Guinea v. Democratic Republic of the Congo*，ICJ Rep. 2010（Ⅱ）.

参考文献

Alfredsson G（2005）Human Rights Commission and treaty bodies in the UN-system，In：Wolfrum R，Röben V（eds）Developments of international law in treaty making，Springer，Berlin/Heidelberg/New York，pp. 559-570.

Alston P（2001）The historical origins of the concept of "general comments" in human rights law，In：Boisson de Chazournes L，Gowland Debbas V（eds）The international legal system in quest of equity and universality：Liber Amicorum Georges Abi-Saab，Martinus Nijhoff Publishers，The Hague，pp. 763-776.

Alston P，Crawford J（eds）（2000）The future of UN human rights treaty monitoring，Cambridge University Press，Cambridge.

Bantekas I，Oette L（2013）International human rights. Law and practice，Cambridge University Press，Cambridge.

Bassiouni MC，Schabas WA（eds）（2011）New challenges for the UN Human Rights Machinery. What future for the UN Treaty Body System and the Human Rights Council Procedures? Intersentia，Cambridge，Antwerp，Portland.

Bayefsky AF（ed）（2000）The UN human rights treaty system in the 21st century，Kluwer Law International，The Hague/London/Boston.

Boerefijn I（2012）Article 21，In：Freeman MA，Chinkin C，Rudolf B（eds）The UN Convention on the Elimination of All Forms of Discrimination Against Women. A commentary，

Oxford University Press, Oxford, pp. 519-526.

Bruce A (2009) Negotiating the monitoring mechanism for the Convention on the Rights of Persons with Disabilities: two steps forward, one step back, In: Alfredsson G, Grimheden J, Ramcharan BG, Zayas A (eds) International human rights monitoring mechanisms. Essays in honour of Jakob Th. Möller, 2nd edn, Martinus Nijhoff Publishers, Leiden/Boston, pp. 133-148. 666

Burgers H, Danelius H (1988) The United Nations Convention: a handbook on the Convention Against Torture and Other Cruel, Inhuman or Degrading Treatment or Punishment, Martinus Nijhoff Publishers, Dordrecht.

Detrick S (1999) A commentary on the United Nations Convention on the Rights of the Child, Martinus Nijhoff Publishers, The Hague/Boston/London.

Ferrajolo O (2014) Ricorsi individuali (ma non collettivi) al Comitato per i diritti del bambino nel Protocollo del 2011 alla Convenzione di New York, In: Scritti in memoria di Maria Rita Saulle, Editoriale Scientifica, Napoli, pp. 595-619.

Keller H, Grover L (eds) (2012) General comments of the Human Rights Committee and their Legitimacy, In: Keller H, Ulfstein G (eds) UN Human Rights Treaty Bodies, Cambridge University Press, Cambridge, pp. 116-198.

Klein E (2005) Impact of treaty bodies on the international legal order, In: Wolfrum R, Röben V (eds) Developments of international law in treaty making, Springer, Berlin/Heidelberg/New York, pp. 571-579.

Maffei MC (2006) La condizione della donna tra protezione e divieto di discriminazione, In: Pineschi L (ed) La tutela internazionale dei diritti umani. Norme, garanzie, prassi, Giuffrè Editore, Milano, pp. 173-202.

Marchisio S (2012) L'ONU. Il diritto delle Nazioni Unite, 2nd edn, Il Mulino, Bologna.

Novwak M, McArthur E (2008) The United Nations Convention Against Torture. A commentary, Oxford University Press, Oxford.

Quinn G (2009) Resisting the 'temptation of elegance': can the Convention on the Rights of Persons with Disabilities socialise States to right behaviour? In: Arnardóttir OM, Quinn G (eds) The UN Convention on the Rights of Person with Disabilities. European and Scandinavian perspectives, Martinus Nijhoff Publishers, Leiden/Boston, pp. 215-256.

Sands P, Klein P (2009) Bowett's of International Institutions, 6th edn, Thomson Reuters,

London, pp. 320 et seqq.

Shaw MN (2014) International Law, 7th edn, Cambridge University Press, Cambridge, pp. 224 et seqq.

Stein MA, Lord JE (eds) (2010) Monitoring the Convention on the Rights of Persons with Disabilities: innovations, lost opportunities, and future potential, In: William & Mary law school scholarship repository. Faculty Publications, Available via http//: scholarship. law. wm. edu/facpubs/1101, Accessed 10 July 2015.

Ulfstein G (2012) Treaty bodies and regimes, In: Hollis DB (ed) The Oxford Guide to Treaties, Oxford University Press, Oxford, pp. 428-447.

第40条　缔约国会议 667

伊利亚·理查德·帕沃内

一、缔约国应当定期举行缔约国会议，以审议与实施本公约有关的任何事项。

二、联合国秘书长至迟应当在本公约生效后六个月内召开缔约国会议。其后，秘书长应当每两年一次，或根据缔约国会议的决定，召开会议。

目　次

1　《残疾人权利公约》缔约国会议及其先例

根据《残疾人权利公约》第40条第1款，《公约》缔约国应当定期举行会议，审议与实施《公约》有关的任何事项。该缔约国会议应当由联合国秘书长每两年召开一次，或在必要时根据同一缔约国会议的决定召开（第40条第2款）。[1] 自2008年《残疾人权利公约》生效以来，实际上缔约国会议

1　Rehman（2010），p. 628.

每年都举行一次。在联合国秘书长的召集下，2008 年 10 月 31 日至 11 月 3
668 日《残疾人权利公约》第一届缔约国会议在纽约举行。这次会议选出了 12
名残疾人权利委员会成员，并通过了《议事规则》。

《残疾人权利公约》缔约国会议允许观察国、联合国实体、国家人权机构、学术机构和非政府组织观察并有时参与讨论和谈判。不过，只有缔约国代表有投票资格，并根据“一国一票”的经典规则投票。

设立缔约国会议在人权条约框架内是一项创新。事实上，联合国核心人权条约通常只设立监测机构而未设想任何缔约国会议。

在这方面，《残疾人权利公约》的起草者以全球环境条约为范本，后者赋予定期举行的缔约国会议主要决策机构[2]和“最高条约机构”[3] 的职能。

一般而言，缔约国会议机制规定了旨在通过主要条约的修正案或议定书的规则和程序。

这方面的实例有《关于国际重要湿地的拉姆萨尔公约》(the Ramsar Convention on Wetlands of International Importance) 第 21 条、《关于消耗臭氧层物质的蒙特利尔议定书》(the Montreal Protocol on Substances that Deplete the Ozone Layer) 第 9 条第 1 款、《生物多样性公约》(the Convention on Biological Diversity) 第 23 条和《气候变化框架公约》(the Framework Convention on Climate Change) 第 7 条。最后两项文书是联合国环境与发展会议 1992 年在里约热内卢通过的。[4]

《国际刑事法院罗马规约》(the Statute of the ICC) 也建立了类似的机制，该规约预见了缔约国会议的成立。缔约国会议也是军备控制条约的典型特征，如《不扩散核武器条约》(the Treaty on the Non-Proliferation of Nuclear Weapons) 的缔约方审查会议。

---

2 Stein and Lord (2010), p. 700.

3 Wiersema (2009), p. 231.

4 Ferrajolo (2003), p. 73.

2　《议事规则》和缔约国会议

《残疾人权利公约缔约国会议暂行议事规则》规定了缔约国会议开会的
一般规则（规则 1），[5] 并载有关于无障碍的规定，即“缔约国会议及其秘书
处应接受和便利会议和所有相关活动中的残疾人选择手语、盲文、辅助和替
代性交流手段，以及其他无障碍交流手段、模式和形式”（规则 2）。[6] 缔约 669
国会议的召集人是秘书长，负责作出与缔约国会议有关的安排。秘书长可以
参加会议并在会议上就审议中的任何问题提出口头或书面说明（规则 3）。

缔约国会议应在缔约国代表中选出由 1 名主席和 4 名副主席组成的主席团，任期两年（规则 9）。关于表决的规定载于第 9 章规则 14~16。关键规则是“一国一票”（规则 14），[7] 对正式多数的要求是“出席并参加表决的代表过半数”，但有关残疾人权利委员会选举除外，该委员会的选举应根据《议事规则》第 10 部分进行。[8] 根据联合国大会《议事规则》（规则 86），弃权被视为“未投票”。

缔约国会议的正式语言为阿拉伯文、中文、英文、法文、俄文和西班牙文（规则 20）。

5　规则 1 规定：“1. 缔约国会议应定期举行会议，每两年举行一次，或根据缔约国会议的决定举行。2. 每届会议的开幕日期和会期应由缔约国会议在上届会议上根据会议主席团经与秘书处协商后提出的建议决定。3. 秘书处应至少提前四个月将会议开幕日期、地点和预计会期通知各缔约国以及本议事规则第 14 部分提及的观察员。”

6　《残疾人权利公约缔约国会议暂行议事规则》（Rules of Procedure for the Conference of States Parties to the Convention on the Rights of Persons with Disabilities），CRPD/CSP/2008/3，14 Oct 2008。

7　区域一体化组织可依照《公约》对其权限范围内的事项行使表决权。

8　根据规则 17 第 2 款，委员会成员应由缔约国从各国提名的具有较高资格的人选名单中以无记名投票方式选出，选举须顾及公平地域分配原则、各大文化和各主要法系的代表性、男女成员人数的均衡性以及残疾人专家的参加。秘书长应依照《公约》第 34 条第 6 款拟定全体提名人名单并分送各缔约国。

3 缔约国会议的权限

缔约国会议的任务载于规则 4。包括按照《残疾人权利公约》第 34 条第 3~4 款选举残疾人权利委员会成员，讨论与实施《公约》有关的任何事项。[9]

670 这在人权条约框架内是一项创新，因为与其他类似机构相比，《残疾人权利公约》缔约国会议的任务范围更加广泛。[10]

缔约国会议成为一个讨论问题的论坛，有助于提供关于《公约》实施情况的信息，并支持缔约国在国家层面的能力建设，以加强残疾人权利。缔约国会议就有关《公约》的具体问题组织圆桌讨论时，一组发言者先作发言，随后进行互动讨论。圆桌会议结束时会提供背景文件，概述所讨论专题的主要特点，提供最佳做法作为指导，并提出旨在改进《公约》实施情况的最终问题供缔约国考虑。

在缔约国会议开会期间，联合国会员国、联合国实体机构和民间社会组织还举行边会，协助缔约国会议开展有关《残疾人权利公约》主题的讨论。

---

9 《公约》第 34 条第 3 款规定，“缔约国在提名候选人时……务请适当考虑本公约第四条第三款的规定”。第 4 条第 3 款规定，“缔约国应当……与残疾人，包括残疾儿童，密切协商，使他们积极参与”。第 34 条第 4 款规定，“委员会成员由缔约国选举，选举须顾及公平地域分配原则，各大文化和各主要法系的代表性，男女成员人数的均衡性以及残疾人专家的参加”。

10 墨西哥推动的公约草案特别设想了一个具有广泛职能和任务的缔约国会议。该草案第 19 条规定：“缔约国会议（下称‘会议’）的目的是：（a）评价本公约的实施情况和现况；（b）根据上一条的规定，促进国际合作和援助；（c）审议专家委员会提出的建议和提议；（d）拟订关于会议共识的最后报告并提交联合国秘书长。” See Comprehensive and Integral International Convention to Promote and Protect the Rights and Dignity of Persons with Disabilities, Working Paper by Mexico, UN GAOR, Ad Hoc Comm., 1st Sess., UN Doc. A/AC. 265/WP. 1 (29 July-9 August 2002). http://www.un.org/esa/socdev/enable/rights/adhocmeetaac265w1e.htm, Accessed 25 August 2015.

参考文献

Ferrajolo O (2003) Les reunions des Etats parties aux traités relatifs à la protection de l'environnement, Rev gén dr int pub 107 (1): 73-88.

Rehman J (2010) International human rights law, Pearson Education Limited, Harlow.

Stein M, Lord JE (2010) Monitoring the Convention on the Rights of Persons with Disabilities: innovations, lost opportunities, and future potential, Hum Rights Quart 32: 689-728.

Wiersema A (2009) The new international law-makers? Conferences of the parties to multilateral environmental agreements, Michigan J Int Law 31: 231-288.

第41条　保存人　第42条　签署
671 # 第43条　同意接受约束

安德里亚·克里森斯

第四十一条　保存人

联合国秘书长为本公约的保存人。

第四十二条　签署

本公约自二〇〇七年三月三十日起在纽约联合国总部开放给所有国家和区域一体化组织签署。

第四十三条　同意接受约束

本公约应当经签署国批准和经签署区域一体化组织正式确认，并应当开放给任何没有签署公约的国家或区域一体化组织加入。

目　次

1　导言 672

一项国际多边条约的最后几个条款，根据其本身的性质和存在理由（*raison d'être*），自该条约通过之时起就产生某些法律效力。根据 1969 年《维也纳条约法公约》第 24 条第 4 款，“条约中为条约约文之认证，国家同意承受条约拘束之确定，条约生效之方式或日期、保留、保管机关之职务以及当然在条约生效前发生之其他事项所订立之规定，自条约约文议定时起适用之”。

因此，这些最后条款是任何公约或国际条约的重要组成部分；它们具有技术性质，可能因条约类型而有所不同。在大多数情况下，它们规定该条约的签署、批准、加入（条约开放给未参加谈判的国家和其他国际法主体）、生效、有效期限、退出、修正和修订（amendments and revisions）、指定保存人及其职能、条约登记和正式条约语言等程序类事项。[1] 根据条约的主题或类型，最后条款也可以包括关于条约生效前的过渡时期、条约的中止、条约与以往文书的关系等内容，或者如《残疾人权利公约》特有的关于条约无障碍模式的规定。

国际法没有规定缔结条约的任何形式或程序；这将取决于缔约方的意图。

事实上，1969 年《维也纳条约法公约》第 11 条反映了关于该事项的习惯法。该条规定，“一国承受条约拘束之同意得以签署、交换构成条约之文书，批准、接受、赞同或加入，或任何其他同意之方式表示之”。

1969 年《维也纳条约法公约》第 11 条的广泛范围证实了这样一个事实，即各国可以自由选择如何表示同意接受条约约束。在国际关系实践中，

1　See Ferrari Bravo（1998），Ferrajolo（2007），Brownlie（2008），Daillier and Pellet（2009），Combacau and Sur（2012），Crawford（2012），Dorr and Schmalenbach（2012），Dupuy and Kerbrat（2012），Marchisio（2012），Simma et al.（2012），Scovazzi（2013），Wallace and Martin-Ortega（2013），Decaux and Frouville（2014），Janis and Noyes（2014），and Marchisio（2014）.

有两种不同的缔结条约的程序，即简化形式和正式形式。这两种程序的选择由缔约国决定，并不影响条约的法律价值。[2]

《残疾人权利公约》选择以正式形式缔结条约，其第 43 条规定缔约包括两个不同的阶段：签署和批准。

673 2 《残疾人权利公约》的签署

《残疾人权利公约》是在拟订促进和保护残疾人权利和尊严的全面综合国际公约特设委员会（Ad Hoc Committee on a Comprehensive and Integral International Convention on the Protection and Promotion of the Rights and Dignity of Persons with Disabilities）之内谈判达成的，并由联合国大会于 2006 年 12 月 13 日第 61/106 号决议协商一致通过。[3] 2007 年 3 月 30 日，《残疾人权利公约》根据其第 42 条在纽约联合国总部开放供签署——该第 42 条规定：“本公约自二〇〇七年三月三十日起在纽约联合国总部开放给所有国家和区域一体化组织签署。”

与其他正式缔结的国际多边条约的关于签署的最后条款相比，《残疾人权利公约》的该条规定是一项创新，因为它规定区域一体化组织可以签署该公约。在这方面，其表述不同于其他核心人权条约关于这一问题的条款，如《经济社会文化权利国际公约》第 26 条、[4]《公民及政治权利国际公约》第 48 条、[5]《消除对妇女一切形式歧视公约》第 25 条、[6]《禁止酷刑公约》第 25 条[7]和《儿童权利公约》第 46 条[8]。

---

2 Hoffmeister (2012b), pp. 153-162.

3 联合国大会第 61/106 号决议，《残疾人权利公约》。

4 第 26 条第 1 款规定：“本公约听由联合国会员国或其专门机关会员国、国际法院规约当事国及经联合国大会邀请为本公约缔约国之任何其他国家签署。”

5 第 48 条第 1 款规定：“本公约听由联合国会员国或其专门机关会员国、国际法院规约当事国及经联合国大会邀请为本公约缔约国之任何其他国家签署。”

6 第 25 条第 1 款规定：“本公约开放给所有国家签署。”

7 同上。

8 第 46 条规定：“本公约应向所有国家开放供签署。”

在正式程序中，全权代表的签字本身对其所代表的国家并不具有约束力，签字的目的是认证和最后确定条约案文。不过，签署并非没有法律效力，因为根据《维也纳条约法公约》第 18 条和善意原则，签署国至少在明确表示不愿意继续批准该条约之前“负有义务不得采取任何足以妨碍条约目的及宗旨之行动”。[9]

这一原则并没有承认本条的内容属于习惯国际法规则，尽管各国最近的实践似乎另有所指。

在此有必要回顾美国的情况。虽然美国不是《维也纳条约法公约》的缔约国，但美国于 2002 年 5 月 6 日通知联合国秘书长不愿意批准其于 2000 年
12 月 30 日签署的《国际刑事法院规约》。通过这份通知，美国回避了因签 674
署而来的任何义务。这个例子（几天后以色列也采取了同样的行为）证明存在一种相当于 1969 年《维也纳条约法公约》第 18 条的习惯国际法规则。[10]

国际法院（ICJ）也回顾了签署条约对批准条约的价值。国际法院在 2001 年 3 月 16 日作出的对卡塔尔和巴林之间关于海洋划界和领土问题（卡塔尔诉巴林）一案的判决中指出：“当条约须经批准时，签署只意味着国家代表同意一份可接受的约文，并将该约文转交其各自政府，以便就接受或拒绝条约作出必要的决定。已签署但未经批准的条约可以准确地表达签署国在签署条约时对条约的理解。”[11]

因此，签署是正式缔结条约进程的第一步的完结。

如前所述，《残疾人权利公约》与联合国通过的其他人权条约不同，还开放给区域一体化组织签署。根据《残疾人权利公约》第 44 条的定义，区域一体化组织是由某一区域的主权国家组成的组织，其成员国已将本公约所涉事项的权限移交该组织。[12] 区域一体化组织的一个范例是欧盟，它也是迄今为止唯一成为《残疾人权利公约》缔约方的区域一体化组织。

---

9 Dorr（2012），pp. 219–235；Marchisio（2014），p. 97.

10 Crescenzi（2007），p. 153.

11 ICJ，*Maritime Delimitation and Territorial Questions between Qatar And Bahrain*（*Qatar v. Bahrain*），Merits，Judgment of 16 March 2001，ICJ Reports（2001），pp. 40 and 60.

12 见本书对第 44 条“区域一体化组织”的评注。

与大多数国际条约一样，《残疾人权利公约》规定了签署的时间和地点。《公约》第42条规定，《公约》在纽约联合国总部无限期开放供所有国家和区域一体化组织签署。

3 同意接受《残疾人权利公约》约束

《残疾人权利公约》第43条规定，《残疾人权利公约》须经签署国批准和经签署区域一体化组织正式确认。

一般来说，缔约国通过其国家元首或其他主管当局的正式批准行为来表示其同意受条约约束。

《维也纳条约法公约》第14条“以批准接受或赞同表示承受条约拘束之
675 同意”规定：“一国承受条约拘束之同意，以批准表示之：（甲）条约规定以批准方式表示同意；（乙）另经确定谈判国协议需要批准；（丙）该国代表已对条约作须经批准之签署；或（丁）该国对条约作须经批准之签署之意思可见诸其代表所奉之全权证书，或已于谈判时有此表示。”[13]

拿意大利来说，其《宪法》第87条第8款规定，意大利共和国总统负责批准国际条约。根据该《宪法》第80条，议会的两院（众议院和参议院）“通过法律授权批准具有政治性质的国际条约，要求仲裁或法律解决的国际条约，或导致国家领土、财政负担或立法变化的国际条约”。[14]

区域一体化组织在签署《残疾人权利公约》并正式确认愿意接受《公约》约束后成为《公约》缔约方。根据1986年《关于国家和国际组织间或国际组织相互间条约法的维也纳公约》（the Vienna Convention on the Law of Treaties between States and International Organizations or between International Organizations of 1986）第14条和第16条，[15] 正式确认和批准具有相同的法律效力。

---

13 Hoffmeister（2012a），pp. 181-195.

14 根据第80~87条，意大利以2009年3月3日第18号法律批准了《残疾人权利公约》及其任择议定书。

15 UN（2003），p. 22.

欧盟适用了《残疾人权利公约》第 43 条，于 2007 年 3 月 30 日签署并于 2010 年 12 月 23 日批准《残疾人权利公约》，有史以来第一次成为一项国际人权条约的缔约方。[16]

此外，根据《残疾人权利公约》第 43 条，该《公约》开放“给任何没有签署公约的国家或区域一体化组织加入”。这符合《维也纳条约法公约》第 15 条的规定，即一国即使未参加谈判也可加入条约，如果条约规定该国得以加入方式表示此种同意；或者另经确定谈判国协议该国得以加入方式表示此种同意；或者全体当事国嗣后协议该国得以加入方式表示此种同意。

3.1 《残疾人权利公约》的保存人

《残疾人权利公约》第 41 条指定联合国秘书长为其保存人。这意味着，每个缔约国完成批准程序后都必须将《公约》提交联合国秘书长。

该规定是典型的国际条约的最后条款，在联合国规定的所有协定中都可以找到。[17]

过去，只有国家可以被指定为条约的保存人，但随着国际联盟和后来联合国的建立，国际组织越来越多地被赋予保存人的职能。在这种情况下，条约交存于国际组织的行政首长处。[18] 676

根据《维也纳条约法公约》第 77 条，除非另有明确规定，保存人具有下述职能：“（甲）保管条约约文之正本及任何送交保管机关之全权证书；（乙）备就约文正本之正式副本及条约所规定之条约其他语文本，并将其分送当事国及有权成为条约当事国之国家；（丙）接收条约之签署及接收并保管有关条约之文书，通知及公文；（丁）审查条约之签署及有关条约之任何文书、通知或公文是否妥善，如有必要并将此事提请关系国家注意；（戊）将有关条约之行为，通知及公文转告条约当事国及有权成为条约当事国之国家；（己）于条约生效所需数目之签署或批准书、接受书、赞同书或加入书已收到或交存时，转告有权成为条约当事国之国家；（庚）向联合国秘书处

16　见本书安娜·劳森《欧洲联盟与〈残疾人权利公约〉：复杂性、挑战和机遇》。

17　Marchisio（2012），pp. 281-282.

18　UN（2003），pp. 2-11.

登记条约。”[19] 该条约之后会公布在《联合国条约汇编》（United Nations Treaty Series），作为《残疾人权利公约》的保存人，联合国秘书长负责上述所有任务。

迄今为止，联合国秘书长已经是600多项条约的保存人。不过，“联合国秘书长并不是自动接受保存人职能的。原则上，秘书长的政策是接受担任下列条约的保存人：（a）通常是由联合国大会通过的或由联合国相应机构召开的全权代表会议缔结的涉及全球利益的开放性多边条约；（b）在联合国区域项目主持下谈判达成的条约”。[20]

根据1969年《维也纳条约法公约》第80条，条约应送交联合国秘书处登记和公布。该第80条的目标是确保所有条约保留在公共领域，从而有助于消除秘密条约的做法。《国际联盟盟约》（the Covenant of the League of Nations）首次规定了这一程序，其第18条规定：“嗣后联盟任何会员国所订条约或国际协议应立送秘书处登记并由秘书处从速发表。此项条约或国际协议

677 未经登记以前不生效力。”[21] 这一规范反映了时任美国总统伍德罗·威尔逊（Woodrow Wilson）的设想，即条约应该公布。

《联合国宪章》第102条还规定，“本宪章发生效力后，联合国任何会员国所缔结之一切条约及国际协定应尽速在秘书处登记，并由秘书处公布之”，“当事国对于未经依本条第一项规定登记之条约或国际协定，不得向联合国任何机关援引之”。[22]

相关案例

ICJ 16.03.2001，Judgment（Merits），*Maritime Delimitation and Territorial Questions between Qatar and Bahrain*（*Qatar v. Bahrain*），[2001] ICJ Rep. 40.

---

19 Tichy and Bittner（2012a，b），pp. 1309-1324.

20 UN（2003），p. 6.

21 Marchisio et al.（1995），pp. 391-394.

22 UN（2003），pp. 75-77.

参考文献

Brownlie I（2008）Principles of public international law, 7th edn, Oxford University Press, Oxford.

Combacau J, Sur S（2012）Droit international public, 10th edn, Montchrestien, Paris.

Crawford J（2012）Brownlie's principles of public international law, 8th edn, Oxford University Press, Oxford.

Crescenzi A（2007）Gli Stati Uniti e gli accordi di esenzione dalla giurisdizione della Corte penale internazionale, In: Ferrajolo O（ed）Corte penale internazionale. Aspetti di giurisdizione e funzionamento nella prassi iniziale, Giuffrè, Milano, pp. 147-169.

Daillier P, Pellet A（2009）Droit internanational public, 8th edn, L. G. D. J., Paris.

Decaux E, Frouville O（2014）Droit international public, 9th edn, Dalloz, Paris.

Dorr O（2012）Obligation not to defeat the object and purpose of treaty prior to its entry into force, In: Dorr O, Schmalenbach K（eds）Vienna Convention on the Law of Treaties. A commentary, Springer, Heidelberg, pp. 219-235.

Dorr O, Schmalenbach K（2012）Vienna Convention on the Law of Treaties. A commentary, Springer, Heidelberg.

Dupuy OM, Kerbrat Y（2012）Droit international public, 10th edn, Dalloz, Paris.

Ferrajolo O（2007）Trattati（diritto dei）. Enc giur, vol Aggiornamento XV, Istituto della Enciclopedia Italiana, Roma.

Ferrari Bravo L（1998）Accordi internazionali. Enc giur, vol I, Istituto della Enciclopedia Italiana, Roma.

Hoffmeister F（2012a）Consent to be bound by a treaty expressed by ratification, acceptance, approval or accession, In: Dorr O, Schmalenbach K（eds）Vienna Convention on the Law of Treaties. A commentary, Springer, Heidelberg, pp. 181-195.

Hoffmeister F（2012b）Means of expressing consent to be bound by a treaty, In: Dorr O, Schmalenbach K（eds）Vienna Convention on the Law of Treaties. A commentary, Springer, Heidelberg, pp. 153-162.

Janis MW, Noyes JE（2014）International law cases and commentary, 5th edn, West Academic, St. Paul.

Marchisio S (2012) L'ONU. Il diritto delle Nazioni Unite, 2nd edn, Il Mulino, Bologna.

678 Marchisio S (2014) Corso di diritto internazionale, Giappichelli, Torino.

Marchisio S, Ferrajolo O, Iavicoli V, Marcelli F (1995) La prassi italiana di diritto internazionale-Ⅲ serie (1919-1925), vol Ⅰ, Edizioni del Consiglio Nazionale delle Ricerche, Roma, pp. 391-394.

Scovazzi T (2013) Corso di diritto internazionale, Giuffré Editore, Milano.

Simma B et al (eds) (2012) The Charter of the United Nations: a commentary, 3rd edn, Oxford University Press, New York/Oxford.

Tichy H, Bittner P (2012a) Functions of depositaries, In: Dorr O, Schmalenbach K (eds) Vienna Convention on the Law of Treaties. A commentary, Springer, Heidelberg, pp. 1309-1324.

Tichy H, Bittner P (2012b) Registration and publication of treaties, In: Dorr O, Schmalenbach K (eds) Vienna Convention on the Law of Treaties. A commentary, Springer, Heidelberg, pp. 1339-1344.

UN (2003) Final clauses of multilateral treaties: handbook, https://treaties.un.org/doc/source/publications/FC/English.pdf, Accessed 31 Oct 2015.

Wallace RMM, Martin-Ortega O (2013) International law, 7th rev edn, Sweet & Maxwell, London.

第 44 条　区域一体化组织 679

罗西塔·福阿斯蒂尔罗

一、“区域一体化组织”是指由某一区域的主权国家组成的组织，其成员国已将本公约所涉事项方面的权限移交该组织。这些组织应当在其正式确认书或加入书中声明其有关本公约所涉事项的权限范围。此后，这些组织应当将其权限范围的任何重大变更通知保存人。

二、本公约提及“缔约国”之处，在上述组织的权限范围内，应当适用于这些组织。

三、为本公约第四十五条第一款和第四十七条第二款和第三款的目的，区域一体化组织交存的任何文书均不在计算之列。

四、区域经济一体化组织可以在缔约国会议上，对其权限范围内的事项行使表决权，其票数相当于已成为本公约缔约国的组织成员国的数目。如果区域一体化组织的任何成员国行使表决权，则该组织不得行使表决权，反之亦然。

目　次

680

1 第44条的原理和范围

《残疾人权利公约》第44条使区域一体化组织（Regional integration organizations，RIOs）有机会根据该《公约》第42条和第43条规定通过签署和交存其正式确认书或加入书而成为《残疾人权利公约》的缔约方。根据1986年《关于国家和国际组织间或国际组织相互间条约法的维也纳公约》（the Vienna Convention on the Law of Treaties between States and International Organizations or between International Organizations of 1986）第14~16条，这些行为确立了国际组织同意接受条约的约束。[1]

第44条给出了区域一体化组织的定义，即由主权国家组成的组织，这些主权国家都是某一地理区域的成员，并且将《公约》所规制事项的权限移交给该区域组织。第44条定义的“区域一体化组织”包括所有具有区域特征并在人权领域行使职权的国际组织。因此，第44条并不排斥欧盟之外的其他组织。虽然迄今为止欧盟可以被看作一个独特的存在而且也是唯一批准《公约》的区域一体化组织，但第44条规定的“区域一体化组织”应当被广义地解释为涵盖了在《残疾人权利公约》所保护的权利方面具有权限的所有区域性组织。[2]

成员国移交给区域一体化组织的权限必须通过正式确认书或加入书予以公布。之后，该权限的任何实质性修改均应通知保存人。另外，《公约》第44条第3款还规定，区域一体化组织交存的任何文书均不应计入使《公约》生效的文书之列。

《残疾人权利公约》第44条第4款限制了区域一体化组织对表决权的行使。首先，该款规定了属事管辖权（*ratione materiae*）方面的限制，规定区域一体化组织可“对其权限范围内的事项”行使表决权。其次，当区域一体

1 See Gaja (1987), p. 253; Shaw (2014), p. 691. See also, Sands and Klein (2009); and Wolfrum and Röben (2005).

2 See Forastiero (2010), p. 505 et seq.

化组织在缔约国会议上投票时，其票数相当于已成为《公约》缔约国的组织成员国的数目。如果区域一体化组织的任何成员国在缔约国会议上行使表决权，则该组织不得行使表决权，反之亦然。

根据第 44 条的规定，《残疾人权利公约》是第一个开放给区域一体化组织签署的人权条约。国际惯例表明，若干联合国条约规定了认同条款（an assimilation clause），即所谓的“区域经济一体化组织或区域一体化组织条款”，允许区域一体化组织成为某一公约的缔约方。根据区域一体化组织条款，国际组织在参与条约方面被认同为国家。在这方面，可以回顾一些全球环境条约，如 1992 年《联合国气候变化框架公约》（United Nations Framework Convention on Climate Change，UNFCCC 或 FCCC）第 22 条、《生物多样性公 681
约》第 34 条和 1994 年《防治荒漠化公约》第 34 条。[3]《联合国粮食及农业组织章程》也提供了这一机会。事实上，联合国粮食及农业组织 1991 年 11 月 18 日通过的第 7/91 号决议修正了该组织的《章程》和一般规则，允许区域经济一体化组织加入该组织。[4] 在此基础上，欧盟的前身欧洲共同体成为联合国专门机构粮农组织的第一个区域一体化组织成员。同样，还可以提及欧盟参加世界贸易组织的问题。世贸组织是 1994 年 4 月 15 日多边贸易谈判乌拉圭回合结束时通过的《马拉喀什协定》（the Marrakech Agreement）确立的。[5]

2　第 44 条及其准备工作文件

《残疾人权利公约》的准备工作文件表明，《公约》最初仅开放给各国签署。起草过程还特别清楚地表明，欧盟在谈判期间提出了开放《公约》供

---

[3] 关于这些条款，见 Marchisio（2012），第 94 页。

[4] 见 Marchisio（2002），第 238 页及以下。另见 Marchisio（1993），第 346 页及下页。

[5] 当时的欧洲共同体及其成员国都签署了《世贸组织协定》，该协定是一项混合协定。在这方面，见 Palchetti（2014）、Elias（2012）和 Marchisio（2014）。

区域一体化组织加入的意愿。[6] 应该回顾的是，欧洲经济和社会委员会（the European Economic and Social Committee）希望“欧盟委员会在联合国《残疾人权利公约》谈判中发挥积极作用，以确保新的公约与欧洲残疾问题战略（the European Disability Strategy，EDS），尤其是《欧盟基本权利宪章》第13条、第21条和第26条充分一致。[7] 还应确保欧洲关于残疾人的内部行动和国际行动一致”。[8]

在这一框架内，在特设委员会第七届会议期间，奥地利指出，“希望欧盟委员会作为缔约方加入本公约，希望这一技术问题能够很容易得到解
682 决”。[9] 在同一届会议上，根据欧盟的建议，案文草案首次提及区域一体化组织。[10] 更具体地说，欧盟提案在关于《公约》签署、批准和生效的最后条款中提到了区域经济一体化组织（Regional economic integration organization，REIO），但没有规定一个特别条款（an article ad hoc）。

为此目的，有建议提出“尽可能把关于区域一体化组织的具体规定集中在一条内，以免使其他条款负载太多”。关于该条的内容，有人建议使用其他条约中类似条款的措辞。[11] 在特设委员会第八届也是最后一届工作会议上，第44条才被提出。该条款最后版本的表述是“区域一体化组织”，“经济”这一限定词被明确删除，以扩大可能成为《公约》缔约方主体的范围。事实上，为谋求成员国政治一体化而设立的区域一体化组织也可以加入《残疾人

---

6 See De Búrca (2010), pp. 174 et seqq.

7 值得注意的是，欧洲共同体签署《残疾人权利公约》时，《里斯本条约》尚未生效，因此当时《欧盟基本权利宪章》还没有法律约束力。见 Forastiero（2014），第183页及以下。另见 O'Brien（2014），第709~748页。

8 Opinion of the European Economic and Social Committee on the Communication from the Commission to the Council and the European Parliament of 23 March 2003, Towards a United Nations legally binding instrument to promote and protect the rights and dignity of persons with disabilities COM (2003) 16 final. (2003/C 133/11), http://eur-lex.europa.eu/legal-content/EN/TXT/PDF/?uri=CELEX: 52003AE0407&rid=1.

9 Daily summary of discussion at the Seventh session on 3 February 2006, http://www.un.org/esa/socdev/enable/rights/ahc7sum03feb.htm.

10 Initial EU position paper for 7th Ad Hoc Committee, AHC 7 EU Position as 16 January 2006, http://www.un.org/esa/socdev/enable/rights/ahc7contgovs.htm. Accessed 25 September 2015.

11 Facilitator's remarks on the draft final clauses submitted to Ad Hoc Committee at the Eight Session, 9 August 2006, http://www.un.org/esa/socdev/enable/rights/ahc8dfclause9aug.htm.

权利公约》。

3　欧盟对《残疾人权利公约》的参与

《残疾人权利公约》是欧盟直接参与谈判进程的第一项人权条约，也是欧盟与其已批准该《公约》的欧盟成员国一起成为缔约方的第一项人权条约。

从欧盟法的视角来看，欧盟（当时的欧洲共同体）对《残疾人权利公约》的参与是一个缔结混合协定的例子。这意味着欧共体及其成员国在它们的共同权限范围内签署了《公约》。[12] 这一问题必须结合所谓的欧盟的条约缔结权来分析，[13] 涉及欧盟的对外关系及其在国际层面的作用。

从欧盟理事会 2009 年 11 月通过的关于缔结《残疾人权利公约》的最后 683
决议[14]可以看出，欧盟委员会为欧洲共同体（the Community）参与《残疾人权利公约》找到的法律基础是当时的《欧洲共同体条约》（TEC）第 13 条和第 95 条，即目前《欧洲联盟运行条约》（TFEU）分别规定不歧视原则和内部市场的第 19 条和第 114 条，而欧盟缔结《公约》的程序则遵循了当时的《欧洲共同体条约》（《欧洲共同体条约》第 300 条，即目前《欧洲联盟运行条约》第 218 条）。应当指出，欧盟的权限扩展到了《残疾人权利公约》涉

12　Council Decision of 26 November 2009 concerning the conclusion, by the European Community, of the United Nations Convention on the Rights of Persons with Disabilities, Annex Ⅱ "Declaration concerning the Competence of the European Community with regard to Matters Governed by the United Nations Convention on the Rights of Persons with Disabilities", Published in the O. J. L 23, 27 January 2010, pp. 35-36. 关于混合协定（mixed agreements），见 Hillion and Koutrakos（2010）、Gaja and Adinolfi（2014）。关于欧共体/欧盟缔结《残疾人权利公约》，见 Ferri（2010）。

13　很多评论家对所谓的欧盟缔约权进行了分析。见 Mignolli（2014）、Cremona（2012）和 Bonafè（2014）等。

14　Final report of the Ad Hoc Committee on a Comprehensive and Integral International Convention on the Protection and Promotion of the Rights and Dignity of Persons with Disabilities, doc. A/61/611, http://www.un.org/esa/socdev/enable/rights/ahcfinalrepe.htm, Accessed 25 September 2015.

及的若干领域。[15]

《欧洲共同体条约》当时的第 13 条规定，欧盟理事会应当在该条约的授权范围内，“采取适当行动打击基于残疾的歧视”。欧盟委员会在其 2003 年《努力制定一项具有法律约束力的保护和促进残疾人权利和尊严的联合国文书》的文件中强调了这一条款，使其具有关键意义。[16]

在此法律基础之上，欧盟委员会与其成员国一起参与了《残疾人权利公约》的谈判进程。它们都被要求在谈判进程的所有阶段以及在之后履行国际层面的承诺方面进行合作。[17]

从法律效力的视角来看，这种混合协定产生了重大成果。欧盟及其成员
684 国都应当在欧洲层面和国内层面采取必要措施，充分履行《残疾人权利公约》所赋予的义务。因此，欧盟和各成员国立法机构共同承担着实施《残疾人权利公约》的责任。

根据《欧洲联盟运行条约》第 216 条第 2 款，“欧盟缔结的协定对欧盟机构和欧盟成员国都具有约束力”。换言之，《残疾人权利公约》的相关规定是欧盟法律制度不可分割的组成部分，欧盟法院（the CJEU）2014 年 3 月

15　在关于缔结公约的提案中，许多欧盟条款都成为法律依据，例如前述《欧盟基本权利宪章》第 13 条、第 21 条和第 26 条，para. 2；第 55 条；第 71 条，para. 1；第 80 条，para. 2；第 89 条；第 93 条；第 95 条；《欧洲共同体条约》关于非歧视的第 285 条和第 300 条；关于共同关税的第 31 条；关于医疗及相关行业和制药行业的限制的第 53 条；关于服务的第 62 条；关于交通的第 91 条和第 100 条；关于援助的第 109 条；关于税收协调的第 113 条；关于法律趋同的第 114 条；关于统计的第 338 条；和经《里斯本条约》修订的《欧洲联盟运行条约》关于国际协议的第 218 条。关于该问题，见 Proposal for a Council Decision concerning the conclusion, by the European Community, of the Optional Protocol to the United Nations Convention on the Rights of Persons with Disabilities, of 28 August 2008, COM（2008）530 final, http://eur-lex.europa.eu/legal-content/EN/TXT/?uri=COM：2008：0530：FIN, Accessed 30 September 2015。

16　Communication from the Commission to the Council and the European Parliament, Towards a United Nations legally binding instrument to promote and protect the rights and dignity of persons with disabilities, of 24 January 2003, COM/2003/16 final, http://eur-lex.europa.eu/legal-content/EN/TXT/?uri=celex：52003DC0016, Accessed 30 September 2015. 关于该问题，丽莎·沃丁顿（Lisa Waddington）评论道：“委员会明确认为《欧洲共同体条约》第 13 条为其提供了参与谈判的机会，其主要关注领域应该是确保在《公约》中适当提及不歧视和平等。”见 Waddington（2009），第 119 页。

17　这符合欧洲法院在 1993 年 3 月 19 日第 2/91 号意见中表达的“统一”要求，该意见是根据《欧洲经济共同体条约》第 228（1）条第 2 款提出的。Convention No. 170 of ILO concerning safety in the use of chemicals at work, European Court reports 1993 Page I-01061, http://eur-lex.europa.eu/legal-content/EN/TXT/?uri=CELEX：61991CV0002, Accessed 30 September 2015.

18日的判决强调了这一点。[18] 从欧盟法律体系中规范等级的角度来看，与其他国际协定一样，《残疾人权利公约》处于低于欧盟基本条约（the Treaties）和高于欧盟二级立法的中间地位。[19]

随着加入《残疾人权利公约》，欧盟在保护残疾人方面发挥了主导作用。这也要归功于《里斯本条约》（the Treaty of Lisbon）的生效，该条约使《欧盟基本权利宪章》（EUCFR）成为与欧盟基本条约（the Treaties）具有同等法律约束力的文书。事实上，残疾人权利委员会在 2015 年 9 月对欧盟初次报告的结论性意见中注意到，《欧盟基本权利宪章》第 21 条和第 26 条旨在禁止基于残疾的歧视并明确规定残疾人平等参与社会。[20]

此外，残疾人法律保护的加速演进推动欧盟通过了许多立法法案。在这方面，值得一提的是《2010~2020 年欧洲残疾问题战略》（the European Disability Strategy，EDS）。[21] 该战略以《残疾人权利公约》为基础，并考虑到《残疾行动计划》（2004~2010 年）的经验。

2010 年 12 月 15 日，欧盟理事会通过了所谓的关于欧盟理事会、欧盟成员国和欧盟委员会之间实施《残疾人权利公约》的内部安排——《行为准则》（the Code of Conduct）。[22] 关于欧盟保护残疾人的另一个关键发展是欧盟

18　CJEU（Grand Chamber），Case C－363/12，*Z. v. A Government Department and The Board of management of a community school*，Judgment of 18 March 2014，para. 73.

19　See Mignolli（2014），p. 1779；Villani（2013），pp. 255 et seqq。

20　CRPD Committee，Concluding observations on the initial report of the European Union of 4 September 2015（CRPD/C/EU/CO/1），http://ec. europa. eu/social/BlobServlet?docId = 14429&langId = en，Accessed 10 October 2015. 欧盟委员会于 2014 年 6 月 5 日编写了关于《残疾人权利公约》实施情况的初次履约报告，见 Commission Staff Working Document，Report on the implementation of the UN Convention on the Rights of Persons with Disabilities（CRPD）by the European Union，SWD（2014）182 final，http://ec. europa. eu/justice/discrimination/files/swd_2014_182_en. pdf，Accessed 30 September 2015。

21　Communication from the Commission to the European Parliament，the Council，the European Economic and Social Committee and the Committee of the Regions，European Disability Strategy 2010－2020：A Renewed Commitment to a Barrier-Free Europe，COM（2010）636，15 November 2010. 见本书安娜·劳森《欧洲联盟与〈残疾人权利公约〉：复杂性、挑战和机遇》。

22　Council，Code of Conduct between the Council，the Member States and the Commission setting out internal arrangements for the implementation by and representation of the European Union relating to the United Nations Convention on the Rights of Persons with Disabilities，15 December 2010，published in O. J. C No. 340 of 15 December 2010，pp. 11－15.

685 于2014年4月14日签署的《马拉喀什条约》(the Marrakesh Treaty)。该条约为盲人、视力障碍者或印刷品阅读障碍者制定了一套国家层面的版权限制或例外规定，使在版权限制或例外情况下已出版作品无障碍格式副本的跨境交换成为可能。[23]

然而，残疾人权利委员会关于欧盟初次报告的结论性意见表明，欧盟与其成员国之间的关系构成了实施《残疾人权利公约》的一个短板（vulnus)。在这方面，残疾人权利委员会“关切的是，欧洲联盟未能对其立法进行贯穿各领域的全面审查以使其与《公约》保持一致，而且缺乏在欧盟所有机构实施《公约》的战略”。[24]

在这一框架内，欧盟与其成员国之间的关系仍然是在欧洲一级巩固残疾人权利保护的一个悬而未决的挑战。

4　其他区域一体化组织的残疾人权利保障

欧盟批准《残疾人权利公约》在国际公法领域创立了一个积极的先例。在这方面值得记住的是，在国际框架内，还有其他若干在人权领域具有权能的区域一体化组织，如欧洲理事会、美洲国家组织和非洲联盟（非盟)。[25]这还没有穷尽现有的区域一体化组织的名单，但根据《残疾人权利公约》第44条，这些组织为保护残疾人权利所做的努力具有特别重要的影响。

在欧洲层面，自1950年通过《欧洲人权公约》以来，欧洲理事会一直是欧洲大陆的主要人权组织。[26] 残疾政策领域的工作是欧洲理事会行动的核

23　2014年4月14日欧盟理事会关于代表欧盟签署《关于为盲人、视力障碍者或其他印刷品阅读障碍者获得已出版作品提供便利的马拉喀什条约》的决议，载于 O.J. L No. 115 of 17 April 2014，第1~2页。

24　残疾人权利委员会，关于欧盟初次报告的结论性意见，第8段。

25　关于美洲人权体系和非洲人权体系的概述，见 Bantekas and Oette（2013)，第243页及以下。另见 Tomuschat（2014)，第38页及下页。

26　欧洲理事会（the CoE）是一个成立于1949年的欧洲区域组织，包括47个成员国，其中28个是欧盟成员国，因此它构成了一个与欧盟不同的独立体系。

心，尽管《欧洲人权公约》没有关于残疾的具体规定。[27]

《欧洲人权公约》第14条关于不歧视原则的规定包括对残疾人的保护。该第14条规定："任何人在享有本公约所规定的权利与自由时，不得因性 686
别、种族、肤色、语言、宗教、政治的或其他见解、民族或社会出身、与少数民族的联系、财产、出生或者其他身份而受到歧视。"在这里，残疾人被归于"其他身份"而获得保护。在欧洲人权法院的判例法中，残疾人保护通过《欧洲人权公约》第2条规定的生命权、[28]第3条规定的免于不人道或有损人格的待遇、[29]第5条规定的人身自由和安全权、[30]第6条规定的公正审判权、[31]第8条规定的尊重私人和家庭生活权、[32]第12条规定的结婚权[33]和第14条规定的禁止歧视[34]而得到落实。

在欧洲理事会框架内，1961年生效的《欧洲社会宪章》（the European Social Charter，ESC）第15条明确提到残疾人权利。该宪章是欧洲层面通过的第一项载有保护残疾人条款的具有法律约束力的文书。其第15条最初的措辞侧重于"职业培训、康复和社会重新安置"，要求各国在必要时提供培训设施，包括专门设施。在1996年全面修订的《欧洲社会宪章》中，这一

27 有关概述，见本书安娜·劳森《欧洲联盟与〈残疾人权利公约〉：复杂性、挑战和机遇》。

28 ECtHR（Third Section），Application No. 45744/08，*Jasinskis v. Latvia*，Judgment of 21 December 2010；ECtHR（Fourth Section），Requête No. 48609/06，*Nencheva et Autres c. Bulgarie*，Judgment of 18 June 2013.

29 ECtHR（Third Section），Application No. 33394/96，*Price v. the United Kingdom*，Judgment of 10 July 2001；ECtHR（Fourth Section），Application No. 15351/03，*Zarzycki v. Poland*，Judgment of 12 March 2013；ECtHR（Second Section），Application No. 43875/09，*Asalya v. Turkey*，Judgment of 15 April 2014.

30 ECtHR（Second Section），Application No. 13469/06，*D. D. v. Lithuania*，Judgment of 14 February 2012.

31 ECtHR（First Section），Application No. 44009/05，*Shtukaturov v. Russia*，Judgment of 27 March 2008.

32 ECtHR（First Section），Application No. 13006/13，*Ivinovic v. Croatia*，Judgment of 18 September 2014；ECHR Court（Second Section），Application No. 37956/11，*A. K. and L. v. Croatia*，Judgment of 8 January 2013.

33 ECtHR（First Section），Application No. 33117/02，*Lashin v. Russia*，Judgment of 22 January 2013.

34 ECtHR（First Section），Application No. 13444/04，*Glor v. Switzerland*，Judgment of 30 April 2009.

条款也作了修订。修订后的条款以有效的“独立、社会融合和参与社区生活”取代“职业培训、康复和社会重新安置”的目标，还确立了通过旨在“克服沟通和行动障碍使人们能够获得交通、住房、文化活动和休闲的措
687 施”，促进残疾人的“充分社会融合和参与社区生活”。[35]

2006年4月5日，欧洲理事会部长委员会（the Committee of Ministers of the CoE）通过了《2006～2015年欧洲理事会残疾问题行动计划》，旨在帮助成员国加强反歧视和人权措施，增进残疾人的机会均等和独立，保障他们的选择自由、充分完整的公民身份、积极参与社区生活，并提高他们的生活质量。[36]

关于美洲国家组织，值得一提的是1999年通过的《美洲消除对残疾人一切形式歧视公约》（the Inter-American Convention on the Elimination of All Forms of Discrimination Against Persons with Disabilities）。[37] 在这项公约之前，1988年通过的《美洲人权公约关于经济、社会和文化权利的附加议定书》（the Additional Protocol to the American Convention on Human Rights in the Area of Economic，Social and Cultural Rights）即《圣萨尔瓦多议定书》的第18条载有关于残疾人权利的规定。

美洲国家组织对残疾人权利的保护也体现在一些软法文书中。2006年6月，美洲国家组织大会宣布“2006～2016年美洲残疾人权利和尊严十年”（the Decade of American Rights and Dignity of Persons with Disabilities 2006-2016），并通过了一项载有促进残疾人平等、尊严和社会参与措施的行动计划。

非洲人权制度框架也有对残疾人权利的持续关注。1981年《非洲人权和人民权利宪章》（the African Charter on Human and Peoples' Rights，又称《班珠尔宪章》）第16条和第18条、1990年《非洲儿童权利和福利宪章》

---

35 关于这一方面，见 Palmisano（2013），第337页及以下。

36 Recommendation Rec（2006）5 of the Committee of Ministers to Members States on the Council of Europe Action Plan to promote the rights and full participation of people with disabilities in society：improving the quality of life of people with disabilities in Europe 2006-2015，5 April 2006，http://www.coe.int/t/dg3/disability/ActionPlan/PDF/Rec_2006_5_English.pdf，Accessed19 October 2015.

37 该公约于2001年生效，即美洲国家组织成员国交存第6份批准书之日后第30天（第8条第3款）。

(the African Charter on the Rights and Welfare of Child of 1990) 第 13 条都具体涉及保护残疾人。

非洲人权和人民权利委员会 (the African Commission on Human and Peoples' Rights) 关于非洲老年人和残疾人权利的工作组成立于 2007 年，其任务是起草《非洲残疾问题议定书》(African Disability Protocol)。[38] 有意思的是，从该议定书的起草过程中可以看出，《残疾人权利公约》构成了一个基本的法律模式。事实上，该工作组的评论表明，《非洲残疾问题议定书》是以代表了无可争议的参照点的《残疾人权利公约》条款为基础的。[39]

1999 年 7 月，在阿尔及尔举行的第 35 届非洲统一组织 (Organisation of
African Unity) 国家元首和政府首脑会议通过了《1999~2009 年非洲残疾人 688
十年》。2012 年 10 月在纳米比亚温得和克举行的第一届非洲联盟社会发展部长会议将非洲残疾人十年延长为 2010~2019 年。非洲残疾人十年 (2010~2019 年) 的目标是非洲残疾人的充分参与、平等和赋权。它提出了要在国家层面实施的 8 个战略专题领域。特别是其《大陆计划》(the Continental Plan)，涉及在各国政府建立一个协调和主流化中心 (a coordination and mainstreaming focal point)，国家层面的残疾统计、研究和证据收集，制定关于不歧视、法律面前平等以及残疾人免于剥削和虐待的法律，还有健康和康复。[40]

阿拉伯联盟 (the Arab League) 通过的人权文书完善了上述法律框架。2008 年 3 月 15 日，于 2004 年修订完成的《阿拉伯人权宪章》(the Arab Charter on Human Rights) 生效，其中载有关于保护残疾人的明确规定。《阿拉伯人权宪章》第 40 条禁止一切形式的基于身体或精神残疾的歧视。此外，它规定缔约国有义务确保残疾人享有有尊严生活的权利，推动独立生活和社

38　2007 年 11 月 15~28 日在刚果共和国布拉柴维尔 (Brazzaville) 举行的第 42 届常会通过的第 118 号决议，http://www.achpr.org/sessions/42nd/resolutions/118/。

39　关于 2014 年 3 月 14 日非洲残疾人权利议定书草案 (第 2 草案) 的评论，http://www.achpr.org/news/2014/04/d121。

40　Continental Plan of Action for the African Decade of Persons with Disabilities 2010-2019, http://sa.au.int/en/sites/default/files/CPoA%20Handbook%20%20AUDP%20English%20-%20Copy.pdf, Accessed 23 October 2015.

会包容的发展，根据需要提供免费的社会服务和物质支持，提供适合残疾人需要的教育体系和医疗保健。这些规定使《阿拉伯人权宪章》与其他有关残疾人权利的区域性文书保持一致。

亚洲在很长一段时间里没有区域性人权文书。2012 年 11 月 19 日通过的《东盟人权宣言》（the ASEAN Human Rights Declaration）填补了这一空白，但该宣言是一项不具约束力的文书。《宣言》“一般原则”下的第 2 段和第 4 段提到残疾人。特别是第 2 段，确认每个人都享有该宣言所规定的权利和自由，不得有基于任何理由的区别，包括基于残疾的区别。此外，第 4 段申明，“妇女、儿童、老年人、残疾人、移徙工人以及弱势和边缘化群体的权利是人权和基本自由不可剥夺、完整无缺、不可分割的组成部分”。[41]

综上所述，在区域层面加强对残疾人的保护，可能在不久的将来给其他区域一体化组织加入《残疾人权利公约》带来新的发展。

689

相关案例

CJEU 18. 03. 2014, Case C-363/12, *Z v. A Government Department and The Board of management of a community school*, not yet published.

ECtHR 27. 03. 2008, Application No. 44009/05, *Shtukaturov v. Russia*, 2008 54 EHRR 27.

ECtHR 30. 04. 2009, Application No. 13444/04, *Glor v. Switzerland*, ECHR 2009.

ECtHR 10. 07. 2010, Application No. 33394/96, *Price v. the United Kingdom*, ECHR 2001-Ⅶ.

ECtHR 21. 12. 2010, Application No. 45744/08, *Jasinskis v. Latvia*, ECHR 2010.

ECtHR 14. 02. 2012, Application No. 13469/06, *DD v. Lithuania*, (2012) ECHR 254.

ECtHR 08. 01. 2013, Application No. 37956/11, *AK and L v. Croatia*, [2013] ECHR.

ECtHR 22. 01. 2013, Application No. 33117/02, *Lashin v. Russia*, (2013) ECHR 63.

ECtHR 12. 03. 2013, Application No. 15351/03, *Zarzycki v. Poland*, not yet published.

---

41 http://www.asean.org/news/asean-statement-communiques/item/asean-human-rights-declaration. Accessed 23 October 2015.

ECtHR 18. 06. 2013, Requête No. 48609/06, *Nencheva et Autres c. Bulgarie*, ECHR 2013.

ECtHR 15. 04. 2014, Application No. 43875/09, *Asalya v. Turkey*, ECHR 2014.

参考文献

Bantekas I, Oette L (eds) (2013) International human rights law and practice, Cambridge University Press, Cambridge.

Bonafè BI (2014) Articolo 47. In: Tizzano A (ed) Trattati dell'Unione europea, Giuffrè Editore, Milano, pp. 322–328.

Cremona M (2012) Who can make treaties? The European Union, In: Hollis DB (ed) The Oxford guide to treaties, Oxford University Press, Oxford, pp. 93–123.

De Búrca G (2010) The European Union in the negotiation of the UN Disability Convention, Eur Law Rev 35: 174–197.

Elias O (2012) Who can make treaties? International organizations, In: Hollis DB (ed) The Oxford guide to treaties, Oxford University Press, Oxford, pp. 73–91.

Ferri D (2010) The conclusion of the Convention on the Rights of Persons with Disabilities by the EC/EU: some reflections from a "constitutional" perspective. I quaderni europei–serie speciale n. 4, http://www. lex. unict. it/cde/quadernieuropei/serie_speciale/diversita_culturale. asp, Accessed 1 Oct 2015.

Forastiero R (2010) Articolo 44, In: Marchisio S, Cera R, Della Fina V (eds) La Convenzione delle Nazioni Unite sui diritti delle persone con disabilità, Commentario. Aracne Editrice, Roma, pp. 505–518.

Forastiero R (2014) The Charter of Fundamental Rights and the protection of vulnerable groups: children, elderly people and persons with disabilities, In: Palmisano G (ed) Making the Charter of Fundamental Rights a living instrument, Brill Nijhoff, Leiden/Boston, pp. 165–198.

Gaja G (1987) A "new" Vienna Convention on treaties between states and international organizations or between international organizations: a critical commentary, Br YB Int Law 58: 253–269, doi: 10. 1093/bybil/58. 1. 253.

Gaja G, Adinolfi A (eds) (2014) Introduzione al diritto dell'Unione europea, 3rd edn, Editori

Laterza, Roma/Bari.

Hillion C, Koutrakos P (eds) (2010) Mixed agreements revisited: the EU and its Member States in the world, Hart Publishing, Oxford/Portland.

Lawson A (2009) The UN Convention on the Rights of Persons with Disabilities and European disability law: a catalyst for cohesion? In: Arnardóttir OM, Quinn G (eds) The UN Convention on the Rights of Persons with Disabilities. European and Scandinavian perspectives, Martinus Nijhoff Publishers, Leiden/Boston, pp. 81-109.

Marchisio S (1993) Lo status della CEE quale membro della FAO. Riv dir int 76: 346-350.

690 Marchisio S (2002) EU's membership in international organizations, In: Cannizzaro E (ed) The European Union as an actor in international relations, Kluwer Law International, The Hague/London/New York, pp. 231-260.

Marchisio S (2012) L'ONU. Il diritto delle Nazioni Unite, 2nd edn, Il Mulino, Bologna.

Marchisio S (2014) Corso di diritto internazionale, Giappicchelli Editore, Torino.

Mignolli A (2014) Article 216, In: Tizzano A (ed) Trattati dell'Unione europea, Giuffrè Editore, Milano, pp. 1766-1782.

O'Brien C (2014) Article 26, In: Peers S, Hervey T, Kenner J, Ward A (eds) The EU Charter of Fundamental Rights. A commentary, Hart Publishing, Oxford, pp. 709-748.

Palchetti P (2014) Articolo 220, In: Tizzano A (ed) Trattati dell'Unione europea, Giuffrè Editore, Milano, pp. 1817-1831.

Palmisano G (2013) I diritti delle persone con disabilità nel sistema della Carta sociale europea, In: Colapietro C, Salvia A (eds) Assistenza, inclusione sociale e diritti delle persone con disabilità, Editoriale Scientifica, Napoli, pp. 337-361.

Sands P, Klein P (2009) Bowett's Law of international institutions, 6th edn, Thomson Reuters, London.

Shaw MN (2014) International law, 7th edn, Cambridge University Press, Cambridge.

Tomuschat C (2014) Human rights. Between idealism and realism, 3rd edn, Oxford University Press, Oxford.

Villani U (2013) Istituzioni di diritto dell'Unione europea, 3rd edn, Cacucci Editore, Bari.

Waddington L (2009) Breaking new ground: the implications of ratification of the UN Convention on the Rights of Persons with Disabilities for the European Community, In: Arnardóttir OM, Quinn G (eds) The UN Convention on the Rights of Persons with Disabilities. European and Scandinavian perspectives, Martinus Nijhoff Publishers, Leiden/Boston, pp. 111-140.

Wolfrum R, Röben V (eds) (2005) Developments of international law in treaty making, Springer, Berlin/Heidelberg/New York.

第45条　生效　第46条　保留
第47条　修正　第48条　退约
第49条　无障碍模式
691
第50条　作准文本

安德里亚·克里森斯

第四十五条　生效

一、本公约应当在第二十份批准书或加入书交存后的第三十天生效 。

二、对于在第二十份批准书或加入书交存后批准、正式确认或加入的国家或区域一体化组织，本公约应当在该国或组织交存各自的批准书、正式确认书或加入书后的第三十天生效。

第四十六条　保留

一、保留不得与本公约的目的和宗旨不符。

二、保留可随时撤回。

第四十七条　修正

一、任何缔约国均可以对本公约提出修正案，提交联合国秘书长。秘书长应当将任何提议修正案通告缔约国，请缔约国通知是否赞成召开缔约国会议以审议提案并就提案作出决定。在上述通告发出之日后的四个月内，如果有至少三分之一的缔约国赞成召开缔约国会议，秘书长应当在联合国主持下召开会议。经出席并参加表决的缔约国三分之二多数通过的任何修正案应当由秘书长提交联合国大会核可，然后提交所有缔约国接受。

二、依照本条第一款的规定通过和核可的修正案，应当在交存的接受书数目达到修正案通过之日缔约国数目的三分之二后的第三十天生效。此后，修正案应当在任何缔约国交存其接受书后的第三十天对该国生效。修正案只对接受该项修正案的缔约国具有约束力。

三、经缔约国会议协商一致决定，依照本条第一款的规定通过和核可但仅涉及第三十四条、第三十八条、第三十九条和第四十条的修正案，应当在交存的接受书数目达到修正案通过之日缔约国数目的三分之二后的第三十天对所有缔约国生效。

第四十八条　退约

缔约国可以书面通知联合国秘书长退出本公约。退约应当在秘书长收到通知之日起一年后生效。

第四十九条　无障碍模式

应当以无障碍模式提供本公约文本。

第五十条　作准文本

本公约的阿拉伯文、中文、英文、法文、俄文和西班牙文文本同等作准。

目　次

692

1 《残疾人权利公约》的生效

《残疾人权利公约》第45条规定："本公约应当在第二十份批准书或加入书交存后的第三十天生效。"

693 该条是国际条约典型的最后条款，规定条约应当在一定数目的国家交存批准书之后生效。[1]

生效是条约制定进程的最后阶段。根据第45条，《残疾人权利公约》于2008年5月3日，即2008年4月3日厄瓜多尔交存第20份批准书的第30天生效。

大多数条约规定，条约应当在一定数目的国家交存其表示同意受条约约束的文书后生效，以确保条约有足够数目的缔约国。联合国的做法是减少所要求的批准书的数目，以加快批准进程和推动条约生效。1966年《经济社会文化权利国际公约》和《公民及政治权利国际公约》要求交存35份批准书。《消除对妇女一切形式歧视公约》（1979）、《禁止酷刑公约》（1984）和《残疾人权利公约》要求有20个国家批准才能生效。上述三项公约中，第一项在开放签署两年后生效，第二项在两年半后生效，第三项在一年后生效，而《经济社会文化权利国际公约》和《公民及政治权利国际公约》都是在开放签署9年后生效。

除了预先规定条约生效所需批准书的数目外，"条约通常规定在所要求数目的文书交存日期和条约生效日期之间必须间隔一段时间。规定时间间隔的目的是确保条约生效的前提条件得到了满足"。《残疾人权利公约》规定，从一国或区域一体化组织交存批准书、加入书或正式确认书之日起，必须经过30天才能对该国或组织生效。

《残疾人权利公约》也开放给未参加该公约谈判的国家和区域一体化组织加入。《公约》第45条第2款规定："对于在第二十份批准书或加入书交

1 UN（2003），pp. 57-66.

存后批准、正式确认或加入的国家或区域一体化组织，本公约应当在该国或组织交存各自的批准书、正式确认书或加入书后的第三十天生效。”

通过加入程序，未参与条约谈判的国家可以表示同意受条约约束。事实上，“加入与批准、接受或核准具有相同的法律效力。只是与必须先签署的批准、接受和核准不同，加入只需要交存加入书”。[2]

2　对《残疾人权利公约》的保留

694

《残疾人权利公约》第 46 条允许各缔约国提出保留，但禁止“与本公约的目的和宗旨不符”的保留；此外，该条规定“保留可随时撤回”。[3]

因此，《公约》禁止一般性保留或可能影响《公约》本身有效实施的保留，而允许对具体条款提出保留。

1969 年《维也纳条约法公约》（the Vienna Convention on the Law of Treaties）第 2 条（丁）项将保留定义为“一国于签署、批准、接受、赞同或加入条约时所做之片面声明，不论措辞或名称如何，其目的在摒除或更改条约中若干规定对该国适用时之法律效果”，其第 19 条规定“一国得于签署、批准、接受、赞同或加入条约时，提具保留”。[4] 就《残疾人权利公约》而言，保留可在签署或批准（或类似行为）时提出。

与保留不同，解释性声明无意排除或限制条约某些规定在特定国家适用的法律效力，而只是为了澄清含义或作出解释。解释性声明可在谈判期间、条约生效后或条约实施期间提出。[5]

2　UN（2003），pp. 37–41.

3　Ibid.，pp. 44–50。

4　Walter（2012），pp. 239–286.

5　国际法委员会，《国际法委员会第 50 届会议报告》，ILC Report（1998），第 518 段；国际法委员会，《关于条约保留的第 13 号报告》，ILC Report（2008），第 276~280 段，http://legal.un.org/ilc/summaries/1_8.shtml。

2.1 对人权条约的保留

国际人权法中有一场持续不休的争论涉及为针对人权条约的保留建立一项具体法律制度的可能。[6] 1994年11月，人权事务委员会在其第24号一般性意见中强调人权条约的独特性质，指出《维也纳条约法公约》的相关规定“并不适用于处理对人权条约的保留”。[7]

695 不过，阿兰·佩莱（Alain Pellet）[8] 在1997年《国际法委员会关于包括人权条约在内的规范性多边条约保留问题的初步结论》中，就1969年《维也纳条约法公约》确定的框架重申，“由于其灵活性，这一制度适合所有条约的要求，无论其目的或性质如何，并在维护条约约文的完整性和条约参与的普遍性这两个目标之间取得令人满意的平衡”。[9]

关于保留不得与条约的目的和宗旨不符，国际法院在其1951年关于《防止及惩治灭绝种族罪公约》的保留的咨询意见中宣布，只要不损害公约本身的主题和宗旨，就可以提出保留。[10]

随后，1993年维也纳世界人权会议通过的最后宣言建议各国“考虑限制它们对国际人权文书所作出的任何保留的程度，尽可能精确和小幅度地拟出保留，确保任何保留不会与有关条约的目标和宗旨相抵触，并定期予以审查，以期撤消保留”。[11]

此外，就会员国对欧洲理事会通过公约的保留，欧洲理事会议会大会通过第1223（1993）号建议，建议缔约国“认真审查其保留并尽可能撤回”，而且，对于今后将要缔结的公约，应“在每项公约中列入一项条款，具体说

---

6 Villani（2009），pp. 969-983；Pellet and Muller（2011），pp. 521-551；Simma and Hernandez（2011），pp. 60-85；Scovazzi（2013），p. 54；Marchisio（2014），pp. 113-114.

7 人权事务委员会，1994年第24号一般性意见：关于批准或加入《公约》或其任择议定书时提出保留或者根据《公约》第41条作出声明的问题，CCPR/C/21/Rev. 1/Add. 6，第17段。

8 国际法委员会关于条约保留问题的特别报告员。

9 国际法委员会，《国际法委员会关于包括人权条约在内的规范性多边条约保留问题的初步结论》，ILC Report（1997），p. 57，http://legal. un. org/ilc/summaries/1_8. shtml。

10 国际法院1951年5月28日的咨询意见，《防止及惩治灭绝种族罪公约》的保留，ICJ Reports（1951），第15页。

11 1993年世界人权会议《维也纳宣言和行动纲领》，第5段。

明是否接受保留，如果接受保留，要说明各国提出保留的条件"，并"将保留的有效期限制为最长 10 年。"[12]

最后，在上文提到的第 24 号一般性意见中，人权事务委员会确认，"各国也应当确保定期审查继续维持保留的必要性，同时考虑委员会在审议其报告期间提出的任何意见和建议"，并且"争取尽早撤销保留"。[13]

2.2　《残疾人权利公约》的保留和解释性声明：实践概述 696

截至 2015 年 10 月 31 日，《残疾人权利公约》共有 159 个缔约方。其中，8 个缔约国提出了保留，16 个缔约国提出了解释性声明，7 个缔约国既提出保留又提出解释性声明。[14]

萨尔瓦多的保留尤其受到其他缔约国的批评，因为它申明"萨尔瓦多共和国政府签署 2006 年 12 月 13 日联合国大会通过的《残疾人权利公约》及其任择议定书，只要它们的条款不损害或违反《萨尔瓦多共和国宪法》所载的任何准则、原则和规范，特别是其列举的原则"。

包括奥地利和德国在内的一些缔约国认为，"萨尔瓦多共和国所作的保留不够精确，因此无法确定其对《公约》所实行的限制"，"不符合《公约》和《议定书》的目的和宗旨"。但这种反对"不应妨碍《公约》和《议定书》对萨尔瓦多共和国生效"。

2015 年 3 月 18 日，萨尔瓦多共和国政府通知联合国秘书长其决定撤回保留。

另一项受到批评的保留是马来西亚就《残疾人权利公约》第 15 条"免于酷刑和残忍、不人道或有辱人格的待遇或处罚"和第 18 条"迁徙自由和国籍"提出的。比利时认为，"马来西亚所作保留的模糊性和笼统性可能会损害国际人权条约的基础"，"与该文书的目的和宗旨不符"。

12　欧洲理事会议会大会 1993 年第 1223 号建议，关于会员国对欧洲理事会通过公约的保留，第 7（a）（b）段。

13　人权事务委员会，1994 年第 24 号一般性意见：关于批准或加入《公约》或其任择议定书时提出保留或者根据《公约》第 41 条作出声明的问题，CCPR/C/21/Rev. 1/Add. 6，第 20 段。

14　https://treaties.un.org/Pages/ViewDetails.aspx?sr=IND&mtdsg_no=IV-15&chapter=4&lang=en.

另一种情况是伊朗作出的解释性声明，即“关于第46条（保留），伊朗声明不受《公约》中任何可能不符合其适用规则的条款的约束”。这一声明被一些缔约国视为一项保留。比利时认为，“伊朗所作保留的模糊性和笼统性，即其不受《公约》中其认为可能不符合伊朗法律的任何条款的约束，让人无法确定伊朗对《公约》的承诺程度，从而对其履行《公约》义务的承诺产生严重怀疑”，因此，该保留“应被视为不符合《公约》的目的和宗
697 旨”。不过，比利时表示，其反对“不应妨碍《公约》在伊朗和比利时之间生效”。

最后，我们可以回顾欧盟在批准《残疾人权利公约》时对第27条第1款所作的保留（涉及工作和就业），“欧洲共同体（the European Community）指出，根据共同体的法律，特别是2000年11月27日关于建立就业和职业平等待遇一般框架的第2000/78/EC号欧盟理事会指令（Council Directive 2000/78/EC of 27 November 2000 establishing a general framework for equal treatment in employment and occupation），成员国可在适当的时候对《残疾人权利公约》第27条第1款提出保留，但不妨碍上述指令第3条第4款的规定，即成员国有权将武装部队就业方面的基于残疾的歧视排除在指令范围之外。因此，欧洲共同体声明，它缔结《公约》不影响根据共同体法律赋予其成员国的上述权利”。[15]

3 《残疾人权利公约》的修正

《残疾人权利公约》第47条载有关于修正的规则。《维也纳条约法公约》第39条确认了缔约国修正条约的机会，规定“条约得以当事国之协议修正之”。[16]

一般来说，条约关于修正的规定非常详细，并规范修正案通过程序的所

---

15 英国对第27条“工作和就业”提出保留：“英国接受《公约》的规定，但其理解是英国在就业和职业平等待遇方面的任何义务均不适用于王国的任何海军、陆军或空军的招募或服役。”

16 UN（2003），pp. 97-102.

有阶段。

《残疾人权利公约》也是如此。《公约》第 47 条第 1 款规定：“任何缔约国均可以对本公约提出修正案，提交联合国秘书长。秘书长应当将任何提议修正案通告缔约国，请缔约国通知是否赞成召开缔约国会议以审议提案并就提案作出决定。在上述通告发出之日后的四个月内，如果有至少三分之一的缔约国赞成召开缔约国会议，秘书长应当在联合国主持下召开会议。经出席并参加表决的缔约国三分之二多数通过的任何修正案应当由秘书长提交联合国大会核可，然后提交所有缔约国接受。”

应当指出，这一规定与其他人权条约所载的通过修正案所需多数同意的类似规定不同。例如，《儿童权利公约》第 50 条规定，“经出席会议并参加 698
表决的缔约国多数通过的任何修正案应提交大会批准”。而《残疾人权利公约》则要求出席并参加表决的缔约国以 2/3 的多数通过。

第 47 条第 2 款规定：“依照本条第一款的规定通过和核可的修正案，应当在交存的接受书数目达到修正案通过之日缔约国数目的三分之二后的第三十天生效。”

类似的规定也载于《儿童权利公约》第 50 条第 2 款、《禁止酷刑公约》第 29 条第 2 款、《公民及政治权利国际公约》第 51 条第 2 款和《经济社会文化权利国际公约》第 29 条第 2 款。

依据习惯国际法，第 47 条第 2 款的最后部分规定，修正案只对接受该项修正案的缔约国具有约束力。这反映出各缔约国普遍不愿受它们未接受的修正案的约束。

因此，同一条约下可能存在不同的制度规则。一套制度规则约束那些接受了修正案的国家，而另一套制度规则约束那些只是原条约缔约国的国家。在这种情况下，根据《维也纳条约法公约》第 30 条第 4 款（乙）项规定，“遇后订条约之当事国不包括先订条约之全体当事国时”，“在为两条约之当事国与仅为其中一条约之当事国间彼此之权利与义务依两国均为当事国之条约定之”。

4 《残疾人权利公约》的退出

第 48 条规定了退出《残疾人权利公约》的条件。该条具体确认："缔约国可以书面通知联合国秘书长退出本公约。"《公约》并不要求缔约国解释其退出的理由。

退出条约的权利得到了包括人权条约在内的大多数国际条约的承认。[17] 例如，《禁止酷刑公约》第 31 条第 1 款、《儿童权利公约》第 52 条、《欧洲人权公约》第 58 条、《美洲人权公约》第 78 条和《欧洲社会宪章》第 M 条都规定了退约条款。

退约是一国单方面发起的程序，目的是终止其在条约下的法律活动。有关条约对其他缔约方继续有效。[18]

如前所述，退约是国家的单方面行为，但不会立即生效。事实上，根据
699 《维也纳条约法公约》第 54 条，《残疾人权利公约》第 48 条规定："退约应当在秘书长收到通知之日起一年后生效。"

5 《残疾人权利公约》的无障碍模式和作准文本

《残疾人权利公约》第 49 条确认"应当以无障碍模式提供本公约文本"。

这一条款与《公约》所载的平等和不歧视原则以及第 9 条规定的无障碍权利密切相关。根据这一条款，《残疾人权利公约》的文本应当翻译成盲文和电子格式，以便为重度残疾人提供阅读机会。有些缔约国，如澳大利亚、加拿大、希腊、新西兰和塞尔维亚，为了实施第 49 条，已经提供了《公约》的无障碍模式和易读版本。在这些国家，《公约》还以当地手语和音频格式

---

17 2010 年，一项针对《联合国条约汇编》（UNTS）所载的 142 项国际协议的研究表明，60% 的协议包含退出条款。见 Koremenos and Nau（2010），第 106 页。

18 UN（2003），pp. 109-112.

提供，或以当地盲文印刷。

此外，为确保残疾人能够充分获取查阅档案和文件，残疾人权利委员会秘书处网站已经按照互联网联盟网络无障碍倡议（World Wide Web Consortium Web Accessibility Initiative，W3C WAI）的准则来设计和建设。

这一决定与《残疾人权利公约》的某些条款有关。《公约》第9条第2款第6项要求“促进向残疾人提供其他适当形式的协助和支助，以确保残疾人获得信息”，《公约》第21条第2项要求“在正式事务中允许和便利使用手语、盲文、辅助和替代性交流方式及残疾人选用的其他一切无障碍交流手段、方式和模式”。

最后，《公约》第50条规定：“本公约的阿拉伯文、中文、英文、法文、俄文和西班牙文文本同等作准。”这一条款是联合国主持制定的协议的典型最后条款。[19]

在20世纪初期，以两种或两种以上作准语文缔结国际协定的做法变得十分常见。人权条约通常在其最后条款中规定，联合国所有正式语文文本均为其作准文本：阿拉伯文、中文、英文、法文、俄文和西班牙文。

《维也纳条约法公约》第33条涉及以两种或两种以上“文字认证之条约之解释”，确认：“条约约文经以两种以上文字认证作准者，除依条约之规定或当事国之协议遇意义分歧时应以某种约文为根据外，每种文字之约文应同一作准。”因此，基于上述规定，可以推定条约术语在所有作准文本中具有 700
相同的含义。[20]

当作准文本之间的对比显示出通常解释所无法解决的含义差别时，根据《维也纳条约法公约》第33条第4款，解释人应当“采用顾及条约目的及宗旨之最能调和各约文之意义”。

《维也纳条约法公约》第79条涉及更正条约文本或经核证副本中的错误，规定：“条约约文经认证后，倘签署国及缔约国佥认约文有错误时，除各该国决定其他更正方法外，此项错误应依下列方式更正之：（甲）在约文

19　UN（2003），pp. 77-78.

20　Dorr（2012），pp. 587-601.

上作适当之更正，并由正式授权代表在更正处草签；（乙）制成或互换一项或数项文书，载明协议应作之更正；或（丙）按照原有约文所经之同样程序，制成条约全文之更正本。”

当条约如《残疾人权利公约》一样有保存人时，条约保存人应将约文中的错误和更正建议通知条约签署国和缔约国，并应确定一个对更正建议提出异议的适当时限。如无异议，保存人应在约文中作初步更正，制作更正文本并将其副本送交缔约方和有权成为缔约方的国家；如有异议，保存人应将反对意见通知签署国和缔约国。

相关案例

ICJ 28.05.1951, Advisory Opinion, *Reservations to the Convention on the Prevention and Punishment of the Crime of Genocide*, [1951] ICJ Rep. 15.

参考文献

Dorr O（2012）Interpretation of treaties authenticated in two or more languages, In: Dorr O, Schmalenbach K（eds）Vienna Convention on the Law of Treaties. A commentary, Springer, Heidelberg, pp. 587–601.

Koremenos B, Nau A（2010）Exit, no exit, Duke J Comp Int Law 21（81）: 81–119.

Marchisio S（2014）Corso di diritto internazionale, Giappichelli, Torino.

Pellet A, Muller D（2011）Reservations to human rights treaties, In: Fastenrath U, Geiger R, Khan DE, Simma B（eds）From bilateralism to community interest, Oxford University Press, Oxford, pp. 521–551.

Scovazzi T（ed）（2013）Corso di diritto internazionale, vol 3, Giuffrè, Milano.

701 Simma B, Hernandez GI（2011）Legal consequences of an impermissible reservation to a human rights treaty, In: Cannizzaro E, Arsanjani MH（eds）The law of treaties beyond the Vienna Convention, Oxford University Press, Oxford, pp. 60–85.

Villani U (2009) Tendenze della giurisprudenza internazionale in materia di riserve ai trattati sui diritti umani, In: Liber Fausto Pocar, Diritti individuali e giustizia internazionale, Giuffrè, Milano, pp. 969-983.

UN (2003) Final clauses of multilateral treaties: handbook, https://treaties.un.org/doc/source/publications/FC/English.pdf, Accessed 31 Oct 2015.

Walter C (2012) Formulation of reservations, In: Dorr O, Schmalenbach K (eds) Vienna Convention on the Law of Treaties. A commentary, Springer, Heidelberg, pp. 239-286.

703
《残疾人权利公约任择议定书》

奥内拉·费拉乔洛

本议定书缔约国议定如下：

第一条

一、本议定书缔约国（“缔约国”）承认残疾人权利委员会（“委员会”）有权接受和审议本国管辖下的个人自行或联名提出或以其名义提出的，声称因为该缔约国违反公约规定而受到伤害的来文。

二、委员会不得接受涉及非本议定书缔约方的公约缔约国的来文。

第二条

来文有下列情形之一的，委员会应当视为不可受理：

（一）匿名；

（二）滥用提交来文的权利或不符合公约的规定；

（三）同一事项业经委员会审查或已由或正由另一项国际调查或解决程序审查；

（四）尚未用尽一切可用的国内补救办法。如果补救办法的应用被不合理地拖延或不大可能带来有效的救济，本规则不予适用；

（五）明显没有根据或缺乏充分证据；或

704 （六）所述事实发生在本议定书对有关缔约国生效之前，除非这些事实存续至生效之日后。

第三条

在符合本议定书第二条的规定的情况下，委员会应当以保密方式提请有关缔约国注意向委员会提交的任何来文。接受国应当在六个月内向委员会提交书面解释或陈述，澄清有关事项及该国可能已采取的任何补救措施。

第四条

一、委员会收到来文后，在对实质问题作出裁断前，可以随时向有关缔约国发出请求，请该国从速考虑采取必要的临时措施，以避免对声称权利被侵犯的受害人造成可能不可弥补的损害。

二、委员会根据本条第一款行使酌处权，并不意味对来文的可受理性或实质问题作出裁断。

第五条

委员会审查根据本议定书提交的来文，应当举行非公开会议。委员会在审查来文后，应当将委员会的任何提议和建议送交有关缔约国和请愿人。

第六条

一、如果委员会收到可靠资料，显示某一缔约国严重或系统地侵犯公约规定的权利，委员会应当邀请该缔约国合作审查这些资料及为此就有关资料提出意见。

二、在考虑了有关缔约国可能提出的任何意见以及委员会掌握的任何其他可靠资料后，委员会可以指派一名或多名委员会成员进行调查，从速向委员会报告。必要时，在征得缔约国同意后，调查可以包括前往该国领土访问。

三、对调查结果进行审查后，委员会应当将调查结果连同任何评论和建议一并送交有关缔约国。

四、有关缔约国应当在收到委员会送交的调查结果、评论和建议后 705
六个月内，向委员会提交本国意见。

五、调查应当以保密方式进行，并应当在程序的各个阶段寻求缔约国的合作。

第七条

一、委员会可以邀请有关缔约国在其根据公约第三十五条提交的报告中详细说明就根据本议定书第六条进行的调查所采取的任何回应措施。

二、委员会可以在必要时，在第六条第四款所述六个月期间结束后，邀请有关缔约国告知该国就调查所采取的回应措施。

第八条

缔约国可以在签署或批准本议定书或加入本议定书时声明不承认第六条和第七条规定的委员会权限。

第九条

联合国秘书长为本议定书的保存人。

第十条

本议定书自二〇〇七年三月三十日起在纽约联合国总部开放给已签署公约的国家和区域一体化组织签署。

第十一条

本议定书应当经批准或加入公约的本议定书签署国批准，经正式确认或加入公约的本议定书签署区域一体化组织正式确认。本议定书开放给业已批准、正式确认或加入公约但没有签署议定书的任何国家或区域一体化组织加入。

第十二条

一、“区域一体化组织”是指由某一区域的主权国家组成的组织，
其成员国已将公约和本议定书所涉事项方面的权限移交该组织。这些组
706 织应当在其正式确认书或加入书中声明其有关公约和本议定书所涉事项
的权限范围。此后，这些组织应当将其权限范围的任何重大变更通知保
存人。

二、本议定书提及“缔约国”之处，在上述组织的权限范围内，应当适用于这些组织。

三、为本议定书第十三条第一款和第十五条第二款的目的，区域一体化组织交存的任何文书均不在计算之列。

四、区域一体化组织可以在缔约国会议上，对其权限范围内的事项行使表决权，其票数相当于已成为本议定书缔约国的组织成员国的数目。如果区域一体化组织的任何成员国行使表决权，则该组织不得行使表决权，反之亦然。

第十三条

一、在公约已经生效的情况下，本议定书应当在第十份批准书或加入书交存后的第三十天生效。

二、对于在第十份批准书或加入书交存后批准、正式确认或加入本议定书的国家或区域一体化组织，本议定书应当在该国或组织交存各自的批准书、正式确认书或加入书后的第三十天生效。

第十四条

一、保留不得与本议定书的目的和宗旨不符。

二、保留可随时撤回。

第十五条

一、任何缔约国均可以对本议定书提出修正案，提交联合国秘书长。秘书长应当将任何提议修正案通告缔约国，请缔约国通知是否赞成召开缔约国会议以审议提案并就提案作出决定。在上述通告发出之日后的四个月内，如果有至少三分之一的缔约国赞成召开缔约国会议，秘书长应当在联合国主持下召开会议。经出席并参加表决的缔约国三分之二
多数通过的任何修正案应当由秘书长提交联合国大会核可，然后提交所 707
有缔约国接受。

二、依照本条第一款的规定通过和核可的修正案，应当在交存的接受书数目达到修正案通过之日缔约国数目的三分之二后的第三十天生效。此后，修正案应当在任何缔约国交存其接受书后的第三十天对该国生效。修正案只对接受该项修正案的缔约国具有约束力。

第十六条

缔约国可以书面通知联合国秘书长退出本议定书。退约应当在秘书长收到通知之日起一年后生效。

第十七条

应当以无障碍模式提供本议定书文本。

第十八条

本议定书的阿拉伯文、中文、英文、法文、俄文和西班牙文文本同等作准。

下列签署人经各自政府正式授权在本议定书上签字，以昭信守。

目　次

1　任择议定书的必要性

《残疾人权利公约任择议定书》与《残疾人权利公约》一道由“拟订促进和保护残疾人权利和尊严的全面综合国际公约特设委员会”（Ad Hoc Committee on a Comprehensive and Integral International Convention on the Protection and Promotion of the Rights and Dignity of Persons with Disabilities，下文简称特设委员
708 会）[1] 于2006年12月5日通过。[2] 任择议定书往往与人权条约同时通过或在其后通过，用以详细阐释和进一步发展主条约的规范性内容，或者补充主条约关于实施和监测的相关规定。《残疾人权利公约任择议定书》属于后一类。

1　特设委员会是根据联合国大会2001年12月19日第56/168号决议设立的，自2002年至2006年共举行了8届会议。特设委员会第二届会议设立了一个工作组，由各国、非政府组织和国家人权机构的代表组成。工作组于2004年1月5日至16日举行会议。关于特设委员会和工作组工作的文件，见 http://www.un.org/esa/socdev/enable/rights/adhoccom.htm，Accessed June 25，2015。

2　See Annex Ⅱ to “Interim Report of the Ad Hoc Committee on its Eighth session”，A/AC.265/2006/4，September 1，2006. See also “Final Report of the Ad Hoc Committee on a Comprehensive and Integral International Convention on the Protection and Promotion of the Rights and Dignity of Persons with Disabilities”，A/61/611，December 6，2006.

正如前面章节已经讨论过的，《残疾人权利公约》第34~36条规定了监测《公约》实施情况的核心国际机制。[3] 在设立残疾人权利委员会作为《公约》监测机构的基础上，该机制要求缔约国向残疾人权利委员会定期提交关于本国实施《残疾人权利公约》情况的报告。残疾人权利委员会有权审议这些报告并就如何促进《公约》的实施向缔约国提出意见和建议。《残疾人权利公约任择议定书》通过提供另外两个程序补充了这一机制。其中一项程序赋予残疾人权利委员会接受和审议声称因为缔约国违反《公约》规定而受到伤害的个人来文的权限。另一项是调查程序，每当在缔约国境内发生对《残疾人权利公约》的严重违反时，残疾人权利委员会可启动该程序。

关于《残疾人权利公约》监测机制的谈判进程，前文已经作了整体考察。为了本章的目的，应当记住的是，自起草一项残疾人权利公约的广泛协商进程开始以来，就出现了加强以缔约国报告为基础的简单机制的需要。众所周知，这一进程涉及联合国的部门和机构、区域性国际组织、国家人权机构、非政府组织和专家个人。[4] 在2002年举行的一场非正式简报会[5]上，与
会者特别指出，将来通过的公约不能没有一个其他联合国人权条约或议定书 709
已经确立的个人申诉程序。不久前起草的《消除对妇女一切形式歧视公约任择议定书》就是一个典型的例子。[6] 所有专家一致认为，这一程序必须规定残疾人个人和其代表组织有权向公约监测机构提出申诉。但是，对于是在公约中还是通过任择议定书来建立这种申诉程序，各方存在不同的看法。[7]

随后，特设委员会主席在2003年编写并提交工作组的“草案要点”中

3　见本书对第34条“残疾人权利委员会”、第35条“缔约国提交的报告”和第36条“报告的审议”的评注。

4　See Stein and Lord (2010).

5　特设委员会非正式简报会，2002年6月26日，纽约联合国总部，“Síntesis Executiva de los debates de la Reunión de expertos”（只有西班牙文）。

6　《消除对妇女一切形式歧视公约任择议定书》由联合国大会1999年10月15日第54/4号决议通过；因此，它是《残疾人权利公约》谈判时最新的联合国核心人权条约。《消除对妇女一切形式歧视公约任择议定书》于2000年12月22日生效。See UNTS, vol. 2131, p. 83. 迄今已有106个国家批准了该议定书。

7　特设委员会非正式简报会，2002年6月26日，纽约联合国总部，“Síntesis Executiva de los debates de la Reunión de expertos”。

广泛讨论了与监测有关的事项。[8] 这些“要点”包括关于这一问题的两套可选规则。其中一套规则强调在国家层面监测公约的实施情况（A 模式），[9] 另一套规则则遵循一种就国际监测而言可能更有希望的路径（B 模式）。[10] 第二套规则规定设立一个残疾人权利委员会，这一选择当时并未得到各国政府的同意。此外，该残疾人权利委员会将有权负责三个不同的监测程序。第一个程序以缔约国“自我报告”为基础，与以往人权条约的类似程序没有实质区别。另外两个程序以《消除对妇女一切形式歧视公约任择议定书》为范本，其中一个程序使委员会能够接受和审议指控缔约国违反公约的个人来文，另一个程序授权委员会在有可靠资料表明在缔约国领土或管辖范围内发生严重或系统地侵犯公约所保护的权利时，发起调查。个人来文程序须通过“选择加入”的声明来具体接受，而调查程序对所有缔约国均可适用，作出“选择退出”声明
710 的除外。[11] 另一条草案进一步规定，缔约国有尽职义务确保所有向委员会申诉的人不得因此受到虐待或恐吓。[12] 委员会被要求在其提交联合国大会的定期报告中列入其根据个人来文程序和调查程序所开展活动的摘要。[13]

当工作组审查“主席草案要点”（Draft Elements）时，其成员对有关国际监测机制的任何建议——无论是“A 模式”还是“B 模式”，都没有达成普遍共识。因此，工作组编写的并成为各国在特设委员会谈判基础的案文草案没有包括关于这一事项的条款。[14]

8　Ad Hoc Committee, “Chair's Draft Elements of a Comprehensive and Integral International Convention on Protection and Promotion of the Rights and Dignity of Persons with Disabilities”, “Draft Elements on Implementation”, 24 December 2003.

9　见本书对第 33 条“国家实施和监测”的评注。

10　Ad Hoc Committee, “Chair's Draft Elements of a Comprehensive and Integral International Convention on Protection and Promotion of the Rights and Dignity of Persons with Disabilities”, “Draft Elements on Implementation”, cit., “Model B.”

11　Ibid., Articles 34 and 41.

12　Ibid., Article 42.

13　Ibid., Article 43. 关于残疾人权利委员会向联合国大会提交报告的问题，见本书对第 39 条“委员会报告”的评注。

14　“Report of the Working Group to the Ad Hoc Committee”, Annex Ⅰ, “Draft articles for a Comprehensive and Integral International Convention on the Protection and Promotion of the Rights and Dignity of Persons with Disabilities”, A/AC. 265/2004/WG/1, fn. 112, http://www. un. org/esa/socdev/enable/rights/ahcwgreport. htm, Accessed May 19, 2015.

事实上，国际监测是《残疾人权利公约》准备工作文件中记载的最棘手的问题之一。直到特设委员会第八届会议也就是最后一届会议之前，关于这些问题的辩论仍未结束。正如关于该《公约》第 34~36 条的分析已经指出的，《公约》起草者遇到的许多问题是由于特设委员会的工作与联合国条约机构系统的全面审查同时进行。[15] 由于这样的改革进程，残疾人权利委员会将要归属的一般法律框架相当混乱。此外，各个人权机构运作中的缺陷使少数国家不赞成设立又一个条约机构，但也促使一些参与谈判的国家、联合国各部门和机构、区域性组织、非政府组织和专家个人提出了一些关于建立一个强有力的和创新型的《残疾人权利公约》监测系统的建议。其中许多建议也许过于进步，对此要考虑到，一般来说，各国政府并未准备好在这一具体问题上接受非常严格的义务的约束。最后，担心缺乏共识以及未被接受的国际监测机制导致《公约》不被批准的可能性发生，起草者取消了《残疾人权利公约》案文中的个人来文程序和调查程序，而通过补充的任择议定书来确立这些程序。

无须赘言，通过任择议定书规定程序事项是人权法的传统做法。事实
上，在联合国主持下缔结的所有全球适用的基本人权公约（所谓的人权核心
条约），都有强化其监测系统的任择议定书作为补充，[16] 除了《消除一切形 711
式种族歧视国际公约》、《保护所有移徙工人及其家庭成员权利国际公约》
和《保护所有人免遭强迫失踪国际公约》。[17]

15　See Egan（2013），Broecker（2014）. 关于改革进程的结果，见 2014 年 4 月 21 日联合国大会第 68/268 号决议 “Strengthening and enhancing the effective functioning of the human rights treaty body system”。

16　在起草《残疾人权利公约任择议定书》时，下列强化联合国人权条约机构机制的文书已经通过：1966 年《公民及政治权利国际公约第一任择议定书》、1999 年《消除对妇女一切形式歧视公约任择议定书》和 2002 年《禁止酷刑和其他残忍、不人道或有辱人格的待遇或处罚公约任择议定书》。之后，在 2008 年通过了《经济、社会、文化权利国际公约任择议定书》，2011 年通过了《儿童权利公约关于来文程序的任择议定书》（Optional Protocol to the Convention on the Rights of the Child on a communications procedure）。后两项任择议定书分别于 2013 年 5 月 5 日和 2014 年 4 月 14 日生效。

17　联合国所有人权核心条约都规定了报告程序。此外，《消除一切形式种族歧视国际公约》规定了国家间控告程序（第 11~13 条）和个人申诉程序（第 14 条），而《保护所有人免遭强迫失踪国际公约》则规定了紧急行动程序（第 30 条）、个人来文程序（第 31 条）、国家间控告程序（第 32 条）和调查程序（第 33 条）。《保护所有移徙工人及其家庭成员权利国际公约》规定的个人来文程序将在 10 个缔约国根据第 77 条作出选择加入声明之后开始生效实施。

2 个人来文程序

2.1 向残疾人权利委员会提交来文

根据个人申诉程序，各个人权条约机构（各个委员会）履行的职能与国际性法庭的职能没有本质不同，但有一个重要区别：人权条约机构的认定结果没有法律约束力。[18] 个人申诉程序的特点是，条约监测机制是由声称其人权受到侵犯的个人触发的。因此，该程序被认为比报告程序更有效，也比国家间控告程序更有效。显然，与侵权行为的受害者不同，缔约国并没有特别的兴趣针对其他国家不尊重人权的情况向条约监督机构提出控诉。在这种情况下，各国更倾向使用外交及其他非正式手段。[19] 早期联合国人权条约所规定的国家间控告程序事实上从未被启动过，就证明了这一点。[20] 尽管先例如此，但这一程序并没有被近来的条约实践放弃。[21] 不过，《残疾人权利公约任
712 择议定书》并未对此作出规定。

《消除一切形式种族歧视国际公约》第 14 条首次确立了个人来文程序。之后，规定该程序就成了人权条约的传统。目前，除了禁止酷刑委员会预防酷刑和其他残忍、不人道或有辱人格的待遇或处罚小组委员会（SPT）外，联合国所有人权条约机构都有权接受和审议个人申诉。相关条约无一例外地将该程序作为任择程序。缔约国必须就接受该程序的约束作出具体的同意表

---

[18] See Ulfstein（2012），pp. 73-75.

[19] Tomuschat（2014），pp. 238-239. See also Bruce（2009），p. 144.

[20] 《公民及政治权利国际公约》第 41~42 条、《禁止酷刑公约》第 21 条、《消除一切形式种族歧视国际公约》第 11~13 条、《保护所有移徙工人及其家庭成员权利国际公约》第 76 条都规定了国家来文程序。

[21] 见《保护所有人免遭强迫失踪国际公约》第 32 条。《儿童权利公约关于来文程序的任择议定书》（Optional Protocol to the Convention on the Rights of the Child on a communications procedure）第 12 条规定了国家间来文程序，尽管许多国家的代表团（甚至参与起草进程的非政府组织）认为将该程序列入议定书案文几乎是无用的。见拟订《儿童权利公约》任择议定书以提供来文程序的不限成员名额工作组的报告，A/HRC/17/36，第 89 段。

示，即作出主公约规定的“选择加入”的声明，[22] 或在其他情况下单独批准一项任择议定书。[23]

《残疾人权利公约任择议定书》第1~5条规定了残疾人权利委员会的来文程序。通过批准任择议定书，每个缔约国都自动承认残疾人权利委员会有权接受和审议本国管辖下的个人自行或联名提出或以其名义提出的，声称因为该缔约国违反公约规定而受到伤害的来文（《残疾人权利公约任择议定书》第1条第1款）。显然，不能对尚未批准任择议定书的《残疾人权利公约》缔约国提出此类申诉。[24]

第1条第1款的措辞表明，来文不仅可以由侵权行为的受害者提交，也可以由其他人代表受害者提交。一般来说，只有侵权行为的受害者才有资格向人权条约机构提出个人申诉［即所谓的“受害者要求”（victim requirement)］。然而，人权事务委员会根据其《议事规则》确立了一种做法，即如果受害者看来无法亲自提交来文，则代表受害者提交的来文也可以受理。[25] 此后许多人权条约都载有这种条款。当一项人权条约保护特定的某些人（如儿童、残疾人、失踪者等）的权利，而这些人可能出于各种原因无法亲自提起申诉时，这种条款最有用。《残疾人权利公约任择议定书》的一个空白是，它没有具体说明是否必须经受害者的同意才能以受害者的名义提交来文。不过，处理这一问题的其他条约可对此提供一些指导。[26] 国家立法对残疾人获得司法救济权利可能设置的限制，对于个人来文程序的目的无关紧要。在这方面，该程序的运作符合《残疾人权利公约》第12条关于残疾人在法律面

22　见《禁止酷刑公约》第22条、《消除一切形式种族歧视国际公约》第14条、《保护所有移徙工人及其家庭成员权利国际公约》第77条、《保护所有人免遭强迫失踪国际公约》第31条。

23　见《公民及政治权利国际公约第一任择议定书》第1~5条、《消除对妇女一切形式歧视公约任择议定书》第1~7条、《经济社会文化权利国际公约任择议定书》第1~9条和《儿童权利公约关于来文程序的任择议定书》第5~11条。

24　See also *infra*, para. 4.

25　Tomuschat (2014), p. 255.

26　根据《儿童权利公约关于来文程序的任择议定书》第5条第2款，“如果来文是代表个人或个人群体提交的，则应征得被代表者的同意，除非提交人能够证明未经他们同意而代表他们行事是正当的”。另见《消除对妇女一切形式歧视公约任择议定书》第2条和《经济社会文化权利国际公约任择议定书》第2条。

713 前获得平等承认和享有法律能力（legal capacity）的原则。[27] 因此，残疾人权利委员会承认其面对的来文提交人或受害者的法律能力，无论来文所针对国家的立法是否承认此人的法律能力。[28]

关于谁可以提交来文的另一个问题涉及对《残疾人权利公约任择议定书》第 1 条第 1 款的解释，该条款规定来文可以由个人“联名提出”或“以其名义提出”。这一规定应参考《公民及政治权利国际公约》的相关判例来解读。虽然《公民及政治权利国际公约第一任择议定书》的有关条款没有提及个人联名，但人权事务委员会通过解释承认，根据该程序的宗旨，个人联名或以其名义提交的来文是可以受理的。[29] 基于这种做法，后来的条约，即使不是全部，也有许多在其来文程序条款中明确提及个人联名作为申诉者。[30] 就《残疾人权利公约任择议定书》而言，一些评论者走得更远，认为其第 1 条第 1 款还规定了“集体申诉”（collective complaint）程序。[31] 然而，这一术语有些含糊不清。在《残疾人权利公约任择议定书》以及《经济社会文化权利国际公约任择议定书》和《儿童权利公约关于来文程序的任择议定书》起草的过程中，“集体申诉”一词被用来指另一种程序，根据这一程序，申诉资格（*locus standi*）不是赋予受害者而是赋予享有特殊地位（例如联合国经社理事会咨商地位）的人权组织，使其可以就非特定群体所遭受的权益侵害提交来文。区域性人权公约很少明确规定此类程序。[32] 关于在《残疾人权利公约任择议定书》、《经济社会文化权利国际公约任择议定书》和《儿童权利公约关于来文程序的任择议定书》中规定“集体申诉”程序的建议没有成功，因为参加谈判的许多国家对此强烈反对，并且联合国人权系统

---

27 见本书对第 12 条“在法律面前获得平等承认”的评注。

28 Rule 68, para. 2, of the CRPD Committee RP（CRPD/C/1, June 5, 2014）.

29 Ghandi（1999）, p. 84.

30 《禁止酷刑公约》第 22 条（该条规定的是“个人或其代表”而非“个人联名”——译者注）、《消除对妇女一切形式歧视公约任择议定书》第 2 条、《经济社会文化权利国际公约任择议定》第 2 条和《儿童权利公约关于来文程序的任择议定书》第 5 条。

31 Stein and Lord（2010）, pp. 696-697.

32 关于《欧洲社会宪章附加议定书》规定的集体申诉程序，见 Churchill and Khaliq（2004），第 417~456 页。《美洲人权公约》（The American Convention on Human Rights）第 44 条规定，“任何个人或一群人，或经美洲国家组织一个或几个成员国合法承认的*任何非政府实体*，均可向委员会递交内容包括谴责或控诉某一缔约国违反本公约的请愿书”（斜体为作者另加）。

也缺乏此类先例。[33] 此后，应该说，在有关条款案文中增加“个人联名”一词，只是为了明确说明“个人”来文也可由一个以上的人或代表他们的人来 714 提交。不过，在实践中，人权条约机构广义解释了“个人联名”，使其在某些情况下多少软化了“受害者要求”（the victim requirement）。消除对妇女歧视委员会尤其指出，由于案件的特殊情况，某些保护妇女不受歧视的人权组织有权代表受害者采取行动。消除种族歧视委员会在两起案件中走得更远，认为某些特定的少数群体应被视为受到违反《消除一切形式种族歧视国际公约》的直接影响。[34]

关于个人来文程序的属事适用范围，《残疾人权利公约任择议定书》第1条第1款已经指出，可以因违反“该公约规定”而提交来文。因此，只要是《残疾人权利公约》涵盖的权利，就可以通过个人申诉来主张，没有任何限制。联合国核心人权条约从来没有就向人权条约机构提出个人申诉而在人权中作出选择。《经济社会文化权利国际公约任择议定书》第2条规定，个人来文程序的范围包括“该公约所规定的任何经济、社会和文化权利”。根据某些评论者的说法，剩下的只是可否或者在多大程度上援引自决权的问题。[35] 从理论方面转向实践方面，很显然，由于所主张权利的具体内容，特别是如果来文涉及指控对经济、社会或文化权利的侵犯，该程序可能会遭遇困难。申诉人所援引条款的拟订方式可能会引发进一步的问题。《消除对妇女一切形式歧视公约》提供了一个例子，该公约的约文没有清晰地阐明个人权利，而是要求各缔约国“采取一切适当措施”消除对妇女一切形式的歧

33　在《残疾人权利公约任择议定书》、《经济社会文化权利国际公约任择议定书》和《儿童权利公约关于来文程序的任择议定书》谈判期间就这一问题进行的辩论，分别见 Bruce（2009）、Biglino and Golay（2013）和 Ferrajolo（2014）。

34　See Tomuschat（2014），pp. 252–253.

35　众所周知，自决权受到《公民及政治权利国际公约》和《经济社会文化权利国际公约》共同第1条的保障。根据对《经济社会文化权利国际公约任择议定书》第2条的解释，在满足某些条件的情况下，可以就这项权利向经济、社会和文化权利委员会提出申诉。See Biglino and Golay（2013），pp. 8–9. 另一种意见则认为，《经济社会文化权利国际公约任择议定书》第2条规定的似乎是消极的解决办法，人权事务委员会的判例也导致同样的结果，因为它没有提到《经济社会文化权利国际公约》所规定的“任何权利”，而只是提到其所规定的“任何经济、社会和文化权利”。See Tomuschat（2014），p. 254.

视。《残疾人权利公约》的许多条款也是如此。在这种情况下，应由有关的监测机构来评判申诉人所援引的条款是否有足够的要素赋予个人权利。[36]

关于来文不可受理的一些标准载于《残疾人权利公约任择议定书》第2条，这与公认的条约惯例是一致的。如果来文有下列情形，则残疾人权利委员会应当视为不可受理：“（一）匿名；（二）滥用提交来文的权利或不符合
715 公约的规定；（三）同一事项业经委员会审查或已由或正由另一项国际调查或解决程序审查；（四）尚未用尽一切可用的国内补救办法。如果补救办法的应用被不合理地拖延或不大可能带来有效的救济，本规则不予适用；（五）明显没有根据或缺乏充分证据；或（六）所述事实发生在该议定书对有关缔约国生效之前，除非这些事实存续至生效之日后”。[37]

包含一事不再理原则（*the non bis in idem principle*）的第2条的规定是在足够宽泛的条件下拟订的，以涵盖各种悬而未决的国际案件，包括区域性人权法院或其他人权条约机构对同一案件的审查。关于用尽一切国内救济的规则重申了关于个人来文可受理性的一条非常普遍的标准，该标准是人权条约从关于外交保护的国际法原则中得来的。[38] 但如果国内救济办法的适用被不合理地拖延或不可能给受害者带来有效救济，则该规则不予适用。如果来文所申诉的事实在《残疾人权利公约》对有关国家生效后继续存在，那么源于条约不溯及既往原则（the principle of non-retroactivity of treaties）[39] 的第2条的规定不予适用。这一款规定以《消除对妇女一切形式歧视公约任择议定书》第4条第2款第5项为范本，后者是联合国人权核心条约中规定个人来文可受理性的时间标准的第一个例证。[40] 关于缺乏事实根据的来文，在实践中，来文没有充分阐明申诉主题所涉的事实或法律情况是所有条约机构共同面临的问题。“预先筛选”（pre-screening）已成为联合国人权条约机构的一

---

[36] Tomuschat（2014），p. 253. See also Connors（2012），pp. 629-630.

[37] OP-CRPD，Article 2.

[38] Cf. Brownlie（2008），pp. 492 et seqq.

[39] 1969年5月23日通过的《维也纳条约法公约》第28条规定了关于条约不溯及既往的国际法习惯规则。In：UNTS，vol. 1155，pp. 331 et seqq.

[40] See Connors（2012），p. 645.

般做法。[41] 残疾人权利委员会已经通过一项程序，目的在于在委员会根据其《议事规则》登记来文之前促进与申诉人对话并在必要时获得更多信息。[42]

根据《残疾人权利公约任择议定书》第 1 条和第 2 条审议来文可否受理 716
问题当然要在审议实质案情之前。[43] 残疾人权利委员会在收到有关缔约国对案情的解释或陈述之前，也可以将关于可受理性的问题与案情分开审议。[44] 在这种情况下，委员会还可以参考有关缔约国的解释，基于对案情的审议复查其来文可予受理的决定。[45] 残疾人权利委员会关于来文不可受理问题作出的决定连同作出这一决定的理由，一并送交来文提交人和有关缔约国。[46]

2.2 来文审查及结果

对个人来文的审查程序由人权条约机构通过非公开会议进行。根据《残疾人权利公约任择议定书》第 3 条，残疾人权利委员会应当以保密方式向有关缔约国提交其收到的任何来文。接受国应当在 6 个月内向委员会提交书面解释或陈述，澄清有关事项及该国可能已采取的任何补救措施。残疾人权利委员会不提供口头听证。此外，《残疾人权利公约任择议定书》没有规定残疾人权利委员会向各方提供斡旋以促进申诉问题的友好解决。有极少数条约在个人来文程序框架内规定了条约监测机构的这一特殊职能。[47]

---

41 Cf. Tomuschat（2014），pp. 259-261.

42 残疾人权利委员会《议事规则》（Rules of Procedure，RP）第 56 条规定，所有个人来文都由联合国秘书长永久记录。第 57 条规定，秘书长可以请申诉人就来文的主题、据称违反的《残疾人权利公约》条款、申诉的事实、提交人或受害者为用尽国内救济办法而采取的步骤、该事项在多大程度上已经或正在由另一个国际程序审查等问题澄清来文内容。第 63 条规定，一旦登记来文，残疾人权利委员会可设立工作组或任命报告员，协助委员会履行程序方面的各种职能。第 70 条规定，委员会任命一名“《残疾人权利公约任择议定书》来文问题特别报告员”，以便利来文提交并与申诉人及有关缔约国进行对话。See also CRPD committee，“Working methods of the Committee on the rights of persons with disabilities adopted at its fifth session（11-15 April 2011）”，CRPD/C/5/4，September 2，2011，Ⅳ，pp. 8-9.

43 残疾人权利委员会《议事规则》第 73 条，第 4 段。

44 同上，第 72 条。

45 同上，第 72 条，第 4 段。

46 同上，第 71 条。

47 《经济社会文化权利国际公约任择议定书》第 7 条和《儿童权利公约关于来文程序的任择议定书》第 9 条。

根据《残疾人权利公约任择议定书》第 4 条，在对实质问题作出裁断之前，残疾人权利委员会可请求有关缔约国采取委员会认为必要的措施，以避免对声称权利受到侵犯的受害人造成可能不可弥补的损害。残疾人权利委员会可在收到来文后和就案情作出任何决定之前的任何时候向有关缔约国发出这种请求。要求采取临时措施当然不影响委员会对来文的可受理性或实质问题作出裁断。早期的人权条约都没有赋予其监测机构要求有关缔约国采取临时措施的权力。这一程序最初是通过《人权事务委员会议事规则》（CCPR
717 RP）发展起来的，[48] 后来作为一项重要创新，被规定在《消除对妇女一切形式歧视公约任择议定书》第 5 条中。之后，《残疾人权利公约任择议定书》第 4 条、《保护所有人免遭强迫失踪国际公约》第 31 条、《经济社会文化权利国际公约任择议定书》第 5 条和《儿童权利公约关于来文程序的任择议定书》第 6 条也都规定了这一程序。

关于请求采取临时措施的法律效力，所有相关条约都规定有关缔约国有“紧急考虑”任何此类请求的法律义务，而不是遵从的义务。这似乎与人权条约机构在其可利用的任何程序中都没有强制权力的事实相一致。[49] 然而在实践中，人权事务委员会认为，不遵从采取临时措施的请求“不符合善意尊重任择议定书规定的个人来文程序的义务”。[50] 人权事务委员会已经多次表示其对临时措施具有法律约束力的信念，特别是当作出这样一个请求是为了阻止对某人的迫在眉睫的引渡或驱逐之时——那将使该人不得不面临严重的酷刑或虐待风险。[51] 一些学者从上述判例或“隐含权力”（implied powers）学说出发得出推论，认为人权条约机构向有关缔约国提出的采取临时措施的请求具有法律约束力。[52] 然而，《消除对妇女一切形式歧视公约任择议定书》和后续所有相关条约使用的“紧急考虑”措辞模式显然不支持这一论点。

---

48 “委员会可在将其审查意见转交给有关缔约国之前，告知该国关于是否希望采取临时措施以避免对所谓侵权行为的受害者造成不可弥补的损害的意见。”《人权事务委员会议事规则》（Rules of Procedure of the Human Rights Committee），CCPR/C/3/Rev. 10，第 17 页，规则 92。

49 见本书对第 34 条“残疾人权利委员会”的评注。

50 人权事务委员会第 33 号一般性意见，CCPR/C/CG/33，第 4 页，第 19 段。

51 Tomuschat（2014），pp. 263-264.

52 See de Zayas（2009），pp. 40-42；Tomuschat（2014）.

《保护所有人免遭强迫失踪国际公约》第31条第4款关于这一规定的措辞略有改动，但似乎并不足以推翻有关缔约国仅仅有义务将条约机构的请求作为一个紧急事项予以适当考虑的结论。[53] 至于《儿童权利公约关于来文程序的任择议定书》第6条，该条约的准备工作文件就进一步否定了所谓的有关缔约国的遵从义务。[54] 尽管如此，国家必须善意履行其条约义务的原则[55]意味着，当有关缔约国不遵从采取临时措施的请求时，至少应当给出有充分理由的解释，而不是苍白无力的辩解。[56] 应当进一步记住的是，《残疾人权利公约》规定缔约国有义务与残疾人权利委员会合作，协助其履行职能。[57] 因此， 718
可以主张，在某些情况下，特别是当涉及残疾人的基本人权时，有关缔约国不遵从采取临时措施的请求可能构成不履行《公约》规定的义务。[58]

根据《残疾人权利公约任择议定书》第5条，残疾人权利委员会在非公开会议上审查个人来文，审查之后将其“提议和建议”（所谓的“意见”）送交有关缔约国和申诉人。残疾人权利委员会的《议事规则》明确确认在整个程序中不提供口头审理。[59] 显然，关于个人来文的程序在这方面和许多其他方面都与司法程序不同。然而，正如已经指出的那样，人权条约机构根据这种程序履行的职能与法院的职能相当。由于缔约国赋予人权条约机构对个人与有关缔约国之间的争端作出裁决的权力，从缔约国的角度来看，来文程序被认为是“条约机构所有活动中对国家主权的最严重干涉”。[60]

---

53 《保护所有人免遭强迫失踪国际公约》第31条第4款规定，免遭强迫失踪问题委员会向有关缔约国提出“请求，请该国紧急考虑将采取必要的临时措施，以避免对指称侵权行为的受害人造成不可弥补的损害”；其他条约的有关条款省略了“将”一词。

54 儿童权利委员会曾经建议修改该条草案的案文，明确规定就儿童权利委员会采取临时措施的请求，有关缔约国有采取所要求的措施的法律义务。但是，这一建议没有被采纳。

55 1969年《维也纳条约法公约》第26条反映了条约必须遵守（pacta sunt servanda）的习惯规则：“凡有效之条约对其各当事国有拘束力，必须由各该国善意履行。”

56 Cf. Ulfstein（2012）, pp. 101-103.

57 见本书对第37条“缔约国与委员会的合作”的评注。

58 当然，这种方法意味着要在个案基础上进行仔细评估。然而，与断言人权事务委员会的临时措施要求本身具有法律约束力相比，它似乎更接近人权事务委员会声明的正当含义，在法学理论和实践中也更容易被接受。

59 残疾人权利委员会《议事规则》第73条第1款规定，残疾人权利委员会“根据来文提交人和有关缔约国向其提供的所有书面资料”提出意见，“条件是这些资料都已提交给相关的另一方”。

60 Ulfstein（2012）, p. 75.

另外，人权条约机构根据来文程序就个人来文发表的“意见”（“views” or “opinions”）[61] 不是判决。就其法律价值而言，这些“意见”与人权条约机构根据报告程序通过的“结论性意见”（concluding observations）并没有实质性区别。[62] 各条约机构通过其“意见”，就每一份来文所涉案件的具体特点提出权威性意见，并就有关缔约国应采取何种措施对其违反条约进行纠正提出权威性建议。[63]《残疾人权利公约任择议定书》没有规定有关缔约国在收到残疾人权利委员会的“意见”后应如何行动，不过，《消除对妇女一切
719 形式歧视公约任择议定书》第 7 条为这类规定提供了一个很好的例子。根据该条规定，《消除对妇女一切形式歧视公约任择议定书》缔约国有法定义务“适当考虑”消除对妇女歧视委员会的意见及建议（“短期”后续程序，“short term” follow-up procedure），并要持续地及时向消除对妇女歧视委员会通报其已经采取的应对措施（“长期”后续程序，“long-term” follow-up procedure）。[64]

事实上，《残疾人权利公约任择议定书》第 5 条的最后约文没有支持在该条约的准备工作中提出的关于加强和创新个人来文程序的一些建议。不过，这类建议在残疾人权利委员会的《议事规则》（Rules of Procedure, RP）中得到回应。除其他外，这些规定包括委员会成员在某些特定情况下必须回避对某项个人来文的审查，以不损害委员会工作的公正性。根据残疾人权利委员会《议事规则》第 60 条，委员会成员应当回避的情况包括：（a）委员本人与案件有个人利益关联；（b）委员曾以本任择议定书所定程序规定的之外的任何其他身份参与作出关于该来文所涉案件的决定；（c）委

61　关于名称，如上文所述，《残疾人权利公约任择议定书》第 5 条提到“提议和建议”（suggestions and recommendations）；《消除一切形式种族歧视国际公约》第 14 条第 7 款（b）项使用了同样的术语。在实践中，残疾人权利委员会将其调查结果称为“意见”（views），而消除种族歧视委员会则倾向于使用“意见”（opinion）一词。《消除对妇女一切形式歧视公约任择议定书》第 7 条第 3 款提到消除对妇女歧视委员会的“意见”（views）和“建议”（recommendations）。

62　见本书对第 36 条“报告的审议”的评注。

63　Tomuschat（2014），pp. 265-267.

64　Cf. Connors（2012），pp. 656-658. 另见《经济社会文化权利国际公约任择议定书》第 9 条和《儿童权利公约关于来文程序的任择议定书》第 11 条。

员是来文所针对的缔约国国民。[65]《议事规则》第73条第5款规定，秘书长应向来文提交人和有关缔约国转达委员会以简单多数确定的对个人来文的意见和任何建议。《议事规则》第73条第6款规定，委员会中参加作出决定的任何委员可要求在委员会意见后面附上其本人的意见摘要。委员会的“意见”在由联合国秘书长送交提交人和有关缔约国之后将以摘要的形式公开，该摘要应列入残疾人权利委员会提交给联合国大会的定期报告，并在联合国人权高专办的官方网站上公布。[66] 不过，根据保护受害者的原则，《议事规则》第76条第6款规定，残疾人权利委员会可自行决定或应提交人或据称受害人或缔约国的请求，在其宣布来文不可受理的决定以及关于案情问题和撤销的决定中不公布来文提交人或侵犯《公约》所载权利行为的据称受害人的姓名和身份细节。

通过其《议事规则》，残疾人权利委员会开启了关于其“意见”后续行动的程序。这一程序以前面提到的《消除对妇女一切形式歧视公约任择议定书》第7条的内容为范本，也类似于残疾人权利委员会在《残疾人权利公约》第35~36条报告程序框架内的“结论性意见”的后续行动程序。[67] 残疾人权利委员会《议事规则》第75条第1款规定，委员会的“意见”送交有关缔约国后，缔约国必须在6个月内作出书面答复，提供其根据委员会建议而采取任何行动的资料。《议事规则》第75条第2款和第3款规定，委员会随后可请有关缔约国通过特别报告或通过将此类资料列入其根据《残疾人权 720
利公约》第35条提交的定期报告，来提供进一步的信息。根据《议事规则》第75条第4~8款，残疾人权利委员会还任命了一名特别报告员，负责监测委员会关于个人来文的“意见”的执行情况。[68]

残疾人权利委员会在该程序下的“判例”仍然不多，因为其到2012年

65　此外，《议事规则》第61条规定，残疾人权利委员会成员可通知主席他或她退出对某项来文的审查。

66　残疾人权利委员会的“意见”公布于 http://tbinternet.ohchr.org/_layouts/treatybodyexternal/TBSearch.aspx?Lang=en&TreatyID=4&DocTypeID=5。

67　见本书对第35条“缔约国提交的报告”和第36条“报告的审议”的评注。

68　见特别报告员的“中期报告”，CRPD/C/10/3 of November 7，2013；CRPD/C/11/5 of May 22，2014。

才第一次审查完一项个人来文。残疾人权利委员会关于该项来文的结论是，有关缔约国侵犯了残疾人不受歧视的权利和健康权，违反了缔约国提供康复服务的义务。[69] 迄今为止，委员会审查的个人来文涉及在某些情况下违反《残疾人权利公约》的一般原则，在另一些情况下违反缔约国保护公民和政治权利或经济、社会和文化权利的具体义务。在其中一个案件中，残疾人权利委员会认定有关缔约国没有履行其尊重和保障残疾人政治权利的义务，包括残疾人在与其他公民平等基础上的选举权。[70] 在另一个案件中，委员会认定有关缔约国未能消除私人信贷机构基于残疾的歧视。这些认定结论符合联合国条约机构的既定判例，即就个人申诉而言，“违反”的范围既包括有关缔约国的作为，也包括其不作为。[71] 同样的解释也可以从另外两个案例得出。在其中一个案例中，残疾人权利委员会认定，有关缔约国未能有效地促进残疾人就业，违反了其根据《残疾人权利公约》应承担的义务。[72] 在另一个案例中，有关缔约国没有采取充分措施确保申诉人享有《残疾人权利公约》所保障的所有被拘押的残疾人应享有的适当的拘押条件。[73] 在另两个案例中，委员会认定所指称的违反《公约》的情况并未发生。[74] 迄今为止，只有少量
721 个人来文被宣布为不可受理。有一项来文基于属时理由（*ratione temporis*）不被受理，另一项来文则因未用尽国内补救办法而不被受理。[75] 按照委员会“意见”的后续行动程序而开展的实践更是非常少。[76]

---

[69] Communication No. 3/2011（*H. M. v. Sweden*），CRPD/C/7/D/3/2011，May 21，2012.

[70] Communication No. 4/2011（*Bujdosó et al. v. Hungary*），CRPD/C/10/D/4/2011，October 16，2013.

[71] Communication No. 1/2010（*Nyusti and Takács v. Hungary*），CRPD/C/D/1/2010，June 21，2013.

[72] Communication No. 2/2010（*Gröninger v. Germany*），CRPD/C/D/2/2010，July 7，2014.

[73] Communication No. 8/2012（*X v. Argentina*），CRPD/C/11/D/8/2012，June 18，2014.

[74] Communication No. 5/2011（*Jungelin v. Sweden*），CRPD/C/12/D/2/2011，November 14，2014；Communication No. 9/2012（*A. F. v. Italy*），CRPD/C/13/D/9/2012，April 24，2015.

[75] Cf. respectively：Communication No. 6/2011（*K. M. v. United Kingdom*），CRPD/C/8/D/6/2011，November 13，2012；Communication No. 10/2013（*S. C. v. Hungary*），CRPD/C/12/D/10/2013，October 28，2014.

[76] See *Supra*，nt. 68.

3 调查程序

《残疾人权利公约任择议定书》第6~8条规定了调查程序。该程序是《禁止酷刑公约》首次确立的，随后又规定在后续一些条约中。[77] 该程序的主要特点是，赋权条约监测机构在有可靠资料显示有关缔约国发生严重或系统违反公约的情况时，指派一名或多名委员会成员进行现场调查。该程序的另一个特点是，其运作需要缔约国的双重同意。首先，该程序尽管已经规定在任择议定书中，但仍需要得到缔约国的具体接受。接受要声明“承认”,[78] 或者在其他情况下，不希望受该程序约束的国家声明“不承认”。[79]《残疾人权利公约任择议定书》第8条允许各国在签署或批准该任择议定书时声明“不承认”。[80] 迄今为止，只有叙利亚根据第8条发表了声明。[81] 其次，根据所有相关条约，委员会不得在未经有关缔约国同意的情况下以调查为目的前往该缔约国领土。[82]

《残疾人权利公约任择议定书》的调查程序与其他人权条约的相关规定并无二致。根据《残疾人权利公约任择议定书》第6条第1款，该程序是由残疾人权利委员会在收到“可靠资料”表明有关缔约国“严重或系统地侵犯公约规定的权利”后启动的。与《禁止酷刑公约》第20条一样，这一规范

77 参见《禁止酷刑公约》第20条，《消除对妇女一切形式歧视公约任择议定书》第8条、第9条，《保护所有人免遭强迫失踪国际公约》第33条，《经济社会文化权利国际公约任择议定书》第11条和《儿童权利公约关于来文程序的任择议定书》第13条、第14条。

78 《经济社会文化权利国际公约任择议定书》第11条第1款。

79 《消除对妇女一切形式歧视公约任择议定书》第10条、《儿童权利公约关于来文程序的任择议定书》第13条第7款。

80 《残疾人权利公约任择议定书》第8条没有提及撤回“不承认”的声明，但残疾人权利委员会《议事规则》第91条提到了撤回声明。

81 联合国数据收集官方网站公布的数据，https://treaties.un.org/pages/ViewDetails.aspx?src=TREATY&mtdsg_no=IV-15-a&chapter 4&lang=en#EndDec。

82 关于调查程序的一般特点，进一步见 Tomuschat（2014），第271~272页。

722 没有具体规定谁可能提交此类资料。[83] 不过，调查程序的目的显然是通过处理不属于个人来文范围的案件来补充个人来文程序。因此，为调查目的而提交的资料与形式无关，而符合形式要求恰恰是提交个人来文的固有要求。[84] 另外，残疾人权利委员会《议事规则》第 82 条规定，为调查目的而提交的信息和/或此类资料来源的可靠性，由残疾人权利委员会作为一个初步问题进行查明。

《残疾人权利公约任择议定书》和委员会《议事规则》都没有就“严重或系统地侵犯”确定最低标准。正如涉及《消除对妇女一切形式歧视公约任择议定书》和《经济社会文化权利国际公约任择议定书》的法律原则（the legal doctrine）所指出的那样，事实上，调查条款提到的“严重”或“系统”的侵权表明，原则上，单一的不法行为如果构成严重侵权的话也足以使委员会启动该调查程序。[85] 不过，在《消除对妇女一切形式歧视公约任择议定书》的起草过程中，这种解释并非没有遇到问题。[86] 这些问题和其他一些问题似乎大多是通过条约机构的相关判例得以澄清的。就《残疾人权利公约任择议定书》而言，这种判例尚未形成。残疾人权利委员会仍在审议与调查有关的事项，迄今尚未通过其调查程序适用的准则或工作方法。2012 年，残疾人权利委员会报告称其已经“根据《残疾人权利公约任择议定书》设立了一个关于来文和调查工作的工作组”。[87] 此外，委员会登记了其收到的第一份提请调查的材料，并任命了一名报告员来审查有关资料。[88] 目前来看，《残疾人权利公约任择议定书》第 6~8 条仍然是纸面上的法律而不是行动中的法律。

83 残疾人权利委员会《议事规则》第 78 条规定，“秘书长应提请委员会注意根据任择议定书第 6 条第 1 款提交或似乎是提交委员会审议的资料”，并请联合国秘书长持一份按本条规则提请委员会注意的资料的永久性记录。该条规则未提及资料来源。该《议事规则》第 79 条规定，委员会可自行汇编其所掌握的资料，“包括联合国机构提供的资料”。

84 Cf. Biglino and Golay（2013）, p. 40.

85 Biglino and Golay（2013）, p. 41.

86 See Connors（2012）, p. 662.

87 “Report of the Committee on the Rights of Persons with Disabilities on its eighth session, 17-28 September 2012”, CRPD/C/8/2, May 29, 2013, para. Ⅶ.

88 See “Report of the Committee on the Rights of Persons with Disabilities on its ninth session, 15-19 April 2013”, CRPD/C/9/2, October 1, 2013, p. 5; “Report of the Committee on the Rights of Persons with Disabilities on its tenth session, 2-13 September 2013”, CRPD/C/10/2, May 13, 2014, p. 5.

根据《残疾人权利公约任择议定书》第 6 条第 1 款，如果残疾人权利委员会确信有可靠的依据启动调查程序，它应当向有关缔约国送交这类资料以及委员会自己的意见，并邀请该缔约国在后续程序中合作。根据残疾人权利委员会《议事规则》第 83 条，在收到和审议有关缔约国的答复后，残疾人权利委员会可决定向该缔约国的代表以及区域一体化组织、政府组织、国家 723
人权机构、非政府组织和包括专家在内的个人以及联合国系统获得进一步的信息。在此基础上，委员会可决定指派一名或多名委员会成员进行调查并从速向委员会报告。《残疾人权利公约任择议定书》第 6 条第 2 款规定，“必要时，在征得缔约国同意后，调查可以包括前往该国领土访问”。残疾人权利委员会《议事规则》第 86 条规定，此种访问的时间和所需的便利由残疾人权利委员会指派的成员和有关缔约国共同商定。《议事规则》第 87 条规定，被指派的委员会成员也可以举行现场听证，以查明与其调查有关的事实或问题。《议事规则》第 87 条第 4 款还规定，残疾人权利委员会建议有关缔约国采取适当步骤，确保其管辖下的个人不因参加委员会成员举行的任何听询或会议而遭受虐待或恐吓。这些规则反映了前文已经提到的一条草案，其设想缔约国有责任避免个人来文程序和调查程序中的“再次受害”。

根据《残疾人权利公约任择议定书》第 6 条第 3 款，调查结果经残疾人权利委员会审查之后，与委员会的“评论和建议”一并送交有关缔约国。该条第 4 款规定，有关缔约国应当在收到委员会送交的调查结果、评论和建议后的 6 个月内，向委员会提交本国意见。《残疾人权利公约任择议定书》第 7 条第 1 款规定，委员会可邀请有关缔约国在其根据《公约》第 35 条提交的常规定期报告中提供进一步资料。第 7 条第 2 款规定，如有必要，委员会还可以要求有关缔约国在前述第 6 条规定的 6 个月期间结束后的任何时候提供这类资料。由于这些规定，调查程序是残疾人权利委员会所有的工作程序中唯一不是通过委员会《议事规则》而是通过条约为其设立后续行动程序的程序。[89]

---

89 《经济社会文化权利国际公约任择议定书》第 12 条和《儿童权利公约关于来文程序的任择议定书》第 14 条规定了调查程序的类似后续行动。

一般来说，调查程序被认为是人权条约机构为实施条约而采用的最有效程序之一。虽然调查严重侵权行为是在程序框架中开展实地访问的唯一官方目的，但委员会成员在实地出现也有助于制止侵权行为，并在某些情况下预防进一步的侵权。[90] 不过，该程序也有两个影响很大的弱点。一是保密性。事实上，公之于众是提高监测程序的政治和道德分量以及使人权条约机构的
724 意见对缔约国施加压力的关键因素。二是调查程序没有国家的合作就难以运作。特别是，条约机构成员访问有关缔约国领土必须得到有关缔约国的同意。如前所述，这种同意不是自动来自有关缔约国先前的“承认”声明或没有“不承认”，而是需要有关缔约国逐案作出。

《残疾人权利公约任择议定书》规定的调查程序也存在这些弱点。其第6条第5款规定，调查应当由残疾人权利委员会以保密方式进行，并应当在程序的各个阶段寻求缔约国的合作。几乎所有相关条约都规定了这种模式。[91] 在《残疾人权利公约任择议定书》第6条起草的过程中，最初有人建议让调查程序具有公开性，因为公开性是残疾人权利委员会其他监测程序共同的特征，然而保密原则战胜了最初的建议。[92] 不过应当指出，残疾人权利委员会必须向联合国大会报告其所有活动，因此调查程序下的活动摘要会列入委员会报告。[93] 此外，有关残疾人权利委员会的调查结果及调查之后提出的建议的信息也能公开，只要有关缔约国在其根据《残疾人权利公约》第35条公开提交的一般定期报告中列入其后续行动的资料。毫不奇怪，残疾人权利委员会《议事规则》第80条明确规定，与委员会进行调查有关的所有文件和程序都是保密的，“除非符合任择议定书第7条的规定”，即缔约国提供的其对委员会调查所采取的后续行动的资料。

---

90 托姆沙特认为，“在实况调查过程中，被指派的人可以说服国家当局制止它们可能发现的任何侵权行为……那些参与这样一项调查任务的人不可避免地有更广泛的机会推动有关政府立即采取步骤……” 见 Tomuschat（2014），第271页。

91 《禁止酷刑公约》第20条第5款、《消除对妇女一切形式歧视公约任择议定书》第8条第5款、《经济社会文化权利国际公约任择议定书》第11条第4款和《儿童权利公约关于来文程序的任择议定书》第13条第3款。

92 Bruce（2009），pp. 143-144.

93 See *infra*，para. 4.

4 《残疾人权利公约任择议定书》与《残疾人权利公约》的关系

2006 年 12 月 13 日，联合国大会一并通过了《残疾人权利公约》和《残疾人权利公约任择议定书》。[94] 2007 年 3 月 30 日，《公约》和任择议定书于纽约联合国总部开放供签署。[95]

根据《残疾人权利公约任择议定书》第 10 条，该任择议定书只向《公约》的签署方开放供签署。其第 13 条第 1 款规定，该任择议定书应当在第 10 份批准书或加入书交存后的第 30 天生效，[96] 前提是《公约》已经生效。[97] 725
另外，任择议定书第 11 条规定，其只向已经批准或加入《公约》的国家和区域一体化组织开放和加入。这些规范的内容说明，《残疾人权利公约任择议定书》与《残疾人权利公约》不同，并没有对残疾人权利作出实质性规定，而只是处理程序问题，为监测《残疾人权利公约》所载义务的执行情况确立准则。显然，任择议定书不是《公约》的组成部分，而是一项独立的条约。因此，它也符合条约必须信守（*pacta sunt servanda*）原则和 1969 年《维也纳条约法公约》编纂的所有其他准则，包括关于同意受其约束的规定。另外，《残疾人权利公约任择议定书》中没有任何条款可适用于不受《残疾人权利公约》约束的国家。任择议定书与《残疾人权利公约》在属事理由方面密切相关。任择议定书关于签署、批准和加入的上述规定强调了这一情况。所有只涉及程序问题的、必须结合“母公约”一起实施的任择议定书都

---

94 A/RES/61/106, January 24, 2007.

95 《残疾人权利公约》第 42 条、《残疾人权利公约任择议定书》第 10 条。

96 根据《残疾人权利公约》第 41 条和《残疾人权利公约任择议定书》第 9 条，联合国秘书长是它们的保存人。

97 根据《残疾人权利公约任择议定书》第 13 条第 2 款，对于在第 10 份批准书或加入书交存后批准、正式确认或加入该议定书的国家或区域一体化组织，该议定书应当在该国或组织交存各自的批准书、正式确认书或加入书后的第 30 天生效。

包含类似规定。[98]

2008 年 5 月 3 日，《残疾人权利公约》和《残疾人权利公约任择议定书》同时生效。它们的属人管辖（*ratione personae*）范围仅在一定程度上重合。到目前为止，任择议定书有92 个签署国，其中有 87 个国家已批准或加入，[99] 即使与《残疾人权利公约》有 157 个缔约方相比较，这也是一个较高的数字了。[100] 欧盟是《残疾人权利公约》的缔约方之一，《公约》已于 2011 年对其生效，[101] 但欧盟至今没有签署也没有加入任择议定书。在理论层面，欧盟加入《残疾人权利公约任择议定书》没有障碍，因为《残疾人权利公约》关于“区域一体化组织”参与的所有规定——《公约》的一个显著创新[102]——也都列在《残疾人权利公约任择议定书》中。任择议定书第 10 条和第 11 条分别规定了该议定书开放给区域一体化组织签署和加入。此外，
726 《残疾人权利公约》第 44 条的主要规定（关于区域一体化组织的定义、关于这些组织与其成员国实施《残疾人权利公约》的职权划分等）都原封不动地在《残疾人权利公约任择议定书》第 12 条中重述。[103] 另外，任择议定书的确有两个程序与《残疾人权利公约》规定的报告程序不同，不适合对国际组织适用。调查程序的设计方式尤其对区域一体化组织造成了解释和适用方面的问题，因为区域一体化组织这样的国际人格者（international persons）并没有自己的领土。不过应当记住，《残疾人权利公约任择议定书》缔约方如果根据第 8 条声明不接受调查程序，即不受这一特定程序的约束。[104]

《残疾人权利公约任择议定书》第 14 条规范保留的方式与《残疾人权利

---

98 参见《公民及政治权利国际公约第一任择议定书》第 8~9 条、《消除对妇女一切形式歧视公约任择议定书》第 15 条、《禁止酷刑公约任择议定书》第 27 条和《经济社会文化权利国际公约任择议定书》第 17 条。根据《儿童权利公约关于来文程序的任择议定书》第 18 条，其只向已经批准或加入《儿童权利公约》或《儿童权利公约关于儿童卷入武装冲突问题的任择议定书》或《儿童权利公约关于买卖儿童、儿童卖淫和儿童色情制品问题的任择议定书》的国家开放签署、批准或加入。

99 联合国条约汇编官方网站公布的数据。

100 联合国条约汇编官方网站公布的数据。

101 Cf. Council Decision 2010/48/EC of November 26，2009. In：O. J. L 23/35 of January 27，2010.

102 Cf. Crescenzi（2010），pp. 498-490.

103 见本书对第 44 条“区域一体化组织”的评注。

104 《残疾人权利公约任择议定书》第 8 条。

公约》相关条款的方式相同,[105] 也是符合 1969 年《维也纳条约法公约》的方式。保留不得与任择议定书的目的和宗旨不符。众所周知，保留是否与条约的目的和宗旨不符并不是一个简单的问题，其答案仍然主要取决于其他缔约方的意见。[106] 2007 年，萨尔瓦多提出了一项保留，规定该国签署《残疾人权利公约任择议定书》不妨碍“《萨尔瓦多共和国宪法》所载的任何准则、原则和规范，特别是其列举的原则”。[107] 其他缔约国反对该保留，认为其措辞过于笼统或模糊，因此不符合国际法。萨尔瓦多于 2015 年 3 月根据任择议定书第 14 条第 2 款撤回了上述保留。[108]

《残疾人权利公约任择议定书》的最后条款还包括第 15 条“修正案”、第 16 条“退约”、第 17 条“以无障碍模式提供本议定书文本”和第 18 条“作准文本”。这些条款无须进一步讨论，因为它们的起草方式与《残疾人权利公约》最后条款的起草方式完全一致。[109] 不过，除了上述重合之处，《残疾人权利公约任择议定书》的起草者似乎没有特别注意任择议定书和《残疾人权利公约》之间的关系。与其他人权条约附加议定书不同的是，《残疾人权利公约任择议定书》没有在序言中提及《残疾人权利公约》、残疾人权利委员会，也未提及对《残疾人权利公约》监测机制进行补充规定的 727
目的。[110] 事实上，《残疾人权利公约任择议定书》的序言只包含一项没有特别重要意义的声明（“本议定书缔约国议定如下”），因此对于解释该任择议定书毫无用处。[111]

《残疾人权利公约任择议定书》的起草者也没有在约文中规定一些使任

---

105 见本书对第 46 条“保留”的评注。

106 Cf. Brownlie（2008）, pp. 613-615.

107 萨尔瓦多在签署时所作保留的全文公布在联合国条约汇编官方网站。

108 见联合国条约汇编官方网站。

109 见本书对第 47 条“修正”、第 48 条“退约”、第 49 条“无障碍模式”和第 50 条“作准文本”的评注。

110 《公民及政治权利国际公约第一任择议定书》的序言提供了一个例子，“认为为求进一步达成公民及政治权利国际公约（以下简称公约）的目标及实施其各项规定，允宜授权公约第四部分所设的人权事务委员会（以下简称委员会）依照本议定书所定办法，接受并审查个人声称因公约所载任何权利遭受侵害而为受害人的来文”。

111 “序言”是 1969 年《维也纳条约法公约》第 31 条意义上的条约“上下文”的一部分（“条约应依其用语按其上下文并参照条约之目的及宗旨所具有之通常意义，善意解释之”）。

择议定书和《残疾人权利公约》在实施中协调一致的一般性原则。例如，这样的条款可见于《儿童权利公约关于来文程序的任择议定书》，以确保执行该议定书规定的监测程序符合《儿童权利公约》的基本原则（“儿童最大利益”和“适当顾及”儿童的权利和意见）。[112] 另外，联合国人权条约以往的所有任择议定书确实也都没有这类条款。[113]

《残疾人权利公约任择议定书》的整个文本看上去非常简单，更不用说严谨有章法了。在该议定书起草过程的框架内得到考虑的若干方面的内容，以及《消除对妇女一切形式歧视公约任择议定书》对于某些情况所提供的范本，最后都被放弃了。如前所述，最后约文没有支持一项有用的条款草案，规定缔约国有义务在国家层面采取措施保护参与来文程序和调查程序的个人免受可能的“再次伤害”。[114] 另一项建议也是如此，即在约文中加入一项条款，要求残疾人权利委员会在提交联合国大会的定期报告中列入其根据个人来文和调查程序开展活动的摘要。[115] 残疾人权利委员会在实践中也发展了这
728 样的做法，即在其提交联合国大会的定期报告中列入“与任择议定书相关的活动”这一部分。目前该部分主要是关于个人来文方面的，因为残疾人权利委员会在调查程序下的活动暂时还不多，而且只是初步的。缔约国似乎并未对上述做法提出疑问。然而，从严格的法律意义上讲，在残疾人权利委员会向联合国大会提交的报告中列入其开展的活动的规范依据只有《公约》的一个条款，将该条款的规定适用于委员会根据任择议定书开展的活动还是一个需要解释的问题。

值得进一步注意的是，考虑到缔约国为确保整个《残疾人权利公约》

---

112 《儿童权利公约关于来文程序的任择议定书》第 2 条“委员会行使职能时所应奉行的一般原则”。其第 1 条、第 3 条和第 4 条规定了适用于儿童权利委员会该任择议定书所涵盖的所有活动的进一步的规范。

113 在这方面，应该指出，《儿童权利公约关于来文程序的任择议定书》是在《残疾人权利公约任择议定书》起草多年之后的 2011 年 12 月 19 日通过的（联合国大会 2012 年 1 月 28 日第 66/138 号决议）。

114 See *supra*, paras 1 and 3. 《消除对妇女一切形式歧视公约任择议定书》第 11 条规定：“缔约国应采取一切适当步骤确保在其管辖下的个人不会因为根据本议定书同委员会通信而受到虐待或恐吓。”另见《儿童权利公约关于来文程序的任择议定书》第 4 条。

115 根据《消除对妇女一切形式歧视公约任择议定书》第 12 条，“委员会应在其根据公约第 21 条提出的年度报告中包括它根据本议定书进行的活动的纪要”。

《残疾人权利公约任择议定书》监测系统的运作而承担的义务，任择议定书没有以《公约》第 37 条为范本纳入一项关于国家合作的条款。不过，重申缔约国与残疾人权利委员会合作并协助委员会成员履行职权的法律义务是有用的，尤其是为了达到调查程序的目的。另外，在《残疾人权利公约任择议定书》中规定一项内容与《残疾人权利公约》第 37 条相同的条款并非绝对必要，因为《残疾人权利公约任择议定书》缔约国同时也是《残疾人权利公约》的缔约国。此外，《残疾人权利公约》第 37 条也没有对缔约国的合作义务施加限制，这不同于《保护所有人免遭强迫失踪国际公约》第 26 条第 9 款的规定（根据该条款，缔约国有义务“在其接受的委员会职能范围内，与委员会合作，为委员会委员履行任务提供协助”）。

相关案例

CRPD Committee 21.05.2012, Communication No. 3/2011, *HM v. Sweden*, CRPD/C/7/D/3/2011.

CRPD Committee 13.11.2012, Communication No. 6/2011, *KM v. United Kingdom*, CRPD/C/8/D/6/2011.

CRPD Committee 21.06.2013, Communication No. 1/2010, *Nyusti and Takács v. Hungary*, CRPD/C/D/1/2010.

CRPD Committee 16.10.2013, Communication No. 4/2011, *Bujdosó et al. v. Hungary*, CRPD/C/10/D/4/2011.

CRPD Committee 18.06.2014, Communication No. 8/2012, *X v. Argentina*, CRPD/C/11/D/8/2012.

CRPD Committee 07.07.2014, Communication No. 2/2010, *Gröninger v. Germany*, CRPD/C/D/2/2010.

CRPD Committee 28.10.2014, Communication No. 10/2013, *SC v. Hungary*, CRPD/C/12/D/10/2013.

CRPD Committee 14.11.2014, Communication No. 5/2011, *Jungelin v. Sweden*, CRPD/C/12/D/2/2011.

CRPD Committee 24.04.2015, Communication No.9/2012, *AF v. Italy*, CRPD/C/13/D/9/2012.

参考文献

Biglino I, Golay C (2013) The Optional Protocol to the International Covenant on economic, social and cultural rights, Geneva Academy of International Humanitarian Law and Human Rights, Geneva.

Broecker C (2014) The reform of the United Nations' human rights treaty bodies, In: ASIL Insights, 18 (16), August 8, 2014, http://www.asil.org/insights/volume/18/issue/16/reform-united-nations%E2%80%99-human-rights-treaty-bodies#_edn15, Accessed 22 May 2015.

729 Brownlie I (2008) Principles of public international law, 7th edn, Oxford University Press, Oxford.

Bruce A (2009) Negotiating the monitoring mechanism for the Convention of the rights of persons with disabilities: two steps forward, one step back, In: Alfredsson G, Grimheden J, Ramcharan BG, de Zayas A (eds) International human rights monitoring mechanisms. Essays in Honour of Jakob Th. Möller, 2nd revised edn, Martins Nijhoff, Leiden/Boston, pp.133-148.

Churchill RR, Khaliq U (2004) The collective complaints system of the European Social Charter: an effective mechanism for ensuring compliance with economic and social rights? Eur Journ Int Law 15 (3): 417-456.

Connors J (2012) Optional protocol, In: Freeman MA, Chinkin C, Rudolf B (eds) The UN Convention on the elimination of all form of discrimination against women. A commentary, Oxford University Press, Oxford, pp.607-679.

Crescenzi A (2010) Articolo 42. In: Marchisio S, Cera R, Della Fina V (eds) La Convenzione delle Nazioni Unite sui diritti delle persone con disabilitù. Commentario, Aracne, Roma, pp.497-499.

De Zayas A (2009) Petitions before the United Nations treaty bodies: focus on the human rights committee's optional protocol procedure, In: Alfredsson G, Grimheden J, Ramcharan BG, de Zayas A (eds) International human rights monitoring mechanisms. Essays in Honour of Jakob Th. Möoller, 2nd revised edn, Martins Nijhoff, Leiden/Boston, pp. 35-76.

Egan S (2013) Strengthening the United Nations human rights treaty body system, Hum Rights Law Rev 13 (2): 209-243.

Ferrajolo O (2014) Ricorsi individuali (ma non collettivi) al Comitato per i diritti del bambino nel Protocollo del 2011 alla Convenzione di New York, In: Scritti in memoria di Maria Rita Saulle, vol I, Editoriale Scientifica, Napoli, pp. 595-619.

Ghandi PR (1999) The human rights committee and the right of individual communication. Law and practice, Ashgate Publishing, Aldershot/Brookfield/Singapore/Sidney.

Stein MA, Lord JE (2010) Monitoring the Convention on the rights of persons with disabilities: innovations, lost opportunities, and future potential, Hum Rights Quart 32 (3): 689-728.

Tomuschat C (2014) Human rights. Between idealism and realism, 3rd edn, Oxford University Press, Oxford.

Ulfstein G (2012) Individual complaints. In: Keller H, Ulfstein G (eds) UN human rights treaty bodies. Law and legitimacy, Cambridge University Press, New York, pp. 73-260.

731 # 《残疾人权利公约》 对人权法的发展

珍妮特·E. 洛德　迈克尔·阿什利·斯坦

目　次

1　引言

国际人权法作为一项日益明晰的法律制度将核心人权原则适用于历史上处于不利地位的人群和重点专题领域。自国际人权宪章 （the International Bill

of Human Rights）通过以来，人权制度不仅在内容上不断发展，在结构和机制上也不断演进，并见证了随之而来的自身立法潜力的增长。《残疾人权利公约》的通过[1]即反映了这一增长。该《公约》的核心任务之一是将既有的 732
人权义务纳入并使之可适用于残疾人的具体生活经历。[2] 事实上，要求制定一项专门针对残疾问题的条约，主要是由于国际人权制度赋予所有人的普遍保护在范围和内容上明确地或系统地忽略了残疾权利。[3]

本章从人权法及其不同发展进程的角度考察了《残疾人权利公约》所产生的若干主要影响。在考察的过程中，本章不仅梳理了国际范围内残疾人人权的逐步发展，而且梳理了更广泛意义上的人权法的逐步发展。这一发展体现在《残疾人权利公约》的实质性条款中，它们扩展了人权框架的结构；还体现在使人权体系更富活力的体制性和程序性发展，以及正在自然生发的判例中。与此同时，本章强调了那些对其规则的共同理解正在发生演变的领域，表明《残疾人权利公约》作为一项有生命力的条约所具有的增长潜力。[4] 本章还考察了《公约》在其实质性义务之外的作用，例如在促进人权和发展援助义务的执行和监测方面的作用。[5]

2 《残疾人权利公约》的理论影响

关于《残疾人权利公约》对人权法和人权进程的理论影响的评述虽然还在逐渐形成中，但已经开始出现。《残疾人权利公约》或许比迄今为止的任何其他人权条约都更清楚地唤起了人权法的宣示性价值（expressive value）。简单来说，关于宣示性法律（expressive law）的理论探索了法律文书通过影

1 《残疾人权利公约》，联合国大会 2006 年 12 月 13 日第 61/106 号决议通过。

2 Lord and Stein 注意到“公约规定了常见于人权条约的许多一般义务”，见 Lord and Stein（2008），第 456 页。See also Quinn（2009）.

3 Stein（2007）.

4 See Ulfstein（2005），p. 145.

5 Stein and Lord（2009b），p. 495.

响个人的偏好和行为从而改变社会观念和习俗的过程。[6]《残疾人权利公约》的宣示性价值源于其作为国际社会明确承认残疾人与其他所有人一样平等享有尊严、自主和价值这种观念所产生的影响。[7]

按照这些标准对《残疾人权利公约》的分析表明，《公约》向社会提供了有关残疾人权利的信息，从而促进了信念的改变。[8] 因此，《残疾人权利公约》对各国不同社会习俗的影响，可能通过那些能使其成为一种教育工具的条款而得到最好的实现。[9] 具体而言，《公约》关于历史上对残疾人的社会排斥既不必要又可以通过采取措施来改变的说法，对于履行《公约》的实质性法律义务和政策义务具有关键作用。[10]

733

宣示性方法同样有助于建构主义学说对“深度社会化的”行为体的理解，他们这些个体的身份是由其各自所处的社会环境的具体规范、价值观和思想所塑造的。[11] 综合而言，这些理念将《公约》理解为一个塑造和重建行为体的身份和利益的过程。从这个角度看，《残疾人权利公约》这项人权文书将残疾重新描述为一种流变的可修正的社会结构，并相应地阐明针对残疾的具体保护措施以使残疾人能够充分享有其人权。[12]

这种对残疾人人权的理解与以往的人权文书形成鲜明对比。以往的人权文书对在社会背景下理解残疾问题不敏感，没有将残疾人权利的实现与残疾

---

6 Geisinger (2002).

7 关于宣示性法律的文献综述，见 Geisinger and Stein (2007)。关于《残疾人权利公约》的宣示性价值的初步评估，见 Stein and Lord (2009a)，第 17 页。关于美国残疾法的宣示效果的初步评估，见 Stein (2004)。

8 对人权条约的宣示性法律的价值描述，可见 Geisinger and Stein (2008)。

9 例如，《残疾人权利公约》第 8 条要求缔约国“立即采取有效和适当的措施，以便：(一) 提高整个社会，包括家庭，对残疾人的认识，促进对残疾人权利和尊严的尊重”。人权教育工具促进《残疾人权利公约》的宣示性价值的例子，见 Lord *et al.* (2007)。

10 《残疾人权利公约》序言第 11 段关注“残疾人作为平等社会成员参与方面继续面临各种障碍，残疾人的人权在世界各地继续受到侵犯”。

11 国际法学者自格劳秀斯以来将国际制度视为一种社会制度。此外，具有极大影响力的国际法学纽黑文学派将法律视为一项社会进程。见 Lasswell and McDougal (1992)。关于将国际法作为一项社会进程的狭义理解，特别见 Higgins (1994)。

12 Finnemore (1996) 认为，规范所产生的影响来自对其的共同理解，行为体的身份和利益根据这些共同理解得以塑造。

人在日常社区生活中经历的障碍联系起来。[13] 联合国核心人权条约，以及包括《联合国宪章》[14] 和《世界人权宣言》[15] 在内的其他联合国文书莫不如此。

联合国大会以协商一致的方式通过《残疾人权利公约》及其迅速生效，734
促使国际社会认识到残疾人在人权标准中的地位。[16]

3 阐明人权法的一般原则

也许被正在涌现的许多关于《残疾人权利公约》的研究低估了的是，《残疾人权利公约》通过具体规定适用和解释其条约制度的一般原则，在多大程度上开辟了人权法的新天地。《残疾人权利公约》第 3 条规定的一般原则将《残疾人权利公约》坚实地扎根在人权法的基础之中，将《残疾人权利公约》与以往专门针对残疾问题的文书区分开来，也将其与没有具体阐明一般原则的其他核心人权公约区分开来。[17]《残疾人权利公约》的起草者通过规定一般性的和贯穿适用于各领域的条款，确定了指导《残疾人权利公约》所有条款的解释和适用的基本原则。

值得注意的是，《残疾人权利公约》将参与作为一项一般原则，唤起了关于参与正义（participatory justice）的理念，并反映了《公约》的谈判

13 Stein and Lord（2012），p. 27.

14 《联合国宪章》第 1 条第 3 款表达的联合国的核心宗旨之一是“促成国际合作，以解决国际间属于经济、社会、文化及人类福利性质之国际问题，且不分种族、性别、语言或宗教，增进并激励对于全体人类之人权及基本自由之尊重”。

15 《世界人权宣言》第 1 条和第 2 条正式宣布“人人生而自由，在尊严和权利上一律平等”和“人人有资格享受本宣言所载的一切权利和自由，不分种族、肤色、性别、语言、宗教、政治或其他见解、国籍或社会出身、财产、出生或其他身份等任何区别”。

16 2006 年联合国关于通过《残疾人权利公约》及该公约对残疾人和国际人权法发展的重要意义的总结性声明，“Lauding disability convention as ‘dawn of a new era’ UN urges speedy ratification”。

17 尽管人权条约机构提出了指导解释人权条约的一般原则，这些一般原则是从人权条约的整个案文中析出的，它们没有专门概述一般原则的具体条款。例如，儿童权利委员会确定了指导其解释《儿童权利公约》的 4 项主要原则：第 2 条规定的“不歧视”；第 3 条第 1 款规定的“儿童的最大利益”；第 6 条规定的“生命权和最大限度地确保儿童的生存与发展”；第 12 条规定的“重视儿童的意见和儿童的参与”。

进程。[18]《残疾人权利公约》的谈判进程使联合国对民间社会的参与给予了独特的包容。具体而言，残疾人组织和残疾权利倡导者积极和平等地参与《公约》起草进程，并在起草《公约》主要案文的工作组中发挥了前所未有的作用。[19] 此外，在《公约》中，参与既是一种价值，又是一项能够并要
735 求在公民政治、经济、社会和文化生活中具体适用的一般原则。[20] 从序言部分宣布“残疾人应有机会积极参与政策和方案的决策过程”开始，[21]《残疾人权利公约》积极要求将残疾人和残疾人组织纳入确定其生活方向的决策过程。[22] 通过这些做法，《公约》实施了杰拉德·奎恩（Gerard Quinn）教授和特蕾西亚·德格纳（Theresia Degener）教授的指导方针，即残疾人在影响其生活的所有决策中发挥核心作用，因此应被视为“主体而不是客体”。[23]

同样，《残疾人权利公约》将个人自主和个人自立的基本权利明确规定为一般原则。[24] 同时，《公约》第 12 条明确确认残疾人有权在法律面前获得平等承认，并在与他人平等的基础上行使其法律能力（exercise of legal capacity），[25] 包括有权选择居住地点和与谁居住，有权进行财务安排和处置财产，以及具有历史上受到侵犯的许多其他权利。这对于从程序角度确保残疾人参与司法的权利尤为令人瞩目。[26]

---

18 Stein and Lord（2008a）；Lord（2004c）.

19 拟订促进和保护残疾人权利和尊严的全面综合国际公约特设委员会，工作组提交特设委员会的报告，UN Doc. A/AC. 265/2004/WG. 1，第 1 段。工作组包括 12 个残疾人组织代表，同见上文，第 2 段。关于非政府组织参与《残疾人权利公约》早期谈判的考虑，见 Lord（2004b）。

20 Lord（2009），p. 226.

21 《残疾人权利公约》序言第 15 段。

22 2006 年联合国关于通过《残疾人权利公约》及该公约对残疾人和国际人权法发展的重要意义的总结性声明，“Lauding disability convention as ‘dawn of a new era’ UN urges speedy ratification”。

23 Quinn and Degener（2002）.

24 《残疾人权利公约》第 3 条第 1 项表达的一项基本原则是“尊重固有尊严和个人自主，包括自由作出自己的选择，以及个人的自立”。

25 《残疾人权利公约》第 12 条。

26 关于程序如何在涉及残疾人的基本问题的决策中对实质内容产生影响的一般分析，见 Minow（1985）。

4 确认交叉和多重歧视

《残疾人权利公约》承认残疾妇女和女童受到多重歧视，并且以比《消除对妇女一切形式歧视公约》更直接的方式处理这一关系。[27] 首先，《公约》第3条第7款规定男女平等是《公约》的一般原则之一。其次，《公约》第6条要求各缔约国采取一切适当措施，确保残疾妇女充分和平等地享有所有人权和基本自由。这两项一般性规定贯穿于各个领域，必须横向适用于实施《残疾人权利公约》的所有方面，包括与就业和充足生活水准相关的领域。[28] 736 虽然没那么显著却同样重要的还有土著残疾人群体的权利。由于没有关于土著残疾人的专门条款，这一群体仅在序言中被提及，[29] 但是他们在财产的所有和处分、[30] 语言作为无障碍[31]和教育模式的手段、[32] 平等参与文化和其他社会活动[33]等领域的交叉性权利具有高度相关性，然而直到现在，这些权利清楚无疑也仍然令人遗憾地没有得到承认。

虽然不那么直接，但《残疾人权利公约》同样可能用于促进保护其他边缘群体，例如，艾滋病毒感染者/艾滋病患者被某些（不是全部）法域承认为残疾人，从而受益于《残疾人权利公约》的保护。[34] 在没有针对艾滋病毒/艾滋病歧视提供保护的国家和虽然有相关不歧视立法却没有提供合理便利的国家，这一点尤其重要。[35]

例如，人们还可以想象，变性人可能受益于《残疾人权利公约》第5条

---

27 CEDAW, UNGA Resolution 34/180, 34 UN GAOR Supp. No. 46, UN Doc. A/RES/34/46 (Dec 18, 1979).

28 Lord et al. (2010).

29 《残疾人权利公约》序言第16段。

30 同上。

31 同上。See also Lord (2015b), p. 200.

32 例如《残疾人权利公约》第24条。

33 See Lord and Stein (2009).

34 Lord (2015a).

35 Lord (2012a); Lord and Stein (2016a).

和/或第27条赋予缔约国的确保提供合理便利的义务，包括不分性别的(gender-neutral)洗手间设施及其他调整改变等；或者受益于第19条赋予缔约国的确保融入社区的义务，该义务可能会对其他群体产生影响，使他们能够在其他情况下提出反对隔离住房的诉求。这显然与老年人有关，并且可以扩大到少数民族，如中欧的罗姆人（the Roma in Central Europe）或缅甸的罗兴亚人（the Rohingya in Myanmar）。

5 扩大难民法和国际人道法的保护范围

专门的人权公约通过特别注意高度边缘化的群体和在各种不同情境（包括国际和国内武装冲突）中歧视性待遇的影响，扩大人权保护的范围。《残疾人权利公约》因此促进了残疾权利分析在难民和庇护法、国际人道法和国际刑法中的理解和适用。

难民法和难民政策的逐步发展，包括加强对境内流离失所者（internally displaced persons，IDPs）的保护，应当根据国际人权法的一般发展情况来理
737 解。这包括加强妇女和儿童权利的国际人权文书，如《消除对妇女一切形式歧视公约》及其任择议定书，[36]《儿童权利公约》[37] 及《关于儿童卷入武装冲突问题的任择议定书》、[38]《关于买卖儿童、儿童卖淫和儿童色情制品问题的任择议定书》[39]。事实上，因基于性别的迫害而提出的庇护申请在很大程度上依赖于这些人权文书，而《儿童权利公约》所反映的关于儿童难民地位申请的原则已经促使难民法和难民政策作出更有利于儿童的解释。[40]《残疾人权利

---

36 OP-CEDAW, UNGA Resolution 54/4, 54 UN GAOR Supp. No. 49, UN Doc. A/RES/54/49 (Oct 15, 1999).

37 CRC, UNGA Resolution 44/25, 44 UN GAOR Supp. No. 49, UN Doc. A/RES/44/49 (Nov 20, 1989).

38 OP-CRC-AC, UNGA Resolution 54/263, 54 UN GAOR Supp. No. 49, UN Doc. A/RES/54/49, Annex Ⅰ (May 25, 2000).

39 OP-CRC-SC, UNGA Resolution 54/263, 54 UN GAOR Supp. No. 49, UN Doc. A/RES/54/263, Annex Ⅱ (May 25, 2000).

40 Edwards (2003), pp. 46-80.

公约》同样也应当可以激励难民法和保护境内流离失所者（IDPs），并有望将一种对残疾问题更加敏感的做法注入对难民地位和重新安置的确定。

同样，国际人道法长期以来一直缺乏对残疾的敏感性或对残疾的具体理解，这种缺失不仅仅是学术上的。[41]《残疾人权利公约》第 11 条明确规定各缔约国必须根据国际人道法和国际人权法保护危难情况下的残疾人免受伤害。[42] 通过这种做法，该规定发挥了将和平情况下和冲突情况下保护残疾人的义务统一起来的作用。[43] 这对国际人权法和国际人道法的总体保护框架具有重大贡献，因为它明确要求提供合理便利以确保不歧视，拒绝提供合理便利就构成歧视。[44] 构成《残疾人权利公约》（以及更普遍的人权法）不歧视和平等框架的一部分的提供合理便利的义务，对国际人道法具体适用于残疾人的情况具有重要影响。对于责任承担者或在受到冲突影响的地区工作的人道援助组织而言，这一问题既没有充分的理论说明，也完全没有可操作性的 738
探询或指导。[45]

最后，正如国际刑法将与性别有关的虐待行为升级为一项严重的人权问题一样，[46]《残疾人权利公约》也有望发挥类似的强调作用。例如，一些与残疾有关的虐待无疑构成危害人类罪，如基本未被注意的历史上德国纳粹等独裁政权对残疾人的迫害，值得特别关注。[47]

总之，《残疾人权利公约》的通过应有助于扩大所有情况下给予残疾人

41　Lord（2014），pp. 155－178. See also Lord and Stein（2015）.

42　《残疾人权利公约》第 11 条。

43　关于人权与国际人道法之间的相互关系，见国际红十字会官网，《国际人道法与人权》，http://www.icrc.org/eng/war-and-law/ihl-other-legal-regmies/ihl-human-rights/index.jsp。“国际人道法和国际人权法是两个不同但相辅相成的法律体系。它们都关心保护个人的生命、健康和尊严。国际人道法适用于武装冲突，而国际人权法适用于任何时候，无论是和平时期还是战争时期。”

44　《残疾人权利公约》第 5 条。

45　在关于难民和国内流离失所者的情况下，很少有人关注人道保护。See e. g.，Lord and Stein（2012）；Lord and Stein（2011），p. 31.

46　《国际刑事法院罗马规约》，UN Doc. A/CONF. 183. 9，Article 7（July 17，1998）。“‘危害人类罪’是指在广泛或有系统地针对任何平民人口进行的攻击中，在明知这一攻击的情况下，作为攻击的一部分而实施的下列任何一种行为：……（h）基于政治、种族、民族、族裔、文化、宗教、第三款所界定的性别，或根据公认为国际法不容的其他理由，对任何可以识别的团体或集体进行迫害，而且与任何一种本款提及的行为或任何一种本法院管辖权内的犯罪结合发生。”

47　Lord（2004a）.

的保护范围，正如关于儿童保护和妇女权利的国际人权文书已经推动将处境危险的群体纳入其中一样。

6 健康和残疾的（再）定性

与落后的残疾医学模式观点相反，《残疾人权利公约》认为不能将损伤等同于疾病，残疾人与其他任何个体一样可以是健康的。[48] 此外，《残疾人权利公约》设想残疾人的生活与非残疾人的生活具有同等的价值和尊严。[49] 因此，《残疾人权利公约》保障的残疾人平等获得医疗保健的权利立基于这样一种假设，即花费在残疾人身上的任何医疗保健经费与花费在非残疾人身上
739 的任何医疗保健经费具有相同价值。[50] 由此，《残疾人权利公约》避免了医疗保健资源分配中的功利主义考量陷阱——该观点认为，从社会价值来看，花在残疾个体身上的医疗费用的价值低于花在非残疾个体身上的医疗费用的价值。[51]

这一范式转变的最初影响是巨大的，那些长期存在的假设现在至少受到了质疑，法律和政策都在改变。正如凯耶斯（Kayess）和弗伦奇（French）雄辩地指出的那样，《残疾人权利公约》回避了残疾权利议程上一些争议较大的问题，如基于残疾的基因歧视，或在协调诸如产前筛查等做法与残疾权利和生殖权利时明显存在的紧张关系。[52] 不过，使《残疾人权利公约》富有生机的基本原则正在推动对这些问题和类似困难问题的批判性分析。[53]

在规定残疾人平等获得医疗保健方面，《残疾人权利公约》直接涉及了有限的国家资源这一关键而普遍问题。它在确认缔约国一般义务的同时，在《公约》第 4 条中承认了资源有限的情况。医疗保健权作为一项社会权利只

---

48 Stein et al.（2009）.

49 Stein（2007）.

50 Lord et al.（2012）.

51 Stein（2006）；Daniels（2008）.

52 Kayess and French（2008），p. 15.

53 See Lord（2012b）；Stein and Tolchin（2014）；Quinn et al.（2014）.

能逐步实现。[54] 然而，根据国际人权法，缔约国有义务为实现经济、社会和文化权利而立即采取步骤，并继续逐步这样做。同时，《公约》要求缔约国为残疾人提供合理便利，以便利残疾人获得和享有权利，而且，尽管合理便利受到不能造成“过度或不当负担”的限制，但拒绝提供合理便利是《公约》所禁止的一种歧视。[55]

因此，《残疾人权利公约》强调，国家必须采取平等步骤来实现平等获得医疗保健的权利，以便使残疾人能够平等获得相关服务，即使在财政状况限制了医疗保健服务的整体供给时也是如此。《残疾人权利公约》同样明确指出，将残疾人排除在平等获得医疗保健之外是一种遭到禁止的歧视行为，可以立即对此提起司法诉讼。[56]

7 缔约国会议

《残疾人权利公约》第 40 条规定缔约国应当定期举行缔约国会议，这在核心人权条约中是独一无二的。虽然以前的人权公约也有对缔约国会议的规定，但那些机制的目的限于选举有关委员会成员或修正其公约，而不是《残疾人权利公约》起草者所设想的更广泛的以实施为导向的目的。因此，《残疾人权利公约》的缔约国会议更近似于国际环境法或军备控制方面的缔约国 740
会议。[57] 在实践中，《残疾人权利公约》缔约国会议应当效仿其他领域的这些机构，促进《残疾人权利公约》义务的履行，并积极主动地发展完善该《公约》（例如，针对《公约》实施过程中的具体挑战为寻求援助的国家提

54 《残疾人权利公约》第 4 条。

55 《残疾人权利公约》第 2 条、第 5 条。

56 Lord（2015a）.

57 例如，《关于禁止使用、储存、生产和转让杀伤人员地雷及销毁此种武器的公约》，1997 年 9 月 18 日通过，2056 UNTS 241，36 ILM 1507（1997），1999 年 3 月 1 日正式生效，第 11 条；《关于在发生严重干旱和/或荒漠化的国家特别是在非洲防治荒漠化的国际公约》，1994 年 6 月 17 日通过，1954 UNTS 3，33 ILM 1332，1996 年 12 月 26 日正式生效，第 22 条；《联合国气候变化框架公约》，31 ILM 849（1992），1992 年 5 月 9 日通过，1994 年 3 月 21 日生效，第 10 条和第 14 条第 2 款。

供指导准则)。此外，缔约国会议应当采取行动，将缔约国、相关联合国机构、残疾人组织、非政府组织等广泛的主体联结起来，为讨论和思考如何最好地实施《公约》提供一个开放的论坛。[58]

《残疾人权利公约》缔约国会议本身尚未积极发挥其他国际领域特别是环境权利方面对应机构那样的立法潜力，也缺乏现有国际人权条约的条约机构在缔约国会议背景下发挥作用的先例。不过，在发挥最大效力的情况下，缔约国定期会议的目的是：（1）定期审查其所属基本条约的实施情况；（2）促进就缔约国为推动条约实施而采取措施（包括国际合作）开展的信息交流；（3）设立附属机构以促进条约实施；（4）传递和强调条约机构和/或其他机构提交的报告和其他信息；（5）审议对其各自所属条约的修正和/或澄清。[59] 如果《残疾人权利公约》缔约国会议在解释和发展文书以及召集残疾人及其代表组织积极参与方面发挥积极作用，《残疾人权利公约》的整体效力将会得到提高。然而，到目前为止，民间社会中尚未出现促使缔约国会议发挥这种作用的动力，各缔约国也毫不奇怪地接受了现状。

8　国内层面的监测

《残疾人权利公约》规定的监测机制和实施促进者扩展到了国家层面，这是国际人权公约的一项特别创新（尽管这已是国际环境协定及其他一些协
741 定的一个标准特点），[60] 也反映了近年来国家人权机构（NHRIs）在联合国人权进程中日益突出的地位。在特设委员会谈判过程中，关于国家层面监测的对话因国家人权机构参与谈判进程所有会议产生的显著影响而得到加强，包括国家人权机构在特设委员会工作组的工作。[61]

58　《残疾人权利公约》第 40 条。See Stein and Lord（2010）.

59　Lord and Stein（2016b）.

60　例如，《关于在发生严重干旱和/或荒漠化的国家特别是在非洲防治荒漠化的国际公约》，第 22 条；《联合国气候变化框架公约》，31 ILM 849（1992），1992 年 5 月 9 日通过，第 10 条和第 14 条第 2 款。

61　Stein and Lord（2008b），p. 109.

《残疾人权利公约》第 33 条“国家实施和监测”规定，缔约国有义务“指定一个或多个协调中心”负责有关实施公约的事项。[62] 缔约国还被要求“应当适当考虑在政府内设立或指定一个协调机制，以便利在不同部门和不同级别采取有关行动”。[63] 起草者在后一项规定中明确承认，国家层面确保残疾人权利的责任延伸到广泛的政府部门，因此在工作方法的相互配合和协调一致方面构成了相当大的挑战。第 33 条还要求缔约国建立和/或支持一个或多个独立机制，以“促进、保护和监测”《残疾人权利公约》的实施；[64] 该条还规定，残疾人及其代表组织必须“参加并充分参与监测进程”。[65] 但是，残疾人代表组织最终的实际参与在很大程度上取决于国家、区域和国际层面的残疾人权利组织在与残疾人权利委员会正式程序的互动中能够多好地进行组织和倡导。[66]

《残疾人权利公约》草案中拟议的关于残疾人权利委员会与国家监测机制之间关系的措辞没有反映在《公约》的最后约文中。不过，国家人权机构很可能成为残疾人权利委员会的一项宝贵资源，特别是一直以来国家人权机构都在努力协调推动《残疾人权利公约》的实施。国家人权机构国际协调委员会（International Coordinating Committee of NHRIs）通过举办全球性和区域性会议，在促进围绕《残疾人权利公约》开展的对话活动中发挥了积极作用。[67] 因此，残疾人权利委员会应当在与《残疾人权利公约》所设想的国家 742
人权机构有关的方面发展委员会的实践与作用。残疾人权利委员会可在这一方面作出创新，为缔约国建立此类机制提供咨询意见，提供技术援助以提高

---

62 《残疾人权利公约》第 33 条第 1 款。See de Beco（2011，2013）.

63 《残疾人权利公约》第 33 条第 1 款。

64 《残疾人权利公约》第 33 条第 2 款。

65 《残疾人权利公约》第 33 条第 3 款。

66 Lord and Stein（2014），p. 97.

67 全球会议（包括哈佛大学法学院残疾项目召开的会议）制定了提交特设委员会第六届会议的详细的监测建议，见 http://www. law. harvard. edu/news/2005/12/02_disabilities. php（webpage announcement）；关于《公约》实施问题的广泛讨论，见 http://www. law. harvard. edu/media/2007/02/16/hrpdisabilityconv. rm。区域会议包括 2007 年 9 月 27 日亚太国家人权机构论坛召开的讨论国家层面的监测和《公约》实施情况的会议，http://www. asiapacificforum. net/news/now-the-real-work-starts-implementing-the-un-disability-convention. html；2007 年 9 月 5 日在韩国首尔举行的历史性的公共论坛上，亚太国家人权机构与来自世界各地残疾人组织的代表们讨论了《公约》的监测和实施情况，见亚太论坛（2015）“Now the real work starts: implementing the UN Disability Convention”，http://www. asiapacificforum. net/news/now-the-real-work-starts-implementing-the-un-disability-convention. html。

缔约国的能力，并帮助缔约国评估其实施《公约》的国内需求和优先事项。如果委员会能够与国家监测机制建立起富有成效的关系，它将有助于在国内和国际层面开展促进和保护残疾人权利的方法和战略的有意义的交流。另外，残疾人权利委员会与欧盟等区域一体化组织之间的互动也正在拓展条约机构渐进发展实践的新空间。[68]

9 包容残疾的发展

《残疾人权利公约》的重要贡献之一是将对残疾的包容提升为减轻贫困的一个基本组成部分。《残疾人权利公约》第32条规定了缔约国应当承担的为实施《公约》而促进国际合作的一套详细义务，其中要求发展项目应将残疾人作为发展的受益者和参与者纳入其中。这一点值得注意，特别是考虑到旨在帮助世界上最贫穷的人到2015年实现更好生活的联合国千年发展目标（UN Millennium Development Goals，MDGs）[69] 没有提到残疾问题，也没有将残疾与贫困联系起来。虽然该千年发展目标的中心目标与残疾问题有着千丝万缕的联系，[70] 例如减贫、[71] 改善健康状况[72]和改善教育[73]，但直到《残疾人权利公约》通过之后才出现了一种更有活力的包容残疾的发展路径。[74]《残
743 疾人权利公约》的通过给联合国机构［包括联合国下属发展机构，如联合国开发计划署（the UNDP）、联合国人口基金（the UN Population Fund）、联合国儿童基金会（UNICEF）等[75]］创设了一项任务，即明确将残疾问题纳入其工作。批准《残疾人权利公约》的缔约国政府也在认真制定或修订其残疾政策，以更好地确保残疾人成为发展活动的参与者和受益者。然而，《残疾

---

68 Quinn and Flynn（2012）.

69 千年发展目标源自联合国首脑会议通过的《联合国千年宣言》。

70 关于千年发展目标及其与残疾问题未经阐明的确切联系，见 Lord and Guernsey（2005）。

71 千年发展目标之一：消除极端贫困和饥饿。

72 千年发展目标之六：与艾滋病毒/艾滋病、疟疾和其他疾病作斗争。

73 千年发展目标之二：普及小学教育。

74 Stein et al.（2013），p. 274.

75 特别是作为联合国专门机构的世界银行，见 Stein and Stein（2014）。

人权利公约》框架下残疾包容问题的发展远远超出了第 32 条的任务范围。《残疾人权利公约》的所有实质性条款都必须被适用于支持和指导残疾人减贫和发展。要将《残疾人权利公约》适用于指导迄今为止将残疾人排除在方案考虑之外的高技术发展领域，如水坝建设、小额信贷、公共事业、艾滋病毒和艾滋病防治等，还需要做很多的工作。残疾包容问题可持续发展目标（Sustainable Development Goals）的通过，有望消除阻碍残疾人充分享受发展成果的根深蒂固的障碍和歧视。不过，非常清楚的是，就像千年发展目标一样，只有将残疾问题作为其方案规划的一部分，而且《残疾人权利公约》所规定的义务能够在利用和实施可持续发展目标方面发挥核心作用时，可持续发展目标才可能取得成功。

10 残疾统计和数据收集

残疾人权利委员会承认和强调数据和统计的重要性，将其作为促进《公约》实施的关键要素。《残疾人权利公约》第 31 条要求缔约国“收集适当的信息，包括统计和研究数据”，以便制定和实施落实《残疾人权利公约》的政策。[76] 该条还概述了收集、维持和使用这些信息应遵循的标准。[77]《残疾人权利公约》的起草者特别关注缺乏专门针对残疾问题的统计和数据的问题。同时，特设委员会力求在促进在这方面的更好做法与确保收集和最终使用此类数据的过程不侵犯残疾人权利两种必要性之间取得平衡。由此产生的文本反映了这些利益和期待的均衡。残疾人权利委员会的一项重要监测任务，是确保缔约国在报告进程的框架内按照《公约》第 31 条的规定收集和应用残疾统计数据。[78]

残疾人权利委员会需要在其与缔约国的互动框架内作出努力，积极主动地促使缔约国参与相关残疾数据收集和统计的实践。残疾是一种社会建构， 744

76 《残疾人权利公约》第 31 条第 1 款。

77 同上。

78 Stein and Lord (2010).

各国对残疾的定义存在较大差异，因此残疾率也极为不同。[79] 这些不一致影响了对残疾人状况进行可靠的比较分析。此外，部分是为了减轻比较差异，各缔约国需要建立纵向数据库，以评估其本国残疾公民状况随着时间推移而取得的进展。

在这方面，残疾人权利委员会可努力促进缔约国之间在残疾统计和数据收集方面的一致性。委员会可以特别提供协助的一个领域是提高缔约国对全国人口普查中残疾问题标准化的认识，特别是“华盛顿城市小组”（Washington City Group）的工作。[80] 国际环境领域的做法对此具有指导意义，因为国际环境协定所起的作用是提供一个连贯、协调的框架，使缔约国在此框架内收集和分享数据和统计，并使条约机构和技术附属机构能够利用这些数据并促进适当的收集。[81]

11 结论

《残疾人权利公约》是在21世纪初通过的，是自20年前《儿童权利公约》通过以来，除《保护所有移徙工人及其家庭成员权利国际公约》外的第一项针对特定人群的核心人权公约。因此，它在许多方面反映了国际人权法的发展。首先，《残疾人权利公约》唤起了在人权实践中产生的许多法律发展，这些发展反映在诸如人权条约机构和区域人权体系的判例中，在较小程度上还反映在从国内法提炼出的原则中。例如，最明显的是，《残疾人权利公约》关于禁止基于残疾的歧视的规定、关于国家监测义务的规定，以及关于性别和年龄维度的考量。其次，《残疾人权利公约》是在联合国人权条

79 例如，肯尼亚报告只有不到1%的人口有残疾；相比而言，新西兰统计有20%。See Mont (2007).

80 Centers for Disease Control（2015）Washington Group on Disability Statistics，http://www.cdc.gov/nchs/citygroup.htm.

81 例如，《关于在发生严重干旱和/或荒漠化的国家特别是在非洲防治荒漠化的国际公约》（International Convention to Combat Desertification in Countries Experiencing Serious Drought and/or Desertification，specially in Africa）第16条（规定了该条约有关事项的数据和信息的收集、分析和交换的整合与协调）。

约机构改革的巨大压力下通过的，由于这种压力，在没有对条约机构进行全面改革的情况下，监测工作方面的改革创新被认为为时过早。不过，《残疾人权利公约》起草者在关于监测机制的条款中回应了其中一些挑战。例如，允许委员会在批准《公约》国家数目增加后增加其成员；规定委员会在履行任务时应当酌情咨询其他人权条约机构的意见，以便确保各自报告编写导则的一致性并避免重复。

尽管如此，残疾背景下的人权保障即使是光荣的，也只不过是一项尚未 745
完成的仍在进行之中的工作，超过这一定性的想法都是一厢情愿的。《残疾人权利公约》的某些条款缺乏详细规定，反映出起草者们不愿对既有人权规范增加结构和内容，如关于酷刑和保护身心完整性的条款。在其他一些情况下，案文中的内部紧张关系掩盖了尚未解决的冲突，尤其是关于教育方面的规定。不过，残疾人权利委员会最近通过了一项一般性意见，试图澄清《公约》起草中的一些模糊之处。还有其他一些方面，就像其他国际领域的立法一样，灵活性被创造性地纳入了《公约》文本，以允许对《公约》的理解和解释随着时间的演变而发展。后者最为明显地体现在残疾人权利委员会关于残疾构建（the construction of disability）的理解中。若干条款（例如关于数据收集、残疾包容性发展和信息交流的条款）反映了提高关于残疾的知识和理解的明确尝试，这些知识和理解曾严重阻碍国家层面残疾法律和政策的逐步发展。

展望未来，我们可能希望通过包括但不限于残疾人权利委员会以及区域和国内法院的判例，使《残疾人权利公约》第 12 条和残疾人支持决策制度的实施情况更加明确和具体。也许更值得关注的是，《残疾人权利公约》可能具有在不同机构之间形成一种解释路径的潜力，这体现在政治权利的逐步发展中，就像在最初的欧洲人权法院受理的基斯诉匈牙利案（*Kiss v. Hungary*）和后来残疾人权利委员会受理的布伊多索诉匈牙利案（*Bujdosó v. Hungary*）中看到的那样。[82] 如果《残疾人权利公约》的制度安排特别是缔约国会议能

---

[82] ECtHR, *Alajos Kiss v. Hungary*, Application No. 38832/06, Judgment of May 20, 2010; CRPD Committee, *Zsolt Bujdosó and five others v. Hungary*, CRPD/C/10/D/4/2011. 这两起案件都是由哈佛大学法学院残疾项目的成员发起的，后来又得到该项目的干预和支持，强调了民间社会协调行动的必要性，以推进《残疾人权利公约》任务的实现。

够充分发挥其潜力，则信息和通信技术无障碍示范标准、[83] 选举无障碍[84]和人道主义援助[85]等就能够更有助益。然而，这需要继续发展《残疾人权利公约》的体制机制。没有残疾人组织的深思熟虑和战略压力，缔约国就不太可能促进这种发展。

相关案例

CRPD Committee 20.09.2013，Communication No. 4/2011，*Zsolt Bujdosó and five others v. Hungary*，CRPD/C/10/D/4/2011.

ECtHR 20.05.2010，Application No. 38832/06，*Alajos Kiss v. Hungary*，IHRL 3619（ECHR 2010）.

746 ## 参考文献

Daniels N（2008）Setting limits fairly：learning to share resources for health，Oxford University Press，Oxford.

De Beco G（2011）Article 33（2）of the UN Convention on the rights of persons with disabilities. Another role for national human rights institutions? Neth Q Hum Rights 29：84-106.

De Beco G（ed）（2013）Article 33 of the UN Convention on the rights of persons with disabilities：national structures for the implementation and monitoring of the convention，Martinus Nijhoff，Leiden.

Edwards A（2003）Age and gender dimensions in international refugee law，In：Feller E，Turk V，Nicholson F（eds）Refugee protection in international law，Cambridge University Press，Cambridge，pp. 46-80.

---

83 Lazar and Stein（2016）.

84 Fiala-Butora et al.（2014）；Lord et al.（2014）.

85 Stein（2010），p. 77；Lord et al.（2009），p. 71.

Fiala-Butora J, Stein MA, Lord JE (2014) The democratic life of the union: toward equal voting participation for Europeans with disabilities, Harv Int Law Journ 55 (1): 71-104.

Finnemore M (1996) National interests in international society, Cornell Press, Ithaca.

Geisinger A (2002) A belief change theory of expressive law, Iowa Law Rev 88 (1): 35-73.

Geisinger A, Stein MA (2007) A theory of expressive international law, Vanderbilt Law Rev 60 (1): 77-131.

Geisinger A, Stein MA (2008) Rational choice, reputation, and human rights treaties, U Mich Law Rev 106: 1129-1142.

Grotius H (1625) De jure belli ac pacis: Libre tres, In: Scott JB (ed) (1925) Classics of international law, Oxford University Press, Oxford.

Higgins R (1994) Problems and process: international law and how we use it, Clarendon, Oxford.

Kayess R, French P (2008) Out of darkness into light? Introducing the Convention on the rights of persons with disabilities, Hum Rights Law Rev 8 (1): 1-34.

Lasswell H, McDougal M (1992) Jurisprudence for a free society, Kluwer Academic, Hingham.

Lazar J, Stein MA (eds) (2017) Disability, human rights, and information technology, University of Pennsylvania Press, Philadelphia.

Lord JE (2004a) Genocide, crimes against humanity and human rights abuses against people with disabilities, In: Shelton DL (ed) Encyclopedia of genocide and crimes against humanity, Macmillan Reference USA, Thomson Gale, Detroit, New York and others.

Lord JE (2004b) Mirror, mirror on the wall: voice accountability and NGOs in human rights standard setting, Seton Hall J Dipl Int Relat 5: 93.

Lord JE (2004c) NGO participation in human rights law and process, ILSA J Int Comp Law 10: 311-318.

Lord JE (2009) Participatory justice, the UN disability human rights Convention, and the right to participate in sport, recreation, and play, In: Kumpuvuori J, Scheinin M (eds) The United Nations Convention on the rights of persons with disabilities: multidisciplinary perspectives, VIKE, Helsinki, p. 226.

Lord JE (2012a) HIV/AIDS, disability and discrimination: a thematic guide on inclusive law, policy and programming, One Billion Strong, Washington.

Lord JE (2012b) Screened out of existence: the Convention on the rights of persons with disabilities and selective screening policies, Int J Disabil Commun Rehabil 12 (2), http://www.ijdcr.ca/VOL12_02/articles/lord.shtml, Accessed 12 July 2015.

Lord JE (2014) International humanitarian law and disability: paternalism, protection or rights? In: Gill M, Schlund-Vials C (eds) Disability, human rights and the limits of humanitarianism, Ashgate, Burlington, pp. 155-178.

Lord JE (2015a) Accessing socio-economic rights: the rights of persons with disabilities, In: Langford M, Reidel E (eds) Equality and socio-economic rights: international law in context (in press).

Lord JE (2015b) Deaf identity and rights in Africa: advancing equality through the Convention
747 on the rights of persons with disabilities, In: Cooper AC, Rashid KK (eds) Citizenship, politics, difference: perspectives from Sub-Saharan signed language communities, Gallaudet University Press, Washington, p. 200.

Lord JE, Guernsey KN (2005) Inclusive development and the comprehensive and integral international convention on the protection and promotion of the rights and dignity of persons with disabilities. Paper contributed at 5th session of the ad hoc committee of the International Disability and Development Consortium, January 2005, http://www.un.org/esa/socdev/enable/rights/ahc5docs/ahc5iddc.doc, Accessed 12 July 2015.

Lord JE, Stein MA (2008) The domestic incorporation of human rights law and the United Nations Convention on the rights of persons with disabilities, Wash Law Rev 83: 449-479.

Lord JE, Stein MA (2009) Social rights and the relational value of the rights to participate in sport, recreation, and play, Boston Univ Int Law J 27: 249-281.

Lord JE, Stein MA (2011) Human rights and humanitarian assistance for refugees and internally displaced persons with disabilities, In: Plessis IG, Van Reenan T (eds) Aspects of disability law in Africa, Pretoria University Law Press, Pretoria, p. 31.

Lord JE, Stein MA (2012) Implications of the UN disability Convention for refugees and internally displaced persons with disabilities, Ariz J Int Comp Law 28: 401.

Lord JE, Stein MA (2014) Prospects and practices for CRPD implementation in Africa, In: Ngwena C, Viljoen F (eds) African YB on disability rights, vol 1, Pretoria University Law Press, Pretoria, p. 97.

Lord JE, Stein MA (2015) Peacebuilding and reintegrating ex-combatants with disabilities,

Int'l J H R 19：277.

Lord JE，Stein MA（2016a）Critical social and economic issues of development and human rights：disability，In：Marks SP，Rajagopal B（eds）Research handbook on human rights and development（in press）.

Lord JE，Stein MA（2016b）The Committee on the rights of persons with disabilities，In：Alston P，Mégret F（eds）The United Nations and human rights：a critical appraisal，Oxford University Press，Oxford（forthcoming）.

Lord JE，Won JC（2014）Missed opportunity? UN report describes human rights abuses but leaves out the status of the disabled，Korean Quarterly.

Lord JE et al（2007）Human rights. YES! http://www1.umn.edu/humanrts/edumat/hreduseries/TB6/，Accessed 12 July 2015.

Lord JE，Stein MA，Waterstone ME（2009）Natural disasters and people with disabilities，In：Malloy RP（ed）Law and recovery from natural disaster：Hurricane Katrina，Ashgate，Burlington，p. 71.

Lord JE，Stein MA，Stein PJ（2010）The law and politics of US participation in the UN Convention on the rights of persons with disabilities，In：Quinn G，Waddington L（eds）European yearbook of disability law，vol 2，Intersentia，Antwerp，pp. 29-46.

Lord JE，Stein MA，Tolchin DW（2012）Equal access to health care under the UN disability rights Convention，In：Rhodes R，Battin M，Silvers A（eds）Medicine and social justice：essays on the distribution and care，2nd edn，Oxford University Press，Oxford，p. 8.

Lord JE，Stein MA，Fiala-Butora J（2014）Facilitating an equal right to vote for persons with disabilities，J Hum Rights Pract 6（1）：115-139.

Minow M（1985）Beyond state intervention in the family：for Baby Jane Doe，Univ Mich J Law Reform 18：933.

Mont D（2007）Measuring disability prevalence. SP Discussion Paper No. 0706. Disability and Development Team，HDNSP，World Bank，Washington.

Quinn G（2009）The United Nations Convention on the rights of persons with disabilities：towards a new international politics of disability，Tex J Civ Lib Civ Rights 15：33-53.

Quinn G，Degener T（2002）Human rights and disability，http://ohchr.org/Documents/Publications/HRDisability.pdf，Accessed July 12，2015.

Quinn G，Flynn E（2012）Transatlantic borrowings：the past and future of EU non-discrimination law and policy on the ground of disability, Am J Comp Law 60 (1): 23-48.

748 Quinn G, de Paor A, Blanck P (2014) Genetic discrimination: transatlantic perspectives on the case for a European level legal response, Routledge, New York.

Stein MA (2004) Under the empirical radar: an initial expressive law analysis of the ADA, Virginia Law Rev 90: 1151-1191.

Stein MA (2006) Distributive justice and disability, Yale University Press, New Haven.

Stein MA (2007) Disability human rights, Calif Law Rev 95: 75-121.

Stein MA (2010) Ensuring respect for the rights of people with disabilities, In: Pang VO, Fernekes W, Nelson J (eds) The human impact of natural disasters: issues for the inquiry-based classroom, National Council for the Social Studies, Silver Spring, p. 77.

Stein MA, Lord JE (2008a) Participatory justice, and the UN Convention on the rights of persons with disabilities, Tex J Civ Lib Civ Rights 13 (2): 167-185.

Stein MA, Lord JE (2008b) The United Nations Convention on the rights of persons with disabilities as a vehicle for social transformation, In: National monitoring mechanisms of the convention on the rights of persons with disabilities. Comisión Nacional de los Derechos Humanos de México, Network of the Americas & Office of the United Nations High Commissioner for Human Rights, p. 109.

Stein MA, Lord JE (2009a) Future prospects for the United Nations Convention on the rights of persons with disabilities, In: Arnardóttir OM, Quinn G (eds) The UN Convention on the rights of persons with disabilities: European and Scandinavian perspectives, Brill, Leiden, pp. 17-40.

Stein MA, Lord JE (2009b) The United Nations Convention on the rights of persons with disabilities: process, substance, and prospects, In: Isa FG, De Feyter K (eds) International protection of human rights: achievements and challenges, Universidad de Deusto, Bilbao, p. 495.

Stein MA, Lord JE (2010) Monitoring the Committee on the rights of persons with disabilities: innovations, lost opportunities, and future potential, Hum Rights Quart 32 (3): 689-728.

Stein MA, Lord JE (2012) Forging effective international agreements: lessons from the UN Convention on the rights of persons with disabilities, In: Heymann J, Cassola A (eds) Making equal rights real: taking effective action to overcome global challenges, Cambridge University Press, Cambridge, p. 27.

Stein MA, Stein PJ (2014) Disability, development, and human rights: a mandate and framework for international financial institutions, UC Davis Law Rev 47: 1231-1278.

Stein MA, Tolchin DW (2014) The Convention on the rights of people with disabilities: what is at stake for phychiatrists and the patients we serve, Phys Med Rehabil J 6 (4): 356-62.

Stein MA, Stein PJ, Weiss D, Lang R (2009) Health care and the UN disability rights Convention, Lancet 374 (9704): 1796-1797.

Stein MA, Lord JE, McClain-Nhlapo C (2013) Education and HIV/AIDS: disability rights and inclusive development, In: Langford M, Sumner A, Yamin AE (eds) Millennium development goals and human rights: past, present and future, Cambridge University Press, Cambridge, p. 274.

Ulfstein G (2005) Reweaving the fabric of international law? Patterns of consent in environmental framework agreements, In: Wolfrum R, Roben V (eds) Developments of international law in treaty making, Springer, Berlin, p. 145.

缩略语

ACHPR	African Charter on Human and Peoples' Rights《非洲人权和人民权利宪章》
ACHR	American Convention on Human Rights《美洲人权公约》
al.	Alias （other） 等
ASEAN	Association of Southeast Asian Nations 东南亚国家联盟
AU	African Union 非洲联盟
CAT	Convention against Torture and Other Cruel, Inhuman or Degrading Treatment or Punishment《禁止酷刑和其他残忍、不人道或有辱人格的待遇或处罚公约》
CAT Committee	Committee against Torture 禁止酷刑委员会
CCPR	Human Rights Committee 人权事务委员会
CED	Committee on Enforced Disappearances 强迫失踪问题委员会
CEDAW	Convention on the Elimination of Discrimination against Women《消除对妇女一切形式歧视公约》
CEDAW Committee	Committee on the Elimination of Discrimination against Women Committee on the Elimination of Racial Discrimination 消除对妇女歧视委员会
CERD Committee	Committee on the Elimination of Racial Discrimination 消除种族歧视委员会

CESCR	Committee on Economic, Social and Cultural Rights 经济、社会和文化权利委员会
cf.	Compare 比较、参见
CFI	Court of First Instance 原讼法庭
CHR	Commission on Human Rights 人权委员会
cit.	Cited 被引
CJEU	Court of Justice of the European Union（Lisbon）欧洲联盟法院（里斯本）
CMW	Committee on Migrant Workers 移徙工人委员会
CoE	Council of Europe 欧洲理事会
COSP	Conference of the States Parties 缔约国大会
CPED	International Convention for the Protection of All Persons from Enforced Disappearance《保护所有人免遭强迫失踪国际公约》
CRC	Convention on the Rights of the Child《儿童权利公约》
CRC Committee	Committee on the Rights of the Child 儿童权利委员会
CRPD	Convention on the Rights of Persons with Disabilities《残疾人权利公约》
CRPD Committee	Committee on the Rights of Persons with Disabilities 残疾人权利委员会 xxii
DDA	Disability Discrimination Act《残疾歧视法案》
DESA	Department of Economic and Social Affairs 经济和社会事务部
Doc.	Document 文件
DPOs	Disabled people's organisations 残疾人组织
EAT	Employment Appeal Tribunal 就业上诉法庭
EC	Treaty establishing the European Community/European Communities《欧洲共同体条约》/《欧共体条约》/《建立欧洲共同体条约》

ECHR	European Convention for the Protection of Human Rights and Fundamental Freedoms《欧洲保护人权和基本自由公约》（简称《欧洲人权公约》）
ECJ	European Court of Justice 欧洲法院 同 CJEU（不少学者经常用 CJEU 指代《里斯本条约》之后的欧洲法院，而非整个欧盟法院——译者注）
ECommHR	European Commission of Human Rights 欧洲人权委员会
ECOSOC	UN Economic and Social Council 联合国经济及社会理事会（联合国经社理事会）
ECR	European Court Reports 欧洲法院报告
ECSR	European Committee of Social Rights 欧洲社会权利委员会
ECtHR	European Court of Human Rights 欧洲人权法院
ed	Edit 编
edn.	Edition 版本
eds	Edit（多位编者）编
edt. by	Edited by 被编辑
EHRR	European Human Rights Reports 欧洲人权报告
EO	European Ombudsman 欧洲监察员
EP	European Parliament 欧洲议会
ESF	European Social Fund 欧洲社会基金
et al.	Et alii（and others）……等
et seq（q）.	Et sequens，et sequentes（and the following）等，后续，及以下
EU	European Union 欧洲联盟
EUCFR	European Union Charter of Fundamental Rights《欧盟基本权利宪章》

ex p.	Ex parte 单方面的
FAO	Food and Agriculture Organization 粮食和农业组织（粮农组织）
fn.	Footnote 脚注
HL	House of Lords 上议院
HRA	Human Rights Act《人权法案》
HRC	Human Rights Council 人权理事会
i. e.	Id est （that is） 即
I/A Court H. R.	Inter-American Court of Human Rights 美洲人权法院
IAEA	International Atomic Energy Agency 国际原子能机构
ibid.	Ibidem 同上
IBRD	International Bank for Reconstruction and Development 国际复兴开发银行
IC	Constitution of the Italian Republic《意大利共和国宪法》
ICAO	International Civil Aviation Organization 国际民航组织
ICC	International Criminal Court 国际刑事法院
ICCPR	International Covenant on Civil and Political Rights《公民及政治权利国际公约》
ICCPR-OP1	Optional Protocol to the International Covenant on Civil and Political Rights《公民及政治权利国际公约任择议定书》
CCPR-OP2	Second Optional Protocol to the International Covenant on Civil and Political Rights, aiming at the abolition of the death penalty《旨在废除死刑的公民及政治权利国际公约第二任择议定书》
ICERD	International Convention on the Elimination of All Forms of Racial Discrimination《消除一切形式种族歧视国际公约》
ICESCR	International Covenant on Economic, Social and Cultural Rights《经济社会文化权利国际公约》

ICESCR-OP	Optional Protocol to the Covenant on Economic, Social and Cultural Rights《经济社会文化权利国际公约任择议定书》
ICJ	International Court of Justice 国际法院
ICMW	International Convention on the Protection of the Rights of All Migrant Workers and Members of Their Families《保护所有移徙工人及其家庭成员权利国际公约》
ICTR	International Criminal Tribunal for Rwanda 卢旺达国际刑事法庭
ICTY	International Criminal Tribunal for the Former Yugoslavia 前南斯拉夫国际刑事法庭
id.	Idem 相同的
IDA	International Development Association 国际发展协会
IFAD	International Fund for Agricultural Development 国际农业发展基金会
IFC	International Finance Corporation 国际金融公司
ILC	International Law Commission 国际法委员会
ILO	International Labour Organization 国际劳工组织
IMF	International Monetary Fund 国际货币基金组织
IMO	International Maritime Organization 国际海事组织
ITC	International Training Centre of the ILO 国际劳工组织国际培训中心
ITU	International Telecommunication Union 国际电信联盟
LDCs	Least developed countries 最不发达国家
loc. cit.	Loco citato (in the place already cited) 在已引用的地方
NGO	Non-governmental organization 非政府组织
NHRIs	National Human Rights Institutions 国家人权机构

No.	Number 号码	
nyr	Not yet reported 尚未报告	
O. J.	Official Journal 官方公报	
O. J. C	Official Journal of the European Union（Communications）欧洲联盟官方公报（通讯）	
O. J. L	Official Journal of the European Union（Legislation）欧洲联盟官方公报（立法）	
OAS	Organization of American States 美洲国家组织	
OAU	Organization of African Union 非洲联盟组织	
OECD	Organisation for Economic Co-operation and Development 经济合作与发展组织	
OHCHR	Office of the High Commissioner for Human Rights 联合国人权事务高级专员办事处	
OP	Optional Protocol 任择议定书	
op. cit.	Opus citatum（in the work already cited）在已引用著作中	
OP-CAT	Optional Protocol to the Convention against Torture and Other Cruel, Inhuman or Degrading Treatment or Punishment《禁止酷刑和其他残忍、不人道或有辱人格的待遇或处罚公约任择议定书》	
OP-CEDAW	Optional Protocol to the Convention on the Elimination of Discrimination against Women《消除对妇女一切形式歧视公约任择议定书》	
OP-CRC-AC	Optional Protocol to the Convention on the Rights of the Child on the involvement of children in armed conflict《儿童权利公约关于儿童卷入武装冲突问题的任择议定书》	
OP-CRC-CP	Optional Protocol to the Convention of the Rights of the Child on a Communication Procedure《儿童权利公约关于来文程序的任择议定书》	xxiv

OP-CRC-SC	Optional Protocol to the Convention on the Rights of the Child on the sale of children, child prostitution and child pornography《儿童权利公约关于买卖儿童、儿童卖淫和儿童色情制品的任择议定书》
OP-CRPD	Optional Protocol to the Convention on the Rights of Persons with Disabilities《残疾人权利公约任择议定书》
p.	Page（s）页
para.（s）	Paragraph（s）段
Passim	Frequently mentioned 经常提及
PCIJ	Permanent Court of International Justice 常设国际法院
Res.	Resolution 决议
RP	Rules of Procedure 议事规则
SG	UN Secretary General 联合国秘书长
SPTUN	Subcommittee on Prevention of Torture 联合国防止酷刑小组委员会
TEU	Treaty on European Union《欧洲联盟条约》
TFEU	Treaty on the Functioning of the European Union《欧洲联盟运行条约》
UDHR	Universal Declaration of Human Rights《世界人权宣言》
UN	United Nations 联合国
UNDESA	UN Department of Economic and Social Affairs 联合国经济和社会事务部
UNDP	United Nations Development Programme 联合国开发计划署
UNESCAP	United Nations Economic and Social Commission for Asia and the Pacific 联合国亚洲及太平洋经济社会委员会
UNESCO	United Nations Educational, Scientific and Cultural Organization 联合国教育、科学及文化组织（联合国教科文组织）

UNGA	UN General Assembly 联合国大会
UNICEF	United Nations Children's Fund 联合国儿童基金会
UNIDO	United Nations Industrial Development Organization 联合国工业发展组织
UNTS	United Nations Treaty Series 联合国条约汇编
UPU	Universal Postal Union 万国邮政联盟
Vol.	Volume 卷
WBG	World Bank Group 世界银行集团
WHO	World Health Organization 世界卫生组织
WIPO	World Intellectual Property Organization 世界知识产权组织
WMO	World Meteorological Organization 世界气象组织
WTO	World Trade Organization 世界贸易组织
WTO	World Tourism Organization 世界旅游组织

xxv

杂志与百科全书缩略语

Adel L Rev	Adelaide Law Review《阿德莱德法律评论》
Aff soc int	Affari sociali internazionali《国际社会》
Afr Hum Rights Law Jour	African Human Rights Law Journal《非洲人权法杂志》
Afr Journ Int Law	African Journal of International Law《非洲国际法杂志》
Afr J Physiother Rehabil Sci	African Journal of Physiotherapy and Rehabilitation Sciences《非洲物理疗法与康复科学杂志》
Am J Comp Law	American Journal Comparative Law《美国比较法杂志》
Am Journ Int Law	American Journal of International Law《美国国际法杂志》
Am Journ of Preventive Medicine	American Journal of Preventive Medicine《美国预防医学杂志》
Am Soc Int Law Proc	American Society and International Law Proceedings《美国学会和国际法诉讼》
Am Univ Int Law Rev	American University International Law Review《美利坚大学国际法评论》
An der int	Anuario de derecho internacional《国际法年鉴》
Ann CEDH/YB ECHR	Annuaire de la Convention européenne des droits de l'homme/Yearbook of the European Convention on Human Rights《欧洲会议年鉴》/《欧洲人权公约年鉴》

Ann dir int	Annuario di diritto internazionale《国际权利年鉴》
Ann fr dr int	Annuaire français de droit international《国际法年鉴》
Ann Intern D H	Annuaire International des Droits de l'Homme《国际人权年鉴》
Ariz J Int Comp Law	Arizona Journal of International and Comparative Law《亚利桑那国际比较法杂志》
Asia Pac Disabil Rehabil J	Asia Pacific Disability Rehabilitation Journal《亚太残疾康复杂志》
Austr Int Law J	Austrian International Law Journal《奥地利国际法杂志》
Austr YB Int Law	Australian Yearbook of International Law《澳大利亚国际法年鉴》
AWR Bull	AWR Bulletin《AWR 公报》
Berkeley Journ Int Law	Berkeley Journal of International Law《伯克利国际法杂志》
Berkeley J Employ Labor Law	Berkeley Journal of Employment & Labor Law《伯克利就业与劳动法杂志》
Berkeley Technol Law J	Berkeley Technology Law Journal《伯克利技术法杂志》
Boll CE	Bollettino delle Comunità europee《欧洲共同体简报》
Boll UE	Bollettino dell' Unione europea《欧洲联盟简报》
Boston Univ Int Law J	Boston University International Law Journal《波士顿大学国际法学杂志》
Br J Psychiatry	The British Journal of Psychiatry《英国精神病学杂志》
Br YB Int Law	British Yearbook of International Law《英国国际法年鉴》
Bull Cour	Bulletin de la Cour européenne des droits de l'homme《欧洲人权法院公报》

xxvi

Bull dr homme	Bulletin des droits de l'homme《人权通讯》
Bull quot Eur	Bullettin Quotidien Europe《欧洲日报》
BverfGE	Entscheidungen des Bundesverfassungsgericht《(德国)联邦最高法院判决》
Cah dr eur	Cahiers de droit européen《欧洲法手册》
Calif Law Rev	California Law Review《加州法律评论》
Camb Law Jour	Cambridge Law Journal《剑桥法律评论》
Case West J Int Law	Case Western Journal of International Law《凯斯西储国际法杂志》
Case W Res J Int'l L	Case Western Reserve Journal of International Law《凯斯西储国际法杂志》
Cass pen	Cassazione penale《刑事上诉法院》
Chic Jour Int Law	Chicago Journal of International Law《芝加哥国际法杂志》
Chr Dalloz	Chronique Dalloz《达洛斯专栏》
Clin Psychol Sci Pract	Clinical Psychology: Science and Practice《临床心理学：科学与实践》
CIJ Recueil/ICJ Reports	Recueil des arrêts, avis consultatifs et ordonnances de la Cour Internationale de Justice/Reports of Judgments, Advisory Opinions and Orders of the International Court of Justice《国际法院判决、咨询意见和命令摘要》
Coll Courses Ac Eur Law	Collected Courses of the Academy of European Law《欧洲法学术课程汇总》
Com int	La Comunità internazionale《国际社会》
Com st	Comunicazioni e Studi《交流与学习》
Common Mark Law Rev	Common Market Law Review《欧洲经济共同体法律评论》

Comm Tech L Rev	Communication, Technology and Law Review《通讯、技术和法律评论》
Crit Soc Policy	Critical Social Policy《批判社会政策》
Dermatol Clin	Dermatologic Clinics《皮肤病临床》
Dir com sc int	Diritto comunitario e degli scambi internazionali《共同体权利和国际贸易规则》
Dir comm int	Diritto del commercio internazionale《国际商法》
Dir int	Diritto internazionale《国际法》
Dir pub comp eur	Diritto pubblico comparato ed europeo《欧洲比较法》
Dir umani, dir int	Diritti umani e diritto internazionale《人权和国际法》
Dir Un eur	Il diritto dell' Unione europea《欧洲联盟的权利》
Dir uomo	I diritti dell' uomo. Cronache e battaglie《人权战争编年史》
Disabil Handicap Soc	Disability, Handicap and Society《残疾、残障与社会》
Disabil Soc	Disability and Society《残疾与社会》
Disabil Rehabil	Disability and Rehabilitation《残疾与康复》
Disabil Stud Q	Disability Studies Quarterly《残疾研究季刊》
DR	Decisions and Reports of the European Court of Human Rights《欧洲人权法院裁决和报告》 xxvii
Drake Law Rev	Drake Law Review《德雷克法律评论》
Duke J Comp Int Law	Duke Journal of Comparative & International Law《杜克比较法与国际法杂志》
E Afr J Peace & Hum Rts	East African Journal of Peace and Human Rights《东非和平与人权杂志》
Emory Law J	Emory Law Journal《埃默里法律评论》
Enc dir	Enciclopedia del diritto《法律百科全书》

Enc giur	Enciclopedia giuridica Treccani《Treccani 法律百科全书》
Entertain Sports Law J	Entertainment and Sports Law Journal《娱乐和体育法律期刊》
ERA Forum	ERA Forum《欧洲法律论坛》
Equal Rights Rev	Equal Rights Review《平等权利评论》
Eur Anti-Discrimination Law Rev	European Anti-discrimination Law Review《欧洲反歧视法律评论》
Eur For Aff Rev	European Foreign Affairs Review《欧洲外交事务评论》
Eur Hum Rights Law Rev	European Human Rights Law Review《欧洲人权法评论》
Eur Hum Rights Rep	European Human Rights Reports《欧洲人权报告》
Eur Intellect Prop Rev	European Intellectual Property Review《欧洲知识产权评论》
Eur J Migr Law	European Journal of Migration and Law《欧洲移民与法律杂志》
Eur J Health L	European Journal of Health Law《欧洲卫生法杂志》
Eur Journ Int Law	European Journal of International Law《欧洲国际法杂志》
Eur J Women Stud	European Journal of Women's Studies《欧洲女性研究杂志》
Eur Law Journ	European Law Journal《欧洲法杂志》
Eur Law Rev	European Law Review《欧洲法评论》
Eur Pub Law	European Public Law《欧洲公法》
Eur YB Disability L	European Yearbook of Disability Law《欧洲残疾法年鉴》

Eur Yearb Minor Issues	European Yearbook of Minority Issues《欧洲少数人事务年鉴》
Fam dir	Famiglia e diritto《家庭与法律》
Fordham Int Law Journ	Fordham International Law Journal《福德汉姆国际法杂志》
Foro it	Il Foro italiano《意大利论坛》
Geo Immigr LJ	Georgetown Immigration Law Journal《乔治敦移民法杂志》
Germ YB Int Law	German Yearbook of International Law《德国国际法年鉴》
Giur cost	Giurisprudenza costituzionale《宪法判例法》
Giur it	Giurisprudenza italiana《意大利判例法》
Giust pen	Giustizia penale（La）《刑事司法》
Harv Hum Rts J	Harvard Human Rights Journal《哈佛人权杂志》
Harv Int Law Journ	Harvard International Law Journal《哈佛国际法杂志》
Harv Law Rev	Harvard Law Review《哈佛法律评论》
Hum Rights	Human Rights《人权》
Hum Rights Brief	Human Rights Brief《人权简报》
Hum Rights Law Journ	Human Rights Law Journal《人权法杂志》
Hum Rights Law Rev	Human Rights Law Review《人权法评论》
Hum Rights Quart	Human Rights Quarterly《人权季刊》
ICJ Reports	v. CIJ Recueil《国际法院判决书、咨询意见和命令摘要》
Indian J Glob Leg Issues	Indian Journal of Global Legal Issues《印度全球法律问题杂志》

xxviii

Innov Issues Approaches Social Sci	Innovative Issues and Approaches in Social Sciences《社会科学创新问题和方法》
ILSA J Int Comp Law	ILSA Journal of International & Comparative Law《ILSA国际比较法学杂志》（ILSA，美国国际法学生联合会）
Int Comp Law Quart	International and Comparative Law Quarterly《国际比较法学季刊》
Int J Constitutional Law	International Journal of Constitutional Law《国际宪法学杂志》
Int J Disabil Commun Rehabil	International Journal of Disability, Community & Rehabilitation《国际残疾、社区与康复杂志》
Int J Discrimination Law	International Journal of Discrimination and the Law《国际歧视与法学杂志》
Int J Law Psychiatry	International Journal of Law and Psychiatry《国际法律与精神病学杂志》
Int J Law Context	International Journal of Law in Context《国际法律背景杂志》
Int Law Rep	International Law Reports《国际法报告》
Int Leg Mat	International Legal Materials《国际法律资料》
Int Org	International Organization《国际组织》
Int Pol	International Politics《国际政治》
Int Rehabil Rev	International Rehabilitation Review《国际康复评论》
Int Soc Sci J	International Social Science Journal《国际社会科学杂志》
Int'l J H R	International Journal of Human Rights《国际人权杂志》
Int J Incl Educ	International Journal of Inclusive Education《国际包容性教育杂志》

Int Organ Law Rev	International Organizations Law Review《国际组织法评论》
IPRax	Praxis des Internationalen Privat-und-Verfahrensrecht《国际私法和实践》
Iowa Law Rev	Iowa Law Review《爱荷华州法律评论》
Is LR	Israel Law Review《以色列法律评论》
It YB Int Law	Italian Yearbook of International Law《意大利国际法年鉴》
J Am Med Assoc	Journal of the American Medical Association《美国医学会杂志》
J Common Market Stud	Journal of Common Market Studies《欧洲经济共同体研究杂志》
J Contemp Health Law Policy	The Journal of Contemporary Health Law Policy《当代卫生法政策杂志》
J Disabil Policy Stud	Journal of Disability Policy Studies《残疾政策研究杂志》
J Hum Rights	Journal of Human Rights《人权杂志》
J Hum Rights Pract	Journal of Human Rights Practice《人权实践杂志》
J Int Crim Justice	Journal of International Criminal Justice《国际刑事司法杂志》
J Int Spec Needs Educ	Journal of International Special Needs Education《国际特殊需要教育杂志》
J Law Med Ethics	Journal of Law, Medicine & Ethics《法律、医学与伦理杂志》
J Law Med Health	Journal of Law, Medicine & Health《法律、医学与健康杂志》

JCP	Juris-Classeur périodique-La semaine juridique《法律周刊》
Jour Pr Int Law	Journal of Private International law《国际私法杂志》
Jour Refug St	Journal of Refugee Studies《难民研究杂志》
J Soc Welf Fam Law	Journal of Social Welfare Family Law《社会福利家庭法杂志》
Journ dr int	Journal du droit international《国际法杂志》
JT	Journal des tribunaux《法院期刊》
Jus	Jus《法律》
Lang Policy	Language Policy《语言政策》
Leg Iss Eur Int	Legal Issues of European Integration《欧洲一体化的法律问题》
xxix Leiden Journ Int Law	Leiden Journal of International Law《莱顿国际法杂志》
Maastricht Journ Eur Comp	Law Maastricht Journal of European and Comparative Law《马斯特里赫特欧洲与比较法杂志》
Max P Enc Pub Int Law	Max Planck Encyclopedia of Public International Law《马克斯·普朗克国际公法百科全书》
Max P YB Un Nat Law	Max Planck Yearbook of United Nations Law《马克斯·普朗克联合国法律年鉴》
McGeorge Law Rev	McGeorge Law Review《麦克乔治法律评论》
Med Law	Medicine Law《药品法》
Melb Jour Int Law	Melbourne Journal of International Law《墨尔本国际法杂志》
Ment Phys Disabil Law Rep	Mental and Physical Disability Law Reporter《精神和身体残疾法记者》
Michigan J Int Law	Michigan Journal of International Law《密歇根国际法杂志》

Modern Law Rev	The Modern Law Review《现代法律评论》
Neth Int Law Rev	Netherlands International Law Review《荷兰国际法评论》
Neth Q Hum Rights	Netherlands Quarterly of Human Rights《荷兰人权季刊》
Neth YB Int Law	Netherlands Yearbook of International Law《荷兰国际法年鉴》
Neue Jur Woch.	Neue Juristische Wochenschrift《新法律周刊》
Nor Jour Hum Rts	Nordic Journal of Human Rights《北欧人权杂志》
Nor Jour Int Law	Nordic Journal of International Law《北欧国际法杂志》
Nov. mo dig it	Il Novissimo Digesto Italiano《最新意大利文摘》
Nuove leggi civ comm	Le nuove leggi civili commentate《新民法评论》
Open Med	Open Medicine《开放医学》
Öst Zeit öff Recht	Österreichische Zeitschrift für öffentichles Recht《奥地利公法杂志》
Ö st-Eur Recht	Ö st-Europe Recht《奥地利欧洲法》
Oxford Journ Leg St	Oxford Journal of Legal Studies《牛津法律研究杂志》
Pediatr Transplant	Pediatric Transplantation《儿科移植》
Philos Public Aff	Philosophy & Public Affairs《哲学与公共事务》
Phys Med Rehabil J	Physical Medicine & Rehabilitation Journal《物理医疗与康复杂志》
Polit Perspect	Political Perspectives《政治透视》
Pol dir	Politica del diritto《法律政治》
Pol Int	Politique internationale《国际政治》
Pol Sc Quart	Political Science Quarterly《政治学季刊》

Psychiatry Psychol Law	Psychiatry, Psychological and Law《精神病学、心理学和法律》
Pub Law	Public Law《公法》
Racc uff sent ord Corte cost	Raccolta ufficiale delle sentenze e ordinanze della Corte costituzionale《宪法法院判决和命令公报》
Raccolta	Raccolta della giurisprudenza della Corte di giustizia《法院判例法公报》
Rass parl	Rassegna parlamentare《议会评论》
Rec Dall	Recueil Dalloz Sirey—Recueil périodique et critique de doctrine, de jurisprudence et de legislation en matière civile, commerciale, criminelle, administrative et de droit public《民事、商业、刑事、行政和公共所有权的法律和批评》
xxx Recueil des arrêts/décisions	Recueil des arrêts et décisions de la Cour européenne des droits de l'homme《欧洲人权法院裁定汇编》
Recueil des cours	Recueil des cours de l'Académie de La Haye de droit international《海牙国际法课程汇编》
Rel int	Relazioni internazionali《国际关系》
Reports of Judgments	Reports of Judgments and Decisions of the European Court of Human Rights《欧洲人权法院判决和裁定报告》
Rev aff eur	Revue des affaires européennes《欧洲事务评论》
Rev arb	Revue de l'arbitrage《仲裁评论》
Rev comm int juristes	Revue de la commission internationale des juristes《国际法学家委员会评论》
Rev cr dr int pr	Revue critique de droit international privé《国际私法批判》

Rev cr jur belge	Revue critique de jurisprudence belge《比利时法律评论》
Rev der com eur	Revista de Derecho Comunitario Europeo《欧洲共同体法律杂志》
Rev der cons eur	Revista de Derecho Constitucional Europeo《欧洲宪法杂志》
Rev dr aff int	Revue de droit des affaires internationales—International Business Law Journal《国际商法杂志》
Rev dr int dr comp	Revue de droit international et de droit comparé《国际比较法杂志》
Rev dr pub	Revue de droit public《公法杂志》
Rev dr Un eur	Revue du droit de l'Union européen《欧洲联盟法杂志》
Rev eur der fund	Revista Europea de Derechos Fundamentales《欧洲基本权利杂志》
Rev eur dr int	Revue européenne de droit international《欧洲国际法杂志》
Rev fr dr adm	Revue française de droit administratif《法国行政法杂志》
Rev gén dr int pub	Revue générale de droit international public《一般国际公法杂志》
Rev Int Law Pol	Review of International Law and Politics《国际法与政治评论》
Rev M comm	Revue du Marchécommun《共同市场杂志》
Rev M un eur	Revue du Marché unique européen《欧洲单一市场杂志》
Rev trim dr eur	Revue trimestrielle de droit européen《欧洲法季刊》
Rev trim dr homme	Revue trimestrielle des droits de l'homme《人权季刊》

Rev univ dr homme	Revue universelle des droits de l'homme《世界人权评论》
Riv coop giur int	Rivista della cooperazione giuridica internazionale《国际法律合作杂志》
Riv dir cost	Rivista di diritto costituzionale《宪法杂志》
Riv dir eur	Rivista di diritto europeo《欧洲法杂志》
Riv dir int	Rivista di diritto internazionale《国际法杂志》
Riv dir int priv proc	Rivista di diritto internazionale privato e processuale《国际私法和程序法杂志》
Riv dir proc	Rivista di diritto processuale《程序法杂志》
Riv int dir uomo	Rivista internazionale dei diritti dell' uomo《国际人权杂志》
Riv int fil	Rivista internazionale di filosofia del diritto《国际法律哲学杂志》
Riv it dir pub com	Rivista italiana di diritto pubblico comunitario《意大利公共社区法杂志》
Riv st pol int	Rivista di studi politici internazionali《国际政治研究杂志》
Riv trim dir proc civ	Rivista trimestrale di diritto e procedura civile《民事诉讼法季刊》
Riv trim dir pub	Rivista trimestrale di diritto pubblico《公法季刊》
xxxi Seton Hall J Dipl Int Relat	Seton Hall Journal of Diplomacy and International Relations《塞顿·霍尔外交与国际关系杂志》
Sign Lang Stud	Sign Language Studies《手语研究》
Soc Leg Stud	Social and Legal Studies《社会与法律研究》
Soc Philos Policy	Social Philosophy and Policy《社会哲学与政策》
Stud Soc Just	Studies in Social Justice《社会正义研究》

St integr eur	Studi sull' integrazione europea《欧洲一体化研究》
St Jour Int Law	Stanford Journal of International Law《斯坦福国际法杂志》
Stanf Law Rev	Stanford Law Review《斯坦福法律评论》
Süddeut Zeit	Süddeutsche Zeitung《南德意志报》
Sur-Int J Hum Rights	Sur-International Journal on Human Rights《国际人权杂志》
Sydn Law Rev	Sydney Law Review《悉尼法律评论》
Syracuse J Int'l L & Com	Syracuse Journal of International Law and Commerce《锡拉库扎国际法与商业期刊》
Temple Polit Civil Rights Law Rev	Temple Political & Civil Rights Law Review《坦普尔政治与民权法律评论》
Tul Jour Int Comp Law	Tulane Journal of International and Comparative Law《杜兰国际比较法杂志》
Tex J Civ Lib Civ Rights	Texas Journal on Civil Liberties & Civil Rights《得克萨斯公民自由与公民权利杂志》
Univ Ark Little Rock Law Rev	University of Arkansas at Little Rock Law Review《小石城阿肯色大学法律评论》
Univ Mich J Law Reform	University of Michigan Journal of Law Reform《密歇根大学法律改革杂志》
U Mich Law Rev	University of Michigan Law Review《密歇根大学法律评论》
UC Davis Law Review	University of California Davis Law Review《加州大学戴维斯分校法律评论》
Univ Tor Law J	University of Toronto Law Journal《多伦多大学法学杂志》

Un Law Rev	Uniform Law Review—Revue de droit uniforme《统一法律评论》
Univ Chicago Leg For	University of Chicago Legal Forum《芝加哥大学法律论坛》
Univ of NSWLJ	University of New South Wales Law Journal《新南威尔士大学法律杂志》
Vanderbilt Law Rev	Vanderbilt Law Review《范德堡法律评论》
Vanderbilt Journ Tr Law	Vanderbilt Journal of Transnational Law《范德堡跨国法杂志》
Virginia Journ Int Law	Virginia Journal of International Law《弗吉尼亚国际法杂志》
Virginia Law Rev	Virginia Law Review《弗吉尼亚法律评论》
Wash Law Rev	Washington Law Review《华盛顿法律评论》
Women Int Hum Rights Law	Women and International Human Rights Law《女性与国际人权法》
Women Ther	Women & Therapy《女性与治疗》
Yale Hum Rts & Dev L J	Yale Human Rights and Development Law Journal《耶鲁人权与发展法律杂志》
Yale Journ Int Law	Yale Journal of International Law《耶鲁国际法杂志》
YB Eur Law	Yearbook of European Law《欧洲法年鉴》
YB Int Hum Law	Yearbook of International Humanitarian Law《国际人道法年鉴》
YB Int Law Comm	Yearbook of the International Law Commission《国际法委员会年鉴》
YB Un Nat	Yearbook of the United Nations《联合国年鉴》
xxxii ZaöRV	Zeitschrift für ausländisches öffentliches Recht und Völkerrecht《外国法与国际法杂志》

Zeit Schw Recht	Zeitschrift für Schweiz Recht《瑞士法律杂志》
Zör	Zeitschrift für öffentliches Recht (Austrian Journal of Public and International Law)《法律杂志》(《奥地利公法和国际法杂志》)

749 # 条约和其他国际文书列表

条约

《美洲人权公约关于经济、社会和文化权利的附加议定书》（1988 年）

《非洲人权和人民权利宪章》（1981 年）

《非洲儿童权利和福利宪章》（1990 年）

《美洲人权公约》（1969 年）

《阿拉伯人权宪章》（2004 年）

《联合国宪章》（1945 年）

《禁止酷刑和其他残忍、不人道或有辱人格的待遇或处罚公约》（1984 年）

《在生物学和医学应用方面保护人权和人类尊严公约》（1997 年《人权和生物医学公约》）

《关于在自动处理个人数据方面保护个人的第 108 号公约》（1981 年）

《生物多样性公约》（1992 年）

《技术和职业教育公约》（1989 年）

《消除对妇女一切形式歧视公约》（1979 年）和《妇女政治权利公约》（1953 年）

《关于禁止使用、储存、生产和转让杀伤人员地雷及销毁此种地雷的公约》（1997 年《禁止杀伤人员地雷公约》）

《减少无国籍状态公约》（1961 年）

750 《儿童权利公约》（1989 年）

《关于难民地位的公约》（1951 年《难民公约》）

《防治荒漠化公约》（1994 年）

《国际联盟盟约》（1919 年）

《欧洲保护人权和基本自由公约》（1950 年）

《欧洲国籍公约》（1997 年）

《欧洲社会宪章》（1996 年修订）

《气候变化框架公约》（1992 年）

《劳工组织关于独立国家土著和部落民族的第 169 号公约》（1989 年）

国际劳工组织《第 29 号强迫劳动公约》（1930 年）

国际劳工组织《结社自由和保护组织权的第 87 号公约》（1948 年）

国际劳工组织《人力资源开发公约第 142 号》（1975 年）及其相关建议第 195 号（2004 年）

国际劳工组织《组织权和集体谈判权公约》第 98 号（1949 年）

国际劳工组织《残疾人职业康复和就业公约》第 159 号（1983 年）和第 168 号建议

《美洲消除对残疾人一切形式歧视公约》（1999 年）

《保护所有人免遭强迫失踪国际公约》（2006 年）

《消除一切形式种族歧视国际公约》（1965 年）

《保护所有移徙工人及其家庭成员权利国际公约》（1990 年）

《公民及政治权利国际公约》（1966 年）

《经济社会文化权利国际公约》（1966 年）

《马拉喀什建立世界贸易组织协定》（1994 年）

《关于为盲人、视力障碍者或其他印刷品阅读障碍者获得已出版作品提供便利的马拉喀什条约》（2013 年）

《关于消耗臭氧层物质的蒙特利尔议定书》（1987 年）

《禁止酷刑和其他残忍、不人道或有辱人格的待遇或处罚公约任择议定 751
书》（2002 年）

《儿童权利公约关于来文程序的任择议定书》（2011 年）

《消除对妇女歧视公约任择议定书》（1999 年）

《儿童权利公约关于儿童卷入武装冲突问题的任择议定书》（2000 年）

《儿童权利公约关于买卖儿童、儿童卖淫和儿童色情制品问题的任择议定书》（2000 年）

《经济社会文化权利公约任择议定书》（2008 年）

《公民及政治权利国际公约任择议定书》（1966 年）

《欧洲保护人权和基本自由公约》第 12 号议定书（2000 年）

《欧洲保护人权和基本自由公约》第 4 号议定书（1963 年）

《国际重要湿地拉姆萨尔公约》（1971 年）

《国际刑事法院罗马规约》（1998 年）

《旨在废除死刑的公民及政治权利国际公约第二任择议定书》（1989 年）

《不扩散核武器条约》（1968 年）

教科文组织《禁止教育歧视公约》（1960 年）

《维也纳条约法公约》（1969 年）

《国家与国际组织间或国际组织间维也纳条约法公约》（1986 年）

《世界卫生组织宪章》（1946 年）

其他国际文书

《2030 年可持续发展议程》（2015 年）

《亚的斯亚贝巴准则（关于人权条约机构成员独立性和公正性的准则）》（2012 年）

《1999~2009 非洲残疾人十年》

752 《2010~2019 年非洲残疾人十年》

《东盟人权宣言》（2012 年）

《北京宣言和行动纲要》（1995 年）

《关于终生学习高等教育机构特征要素的开普敦声明》（2000 年）

欧洲委员会《2006~2015 年促进残疾人权利和充分参与社会的行动计划：改善欧洲残疾人的生活质量》

欧洲委员会《关于成员国对欧洲委员会通过的公约提出保留的建议 1223（1993）》

欧洲委员会部长委员会《关于残疾人参与政治和公共生活》的 CM/Rec

（2011）14 号建议

《达喀尔全民教育行动框架》（2000 年）

《2006~2016 年美国残疾人权利和尊严十年》

《阿拉木图宣言》（1978 年）

《消除基于宗教或信仰原因的一切形式的不容忍和歧视宣言》（1981 年）

《残疾人权利宣言》（1975）

《智力残疾人权利宣言》（1971）

《新世纪残疾人权利北京宣言》（世界残疾人非政府组织峰会会议，北京，2000 年）

《德班宣言和行动纲领》（反对种族主义世界会议，德班，2001 年）

《在紧急情况、危机和灾难期间帮助残疾人的指南》（2014 年）

《社区康复指导方针》（CBR，2010 年）

《汉堡宣言》（1997 年）

国际劳工组织《工作场所残疾管理实务守则》（2001）

国际劳工组织《社会正义促进公平全球化宣言》（2008）

国际劳工组织《全球就业议程》（2003）

国际劳工组织《职业康复（残疾人）第 99 号建议》（1955 年）

《1983~1992 年国际残疾人十年》 753

《提高妇女地位内罗毕前瞻性战略》（1985 年）

《德班审查会议成果文件》（2009 年）

联合国大会《关于实现千年发展目标和其他国际商定的残疾人发展目标的高级别会议成果文件：前进之路，2015 年前后包容残疾人的发展议程》（2013 年）

《保护精神病人和改善精神卫生保健原则》（1991 年）

《萨拉曼卡关于特殊需要教育的声明和行动纲领》（1994 年）

《2015~2030 年仙台减少灾害风险框架》

《残疾人机会均等标准规则》（1993 年）

《改变我们的世界：2030 年可持续发展议程》（2015 年）

联合国《关于基于人权的发展合作方法的共识》（2003 年）

联合国《儿童替代照料指南》(2009 年)

联合国《保护因精神障碍被拘留者的原则》(1991 年)

联合国《囚犯待遇最低限度标准规则》(1955 年)

教科文组织《未来议程》(1997 年)

教科文组织《关于种族和种族偏见的宣言》(1978 年)

教科文组织《包容准则：确保人人都能接受教育》(2005 年)

联合国大会《关于促进和保护人权的国家机构的地位的原则(巴黎原则)的 A/RES/48/134 号决议》(1993 年 12 月 20 日)

《世界人权宣言》(1948 年)

《维也纳宣言和行动纲领》(世界人权会议，1993 年)

世界卫生组织《2014~2021 年全球残疾行动计划：改善所有残疾人的健康》(2014 年)

《世界残疾人行动纲领》(1982 年)

《1981 年国际残疾人年》(联合国大会第 A/RES/31/123 号决议，1976 年 12 月 16 日)

754 **欧盟法**

《建立欧洲经济共同体条约》(《罗马条约》，1957 年)

《修正欧盟条约、建立欧洲共同体条约和某些相关法案的条约》(阿姆斯特丹条约，1997 年)

《欧盟条约》(里斯本条约，2007 年)

《欧洲联盟运作条约》(里斯本条约，2007 年)

《欧盟基本权利宪章》(2007 年)

欧盟理事会 2000 年 6 月 29 日第 2000/43/EC 号指令，《实施不分种族或族裔的人之间平等待遇原则(雇佣平等指令)》

欧盟理事会 2000 年 11 月 27 日第 2000/78/EC 号指令，《就业和职业平等待遇的总体框架》

欧洲议会和欧盟理事会 2001 年 5 月 22 日《关于协调信息社会中版权和相关权利某些方面》的第 2001/29/EC 号指令

欧洲议会和欧盟理事会 2002 年 7 月 12 日《关于电子通信部门个人数据处理和隐私保护》的第 2002/58/EC 号指令（《隐私和电子通信指令》）

欧盟理事会 2003 年 10 月 27 日第 2003/96/EC 号指令，《重组能源产品和电力税收的社区框架》

欧洲议会和欧盟理事会 2006 年 12 月 20 日关于驾驶执照的第 2006/126/EC 号指令（《驾驶执照指令》）

欧洲议会和欧盟理事会 2006 年 3 月 15 日关于保留与提供公共电子通信服务或公共通信网络生成或处理的有关数据的第 2006/24/EC 号指令，以及修订第 2002/58/EC 号指令（《数据保留指令》）

欧洲议会和欧盟理事会 2006 年 7 月 5 日《关于在就业和职业问题上实施男女机会均等和待遇平等原则》的第 2006/54/EC 号指令（修订）

欧洲议会和欧洲欧盟理事会 2000 年 12 月 18 日《关于在共同体的机构和机构处理个人数据方面保护个人以及此类数据自由流动》的第 45/2001 号条例，《欧盟机构数据保护条例》

欧洲议会和欧盟理事会 2004 年 4 月 29 日《关于社会保障体系协调》的第 883/2004 号条例

欧洲议会和欧盟理事会 2006 年 7 月 5 日《关于残疾人和行动不便者乘 755
飞机旅行权利》的第 1107/2006 号条例

欧盟理事会 2006 年 7 月 11 日第 1083/2006 号条例规定了《关于欧洲区域发展基金、欧洲社会基金和凝聚基金的一般规定》，并废除了第 1260/1999 号条例

欧洲议会和欧盟理事会 2007 年 10 月 23 日《关于铁路乘客权利和义务》的第 1371/2007 号条例

欧洲议会和欧盟理事会 2010 年 11 月 24 日《关于海上和内河旅客权利》的第 1177/2010 号条例

欧洲议会和欧盟理事会 2011 年 4 月 5 日第 492/2011 号条例《关于工人在欧盟内的行动自由》

欧洲议会和欧盟理事会 2011 年 2 月 16 日第 181/2011 号法规《关于公共汽车和长途汽车运输乘客的权利》

欧盟理事会 2007 年 3 月 20 日《关于代表欧洲共同体签署联合国残疾人权利公约》的第 7407/07 号决定

欧盟理事会 2009 年 11 月 26 日《关于欧洲共同体缔结联合国残疾人权利公约》的第 2010/48/EC 号决定

欧盟理事会 2009 年 11 月 24 日《关于欧洲共同体缔结联合国残疾人权利公约》的第 15540/09 号决定

《欧盟理事会、成员国和欧盟委员会之间的行为准则》，规定了欧盟执行《联合国残疾人权利公约》（2010 年）的内部安排和代表性

《哥本哈根宣言》（2002 年 11 月 29 日至 30 日在哥本哈根召开的欧洲职业教育和培训部长及欧盟委员会关于加强欧洲职业教育和培训合作的宣言）

《欧盟理事会 1999 年关于残疾人平等就业机会的决议》

《欧盟理事会 2003 年关于残疾学生在教育和培训方面机会均等的决议》

《欧盟理事会 2003 年关于促进残疾人就业和社会融合的决议》

756 《2004～2010 年残疾行动计划》

《2020 年教育和培训》（ET 2020）

《2010～2015 年欧盟男女平等战略》

《欧盟委员会心理健康绿皮书》（2005 年）

《2010～2020 年欧洲残疾问题战略》

《2011～2020 年欧洲性别平等条约》

欧洲议会《关于残疾与发展的决议》（2006 年 1 月 19 日）

欧洲议会《关于〈改革纲领：欧盟发展政策的未来〉的决议》（2012 年 10 月 23 日）

《修改〈关于残疾人停车卡的 98/376/EC 建议〉的建议》（2008 年 3 月 3 日）

《欧盟理事会和参加 1996 年理事会的成员国政府代表关于残疾人机会平等的决议》

《体育白皮书》（2007 年）

《青年行动倡议》（2010 年）

索 引

A

B

C

759

J

L

M

N

O

P

R

T

U

V

图书在版编目（CIP）数据

《残疾人权利公约》评注 /（意）瓦伦蒂娜·德拉·菲娜（Valentina Della Fina），（意）拉切尔·塞拉（Rachele Cera），（意）朱塞佩·帕尔米萨诺（Giuseppe Palmisano）编；曲相霏，张贵军，刘文娟译. -- 北京：社会科学文献出版社，2025. 5
（国际人权公约评注译丛）
书名原文：The United Nations Convention on the Rights of Persons with Disabilities：A Commentary
ISBN 978-7-5228-3576-1

Ⅰ.①残… Ⅱ.①瓦… ②拉… ③朱… ④曲… ⑤张… ⑥刘… Ⅲ.①残疾人-权利-国际条约-研究 Ⅳ.①D997.1

中国国家版本馆 CIP 数据核字（2024）第 086406 号

国际人权公约评注译丛
《残疾人权利公约》评注

编　　者 /［意］瓦伦蒂娜·德拉·菲娜（Valentina Della Fina）
［意］拉切尔·塞拉（Rachele Cera）
［意］朱塞佩·帕尔米萨诺（Giuseppe Palmisano）
译　　者 / 曲相霏　张贵军　刘文娟
校　　者 / 王治江

出 版 人 / 冀祥德
责任编辑 / 芮素平
责任印制 / 岳　阳

出　　版 / 社会科学文献出版社·法治分社（010）59367161
地址：北京市北三环中路甲 29 号院华龙大厦　邮编：100029
网址：www.ssap.com.cn
发　　行 / 社会科学文献出版社（010）59367028
印　　装 / 三河市东方印刷有限公司

规　　格 / 开　本：787mm×1092mm　1/16
印　张：55　字　数：866 千字
版　　次 / 2025 年 5 月第 1 版　2025 年 5 月第 1 次印刷
书　　号 / ISBN 978-7-5228-3576-1
著作权合同登记号 / 图字 01-2025-0522 号
定　　价 / 368.00 元

读者服务电话：4008918866